D0875990

Jahrhundertwende

Gotthart Wunberg

Jahrhundertwende

Studien zur Literatur der Moderne

Zum 70. Geburtstag des Autors
herausgegeben von Stephan Dietrich

Gunter Narr Verlag Tübingen

Die Deutsche Bibliothek – CIP-Einheitsaufnahme

Wunberg, Gotthart:
Jahrhundertwende : Studien zur Literatur der Moderne / Gotthart Wunberg.
Zum 70. Geburtstag des Autors hrsg. von Stephan Dietrich. –
Tübingen : Narr, 2001
ISBN 3-8233-5218-0

Gedruckt mit Unterstützung der Vereinigung der Freunde und Förderer der Universität Tübingen (Universitätsbund) e.V., Tübingen.

Gedruckt auf chlorfrei gebleichtem und säurefreiem Werkdruckpapier.

Satz: Wiest, Tübingen
Druck und Bindung: Hubert & Co., Göttingen
Printed in Germany

ISBN 3-8233-5218-0

Inhalt

Tabula gratulatoria

Klaus Amann
Klagenfurt

Angelo Ara
Pavia

Günter Bächtle
Blaubeuren

Moritz Bassler
Rostock

Jeffrey B. Berlin
Langhorne

Marcus Bierich
Stuttgart

Dieter A. Binder
Graz

Jürgen Brummack
Tübingen

Moritz Csáky
Graz

Gabriele und Friedrich Dethlefs
Frankfurt am Main

Heinz J. Drügh
Tübingen

Richard Exner
Berlin

Ioana Craciun-Fischer und Markus Fischer
Stuttgart

Jens Malte Fischer
München

Sonja und Andreas Flitner
Tübingen

Werner Frick
Göttingen

Jürg Glauser
Zürich

Rüdiger Görner
London

Günter Helmes
Siegen

Helmut Henne
Braunschweig

Benedikt Hjartarson
Tübingen

Eva Hoffmann
Tübingen

Werner Hofmann
Hamburg

Hansres Jacobi
Zürich

MAREK JAROSZEWSKI
Warschau

ROLAND KAMZELAK
Marbach

ANTJE KLEINEWEFERS
Krefeld

KURT KLOOCKE
Tübingen

KLAUS KÖLLING
Berlin

NORA KOESTLER
Tübingen

GERHARD KURZ
Gießen

MARIANA-VIRGINIA LĂZĂRESCU
Bukarest

JACQUES LE RIDER
Paris

GÜNTER LEYPOLDT
Tübingen

DIETER MACHO
München

GÜNTHER MAHAL
Knittlingen

JEAN-YVES MASSON
Paris

PETER MICHELSEN
Wilhelmsfeld

WOLFGANG NEHRING
Los Angeles

SUSANNE UND DIRK NIEFANGER
Göttingen/Berlin

MANUELA OLSSON
Göppingen

KARL PESTALOZZI
Allschwil

KARL KONRAD POLHEIM
Bonn

URSULA RENNER-HENKE
Freiburg

HELMUT RICHTER
Leipzig

G. SAUDER
Saarbrücken

HELMUT SCHEUER
Kassel

BEATRIX SCHIFERER
Wien

HEINZ SCHLAFFER
Stuttgart

ANNETTE UND ERNST A. SCHMIDT
Tübingen

SYBILLE SCHNEIDER UND
JOACHIM KALETKA
Dettingen/Erms

GÜNTER SCHNITZLER
Freiburg

CARL E. SCHORSKE
Princeton

Jürgen Schröder
Tübingen

Jörg Schuster
Heidelberg

Wolfgang Schwanz
Stuttgart

Harro Segeberg
Hamburg

Eckhard Simon
Oldenburg

Martin Stern
Basel

Lothar und Renate Steiger
Neckargemünd

Amélie Sztatecsny und
Peter Warta
Wien

Giovanni Tateo
Bari

A. T. im Gedenken an
D. Hellmut Traub
Bietigheim

Heidemarie Uhl
Graz

Justus H. Ulbricht
Weimar

Reinhard Urbach
Wien

Jean-Marie Valentin
Paris

Aldo Venturelli
Ancona

Jürgen Viering
Göttingen

Wolfgang Graf Vitzthum
Tübingen

Karl Wagner
Wien

Walter Weiss
Salzburg

Horst Wenzel
Berlin

Manfred Wunberg
Welschbillig

Dokumentationsstelle für neuere
österreichische Literatur
Wien

Institut für Sprach- und
Literaturwissenschaft
der Technischen Universität
Darmstadt

Deutsches Seminar
der Universität
Freiburg im Breisgau

Germanistisches Institut
der RWTH
Aachen

Vorwort

»Glückauf mit Volldampf ins zwanzigste Jahrhundert!« So beendete Samuel Lublinski vor einhundert Jahren den vierten und letzten Band seiner umfangreichen Darstellung über die »Literatur und Gesellschaft im neunzehnten Jahrhundert«.[1] Die Aufbruchstimmung, die aus diesen Worten spricht und über deren Berechtigung Lublinski bereits ein Jahrzehnt später wenig Positives zu berichten wußte, ist keine exklusive Erscheinung der unmittelbaren und hier in Rede stehenden Wende vom 19. zum 20. Jahrhundert, d.h. der Jahre 1899/1900, in denen Lublinskis Werk erschien. Was hier vollmundig und im Rekurs auf den industriellen Fortschritt formuliert wird, beginnt vielmehr schon mit der jungen Naturalisten-Generation, die um 1880 enthusiastisch und selbstbewußt eine ›Revolution der Literatur‹ verkündete. Ob der Revolutionsbegriff hier wirklich am Platze war oder nicht – in jedem Falle wird damit ein Prozeß fortwährend sich überbietender Innovationen in der deutschsprachigen Literatur in Gang gesetzt, der über ein halbes Jahrhundert andauert und erst 1933 gewaltsam abgebrochen wird. Lublinskis Formulierung also steht paradigmatisch nicht nur für die Verabschiedung des 19. Jahrhunderts, sondern für die Dynamik der Kultur zwischen etwa 1880 und 1930.

Es geht in diesem Buch vorwiegend um die literarische Kultur dieser Zeit. Daneben geht es aber auch um ihre Interaktion mit der gesellschaftlichen Kultur, also um Kunstkritik, um Wissenschaftsgeschichte, Architektur, Technik, Industrie etc. – kurzum: um einen komplexen Untersuchungsgegenstand, der in seiner Vielfältigkeit und Heterogenität alles umfaßt, was sich mit den Entwicklungen des (wie man nun bereits sagen muß) vorletzten Fin de siècle verbindet. Seine Signifikanz mag nicht zuletzt in dem Umstand begründet sein, daß sich insbesondere die literarische Kultur jener Jahrhundertwende in einer Reichhaltigkeit präsentiert, wie sie von derjenigen vorangegangener, aber wahrscheinlich auch von derjenigen nachfolgender Epochen nicht leicht wird behauptet werden können: Nie zuvor wurde so intensiv, aber auch nie so diffus und ergebnislos, in so vielen Revuen, Zeitschriften, Journalen, Tageszeitungen über Fragen und Probleme der Literatur debattiert, deren generelle Relevanz man wie selbstverständlich vorauszusetzen schien. All dies bündelt sich in einem nicht weniger diffusen Begriff, auf den die gesamte Kultur der Jahrhundertwende zuläuft; der sich ihr – vor allem der um 1880 einsetzenden ›Revolution der Literatur‹ – verdankt; und in dem

---

[1] Samuel Lublinski, *Literatur und Gesellschaft im neunzehnten Jahrhundert*, 4 Bde., Bd. 4: *Blüte, Epigonentum und Wiedergeburt*, Berlin 1900, S. 186.

dennoch lediglich ein interpretationsbedürftiges Phänomen durch ein anderes ersetzt, doch nicht wirklich expliziert wird – die Moderne.

»Die Moderne ist an allem schuld; aber was ist Moderne?« Was Gotthart Wunberg 1998 in nicht ganz ernstgemeinter Musil-Umschrift formulierte,[2] würde sich, als Ergebnis einer über mehr als 30 Jahre andauernden intensiven Auseinandersetzung mit der Literatur zwischen 1880 und 1930 verstanden, ein wenig dürftig ausnehmen. Ganz im Gegenteil aber bringt die Formulierung vielmehr präzise die Frage auf den Punkt, auf die die hier versammelten Arbeiten in ihrer Gesamtheit (nicht *die*, aber zumindest:) eine wichtige Antwort geben.

Damit sind zugleich Zweck und Legitimation dieses Buches benannt: Etwa Mitte der 60er Jahre, spätestens aber mit Beginn seiner Tätigkeit in Tübingen (1971) setzte Gotthart Wunbergs Beschäftigung mit der modernen Literatur ein, die für seine Studenten, Schüler und Kollegen in zahlreichen Lehrveranstaltungen, Tagungen, Vorträgen etc. nachzuvollziehen war, die sich den interessierten Lesern bisher jedoch nur in der fragmentierten Form von Texteditionen, Vorworten und Aufsätzen erschloß. Die Zusammenstellung der wichtigsten dieser Arbeiten zum 70. Geburtstag des Autors nun markiert eine (vorläufige) Summe dieser Beschäftigung, die für eine nicht existierende literaturwissenschaftliche Monographie zum Thema einstehen kann.

Den Anfang machen die unter dem Titel »Ästhetik und Poetik« versammelten Untersuchungen zu übergreifenden theoretischen und poetologischen Fragen der Moderne, die neben Problemen ästhetischer Wahrnehmung insbesondere den rezeptionsästhetischen Befund der radikalen Unverständlichkeit moderner Literatur formulieren und dessen geschichtsphilosophische und wissenschaftstheoretische Herleitung aus dem Historismus des 19. Jahrhunderts darlegen. Wesentliches Ergebnis ist, daß die höchst divergenten Ausprägungen literarischer Modernität in diesem Befund konvergieren, ihre gemeinsame Zugehörigkeit zu einem größeren Zusammenhang erweisen und demzufolge unter dem Gesichtspunkt weniger ihrer Inhalte als vielmehr ihrer sprachlichen Strategien, ihrer Textverfahren zu lesen sind. Aus dieser Perspektive eines fundamental anderen Verfahrens erweist die literarische Moderne um 1900 ihr Spezifikum. Darüber hinaus manifestiert sich in diesen Beiträgen die Erkenntnis, daß die moderne Literatur nicht als allein deutschsprachiges, geschweige denn deutsches Phänomen verstanden werden kann, sondern stets nur im Rahmen eines zumindest europäischen Kontextes adäquat zu erschließen ist: So finden sich neben Belegen aus der deutschsprachigen Literatur immer wieder Analysen zu Werken der eng-

---

2 Im Vorwort zu: Gotthart Wunberg/Stephan Dietrich (Hrsg.), *Die literarische Moderne. Dokumente zum Selbstverständnis der Literatur um die Jahrhundertwende*, 2., verb. u. komm. Auflage, Freiburg i.Br. 1998 (= Reihe Litterae, Bd. 60), S. 20.

lischen (Oscar Wilde), skandinavischen (Heidenstam, Bang) oder französischen (Huysmans, Baudelaire und vor allem: Flaubert) Literatur.

Diese weite Perspektive auf die Jahrhundertwende haben auch die Beiträge des zweiten Teiles (»Begriffe und Orte«), die vorwiegend aus dem Umfeld von Gotthart Wunbergs editorischer Tätigkeit stammen. Sie entwerfen, ausgehend von der Beobachtung einer Diversifikation der Moderne nach geographischen Räumen (die Metropolen Europas; im deutschsprachigen Raum: Wien, Berlin, München) und unterschiedlichen Varianten (die zahllosen Ismen der Epochen- und Strömungsbezeichnungen zwischen Naturalismus und Expressionismus), ein weitläufiges Panorama der Moderne, das Unterschiede benennt, Grenzen markiert, aber eben auch immer wieder dokumentiert, wie sich das Gemeinsame der Epoche sowohl bereits den Zeitgenossen als auch von heute her darstellt.

Der dritte Teil schließlich bietet Anwendungen zu den Grundlagen, die in den ersten beiden Teilen formuliert wurden. Hier finden sich detailliertere Analysen zu »Autoren und Werken«, die das zuvor Entworfene z.T. am Einzelfall belegen, z.T. differenzieren, die aber auch durch ihre unterschiedlichen methodischen Zugriffe von Bedeutung sind: Das Spektrum reicht von soziologischen und kontext-orientierten Fragestellungen über Textverfahrensanalysen bis hin zu dem Eingeständnis, daß insbesondere beobachtbare Phänomene von mißlingenden Moderne-Entwürfen (Hermann Bahr, Michael Georg Conrad) nurmehr durch kulturwissenschaftliche und Diskurs-Analysen überhaupt angemessen zugänglich gemacht werden können.

Im Durchgang durch die drei Teile des Bandes entsteht so ein Bild der literarischen Moderne der Jahrhundertwende, das paradoxerweise heterogen und homogen zugleich ist: komplex, unübersichtlich, vielschichtig und doch klar, geschlossen und wesentlich eins, wie diese selbst.

Dank gilt den Verlagen, in deren Werken die Beiträge erstmals erschienen sind, für die Abdruckgenehmigungen sowie der Vereinigung der Freunde und Förderer der Eberhard-Karls-Universität Tübingen für finanzielle Förderung. Für Unterstützung bei der Realisierung des Projektes danke ich insbesondere Gunter Narr, Wally Wiest, Ines Lauffer, Horst Schmid und Birte Hamann.

Tübingen, im November 2000 Stephan Dietrich

I. Ästhetik und Poetik

1. Vergessen und Erinnern

Ästhetische Wahrnehmung in der Moderne

Vergessen und Erinnern sind die Konstituenten ästhetischer Wahrnehmung in der Moderne.[1] *Wir finden schön, was wir wiederfinden*; mithin vergessen haben, und woran wir uns wieder erinnern. Das mag zu allen Zeiten so gewesen sein; für die Moderne ist es in besonderem Maße so: Zum einen ist das Subjekt auf sich selbst und seine eigenen Erinnerungen angewiesen, wenn die Normen wegfallen, die ihm sagen, wann etwas schön oder häßlich ist. Zum anderen ist es einem nie vorher dagewesenen Innovationsdruck ausgesetzt; denn die durch Industrialisierung und Technisierung bedingten Veränderungen seit etwa 1830 sind offensichtlich. Folglich müssen Vergessen und Erinnern, wenn sie eine Ästhetik der Moderne konstituieren sollen, in diesen Phänomenen historisch und sozialgeschichtlich begründet werden. Ihre Dia-

---

1 Überlegungen zu einer Wahrnehmungsästhetik der Moderne wie die hier vorgelegten setzen naturgemäß zweierlei voraus: erstens, daß diese Wahrnehmungsästhetik überhaupt einen sinnvollen Ansatz darstellt; d.h. daß es sinnvoll ist, sich mit ihr zu beschäftigen; zweitens, daß sich so etwas wie eine Moderne überhaupt definieren läßt. Beides wäre näher zu bestimmen. In einer Zeit, deren Ästhetik ihre normativen Maßstäbe – die bezeichnenderweise immer produktionsästhetischer, niemals rezeptionsästhetischer Art gewesen sind – aufgegeben oder verloren hat, gleichviel, konzentriert sich die Problematik wie von selbst auf Rezeptionsästhetik, deren wichtigster Teil die Wahrnehmung gerade ist. Mit anderen Worten: Wenn man keine Aussagen (mehr) darüber machen kann, wie ein Kunstwerk aussehen und welche Bedingungen es erfüllen muß, um schön, um ein Kunstwerk zu sein, ist es vielleicht möglich zu sagen, warum trotzdem immer noch dieses Werk schön, ein anderes aber nicht schön gefunden wird. Wenigstens kann nach Rezeption und Wahrnehmung zu einem Zeitpunkt – also heute – mit ganz anderer Berechtigung gefragt werden, da sich zwar nicht die Frage nach dem Produkt, wohl aber eine Antwort darauf verbietet; produktionsästhetisch also streng genommen gar nicht mehr gefragt werden kann. Die Frage, die sich so stellt, ist folgende: Wenn dem Kunstrezipienten, dem Leser (wie man weiß) nicht mehr gesagt werden kann, woran er sich bei der Bildung seines ästhetischen Urteils halten soll, weil die normative Poetik nicht mehr trägt, dann ist er auf sich selbst und seinen Geschmack zurückgeworfen. Das Merkwürdige ist nun, daß der Mensch noch immer – obwohl ihm Maßstäbe gar nicht mehr an die Hand gegeben werden – feststellt, daß er dieses schön, jenes nicht schön findet; und daß er sich sogar mit anderen darüber verständigen kann. Sein Urteilsvermögen richtet sich – so die These – nach seinem Erinnerungsvermögen. Im Kunstwerk erkennt er wieder, was er schon einmal gekannt, aber vergessen hat. – Die Frage nach einer Bestimmung der Moderne hat ihre Vorläufer in der Unterscheidung von ›antik‹ und ›modern‹ der berühmten »Querelle des Anciens et des Modernes« von 1688 bis 1697. Sie stellt sich aber neu angesichts neuer Entwicklungen, die man kurz mit Industrialisierung und Technifizierung zu Beginn des 19. Jahrhunderts umreißen kann. Schlegel zum Beispiel und die deutsche Romantik haben zwar das Problem einer Moderne aufgegriffen, es aber auf den alten Streit bezogen, weil die wirtschaftlichen und erfindungsgeschichtlichen Phänomene sich ihnen nicht zeigten, obwohl es sie bereits gab: Das zeitgenössische England, wo die industrielle Revolution bereits in vollem Gang war, befand sich außerhalb ihres Gesichtskreises; nach Deutschland und Frankreich war die singuläre englische Entwicklung noch nicht gedrungen. Das hier dargelegte Problem habe ich in größerem Rahmen darzustellen versucht in:

lektik läßt sich denn auch an dem zunehmenden Informationsüberschuß seit dem frühen 19. Jahrhundert festmachen (bedingt durch Eisenbahn, Telegraph, Telefon usw.), der zu Vergessen, und somit zu Erinnern, zwingt. Das ästhetische Objekt stellt sich dem erinnernden Subjekt so als Erkenntniszuwachs und Bildgewinn dar. Erinnerungsspuren sind das einzige, worüber das Subjekt tatsächlich verfügt. Das Phänomen heißt Wiedererkennen: *Anagnorisis*.

Nach ein paar Vorbemerkungen zur historischen Bestimmung der Moderne versuche ich, das Problem in vier Schritten zu entfalten. 1. Erinnern und Vergessen; dazu: Orpheus als Paradigma; 2. Anagnorisis als Wiedererkennen von Erinnerungsspuren; mit Homer und Proust als Paradigmen; 3. die daraus resultierende Denkfigur und der Horizont des sozialen Handelns; 4. ein letztes Mal *Anagnorisis* mit Pieter Breughels Bild vom Turmbau zu Babel.

Was die historische Bestimmung der Moderne bedingt, sind diejenigen Erfindungen, die auch für unser heutiges Bewußtsein noch das 19. Jahrhundert prägen: Eisenbahn, später das Automobil, als direkte technische Ableitung aus Dampfmaschine und Verbrennungsmotor; Telegraph, Telefon, später Fernsehen.[2] Zum ersten Mal in der Geschichte der Menschheit bewegt sich im 19. Jahrhundert der Mensch schneller als mit Muskelkraft vorwärts; die Ausnahme bildet lediglich das Segelschiff. Zum ersten Mal ist er nicht auf menschliche oder tierische Kraft angewiesen. Die höhere Geschwindigkeit, die mit dieser neuen Fortbewegungsmöglichkeit erreicht wird, muß sich auf seine Wahrnehmung auswirken: Es ist etwas anderes, ob er sich zu Fuß oder mit der Postkutsche oder gar mit dem Zuge bewegt. Die an ihm vorbeiziehende Landschaft – schon dieser Ausdruck: nicht er zieht an ihr, sondern: die Landschaft zieht an ihm vorbei, ist bezeichnend – nötigt ihn zu einer, wie die Photographen sagen, anderen ›Einstellung‹. Indessen: Dieser Aspekt ist nicht der, der mich hier interessiert, zumal dazu in den letzten Jahren auch einiges gesagt worden ist.[3] Er zielt zwar direkt auf Wahrnehmung und ist von daher interessant genug; mir geht es aber gewissermaßen um ein abgeleitetes Phänomen, das man als Informationsüberschuß bezeichnen kann. Bedingt durch die erleichterte Fortbewegung durch Eisenbahn und Automobil ist es auch leichter geworden, Nachrichten zu transportieren. Dem kommen bald Tele-

---

Gotthart Wunberg, *Wiedererkennen. Literatur und ästhetische Wahrnehmung in der Moderne*, Tübingen 1983. Der vorliegende Beitrag stellt gewissermaßen ein ›abstract‹ der dort genauer belegten Untersuchung dar.

[2] Bezeichnend übrigens, daß alle diese Erfindungen etwas mit Ferne, Entlegenem, zu tun haben, das man heranholt: *Telegraphie, Telefon, Television, Telex*; genauso wie die Verkehrsmittel aller Spielarten von der ersten Eisenbahn über das Auto bis zum Flugzeug zu Beginn unseres Jahrhunderts.

[3] Was allerdings noch der direkten Anwendung auf die Literatur harrt; – vgl. besonders Wolfgang Schivelbusch, *Die Geschichte der Eisenbahnreise. Zur Industrialisierung von Raum und Zeit im 19. Jahrhundert*, München 1977; sowie Klaus Beyrer, *Die Postkutschenreise*, Tübingen 1985 (= Untersuchungen des Ludwig-Uhland-Instituts der Universität Tübingen, Bd. 66).

graph und Telefon, dann auch das Flugzeug zu Hilfe. Um wieviel der Nachrichtenaustausch – im Vergleich zu früheren Zeiten, ja sogar innerhalb weniger Jahrzehnte des 19. Jahrhunderts – zunimmt, läßt sich an den Statistiken ablesen,[4] bei denen ich mich hier nicht aufhalten möchte. Die Akzeleration jedenfalls ist ungeheuer. – Das alles bedingt einen vorher nicht gekannten Informationsschub, ja -überschuß, der – bei einem nur endlichen Fassungsvermögen des menschlichen Gehirns – dazu führt, daß auch mehr vergessen wird als vorher.

1. Erinnern und Vergessen

Ich versuche also im folgenden, meine wahrnehmungsästhetischen Überlegungen zur Moderne in einer so bedingten *Dialektik von Vergessen und Erinnern* zu lokalisieren. – Eine Ästhetik, die für sich in Anspruch nimmt, in diesem Konstrukt aufzugehen und es als konstitutiv speziell für die Moderne einzusetzen, muß dies als historisch bedingt, d.h. als unausweichlich erweisen, und zwar auf dem Wege über eine sozialgeschichtliche Vermittlung. Daher die oben gemachten Andeutungen. Sie mögen hier zur Begründung dafür genügen, daß Wissenszuwachs und Erfahrungsdruck[5] für das erste Drittel des 19. Jahrhunderts – nach einigen voraufgehenden Entwicklungen des späten 18. Jahrhunderts, die in die gleiche Richtung weisen – spezifisch sind. Der Beginn der Moderne ist, wenn nicht mit diesem Zeitraum anzusetzen, so doch mit ihm in Zusammenhang zu bringen. – Wenn jetzt Vergessen und Erinnern als Konstitutiva für eine Wahrnehmungsästhetik genannt werden, dann sind – und das ist mir wichtig – diese Kategorien jedenfalls sozialgeschichtlich begründet.

Im Zusammenhang der Wertungsdebatte der letzten fünfundzwanzig Jahre[6] ist gesagt worden, daß ein Werk sich in permanenter Reflexion als gutes oder schlechtes zu erweisen habe (von Emrich im Anschluß an Walter Benjamin; von diesem im Anschluß an Friedrich Schlegel). Und ich stimme dem zu.[7] Nur: Wenn das Werk sich – solchermaßen der Reflexion des Subjekts standhaltend – als beständig und damit ›gut‹ erweist; wie kommt das Vergnügen zustande, das ich vor ihm habe, das mich immer wieder zu ihm zurücktreibt? Wohin überhaupt treibt es mich, wenn ich das Vergnügen oder den Genuß am Kunstwerk suche? Die jüngsten Überlegungen zu diesem

---

[4] Vgl. z.B. Gerd Hohorst u.a. (Hrsg.), *Sozialgeschichtliches Arbeitsbuch. Materialien zur Statistik des Kaiserreichs 1870-1914*, München 1975.

[5] Vgl. Wolf Lepenies, *Das Ende der Naturgeschichte. Wandel kultureller Selbstverständlichkeiten in den Wissenschaften des 18. und 19. Jahrhunderts*, Frankfurt/Main 1978.

[6] Der Beitrag erschien erstmals 1988. [Anm. d. Hrsg.]

[7] Vgl. Norbert Mecklenburg (Hrsg.), *Literarische Wertung. Texte und Entwicklung der Wertediskussion in der Literaturwissenschaft*, Tübingen 1977 (= Deutsche Texte, Bd. 43); darin u.a. meinen Beitrag: Interpretation und Wertung. Kritische Bemerkungen zu Wilhelm Emrich, S. 70-81.

(wie man wohl sagen muß:) Reiz-Begriff stammen von Hans Robert Jauß, der geradezu von »Selbstgenuß im Fremdgenuß« spricht.[8] Auch das scheint mir Richtiges zu sagen. Trotzdem bleibt die Frage, wie es dazu kommt, auch bei dieser Bestimmung noch offen. Sie läßt sich erst beantworten, wenn man die ästhetische Wahrnehmung selbst untersucht. Und die nun stellt sich folgendermaßen dar:

Wir finden schön, was wir schon kennen; besser gesagt, was uns bekannt vorkommt; etwas, in dem wir eine Erinnerungsspur[9] finden können. Das partielle Wiedererkennen von bereits Bekanntem, aber Vergessenem, bietet uns Genuß. Übrigens keineswegs nur im ästhetischen Bereich im engeren, sondern durchaus im weitesten Sinne: Auch das Gesicht eines fremden Menschen ist uns nur deshalb sympathisch, weil wir in ihm Spuren eines anderen – geliebten – Gesichtes wiedererkennen; oder umgekehrt. Wir lesen so lange in den Zügen dieses Gesichtes, bis es uns diese Erinnerung an das andere, erste Gesicht, preisgibt. So auch in Bildern, in der Musik[10] und – in viel komplizierterer Weise – in der Literatur. – Das ist aber noch nicht alles: Die ausgemachten Erinnerungsspuren fordern auf, den unbekannten Rest zu erfahren; den Ort, wohin diese Spuren führen. Der innovatorische, wenn man so will progressive Aspekt ästhetischer Erfahrung liegt gerade im Aufforderungscharakter, der diese Spuren auszeichnet: Aufforderung nämlich zur Vervollständigung. Das also, was in anderem Zusammenhang Iser die »Apellstruktur der Texte« genannt hat.[11] Darin transzendiert das Subjekt das Faktum des bloß Wiedererkannten. Darin liegt, mit Bloch zu sprechen, sein utopischer Charakter. – Aber Erinnern ist die Bedingung solchen Wiedererkennens (das uns später noch als *Anagnorisis* beschäftigen wird). Erinnern nämlich ist mehr als ein subjektivistischer Akt.

1.1 Erinnern

Erinnern überhaupt konstituiert Geschichte. Da aber Erinnern immer Erinnerung von Vergessenem ist, gehört Vergessen immer dialektisch dazu. Das eine ist nicht ohne das andere denkbar; aber zugleich kann doch das Erinnern nicht sein, wo das Vergessen ist; und umgekehrt.

Die Geschichte des menschlichen Bewußtseins läßt sich geradezu aus der Geschichte von Vergessen und Erinnern begreifen. Die Tatsache, überhaupt darüber nachdenken zu können, selbst, ist durch solche Dialektik bedingt.

---

8 Hans Robert Jauß, *Ästhetische Erfahrung und literarische Hermeneutik I*, München 1977.
9 Ich benutze hier den Freudschen Begriff; vgl. dazu weiter unten, besonders Anm. 15.
10 Vgl. die eingehende Untersuchung von Hans Werbik, *Informationsgehalt und emotionale Wirkung von Musik*, Mainz 1971.
11 Vgl. Wolfgang Iser, *Die Appellstruktur der Texte. Unbestimmtheit als Wirkungsbedingung literarischer Prosa*, Konstanz 1970 (= Konstanzer Universitätsreden, Bd. 28).

Der Zeitpunkt, den wir als ersten fixieren möchten, ist der, von dem wir annehmen, daß er auch zum erstenmal Gegenstand erinnernder Fixierung gewesen sei: der Punkt, da Prähistorie in Historie übergeht, wo Schriftliches zum erstenmal überliefert ist; d.h. die Vorgeschichte, die erst in dem Moment als Vorgeschichte sie selbst wird, da sie als solche *a posteriori* benannt ist. Der historisch denkende, d.h. der historisch gewordene Mensch bestimmt sich erst aus der Dialektik von Vergessen und Erinnern. Mit ihr stemmt er sich über Jahrtausende hinweg gegen den Strom der alles – auch sein Gedächtnis – trübenden Zeit. Den Pfahl dieser Dialektik von Vergessen und Erinnern schlägt er ins Fleisch der Zeit; im nachhinein. An dieser Dialektik kristallisiert sich das, woran der Mensch sich ablesen kann; das, was von ihm bleibt. Sie setzt an, was er ist. Sie dominiert seine Wahrnehmung überhaupt und so auch seine ästhetische. Vergessen und Erinnern sind deshalb für eine Ästhetik konstitutiv, weil ästhetische Erfahrung und ästhetische Wahrnehmung soviel bedeuten wie Wiedererkennen (*Anagnorisis*) dessen, was ich schon einmal gewußt und in diesem Sinne gehabt habe. Daß ästhetische Erfahrung partielles Wiedererkennen von Vergessenem ist, bezeichnet den Horizont, in dem alles Folgende zu verstehen ist.

Vergessen wird als ästhetisches Konstituens erst in dem Augenblick wichtig, wo das Vergessene vermißt wird. Vermißt wird das Vergessene erst da, wo es sich nicht ständig aus sich selbst erneuert: in der Moderne. Historisch gesehen garantiert lediglich der Mythos die Selbsterneuerung des Vergessenen. Er setzt die Omnipräsenz der Götter in der Natur voraus; sie können – als das Wichtigste – nicht vergessen werden, weil die Natur sie stets neu und fraglos präsentiert. Und die Fruchtbarkeitsriten (Dionysien im alten Griechenland, Isis-, Osiris-Feste im alten Ägypten usw.) entsprechen dem wie von selbst durch die Orientierung am Jahreskreislauf als dem Naturkreislauf. Bereits in der positiven Religion aber, als dem institutionalisierten Mythos dann also, ist das anders. In ihr tut der Mythos seinen ersten Schritt in die Säkularisation, sozusagen den ersten in Richtung auf die Moderne. Um das im Mythos Manifeste zu erhalten, nicht verloren gehen zu lassen, wird dieser dann in der Religion institutionalisiert.

Bereits der zentrale Satz des Christentums z.B.: »Das tut zu meinem Gedächtnis!« (nach Lukas 22,19) – die Einsetzungsworte Christi beim Abendmahl – zielt auf potentielles Vergessen, auf Vergeßbarkeit als Bedingung des Menschen überhaupt; rechnet mit Vergessen, steht aber gegen es auf, geradezu. Dieser Imperativ will dem drohenden Vergessen durch institutionalisiertes Erinnern Einhalt gebieten. Hier wird Tradition eingesetzt, um Vergessen zu verhindern. Sie ist die Stiftung des aufgehobenen, des erledigten, des rückgängig gemachten Vergessens für alle; einfacher gesagt: Tradition bewahrt auf für alle, was alle sonst vergessen würden. Tradition ist die Erinnerung aller für alle: institutionalisierte oder sozialisierte Erinnerung folglich.

1.2 Vergessen

Vergessen dagegen ist nicht wie Erinnerung und Erinnern institutionalisiert und nicht institutionalisierbar. Vergessen hat – verglichen mit Erinnern – kein Äquivalent zu Tradition aufzuweisen. Wo das Erinnern durch die Fixierung der Tradition seine letzte mythische und dann auch religiöse Bedeutung verliert, gewinnt es in eben dieser Institutionalisierung als Tradition seine gesellschaftliche hinzu. Erinnerung ist künftig – bis heute – nur noch als gemeinsame, d.h. gesellschaftlich bedingte möglich. Wenn Tradition so die institutionalisierte oder sozialisierte Form der Erinnerung ist, dann entspricht dem für das Vergessen als manifeste Form der Freudsche Begriff der Verdrängung. Die Psychoanalyse definiert Verdrängung bekanntlich als den zumeist unbewußten psychischen Vorgang im Individuum, durch den bestimmte bewußte Inhalte der Vergessenheit überlassen werden, die der Befriedigung anderer Triebe oder einem anderen Lustgewinn im Wege stehen. Es ist somit die – wenngleich unbewußte – aktive, oder doch quasi-aktive Form des Vergessens. Es gibt zwar natürlicherweise keine institutionalisierte Form des Vergessens, wie es institutionalisierte Formen der Erinnerung in Fülle gibt. Aber es gibt doch manifeste Formen des Vergessens, die in eine Analogie zu bringen wären, wie sie die Erinnerung in ihren sozialisierten, verdeckten Formen darstellt. Eine solche manifeste Form des Vergessens wäre die Verdrängung. Wenn Freud recht hat, dann ist das Phänomen Verdrängung zwar erst von ihm entdeckt, vom Individuum aber bereits seit Urzeiten praktiziert worden. Wichtig ist am Freudschen Verdrängungs-Modell für unseren Zusammenhang, daß ein Trieb zugunsten eines anderen, genauer gesagt: »Gedanken, Bilder, Erinnerungen« – also im Gedächtnis Gelagertes – zugunsten eines größeren oder vermeintlich größeren Lustgewinnes preisgegeben wird.[12] (Hier wird übrigens als psychopathologisches Symptom beschrieben, was Nietzsche als die Notwendigkeit zu leben bezeichnet hat.) Das gibt der gehirnphysiologisch gemachten Beobachtung recht, daß unter dem Ansturm neuer Informationen alte preisgegeben werden müssen, wenn das Individuum überleben will. Freud argumentierte in diesem Zusammenhang bekanntlich mit psychoökonomischen Gesichtspunkten; nämlich damit, daß das Individuum bereits vorhandenen Lustgewinn zugunsten eines neuen, vermeintlich größeren Lustgewinnes fahren läßt. Angewandt auf unsere Probleme bedeutet das: Es ist auch psychoanalytisch richtig gedacht, hier von Vergessenszwang zu sprechen. Wende ich den Verdrängungsbegriff ins Gesellschaftliche, dann hat Verdrängung mit dem Freudschen Realitäts-

---

[12] Vgl. Jean Laplanche/Jean-Bertrand Pontalis (Hrsg.), *Das Vokabular der Psychoanalyse*, Frankfurt/Main 1973, S. 582; – das heißt: Freud geht zwar bei seinen Überlegungen vom psychisch kranken Individuum aus, stellt aber fest, daß auch das psychisch gesunde Individuum die gleichen Strukturen aufweist. Und daß nur dort, wo dergleichen Vorgänge überhandnehmen, von pathologischen Verhältnissen gesprochen werden kann.

prinzip zu tun und zielt auf Überleben, und zwar auf Überleben mit Anderen.[13]

1.3 Orpheus als Paradigma

Erinnern und Vergessen als Kategorien anzusetzen, bedeutet einerseits: die ästhetische Wahrnehmung an die Lebens- und Alltagswelt zurückzubinden, weil immer und überall vergessen und erinnert wird; andererseits: sie gerade als besondere herauszuheben, die den ›Menschen gegenüber dem Kunstwerk‹ vor allen anderen Menschen auszeichnet.

Es ist nicht von ungefähr, daß sich gerade an Orpheus, den Sänger, die Sage über den Versuch knüpft, einen Menschen aus der Unterwelt zurückzuholen: wenn man ihn als den Versuch versteht, eine, *die* Erinnerung (nämlich die liebste) dem Vergessen zu entreißen. Der Fehler, den Orpheus macht, und weshalb der Versuch dann mißlingt, besteht darin, daß er Eurydike nicht als Erinnerung akzeptiert, sondern sie vielmehr behandelt, als sei sie wirklich. (Denn das Kunstwerk ist immer zwar aus Wirklichem, aus Realitätspartikeln gemacht, aber selbst nicht wirklich; d.h. Fiktion.) Er will seine Erinnerung anfassen. Wenn wir unsere Erinnerungen wie wirkliche Vorgänge behandeln, entziehen sie sich; sind sie keine. Erinnerungen sind nur im Erinnern präsent; nicht als Pragma. Die äußerste Konkretion, die sie zu erreichen vermögen, ist das Kunstwerk: Hätte Orpheus seine Eurydike besungen, gar etwas über sie aufgeschrieben, statt sie anzusehen: Sie wäre ihm erhalten geblieben; im Lied, im Gedicht, in einer Kunstfigur, folglich; man könnte auch sagen: in einer ›Denkfigur‹. D.h. er hätte sie sozusagen adäquat behandelt. Aber darüber ist bezeichnenderweise nichts überliefert. In der zweiten Potenz gewissermaßen stände sie ihm zur Verfügung, nicht in der ersten: als Kunstgegenstand folglich, nicht aber als realer.

Orpheus versucht, Eurydike dem Vergessen zu entreißen, wenn er sie aus der Unterwelt heraufholen will, die von der Tageswelt durch den Lethe-Fluß, den Fluß des Vergessens, getrennt ist. Die Bedingung, Eurydike nicht anzuschauen, ist die Bedingung, sie zu vergessen. Mit anderen Worten: Wenn Orpheus Eurydike vergißt, wird er sie wiedergewinnen; weil nur der, der vergißt, sich auch zu erinnern, weil er sie nur im Erinnern wieder zu gewinnen vermag. Ein dialektischer Vorgang also. Hier ist Vergessen als Methode angewandt: Wer zu vergessen vermag, vermag sich zu erinnern.

Der Mythos von Orpheus und Eurydike jedenfalls erklärt, daß es zwar möglich ist, unsere Erinnerungsobjekte ihrem Vergessen zu entreißen, daß sie aber gewissermaßen ihre eigene Behandlung fordern, wenn sie bleiben sollen. Das führt zurück zur ästhetischen Erfahrung selbst, für die der My-

---

[13] Das hängt zusammen mit dem, was unten unter 3. diskutiert wird: mit ästhetischer Erfahrung und sozialem Handeln (›Probebehandlung‹).

thos von Orpheus lediglich als Verdeutlichung steht: Benjamin konstatierte bekanntlich, es sei fraglich, ob die Schönheit, welche dauere, so überhaupt noch heißen dürfe.[14] Dieser Satz definiert exakt das Schöne als das Schwindende: Eurydike. Orpheus möchte Eurydike dem Vergessen entreißen und erhält seine Erinnerung. Diese – die nicht Eurydike selbst, sondern nur die Erinnerung von ihr (!) ist – entzieht sich ihm, da er sich ihr gegenüber wie zu einem realen Objekt verhält: Er will sie anschauen. Der Erinnerungsgegenstand ist aber nicht anzuschauen, er ist nur zu erinnern. Anzuschauen wäre er nur im Kunstwerk: in einer von diesem Erinnerungsobjekt verfertigten Plastik, die dann Eurydike hieße; in dem Gedicht über sie, das ihren Titel trüge: in dem ihre Erinnerung zur Poiesis, zum ›Gemachten‹ würde. Orpheus verliert sein Erinnerungsobjekt, weil er – es verwechselnd – es wie ein reales behandelt. Der Orpheus-Mythos lehrt die Differenzierung zwischen realem Gegenstand und erinnertem; zwischen Realität und Erinnerung, und zwar auf dem Weg über seine Rezeption. Er lehrt, mit anderen Worten, überhaupt die Ermöglichung des ästhetischen Gegenstandes. Was einmal vergessen ist, ist als reales Objekt nicht wiederherzustellen, wohl aber als ästhetisches.

Positiv gewendet: Für die ästhetische Erfahrung ist der ästhetische Gegenstand der vorgängig vergessene, in der Erinnerung aber restitutierte. Konstituiert wird dieses Objekt konkret in der künstlerischen Fixierung: indem die Erinnerung beschrieben, gemalt, gesungen (komponiert) wird. Entsprechend stellt die ästhetische Wahrnehmung das ästhetische Objekt aus der Dialektik von Vergessen und Erinnern wieder her.

2. Anagnorisis: Wiedererkennen von Erinnerungsspuren

2.1 Erinnerungsspuren

Wenn Erinnern und Vergessen die ästhetische Wahrnehmung konstituieren, dann stellt sich das Kunstwerk folglich als objektives Substrat von ›Erinnerungsspuren‹ dar. Dementsprechend ist *das Kriterium für ästhetische Wahrnehmung das Wiedererkennen dieser Erinnerungsspuren*: d.h. zugleich partielle und komplettierende Erinnerung. Anders ausgedrückt: Das ästhetische Subjekt ist darauf angewiesen, Erinnerungsspuren zu entdecken, um sich überhaupt für den Gegenstand (hier den ästhetischen) zu interessieren. Das Schöne – wenn man es denn so nennen will – ist nicht ›an sich‹ schön, sondern nur insofern, als ich es als Schönes wiedererkenne; ich finde schön, was ich wiederfinde.

Das bedeutet: Schönheit stellt sich dar in der Vervollständigung wieder aufgefundener Erinnerungsspuren; oder: Das künstlerische Objekt stellt sich dem ästhetischen Subjekt als schönes dar, wenn und indem es sich als die

[14] Walter Benjamin, Ursprung des deutschen Trauerspiels, in: W.B., *Gesammelte Schriften*, hrsg. von Rolf Tiedemann/Hermann Schweppenhäuser, Bd. I.1, Frankfurt/Main 1974, S. 357.

Möglichkeit erweist, in ihm ausgemachte Erinnerungsspuren[15] zu vervollständigen. Das Ganze nenne ich *Anagnorisis*. Ihr Kriterium ist: Evidenz; erfüllter Augenblick; Offensichtlichkeit. Sigmund Freud nimmt eine »Erinnerungslust« an und leitet sie her aus der Feststellung, daß ja auch Erkennen durch »Erleichterung des psychischen Aufwandes lustvoll« sei. »Bei den nahen Beziehungen«, sagt er, »zwischen Erkennen und Erinnern ist die Annahme nicht mehr gewagt, daß es auch eine Erinnerungslust gebe, d.h. daß der Akt des Erinnerns an sich von einem Lustgefühl ähnlicher Herkunft begleitet sei«.[16] Erinnerung und Erkenntnis hängen also aufs engste miteinander zusammen.

Das, wozu die Erinnerungsspuren aufrufen, ist Vervollständigung des nur zum Teil Erkannten, weil nur zum Teil aus der Erinnerung Wiedererkannten; durch Reflexion. Reflektierbarkeit heißt so das Kriterium für die Unterscheidung von guten und schlechten Texten, von guten und schlechten Werken überhaupt: Der gute Text läßt mehr, länger, öfter reflektieren als der schlechte. Umgekehrt: Der schlechte ist bald zu Ende reflektiert.[17] Es ist das, was Robert Musil meinte, wenn er sagte: »Die Unsterblichkeit der Kunstwerke« sei »ihre Unverdaulichkeit«.[18]

Im Zusammenhang ästhetischer Diskussionen überhaupt auf Reflexion abzuheben, also einen quasi-erkenntnistheoretischen Begriff, kann nur dann gerechtfertigt sein, wenn zugleich im Blickfeld bleibt, was damit an spezifisch Ästhetischem zustandekommt. Mit dem Erkenntniszuwachs, nun, stellt sich ein Bildgewinn ein. Ich habe etwas hinzugewonnen, das sich durch diese, mir zugewachsene, neue Erkenntnis überhaupt erst konstituiert hat. Ich besitze ein Bild, das ich vorher nicht besaß.

Aber weder mit bloßer Erkenntnis, noch mit dem bloßen Bild, das unbeweglich und starr das Erkannte fixiert, hätte ich etwas Neues, das ich auch

---

15 Um den Begriff der Erinnerungsspuren hier sinnvoll verwenden zu können, muß nicht besonders umfassend auf das Freudsche Gedächtnis-Modell eingegangen werden. Eines seiner Beispiele jedoch ist so plastisch, daß es wenigstens erwähnt werden soll: Freud hat in seiner sogenannten »Notiz über den ›Wunderblock‹« (1925) am Beispiel einer zeitgenössischen Erfindung augenfällig dargelegt, was er meint; und worum es auch hier geht. Der Wunderblock ist jene Schreibtafel, auf der man sich Notizen machen kann, die wieder gelöscht werden können, so daß der Block erneut verwendet werden kann. Anders als bei der Schiefer- oder Wachstafel aber, mit denen der Wunderblock einiges gemeinsam hat, sind die eingedrückten Notizen jedoch rekonstruierbar, bleiben gar bei besonderen Lichtverhältnissen, Blickwinkel usw. wahrnehmbar und ablesbar. Das entscheidende Charakteristikum dieses kleinen Apparates besteht für Freud darin, daß er »also nicht nur eine immer von neuem verwendbare Aufnahmefläche wie die Schiefertafel, sondern auch Dauerspuren der Aufschreibung wie der gewöhnliche Papierblock« liefert (Sigmund Freud, Notiz über den »Wunderblock«, in: S.F., *Psychologie des Unbewußten*, Frankfurt/Main 1975 [= Freud-Studienausgabe, Bd. 3], S. 363-369). Beziehen wir nun das Ganze auf unseren Zusammenhang zurück, so hat das unter der grundsätzlichen Überschrift zu stehen, daß Freud eine »Erinnerungslust« annimmt.

16 In dem Abschnitt »Der Lustmechanismus und die Psychogenese« in: Sigmund Freud, Der Witz und seine Beziehung zum Unbewußten, in: S.F., *Psychologische Schriften*, Frankfurt/Main 1970 (= Freud-Studienausgabe, Bd. 4), S. 115.

17 Vgl. Anm. 7.

18 Robert Musil, *Essays und Reden*, hrsg. von Adolf Frisé, Hamburg 1955, S. 581.

gebrauchen und verwenden könnte. Und so geht es denn um eine Denkfigur, die mir nützen kann: eine Figur, der ich nach-denken, an der ich entlangdenken kann. Reflektieren (ins Literaturwissenschaftliche gewendet: Interpretieren) verhilft mir zu einer Kunstfigur, dann zu einer Denkfigur, die auch für anderes gut ist; gut nämlich fürs Interpretieren dieser Welt überhaupt. Die aus der Kunstfigur durch die Vervollständigung der Erinnerungsspuren gemachte Denkfigur, nämlich, läßt handeln.

2.2 Homer und Proust als Paradigmen

Auch hier – wie für Vergessen und Erinnern – ein Exempel zur Erläuterung. Es findet sich in einer grandiosen Szene am Anfang der europäischen Literatur, im 19. Gesang der »Odyssee«, wo die alte Amme Erykleia den heimgekehrten Odysseus, den sie als Kind gesäugt und gepflegt hat, an einer Narbe wiedererkennt.[19]

Diese Szene ist ein *Anagnorisis*-Paradigma. Die alte Amme erkennt den Heimgekehrten als erste; aber nicht nur dies, es ist differenzierter. Erstens: Sie erkennt ihn nicht sogleich, sondern erst langsam; zweitens: Sie erkennt ihn gerade nicht als Odysseus, nicht direkt, sondern an der Narbe – also an einem Zeichen, das ihre Erinnerung für ihn und nur für ihn aufbewahrt; drittens: Sie darf – das läßt der so Erkannte nicht zu – davon keinen Gebrauch machen, darf damit nicht an die Öffentlichkeit.

Nimmt man diese Situation als Paradigma für ästhetische Wahrnehmung ernst, so bedeutet das dementsprechend ebenfalls dreierlei. Erstens: Das ästhetische Objekt verbirgt sich dem ästhetischen Subjekt zunächst, so wie Odysseus in seiner Identität der Amme Eurykleia verborgen ist; – zweitens: Das ästhetische Subjekt macht seine Wahrnehmung an einer Partialität fest, die ihm vertraut ist; es geht ihm wie der Amme mit der Narbe des Odysseus, die das einzige ist, was sie an ihm als von früher vertraut, trotz der Verklei-

[19] Mit den Worten Erich Auerbachs, der die Begebenheit zusammenfaßt, lautet sie folgendermaßen: »Die Leser der Odyssee erinnern sich der wohlvorbereiteten und ergreifenden Szene im 19. Gesange, in der die alte Schaffnerin Eurykleia den heimgekehrten Odysseus, dessen Amme sie einst war, an einer Narbe am Schenkel wiedererkennt. Der Fremdling hat Penelopes Wohlwollen gewonnen; nach seinem Wunsch befiehlt sie der Schaffnerin, ihm die Füße zu waschen, wie dies in allen alten Geschichten als erste Pflicht der Gastlichkeit gegenüber dem müden Wanderer üblich ist; Eurykleia macht sich daran, das Wasser zu holen und kaltes mit warmem zu mischen, indes sie traurig von dem verschollenen Herrn spricht, der wohl das gleiche Alter haben möge wie der Gast, der jetzt vielleicht auch, wie er, irgendwo als armer Fremdling umherirre – dabei bemerkt sie, wie erstaunlich ähnlich ihm der Gast sehe – indem Odysseus sich seiner Narbe erinnert und abseits ins Dunkle rückt, um die nun nicht mehr vermeidbare, ihm aber noch nicht erwünschte Wiedererkennung wenigstens vor Penelope zu verbergen. Kaum hat die Alte die Narbe ertastet, läßt sie in freudigem Schreck den Fuß ins Becken zurückfallen; das Wasser fließt über, sie will in Jubel ausbrechen; mit leisen Schmeichel- und Drohworten hält Odysseus sie zurück; sie faßt sich und unterdrückt ihre Bewegung. Penelope, deren Aufmerksamkeit zudem durch Athenes Vorsorge von dem Vorgang abgelenkt wurde, hat nichts gemerkt.« (Erich Auerbach, *Mimesis. Dargestellte Wirklichkeit in der abendländischen Literatur*, Bern [6]1977, S. 5).

dung, festzustellen vermag; sie vervollständigt diese Partialität im Akt der *Anagnorisis*; ja, diese kommt dadurch erst zustande; – drittens: Die Kenntnis, die dem ästhetischen Subjekt zuteil wird, ist zunächst Geheimnis zwischen ihm und dem Objekt: geheime Kommunikation, Geheimnis überhaupt. Das ästhetische Subjekt möchte sich, seine neue Erfahrung mitteilen, Mitwisser haben. Aber das ästhetische Objekt versagt ihm, wie Odysseus der Eurykleia, Mitwisser und Öffentlichkeit; die ästhetische Erfahrung bleibt bis auf weiteres eine private.

Anagnorisis treibt aber über sich hinaus. Der Begriff des Wiedererkennens setzt, ob er nun der Modus ästhetischer Erfahrung ist oder nicht, Kennen voraus. Wichtig ist daran, daß es aber im Akt der *Anagnorisis* beim Wiedererkennen des bereits Gekannten nicht bleibt: Eurykleia erkennt zwar die Narbe des Odysseus wieder, weil sie sie kennt; zugleich aber erkennt sie mit ihr und in ihr natürlich mehr als nur diese Narbe allein: Sie erkennt den ganzen Odysseus, obwohl er durch seine ärmliche Kleidung doch gerade unkenntlich ist. – Umgekehrt: Nur wenn an dem Kunstobjekt irgend etwas ist, das wiedererkannt werden kann, weil es bereits bekannt ist, vermag erstens Wiedererkennen dieser Partialität überhaupt stattzufinden und vermag darüber hinaus zweitens das Ganze auf dem Wege der Vervollständigung von Erinnerungsspuren erkannt zu werden. Verfährt man entlang diesem Paradigma, dann sagt es etwas über das Objekt, das Subjekt und die ästhetische Erfahrung. Das ästhetische Objekt verweigert sich wie Odysseus der Erkenntnis und dem Wiedererkennen; d.h. es erscheint (wie Odysseus) nicht als es selbst, sondern entstellt. Entstellung ist für Benjamin die »Form, die die Dinge in der Vergessenheit annehmen«.[20] – Das ästhetische Subjekt ist auf eine von früher gekannte Partialität dieses Objekts, wie die Amme Eurykleia auf die Narbe, geradezu angewiesen, um darin seine *Anagnorisis* festzumachen und das Ganze erkennen zu können. – Und schließlich: Privatheit und Öffentlichkeit sind (in dieser Reihenfolge) die Konsequenz gemachter ästhetischer Erfahrung.

Die Wiedererkennungsszene im 19. Gesang der »Odyssee« dramatisiert das Phänomen ästhetischer Erfahrung, der sich Schönheit in der Vervollständigung aufgefundener Erinnerungsspuren bedient.

Der *locus modernus*, nun, des Erinnerns ist ein *locus amoenus*: Prousts berühmter Roman. Seinem vergleichsweise trockenen und philosophisch-abstrakten Gesamttitel hat er von Angang an in den Überschriften der Einzelbände schon poetische Varianten beigegeben, in denen er durchspielt, was er zu sagen hat. »Gärten in einer Tasse Tee« (»Jardins dans une tasse de Thé«)[21] war für den ersten Band vorgesehen, ehe er – schon in halber Wen-

[20] Walter Benjamin, Franz Kafka. Zur zehnten Wiederkehr seines Todestages, in: *Schriften* (Anm. 14), Bd. II.2, S. 431.

[21] Vgl. Prousts Brief an Louis de Robert, Sommer 1913 (Marcel Proust, *Briefe zum Werk*, Deutsch von Wolfgang A. Peters, ausgewählt und hrsg. von Walter Boehlich, Frankfurt/Main 1964, S. 268).

dung zurück zum Abstrakt-Verstaubten – »In Swanns Welt« heißen sollte (»Du côté de chez Swann«); wobei es dann blieb. Etwas wunderlich, dieser Titel: »Gärten in einer Tasse Tee«; aber nur solange, als man nicht weiß, worum es sich handelt: Wenn man die Passage mit der Madeleine und dem Lindenblütentee nicht gelesen hat, bei deren Genuß sich die Erinnerung an die Kindheit des Helden einstellt. Die Stelle bei Proust macht noch etwas anderes deutlich: daß die Entscheidung darüber, was ein Kunstwerk ist, nicht im Objekt fällt, sondern im Subjekt: »Es ist ganz offenbar, daß die Wahrheit, die ich suche, nicht in ihm [d.i. dem Tee] ist, sondern in mir«.[22] Liest sich schon diese Passage wie ein Traktat über die *mémoire involontaire*, dann erst recht, neben einigen anderen,[23] ein Brief an René Blum von Anfang November 1913. Der formuliert im Zusammenhang mit dem Roman den (wohl wichtigsten) Satz, »daß wir das Leben nicht schön [!] finden, weil wir es nicht in die Erinnerung zurückrufen; – kaum aber nehmen wir einen Duft von früher war, wie sind wir dann plötzlich berauscht«.[24] – Er bestätigt die hier vorgelegten Hypothesen: Ästhetische Erfahrung ist nichts Spezifisches; sie wird es erst. *Schön ist, was der Erinnerung erscheint*; d.h. als Verlorenes, als verloren Geglaubtes. Schön ist, was der Rekonstruktion bedarf; eben: das dem Vergessen Anheimgefallene.

3. Denkfigur und Horizont sozialen Handelns

Die als Kunstfigur gewonnene Denkfigur bleibt leer, wenn nicht deutlich wird, wozu mit ihrer Hilfe gedacht werden soll; anders ausgedrückt: Sie bleibt leer, wenn nach ihr nicht auch gehandelt werden kann.

Wer – als ästhetisches Subjekt – in extremer Privatheit seine ästhetische Erfahrung gemacht hat – und ästhetische Erfahrung ist zunächst privat –, muß mit sich selbst darüber ins Klare kommen, welchen Wert er der jeweiligen ästhetischen Erfahrung beimessen will. Das kann er nur auf dem Weg über eine Anstrengung, die ihn zum Dialog mit anderen führt. *Die Verständigung über ästhetische Erfahrung ist dialogisch; nicht monologisch*. Das gilt selbst noch für Hermetik und Esoterik in Literatur und Philosophie, deren Kreise – von Ficino bis George – stets gerade diesen Austausch zu garantieren hatten. Ja, der Schritt von *privacy* in Öffentlichkeit ist nicht einmal ein freiwilliger. Er vollzieht sich unter dem Druck der Legitimation nach außen, ja sogar bereits unter dem der Selbstlegitimation.

Entsprechend Jürgen Habermas' zweiter These aus »Erkenntnis und Interesse«, seiner Frankfurter Antrittsvorlesung von 1965, daß Erkennen »in

[22] Marcel Proust, *Auf der Suche nach der Verlorenen Zeit. I: In Swanns Welt*, deutsch von Eva Rechel-Mertens, Frankfurt/Main/Zürich 1954, S. 70f.

[23] Vgl. auch den großen Brief Prousts an den Prinzen Antoine de Bibesco vom November 1913 (*Briefe* [Anm. 21], S. 231ff.), in dem apodiktisch das Verhältnis zu Bergson geklärt wird; oder den an Louis de Robert vom Sommer 1913 (*Briefe* [Anm. 21], S. 279ff.).

[24] Proust, *Briefe* (Anm. 21), S. 279.

gleichem Maße Instrument der Selbsterhaltung« ist, »wie es bloße Selbsterhaltung transzendiert«,[25] strebt auch und gerade das ästhetische Subjekt danach, sich auf andere Subjekte gleichsam anzuwenden, soziologisch formuliert: Es strebt nach sozialer Interaktion. Das ästhetische Subjekt überträgt so seine in der ästhetischen Erfahrung gewonnene Erkenntnisstruktur auf soziales Handeln.[26] Wie jede Erfahrung, tendiert auch die ästhetische – als die ästhetische Wahrnehmung überhaupt erst zu sich selbst kommt – nach Erfahrungsaustausch; und damit nach Öffentlichkeit. Das ästhetische Subjekt vermag in der sozialen Interaktion dasjenige weiterzugeben, was es in der ästhetischen Vervollständigung der Erinnerungsspuren geübt und gelernt hat: Phantasie. Diese hat im Bereich sozialer Interaktion den Charakter der Innovation. Das heißt – konkret gesprochen: Wer ästhetisch wahrgenommen hat, kann z.B. auch sozial anders handeln; wer am Beispiel Kunst und Literatur gelernt hat, Erinnerungsspuren produktiv mit Reflexion und Phantasie zu nutzen, der vermag dieselbe Wahrnehmungsstruktur auf seinen sozialen Kontext anzuwenden. Er wird soziale Innovationen realisieren können, weil er sie ästhetisch gelernt hat.

3.1 Verständigung und Informalisierungshilfe

Der in Dialog, Diskussion und Diskurs vollzogene Erfahrungsaustausch zielt auf Verständigung; hier über den ästhetischen Gegenstand. Das ästhetische Subjekt bleibt mit seiner Erfahrung allein, wenn es sich nicht verständigt. So sehr es Privatheit benötigt, um die nur allein machbare Erfahrung auch wirklich als eigene machen zu können, so sehr braucht es Öffentlichkeit als Bestätigung. Und das nicht nur in einem psychologischen oder sozialpsychologischen Sinne, sondern durchaus als soziologisch beschreibbare Notwendigkeit. Will es mit dem Ergebnis seiner ästhetisch gemachten Wahrnehmung etwas anfangen, so bedarf es anderer, die ihm zustimmen. Es benötigt Konsens. Konsens ist die Voraussetzung seines Handelns; und darum geht es.

Ästhetische Wahrnehmung ist letztlich Informalisierungshilfe – mit Norbert Elias zu sprechen. *Ästhetische Erfahrung läßt teilhaben an Fiktionalität.* Diese ermöglicht modellhaftes (besser gesagt: zunächst durchaus folgenloses) Denken, das, dialektisch bezogen auf die gesellschaftliche Wirklichkeit, gerade Folgen insofern zeitigt, als dort gewonnene Überlegungen anwendbar werden auf konkrete Frage- und Problemstellungen, die systemimmanent nicht mehr zu lösen sind.

---

[25] Jürgen Habermas, Erkenntnis und Interesse, in: J.H., *Technik und Wissenschaft als ›Ideologie‹*, Frankfurt/Main 1968, S. 146-168; hier S. 162.

[26] Die erkenntnisleitenden Interessen haften, wie Habermas formuliert, »an den Funktionen eines Ich, das sich in Lernprozessen an seine externen Lebensbedingungen anpaßt; das sich durch Bildungsprozesse in den Kommunikationszusammenhang einer sozialen Welt einübt« (Habermas, Erkenntnis [Anm. 25], S. 162f.).

Man braucht nur an beliebige wissenschaftliche Disziplinen zu denken: Sie alle bedürfen ständig gerade solcher Informalisierungen. Denn die Systeme, in denen wir zu denken pflegen und zu denken genötigt sind, gehorchen eben diesen Systemen (d.h.: sich) selbst; sie erlauben keine Distanz und damit neue Perspektive, weil sie nichts anderes als systemimmanentes Handeln ermöglichen und gestatten.

Der von Norbert Elias im Anschluß an seine Untersuchung über den »Prozeß der Zivilisation«, zuerst 1936, dann in zweiter Auflage 1968, in die soziologische Diskussion eingeführte Begriff der »Informalisierung« kann das Gemeinte in der Tat verdeutlichen. Elias – wie übrigens auch seine Schüler – legt das an den »Wandlungen der Gesellschaft« vom 15. bis zum 20. Jahrhundert dar: Auf Zeiten stärkerer Formalisierung folgen solche einer stärkeren Informalisierung.[27]

Wenn es sinnvoll sein soll, den Begriff der Informalisierung in unserem Zusammenhang (also einer Vermittlung von ästhetischer Erfahrung und sozialem Handeln) zu verwenden, dann doch nur im Hinblick darauf, daß Informalisierung einerseits mehr als alles andere dieser Gesellschaft not tut (jedenfalls, wenn man an die BRD denkt); und daß Informalisierung andererseits das einzige ist, was ästhetische Erfahrung – und sei es nur strukturell, d.h. im Bewußtsein – für diese Gesellschaft beizutragen und zu leisten hätte. Soviel, jedenfalls, steht fest: Durchbrochen wird Formalisierung (im Sinne von Elias verstanden) immer nur durch das Individuum, das allein Informalisierung herzustellen vermag; allerdings nur über Konsensstiftung. Wäre die Situation so beschreibbar, dann hätte *ästhetische Erfahrung hier eine Funktion im Sinne einer Informalisierungshilfe*. Und von daher gesehen wäre es sinnvoll, den Begriff der Informalisierung von Elias zu übernehmen und ihn als zusammenfassenden Begriff für das zu verwenden, was mit Hilfe der Fiktionalitätsstruktur von Literatur als Innovation auch im sozialen Handeln wirksam gemacht werden kann. Die Innovation ästhetischer Erfahrung ist in ihrer Konsequenz in diesem Sinne immer subversiv; oder sie ist keine. Subversiv gegen das erstarrte System, meine ich, das wir selbst sind.

Die fiktionale Situation in der Kunst wird für das ästhetische Subjekt vorübergehend zu einer wirklichen, die übertragbar ist, sobald die Bedingung ästhetischer Wahrnehmung wegfällt; dann also, wenn ich das Buch beiseite lege; Theater, Konzert oder Museum verlasse. Es ist alles das, was der Mensch gemeinhin als anregend oder stimulierend empfindet, was er umgekehrt – wenn diese Informalisierungshilfe nicht zustandekommt – als langweilig, veraltet, überholt usw. versteht und bewertet.

---

[27] Vgl. Cas Wouters, Informalisierung und der Prozeß der Zivilisation [zuerst englisch u.d.T. Informalisation and the Civilising Process, 1977), in: Peter Gleichmann u.a. (Hrsg.), *Materialien zu Norbert Elias' ›Zivilisationstheorie‹*, Frankfurt/Main 1979, S. 279-298.

4. Noch einmal und zum Schluß: Anagnorisis

Ich habe oben darauf bestanden, daß über das Kunstwerk selbst nichts auszusagen sei, sondern nur darüber, wie es der ästhetischen Wahrnehmung erscheint. Dabei soll es auch bleiben. Ein Bild des niederländischen Malers Pieter Breughel d.Ä., das den Turmbau zu Babel zum Thema hat, macht deutlich, was gemeint ist.[28] Kunst ist nicht autonom, sondern heteronom; sie gehorcht nicht eigenen, sondern fremden Gesetzen; aber sie produziert etwas Eigenes. Auf diesem Bild ragt der Turm aus einem ungeheuren Felsen auf: Die Bauleute sind damit beschäftigt, den gewachsenen Fels herauszuhauen, um mit den so gewonnenen Steinquadern einen künstlichen Turm zu bauen, der höher und besser ist als der gewachsene Berg, als Natur und Wirklichkeit es waren. Das Bild dokumentiert augenfällig ein absurdes Verfahren im reinen Wortsinne: Um einen künstlichen Berg zu errichten, wird an eben derselben Stelle ein natürlicher abgetragen. Zugegeben: Zum Teil dient der natürliche Berg dem künstlichen als Fundament; aber der natürliche darf der natürliche nicht bleiben und der künstliche wird nur im Gegenzug zum natürlichen ein künstlicher. Noch mehr: Der natürliche Berg ist gleichzeitig der Steinbruch, aus dem die Quader für den künstlichen Turm gebrochen werden. Aber: Der künstliche gelangt in seiner Höhe über den natürlichen hinaus. Der Turm wird aus dem Material des Berges gebaut, ist aber nicht selbst dieser Berg. Mit anderen Worten: Dieses Bild des Turmbaues zu Babel ist das Bild der Kunst. Wie dieser Turm zwar aus Fels gemacht wird, selbst aber nicht dieser Felsen ist, so ist die Kunst zwar aus Wirklichem gemacht, selbst aber nicht diese Wirklichkeit, sondern Fiktionalität. Die Auslegung dieses Bildes läßt sich sogar weitertreiben: wenn man statt des wenig Spezifischen ›Wirklichkeit‹ das sehr viel Spezifischere ›gesellschaftliche Wirklichkeit‹ setzt. Das Problem, das sich hier auftut, liegt – um im Bilde zu bleiben – nur darin, daß der Betrachter, das ästhetische Subjekt, Mühe hat, in dem gemachten Turm aus dem gewachsenen Fels, anders ausgedrückt: in dem gemachten Kunstwerk die vorgegebene Gesellschaft wiederzuerkennen, aus der es gewissermaßen zusammengesetzt wird. Erkennt er sie aber wieder, dann erkennt er damit zugleich ein Stück seiner selbst wieder, insofern er selbst eben zu dieser Gesellschaft gehört. *Anagnorisis* – zunächst quasi als das Privatvergnügen des ästhetischen Subjekts formuliert – wird darüber hinaus so zum Erkenntnisinstrument in sozusagen ›weltbürgerlicher Absicht‹. *Anagnorisis* also schließt fortan Gesellschaft mit ein und macht den Kunstgegenstand damit kommunizierbar.

---

[28] Pieter Breughel, *Der Turmbau von Babel*, im Kunsthistorischen Museum Wien (Inv.-Nr. 1026).

2. Mnemosyne

Literatur unter den Bedingungen der Moderne – ihre technik- und sozialgeschichtliche Begründung

Literatur ist Erinnerung; unter den Bedingungen der Moderne müssen beide neu begründet werden.

Wenn Mnemosyne die Mutter der Musen ist, dann hat Literatur folglich wie alle Künste seit jeher mit Erinnerung zu tun; allerdings in besonderer Weise. Will man über Literatur und Erinnerung in der Moderne sprechen, so wird man die speziellen Bedingungen näher zu bestimmen haben, denen sich diese Moderne (und damit ihre Literatur) verdankt. Sie definiert sich aus einer Reihe von Innovationen, die möglicherweise oder sogar wahrscheinlich irreversibel, auf jeden Fall aber absolut singulär sind, seit Menschheitsgeschichte überhaupt tradiert wird.

Diese Moderne läßt sich für die Literatur so wenig isoliert bestimmen wie für die Kunst im Ensemble der Kultur insgesamt. Ihre gemeinsamen Bedingungen sind historischer Art: *Modernität ist ein technik- und sozialgeschichtliches Phänomen, bevor es ein bewußtseinsgeschichtliches ist.*

1. Voraussetzungen

Die Genese der Moderne: ihre Begründung aus technik- und sozialgeschichtlichen Veränderungen und Innovationen.

Den Charakter der Moderne sinnvoll beschreiben, heißt: ihn in Phänomenen erblicken und bestimmen, die in ausgezeichneter Weise neu sind, die es so, in historisch überschaubarer Zeit, noch nicht gegeben hat. Zeitlich ist die Genese der Moderne im frühen 19. Jahrhundert zu lokalisieren. Technik- und sozialgeschichtlich gesehen, manifestiert sie sich dort namentlich in drei erst zu diesem historischen Zeitpunkt technisch ermöglichten Erscheinungen. Diese häufig zunächst quantitativen, dann aber zumeist qualitativen Innovationen entstehen im Bereich von *Fortbewegung*, *Kommunikation* und *Speicherung*. Sie gehören ihrer Entstehung nach sämtlich erst ins 19. Jahrhundert. Ich konzentriere mich deshalb auf diese Innovationen und lasse spätere Innovationen, wie etwa Einsteins Relativitätstheorie, Gentechnologie u.a. hier beiseite.

Erstens: Die *Fortbewegung* erfährt seit den 30er Jahren des 19. Jahrhunderts eine bis dahin unvorstellbare *Akzeleration* durch die Erfindung der Dampfmaschine, später des Otto-Motors: Erfindungen, die in der Folge zur

Entwicklung von Eisenbahn, Auto, Flugzeug und schließlich der Weltraumrakete führen. Neben der neuen Erfahrung einer Geschwindigkeit, die zum erstenmal seit Menschengedenken (!) höher ist als die – sieht man vom Segelschiff ab – mit Muskelkraft betriebener Fahrzeuge, bedeutet diese Akzelerierung der gesamten Geschwindigkeit besonders eine durch sie ermöglichte *Informationsverbesserung*.[1]

Zweitens: ähnlich die neuen technischen Errungenschaften wie Telegraph, Telefon, Photographie und Film; Funk und Fernsehen. Sie erleichtern und intensivieren sämtlich die *Kommunikation* und vermitteln zugleich ebenfalls eine Fülle neuer oder wenigstens zusätzlicher *Informationen*.

Drittens: Damit hängt aufs engste eine zunehmende, ebenfalls erst technisch ermöglichte *Speicherung* von Daten aller Art zusammen: auf Tonträger (Schallplatte, Tonband usw.), Bildträger (Photographie, Film, Video-Film), EDV (Datenbanken).

Während die beiden ersten Phänomene Anlaß und Bedingung *zusätzlicher Informationen* sind, die so – nämlich zusätzlich – nicht bewältigt werden können, ist im dritten ihre *Aufbewahrung* dem Subjekt in einem Thesaurierungsvorgang bis dahin unbekannten Ausmaßes abgenommen. So jedenfalls stellt es sich von heute her dar. Man könnte sagen, daß heute das Verhältnis von stets wachsender zusätzlicher Information zu dem, was infolgedessen behalten werden soll, im Institut der elektronischen Datenbanken zu einem austarierten Gleichgewicht gekommen ist, dessen Zustand dem vor den Informationsschüben vergleichbar ist. Wir stehen also vor dem merkwürdigen Phänomen, daß – mechanistisch argumentiert – eigentlich nichts zu bemängeln wäre. Denn die bloß quantitative Veränderung der auf den Menschen einstürmenden Informationen wird in einer Vorrichtung aufgefangen, die dem Individuum dieses Mehr an Informationen – die es ›behalten‹ müßte, aber nicht kann – tatsächlich abnimmt und zugleich zu seiner Verfügung hält.

Von einem mechanistischen Standpunkt aus also wäre dazu in der Tat wenig mehr zu sagen. Aber die Angelegenheit hat *eine historische und eine personale Seite*. Beide hängen miteinander zusammen, bedingen sich gegenseitig. Denn das Subjekt, das diese Entwicklung seit dem frühen 19. Jahrhundert erlebt und durchlebt, ist geschichtlich dem Informationsüberschuß bereits ausgesetzt, lange bevor es zögernd in den Genuß seiner so gut wie gleichzeitig entwickelten Abhilfe gelangt.

Zunächst muß das Individuum selbst die neuen Informationen in seinem Gedächtnis speichern, bevor es sein Gedächtnis an Datenbanken delegieren und deshalb selbst vergessen kann. Erst jetzt darf es selbst vergessen; denn es

---

[1] Dabei lasse ich die mit der erhöhten Geschwindigkeit unmittelbar zusammenhängende Veränderung der optischen Wahrnehmung und ihre nicht zuletzt ästhetikgeschichtlichen wichtigen Folgen hier beiseite. Zum Ganzen vgl. Wolfgang Schivelbusch, *Die Geschichte der Eisenbahnreise. Zur Industrialisierung von Raum und Zeit im 19. Jahrhundert*, München 1977.

gibt eine Vorrichtung, die statt seiner aufbewahrt, im Gedächtnis behält und dafür sorgt, daß nichts verloren geht.[2] Für die wachsende Unsicherheit des Individuums im Hinblick auf die zunehmenden Informationen, denen es sich gegenübersieht und die es nicht mehr bewältigen kann, gibt es bis in die Literatur hinein zahllose Belege.[3] Der stärkste Ausweis aber ist der aus der Erfindungsgeschichte des 19. und 20. Jahrhunderts ablesbare Wille, der Entwicklung von *Informationsverbesserungen* solche der *Thesaurierung* zu assoziieren.

Das heute konstatierbare Ergebnis, der Ausgleich zwischen Informationsüberschuß und neuer elektronisch ermöglichter Speicherkapazität, war im 19. Jahrhundert noch nicht zu übersehen. Dennoch muß es in zunehmendem Maße wünschenswert gewesen sein, die Technik auf diesem Wege zu sehen.

Man kann so noch *die jüngsten Vervollkommnungen auf dem Gebiet der Datenspeicherung als das vorläufige Endergebnis einer langen Geschichte der Mnemosyne verstehen*. Sie führt von mündlicher Überlieferung, der Erfindung von Schrift und Buchdruck zu der genannten Thesaurierungsmöglichkeit der Moderne. Die ganz offenkundig zunehmende Materialisierung von vormals nur Gedachtem und Gesprochenem in Geschriebenes, Gedrucktes und schließlich in gespeicherte Daten scheint die Aufgabe der Literatur, sofern ihre Funktion in der Aneignung von Vergangenem besteht oder wenigstens an ihr teilhat, zu ersetzen und überflüssig zu machen.

2. Die Bedeutung von Erinnern und Vergessen für die Literatur in der Moderne: Die poetologischen Konsequenzen

Das alles muß Konsequenzen haben für die Literatur, die so eng mit dem Vorgang des Erinnerns verknüpft ist; und das sowohl in produktions- wie in rezeptionsästhetischer Hinsicht. Für die Kunst insgesamt, also auch die anderen Künste, gilt Entsprechendes, ohne daß es hier explizit mit verhandelt werden kann. Die Konsequenzen lassen sich für die *Produktionsästhetik* mit dem *l'art pour l'art-Gedanken*, für die *Rezeptionsästhetik* mit der *Begründung der Wertung von Kunst in ästhetischer Wahrnehmung* vorläufig benen-

---

[2] Allerdings ist es eine Tatsache, die hier keine Rolle zu spielen braucht, daß die Menge der so in Datenbanken gespeicherten Informationen trotzdem nicht ohne weiteres verfügbar ist; denn nur wer weiß, woran er sich erinnern soll, ist in der Lage, eben das auch abzurufen.

[3] Vgl. etwa das Tischgespräch in Theodor Fontanes »Stechlin«, wo es u.a. auch darum geht (Theodor Fontane, Der Stechlin, in: T.F., *Romane und Erzählungen in acht Bänden*, hrsg. von Peter Goldammer u.a., Bd. 8, Berlin/Weimar 1969, S. 27f.); – oder Robert Musil, der 1922 in »Das hilflose Europa oder Reise vom Hundertsten ins Tausendste« das »Übermaß von Tatsachen« konstatiert, dem sich der moderne Mensch gegenüber sehe: »Und, ach, die Tatsachenfülle wuchs zur Überfülle [...]. Ergebnis ein Alpdruck, ein stündlich wachsender Berg von Tatsachen, Gewinn an Wissen, Verlust an Leben, ein seelischer Fehlschlag« (Robert Musil, *Prosa und Stücke, Kleinere Prosa, Aphorismen, Autobiographisches, Essays und Reden, Kritik*, hrsg. von Adolf Frisé, Reinbek 1978 , S. 1083).

nen. Für beide Phänomene ist eine exakte Bestimmung des *terminus quo ante* oder *post quem non* kaum möglich. Fest steht aber, daß ihre Genese – mit Vorläufern im 18. – ins 19. Jahrhundert gehört; im Laufe dieses Jahrhunderts werden sie explizit. *L'art pour l'art* geht auf die Aufhebung des Mimesis-Gebotes zurück, die radikal subjektivierte ästhetische Wahrnehmung auf die der Normativität. Was man im Anschluß an Gautier, Baudelaire und Mallarmé als *l'art pour l'art* zu bezeichnen pflegt, ist aber nicht nur die endgültige Emanzipation der Literatur vom Mimesis-Gedanken; es hat auch direkt mit Erinnern und Vergessen zu tun.

Gautiers Bestimmung des *l'art pour l'art*-Prinzips in seinem berühmten Vorwort zu »Mademoiselle de Maupin« formuliert schon 1835, also für die Literatur zu einem relativ frühen Zeitpunkt, worum es geht: »Es gibt nichts wirklich Schönes, als was zu nichts dient. Alles, was nützlich ist, ist häßlich.«[4] Die poetologische Konsequenz ist offensichtlich: Das Nützliche kann nicht das Schöne und folglich nicht Gegenstand der Literatur sein. Sie wäre lediglich »Utiliteratur«, wie Karl Kraus das später in seiner Heine-Polemik nennen wird.[5] Erst Baudelaire findet es geradezu »unnütz und pedantisch, das darzustellen«, was schon da ist. Die Nachahmung des Vorhandenen widerstrebe ihm, schreibt er, »weil es nichts enthält, was mich befriedigen könnte«. Die Natur sei »langweilig«, und er ziehe die Ungeheuer seiner Phantasie der realen Trivialität vor.[6] Das alles sind keine französischen Besonderheiten; vielmehr europäisches Gemeingut. Und besonders deshalb gibt es zu denken, wenn man an eine allgemeine historische Begründung gehen will. Schon 1817 hatte S.T. Coleridge den Vorgang, »wenn der Künstler die bloße Natur kopiert, die ›natura naturata‹«, als »müßige Rivalität« bezeichnet.[7] Auch Heine behauptet die »Autonomie der Kunst«, wie er wörtlich an Gutzkow schreibt, mit seinem »Wahlspruch«: »Kunst ist der Zweck

---

[4] »Il n'y a de vraiment beau que ce qui ne peut servir à rien; tout ce qui est utile est laid, car c'est l'expression de quelque besoin [...]. L'endroit le plus utile d'une maison, ce sont les latrines« (Théophile Gautier, *Mademoiselle de Maupin*, Texte complet, établi avec introduction et notes par Adolphe Boschot de l'Institut, Paris 1966, S. 23). Es scheint – produktionsästhetisch gefaßt – Kants Definition aus der »Kritik der Urteilskraft« aufnehmen zu wollen, wo es bekanntlich heißt, Schönheit sei »Form der *Zweckmäßigkeit* eines Gegenstandes, sofern sie *ohne Vorstellung eines Zwecks* an ihm wahrgenommen wird« (§ 17).

[5] Karl Kraus, Heine und die Folgen [1911], in: K.K., *Untergang der Welt durch schwarze Magie*, hrsg. von Heinrich Fischer, München 1960 (= Werke, Bd. 8), S. 189.

[6] »›Je trouve inutile et fastidieux de représenter ce qui est, parce que rien de ce qui est ne me satisfait. La nature est laide, et je préfère les monstres de ma fantaisie à la trivialité positive‹« (Charles Baudelaire, Salon de 1859, Lettres à M. le directeur de la »Revue française«, III: La Reine des Facultés, in: C.B., *Œuvres Complètes*, Texte établi, présenté et annoté par Claude Pichois, Paris 1976, S. 620; Übersetzung nach Paul Hoffmann, *Symbolismus*, München 1987, S. 107).

[7] »If the artist copies the mere nature, the *natura naturata*, what idle rivalry! If he proceeds only from a given form, which is supposed to answer to the notion of beauty, what an emptiness, what an unreality there always is in his productions, as in Cipriani's pictures! Believe me, you must master the essence, the *natura naturans*, which presupposes a bond between nature in the higher sense and the soul of man« (Samuel T. Coleridge, *Biographia Literaria*, Vol. 2, Oxford 1907, S. 257).

der Kunst wie Liebe der Zweck der Liebe und das Leben der Zweck des Lebens ist«.[8] Noch in unserem Jahrhundert, 1913, schreibt Musil, daß »die Realität, die man schildert, stets nur ein Vorwand« sei.[9]

Konstatiert alles das bereits den Tatbestand einer Aufkündigung des Mimesis-Gebotes und die Etablierung des gemeinhin *l'art pour l'art* genannten Prinzips, so geht Baudelaire im »Salon de 1846« den für unseren Zusammenhang entscheidenden Schritt weiter und stellt die Verbindung her, wenn er schreibt, »daß die Erinnerung das große Kriterium der Kunst ist; die Kunst ist eine Mnemotechnik des Schönen: oder, die genaue Nachahmung verdirbt die Erinnerung«.[10] Um die aber geht es offensichtlich. Dabei versteht es sich sozusagen von selbst, daß dem Erinnern, das Baudelaire hervorhebt, das Vergessen korrespondiert. *Ohne Vergessen kein Erinnern.* – Paul Hoffmann hat am Beispiel von Baudelaires berühmtem Gedicht »Le Cygne« das Erinnerungsverfahren Baudelaires im Anschluß an Walter Benjamin interpretatorisch noch einmal formuliert. Er hat darauf hingewiesen, daß der Schwan, eigentlicher Gegenstand und eigentliches Thema des Gedichtes, erst in der fünften Strophe genannt wird, der Text vielmehr mit einer Erinnerung (Andromache) beginnt: »abrupt mit der Anrufung einer Gestalt aus der Welt Homers: ›Andromaque, je pense à vous!‹. Aus der Erinnerung taucht plötzlich das Bild von Hektors Witwe auf, nach dem Fall Trojas in die griechische Sklaverei verschleppt, weinend am Ufer eines kleinen Flusses«. Andromaches Schicksal, heißt es zu Beginn der zweiten Strophe, »hat plötzlich mein Gedächtnis zur Fruchtbarkeit erregt« (»a fécondé soudain ma mémoire fertile«).[11] – Die Unauflösbarkeit der dialektischen Verbindung zwischen Erinnern und Vergessen findet schließlich ihren lyrischen und zugleich poe-

---

[8] Heinrich Heine an Karl Gutzkow am 23.8.1838 (*Heines Briefe in einem Band*, ausgewählt und erläutert von Heinrich Mende, Berlin/Weimar 1960, S. 196).

[9] Robert Musil, Über Robert Musils Bücher, in: *Prosa und Stücke* (Anm. 3), S. 997.

[10] »J'ai déjà remarqué que le souvenir était le grand criterium de l'art; l'art est une mnémotechnie du beau: or, l'imitation exacte gâte le souvenir« (Charles Baudelaire, Salon de 1846, VII: De l'idéal et du modèle, in: *Œuvres Complètes* [Anm. 6], S. 455; Übersetzung nach Hoffmann, *Symbolismus* [Anm. 6], S. 113); – der Begriff »Mnemotechnik des Schönen« ist – unter dieser Überschrift – Gegenstand einer ganzen Untersuchung, in der Manfred Koch seine »Studien zu poetischen Erinnerungen in Romantik und Symbolismus« zusammenfaßt (Manfred Koch, *Mnemotechnik des Schönen. Studien zur poetischen Erinnerung in Romantik und Symbolismus*, Tübingen 1988 [= Studien zur deutschen Literatur, Bd. 100]).

[11] Hoffmann, *Symbolismus* (Anm. 6), S. 116f.; – Horst Hina hat mit Recht davon gesprochen, dieses Gedicht erlaube es, »das Ausmaß von Baudelaires Modernität abzuschätzen«: »Drei aus gänzlich verschiedenen Bereichen entstammende Motive werden im Erinnerungsstrom miteinander assoziiert: ein Motiv der griechischen Mythologie (Andromache), ein Motiv der Gegenwart (das Paris des Kaiserreichs, das die größte architektonische Umwälzung seit Jahrhunderten erfährt) und ein Motiv aus Baudelaires poetischer Kosmogonie (der Schwan, der sein weißes Gefieder auf dem trockenen Pflaster schleift, ähnlich dem Albatros). Das Verbindende dieser Motive untereinander [...] ist das Ausgesetztsein in der Fremde und das Fremdwerden der eigenen Umgebung, letztlich des Verbanntseins des Dichters in eine Welt, in der die ›mélancolie‹ das einzig Vertraute und Beständige ist« (in: Charles Baudelaire, *Les fleurs du Mal/Die Blumen des Bösen*, französisch/deutsch, Übersetzung von Monika Fahrenbach-Wachendorff, Anmerkungen von Horst Hina, Nachwort und Zeittafel von Kurt Kloocke, Stuttgart 1975, S. 435f.).

tologischen Ausdruck in einem Satz Mallarmés. Er stellt dem Erinnern das Vergessen als konstitutives Moment an die Seite: »Ich sage: eine Blume! und aus dem Vergessen, wohin meine Stimme jeglichen Umriß verweist, steigt sie musikalisch auf, sie, die etwas anderes ist als alle bekannten Kelche, sie, die Idee selbst und lieblich, sie, die in allen Sträußen abwesend ist«.[12] Mallarmé war es auch, der – initiativ für die Moderne – die Syntax zerschlug und die Wörter »unabhängig von der gewöhnlichen Folge« verwendete.[13] Das hat international seine unübersehbaren Folgen bis heute gezeitigt: im Dadaismus, im italienischen Futurismus Marinettis, in der sogenannten konkreten Poesie usw.[14]

Die Dichotomie von Erinnern und Vergessen tritt an die Stelle der bis dahin gültigen von Mimesis und Phantasie, von Nachahmung und Realisierung der eigenen Vorstellungskraft. Wo der Wegfall der Mimesis das dichterische Subjekt auf sich selbst verweist, bedarf dieses anstelle der Nachahmungsmaxime eines anderen Mechanismus zur Produktion dichterischer Texte. Wo bis dahin die äußere Gegenstandswelt abgebildet, im Laufe der Jahrzehnte und Jahrhunderte möglichst genau nachgeahmt werden sollte, wird jetzt, nach dem Verzicht auf eben diese Gegenstandswelt *auf die Möglichkeiten des Subjektes rekurriert.* Die Einzigartigkeit dichterischen Verfahrens ist damit evident: *Erinnerung ist das Vehikel reiner Subjektivität.* Was ich selbst erinnere, muß ich selbst gewußt, aber vergessen haben. So wie ich es dem Vergessen entreiße und zu mir zurückrufe, teile ich es mit niemandem. Erinnerung teilt das Subjekt mit niemandem, es sei denn, es verständigt sich mit anderen

[12] »A quoi bon la merveille de transposer un fait de nature en sa presque disparition vibratoire selon le jeu de la parole, cependant, si ce n'est pour qu'en émane, sans la gène d'un proche ou concret rappel, la notion pure? – Je dis: une Fleur! et, hors de l'oubli où ma voix relègue aucun contour, en tant que quelque chose d'autre que les calices sus, musicalement se lève, idée même et suave, l'absente de tous bouquets« (Stephane Mallarmé, Avant-Dire au Traité du Verbe de René Ghil, in: S.M., *Œuvres Complètes*, Texte établi et annoté par Henri Mondor/G. Jean-Aubry, Paris 1945, S. 857; Übersetzung nach Hoffmann, *Symbolismus* [Anm. 6], S. 125). – Das Äußere, sagt Hoffmann, »hat seine dichterische Funktion allein in der Spiegelung eines Inneren. Die antimimetische Tendenz der Lyrik, die Poe vertrat, die das Werk Baudelaires bestimmte, erreichte bei Mallarmé einen Höhepunkt. Er ist bestrebt, alle Assoziationen einer empirischen Wirklichkeit möglichst zu tilgen mit dem Ziel, eine reine ›Idee‹ hinter den Erscheinungen aufzurufen: ›Wozu das Wunder, einen Naturvorgang, dem Spiel der Sprache folgend, in sein vibrierendes Beinahe-Verschwinden zu übertragen, wenn nicht damit ohne den Zwang eines unmittelbaren oder konkreten Zurückrufens der reine Begriff (notion pure) daraus hervorgehe‹« (Hoffmann, *Symbolismus* [Anm. 6], S. 124f.).

[13] »Indépendamment de la suite ordinaire«, in: »Le mystère dans les lettres« (Mallarmé, *Œuvres Complètes* [Anm. 12], S. 386).

[14] Interessant ist dabei allerdings, daß gerade im italienischen Futurismus Marinettis, der auf der Zertrümmerung der Syntax bestand (Marinetti wollte u.a. Adjektive und Adverbien gleichermaßen abschaffen) mit Hilfe dieses Vorgehens gerade eine exakte Mimesis angestrebt wird. Wie es im ›Technischen Manifest der futuristischen Literatur‹ von Marinetti von 1912 heißt, soll damit die Welt in ihrer Disparatheit selbst abgebildet werden (Filippo Tommaso Marinetti, Die futuristische Literatur. Technisches Manifest, in: *Expressionismus. Manifeste und Dokumente zur deutschen Literatur 1910-1920*, hrsg. von Thomas Anz/Michael Stark, Stuttgart 1982, S. 604-609). Ähnliches gilt für die kunsttheoretischen Überlegungen Wassily Kandinskys, wie er sie in »Das Geistige in der Kunst« von 1912 niedergelegt hat (Wassily Kandinsky, *Das Geistige in der Kunst*, Bern [10]o.J.).

Subjekten darüber. Die Konsequenz daraus ist – was in diesem Zusammenhang nicht mehr Gegenstand der Überlegungen sein kann[15] –, daß ästhetische Wahrnehmung und Wertung in der Moderne Verständigung über vereinzelte Erinnerung ist, die dadurch zur gemeinsamen wird.

Die Herausbildung von Erinnern und Vergessen in der Poetik entspricht direkt den technikgeschichtlichen Entwicklungen und ihren Folgen. Die Abwendung von der Mimesis-Verpflichtung allerdings bereitet sich seit langem vor. Ein Exkurs mag das verdeutlichen.

3. EXKURS: Nachahmung und Erfindung: Mimesis vs. Genie

3.1 Nachahmung

Literatur, wie gesagt, bewahrt auf, hält fest, was gewesen ist. Sie tut das vornehmlich im Modus der *imitatio*[16] und sichert damit die Tradition. Darin bilden sich Kanon, Kanonisierung[17] und Autorität aus. Die Vorstellungstradition, daß der Dichter nicht nur als Dichter, sondern als *auctoritas* für menschliches Wissen überhaupt steht, bezeugt – stellvertretend – besonders Dante, der seinen »duca«, »maestro«, »signore«, »dottore« und »padre« (!) Vergil ein »Meer alles Wissens« und die »Zierde aller Wissenschaft und Künste«[18] nennt. Insofern besteht die Aufgabe nicht nur in der Bewahrung der einzelnen Dichtungen, sondern auch in der weiteren Traktierung ihrer Themen und Figuren, insbesondere aber in der Art und Weise ihrer Behandlung. Wenn das poetische Verfahren seit Aristoteles unwidersprochen das der Nachahmung zunächst (bei Aristoteles ausschließlich)[19] von menschlichen Handlungen, dann der *imitatio* überhaupt zu sein hat, so wird im poetischen Verfahren abbildender Wiederholung über die Jahrhunderte eine Praxis der Mimesis stets mitgeübt und so gerade die »Bewahrung« ihrerseits noch einmal konserviert.

---

[15] Über die Probleme ästhetischer *Wahrnehmung* unter den Bedingungen von Erinnern und Vergessen habe ich ausführlicher gehandelt in: Gotthart Wunberg, *Wiedererkennen. Literatur und ästhetische Wahrnehmung in der Moderne*, Tübingen 1983; vgl. auch den Beitrag 1 in diesem Band.

[16] Ernst Robert Curtius, *Europäische Literatur und lateinisches Mittelalter*, Bern ²1954, S. 46, 197, 254, 261ff., 395ff.

[17] Curtius, *Europäische Literatur* (Anm. 16), S. 261-276.

[18] »Inferno« VIII, 7: »mar di tutto il senno«, und »Inferno« IV, 73: »O tu che onori ogni scienza ed arte«. Übersetzung von Hermann Gmelin; – vgl. auch: »Und jener edle Weise [= Vergil], alles wissend ...« (»Inferno« VII, 3: »E quil savio gentil, che tutto seppe, ...«); vgl. auch Gmelins Kommentar zu »Inferno« II, 140 in: Dante Alighieri, *Die Göttliche Komödie*, italienisch und deutsch, übersetzt und kommentiert von Hermann Gmelin, Stuttgart 1954.

[19] Aristoteles, *Poetik*, 1449 b 26 u.ö.

3.2 Erfindung

Imitatio ist die Nachahmung und Wiederholung dessen, was schon vorhanden ist; *inventio* die Erfindung dessen, was es noch nicht gibt. Beide sind so an der Geschichte der Mnemosyne je auf ihre Weise beteiligt: durch Bewahrung dessen, was der Erinnerung sonst verloren zu gehen droht, und durch die Neuschaffung von etwas, das von nun an erinnert werden kann und muß, will die Kultur, die sich allein aus ihrem Erinnerungsvermögen, ihrem Gedächtnis konstituiert, auch vollständig sein und Bestand haben.

Die Ablösung der Nachahmungsmaxime durch die der ›Erfindung‹ im 18. Jahrhundert ist ein in der abendländischen Geistesgeschichte einmaliger Vorgang. Soweit wir wissen. Jedenfalls ist die aristotelische Tradition bestimmend für die gesamte Geschichte der Poetik seit mehr als zweitausend Jahren.[20] Erst in der Literatur des mittleren und vor allem späteren 18. Jahrhunderts tritt an die Stelle der Nachahmung dessen, was es schon gibt, die Erfindung des Neuen: dessen, was es so noch nicht gibt. Unter dem Stichwort ›Genie‹ verbindet sich der Begriff der *inventio* dem ›Sturm und Drang‹; und realisiert sich insbesondere in den Dramen der jungen Autoren dieser Generation: in Goethes »Götz von Berlichingen«, in Schillers »Räubern« und dem »Fiesko«, im »Hofmeister« und den »Soldaten« von Lenz. Seinen emphatischen, quasi-theoretischen und zugleich kongenialen Ausdruck allerdings findet dieser Gedanke in einem einmaligen Dokument: den beiden Schriften Goethes zu Erwin von Steinbach, dem historischen und zugleich legendären Erbauer des Straßburger Münsters. In dem Aufsatz »Von deutscher Baukunst, D.[ivis] M.[anibus] Ervini a Steinbach« von 1772 und dem kurzen Text »Aus Goethes Brieftasche«: »Dritte Wallfahrt nach Erwins Grabe im Juli 1775« hat Goethe formuliert, worum es geht. Dieses früheste Zeugnis einer kunstgeschichtlichen Aufwertung der Gotik ist als Programmschrift des Geniekultes zu lesen. Die zuweilen etwas wunderlich anmutenden Formulierungen setzen – von der ersten Zeile, ja von der Überschrift an – den Gedanken radikaler *inventio* in den Text selbst um. Das »Divis Manibus« knüpft an die antike Formel römischer Kaiserzeit bewußt an und dokumen-

---

[20] Lediglich Longinus mit seiner Schrift »Peri hypsous« ist der Vertreter einer anderen Position. – Ernst Robert Curtius hat im »Epilog« seiner Untersuchungen über »Europäische Literatur und lateinisches Mittelalter« (Anm. 16) unter der Überschrift »Nachahmung und Schöpfung« die Bedeutung dieser Schrift mit Nachdruck betont, zugleich aber festgestellt, Longinus sei »lehrreich als Beispiel einer Kontinuität, der die gebührende Wirkung versagt blieb« (S. 403). Er weist in diesem Zusammenhang darauf hin, daß es Macrobius gewesen ist, der (zu Beginn des 5. Jahrhunderts) in seinen »Saturnalien« »implicite ein Compendium der spätantiken Poetik« gegeben habe (S. 441). Hier finde sich »im Munde eines heidnischen Neuplatonikers der Spätantike [...] also zum erstenmal die ›kosmische‹ Auffassung des Dichters, die ihn dem Weltenbaumeister vergleicht. Virgils Dichtung ist durch göttliche Eingebung zustande gekommen. Virgil ahnte nämlich auf geheimnisvolle Weise voraus, daß er allen Lesern zu nutzen haben werde. Deshalb mischte er in seinem Werk alle Arten der Eloquenz, und zwar *non mortali, sed divino ingenio.* Dabei folgte er der Allmutter Natur: *non alium secutus ducem quam ipsam rerum omnium matrem naturam hanc praetexuit, velut in musica concordantiam dissonorum* (V 1, 18)« (S. 442).

tiert damit den ausladenden Gestus historisch, der dem Geniekult insgesamt eigen ist.[21]

Bezeichnend ist auch, daß das produktive Mißverständnis, das der Text in mehr als einer Hinsicht darstellt, weder seinen Elan bremst, noch seine Substanz desavouiert.[22] Die Produktivität wiegt bei weitem die Mißverständisse auf. Mehr noch, sie sind bezeichnend für die Unbekümmertheit nicht nur, sondern die geradezu programmatische Rücksichtslosigkeit der Geniezeit gegenüber allem, was Regelhaftigkeit zu bedeuten hatte. Der Künstler als Genie, als Inventor, ist der eigentliche Gegenstand dieser Schrift, insofern er seiner begrifflichen Genese nach *genius* und *ingenium* zugleich ist, d.h. »eingeborener Geist« und »Erfindungsgabe« sich in ihm verbinden. Einem solchen Geist kann nur in diesem Sinne ›regellos‹ begegnet werden; was hier hymnisch und emphatisch geschieht. Der Genie-Charakter des so apostrophierten Erwin von Steinbach bestimmt die Erscheinungsformen des Textes selbst. Obwohl das Münster, das die Emphase auslöst, seine Erscheinungsform gerade nicht einem Willkür, Regellosigkeit oder Emphase entspringenden Prinzip verdankt, sondern im Gegenteil Ergebnis minutiöser mathematisch-statischer Berechnung ist, wird es gewissermaßen als ›Naturereignis‹ erlebt und so auch theoretisch eingesetzt. Die Schlußpassage, hymnisch, stammelnd, in Anakoluth und Anapodoton vorgetragen, der Apotheose des Herakles auf dem Oita nachgebildet – diese Apotheose Erwins ist zugleich eine des Künstlers überhaupt. Und die letzte Zeile gibt mit der Nennung des Prometheus das Stichwort, unter dem das persönliche Erlebnis des jungen Goethe sich bewußtseinsgeschichtlich objektiviert.[23]

In Goethes merkwürdigem Text »Dritte Wallfahrt nach Erwins Grabe im Juli 1775«, der nach »Vorbereitung« und »Gebet« drei Stationen umfaßt, wird das andere Stichwort – Natur – nicht explizit, aber der Sache nach eingeführt.[24] Die Einbeziehung der Natur in die Erlebnisbeschreibung des Bau-

---

[21] Zu übersetzen ist etwa: ›den vergöttlichten, zu Göttern erhobenen Manen der (des) Verstorbenen‹; »dem seeligen Geiste« zu übersetzen, wie die Hamburger Ausgabe (*Goethes Werke*, Hamburger Ausgabe in 14 Bänden, hrsg. von Erich Trunz, München 1981, Bd. 12, S. 565), verkitscht das antike Moment christlich-pietistisch.

[22] Der Text enthält vier ›historische‹ Mißverständnisse. 1. Goethe hielt Erwin von Steinbach tatsächlich für den Erbauer des *ganzen* Straßburger Münsters – nicht nur für den Baumeister eines Teils der Westfassade; 2. Goethe schätzt die Rolle des *medium aevum*, des »pfäffischen Mittelalters«, in ihrer Bedeutung für die Entstehung der Gotik falsch – nämlich als hinderlich – ein; 3. Goethe hält die Gotik tatsächlich für einen genuin deutschen Baustil und spielt ihn polemisch gegen den »welschen« aus; 4. Die Beanspruchung Albrecht Dürers für die deutsche Kunst gegen die italienische und die von ihr vermittelte antike Kunst läßt sich nach den neueren Forschungen der Warburg-Schule nicht halten.

[23] Zum Stichwort Prometheus vgl. die umfangreiche Studie von Jochen Schmidt, *Die Geschichte des Genie-Gedankens in der deutschen Literatur. Philosophie und Politik 1750-1945*, 2 Bde., Darmstadt 1985.

[24] »*Gebet.* Du bist Eins und lebendig, gezeugt und entfaltet, nicht zusammengetragen und geflickt. Vor Dir, wie vor dem schaumstürmenden Sturze des gewaltigen Rheins, wie vor der glänzenden Krone der ewigen Schneegebirge, wie vor dem Anblick des heiter ausgebreiteten Sees und Deiner Wolkenfelsen und Wüstentäler, grauer Gotthard! Wie vor jedem *großen Gedanken der Schöpfung*, wird in der Seele reg, was auch Schöpfungskraft in ihr ist. In

werkes bei einer dritten Begegnung mit ihm – die erste findet zur Zeit von Goethes Studium in Straßburg statt, die zweite bei seinem Besuch vom 24.-26. Mai 1775 auf der Reise in die Schweiz mit den Brüdern Grafen Stolberg; die dritte dann auf der Rückreise aus der Schweiz im Juli 1775 – hat den konkreten Hintergrund des Naturerlebnisses in den Alpen.[25] So wichtig die persönlich-biographische Reminiszenz auch sein mag, entscheidend ist hier, daß die angestrebte Regellosigkeit und Autonomie des Genies verknüpft wird mit der Natur. Und spätestens an dieser Stelle wird deutlich, daß Regellosigkeit ein polemischer Begriff gegen die Regelpoetik ist, der dort seinen Sinn, in der allgemeinen Auseinandersetzung um das *inventio*-Prinzip aber eine ganz andere Bedeutung hat: nämlich die unerschöpfliche Fülle[26] und unbegrenzte Möglichkeit.

Goethe ist es auch, der als erster die (scheinbare) Regellosigkeit des Genies *in praxi* – im »Götz« – als Dramatiker realisiert, der ihr in seinen Schriften zu Erwin von Steinbach und dem Straßburger Münster seine kritisch-programmatische Form gibt und in »Prometheus«-Hymne und -Fragment an die alte, seit der Antike geläufige Tradition des Prometheus-Mythos anknüpft.[27]

Solche frühe Abwendung von der Mimesisverpflichtung wird jedoch erst über die dargelegten Zwischenstationen von dem Ziel her verständlich, das sie endlich in den Thesaurierungsmöglichkeiten des späten 20. Jahrhunderts erreicht. Erst hier wird die Gedächtnisentlastung realisiert, die die Literatur von der Verpflichtung zu Aufbewahrung und Überlieferung befreit.[28] Worauf alles das im 19. Jahrhundert hinauswollte, in einer Bewußtlosigkeit

---

Dichtung stammelt sie über, in krützlenden Strichen wühlt sie auf dem Papier Anbetung dem Schaffenden, ewiges Leben, umfassendes, unauslöschliches Gefühl des, das da ist und da war und da sein wird.« (Johann Wolfgang Goethe, *Sämtliche Werke nach Epochen seines Schaffens*, Münchner Ausgabe, Bd. 1.2: *Der junge Goethe. 1757-1775*, hrsg. von Gerhard Sauder, München 1987, S. 303).

[25] Vgl. Tagebuch. Schweizerreise 1775 (*Der junge Goethe* [Anm. 24], S. 542 u. Kommentar).

[26] Zu dem »großen Gedanken der Schöpfung« in der »Wallfahrt« vgl. Klopstocks Ode: »Schön ist, Mutter Natur, Deiner Erfindung Pracht / Auf die Fluren verstreut, schöner ein froh Gesicht / Das den großen Gedanken / Deiner Schöpfung noch Einmal denkt« (»Der Zürcher See«, 1750). – Daß dieses Wort, das hier natürlich Zitat ist, bei Goethe wiederkehrt, indiziert nicht nur – was selbstverständlich wäre – seine Kenntnis Klopstocks und von dessen Naturauffassung; es ist vielmehr zugleich der Hinweis auf den integrativen Bestandteil zeitgenössischer Naturauffassung innerhalb der Bemühungen um einen Geniebegriff. Kombiniert wird Natur bei Goethe bereits 1771 in der »Rede zum Shakespeare-Tag« mit dem großen englischen Dramatiker: »Natur! Natur! nichts so Natur als Schäkespears Menschen« (*Der junge Goethe* [Anm. 24], S. 413).

[27] Zum gesamten Genie-Problem sowie zur Prometheus-Figur insbesondere vgl. die hervorragende Darstellung von Jochen Schmidt (Anm. 23).

[28] Noch ein so grundlegendes und tiefgelehrtes Buch wie Hugo Friedrichs »Struktur der modernen Lyrik« aus der Mitte der 50er Jahre bleibt letztlich in dieser Hinsicht ohne *telos*. Es zeigt die Entwicklungen als Phänomene für sich; eben als Strukturen. Nichts weist auf dieses erst von heute aus wirklich wahrnehmbare Endstadium ›Speicher‹ hin, das die *imitatio* in ihrer Funktion als Bewahrerin so grundlegend entlastet; obwohl so gut wie alle Stichworte genannt sind; – vgl. Hugo Friedrich, *Die Struktur der modernen Lyrik. Von der Mitte des neunzehnten bis zur Mitte des zwanzigsten Jahrhunderts*, Hamburg 1967; dort besonders

ohnegleichen, das wird erst dort deutlich, wo dieses Ziel als erreichtes nicht mehr übersehen werden kann. Sicher ist auch, daß jedes einzelne Stadium jener Entwicklung notgedrungen jeweils geradezu punktuell erlebt wird. Baudelaire wußte so wenig von der tatsächlichen Realisierung seiner bewußtlosen Forderungen wie wir von den unseren.

Wenn unter Erinnerung der sowohl spontan als auch methodisch bewußt in Gang gebrachte Vergegenwärtigungs- bzw. Aneignungsprozeß vergangener Erfahrungen zu verstehen ist, dann stellt sich für die Literatur die Frage, ob dieser Vorgang zu allen Zeiten der gleiche war oder unter verschiedenen Bedingungen verschieden aussieht. Und zwar aus folgenden Gründen: Die Ablösung der Regelpoetik durch die Genie-Poetik im ›Sturm und Drang‹ läßt die erste seither obsolet werden. Entsprechendes gilt für die Aufkündigung des Mimesisgebotes, deren Befolgung seit der Mitte des 19. Jahrunderts unumgänglich wird. Bei beidem handelt es sich keineswegs um deutsche, sondern – wie gesagt – vielmehr um internationale Phänomene. Dem deutschen Stichwort ›Sturm und Drang‹ assoziieren sich so Shaftesbury und Mercier; für das zweite Phänomen, die Aufkündigung des Mimesis-Gebotes, steht Baudelaire. Es handelt sich zweifellos um verschiedene, voneinander unterscheidbare Vorgänge, die gleichwohl etwas miteinander zu tun haben. *Die Aufkündigung von Regel und Muster*, an deren Stelle die freie Verfügungsgewalt des dichterischen Subjekts zu treten hat, *ist zugleich eine Absage an Kanon und Tradition*, in denen vergangene Erfahrung – als poetisches Verfahren nämlich – aufbewahrt werden. Ähnlich die radikale Mimesis-Verweigerung, die im 18. Jahrhundert eben an dieser Stelle beginnt und sich in der Mitte des 19. durchsetzt: Spätestens hier wird der Wert des Überkommenen gegenüber dem des neu und selbst Geschaffenen in Frage gestellt und schließlich abgelehnt. Trotzdem lebt die dichterische Produktion nach wie vor von Hergebrachtem, von Tradition, ja einem Traditions-Kanon, also von Erinnertem. Nur geht es jetzt nicht mehr darum, mit Hilfe auch des Aufbewahrten das Neue darzustellen. *Erinnern ist* also für die vormoderne wie *für die moderne Form dichterischer Produktion konstitutiv*, wenngleich in unterschiedlicher Weise.

4. Literatur und Erinnerung unter den Bedingungen der Moderne

Die Literatur unter den Bedingungen der Moderne teilt ihr Schicksal mit dem der Erinnerung.

Die von technik- und sozialgeschichtlichen Phänomenen her verstandene Moderne verhält sich folglich anders zur Mnemosyne als frühere Zeiten –

das einleitende Kapitel »Vorblick und Rückblick« in der ursprünglichen (1956 u.d.T. *Die Struktur der modernen Lyrik. Von Baudelaire bis zur Gegenwart*) und in der erweiterten Fassung, wo die auch für unseren Zusammenhang relevanten Begriffe erscheinen.

muß sich anders zu ihr verhalten. Zwar kommt es ihr auf Erinnerung in hohem Maße an, aber sie steht vor einem Kapazitätsproblem und ist deshalb zu Vergessen geradezu gezwungen. Angesichts des ungeheueren Informationsansturmes seit der Industrialisierung und der Möglichkeiten, die diese erbracht hat, ist ihre Gedächtniskapazität ausgelastet. So sehr dieses Phänomen relativ plötzlich aufkommt, so sehr ist es doch auch – wie man sehen konnte – historisch vorbereitet: durch die Aufkündigung der Regelpoetik und die Einsetzung des Genies, durch Literaturgeschichte und Literaturgeschichtsschreibung, die sich eben etablieren. *Die Erinnerung beteiligt durch die Dichtung den Leser am Vorgang des Erinnerns*, der sie zustandebringt. Also unterliegen durch dieses Phänomen in der Moderne Dichtung und Leser gleichermaßen denselben Bedingungen des Erinnerns, nämlich dem zu geringen Kapazitätsumfang. *Es muß also vergessen*, es muß *ausgeblendet oder aufbewahrt werden.* Um die Aufbewahrung zu ermöglichen, die das Individuum nicht mehr zu leisten vermag, behilft sich die Moderne, lange bevor sie Tonträger und Datenbank entwickelt, mit mannigfachen Vorgängen der Thesaurierung. So löst die Geschichtsschreibung (und als eine ihrer Filiationen die Literaturgeschichtsschreibung) die Literatur in ihrer Funktion als bewahrende Instanz ab. Sie übernimmt die Aufbewahrung; indem sie summarisch von den Inhalten berichtet. Was bis ins 19. Jahrhundert hinein im Rahmen der Wissenschaften lediglich als Zitat, als Beiziehung von Autoritäten *ad vocem* praktiziert wird, mündet mit der Erarbeitung historisch-kritischer Gesamtausgaben in eine Institution der Aufbewahrung.[29] Schon vorher hatte sich diese Tendenz in ganz anderen Bereichen gezeigt: von der zunehmenden Erarbeitung enzyklopädischer Werke in der Nachfolge von Diderot und D'Alembert seit der Mitte des 18. Jahrhunderts über die zahllosen internationalen Nachahmungen bis zum Konversationslexikon von Brockhaus und Meyer und ihren ebenso zahllosen Entsprechungen in nahezu allen westlichen Kultursprachen.[30]

Die Moderne praktiziert das Erinnern anders als frühere Zeiten. Als Nietzsche ihr 1873 in der »Zweiten Unzeitgemäßen Betrachtung«[31] zugunsten des Lebens das Vergessen empfiehlt, sind ihr dessen Bedingungen historisch längst diktiert. Unausweichlich ist die Notwendigkeit geworden zu vergessen, angesichts einer Informationsflut, die ihresgleichen sucht und die erst seit den technischen Erfindungen zu verzeichnen ist, die sie ermöglichen. Telegraph, Telefon, später Funk und Fernsehen vergrößern, in steiler Kurve ansteigend, die Informationen. Eisenbahn, später Auto und Flugzeug ermög-

---

[29] Vgl. als die wichtigsten und frühesten: Karl Lachmanns Lessing-Ausgabe (Lessing, *Sämtliche Schriften*, hrsg. von Karl Lachmann, Leipzig 1838-1840); die Sophienausgabe der Goetheschen Schriften (*Goethes Werke*, hrsg. im Auftrage der Großherzogin Sophie von Sachsen, 143 Bde., Weimar 1887-1919).

[30] Vgl. dazu besonders Ulrich Dierse, *Enzyklopädie. Zur Geschichte eines philosophischen und wissenschaftstheoretischen Begriffs*, Bonn 1977 (= Archiv für Begriffsgeschichte, Supplementheft 2).

[31] Friedrich Nietzsche, *Vom Nutzen und Nachtheil der Historie für das Leben*, Leipzig 1873.

lichen die persönliche Erfahrung von vorher nie erschlossenen geographischen, ethnischen, politischen Bereichen, erhöhen also die Möglichkeit zu individueller Information.

Was so dem bis dahin Erinnerten an die Seite tritt, tritt zu ihm in Konkurrenz. In zunehmendem Maße meldet sich bezeichnenderweise zu eben dieser Zeit mit der Spezialisierung der Geschichtsschreibung in Literatur-, Kunst- und Musikgeschichte, mit Museumsgründungen, später Schallplatte, Tonband und Datenbank, eine völlig *neue Form der Thesaurierung* zu Wort. Sie ist mit ähnlichen früheren Erscheinungen, wie der Alexandrinischen Gelehrsamkeitspraxis beispielsweise, nicht zu vergleichen.

Die Dichtung beteiligt sich traditionellerweise an der Bewahrung des Überkommenen, indem sie die Normen bewahrt, die sich ihr insbesondere als *imitatio*-Gebot formuliert haben. Die Dichter der Moderne entziehen sich aber gerade (auch hier nach Vorläufern: in der »Querelle des Anciens et des Modernes«[32] und in der Genie-Zeit) jeglicher Normenkontrolle. Baudelaire sind wie beschrieben die Monstren seiner Phantasie lieber als die Gegenstände der Außenwelt. Denn diese sind als solche allgemein zugänglich und unterliegen so einer allgemeinen Kontrolle. Dieser hätte er sich zu unterziehen, würde er jene abbilden.

Die »fantaisie« des Dichters unterliegt aber ausschließlich der Aufsicht dieses dichterischen Subjektes selbst. Ebenso seine poetischen Produkte: Sie werden lediglich von der Instanz kontrolliert, die sie hervorgebracht hat. Das führt innerhalb der Wahrnehmung von Dichtung dazu, daß auch das erkennende Subjekt in der Wahrnehmung nur noch den Entscheidungen der Phantasie des Dichters verpflichtet ist. Es steht nun allerdings vor der Schwierigkeit, seine subjektive Wahrnehmung mitteilbar zu machen und damit zu einer neuen Norm zu erheben, die wichtig ist, damit überhaupt noch verstanden, d.h. gesagt werden kann, was richtig und falsch, was häßlich und schön ist. Bis dahin hatte die Dichtung gewissermaßen die Aufgabe, der Erinnerung zu ihrer Öffentlichkeit zu verhelfen. Das übernimmt jetzt die Geschichtswissenschaft, die nach Droysen für die Geschichte genau dies besorgt und so eine Art öffentlicher Institution für Erinnerung zu sein hat.[33]

Die Dichtung kann es sich jetzt leisten (und darin besteht ihre Freiheit), ihre Erinnerung rein im Subjektiven auszuleben und auszuspielen. Denn das

---

[32] Vgl. besonders Hans Robert Jauß, Schlegels und Schillers Replik auf die »Querelle des Anciens et des Modernes«, in: H.R.J, *Literaturgeschichte als Provokation*, Frankfurt/Main 1970, S. 67-143, sowie die dort verzeichnete Literatur.

[33] Johann Gustav Droysen, Grundriß der Historik, in: J.G.D., *Historik. Vorlesungen über Enzyklopädie und Methodologie der Geschichte*, hrsg. von Rudolf Hübner, München [6]1971, S. 317-366. – Dort heißt es – im Manuskriptdruck von 1858 – in § 1: »Geschichte ist nicht die Summe der Geschehnisse, nicht aller Verlauf aller Dinge, sondern ein Wissen von dem Geschehenen und so das gewußte Geschehene. Ohne dies Wissen würde das Geschehene sein, als wäre es nicht geschehen. Denn soweit es äußerlicher Natur war, ist es vergangen; nur erinnert, soweit und wie es der wissende Geist hat, ist es unvergangen; nur gewußt ist es gewiß.« In § 4 heißt es: »Der endliche Geist hat nur das Hier und Jetzt, aber seine Gegenwart umleuchtet er mit einer Welt von Erinnerungen« (S. 325).

Vergessen droht nicht mehr, weil Erinnerung auf andere Weise, auf Datenbanken nämlich (bzw. hier noch ihren Vorformen), garantiert ist. Das war so lange eine halbe Sache, als das in Vorrichtungen wie den genannten (Enzyklopädien usw.) lediglich vorläufig geschehen konnte. Nun, durch die sich abzeichnenden technischen Realisationen wie Ton-, Bild- und Datenträger, ist dieses Problem gewissermaßen erledigt. Die Literatur kann sich anderen Problemen und Phänomenen, d.h.: dem Subjekt zuwenden, und sie tut es auch. Darin hat sie antizipatorischen Charakter.

Aber das Aufkommen der Erscheinungen deckt sich zeitlich doch ziemlich exakt. Die technisch-industriellen Entwicklungen entsprechen den poetologischen Neuerungen und umgekehrt. Die zeitgenössische Bewußtlosigkeit, in der alles das sich zunächst vollzieht, geht in der Feststellung auf, daß die Produkte des Bewußtseins »auf die Inhalte einer Zukunft« angelegt sind, »die zu seiner Zeit [d.i. des Kunstwerkes] noch nicht erschienen war, wo nicht auf die Inhalte eines noch unbekannten Endzustands».[34] Die Funktionsveränderungen von Erinnern und Vergessen führen, da die Literatur in ausgezeichneter Weise mit Erinnern zu tun hat, auch zu Funktionsveränderungen der Literatur. Wenn nicht mehr konserviert und bewahrt werden muß, weil das andere Einrichtungen mehr und in gewissem Sinne besser vermögen, kann sich die Dichtung den Luxus eines eigenen Gegenstandes leisten. Sie kann einen Gegenstand zum Objekt ihrer Bewahrung machen, den sie sich selbst ausdenkt. Dieser Punkt ist spätestens bei Baudelaire erreicht. Vorläufer gibt es: Rousseau, Gautier, Coleridge.[35] *Mit der Feststellung, genaue Nachahmung beeinträchtige und verderbe die Erinnerung, zieht Baudelaire die längst fällige Konsequenz. Er meldet den Anspruch des dichterischen Subjekts auf Erinnerung an.* Denn mit seinem »souvenir« meint er genau dies. Es geht nicht um eine allgemeine, vielmehr um eine eigene Erinnerung, wenn man so will: eine private. In der Radikalität ihres Subjektivitätsanspruches entspricht sie dem der eigenen »fantaisie«. Befreit von den Verpflichtungen traditioneller Normativität steht der reinen Subjektivität des Dichters die Erinnerung uneingeschränkt zur Verfügung. Aber nicht nur ihm, sondern – das sei wenigstens angedeutet – zugleich auch dem, der seine Werke liest.[36]

---

[34] Ernst Bloch, *Das Prinzip Hoffnung*, Frankfurt/Main 1959.

[35] Zu Gautier und Coleridge s.o.; zu Rousseau vgl.: Matthias Schmitz, Selbstgefühl und Entstellung. Versuch über Rousseaus Deutung des menschlichen Selbstverhältnisses in den »Träumereien eines einsamen Spaziergängers«, in: Jörg Schönert/Harro Segeberg (Hrsg.), *Polyperspektivik in der literarischen Moderne. Studien zur Theorie, Geschichte und Wirkung der Literatur*, Karl Robert Mandelkow gewidmet, Frankfurt/Main u.a. 1988, S. 124-167.

[36] Vgl. Wunberg, *Wiedererkennen* (Anm. 15), passim.

3. Chiffrierung und Selbstversicherung des Ich

Antikefiguration um 1900

1. These und Begründung

Die der Antike entlehnten Figuren dienen im Schrifttum der Jahrhundertwende der Chiffrierung und zugleich der Selbstversicherung des Individuums. Die Antikefiguren konstituieren sich aus der Ambivalenz von Fremdheit und Nähe, in der sie dem Subjekt erscheinen. Zu bleibenden Repräsentanten im Bewußtsein der Moderne vermögen die Antikeadaptationen jedoch nur dort zu werden, wo sie sich als Bild dem philosophisch-wissenschaftlichen Diskurs aussetzen.

Das hier gemeinte Phänomen der Antikeadapktation ist aufs engste mit dem Historismus des 19. Jahrhunderts verknüpft. Es ist deshalb zwar in seiner Genese zunächst selbst historistisch, erreicht aber im Fin de siècle einen neuen Status. Denn das übermäßige Quantum des in historistischen Arsenalen gesammelten historischen Materials wird zu einer eigenen Qualität, die sich in ihrer Konsequenz nur als Spiel-Ermöglichung bezeichnen und begreifen läßt. Seine Quantität garantiert den beliebig spielerischen Umgang mit seinen Einzelstücken; ja schreibt ihn geradezu vor, da angesichts dieses Überangebotes eine sinnvolle Auswahl nicht mehr zu begründen ist. Auswechselbarkeit (auch *Ver*wechselbarkeit), in der das Spielerische kulminiert, wird zu seinem Kennzeichen. So tritt zunächst germanisches Altertum neben die Antike und bald auch gesellen sich Archaik und Exotik, Ferner Osten und esoterische Tradition hinzu. Konkret wird die Beliebigkeit im Zugriff auf das detaillierte Material, wie seine Austauschbarkeit in der Verwendung, durch dessen im Übermaß vollzogene Bereitstellung in den historischen Wissenschaften ermöglicht. Der Umgang mit den alt-neuen Daten aus Mythographie und Religionsgeschichte kann nicht mehr selektiv erfolgen, sondern lediglich noch spielerisch. Damit gewinnt dieser Tatbestand ästhetischen Charakter und legitimiert seine Zugehörigkeit zu einer Diskussion innerhalb der Literaturwissenschaften.

2. Bewußtseinsgeschichtliche Genese des Phänomens

Für eine Erhellung der bewußtseinsgeschichtlichen Genese der Phänomene sind ihre bildungsgeschichtlichen Voraussetzungen von besonderer Bedeutung. Die zeitgenössische Gymnasialbildung bietet das ›antike Material‹ zunächst als philologisch erarbeitetes an, das sich eben etablierende öffentliche Museumswesen[1] präsentiert es als museal aufbewahrtes. Seinen inflationären Gebrauch aber besorgen erst die Künste selbst: Literatur, Bildende Kunst und Architektur. Der Unterschied zu früheren Adaptationsversuchen liegt darin, daß hier, um die Jahrhundertwende, sozusagen aus der Fülle des positivistisch Aufbereiteten geschöpft werden kann. Der Deutschen Klassik – Goethe, Schiller, Moritz, Hölderlin usw. – ging es um die Einwerbung von Mythologemen als Substituten von in der Folge der Aufklärung eingebüßten religiösen, gar konfessionellen Ideologemen. Goethes »Iphigenie« ist als sogenanntes Humanitätsdrama die mythisch-mythologische Figur für einen moralischen Begriff. Schillers Gedicht über »Die Götter Griechenlands« bemüht das mythologische Arsenal zur Defizienzbeschreibung einer in seinen Augen christlich reduzierten Gegenwart.[2] Ernster zu nehmen, weil folgenreicher, zuvor noch bei Winckelmann, der der Antike einen Vorbildcharakter gibt, der – selbst unausgesprochen – seither maßgebend ist.[3] Demgegenüber finden sich die Generationen zwischen 1870 und 1914 in einer völlig anderen Situation. Und zwar sowohl was die Terminologieangebote für die Bewältigung sogenannter ›ewiger Wahrheiten‹ angeht (die im Zuge der Verwissenschaftlichung längst zu ›ewigen *Problemen*‹ geworden sind), als auch was die politisch-gesellschaftlich-industriell bestimmte neue Lebensrealität betrifft.

Die seit Jahrzehnten staatlich verordneten humanistischen Gymnasien, wie gesagt, vermitteln die antiken Stoffe jetzt mehr und mehr sehr viel breiteren Bevölkerungskreisen und -schichten als zuvor. Kaum ein Autor von Rang dieses Zeitraumes ist ohne Gymnasialbildung. Selbst wo sie vorzeitig (vor Abitur und Matura) beendet wird, ist in Unter- und Mittelstufe des Gymnasiums[4] – auch an den Realgymnasien und Oberrealschulen wird ausgiebig Latein gelernt – bereits so viel klassischer Stoff vermittelt, daß es den Absolventen nicht nur nicht schwerfällt, darauf zurückzugreifen; daß vielmehr die klassischen Schriftsteller für sie das eigentliche und einzige tatsächlich realisierbare Angebot zur Identifikation machen. Entsprechendes gilt

---

[1] Vgl. Gudrun Calov, *Museen und Sammler des 19. Jahrhunderts in Deutschland*, Berlin 1969 (= Museumskunde, Bd. 38); dort ausführliche Bibliographie.

[2] Vgl. dazu Wolfgang Frühwalds ausführliche Darstellung: Die Auseinandersetzung um Schillers Gedicht »Die Götter Griechenlands«, in: *Jahrbuch der Deutschen Schillergesellschaft* 13/1969, S. 251-271.

[3] Von Herder (»Denkmal Johann Winckelmanns«), Goethe (»Winckelmann«, 1805), Schiller und Hegel (vgl. seine Ästhetik) bis zu Franz Mehring (1909); vgl. Hans Ruppert, *Winckelmann-Bibliographie. Verzeichnis der Veröffentlichungen von und über Johann Joachim Winckelmann*, Winckelmann-Gesellschaft Stendal, Jahresausgabe 1942.

[4] Obwohl die Wochenstundenzahlen des in den Gymnasien erteilten Latein- und Griechisch-Unterrichtes in der zweiten Hälfte des 19. Jahrhunderts zugunsten von Französisch, Geschichte und Geographie, Rechnen und Mathematik, Naturbeschreibung, Naturlehre (später: Physik, Chemie, Mineralogie) ständig zurückgehen und erst nach dem Lehrplan vom 29. Mai 1901 wieder zunehmen, ist der Latein- und Griechisch-Unterricht in keiner Klasse je unter 6 Wochenstunden erteilt worden; – vgl. dazu *Meyers Großes Konversationslexikon*, 6. Auflage, Leipzig/Wien 1908, s.v. »Gymnasium«, mit zahlreichen Tabellen, unter anderem der Preußischen Lehrpläne von 1856, 1882, 1892 und des Deutschen Lehrplans von 1901.

mutatis mutandis für das Publikum, das die Autoren erreichen möchten; weil es in der Regel denselben Bildungsschichten angehört. Was aber wichtiger ist: Die gesellschaftliche und politische Öffentlichkeit insgesamt ist dem im kulturellen Leben ohnehin auf mannigfaltige Weise ausgesetzt: beim Anblick von Denkmälern jeglicher Provenienz, von Repräsentationsbauten, in der Thematik der Bildenden Künste generell (insbesondere der Malerei)[5] oder auch nur im Anhören von Festreden.[6] Vielfältig sind die mythologischen Anspielungen, Allegorien und mythologischen Legenden. Sie repräsentieren eine zitierfähige und weitgehend sogar in sich als homogen wahrgenommene Welt, deren Figuren eben als Zitat allenthalben der Selbstidentifikation des Individuums zur Verfügung stehen, das nach dem weitgehenden Verlust christlich-religiöser Einbindung in die Transzendenz solcher Identifikationsmuster gerade zu diesem Zeitpunkt aufs Neue dringend bedarf.

Die antike Mythologie ist also *quantitativ* stärker verfügbar als je zuvor. Das bedeutet zum einen wohl, daß mit der vehementen Hinwendung der Deutschen Klassik zu Antike und Mythologie um 1800 das dort gesteckte Ziel einer Absättigung mit dem als Vorbild definierten Phänomen ›Klassische Antike‹ nicht erreicht werden konnte und deshalb noch einmal ins Auge gefaßt wird. Zum anderen verweist es auf den verdeckten und – trotz aller Gegenbewegungen wie ›Junges Deutschland‹, Realismus usw. – offenbar stets aufrecht erhaltenen Vorbildcharakter der Antike auch für das gesamte 19. Jahrhundert, auf eine niemals wirklich abgebrochene Kontinuität und Tradition.

Der Paradigmenwechsel wird in seiner Ernsthaftigkeit und Konsequenz nicht wahrgenommen, oder man mag ihn nicht wahrhaben: Der Umschlag aus geistesgeschichtlicher Tradition und historischer Retrospektivik in naturwissenschaftlich und technologisch bestimmte Prospektive wird – wenn überhaupt – mit den Mitteln antiker Figurationen und Bilder formuliert[7] und damit verdeckt. Folglich ist eine Wahrnehmung der neuen Ergebnisse sol-

---

[5] Nahezu immer allerdings renaissancistisch bzw. klassizistisch vermittelt; am deutlichsten in den Repräsentationsbauten der Zeit (Gerichte, Gymnasien, Bahnhöfe usw.).

[6] Der Zitatcharakter nicht nur in Texten (und Reden), sondern gerade auch in der Bildenden Kunst, müßte daraufhin genau untersucht werden: kryptisches, falsches, topisches Zitieren usw.

[7] So in der Figur von Hephaistos/Vulkan als durchgängigem Sinnbild für Hochofen und Industrie; – vgl. auch Emanuel Geibels Allegorie der Dampfkraft, ein Gedicht, das geradezu den Titel »Mythos vom Dampf« trägt. Der Dampf, Sohn des Wassers (die »Meerfei im Kristallpalast«) und des Feuers (»der Feuergeist mit güldner Krone«), der dem Menschen dient, wird als »ein Herkules im Knechtsgewand« bezeichnet (in: *Emanuel Geibels Werke*, Vier Teile in einem Band, ausgewählt und hrsg. von Dr. R. Schacht, Leipzig o.J., S. 279-281); – vgl. auch Richard Zoozmanns »Göttin Industrie«, ein Gedicht, in dem von »Gigantenschlacht«, den »Opferflammen der Industrie« und »Schwarzen Kyklopen« die Rede ist (in: *Moderne Deutsche Lyrik*, mit einer literargeschichtlichen Einleitung und biographischen Notizen hrsg. von Dr. Hans Benzmann, Leipzig [3]1913, S. 528); – vgl. für die dichterische Bewältigung der Erfindung Flugzeug auch die zahlreichen Ikarus-Gedichte, so z.B. Karl Bröger, »Schatten des Ikaros«, oder Gottfried Benn, »Ikarus« (abgedruckt in: Felix Philipp Ingold, *Literatur und Aviatik. Europäische Flugdichtung 1909-1927*, mit einem Exkurs über die Flugidee der modernen Malerei und Architektur, Frankfurt/Main 1980, S. 392ff.).

chen Paradigmenwechsels schon allein dadurch unmöglich gemacht. Hinzu kommt, daß aufkommende Industrialisierung, Technisierung, auch die Bedrohlichkeit der Großstädte weitgehend in Naturbildern gefaßt werden,[8] also im wahren Wortsinne: nicht selbst, sondern nur als fremde, als Fremd-Worte zur Sprache kommen. Allerdings weist der Rückgriff auf die Reservate der Naturmetaphorik nicht nur in eine allgemein ›irrationale‹ Richtung, sondern zugleich auf ein Bedürfnis nach ›ursprünglichen‹ Benennungs- und damit Identifikationsmodellen.

Für die Zeit nach 1870 (zunächst ein lediglich politisch bedeutsames Datum), also für Spätrealismus und aufkommenden Naturalismus in der Literatur, ist das merkwürdige Phänomen zu konstatieren, daß bei aller realistischen und naturalistischen Problemstellung, die sich aus Gesellschaft, Sozialproblematik usw. rekrutiert, gerade die Bevorzugung *antiker* Thematik unübersehbar wird. Die spezifischen Probleme der eigenen Zeit werden also nicht im Diskurs vorgeführt, sondern als *Fremd*sprache. Der Paradigmenwechsel vollzieht sich selbst in der Literatur paradoxerweise sprachlos. Das Schrifttum findet auf der Suche nach adäquater Benennung allenfalls zum Fremdwort antiker Provenienz, das zugleich aus Schule und Bildung vertraut ist. Es benennt dem Individuum die Helden folglich als Identifikationsmuster, die so vertraut sind, daß es weiß, wovon die Rede ist; und die ihm doch so fremd sind, daß sie als neu empfunden werden können. Aus dieser Ambivalenz von Vertrautheit und Fremdheit resultiert der innovatorische Charakter dieses neuen Identifikationsangebotes.

Ein guter Indikator sind die zeitgenössischen literarischen Zeitschriften; gerade auch die der naturalistischen Bewegung selbst, wie etwa »Freie Bühne«, »Gesellschaft«, aber auch »Literarisches Echo«.[9] Erst auf solcher Basis vermögen die zahllosen dann folgenden Zeitschriften zu stehen, sich zu halten und diesen Bestand gewissermaßen zu sichern, die für die Antike-Affinität der ersten Jahre des 20. Jahrhunderts schon durch ihren Titel so indikativ sind: »Pan« (1895-1900); »Ver Sacrum« (1898-1903); »Charon« (1904-1914); »Hyperion« (1908-1910); auch »Hesperus« (1909) u.a.

Wer heute von Naturalismus spricht, denkt eher an Gerhart Hauptmann, schlesisches Weberelend, an Sudermann oder Ibsen und die sozialen Dramen. Aber nebenher lief, wie leicht belegbar, eine Tradition, die keine war: die Bevorzugung antiker Stoffe gerade für die Darstellung zeitgenössisch relevanter Probleme.

---

[8] Vgl. etwa Gerrit Engelkes Gedicht »Lokomotive« (1914): »Da liegt das zwanzigmeterlange Tier, / Die Dampfmaschine!« usw. (abgedruckt in: *Industrie und Deutsche Literatur 1830-1914. Eine Anthologie*, hrsg. von Keith Bullivant/Hugh Ridley, München 1976, S. 143f.); oder wenn von den Großstädten immer wieder als von dem »steinernen Meer«, vom »Großstadtmeer« die Rede ist; vgl. dazu besonders: *»Im steinernen Meer«. Großstadtgedichte*, ausgewählt von Oskar Hübner/Johannes Moegeli, Berlin 1910.

[9] Die unzähligen einschlägigen Beiträge in den genannten Zeitschriften präsentieren sich in den verschiedensten Formen: in Prosa, Lyrik, Drama; als Kritik, Rezension, Charakteristik oder Essay.

3. Das literarische Umfeld

Zahllos sind die Antikeadaptationen des in Frage stehenden Zeitraums. Bevor es um Nietzsche und Freud geht, zunächst noch zum Umfeld; bevor es um Apollinisches und Dionysisches, um Ödipus-Komplex als die beiden bis heute bekanntesten Antikefigurationen gehen kann, die dem Ich zeitgenössisch zu seiner Identität verhelfen, zum Kontext eben dieser Zeit, dem sie entstammen.

Hofmannsthal hat in seiner »Elektra«[10] nicht nur eine antike Figur verwendet, sondern – wie die Zeitgenossen (Harden, Kerr)[11] sogleich erkannten – die Antike als hysterische definiert, d.h. als Moderne; und damit zugleich die eigene Zeit beschrieben. In diesem Drama (nicht von ungefähr wohl von so großer Anziehungskraft auf den jungen Zeitgenossen Richard Strauß, daß er es sich 1909 als Libretto seiner Oper wählte)[12] wird die Verbindung von antikem Stoff, moderner Psychoanalyse und dem, was Literaten wie Hermann Bahr[13] die »Nervenkunst« nannten, in ein plakatives Bild gebracht. Nicht von ungefähr auch, daß Alfred Kerr aus Anlaß dieses Dramas ausrief: »Ecce artifex!, möchte man sprechen!«[14] und damit seinerseits auf eine zeitgenössisch bevorzugte antike Figur, den Kaiser Nero, jenen »gekrönten Schutzpatron des Dilettantismus«,[15] verwies.

Die Bevorzugung antiker Thematik bei Stefan George selbst, im »Kreis« (bei Alfred Schuler oder Karl Wolfskehl) ist bekannt; die »Kosmische Runde« in Berlin, antiker Mutterkult, Bachofens Einflüsse usw. ebenfalls.[16] An Carl Spitteler[17] ist zu erinnern, seinen »Prometheus und Epimetheus«, seinen »Olympischen Frühling«. Selbst Renaissancekult und Renaissancismus der Zeit (der junge Heinrich Mann,[18] aber auch wiederum Hofmanns-

---

[10] Hugo von Hofmannsthal, *Elektra. Tragödie in einem Aufzug. Frei nach Sophokles*, Berlin 1904.

[11] Maximilian Harden, Elektra, in: *Die Zukunft* 12/1904, S. 349-358; abgedruckt in: *Hofmannsthal im Urteil seiner Kritiker. Dokumente zur Wirkungsgeschichte Hugo von Hofmannsthals in Deutschland*, hrsg. von Gotthart Wunberg, Frankfurt/Main 1972, S. 82ff.; so auch Alfred Kerr, wenn auch nicht dem Wortlaut nach (Alfred Kerr, Elektra, in: *Neue Deutsche Rundschau* 14/1903, S. 113-117; unter dem Titel »Rose Bernd und Elektra« abgedruckt in: *Hofmannsthal im Urteil*, S. 77ff.).

[12] Das Spezifische des antiken Opernstoffes für diese Zeit im Zusammenhang mit der reichen Mythologietradition der Operngeschichte ließe sich gerade an Richard Strauß als einem ihrer bedeutendsten Repräsentanten genauer darlegen: »Ariadne auf Naxos«, »Ägyptische Helena«, »Die Liebe der Danae«.

[13] Vgl. besonders Bahrs Aufsätze der 90er Jahre; abgedruckt in: Hermann Bahr, *Zur Überwindung des Naturalismus. Theoretische Schriften 1887-1904*, hrsg. von Gotthart Wunberg, Stuttgart 1968.

[14] Kerr, Elektra (Anm. 11), S. 81.

[15] Hugo von Hofmannsthal, Maurice Barrès, in: H.v.H., *Reden und Aufsätze I: 1891-1913*, Frankfurt/Main 1979 (= Gesammelte Werke in zehn Einzelbänden, hrsg. von Bernd Schoeller/Rudolf Hirsch), S. 120.

[16] Vgl. Michael Winkler, *George-Kreis*, Stuttgart 1972 (= Sammlung Metzler, Bd. 110).

[17] Carl Spitteler, *Prometheus und Epimetheus. Ein Gleichnis* [pseudonym] Aarau 1881; ders., *Olympischer Frühling*, 4 Bde., Leipzig/Jena 1900-1905.

[18] Heinrich Mann, *Die Göttinnen oder Die drei Romane der Herzogin von Assy*, 3 Teile, München 1903 (1: »Diana«; 2: »Minerva«; 3: »Venus«).

thal[19] und George[20]) stellen sich unter diesem Gesichtspunkt von heute aus eher als Variationen auf Antikekult und Antikenachfolge dar denn als eigene renaissancistische Thematik.

Nicht einmal der Expressionismus gibt die Antikeallusion völlig auf; so in der Lyrik Georg Heym, Jakob van Hoddis, Ernst Stadler;[21] oder im Drama: Reinhard Johannes Sorge, »Odysseus« und Johannes R. Becher, »Ikaros«.[22]

Gottfried Benn noch, schließlich, ist das prototypische Beispiel für die Transportierung antiker Stoffe und Themen über den Expressionismus hinaus (»Dorische Welt«, »Pallas«).[23]

Daneben aber gibt es Werke der Literatur, die eine derartige Thematik nicht an der Oberfläche und schon gar nicht im Titel tragen. Beispiel: Richard Beer-Hofmanns »Tod Georgs«.[24] Dort wird sie in den Rang eines Traumes erhoben und zugleich zu symbolistischer Evidenz. Kaum an einer anderen Stelle läßt sich deutlicher zeigen als hier, wie wenig der literarische, hier: symbolistische Umgang mit diesem Material möglich oder auch nur denkbar ist, ohne die schon angedeutete teils wissenschaftlich, teils gymnasial vermittelte exakte Kenntnis mythologischer Einzeldaten.

Die Literatur verdankt zwar ihr antik-mythologisches Material der erwähnten langen und soliden altphilologischen Tradition und zugleich auch der erst noch jungen positivistischen Religionswissenschaft, die dergleichen bereitstellt. Aber die Religionswissenschaft lenkt zugleich mit dem ganzen Gewicht einer zu wissenschaftlicher Autonomie gelangten neuen Disziplin das Interesse der Literatur auf die religionsgeschichtlichen Einzelfakten, die als Substitut für defiziente Glaubensinhalte ergriffen werden und sodann wie

---

19 Hugo von Hofmannsthal, *Der Tod des Tizian. Ein dramatisches Fragment*, Geschrieben 1892. Aufgeführt als Totenfeier für Arnold Boecklin im Künstlerhaus zu München den 14. Februar 1901, Berlin 1901; ders., *Das gerettete Venedig. Trauerspiel in fünf Aufzügen*, Nach dem Stoffe eines alten Trauerspiels von Th. Otway, Berlin 1905.

20 Stefan George, Algabal, in: S.G., *Werke*, Ausgabe in 4 Bänden, Bd. 1, München 1983; ders., Die Bücher der Hirten- und Preis-Gedichte, der Sagen und Sänge und der Hängenden Gärten, in: ebd. (besonders die »Preisgedichte auf einige junge Männer und Frauen dieser Zeit«); ferner »Porta Nigra« aus »Der siebente Ring«, in: ebd., Bd. 2.

21 Vgl. Georg Heym: »Der Gott der Stadt« (»Korybantentanz«); Jacob van Hoddis: »Aurora«; Ernst Stadler: »Titans Traum«.

22 Reinhard Johannes Sorge, Odysseus. Dramatische Phantasie, [entstanden 1911, posthum veröffentlicht] in: R.J.S., *Der Jüngling. Die frühen Dichtungen*, Kempten/München 1925, S. 19-49; Johannes R. Becher, Ikaros. Dramatisches Gedicht in drei Teilen, in: *Die Erhebung. Jahrbuch für neue Dichtung und Wertung*, hrsg. von Alfred Wolfenstein, Bd. 1, Berlin o.J. [1919], S. 62-71.

23 Gottfried Benn, Dorische Welt, in: *Europäische Revue* 10/1934, S. 364-376; ders., Pallas, in: G.B., *Ausdruckswelt*, Wiesbaden 1949; – bei Benn werden ›antike‹ Titel häufig als Überschriften für solche Texte verwendet, die nur wenig mit der dadurch evozierten Thematik zu tun zu haben scheinen; so in »Der Ptolemäer« (1949); oder in »Ithaka« (zuerst 1914), einem Einakter, der zwar in moderner Umgebung spielt, bezeichnenderweise aber mit den Worten endet: »Wir wollen den Traum. Wir wollen den Rausch. Wir rufen Dionysos und Ithaka! –« (zit. nach: *Einakter und kleine Dramen des Expressionismus*, hrsg. von Horst Denkler, Stuttgart 1968, S. 100).

24 Richard Beer-Hofmann, *Der Tod Georgs*, Berlin 1900.

von selbst als Ingredienzen einer symbolisch zu verstehenden Antike in die Texte der Literatur eingehen können.

Aber nur dort, wo es den Autoren gelingt, die antike Tradition ihrer bloßen Stofflichkeit zu entkleiden, die Figuralität antiker Gestalten gegen die eigene täglich gemachte historische und soziale Erfahrung zu behaupten; nur dort entstehen die Werke, von denen wir auch heute noch sagen können, sie seien ›über den Tag hinaus‹ geschrieben. Dazu gehören, neben den genannten, in anderer Weise auch Thomas Manns »Josephsbrüder«,[25] die bekanntlich nicht klassische Antike, sondern jüdische Vorzeit zum Thema haben, aber im Grunde der gleichen Tendenz gehorchen; dazu gehört noch Hermann Brochs »Tod des Vergil«.[26] Nur dort, wo die Hinwendung zu antiken Stoffen tatsächlich als Zusammenführung des Disparaten und nicht nur als Behandlung von Akzidentellem gelingt, entstehen Werke, die dem bereits zeitgenössisch kritisch werdenden Blick, wie auch dem unseren heute noch, standzuhalten vermögen. Interessant ist gerade in diesem Zusammenhang auch, daß es bereits eine zeitgenössische literaturinterne Diskussion zum Thema Antike und Moderne gegeben hat. Und an ihrer Evaluierung, als der von Bewußtsein und Intellektualität, nicht vom Willen zur Fiktion, bestimmten Auseinandersetzung, läßt sich am ehesten Charakter und Ernsthaftigkeit zeitgenössischer Beschäftigung mit dem Problem der Antikeadaptation und ihrer Wirkung auf das Selbstverständnis der Zeitgenossen ablesen. »Unser höchstes Kunstideal ist nicht mehr die Antike, sondern die Moderne«, heißt es unzweideutig in den zehn »Thesen« zur literarischen Moderne des Vereins »Durch!«[27] von 1886, die den Aufbruch in eine neue Epoche formulieren und die dort proklamierte Moderne gerade von der Antike absetzen wollen. Sieht man sich den weiteren Kontext genauer an, dann erweist sich die sie begründende Position allerdings als selbst historistisch.

Eugen Wolff, der Kieler Literarhistoriker und Verfasser oder Mitverfasser dieser Thesen, die bezeichnenderweise in der »Allgemeinen Deutschen Universitätszeitung« erschienen sind – also gerade nicht einem literarischen Organ, sondern einer Zeitung, die sich an die Träger der Bildungs-, man muß schon sagen: Ausbildungsschicht wendete – hat zwei Jahre darauf einen merkwürdigen Text veröffentlicht, dem er die Überschrift gab »Die jüngste deutsche Literaturströmung und das Prinzip der Moderne«.[28] Darin be-

---

[25] Thomas Mann, *Joseph und seine Brüder*, 4 Bde., Stockholm u.a. 1933-1943.

[26] Hermann Broch, *Der Tod des Vergil*, Zürich 1947.

[27] Zuerst in *Das Magazin für die Litteratur des In- und Auslandes* 55/1886, S. 810; wenig später erneut in der Rubrik »Litteratur und Kunst« ohne Titel abgedruckt in: *Allgemeine Deutsche Universitäts-Zeitung* 1/1887, S. 10; – wieder abgedruckt in: Gotthart Wunberg/Stephan Dietrich (Hrsg.), *Die literarische Moderne. Dokumente zum Selbstverständnis der Literatur um die Jahrhundertwende*, 2., verb. u. komm. Auflage, Freiburg i. Br. 1998 (= Reihe Litterae, Bd. 60), S. 23-26.

[28] Eugen Wolff, *Die jüngste deutsche Litteraturströmung und das Princip der Moderne*, Berlin 1888 (= Litterarische Volkshefte, Nr. 5); – wieder abgedruckt in: *Die literarische Moderne* (Anm. 27), S. 27-81.

schreibt er in einem fingierten Streitgespräch zwischen einem Ästhetiker, einem »Alltagsmenschen«, einem Moralisten, einem Dichter, einem Naturforscher und einem Idealisten das »Neue Kunstprinzip ›Die Moderne‹«. Er tut es im Bild einer Allegorie, die alle Anzeichen antikisierender Viktoria-Skulpturen des späten 19. Jahrhunderts aufweist. Bezeichnenderweise legt er die genaue Beschreibung dem Historiker der Runde in den Mund, dem Vertreter eines Faches also, das die Basis auch historistischen Denkens garantierte:

> »Also ein *Weib*, ein *modernes*, d.h. vom modernen *Geiste* erfülltes Weib, zugleich Typus, d.h. ein arbeitendes Weib, und doch zugleich ein *schönheitdurchtränktes*, idealerfülltes Weib, d.h. von der materiellen Arbeit zum Dienste des Schönen und Edlen zurückkehrend, etwa auf dem Heimwege zu ihrem geliebten Kind, – denn sie ist keine Jungfrau voll blöder Unwissenheit über ihre Bestimmung, sie ist ein *wissendes*, aber *reines* Weib, und wild bewegt wie der Geist der Zeit, d.h. mit *flatterndem Gewand* und *fliegendem Haar*, mit *vorwärtsschreitender* Gebärde, freilich nicht durch ihre überirdische *Erhabenheit* in den *Staub* nötigend, aber durch ihren Inbegriff aller *irdischen Schönheit* begeisternd mit *fortreißend*, – das ist unser neues Götterbild: die *Moderne*!«[29]

Eugen Wolffs Schrift über »die jüngste deutsche Literaturströmung« verfängt sich, in ihrer Mischung aus klassischem Zitat und antikisierendem Bild seiner Moderne-Allegorie selbst historistisch verfahrend, gerade in dem, wovon sie befreien will.

4. Nietzsche und Freud

Unter den zahllosen Beispielen einer Antikeadaptation haben nur zwei Repräsentanzcharakter für das moderne Bewußtsein erlangt: Nietzsches Konstrukt des Apollinischen und Dionysischen und Freuds Ödipus-Komplex.

Zwar wäre dem manche andere Antikefigur an die Seite zu stellen, die dem sehr nahe kommt. Zwar wäre für die Psychoanalyse zusätzlich auf die Figuren Elektra und Narziß,[30] für Nietzsche auf Zarathustra[31] zu verweisen,

---

[29] *Die literarische Moderne* (Anm. 27), S. 70.

[30] Der Elektra-Komplex kann hier deshalb außer acht bleiben, weil sich der von C.G. Jung in seinem »Versuch einer Darstellung der psychoanalytischen Theorie« (1913) eingeführte Begriff nicht in gleicher Weise durchgesetzt hat wie Freuds Ödipus-Komplex. Der Narzißmus-Begriff ist prinzipiell nicht wie der des Ödipus-Komplexes generalisierbar. Das mag u.a. dazu geführt haben, daß er sich auch weniger durchgesetzt hat; weshalb er für unser Problem weniger repräsentativ ist als dieser. Allerdings wäre sowohl auf Elektra als auch auf Narziß im Kontext der Psychoanalyse für unseren Zusammenhang noch genau und differenzierend einzugehen. Aufschlußreich ist dabei vor allem, daß Freud den Ausdruck Narzißmus selbst bereits übernommen hat: von P. Näcke (1899); vgl.: Jean Laplanche/Jean Bertrand Pontalis (Hrsg.), *Das Vokabular der Psychoanalyse*, Frankfurt/Main 1972, S. 317ff.

[31] Auf Nietzsches »Zarathustra« näher einzugehen, wäre insbesondere deshalb aufschlußreich, weil es seit seinem Erscheinen (1883-1885) wohl kaum eine Schrift gegeben hat, die den Zeitgenossen vertrauter gewesen ist als diese.

für die Dichtung auf Rilkes Orpheus[32] oder für das allgemeine emanzipatorische Bewußtsein gerade dieser Zeit auf die Prometheusfigur, die wie kaum eine andere mythologische Gestalt zu den in der Literatur favorisierten gehört.[33] Aber ihnen fehlt doch die Eindeutigkeit der Genannten, um mit ihnen zusammen genannt werden zu können. Wichtig bleibt allerdings, daß es ein unübersehbares Reservoir gewesen ist, aus dem Nietzsche und Freud ihre Figuren genommen haben. Denn das beantwortet zu einem nicht unwesentlichen Teil die Frage, warum sich Konstrukte, die auf antike Mythologie zurückgreifen – also etwas sehr Unmodernes eigentlich –, so fraglos und bleibend haben durchsetzen können, mit dem Hinweis auf die allgemeine Vertrautheit mit dem herangezogenen Anschauungsmaterial.

Der junge Friedrich Nietzsche bringt (seit 1871) in seinem Konstrukt des *Apollinischen und Dionysischen*[34] die Welt als wissenschaftlich und religiös verfaßte, als in sich gegensätzliche also, auf den Begriff; das heißt als Moderne. Selbst wo dann die ›Artistenmetaphysik‹ nach der Abkehr von Wagner und Schopenhauer unhaltbar wird, bleibt es beim Dionysischen, wird dieses gerade zur Beschreibung einer Welt, die gegen Christentum und Romantik als ›Leben‹ zu behaupten ist. Mag es für den gelernten Altphilologen Nietzsche nahegelegen haben, sich solcher Terminologie zu bedienen: Bekanntlich konnte sich kein anderer Terminus seiner Philosophie – außer der Gestalt des Zarathustra, der in einem nicht einmal sehr viel weiteren Sinne ebenfalls ›antik‹ ist – so mühelos durchsetzen und eine solche Wirkung entfalten. Nahe genug: durch Schule und Bildung vermittelt und vertraut; fern genug: um den Reiz der Fremdartigkeit zu voller Entfaltung gelangen zu lassen, wird das Begriffspaar alsbald zum Schlagwort einer ganzen Generation und wirkt als vermeintliche Essenz der Nietzscheschen Philosophie bis heute. Denn wer sich diesem Dualismus anvertraut, erhält ein Schema zurück, das ihm die bewußtlos als antagonistisch oder dualistisch aufgefaßte Welt beschreibt, in Figuren vorführt und damit verständlich macht.

[32] Rilkes »Sonette an Orpheus« (1923) bestimmen den Sänger der antiken Mythologie als das auch für die Moderne gültige Sinnbild des Dichters: »Ein für alle Male / ists Orpheus, wenn es singt ...« (I, 5). Zugleich formuliert Rilke damit noch einmal den Anspruch des Dichters, als Prototyp des Menschen überhaupt zu gelten.

[33] Die zahllosen Texte, die sich mit der Gestalt des Prometheus befassen, können hier nicht im einzelnen aufgeführt werden. Es seien nur einige der bekanntesten Autoren genannt, bei denen sich dergleichen Texte finden: Carl Spitteler, Prometheus und Epimetheus (Anm. 17), Pandora (Epenfragment, 1912), Prometheus der Dulder (Epos, 1924); Gerhart Hauptmann, Promethidenlos (Epos, 1885); Richard Dehmel, Der befreite Prometheus (Gedicht, 1891); André Gide, Le prométhée mal enchaîné (Prosa, 1899); Peter Hille, Prometheus (Gedicht. vor 1904); Franz Kafka, Prometheus (1918); sowie Friedrich Nietzsche, Prometheus (Entwurf einer Parodie, 1874). – Eine Sondererscheinung ist die Gestalt des Phantasus, die zwar auf einer reichlich dünnen mythologischen Grundlage (nur in Ovids »Metamorphosen« wird er erwähnt), gewissermaßen *ex nihilo*, von Arno Holz geschaffen worden ist, dem Holz aber immerhin im Laufe der Jahrzehnte ein stets erweitertes, schließlich 7 Bände umfassendes »Gesamtkunstwerk« gewidmet hat: Arno Holz, *Phantasus*, 7 Bde., Berlin 1925; zuerst 2 Hefte von insgesamt 105 Seiten, Berlin 1898-1899.

[34] Zuerst in: Friedrich Nietzsche, *Die Geburt der Tragödie aus dem Geiste der Musik*, Leipzig 1872.

Freuds *Ödipus*-Schema – seit den 90er Jahren belegt, 1910 zum ersten Mal öffentlich formuliert[35] – führt den Menschen, wenn auch wohl weitgehend widerwillig, in einen Zusammenhang ein, der ihm die Geborgenheit aller Gemeingültigkeiten vermittelt. Die Gewißheit, daß alle Menschen einen Ödipus-Komplex haben, also einem Befund unterliegen, aus dem sich die großen und kleinen Insuffizienzen des eigenen Ich ableiten und verstehbar machen lassen, ermöglicht es ihm, die tägliche Existenz zu ertragen. Denn sie kann nun gemeinsam mit vielen bestanden werden und führt deshalb – wenigstens zum Schein und dem Bewußtsein nach – auch aus der Isolation heraus. Zugleich wird damit aber paradoxerweise die Zugehörigkeit zu einer Sekte von Auserwählten vermittelt; also eine Ausgrenzung garantiert, derer das Individuum so sehr bedarf; unter einer Chiffre, die der Geheimcode ist für die wenigen Eingeweihten – was bis heute funktioniert. Zwar sind alle ödipal, aber nur wenige wissen es. Das macht die Wenigen zu einer Teilmenge der Vielen und zugleich zu den Herausgerufenen aus dem Heer der bewußtlos Leidenden. Was sich unter der Chiffre verbaler Fremdheit, in antik fremdwörtlichem Terminus, vor der Menge verbirgt und geheimnisvoll im Lexikon für nur Eingeweihte verschließt, versichert das Ich zugleich damit seiner selbst.

Die Antikefiguration garantiert Vertrautheit und Fremdheit zugleich: die Nähe des über die Schulbildung Bekannten, die Ferne des historisch, gar mythologisch weit Abliegenden. Die so angebotene und ergriffene Benennung schreibt allerdings die Dichotomien und Ambivalenzen dessen fort, was auch vorher nicht zusammenzubringen war. Wissenschaft und Religion, Apoll und Dionysos, Tageshelle und die Nachtseiten der Welt; Rivalität mit dem Vater und libidinöse Beziehung zur Mutter, Ich und Es; Ich und Nicht-Ich, wenn man so will. Schicksalhaft oder psychogenetisch vorgegebene Vatertötung und Selbstverwirklichung finden auf neuer, wenn auch nicht unbedingt höherer Ebene ihre simple Entsprechung, wenn dergleichen Diagnosen gerade nach den Strukturen dessen gestellt werden, was doch gerade der zu exekutierende Gegenstand hatte sein sollen und müssen.

5. Summa

Faßt man beides, die bewußtseinsgeschichtliche Situation und die genannten Phänomene samt ihren Beispielen, noch einmal zusammen, dann ergibt sich im Hinblick auf das Problem von Chiffrierung und Selbstversicherung folgender Tatbestand.

Genetische Voraussetzung ist die weiter oben skizzierte Ausweglosigkeit, in die der Mensch des späten 19. Jahrhunderts auf der Suche nach Identifikationsmustern geraten ist, ja geraten mußte. Es ist in besonderem Maße die

---

35 Sigmund Freud, Über einen besonderen Typus der Objektwahl beim Manne, in: S.F., *Sexualleben*, Frankfurt/Main 1972 (= Freud-Studienausgabe, Bd. 5), S. 192.

Transzendenzlosigkeit oder besser gesagt: die Unmöglichkeit des neuzeitlichen Menschen, sich nach Aufklärung und industrieller Revolution in irgendeinem herkömmlicherweise angebotenen System der Transzendenz seines Daseins zu versichern; mit anderen Worten: seine Identität zu finden. Weder die Philosophie, noch die christlichen Konfessionen vermögen ein Angebot zu machen, das den Bedürfnissen des neuzeitlichen Bürgers so glaubwürdig entspricht wie dasjenige früherer Jahrhunderte den früher Lebenden. Weder die säkularen Offerten, in den Utopien der Aufklärung noch einmal zusammengefaßt und für den neuzeitlichen Menschen auch neu formuliert, noch der damit aufs engste zusammenhängende Fortschrittsglaube und Fortschrittsoptimismus vermögen es, einen wie immer gearteten Ersatz bereitzustellen. Denn die katastrophalen Folgen der Industrialisierung erschöpfen sich keineswegs in der entfremdeten Arbeit der Ausgebeuteten und sozial Entrechteten, im primär Materiellen also. Sie betreffen vielmehr die vermeintlichen Nutznießer solcher Industrialisierung ebenso; allerdings in immaterieller Hinsicht und von ihnen selbst wohl kaum wahrgenommen. Denn gerade sie ziehen ihren Nutzen nur materiell-ökonomisch; begeben sich damit, ohne es noch recht zu bemerken, jeder Form von ideellem Nutzen, das heißt transzendenter Geborgenheit, Aufgehobenheit, Versöhnung mit sich selbst, ja sogar der Welt, die sie beleidigt und entrechtet haben. Das bekommt ihnen so lange, wie sie als eine Generation die gesellschaftliche Entwicklung anführen und bestimmen, die ihrerseits noch in mehr oder weniger festgefügten konfessionellen oder wenigstens säkular-weltanschaulichen Bindungen großgeworden ist, und sie sich von daher in der Lage sehen, zuletzt doch noch auf Transzendenz-Reservate alten Stils zurückzugreifen.

Indiz dafür z.B.: die für unsere heutige Vorstellung bis zu unerträglichem Kitsch betriebene Grabmälerkultur des späten 19. Jahrhunderts. Sie bemüht an dem unwiderruflich letzten Punkt auch der *vita industrialis* die Requisiten christlicher Herkunft; konfessionalisiert oder nicht. Zwar tut sie es nicht als Symbol für jene transzendente Aufgehobenheit (derer der Mensch nach Ausweis eben dieser Grabmäler offensichtlich selbst dann noch gerade bedarf, wenn er auf dem Wege nicht nur der allgemeinen Säkularisation, sondern der totalen Merkantilisierung und Industrialisierung ist); aber eben als Requisit. – Das alles will lediglich sagen, daß die Entfremdung und Enttranszendentalisierung eine totale ist, die keineswegs nur ihre ökonomischen Opfer trifft, sondern auf deren Unterdrücker zurückschlägt, indem sie ihnen jene Transzendenzgewißheit, Aufgehobenheit, Geborgenheit und metaphysische Sicherheit gerade nimmt und verweigert, deren sie offensichtlich so dringend bedürften wie jeder andere.

In solcher Situation ›transzendenter Obdachlosigkeit‹ gewinnt sich die Adaptation antiker Tradition und Bildlichkeit eine zusätzliche Qualität hinzu, die sie essentiell unterscheidet von der früherer Jahrhunderte. Auch die Antike-Figur ist zunächst Requisit im beschriebenen Sinne; aber sie verhilft zu neuer Identifikationsmöglichkeit. Bedürftigkeit und Bedürfnis dieser Zeit nach verlorener und vermeintlich noch immer einholbarer Transzendenz lassen sie nach nicht weniger entleerten Hülsen greifen: antiker Figuralität. Deren Kunstcharakter – aus dem in Austauschbarkeit und Beliebigkeit begründeten Spielcharakter herzuleiten – macht sie zum Symptomen-Material Nietzschescher Diagnostik: »Die Wahrheit ist häßlich. Wir haben die Kunst, damit wir nicht an der Wahrheit zugrunde gehen«.[36] Wo jenes Transzendenz-Bedürfnis zusammentrifft mit diesem aus ubiquitärer Präsenz des mythologischen Materials resultierenden Spielcharakter der Antikeadaptation, ist die Bedeutung nicht verwunderlich, die ihm beigemessen wird, wenn es um den Menschen selbst, wenn es um seine Identität geht. Sich in der habituellen Fremdheit des Mythos zu verbergen und zugleich aufgehoben, bewahrt, bestätigt, gesichert zu finden, liegt deutlich in der Konsequenz solcher Bedingungen. Chiffrierung zugleich und Selbstversicherung, also.

Nietzsches Apoll und Dionysos: In dieser Konfiguration vermag der Zeitgenosse eine dichotome Daseinsverfassung zu erkennen, die er an sich selbst erfahren, ohne diese Antikefiguration aber nicht verstanden hat. Er begreift in ihr den Bestimmungsversuch dualistischer Weltverfassung. Freuds Ödipus-Figur führt das Individuum in den Mythos zurück, ohne ihm eine Initiation zuzumuten; auf dem Weg über den analytisch-therapeutischen Diskurs – Ödipus als ein anderes Ich, das Ich als ein anderer Ödipus. In Ödipus als dem anderen Ich ist der erlittene Konflikt mythisch gebunden, ohne dieses Ich selbst zu binden und es in der Regression einer falsch verstandenen Remythisierung festzuhalten. Ödipus ist die analytische Reduktionsfigur, deren Allgemeinverbindlichkeit es dem Ich erlaubt, zugleich mit ihr identisch und zugleich es selbst zu sein.

Industrie und Technik halten keine Identifikationsangebote bereit; wollen es nicht einmal. Wer Industrialisierung und Technisierung vorantreiben möchte, verpflichtet auf den Arbeitsprozeß, der sie ermöglicht; nicht auf außerhalb seines Alltags liegende Figuren. Wo doch, sind die Identifikationsfiguren ins industrialisierte und technifizierte Arbeitsleben integriert: Hephaistos als Inkarnation des Schmiedegottes; Antikeallegorien der Dampfkraft (Geibel);[37] antike Genien, die den Firmengründer auf Jubiläumsschmuckblättern bekränzen usw.

Die bereits zu dieser Zeit beginnenden Versuche, den Arbeiter auf das Unternehmen als auf ›seine‹ Firma einzuschwören, etablieren eine Scheinzugehörigkeit, die den Identifikationswillen an den widerständigen Realitäten scheitern lassen. Hinzu kommt: Die Frage einer Zugehörigkeit zum Unternehmen des Unternehmers, das dem Arbeiter nicht gehört, ist – gedacht als

---

[36] In: Friedrich Nietzsche, *Werke in drei Bänden*, hrsg. von Karl Schlechta, Bd. 3, München 1956, S. 832.

[37] Vgl. Anm. 7; – ferner: »Zur Erinnerung der Jubel-Feier der Fabrik für Farben und chemische Produkte von Gebrüder Heyl & Co., Charlottenburg, 2.7.1883« von Julius Ehrentraut; abgebildet in: *Aspekte der Gründerzeit* (= Ausstellungskatalog), o.O., o.J. [Berlin 1974], S. 133.

Kompensation entfremdeter Arbeit – keineswegs auf den Proletarier beschränkt. Sie beginnt vielmehr längst auf das bürgerliche Erwerbsleben überzugreifen und auf den Beamtenstaat; ist vielmehr längst zum psychologischen Problem des übervorteilten Individuums überhaupt geworden. Dieses sieht sich nach dem beschriebenen Verlust religiöser Zugehörigkeit abermals – diesmal materiell – betrogen. Hier also können die in den fremd-vertrauten Antikefigurationen angebotenen Substitute um so besser greifen, als sich das Schema von Angebot und Nachfrage, von der liberalen Nationalökonomie theoretisch befördert, gerade durchzusetzen beginnt.

Auch die psychische Disposition organisiert sich folgerichtig nach denselben Maximen. Die Reaktion auf das analog dem Gründerzeitmarkt im Überfluß feilgebotene Material antiker oder vermeintlich antiker Figurationen ist entsprechend: Das Individuum greift zu. Es greift nach dem, was vertraut genug scheint, um nicht in gleicher Weise fremd zu sein wie entfremdete Arbeit oder die entfremdete Welt, für die jene nur das sicht- und tastbare Zeichen ist; nach dem, was fremd genug ist, um als neu und unerprobt (d.h.: mit Hoffnung auf Besseres und doch noch Gutes erfüllt) gelten zu können. In der Chiffrierung, die dem Ich durch die Adaptation der Antike im Verhältnis zu den ›Anderen‹ gelingt, wird jene am Antikebild selbst erfahrene *Fremdheit* direkt *gegenüber einer Umwelt* wiederholt, die daran nicht beteiligt ist. Auch ist in der Selbstversicherung gerade jene *Nähe des Subjekts zu sich selbst* erreicht, die ihm aus der Antikefiguration als Vertrautheit entgegenkam. Es besteht also eine enge Beziehung zwischen dem, was man anstrebt, und dem, was man davon nach außen auch zur Geltung bringt.

Zu einer Auswahl aus den zahlreichen Angeboten muß dem Einzelnen nun aber offensichtlich, soll sie von Dauer sein, erst verholfen werden. Das geschieht keineswegs durch die bloße Thematisierung der Künste selbst: in den zahlreichen Theaterstücken, Gedichten und Epen, in der Architektur, in Gemälden usw. Es kommt vielmehr erst dort zustande, wo ihm durch Diskursivität dazu verholfen wird: in Philosophie und Wissenschaft.

Aus der unübersehbaren Fülle aller angebotenen oder auch nur bevorzugten Antikefiguren vermögen nur zwei einen Status dauernder Identifikationsmöglichkeit in diesem Sinne zu erwerben; eben weil ihnen durch den philosophischen bzw. wissenschaftlichen Diskurs dazu verholfen wird: Nietzsches Konstrukt des Apollinischen und Dionysischen und Freuds Ödipus-Komplex.

Für diejenigen Antikefiguren, die es zu solcher Würde aus Mangel an philosophischem oder wissenschaftlichem Diskurs nicht gebracht haben, gibt es die genannten erhabenen Beispiele. Was ihnen allen jedoch abgeht, ist der Diskurs, in den sie einbezogen werden. Überhaupt ist genau darin ein Proprium der Zeit um 1900 im Hinblick auf Antikeadaptation generell zu sehen, verglichen mit früheren Jahrhunderten (Renaissance, Aufklärung, Deutsche Klassik), in denen Antike als Selbstversicherung zur Debatte stand. Für die Zeit der letzten Jahrhundertwende begründet sich der Status von Repräsentativität nicht einfach als Bild, sondern vielmehr erst in doppelter Weise: aus Bild und Diskurs. In solcher Verwendung wird gerade rückgängig gemacht und zusammengeführt, was Nietzsche als nicht mehr rückgängig zu machen beschrieben und was er in die Antikebilder von Apoll und Dionysos erst gefaßt hat: die zeitgenössische Divergenz der Welt in Wissenschaft und Leben. Nur wo dem (antiken) Bild der (moderne) Diskurs zu Hilfe kommt, kann ihm als mythischem ein neuer Bestand gesichert werden; und zwar als Signatur der Moderne. Das heißt auch, daß seine Fähigkeit, aus sich selbst heraus zu wirken, endgültig verlorengegangen ist. Aber es bedeutet andererseits doch auch, daß der wissenschaftliche Diskurs stark genug gewesen ist, die mythisch-mythologische Figur produktiv zu machen, sie einem modernen Bewußtsein zu gewinnen und zu bewahren, dem sie zunächst lediglich in historistischer Beliebigkeit und Austauschbarkeit angeboten war. Ihre diskursive Brauchbarkeit ist es, die diese Figuren vor anderen Remythisierungsversuchen auszeichnet und ihnen ihren Repräsentanzcharakter sichert. Denn der kommt ihnen über Reflexion und Diskurs zu und entspricht darin einem Zeitalter, das sich zutreffend selbst das wissenschaftliche nennt. Man sollte darüber nachdenken, ob man nicht künftig den Begriff der Moderne, sofern man ihn als Prädikat vergeben möchte, an die Bedingung solcher Leistung binden will, weil sich erst in ihr als einem *Verfahren* Epoche wie Individuum gleichermaßen ihre Identität formulieren.

4. Hermetik – Änigmatik – Aphasie

Thesen zur Unverständlichkeit der Lyrik in der Moderne

Ist denn die Unverständlichkeit etwas so durchaus Verwerfliches, und Schlechtes? [...] Wahrlich, es würde euch bange werden, wenn die ganze Welt, wie ihr es fordert, einmal im Ernst durchaus unverständlich würde.
Friedrich Schlegel, Über die Unverständlichkeit (1800)

1. Tatbestand: Unverständlichkeit

Unverständlichkeit ist die dominante Leseerfahrung mit lyrischen Texten seit der Jahrhundertwende.[1] Sie können – auch weil sie eine Sublimatform darstellen – als besonders repräsentativ für die Literatur insgesamt, diese für die Kunst generell, gelten; und die Untersuchung dieser Frage wirft deshalb ein erhellendes Licht auf die Literatur der Moderne überhaupt.

Die Lyrik verschließt sich seit dem Ende des vorigen Jahrhunderts zunehmend einer erfolgreichen Deutung. Hofmannsthals »Lebenslied«,[2] Morgensterns Texte, nicht nur sein »Großes Lalula«,[3] schon August Stramms »Patrouille«,[4] »Weltende« von Jakob van Hoddis,[5] Lichtensteins »Dämmerung«,[6] Trakls »Ruh und Schweigen«,[7] Kandinskys »Blick und Blitz«,[8] »Töd-

---

1 Der vorliegende Aufsatz ist zuerst erschienen unter dem Titel »Hermetik – Änigmatik – Aphasie. Zur Lyrik der Moderne« in: Dieter Borchmeyer (Hrsg.), *Poetik und Geschichte. Victor Žmegač zum 60. Geburtstag*, Tübingen 1989, S. 241-249. Die dort niedergelegten Überlegungen wurden zunächst auf einer deutsch-französischen Projekttagung zum Thema literarische Moderne vorgetragen und erscheinen hier so gut wie unverändert, gegenüber der Festschriftfassung lediglich mit Nachweisen versehen. – Zum Thema ›Unverständlichkeit‹ vgl. auch die nachfolgenden drei Beiträge in diesem Band sowie Moritz Baßler, *Die Entdeckung der Textur. Unverständlichkeit in der Kurzprosa der emphatischen Moderne 1910-1916*, Tübingen 1994 (= Studien zur deutschen Literatur, Bd. 134).

2 In: Hugo von Hofmannsthal, *Gedichte, Dramen I: 1891-1898*, Frankfurt/Main 1979 (= Gesammelte Werke in zehn Einzelbänden, hrsg. von Bernd Schoeller/Rudolf Hirsch), S. 28.

3 In: Christian Morgenstern, *Alle Galgenlieder. Galgenlieder, Palmström, Palma Kunkel, Gingganz*, Nachwort von Jürgen Walter, Stuttgart 1989, S. 21.

4 In: *Menschheitsdämmerung. Ein Dokument des Expressionismus*, mit Biographien und Bibliographien neu hrsg. von Kurt Pinthus, Reinbek 1955 ([1]1920), S. 87.

5 In: *Menschheitsdämmerung* (Anm. 4), S. 39.

6 In: *Menschheitsdämmerung* (Anm. 4), S. 47.

7 In: Georg Trakl, *Werke. Entwürfe. Briefe*, hrsg. von Hans-Georg Kemper/Frank Rainer Max, Stuttgart 1974, S. 73.

8 In: *Lyrik des expressionistischen Jahrzehnts. Von den Wegbereitern bis zum Dada*, Einleitung von Gottfried Benn, München 1968 ([1]1955), S. 91.

licher Baum« von Carl Einstein,[9] die Texte der Dadaisten, schließlich die Gedichte des späten Paul Celan[10] sind, um das mindeste zu sagen, äußerst schwer zugänglich. Daran ändert die Tatsache nichts, daß Literaturwissenschaftler sich Zugänge zu verschaffen wußten. Eigentlich sind solche Texte unverständlich. Darin unterscheiden sie sich erheblich von denen Goethes, Schillers, Mörikes oder Kellers. Die Ausnahme: Hölderlin, der nicht von ungefähr deshalb – wie Trakl – zum Vorläufer der Moderne werden kann. Sätze eben dieses Dichters Trakl wie: »Jüngling aus kristallnem Munde / sank dein goldner Blick ins Tal ...« (»Klage«[11]) oder Johannes R. Bechers »Unsere Leiber zerfallen, / graben uns singend ein ...« (»Verfall«[12]), um einen beliebigen anderen zu nennen, sind unverständlich; man mag es drehen und wenden, wie man will. Sie behindern das Verständnis ihrer selbst mehr als Goethes »Füllest wieder Busch und Tal ...« oder Mörikes »Auf eine Lampe«. Daß die Gedichte der ›Klassiker‹ bei aller Komplexität dennoch zugänglich sind oder es im Verfahren interpretatorischer Aneignung werden, liegt daran, daß sie – letztlich – dem Mimesis-Gebot gehorchen. Anders die genannten Texte der Moderne. Die Moderne hat das mimetische Verhältnis zur Wirklichkeit bekanntlich aufgekündigt. Wirklichkeit hieß bis dahin so gut wie immer ›real erfahrbare‹ und – besonders wichtig: – deshalb allen, auch den Lesern folglich, zugängliche Wirklichkeit. Bei alle dem ist nicht zu bestreiten, daß Lyrik (Literatur; Kunst überhaupt) grundsätzlich von je her auch etwas Hermetisches und etwas Änigmatisches hat. Allerdings stellt sich das unter verschiedenen Bedingungen verschieden dar: Unter der Bedingung des Mimesis-Gebotes sind diese Verfahren eine Möglichkeit; unter der seiner Aufkündigung sind sie notwendig.

Das Phänomen der Unverständlichkeit der Texte so auf die Vernachlässigung des Mimesis-Gebotes zurückzuführen, heißt, das Problem poetologisch verstehen. Daraus ergeben sich drei Fragenkomplexe (nach Ursache, Charakter und neuem Gegenstand), die nicht ausschließlich auf dieses poetologisch formulierte Bedingungssystem zurückzuführen sind.

Zunächst ist *erstens* vorgängig die Ursache des Mimesis-Verzichtes zu bestimmen; Stichwort: (alte) Unübersichtlichkeit und Wert-Nivellierung.

Zweitens ist der spezifische Charakter jenes Verhältnisses zu formulieren, in dem die Texte nach dem Wegfall der Mimesis realer Erfahrung stehen; Stichwort: Hermetik, Änigmatik, Aphasie.

Schließlich ist *drittens* zu fragen, ob die Texte einen neuen Gegenstand haben; wenn ja: wie der zu beschreiben ist; Stichwort: neue Mimesis.

---

[9] In: *Lyrik des expressionistischen Jahrzehnts* (Anm. 8), S. 155.

[10] Vgl. besonders die Sammelbände: *Atemwende,* Frankfurt/Main 1967; *Fadensonnen,* Frankfurt/Main 1968; *Lichtzwang,* Frankfurt/Main 1970; *Schneepart,* Frankfurt/Main 1971.

[11] In: Trakl, *Werke* (Anm. 7), S. 109f.

[12] In: *Menschheitsdämmerung* (Anm. 4), S. 40f.

2. Ursache: Unübersichtlichkeit

Die Frage nach dem Grund für die Aufhebung des Mimesis-Gebotes beantwortet sich aus dem, was man in Anlehnung an Jürgen Habermas die ›alte‹ Unübersichtlichkeit der modernen Erfahrungswelt seit dem späten 19. Jahrhundert nennen kann, und die Ursache und Wirkung einer allgemeinen Wert-Nivellierung zugleich ist. Warum ist es plötzlich nicht mehr an der Tagesordnung, Realität abzubilden? Es gibt zwei Antworten; eine allgemeine und eine literatur- bzw. kunstspezifische.

Erstens: Weil im Tatbestand »transzendentaler Obdachlosigkeit« (wie Lukács es genannt hat),[13] dessen Ausweis gerade die prinzipielle Gleichwertigkeit und Gleichrangigkeit von allem und jedem ist, eine Unterscheidung zwischen dem, was abbildenswert und dem, was nicht abbildenswert ist, nicht mehr sinnvoll getroffen werden kann. Das klarste Merkmal dieser Zeit, der Historismus,[14] läßt – wie Ranke sagt – »alle Epochen unmittelbar zu Gott«,[15] d.h. alle gleich viel wert sein; das aber bedeutet: Sie sind alle gleich wenig wert.

Ein anderes Merkmal ist Nietzsches Zertrümmerung der Metaphysik. Ihre Bedeutung liegt nicht so sehr in einer ›Entgötterung‹ der Welt als vielmehr ebenfalls darin, daß in ihrer Folge alle Metaphysik-Substitute und Religions-Surrogate gleich viel, d.h. gleich wenig wert sind. Was so viel besagt wie ihre Austauschbarkeit und Beliebigkeit. Diesem bewußtseinsgeschichtlichen Zustand allgemeiner Relativierung des 19. Jahrhunderts entspricht dann um die Jahrhundertwende, als das alles längst manifest ist, Einsteins Relativitätstheorie (1905) und Ernst Machs ›unrettbares Ich‹;[16] die prinzipielle Gleichrangigkeit der zwölf Töne gegenüber herkömmlicher tonaler Hierarchie bei Arnold Schönberg; die Gleichwertigkeit der Farbpartikeln auf impressionistischen Bildern. Man braucht also die Phänomene nur beim Namen ihrer Schlagworte zu nennen.

Die *zweite* Antwort auf die gestellte Frage, warum Realität nicht mehr abgebildet wird, ist für Kunst und Literatur gleichermaßen spezifisch. Die Perfektion realistisch-naturalistischer Darstellung hat einen so hohen Grad

---

[13] Georg Lukács, *Die Theorie des Romans. Ein geschichtsphilosophischer Versuch über die Formen der großen Epik*, Neuwied 1963 ([1]1920), S. 35.

[14] Der Historismus-Begriff, wie er hier Verwendung findet, läßt sich am besten mit einem Hinweis auf Schnädelbachs Definitionsvorschläge fassen, auf die hier nachdrücklich hingewiesen sei. Daß damit nicht in eine mehr oder weniger geschichtswissenschaftlich interne Diskussion eingegriffen werden soll, versteht sich von selbst; für die literarhistorische und literaturtheoretische ist es sinnvoll, sich Schnädelbachs Definitionen anzuschließen; – Herbert Schnädelbach, *Philosophie in Deutschland 1831-1933*, Frankfurt/Main 1983; hier besonders das Kapitel 2.1, »Der Historismus«, S. 51ff.

[15] Leopold von Ranke, Über die Epochen der neueren Geschichte, in: L.v.R., *Geschichte und Politik. Friedrich der Große. Politisches Gespräch und andere Meisterschriften*, hrsg. von Hans Hofmann, Stuttgart o.J. [1936], S. 138ff.; hier S. 141.

[16] Vgl. Ernst Mach, *Die Analyse der Empfindungen und das Verhältnis des Physischen zum Psychischen*, mit einem Vorwort zum Neudruck [der 9. Auflage, 1922] von Gereon Wolters, Darmstadt 1991, S. 20.

erreicht, daß diese nicht mehr weiter perfektioniert werden kann. Das markanteste Beispiel dafür ist noch immer das der Malerei gegenüber der sie ablösenden Photographie. In dem Augenblick, da die Malerei jene Vervollkommnung mimetischer Wiedergabe ausweist, die schlechterdings nicht mehr gesteigert werden kann, übernimmt die Photographie diese Aufgabe und bewältigt sie noch dazu im Sinne realistischer Nachahmung sehr viel besser und problemloser, vor allem: weniger aufwendig. – Für die Literatur gipfelt die Perfektion der Beschreibung, die diesem Phänomen in der Malerei korreliert, in dem Postulat des sogenannten »Sekundenstils« von Arno Holz;[17] gerade deshalb in diesem Zusammenhang so wichtig, weil im Gefolge seiner Umsetzung bei Holz selbst (in »Daphnis«, 1924, und im »Phantasus« von 1925) der an der Wiedergabe von Inhalt und Substanz orientierte Text in jene Praktiken von Hermetik und Änigmatik bereits umschlägt, die unten näher zu besprechen sind.

Wenn sich darin die Ursachen bestimmen, die zu einem amimetischen Verhalten gegenüber der Wirklichkeit geführt haben, dann bleibt immer noch die Frage nach der Ermöglichung von Verstehbarkeit solcher Texte, die ihren Referenzpunkt ›Realität‹ aufgegeben haben. Ermöglicht nämlich wird die so erschwerte Verstehbarkeit lyrischer Texte dennoch; und zwar dann, wenn man weiß, was jetzt eigentlich, im Gegensatz zu früher, verstanden werden soll; d.h. auch, wenn man ihr oder ihrer Autoren neues Verhältnis zur Realität ins Auge faßt.

3. Benennung der Phänomene: Hermetik, Änigmatik, literarische Aphasie

Dieses neue Verhältnis ist – zunächst – ein hermetisches. Die Texte bestimmen sich ganz offensichtlich als die nur wenigen Eingeweihten zugängliche ›geheime Verschlußsache‹ Text. Ein Gedicht wie Hofmannsthals »Lebenslied« beispielsweise ist schlechterdings unverständlich. Es vermittelt aber den Eindruck, daß, wer den Wohlklang von »Adler, Lamm und Pfau«, »das Salböl aus den Händen der toten alten Frau« usw. auch nur hört, diesen Text bereits versteht oder doch verstehen könnte.[18] Entsprechendes gilt für Trakls »Hirten begruben die Sonne im schwarzen Wald« usw. Die Tatsache nun, daß

[17] Vgl. besonders Arno Holz/Johannes Schlaf, *Die Familie Selicke*, Nachwort von Fritz Martini, Stuttgart 1966.

[18] Unverständlichkeit wird von den Zeitgenossen schon relativ früh als konstitutiv für die Texte der eigenen Zeit verwendet. Ludwig Wittgenstein in einer bezeichnenden Formulierung in einem Brief an Ludwig von Ficker vom 28. November 1914 über die Gedichte Georg Trakls: »Ich verstehe sie nicht. Aber ihr Ton beglückt mich« (freundlicher Hinweis von Sigurd Paul Scheichl, Innsbruck; vgl. Ludwig von Ficker, *Briefwechsel 1914-1925*, hrsg. von Ignaz Zangerle u.a., Innsbruck 1988, S. 328). – Musil spricht 1931 im Zusammenhang mit Hofmannsthals »Lebenslied« von einem »sinnlosen Gedicht« (Robert Musil, Der Geist des Gedichts, in: R.M., *Prosa und Stücke, Kleine Prosa, Aphorismen, Autobiographisches, Essays und Reden, Kritik*, hrsg. von Adolf Frisé, Reinbek 1978, S. 1214f.).

zunächst nahezu alle Verfasser von solcherart ›hermetischen‹ Texten daneben durchaus auch verständliche Texte geschrieben haben – Hofmannsthal, George, Rilke sind gute Beispiele –, läßt gerade vermuten, daß die besagte Ablösung der Mimesis-Vorschrift sich tatsächlich in diesem historischen Zeitraum abspielt und eines der zentralen Probleme der jeweiligen Autoren gewesen sein muß. Bereits für spätere, jüngere Autoren wie die Expressionisten, Dadaisten, gar Celan, ist dieser Tatbestand sehr viel weniger zu beobachten. – Die Aufkündigung eines auf äußere Abbildbarkeit zielenden Mimesis-Gebotes führt notwendig in den Bereich der Hermetik. Nur noch der Konstrukteur des hermetischen, also abgeschlossenen, verriegelten Gebäudes selbst besitzt allenfalls den Schlüssel für die poetische Architektur, die er entworfen hat. Das hat mit *l'art pour l'art* und dem Belehrungsverbot zu tun, das Baudelaire aus Poe entwickelt; Didaktik würde gerade alles öffentlich und verstehbar machen und so aller Hermetik und allen Ausgrenzungsversuchen zuwiderlaufen. Fällt solche Belehrungsmaxime weg, dann kehrt der Text gewissermaßen zu sich selbst zurück. Wie Baudelaire sagt: »Die Poesie hat keinen anderen Zweck als sich selbst.«[19]

In diesem Tatbestand gewinnt der hermetische Text der Lyrik seit der Jahrhundertwende bereits änigmatischen Charakter; er wird also zum Rätsel. Nur noch der Erfinder des Rätsels ›Text‹ kennt auch die Auflösung. Er wird sie – wenn überhaupt – separat mitteilen (so T.S. Eliot zum »Waste Land«, 1922);[20] sie ist nicht Bestandteil des Textes. Sie wird es erst im Vollzug des Verstehens, das die Lösungsangebote einbeziehen muß, um Unverständlichkeit zu verhindern. Immerhin tendiert der Rätselcharakter von Kunst noch auf ein Publikum, das dieses Rätsel löst, und hat damit noch einen gewissen Öffentlichkeitscharakter; widerspricht also durchaus in eingeschränkter Weise dem Poe-Baudelairschen Belehrungsverbot.

Der kategoriale Unterschied zwischen Hermetik und Änigmatik ist der, daß der Hermetiker dem Konsens einiger weniger folgt, denen er zugehört, und deshalb auch akzeptiert, daß diese wenigen die *clavis hermetica* zu dem verschlossenen Gebäude besitzen; während der Änigmatiker die Lösung des Rätsels ›Text‹ den Vermutungen potentiell aller überläßt. Er setzt also den Text der paradoxen Situation aus zwischen einem Publikum, das verstehen, ein Rätsel lösen soll, und einem Text, der so, wie er sich präsentiert, gerade unverständlich ist. Der hermetische Text gibt ein neues Bild anstelle eines alten; eben: ein hermetisches anstelle des mimetischen. Der änigmatische Text dagegen gibt kein Bild mehr, sondern ein eigenes, neues, im präzisen Sinne abstraktes Konstrukt, das sich nicht einmal mehr verbergen muß wie das hermetische, weil es ohnehin unverständlich ist. Es ist zugänglich in der Abstraktheit seiner Präsentation; in seiner Substanz aber nicht begreifbar. Notwendigerweise und *per definitionem* stellt der änigmatische Text – wie

---

[19] »La poésie n'a pas d'autre but qu'elle même« (Charles Baudelaire, *Œuvres complètes*, éd. par Claude Pichois, Paris 1976, S. 333).

[20] T.S. Eliot, *The Complete Poems and Plays*, New York 1952, S. 37ff; hier S. 50ff.

jedes beliebige Kreuzworträtsel – inhaltlich kein zusammenhängendes und konsistentes Gebilde mehr dar. – Die einzelnen Teile eines dadaistischen Gedichtes etwa sind oder scheinen lediglich noch funktional aufeinander bezogen.

Zu seiner Lösung ist ein solcher Text bereits darauf angewiesen, Bereitschaft zu Abstraktheit bei seinen Lesern voraussetzen zu können; d.h.: die Bereitschaft, die Textvorgaben nicht schon als den Gegenstand, sondern erst als seine noch zu füllende Leerform zu akzeptieren, die erst des Ausfüllens, als Rätselformulierung eben, die erst der Lösung bedarf. Das geht so weit, daß zur Erschließung des Textes der reine Lesevorgang – wieviel weniger das bloße Zuhören! – nicht genügt. Ihm müssen die optischen Eindrücke der Grapheme zu Hilfe kommen, in denen sich der Text präsentiert; so in Hugo Balls »Karawane«.[21] Hermetik also versucht eine bildliche – wenn man so will: sinnliche – Qualität der Texte herzustellen; Änigmatik eine von aller Abbildlichkeit freie, eben abstrakte: abstrahiert von jeder Substantialität, deren Qualität sich als Frage, nicht als Antwort formuliert. So konstituieren Morgensterns Gedichte in der Regel zunächst ein ›Rätsel‹, bieten dann die Lösung selbst an (»Die Korfsche Uhr«).[22] Sein »Großes Lalula«[23] dagegen ist das Beispiel reiner Abstraktion und damit bereits auf dem Wege zur Sprachlosigkeit. Von hier aus allerdings gibt es keine als sinnvoll begreifbare weitere Entwicklung mehr. Literarische Aphasie, die in Hofmannsthals »Chandos«-Brief antizipierend erklärte Sprachlosigkeit lyrischer, dichterischer Produktion überhaupt, ist vielmehr folgerichtig. – Dabei ist das Verhältnis von Hermetik, Änigmatik und Aphasie natürlicherweise kein diachron-genetisches, sondern ein synchrones. Nicht eines entwickelt sich aus dem anderen; sie existieren nebeneinander. Ein und derselbe Autor realisiert alle drei Möglichkeiten. So ist es symptomatisch, daß im Zeitpunkt literarhistorisch feststellbarer Sprachlosigkeit in der Dichtung eine von außen kommende Technik gerade Sprache als reproduzierte zu ermöglichen beginnt; sie also bewahrt und in dieser konservierten Form ubiquitär verfügbar macht. Aber doch schon als entfremdete; als eine, die der Artikulierung durch den Sprechenden nicht mehr bedarf, um – akustisch – zu Gehör zu kommen. Die Schallplatte – 1887 entwickelt Emil Berliner die nach ihm benannte Rillenschrift[24] – vermag zweierlei: zu reproduzieren und zu bewahren. Wer jetzt nicht mehr zu sprechen vermag, kann von dem neuen Tonträger hören, daß er es einst konnte.

---

[21] In: Hugo Ball, *Gesammelte Gedichte mit Photos und Faksimiles*, hrsg. von Annemarie Schütt-Hennings, Zürich 1963, S. 28; – Hans-Georg Kemper hat in anderem Zusammenhang darauf aufmerksam gemacht, »daß dort, wo [...] die ›Karawane‹ in einheitlichem Schriftbild gedruckt ist, die inhaltlichen Assoziationen im Vordergrund stehen«. Denn »die Variationen des Schriftbilds, die auf klangliche Parallelen keinerlei Bezug nehmen, lenken das Interesse des Lesers weg von dem, was die Verse möglicherweise bedeuten« (Hans-Georg Kemper, *Vom Expressionismus zum Dadaismus. Eine Einführung in die dadaistische Literatur*, Kronberg 1974, S. 166).

[22] Morgenstern, *Alle Galgenlieder* (Anm. 3), S. 114.

[23] Vgl. Anm. 3.

[24] Vgl. Friedrich Kittler, *Grammophon, Film, Typewriter*, Berlin 1986.

Die Platte nimmt ihm also Wiederholung und Thesaurierung ab; beides kann er sich fortan sparen. Die Sprache ist jetzt ›aufgehoben‹ im Doppelsinne des Hegelschen Wortes. Für den Dichter muß das eine Erledigung bisheriger Sprachpraxis und die Notwendigkeit einer neuen in einem bedeuten. Seine literarische Aphasie definiert sich so in der Paradoxie von verlorener Sprache und behaltener Sprech-Fähigkeit. Denn bekanntlich wird weitergeschrieben. Chandos – als markantestes Beispiel – spricht, wie oft bemerkt worden ist, sehr beredt über seine literarische Aphasie-Erfahrung. Wittgensteins berühmtester Satz, wovon man nicht sprechen könne, davon müsse man schweigen (1921),[25] stellt so keineswegs das Schlußwort in dieser Angelegenheit und den radikalisierten Chandos dar. – Er zielt vielmehr auf die alte Mimesis und ihre alten Gegenstände; von denen nämlich ist zu schweigen. Das legt aber gerade den Akzent auf das, wovon von nun an sehr wohl und gerade zu sprechen wäre.

4. Modernität von Lyrik, von Literatur überhaupt: Neue Mimesis

Die entscheidende Frage für den hier stipulierten Zusammenhang ist die nach der Relevanz dieser Beobachtungen für das Problem der Modernität. Wenn es richtig sein soll, daß Literatur, wie Kunst überhaupt, auf allgemeine Entwicklungen außerhalb ihrer selbst reagiert, Phänomene abbildet (und daran wird man doch wohl festhalten müssen), dann sind Änigmatik und Hermetik geradezu das mimetische Äquivalent für die allgemeine Unverständlichkeit der Welt, ihre Unzugänglichkeit, ihre Unübersichtlichkeit. Wenn dem so ist, daß auch literarische Texte auf gesellschaftliche Probleme und Phänomene reagieren, dann sind sie auch nur in diesem Zusammenhang zu verstehen und folglich auch nur so zu interpretieren. Die Antwort auf die Frage, warum Lyrik, Literatur (auch die Bildende Kunst: Kandinsky, die Abstrakten; und die Musik: Mahler, Schönberg, Berg) den Weg zunächst in die Hermetik gehen, kann nur lauten: *Die Kunst sucht sich im hermetischen Werk die Möglichkeit ihrer Autonomie zu erhalten*, die ihr sonst verloren zu gehen droht. Was niemand versteht, ist auch durch niemanden gefährdet. Der hermetisch formulierte Gegenstand ist dem Zugriff des Verstehens entzogen. Er bietet keinen Anlaß zur Einvernahme. Entsprechendes gilt für den änigmatischen Charakter der Werke.

Modernität, das also, was die jeweilige Jetztzeit von Vorangehendem unterscheidet, ist dann für die Literatur dieser Epoche in einer Selbstbehauptung zu sehen, die keineswegs Altes konserviert, sondern gerade preisgibt. Preisgegeben wird die Verpflichtung zur mimetischen Wiedergabe der Welt im Sinne einer realistischen Poetik, die lediglich eine Tradition fortführen

---

[25] Ludwig Wittgenstein, *Tractatus logico-philosophicus. Logisch-philosophische Abhandlung*, Frankfurt/Main 1963, S. 115.

würde. In der Preisgabe des Mimesis-Gebotes entzieht sich die Literatur selbst ihre bewährte Basis.

Aber es wächst ihr auch eine neue zu; nicht einmal irgendwie, sondern geradezu eine neue Möglichkeit literarischer Mimesis. Man kann paradox formulieren, daß die Literatur, die nicht mehr mimetisch sein darf, notwendig hermetisch und änigmatisch und damit in einer neuen Weise mimetisch sein muß. – Denn die Literatur verfährt durchaus auch weiterhin mimetisch. Was sie aufgibt, ist die inhaltliche Beschreibung erfahrbarer Realität. Sie tut es zugunsten der Äquivokation einer so nicht erfahrbaren, aber gleichwohl vorhandenen, wirksamen und auch sie, die Literatur, bestimmenden historischen Realität, deren Erscheinungsform von Unzugänglichkeit, d.h. Verschlossenheit, Rätselhaftigkeit und Unartikulierbarkeit gekennzeichnet ist. Die Bedingung solcher Phänomene, sich der Beschreibung durch Literatur, durch Sprache überhaupt stellen zu können, ist der Entzug ihrer inhaltlichen Benennungsmöglichkeiten.

Die Literatur bildet also in ihren unverständlichen Texten – etwa den genannten von Holz (die späteren »Phantasus«-Ausgaben),[26] Hofmannsthal (»Lebenslied«),[27] Rilke (»Sonette an Orpheus«),[28] auch George, über Morgenstern bis zu August Stramm, den Dadaismus, Horváth und schließlich Paul Celan – gerade die Unverstehbarkeit der Welt mimetisch ab. Allerdings keineswegs, indem sie diesen Tatbestand inhaltlich benennt. Sondern indem sie so tut, als sei im besten Sinne ›alles beim Alten‹ geblieben; also indem sie scheinbar weiterspricht wie bisher. Damit realisiert sie zugleich ihren Anspruch auf Scheinhaftigkeit und Fiktionalität, in denen gerade diese selbst – Schein und Fiktion – als mimetische Bilder der Erfahrungswelt wiederkehren; und kann sich so behaupten. Der Literatur eröffnen sich zwei Auswege aus diesem Dilemma zwischen Mimesis und Unverständlichkeit: einmal die Konstatierung des Tatbestandes, die Chandos realisiert; und zum anderen die Beibehaltung der Mimesis-Verpflichtung in der Abbildung der Unzugänglichkeit der Erfahrungswelt (nicht dieser selbst!), d.h. die Radikalisierung der Mimesis-Praxis.

Die Literatur gibt das Problem an den Leser weiter, der sich daran gewöhnen muß, etwas anderes abgebildet zu finden als bisher. Nicht mehr die erfahrbare und erfahrene, die greifbare und begriffene: vielmehr die unbegreifliche und unüberschaubare Realität ist der Gegenstand, der ›Inhalt‹ der Texte – neue Mimesis. Die moderne Lyrik verstummt angesichts einer Welt, von der sie meinte, sie mimetisch vollständig abgebildet zu haben wie die Malerei. Anders als bei dieser kommt ihr aber kein neues Medium wie Photographie oder Film zu Hilfe. Die Sprache als ihr Medium bleibt dieselbe. Folglich muß

---

[26] Zur Geschichte des »Phantasus« vgl. Gerhard Schulz, *Arno Holz. Dilemma eines bürgerlichen Dichterlebens*, München 1974, besonders S. 71-76 u. 177-235.

[27] Vgl. Anm. 2.

[28] In: Rainer Maria Rilke, *Sämtliche Werke*, hrsg. von Ernst Zinn, Bd. 1, Frankfurt/Main 1955, S. 727-773.

sie diese verändern; wenn man so will: anpassen; und tut es. In der Auflösung der grammatischen und logischen, der phonetischen und semantischen Konsistenz verwirklicht die moderne Lyrik, was man ein ›neues Mimesis-Gebot‹ nennen kann. In seiner Realisierung bewahrt sie, wie analog Bildende Kunst und Musik, ihre Autonomie. Hermetik – Änigmatik – literarische Aphasie: Allen dreien ist graduell die Verschlossenheit des Gegenstandes und zugleich deren tendenzielle Aufhebung gemeinsam. Die Hermetik weist eine Verschlossenheit auf, die nur dem zugänglich ist, der den Schlüssel dazu besitzt; die Änigmatik eine, die lediglich durch eine Kombinatorik verstehbar wird, die den Rätselcharakter aufheben könnte; für die Sprachlosigkeit ist eine Unzugänglichkeit, ja Defizienz kennzeichnend, die nur durch die Entwicklung einen *neuen* Sprache beseitigt werden könnte. Die ihnen je inhärente Verschlossenheit fordert gerade zu ihrer eigenen Aufhebung heraus. Jede dieser Darstellungsformen besitzt *per definitionem* Aufforderungs- und Appellcharakter: Hermetik strebt nach Aufschlüsselung und Decodierung, Änigmatik nach Enträtselung, Sprachlosigkeit nach Neukonstituierung von Sprache. Sie tragen also das Vorwärtstreibende, das wie alles Moderne stets über sich hinaus will, bereits in sich. Sie entspringen also der Aporie von Alt und Neu, Früher und Künftig, die gerade kennzeichnend für die Moderne überhaupt ist.

5. Historismus, Lexemautonomie und Fin de siècle

Zum Décadence-Begriff in der Literatur der Jahrhundertwende

1. These

Die deutsche Literatur des 19. Jahrhunderts seit der Romantik ist thematisch von ihrer Hinwendung zur Geschichte bestimmt. Sie teilt diese Tendenz mit den übrigen europäischen Nationalliteraturen, hat ihre inhaltlichen Zielvorstellungen *mutatis mutandis* mit Wissenschaft, Bildender Kunst, Architektur und Theaterpraxis gemeinsam und fügt sich so ganz in das kulturelle Ensemble der Zeit. Das sprachliche Verfahren aber, mit dem die Literatur sich Geschichte aneignet, verselbständigt sich in der zunehmenden Ausbildung des Interesses, das sie an ihr nimmt. Im Mittelpunkt der zeitgenössischen Aufmerksamkeit insgesamt (wie der Forschung seither) haben stets so gut wie ausschließlich ideologische Fragen gestanden: die nach Sinn und Genese des historischen Bewußtseins im Kontext von Problemen wie Nationalstaatlichkeit, nationaler Identität oder gar Sendungsbewußtsein und Sonderstatus der Deutschen.

Die Literatur entwickelt nun aber – so die *These* – in der Auseinandersetzung mit historischen Stoffen und zugleich der direkten Aneignung von wissenschaftlich-historischen Techniken auf quasi-historistischem Wege ein *sprachliches Verfahren*, das schließlich für sich selbst stehen, ja seinen Gegenstand – die Historie – sogar weitgehend verabschieden kann. Genauer heißt das: *Die Literatur entwickelt eine eigene Lexik*, die erst in der Erledigung der Geschichte als ihres Gegenstandes zu sich selbst kommt. Am Ende dieser Entwicklung steht dementsprechend eine *Autonomie der Lexeme*: Sie vermag wie selbstverständlich auf ihren ursprünglichen Gegenstand zu verzichten, wird dadurch übertragbar auf beliebige andere Gegenstände und konstituiert auf diese Weise ein neues Verfahren. *Genau das bezeichnet den Tatbestand der literarischen Moderne*. Das aufgebrochene, ja erledigte Referenzsystem zwischen Signifikant und Signifikat, eigentlich die Dispensierung der gesamten herkömmlichen Semantik, ist bereits hier vollzogen – lange bevor die Sprachwissenschaft in de Saussures Theorie dieses Phänomen abstrakt als wissenschaftliches formuliert. Folgt man dieser These, so wird verständlich, was bisher unverständlich bleiben mußte: die vermeintlich ›sinnlosen‹ Verse Hofmannsthals genauso wie die Edelstein-, die Buch- und Bilderkataloge Huysmans' oder die Wort-Akkumulationen Marinettis und die Asyndetik des Spätexpressionismus und der Dadaisten.

Die dabei bisher nur implizit gemachte *Voraussetzung* nämlich lautet, daß *die Texte der Moderne überhaupt unverständlich* sind.[1] Oder, vorsichtiger ausgedrückt: daß die literarische Moderne ärmlich aussähe und kaum noch so zu bezeichnen wäre, wenn die solchermaßen als unverständlich bezeichneten Texte aus ihrem Corpus als nicht dazugehörig, als Zufallsprodukte eliminiert werden müßten, nur weil sie einem neuen, bis dahin nicht geltenden, nicht akzeptierten, ja nicht einmal denkbaren Verstehenssystem angehören.

Ermöglicht wird diese Entwicklung zu einer solchen Lexemautonomie, die als Unverständlichkeit erfahren wird, durch jenen positivistischen Historismus, der das in die Literatur übernommene Verfahren beispielhaft vorführt.[2] Sein ihm zugehöriges Korrelat eines relativistischen Historismus bezeichnet philosophisch/weltanschaulich, was in der Literatur Décadence oder Fin de siècle heißen mag.[3]

Soviel zur Formulierung der These, um deren Entfaltung es im folgenden gehen soll.

2. Geschichte als Thema: Modus und Konsequenzen ihrer Aneignung

Geschichte als Thema der Literatur in seiner hier zu verhandelnden Ausprägung als Gegenstand historistischer Aneignungsverfahren ist für das 19. Jahrhundert einerseits spezifisch und doch andererseits zugleich ein Tatbestand von internationalem Ausmaß. Zu erinnern ist an die zahllosen, im weitesten Sinne historischen Romane von Scott bis Alexis und Fontane, von Flaubert bis Tolstoj, von Sienkiewicz oder Manzoni bis Hugo; an C.F. Meyer, Raabe; für Deutschland insbesondere an Gustav Freytag,[4] Scheffels »Ekkehard«

---

1 Vgl. dazu die Beiträge 4 und 7 in diesem Band.

2 Zu diesem Sachverhalt vgl. besonders Beitrag 7.

3 Allgemein vgl. zum Thema *Fin de siècle*: Roger Bauer et al. (Hrsg.), *Fin de siècle. Zu Literatur und Kunst der Jahrhundertwende*, Frankfurt/Main 1977 (= Studien zur Philosophie und Literatur des 19. Jahrhunderts, Bd. 35); zumeist richtungsweisende Aufsätze. – Jens Malte Fischer, *Fin de siècle. Kommentar zu einer Epoche*, München 1978; hier ausführliche Bibliographie zur historisch-politisch-sozialgeschichtlichen Einordnung, zur Geistes- und Kulturgeschichte der 90er Jahre, zu den Autobiographien zum Fin de siècle, zur Literatur der 90er Jahre bis zur Jahrhundertwende und speziell des Fin de siècle, zu den literarischen Einflüssen aus dem Ausland. – Manfred Pfister/Bernd Schulte-Middelich (Hrsg.), *Die »Nineties«. Das englische Fin de siècle zwischen Dekadenz und Sozialkritik*, München 1982. – Zur *Décadence*: Fritz Martini, Dekadenzdichtung, in: *Reallexikon der deutschen Literaturgeschichte*, Bd. 1, Berlin 1958, S. 223-229. – Erwin Koppen, *Dekadenter Wagnerismus. Studien zur europäischen Literatur des Fin de siècle*, Berlin/New York 1973 (= Komparatistische Studien, Beihefte zu Arcadia, Bd. 2); hier ebenfalls umfangreiches Literaturverzeichnis (Texte und zeitgenössische Literatur sowie kritische Literatur). – Ulrich Horstmann, *Ästhetizismus und Dekadenz. Zum Paradigmakonflikt in der englischen Literaturtheorie des späten 19. Jahrhunderts*, München 1983. – Wolfdietrich Rasch, *Die literarische Décadence um 1900*, München 1986. – Jens Malte Fischer, Décadence, in: *Propyläen Geschichte der Literatur*, Bd. 5: *Das bürgerliche Zeitalter: 1830-1914*, Frankfurt/Main 1984, S. 559-581. – Zum *Symbolismus*: Paul Hoffmann, *Symbolismus*, München 1987; ebenfalls mit Literaturverzeichnis.

4 U.a.: Walter Scott, »Waverly«, 1814; Willibald Alexis, »Die Hosen des Herrn von Bredow«,

(1855) oder Felix Dahns »Ein Kampf um Rom« (1876) und »Eine ägyptische Königstochter« (1864) von Georg Ebers. In Deutschland spricht man in diesem Zusammenhang von ›Professorenroman‹. Zu erinnern ist an die zahllosen Geschichtsdramen: Büchner, Grabbe, Hauptmann, Shaw, Strindberg oder Puschkin, auch Hebbel; schließlich an die unzähligen Kunstballaden historischen Themas des Jahrhunderts. Man kann sagen, der Historismus in seiner dyadischen Ausprägung als positivistischer und relativistischer[5] samt seinen Folgen bestimmt Erscheinungsformen wie Problemstellung der literarischen Moderne überhaupt; folglich auch des Fin de siècle.

Methodisch sind *positivistischer* und *relativistischer Historismus* zu unterscheiden. Unter *positivistischem* Historismus ist zu verstehen die »zur Stoffhuberei ausgewucherte Tatsachenforschung und -aufreihung, die alles und jedes Vergangene thematisieren kann, ohne nach Sinn und Beziehung zur Gegenwart zu fragen, die alles und jedes genetisch herleitet«; unter *relativistischem* Historismus diejenige Position, die »auch den Standpunkt des erkennenden Subjektes historisch relativiert«, d.h. den Historismus »als Indiz für den Auseinanderfall von Subjektivität und Geschichtsinhalt, als Indiz für Identitäts- und Wertverlust« versteht.[6] Daraus folgt für das Problem Historismus und Fin de siècle eine Reihe von allgemeinen Hypothesen. *Erstens*: Die deutsche Literatur nimmt in dem seinerzeit hochgeschätzten, heute vergessenen und verachteten Genre historistischer Literatur (historischer Roman, historische Erzählung, Professorenroman, Geschichtsdrama, Geschichtsballade) die *Geschichte – ideologisch gesprochen – als Ersatzangebot* für eine schwindende Transzendenz selbst an. Aber die hier erlernten *Fähigkeiten genauer Faktenwahrnehmung* und -beschreibung *bleiben* auch noch nach dem späteren Verlust der Verbindlichkeit der Geschichte *erhalten*. Sie bestimmen z.B. im Naturalismus entscheidend die schreibtechnische Fähigkeit genauer Beobachtung, die für diese Generation mit dem Experiment-

---

1846; Theodor Fontane, »Vor dem Sturm«, 1878; ders., »Schach von Wuthenow«, 1883; Gustave Flaubert, »Salammbô«, 1869; Leo Tolstoj, »Krieg und Frieden«, 1864-69; Henryk Sienkiewicz, »Quo vadis«, 1896; Alessandro Manzoni, »I Promessi Sposi«, 1827; Victor Hugo, »Notre Dame de Paris«, 1831; Conrad Ferdinand Meyer, »Jürg Jenatsch«, 1876; ders., »Angela Borgia«, 1891 usw.; Wilhelm Raabe, »Das Odfeld«, 1888; ders., »Hastenbeck«, 1899 usw.; Gustav Freytag, »Die Ahnen«, 1873-1881.

[5] Zu einer unmißverständlichen Bestimmung des Historismusbegriffs, wie er hier Verwendung findet, ist am besten auf Herbert Schnädelbach zu verweisen. Er bezeichnet, was im folgenden »positivistischer Historismus« genannt wird, als ›Historismus$_1$‹, nennt den »relativistischen« ›Historismus$_2$‹ und unterscheidet davon den »allgemeinen Historismus« als ›Historismus$_3$‹. Es ist sinnvoll, sich seinen Definitionen anzuschließen. – Herbert Schnädelbach, *Philosophie in Deutschland 1831-1933*, Frankfurt/Main 1983; hier besonders das Kapitel 2.1, »Der Historismus«, S. 51ff.; – als Einführung in das Gesamtproblem vgl. allgemein: Annette Wittkau, *Historismus. Zur Geschichte des Begriffs und des Problems*, Göttingen 1992; dort auch weiterführende Bibliographie; – zu einer speziellen Anwendung des Historismusbegriffs vgl. Dirk Niefanger, *Produktiver Historismus. Raum und Landschaft in der Wiener Moderne*, Tübingen 1993 (= Studien zur deutschen Literatur, Bd. 128).

[6] G. Scholz, Art. Historismus, Historizismus in: *Historisches Wörterbuch der Philosophie*, hrsg. von Joachim Ritter/Karlfried Gründer, Bd. 3, Basel/Stuttgart 1974, Sp. 1142.

charakter von Literatur zusammenfällt, wie ihn etwa Emile Zola im Anschluß an naturwissenschaftliche Verfahren entwickelt und gefordert hatte. – *Zweitens*: Die im positivistischen Historismus bereitgestellten Einzelfakten sind keinem übergreifenden System (göttlicher Heilsplan, Geschichtsphilosophie, Wertsystem o.ä.) eingeordnet; sie werden in der Regel – Gustav Droysen[7] bleibt die Ausnahme – nicht einmal hermeneutisch in die Fragestellung dessen zurückgebunden, der sie erarbeitet hat. Sie haben folglich *keinen* oder aber gerade einen ganz *ausgezeichneten* Eigenwert: Die *Einzelfakten haben keinen Wert*, weil ihnen – insofern sie der Ausweis von Geschichte sein sollen – der Horizont fehlt, in dem sie zu sehen wären; die *Einzelfakten haben einen selbständigen und herausgehobenen Wert* gerade in ihrer nicht vorhandenen Bindung an ein übergeordnetes System, wie Geschichte es für sie darstellen müßte und in dem sie wie von selbst relativiert wären. Ihrer Verselbständigung steht deshalb nicht nur nichts im Wege; sie tendieren vielmehr aus den genannten Gründen auf Autonomie und finden sich in dieser Qualität in den literarischen Werken der Jahrhundertwende. – *Drittens*: Um etwas bedeuten zu können, werden die Einzelfakten jetzt mit (beliebiger) Bedeutung versehen. Salomé oder Elektra also können – müssen aber nicht – historisch gemeinte Figuren sein. Die einmal vollzogene Herauslösung aus dem historischen Zusammenhang macht sie vielmehr jeder *neuen* Bedeutungsbelehnung verfügbar. – *Viertens*: Von der historistischen Relativierung ist nicht nur der historische Gegenstand, sondern auch das Subjekt gleichermaßen erfaßt; dem positivistischen korreliert also ein *relativistischer Historismus*. Der allgemeine »Wertzerfall« (Hermann Broch)[8] bringt die ›Unrettbarkeit des Ich‹ (Ernst Mach)[9] wie von selbst mit sich; aus beidem resultieren die Surrogatkonzepte. Deren manifeste ideologische Erscheinungen sind u.a.: *Neue Gemeinschaftsgründungen*: Jugendbewegung, Wandervogel, Pfadfinder usw. – Verstärkte *Sektenbildungen* und *-ausbreitungen* (konfessionell): Methodisten, Baptisten, Adventisten usw.; (profan): Theosophie, Anthroposophie, Reform(haus)-Kulte usw. – *Totalitätskonstrukte*: allgemeiner, religiöser, naturwissenschaftlicher Monismus (Haeckel, Bölsche),[10]

---

7 Vgl. Johann Gustav Droysen, *Historik. Vorlesungen über Enzyklopädie und Methodologie der Geschichte*, hrsg. von Rudolf Hübner, München [6]1971; vgl. besonders den »Grundriß der Historik«, S. 317-366.

8 Zu Hermann Brochs Begriff des Wertzerfalls vgl. besonders die Diskurse und Exkurse in seinem Roman »Die Schlafwandler, 3: Huguenau oder die Sachlichkeit«, zusammengefaßt u.d.T. »Der Zerfall der Werte. Diskurse, Exkurse und ein Epilog«, in: Hermann Broch, *Erkennen und Handeln. Essays*, Bd. 2, hrsg. von Hannah Arendt, Zürich 1955, S. 5-43.

9 Vgl. Ernst Mach, *Die Analyse der Empfindungen und das Verhältnis des Physischen zum Psychischen*, mit einem Vorwort zum Neudruck [der 9. Auflage, 1922] von Gereon Wolters, Darmstadt 1991; zuerst u.d.T. »Beiträge zur Analyse der Empfindungen«, 1886.

10 Vgl. Walter Gebhard, *»Der Zusammenhang der Dinge«. Weltgleichnis und Naturverklärung im Totalitätsbewußtsein des 19. Jahrhunderts*, Tübingen 1984 (= Hermaea, Bd. 47); Dieter Kafitz, Tendenzen der Naturalismus-Forschung und Überlegungen zu einer Neubestimmung des Naturalismus-Begriffs, in: *Der Deutschunterricht* 40/1988, S. 11-29; Gotthart Wunberg, Österreichische Literatur und allgemeiner zeitgenössischer Monismus um die Jahrhundertwende, in: Peter Berner et al. (Hrsg.), *Wien um 1900. Aufbruch in die Moderne*,

Geschichtsphilosophie (Spengler).[11] – *Politische Entwürfe*: Faschismus, Nationalsozialismus, Ständestaat (Kralik, Andrian).[12]

3. Historismus als Verfahren: Symbolismus

Die Literatur dieser Epoche interessiert sich für historische Themen und verfährt dabei historistisch: Sie tut, was die Zeit, was *man* tut; ihr Geschmack ist wie derjenige der Öffentlichkeit geprägt von historischem Interesse; ihr Verfahren folgt dem der aktuellen Geschichtswissenschaft positivistischer Provenienz. Wie diese, will die Literatur darstellen, ›wie es wirklich war‹. »Die Geschichte ist die größte Dichtung«, schreibt Willibald Alexis über Walter Scott.[13] Für die deutsche Literatur hatte er damit die Voraussetzung formuliert, unter der künftig der historische Roman gesehen zu werden hatte; große Dichtung zu schaffen, konnte folglich nur heißen, die Geschichte erzählend zu wiederholen. Mehr als die Faktizität des Historischen zu geben, sei auch dem Romanschriftsteller nicht möglich. Es gehe, so ein anderer Zeitgenosse, um »die Einheit von Dichtung und Geschichte«, das sei die »*wahre historische Poesie*«.[14]

Interessant in unserem Zusammenhang ist nicht der große Komplex des historischen Romans als Gattung; dazu ist bereits viel Wichtiges geschrieben worden.[15] Interessant vielmehr ist das so offensichtlich wie selbstverständlich daraus abgeleitete *Verfahren*; eben das historistische. Dieses Verfahren kann so weit führen, daß die Autoren – wie in den genannten Beispielen Scheffel, Ebers oder auch schon Walter Scott – den Romanen zum Teil hunderte ausführliche, akribisch gearbeitete Anmerkungen beigeben. Sie sollen beweisen, daß die dargestellten historischen Verhältnisse auch strengsten wissenschaftlichen Maßstäben standhalten. Sie belegen aber vor allem, wie

---

Wien 1986, S. 104-111; Monika Fick, *Sinnenwelt und Weltseele. Der psychophysische Monismus in der Literatur der Jahrhundertwende*, Tübingen 1993 (= Studien zur deutschen Literatur, Bd. 125).

[11] Vgl. Gilbert Merlio, *Oswald Spengler. Témoin de son temps*, Stuttgart 1982 (= Stuttgarter Arbeiten zur Germanistik, Bd. 114, 1-2).

[12] Zum ganzen vgl. Armin Mohler, *Die konservative Revolution in Deutschland 1918-1932. Ein Handbuch*, Darmstadt [3]1989; zu Kralik besonders: Richard von Kralik, *Die neue Staatenordnung in organischem Aufbau*, Innsbruck 1918; zu Andrian: Leopold von Andrian, *Die Ständeordnung des Alls. Rationales Weltbild eines katholischen Dichters*, München 1930.

[13] Willibald Alexis, The Romances of Walter Scott – Romane vom Walter Scott, in: *Wiener Jahrbücher der Literatur* 22/1823, S. 1-75; hier S. 12 (zit. nach: Eberhard Lämmert et al. [Hrsg.], *Romantheorie. Dokumentation ihrer Geschichte in Deutschland 1620-1880*, Köln/Berlin 1971, S. 270).

[14] Hermann Kurz, [Vorrede zu] Der Sonnenwirth, in: *Morgenblatt für gebildete Leser*, 18. Februar 1846, S. 165f; zit. nach Lämmert, *Romantheorie* (Anm. 13), S. 314f.

[15] Vgl. besonders Hartmut Steinecke, *Romantheorie und Romankritik in Deutschland. Die Entwicklung des Gattungsverständnisses von der Scott-Rezeption bis zum programmatischen Realismus*, 2 Bde., Stuttgart 1975; Hartmut Eggert, *Studien zur Wirkungsgeschichte des Deutschen historischen Romans 1850-1875*, Frankfurt/Main 1971.

extrem weit das Bedürfnis einer Annäherung der Dichtung an die Geschichte *in praxi* getrieben wird.

Flauberts Karthago-Roman »Salammbô« kann stellvertretend stehen für das, was hier gemeint ist: historische Zuverlässigkeit und Faktentreue. Bekanntlich sind in diesen Roman jahrelange intensive historische Spezialstudien Flauberts eingegangen, die Erfahrungen seiner Orientreisen,[16] nicht zuletzt der nach Karthago selbst im Jahre 1854. Eine beliebige Stelle aus Flauberts »Salammbô« (drittes Kapitel) mag verdeutlichen, worum es geht:[17]

> Der Mond stieg über dem Meer herauf, und über der Stadt, die noch im Dunkel ruhte, leuchteten einige glänzende Punkte und weiße Flächen auf: die Deichsel eines Wagens in einem Hof, ein paar aufgehängte Leinwandfetzen, die Ecke einer Mauer, ein goldenes Halsband auf der Brust eines Gottes. Glaskugeln auf den Dächern der Tempel funkelten hier und dort wie große Diamanten. Aber unbestimmte Ruinen, Haufen schwarzer Erde und Gärten bildeten in der Dunkelheit noch dunklere Massen. Und unten in Malqua spannten sich Fischernetze von einem Haus zum andern, wie riesige Fledermäuse, die ihre Flügel ausbreiten. Das Ächzen der Räder, die das Wasser in die obersten Stockwerke der Paläste pumpten, war verstummt. Und in der Mitte der Terrassen ruhten friedlich die Kamele, auf dem Bauche liegend wie Strauße. Die Türhüter schliefen auf den Straßen an der Schwelle der Häuser. Die Schatten der gewaltigen Götterbilder streckten sich über die menschenleeren Plätze. In der Ferne entwich zuweilen der Rauch eines Opferfeuers, das noch brannte, durch die bronzenen Schindeln, und der schwüle Wind führte mit den Düften aromatischer Pflanzen den Geruch des Meeres und den warmen Dunst mit sich, den die von der Sonne erhitzten Mauern ausstrahlten. [...] Salammbô stieg auf die Terrasse ihres Palastes, gestützt von einer Sklavin, die in einem eisernen Becken glühende Kohlen trug.
> In der Mitte der Terrasse befand sich ein niedriges Lager aus Elfenbein, bedeckt mit Luchsfellen und Kissen, aus Papageienfedern, den weissagenden, göttergeweihten Vögeln, und an den vier Ecken erhoben sich hohe, mit Narde, Weihrauch, Zimt und Myrrhen gefüllte Räucherpfannen.[18]

Flauberts Verteidigung des Romans gegenüber Sainte-Beuve spricht gerade in unserem Zusammenhang für sich, d.h.: für seine historistische Faktenbesessenheit. Aus seinem berühmten Brief an ihn vom 23./24. Dezember 1862 nur diese Stelle – es geht um die Frage, woher Flaubert »eine *solche Vorstellung von dem Rat von Karthago* habe?«; Sainte-Beuve hatte Aristoteles als Autorität gegen Flaubert angeführt:

---

[16] Vgl. Gustave Flaubert, *Reise in den Orient, Ägypten, Nubien, Palästina, Libanon*, aus dem Französischen von Reinhold Werner/André Stoll, mit Photographien von Maxime du Camp, einem Register und einem Nachwort, hrsg. von André Stoll, Frankfurt/Main 1985; zur Einführung in den Problemkomplex vgl. das ausgezeichnete Nachwort von André Stoll, S. 363-421; – zum Thema *Orientalismus* insgesamt vgl.: Edward W. Said, *Orientalismus*, Frankfurt/Main u.a. 1981; mit Personen- und Sachregister.

[17] Gustave Flaubert, *Salammbô*, übersetzt von Robert Habs, Stuttgart 1970, S. 46f. (Kapitel III: Salammbô).

[18] Da die Druckvorlage in der Zeitschrift *Arcadia*, einem Forum für allgemeine und vergleichende Literaturwissenschaft, erschien, sind dort alle Quellenzitate im Original angeführt. Der besseren Verständlichkeit halber wird hier und im folgenden nach gängigen Übersetzungen zitiert. [Anm. d. Hrsg.]

> Aber Aristoteles, der mehr als achtzig Jahre vor meiner Epoche lebte, hat hier kein Gewicht. Im übrigen täuscht sich der Mann aus Stageiros aufs gröbste, wenn er versichert, daß man *in Karthago nie einen Aufstand oder einen Tyrannen erlebt hat.* Wollen Sie Daten? Hier sind sie: 530 vor Christi Geburt die Verschwörung des Karthalon, 460 die Übergriffe der Magons, 337 die Verschwörung Hannos, 307 die Verschwörung Bomilkars. Doch ich übergehe Aristoteles. Zu einem anderen![19]

Wie hatte er zehn Jahre zuvor an Louise Colet geschrieben?: »Es fehlt an Fakten«.[20] Als er an »Salammbô« arbeitete, fehlte es ihm an Fakten wahrlich nicht.

Von hier führt eine direkte Linie zu einem weniger bekannten, aber von den zeitgenössischen Kennern hochgeschätzten österreichischen Autor, zu Richard Beer-Hofmann, Freund und Zeitgenosse Hofmannsthals und Schnitzlers; einem der wenigen Symbolisten unter den deutschsprachigen Prosaikern. Seine Beschreibungen orientalischer Orgien in dem Roman »Der Tod Georgs« (1900) sind aus den gleichen Fakten und – was mehr ist – mit der gleichen Faktenbesessenheit gemacht wie der »Salammbô«-Text Flauberts.[21] Eine Passage als Beispiel:

> Tiefes, veilchenfarbiges Dunkel war im Innersten des Tempels.
> Umstanden von goldenen Götterbildern, saß auf löwenbespanntem Wagen die große Göttin, behängt mit edeln Steinen, die Mauerkrone auf dem Haupt. Wenn nachts der Glanz der wasserblauen und feuerfarbenen Juwelen ihres Schmucks schlummernd erlosch, gab ein nichtgekannter Stein ihrer Krone dem Tempel Helle. Die offenen Augen der Göttin sahen in die Augen dessen, der ihr nahen durfte, und folgten ihm unverwandt durch den Raum, wohin er sich auch wandte.
> Rot erglühende Räucherbecken, auf der Schwelle zum Allerheiligsten in gedoppelte Reihe gedrängt, schieden die Göttin von der Menge der Betenden. [...][22]

Diese Texte – Flauberts sowohl wie die von Beer-Hofmann – *gewinnen ihr Bildmaterial aus dem Arsenal des positivistischen Historismus* und verwenden es entsprechend: Es stammt *materialiter* aus den historistisch, d.h. hier: völkergeschichtlich, religionsgeschichtlich erarbeiteten Thesauren; *formaliter* wird es behandelt wie dort: isoliert, bedeutungsbeliebig – und gewinnt nur dadurch seine jeweils neu zu entscheidende besondere Bedeutung.

---

19 Gustave Flaubert, *Briefe*, hrsg. und übersetzt von Helmut Scheffel, Stuttgart 1964, S. 448-468; hier S. 453.

20 Flaubert, *Briefe* (Anm. 19), S. 184.

21 Vgl. Rainer Hank, *Mortifikation und Beschwörung. Zur Veränderung ästhetischer Wahrnehmung in der Moderne am Beispiel des Frühwerkes Richard Beer-Hofmanns*, mit einem Anhang: Erstveröffentlichung von Richard Beer-Hofmann, »Pierrot Hypnotiseur« (1892), Frankfurt/Main 1984; Stefan Scherer, *Richard Beer-Hofmann und die Wiener Moderne*, Tübingen 1993 (= Conditio Judaica, Bd. 6); auch Sören Eberhardt, *Der zerbrochene Spiegel. Zu Ästhetizismus und Tod in Richard Beer-Hofmanns »Novellen«*, Paderborn 1993.

22 Richard Beer-Hofmann, *Gesammelte Werke*, Frankfurt/Main 1963, S. 542ff.

Ein anderes Beispiel ist Joris-Karl Huysmans' berühmter Roman »Gegen den Strich« von 1884 – nicht durchgängig zwar, genausowenig wie im Falle Beer-Hofmanns, aber in den entscheidenden Passagen. So etwa in den Beschreibungen der Interieurs oder der Bibliothek – »Möbelpoesie« wird Hofmannsthal das später nennen[23] –, den Edelstein-, Geruchs- und Farbkatalogen. Ein ganzes Menu wird der Reihe nach aufgeführt, als der Held in »Gegen den Strich« ein Essen gibt:

> Man hatte von schwarzumrandeten Tellern gespeist, Schildkrötensuppe, russisches Roggenbrot, reife Oliven aus der Türkei, Kaviar, Seebarbenrogen, geräucherte Frankfurter Würstchen, Wild mit Saucen in der Farbe von Lakritzensaft und Schuhwichse, Trüffelbrühen, schokoladefarbene Sahnen, Puddings, Brugnolen, Traubenmus, Brombeeren und Herzkirschen; getrunken wurden aus dunkel getönten Gläsern Weine aus der Limagne und dem Roussillon, Tenedos, Val de Peñas und Portwein; nach dem Kaffee und dem Nußbranntwein wurde Kwass, Porter und Stout genossen.[24]

Die Farbnuancen seines neu eingerichteten Hauses – *in extenso* werden sie dem Leser vor Augen geführt:

> Langsam sortierte er, einen nach dem anderen, die Farbtöne.
> Blau hat bei Fackelschein einen Stich ins Grünliche; wenn es dunkel ist wie Kobald und Indigo, wird es schwarz; wenn es hell ist, schlägt es ins Grau; wenn es echt und zart ist wie Türkis, verliert es seinen Glanz und erstarrt. Es konnte demnach nicht die Frage sein, daraus den beherrschenden Ton eines Zimmers zu machen, es sei denn als Hilfsmittel, verbunden mit einer anderen Farbe.
> Die stählernen Grautöne andererseits verdüstern und verdicken sich. Perlgrau verliert seine Lasur und verwandelt sich in ein schmutziges Weiß; Braun wird stumpf und kalt; dunkle Grüntöne wie Kaiser- und Myrtengrün verhalten sich ebenso wie kräftige Blauschattierungen und versetzen sich mit Schwarz; es verblieben also noch die blasseren Grüntöne wie Pfauengrün, ferner Zinnober und Lackfarben, aber da filtert das Licht das Blau aus und bewahrt nur noch ihr Gelb, das seinerseits nur einen falschen Ton, einen verschwommenen Reizwert behält.[25]

Ein weiteres – etwas entlegenes – Exempel: Verner von Heidenstams (1859-1940) »Hans Alienus« von 1892:[26] eine abstruse Geschichte, deren Inhalt hier weniger zur Sache tut. Der Titelheld dieses quasi neuromantischen Entwicklungsromans des späteren schwedischen Nobelpreisträgers (1916) durchlebt auf der Suche nach sich selbst die phantastische Vergangenheit des Orients: Bagdad, Babylon, Ninive; gelangt schließlich nach Jerusalem und Rom. In

---

[23] Hugo von Hofmannsthal, Gabriele D'Annunzio, in: H.v.H, *Reden und Aufsätze I: 1891-1913*, Frankfurt/Main 1979 (= Gesammelte Werke in zehn Einzelbänden, hrsg. von Bernd Schoeller/Rudolf Hirsch), S. 183.

[24] Joris-Karl Huysmans, *Gegen den Strich*, übersetzt und hrsg. von Walter Münz/Myriam Münz, Stuttgart 1992, S. 41f.

[25] Huysmans, *Gegen den Strich* (Anm. 24), S. 43.

[26] Verner von Heidenstam, *Hans Alienus*, autorisierte Übersetzung aus dem Schwedischen von E. Stine [i.e. E. Stein], München 1904; – vgl. M. Rother, Verner von Heidenstams Roman ›Hans Alienus‹, in: *Nordische Rundschau* 2/1929, S. 60-71.

Babylon kommt er an den Hof Sardanapals. Daran ist hier im Rahmen der Orientalismus-Diskussion im Hinblick auf Flaubert nur das orientalische Ambiente und seine sprachliche Behandlung interessant, die der bei Flaubert durchaus nahekommt:

> Hans Alienus fühlte einen Stich durch das Haupt und erbleichte, denn eine Ahnung sagte ihm, daß er Sardanapal vor sich sehe.
> Er sah eine zitterige und schmächtige Gestalt, deren ausgepreßte Körpersäfte nur eine fieberhafte Feuchtigkeit über der Haut zurückgelassen zu haben schienen. Das dünne, in Locken aufgelegte Haar war vergoldet, die lebhaft glänzenden Augen waren entzündet, die Wangen in Weiß und scheckigem Rot stark geschminkt, und auf den schmalen Lippen lag eine blutsaugende Purpurfarbe. Die Adern am Halse und an den Händen schwollen blau und hoch, und die Nägel sahen mit ihrer roten Malerei wie abgerissen aus. Auf dem Kopfe saß eine an der Spitze abgeplattete und mit Saphiren und Perlengewinden bekränzte tiefrote Zipfelmütze, und das bis an die Füße reichende Oberhemd aus rotem glänzendem Zeug war mit seinem Goldrankenbesatz an einer Hüfte faltig aufgenommen, sodaß das weiße Unterhemd sichtbar war. Ein kurzes scharfes Messer ohne Scheide stak unter dem goldledernen Gürtel. Er stand etwas vorgebeugt, und die nackten ringgeschmückten Arme hingen über das rote Hemd herab.[27]

Die Fremdartigkeit und Erlesenheit der Gegenstände, von denen auch hier die Rede ist: Bei Flaubert ist sie beispielhaft vorgeführt. Der Umgang mit dergleichen Exotismen macht Schule und weist von hier nicht nur voraus zu den Genannten, zu Beer-Hofmann, Huysmans, Heidenstam, er führt auch im Verein mit den Leseerfahrungen, die man bei Baudelaire machen kann, zu Stefan George, Hofmannsthal, zu Swinburne oder Wilde, ja zu Arno Holz, zu den Erlesenheiten und Preziositäten Rilkes, die sich bei ihm selbst noch in den Briefen finden.

Aber bei Flaubert werden diese Partikeln noch nicht als Partikeln, diese Einzellexeme noch nicht als Einzellexeme erkennbar. Noch sind sie eingebunden in eine Inhaltslogik, die für den zeitgenössischen Leser nicht weit entfernt ist von Balzac, Fontane oder Dickens; trotz aller Gesellschaftlichkeit, Politik und Sozialprobleme, wie deren Romane sie vermitteln und worin sie sich deutlich von »Salammbô« unterscheiden. Aber nicht einmal Flauberts engstem Lesepublikum mag diese nur nach und nach sich vollzie-

---

[27] Heidenstam, *Hans Alienus* (Anm. 27), S. 320f.; – daneben – was allerdings eher in den Zusammenhang der theoretischen Überlegungen von Oscar Wildes »The Decay of Lying« gehört – findet sich aufschlußreicherweise auch so etwas wie eine Definition des *l'art pour l'art*-Gedankens. Alienus sucht Sardanapal auf und führt mit ihm ein Gespräch. Er macht dem Herrscher seine »Unnatur« zum Vorworf, worauf Saradanapal antwortet: »Unnatur! [...] Du verstehst es nicht, ein tiefsinniges und lehrreiches Gespräch zu führen, mein Freund. Du sprichst stets als hätte jemand einen Vorrat klingender Worte auf deine Zunge gelegt, und mit ihnen spielst du statt mit Gedanken. Natur ist alles, was ist, und alles, was in der Einbildung besteht, die Gesichte in meinem Traum, die Schminke auf meiner Wange, die Malerei auf meinen Nägeln. *Der abgebildete Truthahn auf der Steinwand dieses Hauses ist genau so gut eine Naturschöpfung, wie der wirkliche, den ich eben drunten in meinem Tiergarten kollern höre.* [...] Wohin also zielst du mit deiner Rede von Natur und Unnatur?« (S. 324; Hervorhebung nicht im Original).

hende Herauslösung der Sprach- und Bedeutungspartikeln, jene zunehmende Lexemautonomie, aufgefallen sein, wie sie in diesem Roman vor sich geht. Zu sehr hatte man mit Recht vor Augen, was er sonst noch schrieb: allem voran »Madame Bovary« oder »L'Education sentimentale« – Romane also, für die das bei weitem nicht zutrifft und in denen deshalb diese Erfahrung nicht zu machen war.

Dem heutigen Leser, der in der Literaturgeschichte von Flaubert aus mühelos einen Sprung von 30 oder 40 Jahren machen kann zu Huysmans oder Beer-Hofmann, zu den frühen essayistischen Prosatexten Hofmannsthals, wird deutlich, was hier vor sich geht: jene langsame Herauslösung einzelner Wörter, fremder Wörter, die schließlich zu bloßen Evokationen werden. Sie können, ja wollen und müssen jetzt existieren ohne den Rückhalt jedweder inhaltslogischen Absicherung. Es ist für diese Texte keineswegs in einem erzähl- oder argumentationslogischen Sinne vonnöten, daß hier diese und keine anderen Exotismen, Orientalismen oder Spezialitäten irgendeiner Art aufgeführt sind. Die Notwendigkeiten und Zwänge stammen von woanders her.

Passagen aus Huysmans' »A Rebours« lassen sich in vieler Hinsicht besser noch als mit Flauberts »Salammbô« mit dessen »Bouvard et Pécuchet« verbinden.[28] Dieser letzte, unvollendete Roman persifliert in den beiden Helden der Geschichte den Romanschreiber vom Typus des Verfassers der »Salammbô«. Intensiv und bis zum Überdruß geben sich die beiden allen möglichen Wissenschaften hin. Ein alles übergreifendes Ziel für diese Beschäftigungen gibt es nicht. Die erschöpfen sich in der Intensität, mit der sie betrieben werden. Und darin haben sie ihren Wert. Da solche Beschäftigung aber zu nichts führt, ist dieser Wert sozusagen ein Null-Wert. Die völlige Beliebigkeit des jeweiligen Interessengebietes widerspricht ja gerade eklatant dem Charakter von Interessen und Interessengebieten. Dieser Roman ist nicht nur eine Selbstkarikatur Flauberts; er persifliert antizipierend bereits Des Esseintes' hunderte von Interessen, wie sie in »A Rebours« vorgeführt werden. Für den Helden von Huysmans' Roman ist es in einem tieferen Sinne gleichgültig, womit er sich beschäftigt. Seine Beschäftigungsbereiche haben keine Rangordnung; sie sind beliebig, Anzeichen dessen, was unter das Stichwort vom relativistischen Historismus fällt und uns noch beschäftigen muß. Darin kehrt die Beliebigkeit wieder, die die beiden Freunde Bouvard und Pécuchet zu ihren jeweiligen Beschäftigungen greifen läßt. – So ist es nur konsequent, wenn Flaubert dem Roman ein »Dictionnaire« beigeben wollte,[29] das die Partikeln, von denen die Rede war, nicht nur erklärt und erläutert und damit denn doch einer Wertehierarchie eingliedert, sondern zugleich wieder egalisiert, indem es sie dem Schema des Alphabets unterwirft: ein

[28] Vgl. dazu unter »4. Relativismus als Ergebnis: Dilettantismus«.

[29] Er nimmt damit eine früher, in seinem genannten Brief an Sainte-Beuve als unberechtigt zurückgewiesene Forderung dennoch wieder auf. »*Man vermißt ein Lexikon.* Das ist ein Vorwurf, den ich im höchsten Maße ungerecht finde. Ich hätte den Leser mit technischen Ausdrücken erschlagen können. Weit davon entfernt! Ich habe sorgfältig ins Französische übersetzt«, heißt es dort (Flaubert, *Briefe* [Anm. 19], S. 451).

später Nachfahre der Enzyklopädisten und ein Zeitgenosse der Konversationslexika.

Man wird nicht sagen können, daß Texte wie Hofmannsthals frühe Essays einfach den Historismus im beschriebenen Sinne reproduzieren. Sie konstruieren – wenn überhaupt – nicht systematisch, sondern assoziativ. Ihr Verfahren also ist nicht in dem Sinne wissenschaftlich bestimmt wie das »Dictionnaire des idées reçues« Flauberts oder die Kataloge und Belehrungen von Huysmans, in denen Vollständigkeit oder Repräsentativität immerhin angestrebt scheint. Aber sie bedienen sich des gleichen Materials. Um das zu belegen, genügt der Griff nach einem beliebigen Beispiel aus Hofmannsthals frühen Essays. Der Satz, mit dem der erste D'Annunzio-Aufsatz von 1893 beginnt, beschreibt auf seine Weise den für das dort Folgende relevanten Tatbestand. Dabei kommt zugleich ein weiteres Problem mit in den Blick, das aufs engste mit den hier verhandelten zusammenhängt: das von Essay und Essayismus in der Moderne als einer ›Gattung‹, die erst hier, in den letzten Dezennien des 19. Jahrhunderts, völlig zu sich selbst kommt. Hofmannsthal:

> Man hat manchmal die Empfindung, als hätten uns unsere Väter, die Zeitgenossen des jüngeren Offenbach, und unsere Großväter, die Zeitgenossen Leopardis, und alle die unzähligen Generationen vor ihnen, als hätten sie uns, den Spätgeborenen, nur zwei Dinge hinterlassen: hübsche Möbel und überfeine Nerven. Die Poesie dieser Möbel erscheint uns als das Vergangene, das Spiel dieser Nerven als das Gegenwärtige.[30]

›Möbelpoesie‹ und ›Nervenspiel‹[31] sind die Stichworte, mit denen gefaßt wird, was im Vorangehenden am Beispiel von Huysmans, Beer-Hofmann, Verner von Heidenstam als Konsequenz aus einem zwar literarischen, aber positivistisch-historistischen Verfahren bei Flaubert abgeleitet wurde. In einem engeren wie in einem weiteren Sinne trifft die Bezeichnung ›Möbelpoesie‹ den Tatbestand genau: Des Esseintes' häusliche Umgebung stellt im wörtlichen Sinne ein solches Reservoir von Requisiten dar. Ob es sich um die Beschreibung der Gobelins und der Bilder an den Wänden, um Tischchen, Vertikos, Sessel, Taburetts, einen Springbrunnen oder die mit Edelsteinen besetzte lebende Schildkröte handelt: Diese Requisiten sind nicht einfach Staffage. Sie gehorchen auch nur scheinbar dem Gebot einer bloßen Aufzählung, analog den Büchern, Edelsteinen und Gemälden. Sie dienen vielmehr der *Evokation einer Bedeutung, die sie lediglich aus ihrer Fremdheit beziehen*. Infolgedessen sind es fremde Namen, fremde Wörter: Fremdwörter eben, mit denen und in denen diese Dinge bezeichnet werden. Gerade darauf beruht die Potentialität ihrer Wirkung.

Aber nicht nur in diesem engen Sinne ist gemeint, was in Hofmannsthals Essay ›Möbelpoesie‹ genannt wird. Keineswegs muß es sich nur um die ro-

---

30 Hofmannsthal, D'Annunzio (Anm. 23), S. 174.

31 Vgl. auch Hofmannsthal, D'Annunzio (Anm. 23), S. 183.

manhafte Ausstattung von Innenräumen handeln; keineswegs nur um Möbel, Nippes und Teppiche. Auch die Lyrik gehorcht diesem Ausstattungsprinzip. Sein »Lebenslied« als Beispiel:

Lebenslied

Den Erben laß verschwenden
An Adler, Lamm und Pfau
Das Salböl aus den Händen
Der toten alten Frau!
Die Toten, die entgleiten,
Die Wipfel in dem Weiten –
Ihm sind sie wie das Schreiten
Der Tänzerinnen wert!
[...][32]

Adler, Lamm, Pfau – trotz Exners eindringlicher Analyse ist nach wie vor unklar, was sie miteinander verbindet.[33] Hofmannsthals »Lebenslied« bleibt, wie Musil gesagt hat, »sinnlos«.[34] – Aber: daß dieses Gedicht Hofmannsthals keinen Sinn mache, stimmt nur unter einer bestimmten Voraussetzung – der nämlich, daß literarische Texte inhaltslogischen Vorgaben zu folgen hätten. Nach dem, was im Voraufgehenden dargelegt wurde, ist deutlich, daß die Inhaltslogik nicht nur, wie seit langem bekannt und akzeptiert, in der Moderne suspendiert ist, sondern daß sich dafür auch Gründe angeben lassen; sie lie-

---

32 Hugo von Hofmannsthal, *Gedichte, Dramen I: 1891-1898*, Frankfurt/Main 1979 (vgl. Anm. 23), S. 28.

33 Vgl. Richard Exner, *Hugo von Hofmannsthals »Lebenslied«. Eine Studie*, Heidelberg 1964; – Exner weist auf eine Maxime Hofmannsthals hin, die dieser anläßlich Jean Pauls formuliert, bringt sie mit Goethes »Seelige Sehnsucht« (»Keine Ferne macht dich schwierig«) zusammen und spricht von der »Formel einer dichterischen Schaffensweise [...], ›das Nahe so fern zu machen und das Ferne so nahe, daß unser Herz sie beide fassen könnte‹« (S. 46). Nähe und Ferne, in der Tat, werden im Gebrauch der Sprache im Fin de siècle in besonderer, sozusagen technischer Weise wichtig. Dieses ambivalente Spiel von nah und fern kommt zustande durch das weiter unten näher zu bestimmende Verhältnis von defizienter Semantik und autonom gewordener Lexik, als das sich das alte Form/Inhalt-Problem jetzt darstellt.

34 Musils Erwähnung von Hofmannsthals Gedicht unter der Überschrift »Der Geist des Gedichts« steht in einem Zusammenhang, der das für die Moderne konstitutive Phänomen des unverstandenen/verstandenen Textes vorführt. Musil arbeitet dabei mit dem Begriff des »rationalen Denkens«, das dem »schön«-Finden eines lyrischen Gedichtes entgegenstehe. Seine »Sinngestaltung« laufe »nach Gesetzen« ab, »die von denen des realen Denkens abweichen, ohne die Berührung mit ihm zu verlieren«. Die Stelle bei Musil lautet im Zusammenhang: »Schließt man das Pathologische aus und beschränkt sich auf das, was einigermaßen noch für einen Menschenkreis Mitteilungswert besitzt, so könnte man in dieser stetigen Abstufung an die der reinen Begrifflichkeit entgegengesetzte Grenze etwa das sogenannte ›Sinnlose Gedicht‹ stellen; und dieses sinnlose oder gegenstandslose Gedicht, wie es von Zeit zu Zeit von Dichtergruppen gefordert wird, und immer mit rissigen Begründungen, ist in diesem Zusammenhang dadurch besonders bemerkenswert, daß es ja wirklich schön sein kann. So werden die Verse Hofmannsthals: ›Den Erben laß verschwenden / an Adler Lamm und Pfau / das Salböl aus den Händen / der toten alten Frau‹ sicher für viele die Eigenschaften eines sinnlosen Gedichtes haben, weil es ohne Hilfsmittel durchaus nicht zu erraten ist, was der Dichter eigentlich sagen wollte, dessenungeachtet man sich der geistigen Mitbewegtheit nicht entziehen kann [...]« (Robert Musil, Der Geist des Gedichts, in: R.M., *Prosa und Stücke, Kleine Prosa, Aphorismen, Autobiographisches, Essays und Reden, Kritik*, hrsg. von Adolf Frisé, Reinbek 1978, S. 1214f.).

gen in ihrer Voraussetzung des positivistischen Historismus. Und man mag sich fragen, ob die Disparatheit der modernen Welt insgesamt nicht darin ihr sprachlich-literarisches Äquivalent habe, wie sie ihr künstlerisches in Malerei und Bildhauerkunst hat.

Wenn Hofmannsthal im selben Aufsatz über D'Annunzio »alte Möbel und junge Nervositäten« als Indizien der Moderne bezeichnet, dann beschreibt das bündig Gegenstand und Verfahren der Literatur ganz analog zu dem, was oben entfaltet worden ist:

> Modern sind alte Möbel und junge Nervositäten. Modern ist das psychologische Graswachsenhören und das Plätschern in der reinphantastischen Wunderwelt. Modern ist Paul Bourget und Buddha; das Zerschneiden von Atomen und das Ballspielen mit dem All; modern ist die Zergliederung einer Laune, eines Seufzers, eines Skrupels; und modern ist die instinktmäßige, fast somnambule Hingabe an jede Offenbarung des Schönen, an einen Farbenakkord, eine funkelnde Metapher, eine wundervolle Allegorie.[35]

›Experimentiertrieb‹ und ›Schönheitstrieb‹ – auf diesen Nenner bringt der Aufsatz die Diagnose der Zeit. Hofmannsthals Essay liest sich wie ein lyrischer Text, moderner Provenienz – versteht sich. Die scheinbare Beliebigkeit in der Nennung von Namen und Gegenständen, in der Verwendung von expliziten oder kryptischen Zitaten gehorcht gleichwohl einem Prinzip, das mit Max Benses Begriff »Kombinatorik« – für den modernen Essay zutreffend geprägt[36] – am besten bezeichnet ist. Watteau, Murillo oder Fra Angelico, Bourget oder Goethe, Tischbein, Horaz oder Tibull: Das alles vermag nur nebeneinanderzustehen, weil es einem Arsenal prinzipiell gleichwertiger historistischer Fakten entnommen ist. So bedarf es lediglich einer sie belebenden Nennung, um die Evokation herbeizuführen, die beabsichtigt ist.

Daß die Konstruktionsweise solcher Essays sich kaum von derjenigen lyrischer Texte unterscheidet, zeigt ein Vergleich *e contrario*. So inszeniert beispielsweise Hofmannsthals in Versen geschriebener Prolog zu Schnitzlers »Anatol« die Bilder ähnlich assoziativ. Schon das inhaltliche Verhältnis des Prologs zu den Szenen, die er anführen soll, ist bemerkenswert; denn es ist im landläufigen Sinne so gut wie nicht vorhanden. Bis auf die allerletzten Verse, wo von Träumen, erfolglosem Sprechen, verweigertem Zuhören usw. die Rede ist, zeichnet sich dieser »Prolog zu dem Buch ›Anatol‹« durch eine bemerkenswerte Beziehungslosigkeit aus gegenüber dem Buch, das er vorstellen möchte. Die traditionelle Funktion des Prologs, hinzuführen auf das, was kommt, ist suspendiert – zugunsten einer Beliebigkeit von Nennungen. Selbst Genera, die zusammengehören, wie Prolog und Drama (hier Einakter), behaupten sich jenseits ihrer traditionellen Funktionalität. Der Prolog und das Buch, das er einleitet, haben sowohl in einem inhalts- als auch in einem gattungslogischen Sinne herkömmlicher Art nichts mehr miteinander zu tun.

---

[35] Hofmannsthal, D'Annunzio (Anm. 23), S. 176.

[36] Max Bense, Über den Essay und seine Prosa [1952], in: *Deutsche Essays. Prosa aus zwei Jahrhunderten*, hrsg. von Ludwig Rohner, München, Bd. 1, S. 48ff.

Huysmans' Edelstein- und Bilderkataloge in »A Rebours« oder die seitenlangen kunstgeschichtlichen Belehrungen in »La Cathédrale«, Beer-Hofmanns mit religionsgeschichtlichen Einzelheiten minutiös ausgestattete vorderasiatische Gemälde belegen dasselbe wie Flauberts Beschreibungen oder Hofmannsthals frühe Essays und die Lyrik von der Art des »Lebensliedes«: *die Verselbständigung des Details.*[37]

4. Relativismus als Ergebnis: Dilettantismus

Damit ist die Problematik historisch an einem Punkt angelangt, wo sie eine neue Qualität erreicht. Aus den Bedingungen des positivistischen Historismus nämlich erwächst eine Konsequenz, die ein Phänomen speziell für die Sprache und aus der Sprache, also für die Literatur und die literarische Moderne zu begründen vermag. Es ist als allgemein-weltanschauliches jedem vertraut, der sich mit dieser Zeit, der sich mit dem Fin de siècle beschäftigt. Der für die Zeit der literarischen Moderne zuerst von Hermann Broch[38] explizit als Wertzerfall beschriebene Wertrelativismus beruht auf einem Paradigmenwechsel, dessen Umschlagspunkt genau anzugeben ist. Bereits in Nietzsches »Zweiter Unzeitgemäßer Betrachtung« (1873) spielt er eine Rolle. Die Entwicklung führt aus einer teils als adäquat empfundenen positivistisch-historistischen in eine als negativ empfundene relativistische Position. Die prinzipielle Gleichrangigkeit aller Fakten, die der positivistische Historismus fordert und wissenschaftlich durchsetzt, deren Handhabung für ihn zunächst nichts anderes als die Anwendung eines sinnvollen Arbeitsinstrumentariums darstellt, erteilt allen Fakten den prinzipiell gleichen Grad von ubiquitärer Verfügbarkeit. In der Literatur hat das seine Entsprechung in Texten wie den genannten. Was sich aber in der praktischen Durchführung und Anwendung zunächst als eine methodische Erleichterung verstehen ließ, daß nämlich alle Fakten in gleicher Weise zugänglich und deshalb auch in gleicher Weise zu bewerten sind, stellte sich im Verlauf der Zeit durchaus als Grund für eine besondere und bis dahin nicht gekannte Ratlosigkeit dar: Wenn alle Fakten prinzipiell gleich viel wert sind, sind sie wie von selbst zu-

---

[37] Mit Recht faßt übrigens – von ihrem Standpunkt – eine traditionelle, an Inhaltslogik und Erzählprogreß gewöhnte Literaturkritik und Literaturwissenschaft gerade solche Passagen der Romane als unbewältigte Fülle von Fakten, als den Ausweis der Unfähigkeit zu Strukturierung und Zusammenfassung auf. Dabei scheint es ihr gleichgültig, ob der einzelne *Autor* hier an seine Grenze kommt, oder ob es *objektiv* unmöglich wird, weiter Erzähl*vorgänge* zu präsentieren. Dagegen ist festzustellen: Das Gefühl von Langeweile, Ratlosigkeit und Handlungsunfähigkeit, das die Helden dieser Texte auszeichnet, ist das des Lesers selbst angesichts der so beschriebenen Tatbestände.

[38] Neben den Schriften zum Wertzerfall (vgl. Anm. 8) vgl. besonders die Texte »Hofmannsthal und seine Zeit. Eine Studie« sowie »Das Böse im Wertsystem der Kunst«, in: Hermann Broch, *Dichten und Erkennen. Essays*, Bd. 1, hrsg. von Hannah Arendt, Zürich 1955, S. 43-181 u. 311-348; – vgl. auch: Karl Menges, *Kritische Studien zur Wertphilosophie Hermann Brochs*, Tübingen 1970.

gleich auch gleich wenig wert. Wenn sie auf diese Weise mit ihrer wertehierarchischen Struktur auch ihre Spezifik, Einmaligkeit oder Besonderheit einbüßen, stellt sich ihnen gegenüber von seiten dessen, der mit ihnen umgeht (des Dichters, des Autors), eine Beliebigkeit ein, die sie völlig austauschbar sein läßt. In diesen Zusammenhang des Phänomens prinzipieller Gleichrangigkeit und seiner Genese gehört der sogenannte Dilettantismus. Allerdings ist er dazu neu zu formulieren.[39]

Zum Problem des Historismus in der Literatur gibt es zwei Werke ein und desselben Autors, die in der Bestimmung dessen, worum es bei diesem Phänomen geht, besonders indizierend sind. Wie Flauberts »Salammbô« in direkter Linie zum Symbolismus Huysmans'scher und Beer-Hofmannscher Prägung führt, so sein letzter, unvollendet gebliebener Roman »Bouvard et Pécuchet« zum Dilettantismus.

Uwe Japp hat in einem bemerkenswerten Nachwort zu Flauberts letztem Roman 1979 diesen in eine große Reihe europäischer Literatur von Homers »Odyssee« über den »Don Quijote« des Cervantes und Charles Dickens' »Pickwick Papers« bis zu Joyces »Ulysses« gestellt und die »beiden Biedermänner Bouvard und Pécuchet als die Flaubertsche Variante dieses Prototypen europäischer Literatur« bezeichnet.[40] Die Verbindung zu Historismus und Dilettantismus ist überzeugend. Die beiden Freunde sind geradezu die Inkarnation historistischen Verhaltens im Sinne des oben skizzierten positivistischen Historismus. Es geht ihnen weniger um Erkenntnis als um bloße Kenntnis; um die Erschließung von möglichst vielen Wissensgebieten, von der Landwirtschaft über Medizin und Anatomie bis zu Archäologie, Religion und Erziehung. Alles das soll und muß wissenschaftlich begründet, erlernt und durchdrungen werden.

Bezeichnenderweise sind Bouvard und Pécuchet Amtsschreiber, Abschreiber, Kopisten. Sie stehen in ihrer als Karikatur wirkenden Verfassung tatsächlich für den positivistisch verfahrenden Historiker, der alles registriert, kommentarlos lediglich zur Kenntnis nimmt: »Nicht darüber nachdenken! Schreiben wir es ab! Die Seite muß voll werden – alles ist gleich, das Gute und das Böse, das Schöne und das Häßliche ...«.[41] Was die Helden »in den wechselnden Kontexten ihrer Geschichten«[42] miteinander verbinde, sei gerade das Charakteristikum des Dilettantismus. Der enzyklopädistische Aspekt der Bestrebungen von Bouvard und Pécuchet ist so deutlich historistisch begründet, wie seine Interpretation als Dilettantismus offensichtlich

---

[39] Vgl. Gisa Briese-Neumann, *Ästhet – Dilettant – Narziß. Untersuchungen zur Reflexion der Fin de siècle-Phänomene im Frühwerk Hofmannsthals*, Frankfurt/Main u.a. 1985 (= Tübinger Studien zur deutschen Literatur, Bd. 10).

[40] Uwe Japp, Die Komik des Wissens, Nachwort zu: Gustave Flaubert, *Bouvard und Pécuchet*, mit einem Vorwort von Victor Brombert und einem Nachwort von Uwe Japp, mit Illustrationen von András Karas, Frankfurt/Main 1989, S. 409-441.

[41] Japp, Komik (Anm. 40), S. 429; dort zit. nach: D.L. Demorest, *A travers les plans, manuscrits et dossiers de Bouvard et Pécuchet*, Paris 1931, S. 92f.

[42] Japp, Komik (Anm. 40), S. 430.

ist. Enzyklopädistik, Historismus und Pluralismus im Sinne einer Haltung, die alles, aber auch alles erfassen, aufnehmen, studieren und durchdringen möchte, gehören zusammen. In diesem Sinne läßt sich sagen, »der Pluralist *par excellence*« sei »der Dilettant«; und der »ist ein Held unserer Moderne«.[43]

Die Abhängigkeit des Dilettantismus vom Historismus ist bei Japp schlüssig dargelegt:[44]

> Deshalb muß man auch sagen, daß Bouvard und Pécuchet nicht eine fixe Idee haben, sondern viele Ideen. Es gibt in den Odysseen einen Überschuß an Situationen: für Odysseus (und Don Quijote und Mr. Pickwick) einen Überschuß an Abenteuer. Für Bouvard und Pécuchet einen Überschuß an Ideen, für Leopold Bloom einen Überschuß an Assoziationen. Es geht für die Protagonisten der Odysseen (für Odysseus gilt das wörtlich) darum, sich in diesem Überfluß über Wasser zu halten. Da es aber keinen Spezialisten für den Überschuß und den Überfluß geben kann, sind sie alle notgedrungen Dilettanten.

Es gibt kaum eine bessere Formulierung zum Phänomen des Dilettantismus, soweit es seine Herkunft aus dem Historismus betrifft. Die Generation um 1880, als Flaubert über dem wahrscheinlich letzten Kapitel seines Buches »Bouvard et Pécuchet« an einem Schlaganfall stirbt, greift emphatisch die Figur des Dilettanten als Selbstbezeichnung auf. Schon die Tatsache, daß sie diese irgendeiner anderen – wie Enzyklopädist, Eklektiker usw. – vorzieht, beweist, daß man sich hier aufgehoben und richtig formuliert fühlt.

Es gehöre »zum Typus des Dilettanten, daß er einerseits mangelhaft ausgerüstet ans Werk geht, daß er aber andererseits aus seinen Unternehmungen Befriedigung und auch Lust bezieht«,[45] schreibt Japp und begründet damit den Dilettantismus als Verfahren psychologisch. Man kann das noch weitertreiben und formulieren, daß der Dilettant gegenüber der unerhörten Fülle des Materials *grundsätzlich* »mangelhaft ausgerüstet« ist. Denn wenn – idealtypisch gesprochen – sämtliche Fakten im Sinne des positivistischen Historismus-Ideals versammelt sind, versagt das Subjekt *notwendig*. Der Dilettant ist also in diesem Sinne gerade nicht derjenige, der seine dilettantische Haltung frei wählen könnte; sie wird ihm vielmehr durch die Fülle der Fakten oktroyiert. Die objektive Bedingung aus den Fakten ist gegenüber den subjektiven aus dem Individuum primär. Die mangelnde Professionalität, die den Dilettanten auszeichnet, ist folglich nicht etwas, was er selbst verschuldet hat. Vielmehr sind ›die Verhältnisse‹ so, daß er nicht anders als dilettantisch (das heißt: mit einem Defizit an Professionalität) auf die Fülle der Fakten zu reagieren vermag. Aus dieser Situation resultiert eine psychologisch beschreibbare Haltung gegenüber der Welt überhaupt, die den Dilettanten zum Prototypen macht. Da sich die Welt als Überschuß an Fakten darstellt, mit der das Subjekt es zu tun hat, ist zugleich mit dem Verhältnis des Subjektes zu jener Überfülle der Fakten auch sein Verhältnis zur Welt überhaupt aus der

---

[43] Japp, Komik (Anm. 40), S. 434.
[44] Japp, Komik (Anm. 40), S. 430.
[45] Japp, Komik (Anm. 40), S. 431.

Balance gerissen. Die historistische Aufbereitung der Welt läßt dem Subjekt keinen Raum mehr für eigene Präferenzen und wertende Entscheidungen; sie führt vielmehr auf direktem Wege in Gleichgültigkeit, Ennui, Melancholie, Entscheidungsunfähigkeit und Relativismus. Von außen, d.h. dem, der sich solcher Weltauffassung nicht überläßt, wird diese Haltung also mit Recht als Dekadenz und Verfall einer biologisch und psychologisch nicht sehr sinnvollen (Über-)Lebensstrategie verstanden und entsprechend abgewehrt.

Für Flauberts »Bouvard et Pécuchet« stellt sich das Dilettantismusproblem gewissermaßen in einem engeren Sinne: Die zahllosen Versuche der beiden Freunde, die jeweiligen Probleme mit einem Höchstmaß an Erudition zu lösen, verschaffen ihnen auf der einen Seite Befriedigung und auf der anderen Verzweiflung, wenn es nicht gelingt. Dieser Tatbestand macht zugleich die Komik des Romans aus. – In einem weiteren Sinne jedoch meint Dilettantismus dann etwas anderes. Spricht man von Dilettantismus im Kontext des Jahrhundertendes, dann spielt das subjektive Vergnügen des Dilettanten an seiner Beschäftigung kaum noch eine Rolle. Damit wird deutlich die auch begriffsgeschichtlich herleitbare Verbindung zum Dilettantismus-Phänomen, wie es zu Ende des 18. Jahrhunderts für die deutsche Literatur namentlich bei Goethe und Schiller formuliert ist, abgebrochen.[46] – Faßt man den Dilettantismusbegriff für die Jahrhundertwende in diesem Sinne, dann verschwimmt seine Bedeutung bis zur Ununterscheidbarkeit mit derjenigen der Décadence. Überdruß und eine von außen als Lebensuntüchtigkeit wahrgenommene Daseinsverfassung zeichnen beide wenigstens im Ergebnis aus. Es betrifft sowohl die Roman*figuren* als auch – in einem biographischen Sinne – die Vertreter der Epoche selbst; und zwar in ganz Europa.[47] Zudem verknüpfen sich Décadence und Dilettantismus mit jener Frühform derselben Erscheinung, wie sie im Begriff des ›Weltschmerzes‹ in den ersten Jahren der Nachklassik festzustellen ist. Die Linie freilich ist auszuziehen nach rückwärts über den allgemeinen Ennui seit dem Ende des 18. Jahrhunderts über die »Anatomy of Melancholy« von Robert Burton bis zu Aristoteles.[48] Aber auch nach vorn ist der Begriff für unseren Zusammenhang sinnvoll weiter

---

[46] Vgl. Goethes Schema »Über den Dilettantismus« (Weimarer Ausgabe I, Bd. 47, S. 299-326); – vgl. dazu H. Rudolf Vaget, *Dilettantismus und Meisterschaft*, München 1971; sowie ders., Der Dilettant. Eine Skizze der Wort- und Bedeutungsgeschichte, in: *Jahrbuch der Deutschen Schillergesellschaft* 14/1970, S. 131-158; – Rudolf Kassner, Dilettantismus [1910], in: R.K., *Sämtliche Werke*, im Auftrag der Rudolf Kassner Gesellschaft hrsg. von Ernst Zinn/Klaus E. Bohnenkamp, Bd. 3, Pfullingen 1976, S. 7-47.

[47] Jens Peter Jacobsen, Herman Bang, Rainer Maria Rilke, Paul Bourget, Maurice Barrès, Maurice Maeterlinck, Louis Couperus, Leopold von Andrian – um nur beliebige Namen zu nennen.

[48] Vgl. Wolf Lepenies, *Melancholie und Gesellschaft*, Frankfurt/Main 1972; auch: Gotthart Wunberg, *Wiedererkennen. Literatur und ästhetische Wahrnehmung in der Moderne*, Tübingen 1983, S. 132f.; – die *figura melencholica* ist in nahezu alle bedeutende Texte der Jahrhundertwende eingeschrieben: Rilkes »Malte« so sehr wie Jacobsens »Niels Lyhne« oder die Romane Herman Bangs (wie etwa die »Hoffnungslosen Geschlechter«, wo Melancholie und melancholisch zur Kennzeichnung sowohl des Vaters Hög als auch in besonderer Weise von dessen Sohn Wiliam dient; vgl. Anm. 49).

zu verfolgen, bis zu Carl Einsteins »Bebuquin, oder Die Dilettanten des Wunders«.

5. Décadence als Relativismus et vice versa

Die Literatur partizipiert aber an den allgemeinen philosophischen, metaphysikgeschichtlichen Entwicklungen nicht nur thematisch. Es versteht sich von selbst, daß literarische Figuren wie Niels Lyhne in Jacobsens oder Malte Laurids Brigge in Rilkes Roman wie viele andere – so die Helden von Herman Bangs Romanen[49] oder eben diejenigen bei Huysmans – unter dem Begriff von Relativismus, Wertrelativismus inhaltlich zutreffend beschrieben sind. Daraus ließen sich für die Literatur zweifellos weitere Termini wie Langeweile, Ennui, Melancholie, Gespaltenheit, Dissoziiertheit mühelos ableiten. Es geht aber um einen anderen, einen neuen Beschreibungsmodus. Er müßte eine Antwort auf die Frage gestatten, was denn solche stets als Décadence bezeichneten Defizienzen speziell für die Literatur bedeuten; will sagen: wie sie *sprachlich* aussehen könnten. Die Charakteristika literarischer Décadence sind zunächst konkret zu machen und für die Literatur zu fassen, dann aber abstrakt zu formulieren. Denn sie sollen letztlich für einen Décadence-Begriff stehen können, der auch für die benachbarten Künste gelten kann; insbesondere für die Malerei, mit der gerade diese Literatur thematisch so überaus eng zusammenhängt.[50] – Dabei mag es sogar unwesentlich sein, ob es schließlich auf den Terminus ›Décadence‹[51] hinausläuft, oder ob ein anderer – etwa ›Fin de siècle‹ – sich als ebensogut oder gar besser erweist.

Auch der Décadence-Begriff stammt bezeichnenderweise aus den Geschichtswissenschaften. Edward Gibbons berühmte »History of the Decline

---

[49] Vgl. Herman Bangs (1857-1912) Roman »Haabloese slægter« von 1880 (dt. 1900 u.d.T. »Hoffnungslose Geschlechter«); – im Mittelpunkt dieses seinerzeit viel gelesenen Romans, der besonders durch ›Fischers Bibliothek zeitgenössischer Romane‹ (dort als Nr. 8 bereits des ersten Jahrgangs 1908/1909 erschienen) eine weite Verbreitung fand, steht die Figur des jungen William Hög. Die Mutter stirbt an Schwindsucht, der Vater verfällt zunehmend in Wahnsinn und stirbt nach einem tätlichen Angriff auf den Sohn, der ihn auf einer Erholungsreise begleitet, in einem Hotelzimmer. Die von den Eltern ererbte psychische und physische Disposition wirkt sich bei William so verhängnisvoll aus, daß er schließlich aus dem Leben scheidet. – Ein ›Prolog‹ genanntes, dem Roman vorgeschaltetes Kapitel gibt die geraffte Darstellung des Niedergangs der Familie über mehrere Generationen. An sie schließt das erste Kapitel des Romans – ähnlich wie später in Joseph Roths »Radetzkymarsch« – mit der eigentlichen Handlung an.

[50] Schon der poetologische Terminus ›Bild‹ sagt es, wie sehr Bildende Kunst und Literatur von jeher miteinander zu tun haben. Aber die hier gemeinte Verbindung ist ein Signum der Moderne; man vergleiche nur die ohne Scheu in die literarischen Texte immer wieder integrierten Bilder und ihre Maler, nicht nur in der kolossalen Anhäufung bei Huysmans, auch bei Hofmannsthal (»Der Tod des Tizian«), bis zu Peter Weiß (»Ästhetik des Widerstands«: Pergamon-Altar, Géricault usw.). Die hier gewonnene Explizitheit ist etwas anderes als die implizite Verwendung von Bildern, die, was zum Beispiel den Schild des Achill bei Homer betrifft, noch Lessings bedarf, um uns das Phänomen im Bewußtsein zu halten.

[51] Vgl. hierzu besonders Kapitel A I von Koppen, *Wagnerismus* (Anm. 3).

and Fall of the Roman Empire« (1786-88) hat den Gedanken des Verfalls zum ersten Mal einem breiten Publikum am Beispiel des späten Rom nahegebracht.[52] Seit Nietzsche handelt es sich um einen europäischen Begriff. Für unseren Zusammenhang ist seine Bestimmung ›literarischer Décadence‹ aus dem »Fall Wagner« (1888) von größter Bedeutung; sie enthält die auch heute noch entscheidenden Merkmale:

> Womit kennzeichnet sich jede *litterarische* Décadence? Damit, daß das Leben nicht mehr im Ganzen wohnt. Das Wort wird souverän und springt aus dem Satz hinaus, der Satz greift über und verdunkelt den Sinn der Seite, die Seite gewinnt Leben auf Unkosten des Ganzen – das Ganze ist kein Ganzes mehr. Aber das ist das Gleichnis für jeden Stil der Décadence: jedesmal Anarchie der Atome, Disgregation des Willens, ›Freiheit des Individuums‹, moralisch geredet – zu einer politischen Theorie erweitert, ›*gleiche* Rechte für alle‹. Das Leben, die *gleiche* Lebendigkeit, die Vibration und Exuberanz des Lebens in die kleinsten Gebilde zurückgedrängt, der Rest arm an Leben. Überall Lähmung, Mühsal, Erstarrung oder Feindschaft und Chaos: beides immer mehr in die Augen springend, in je höhere Formen der Organisation man aufsteigt. Das Ganze lebt überhaupt nicht mehr: es ist zusammengesetzt, gerechnet, künstlich, ein Artefakt.[53]

Die Verselbständigung des Wortes, der Wörter, ihr Souveränwerden, das Auseinanderfallen der Satzbestandteile, die »Anarchie der Atome«: Alles das beschreibt exakt den Charakter der genannten Prosa von Flaubert über Huysmans bis zu Hofmannsthal und den Dadaisten. – Andere Sätze aus derselben Schrift Nietzsches sind dem an die Seite zu stellen. So der, daß die »*Farbe* des Klanges« entscheide; und es dagegen »beinahe gleichgültig« sei, »*was* erklingt«.[54] – Sie verweisen sämtlich unmittelbar auf die Phänomene, die am Beispiel von Flaubert und Huysmans zu beobachten sind. Schon Théophile Gautier hatte 1869 in seinem Vorwort zu den »Fleurs du Mal« gesagt, der Stil der Décadence sei ein Stil, »der die Grenzen der Sprache immer weiter hinausrückt, der bei allen Fachwörterbüchern Anleihen macht«.[55] Und die Parnassiens erhoben eben dies zur poetischen Forderung. Unverkennbar wird bei Nietzsche im Begriff des ›Ganzen‹ die Décadence zum Gegenbild des Gesunden, das im Begriff von Totalität aufgeht. Es ist namentlich dieser Satz Nietzsches, daß das Leben nicht mehr im Ganzen wohne, der später von den Wienern wieder aufgenommen und propagiert wird.[56] Von

---

[52] Vgl. auch Walter Rehm, *Der Untergang Roms im abendländischen Denken. Ein Beitrag zur Geschichte der Geschichtsschreibung und zum Dekadenzproblem*, Darmstadt ²1966.

[53] Friedrich Nietzsche, Der Fall Wagner, in: F.N., *Sämtliche Werke*, Kritische Studienausgabe in 15 Bänden, hrsg. von Giorgio Colli/Mazzino Montinari, München 1988, Bd. 6, S. 9-53; hier S. 27.

[54] Nietzsche, Fall Wagner (Anm. 53), S. 24.

[55] »Der Stil des Verfalls [...] ist nichts Anderes als die zu jenem Punkt äußerster Reife gelangte Kunst, welche die alternden Gesittungen mit ihren schrägen Sonnen [!] hervorbringen: ein geschickter, verwickelter, gelehrter Stil, voll Abstufungen und Gesuchtheiten, der die Grenzen der Sprache immer weiter hinausrückt, der bei allen Fachwörterbüchern Anleihen macht« (Übersetzung zit. nach: Max Nordau, *Entartung*, Bd. 2, Berlin o.J., S. 99).

[56] Hofmannsthal stellt 1896 in seinem Vortrag »Poesie und Leben« fest, »daß der Begriff des

vornherein also ist dekadente Literatur als eine Literatur verstanden, der Ganzheit und Totalität mangeln. Damit ist ihre inhaltliche Bestimmung als krank, pervers und (insbesondere: sexuell) abwegig unter dem Begriff von Vereinzelung, Individuation und Atomisierung subsumiert. Erst wo die Literatur so einer von ihr selbst bevorzugten Disparatheit gehorcht, sich in isolierten Partikeln – in Artefakten, mit Nietzsche zu sprechen – realisiert, vermag auch eine inhaltliche Beschreibung dekadenter Literatur sinnvoll oder wenigstens verständlich zu werden.

In der französischen Literatur handelt es sich bei der Décadence, leitet man sie so her, um ein innerhalb der Literatur selbst entwickeltes Phänomen, während sie für die deutschsprachige erstens ein Importgegenstand (aus Frankreich) und zweitens ein philosophisches (eben von Nietzsche formuliertes) Problem ist. Damit gilt für die deutsche Handhabung dieser Erscheinung, daß sie einerseits in der Literatur selbst bei weitem nicht so ernstgenommen wird wie in der französischsprachigen seit Baudelaire, Gautier oder Huysmans, und daß sie andererseits durch Nietzsches Verwendung des Begriffes, namentlich im »Fall Wagner«, eine weit über die Literatur, gar über die deutsche, hinausreichende Bedeutung gewonnen hat und sozusagen zum philosophischen Problem der Zeit überhaupt wird.[57]

Die zeitgenössische Verwendung des Décadence-Begriffs hat aber noch einen anderen Aspekt. Die Zeitgenossen befanden sich argumentativ auf der Höhe der Zeit und sprachen in der Terminologie der Moderne, wenn sie ihn verwendeten. Das lag nicht nur daran, daß sich die Geschichtswissenschaften und mit ihnen der Verfallsbegriff in seiner wissenschaftlich-historistischen Provenienz einer so großen Beliebtheit erfreuten. Die unbesehene Etikettierung von Werken der Literatur als dekadent, krank also und entartet, hing auch und gerade mit den sich soeben etablierenden modernen Naturwissenschaften zusammen; denn deren Ergebnisse – namentlich in Chemie und Pharmazie – waren einer breiten Öffentlichkeit durch die Medizin der Zeit sichtbar vermittelt worden.

Ganzen in der Kunst überhaupt verloren gegangen« sei (Hofmannsthal, *Reden I* [Anm. 23], S. 15). Bahr hatte schon ein Jahr zuvor in einer Besprechung von Andrians »Der Garten der Erkenntnis« in der Wiener »Zeit« Erwin, den Helden der Erzählung, mit dem Satz charakterisiert, er komme »allmählich dahin, den Sinn des Lebens nicht mehr im Einzelnen, sondern im Ganzen zu suchen und die Einheit aller Dinge zu spüren« (in: *Das Junge Wien. Österreichische Literatur- und Kunstkritik 1887-1902*, hrsg. von Gotthart Wunberg, Bd. 1, Tübingen 1976, S. 489). – Beide Aussagen beweisen freilich nicht viel mehr als daß beide Autoren sich von verschiedenen Voraussetzungen her (oder mit unterschiedlichem Interesse) demselben Problem zuwenden; nämlich dem von Einheitlichkeit und Disparatheit der Welt. Im übrigen reproduzieren diese Äußerungen nicht mehr und nicht weniger als die Nietzsche-Tradition bei Hofmannsthal und die Goethe-Tradition bei Bahr.

[57] Dabei ist zu bedenken, daß Nietzsches Décadence-Begriff im wesentlichen von Paul Bourget herzuleiten ist. Vgl. hierzu besonders die Arbeit von Elrud Kunne-Ibsch, *Die Stellung Nietzsches in der Entwicklung der modernen Literaturwissenschaft*, Tübingen 1972, wo dieser Tatbestand unter der Überschrift »Nietzsches Begriff der Décadence« (S. 193ff.) ausführlich dargestellt ist.

Eine besondere Erwähnung verdient gerade im Zusammenhang mit der zitierten Nietzschepassage der von Flaubert über Jahre hin zusammengestellte »Dictionnaire des idées reçues«. Es handelt sich um einen alphabetisch geordneten Katalog der gängigsten Schlag- und Stichworte der Zeit, der – teils ernst, teils komisch kommentiert – dem Roman »Bouvard et Pécuchet« beigegeben werden sollte. Zum Begriff ›Décadence‹ findet sich hier unter dem Stichwort »Epoche« die aufschlußreiche Bemerkung: »Auf die unsrige schimpfen und beklagen, daß sie nicht poetisch ist. Als Übergangsepoche – als Epoche der Dekadenz bezeichnen«.[58] Man sieht also, daß schon bei Flaubert ›Décadence‹ keineswegs eine lediglich literarische, geschweige literaturwissenschaftliche oder literaturgeschichtliche Kategorie ist. Und in der Tat hat zumindest ihr Gebrauch, aber auch ihre Herkunft nicht nur mit Geschichte, sondern auch mit Natur zu tun. Die Verwendung des Terminus, besser gesagt: seine Beliebtheit ist in der Tatsache begründet, daß die Naturwissenschaften, konkret: der Darwinismus auf der Tagesordnung der Zeit standen. Verfall und Abstieg sind den Zeitgenossen Darwins und des Darwinismus evidente biologische Erscheinungen. Die Deszendenztheorie untermauert zwar einerseits die Schöpfungs*teleologie* der Aufklärung mit ihrer Grundvorstellung, daß die menschliche Spezies die höchste aller biologischen Daseinsstufen darstellt, macht aber den *Verfall ex negativo* zum integrativen Bestandteil dieser Theorie, insofern er nötig ist, um die Höherentwicklung des Gesunden systematisch begründen zu können. Bei Nietzsche wird das in anderer Weise und ohne direkten Bezug auf Darwin aufgenommen. Kurz: Wer zu dieser Zeit von der Literatur oder der Kunst überhaupt sagt, sie sei dekadent, kann der Verständigung mit den Zeitgenossen sicher sein. Auch wo nicht ohne weiteres begriffen wurde, was das eigentlich zu bedeuten habe, konnte man doch so viel verstehen, daß es sich um ein Wort in aller Munde handelte und daß man so falsch nicht verstehen könne, wenn man damit auch Teilhabe an der *modernité* verstand.

War noch die naturwissenschaftliche Vermittlung dieses Begriffs relativ abstrakt, sogar abstrus, wenn man ihn mit der Darwinschen Deszendenztheorie zusammenbrachte, so war doch die medizinische Vermittlung dessen, was krank und dem Verfall preisgegeben war, offensichtlich und nahezu jedem verständlich. Die Heilbarkeit von immer mehr Krankheiten wie Tuberkulose oder Diphterie, Kindbettfieber oder Syphilis, die Entwicklung von Seren, Lokalanästhesie usw. mußte im Bewußtsein einer breiteren Öffentlichkeit Krankheiten in einem anderen Lichte erscheinen lassen als bis dahin. Sie zu haben, krank zu sein, war jetzt keineswegs mehr eine gottgewollte Angelegenheit, sondern eine heilbare, d.h. bis zu einem gewissen Grade vermeidbare. Das hieß: Krankheiten bestimmter Art waren selbstverschuldet und konnten unter bestimmten Voraussetzungen – z.B. durch eine umsichti-

---

[58] Gustave Flaubert, *Wörterbuch der Gemeinplätze. Die Albumblätter der Marquise. Katalog der schicken Ideen*, aus dem Französischen von Monika Petzenhauser/Cornelia Langendorf, mit einem Vorwort von J. Rodolfo Wilcock, Frankfurt/Main 1991, S. 50.

ge Prophylaxe – umgangen werden. Dekadenz folglich war eine Ausgrenzungsvokabel. Man konnte sich mit ihrer Verwendung eines Modernitätsprofils versichern, weil man eine moderne Vokabel benutzte, die ein modernes Assoziationsfeld eröffnete. Wer diesen Begriff ›Décadence‹ verwendete, von dem konnte man mit Recht annehmen, daß er auf der Höhe der Zeit war; denn er bediente sich eines wissenschaftlich sanktionierten Begriffs.

Das hat in Deutschland eine lange und zum Teil heikle Tradition. Goethes Wort gegenüber Eckermann, klassisch nenne er das Gesunde, romantisch das Kranke,[59] steht an ihrem Anfang. Max Nordaus viel diskutiertes Buch »Entartung«,[60] das gegen Ende des Jahrhunderts den Degenerationsbegriff unter den Gebildeten salonfähig machte, lebt in seiner ungeheuren Wirkung zu einem guten Teil davon, daß es aus den genannten, man muß schon sagen: wissenschaftsgeschichtlichen Gründen an der Tagesordnung war, so zu reden. Die nahezu synonyme Verwendung der Begriffe ›Décadence‹, ›Degeneration‹ und ›Entartung‹ spricht für sich. Literatur, die man ›dekadent‹ nannte, bezeichnete man also zunächst einmal mit einem ›modernen‹ Wort, hob sie als ›modern‹ heraus aus allem anderen, was an Etikettierungen noch möglich sein mochte. Damit kommen folglich zwei voneinander völlig verschiedene Faktoren im Gebrauch ein und desselben Begriffes ›Décadence‹ zusammen: ein höchst allgemeiner, der sich aus dem *common-sense*-Verständnis herleitet, wie es die Errungenschaften der Medizin zustandegebracht hatten, ermöglicht erst durch die Naturwissenschaften, insbesondere Chemie und Pharmazie. Sodann ein anderer, der bestimmt ist durch eine teils literarische, von Frankreich nach Deutschland importierte, teils philosophische, sich ebenfalls aus französischem Gedankengut speisende, aber in Nietzsches Denken dann weit darüber hinausreichende Bemühung.

Festzuhalten bleibt, daß auch der Décadence-Begriff sowohl eine explizit historistische als auch eine abgeleitet historistische Komponente hat: explizit in der aus den Geschichtswissenschaften stammenden Semantik des Begriffs; abgeleitet insofern, als bereits bei Gautier (und natürlich Baudelaire), später in anderer Weise bei Nietzsche die Verselbständigung der Partikeln, die Disparatheit einzelner Faktizitäten zum Kennzeichen einer dekadenten Schreibweise überhaupt werden; Stichwort hier: das Artefakt als Definition des defizienten Ganzen,[61] dort: Fachwörterbücher und *Dictionnaires*.

---

[59] Goethe zu Eckermann, 2. April 1829, in: Johann Peter Eckermann, *Gespräche mit Goethe in den letzten Jahren seines Lebens*, hrsg. Christoph Michel/Hans Grüters, Frankfurt/Main 1999 (= Klassiker-Werkausgabe, Bd. 40), S. 324.

[60] Nordau, *Entartung* (Anm. 55).

[61] An dieser Stelle müßte, wenn es nicht so weit führte, auf die mannigfachen Gegenkonzeptionen verwiesen werden, wie sie in sämtlichen monistischen oder quasi-monistischen Ansätzen realisiert sind. Sämtliche holistischen Systeme der Zeit versuchen gerade dem gegenzusteuern, was hier im Vorangehenden beschrieben worden ist, suchen gerade das Ganze, dessen Fehlen Nietzsche so beklagt, zu restituieren oder sogar neu zu begründen: Daß das Ganze überhaupt nicht mehr lebe, vielmehr nur noch »zusammengesetzt, gerechnet, künstlich, ein Artefakt« ist – genau dies beschreibt, wie man unschwer wird erkennen können, die Prosa, von der in unserem Zusammenhang immer wieder die Rede ist: diejenige Huysmans',

Die literarische Décadence läßt sich also bestimmen aus intra- und extraspezifisch literarischen Voraussetzungen. Zum einen aus einer zeitgenössisch beliebten, durch die Übernahme aus einer in den modern gewordenen Naturwissenschaften (im weitesten Sinne) begründeten Redeweise und Terminologie; zum anderen aus der literarischen Praxis historistischer Provenienz. Die von außen kommende, extraspezifische Bezeichnung von Literatur als dekadenter zielt auf einen Inhalt, den die literarischen Texte selbst nicht meinen, obwohl sie ihn repräsentieren. Sie zielt auf Inhalte, die den Dekadenten selbst nicht mehr wichtig sind. Die Bezeichnung ›Décadence‹ ist ein Mißverständnis und falsch, wenn sie materialiter gemeint auf Inhalte tendiert. Die Texte berufen zwar die genannten Inhalte, und deshalb sind entsprechende Mißverständnisse in der Sache in der Tat vorgegeben, sie zielen aber doch lediglich auf eine neue Art ihrer Handhabung.[62]

Décadence, kann man sagen, *ist für die Literatur die Summe aller objektiven Unmöglichkeiten konsistenter, inhaltslogischer Darstellung*. Der fällige Einwand, die dekadente Literatur bediene sich – wenn es schon so sei – dazu aber doch ausgesuchter, exotistischer, pervertierter, dem konventionellen Verdikt verfallener Einzelfakten und Inhalte, ist leicht zu entkräften. Denn dieser Vorgang resultiert einerseits aus dem Bedürfnis, aus der gewohnten abwechslungslosen Tradition herauszutreten, und er basiert andererseits auf der prinzipiellen Erkenntnis, daß die Fakten im Detail sämtlich gleichrangig und austauschbar sind. Daß das Leben nicht mehr im Ganzen wohnt, wie Nietzsche sagt, sondern in den Teilen, den Partikeln, den Details, den einzelnen Artefakten, das hat die Zeitgenossen als die Diagnose ihrer eigenen literarischen Zeit, ihrer eigenen Literatur beschäftigt. Seine weithin berühmteste Formulierung findet dieser Tatbestand in Hofmannsthals »Chandos«-Brief, wo dem Schreiber die Worte schon »im Munde wie modrige Pilze« zerfallen und alles in »Teile, die Teile wieder in Teile«.[63]

Es ist also nicht verwunderlich, daß schon eben diese Zeitgenossen die Literatur ihrer eigenen Zeit, der sie das Epitheton ›dekadent‹ beilegen, verkennen mußten, wenn sie sie ausschließlich inhaltlich bestimmt sahen. Das waren zwar die Maßstäbe, die ihnen überkommen waren, diese waren aber gleichwohl oder gerade deshalb obsolet. Die Literatur der Décadence wie auch ihre Malerei präsentiert sich inhaltlich nur *scheinbar* in konsistenter Weise. In Wirklichkeit sind diese Inhalte, denen sie zum Scheine gehorcht und nachgeht, längst nicht mehr an der Tagesordnung; und das nicht in ihrer so oder anders daherkommenden Qualität als dekadent, pervers oder obszön, sondern vielmehr insofern, als irgendwelcher Inhaltlichkeit Wichtig-

---

Hofmannsthals, Beer-Hofmanns oder Flauberts; – vgl. Gebhard, »*Der Zusammenhang*« (Anm. 10) sowie Fick, *Sinnenwelt* (Anm. 10).

62 An dieser Stelle hat die Technik literarischer Décadence mit Impressionismus zu tun, und es wäre zu fragen, ob es sinnvoll ist, unter diesen Voraussetzungen überhaupt noch streng zwischen Décadence und Impressionismus zu unterscheiden – ein anderes Problem.

63 Hugo von Hofmannsthal, Ein Brief, in: H.v.H., *Erzählungen, Erfundene Gespräche und Briefe, Reden*, Frankfurt/Main 1979 (vgl. Anm. 23), S. 465f.

keit und Bedeutung überhaupt nicht mehr beigemessen und zuerkannt werden können. Möglicherweise waren nicht einmal die Autoren selbst der Meinung, so zu verfahren, gehorchten vielmehr bewußtlos einer längst in ihrer radikalen Autonomie mit *ihnen* verfahrenden Literatur, Kunst überhaupt. *Was* dargestellt wird, präsentiert sich den Zeitgenossen – und in den allermeisten Fällen bis heute – eindeutig als inhaltlich relevant und ernstzunehmen, ist es aber nicht und ist es seit dem Fin de siècle nie gewesen. Die Beliebigkeit des Zugriffs auf den Gegenstand – bedingt eben durch die historistische Genese der Schreibart, die aus einer positivistischen in eine relativistische Daseinsauffassung und damit auch Daseinsbeschreibung mündet – hat die Inhaltlichkeit als Kategorie längst überholt. Es ist also gleichgültig und so gut wie ohne Bedeutung, welcher Gegenstand gewählt wird. Bestes Beispiel aus der Literatur selbst: die Freunde Bouvard und Pécuchet bei Flaubert, denen jeder Gegenstand als Gegenstand ihrer Untersuchungen gleich lieb und gleich willkommen ist; gleich heißt hier so viel wie gleichgültig.

Als Epochenbezeichnung war Dekadenz der Versuch der Zeitgenossen, die Literatur ihrer Zeit, und damit letztlich sich selbst, aus den eigenen historischen Bedingungen zu verstehen. Dazu war ihnen als Vehikel willkommen, was die moderne Nomenklatur ihnen anbot: ein Vokabular, dessen Modernität (aber auch nur diese) von vornherein außer Zweifel stand. Denn es berücksichtigte zum einen im Begriff der Dekadenz die Erkenntnisse der historischen Vorstellung vom Verfall der Kulturen und andererseits die direkt aus den Naturwissenschaften über die Medizin ins öffentliche Bewußtsein gelangte Begrifflichkeit der Morbidität. Beides war vertraut und bot sich an als Manipulationsinstrument zur Bestimmung des eigenen Standpunktes, im Falle Dekadenz *ex negatione*.

Daß die dekadente Literatur sich in ihren Inhalten nur scheinbar als relevant zu erweisen vermochte, gehört zu ihrem Scheincharakter überhaupt, der ihre Signatur ist. Sie will nicht die Sache selbst, Realität; sie will in hohem Maße Kunst sein. »Den wert der dichtung entscheidet nicht der sinn (sonst wäre sie etwa weisheit gelahrtheit), sondern die form d.h. durchaus nichts äusserliches [...]».[64] Das ist 1896 Stefan Georges Position, abgeleitet offensichtlich direkt aus der hier dargestellten Auffassung.

Wenn dem so ist, wenn die *inhaltliche* Bestimmung oder sogar Relevanz für einen Décadence-Begriff, wie er im großen und ganzen bis heute überall zugrundegelegt wird, unwichtig ist, dann ist die Frage fällig, ob es sinnvoll ist, an ihm festzuhalten; zumal er doch immer wieder Anlaß zu Mißverständnissen in der Richtung einer inhaltlichen Füllung seiner Begrifflichkeit bietet. Andererseits besteht kaum Veranlassung, diesen Lieblingsbegriff der Epoche selbst zugunsten irgendeines anderen aufzugeben, dessen Zuständigkeit aus ähnlichen Gründen genauso dubios sein müßte. Man muß sich vielmehr fra-

[64] *Blätter für die Kunst* 2/1895, S. 122. – Hofmannsthal, übrigens, zitiert diesen Satz, ohne die Quelle zu nennen (»Worte eines mir unbekannten aber wertvollen Verfassers«) in: Poesie und Leben. Aus einem Vortrag, in: Hofmannsthal, *Reden I* (Anm. 23), S. 16.

gen, ob die Schwierigkeit, gerade diese disparate Epoche mit *einem* festen und unersetzbaren Terminus zu bezeichnen, nicht in besonderer Weise gerade ihrem Divergenzcharakter entspricht. Die Beliebigkeit der Teile, in denen die Welt sich darbietet, ihre Austauschbarkeit und prinzipielle Gleich-Wertigkeit lassen möglicherweise eine eindeutige Festlegung auf einen einzigen Begriff aus eben diesen Gründen gar nicht zu.[65]

Natürlich wird niemand, der sich in der Literatur der Zeit auskennt, bestreiten, daß gerade sie wie kaum eine andere auffallend inhaltlich bestimmt scheint. Man braucht nur an die Besessenheit zu erinnern, mit der Themen wie »Liebe«, »Tod« und »Teufel« – mit Mario Praz zu reden – in der Literatur des 19. Jahrhunderts behandelt worden sind.[66] Aber gerade die ungeheuerliche Obsessivität, mit der diese Thematik immer wieder und überall traktiert ist, läßt eher darauf schließen, daß sie selbst vielleicht gar nicht gemeint ist, daß möglicherweise die Literaten eher, die von ihr nicht lassen können, in und hinter diesen Themen etwas anderes suchen, das sie selbst nicht zu bieten haben:[67] die Erfüllung des Wunsches nach Vollständigkeit des Disparaten, die sich als die Komplettheit des Gleich-Gültigen und Gleich-Wertigen präsentiert.

Noch eine Bemerkung zu der wohl eindeutigsten Gegenposition des hier Vorgetragenen: Erwin Koppen hat 1973 in seinen »Studien zur europäischen Literatur des Fin de Siècle«, wie er sein Buch »Dekadenter Wagnerismus« im Untertitel nennt, dem Wortgebrauch von ›Décadence‹ umfängliche Untersu-

---

[65] Das ist anders als bei den meisten anderen Epochen, die hier zu vergleichen wären: Klassik, Romantik, Realismus usw.

[66] Vgl. Mario Praz, *Liebe, Tod und Teufel. Die schwarze Romantik*, München 1970; – mag das Buch – auch methodisch – heute zum Teil veraltet sein: Die zahllosen Hinweise auf Einflüsse und parallele Erscheinungen sind dennoch als eine Enzyklopädie *en miniature*, verwendet man sie sinnvoll, bisher unerreicht und unübertroffen. Die ebenso unzähligen Beispiele für alle Formen von Sadismus, Satanismus, alle Arten von Perversionen, die Exempel von ›femme fatale‹, ›femme fragile‹ usw. vermitteln nach wie vor einen überzeugenden Eindruck von der Prädominanz gerade bestimmter *inhaltlicher* Vorgaben.

[67] Die zu Katalogen mit tendenziellem Vollständigkeitsanspruch angeschwollenen Darstellungen lassen den Verdacht aufkommen, daß hier etwas um seiner selbst willen – ganz gleich was – betrieben, vorgeführt, aufgezählt wird. Das ganze scheint eher ein wissenschaftsgeschichtliches Problem zu sein. Eine jahrzehntelang praktizierte Motivforschung und eine falsch verstandene Toposforschung haben den Blick verstellt, indem sie ihn einseitig auf die Materialien solcher Motive und Topoi richteten. – Nur ein Ignorant könnte die Verdienste der Stoff-, Motiv- und Einflußforschung, der Toposforschung im Stile von Curtius für überholt oder auch nur erschöpft und sinnvollerweise beendet halten. Dennoch stellt sich aus der hundertjährigen Distanz zu den Phänomenen, die hier zur Debatte stehen, die Frage, ob an dem Erscheinungsbild, in dem sie sich uns heute noch weitgehend präsentieren, nicht auch ihre Interpretationsgeschichte in verstellender Weise teilhat. Die Aufgabe zu klären, wie die Décadence zeitgenössisch ausgesehen hat und aufgefaßt wurde, ist das eine; diesen Tatbestand zu verstehen, das heißt: ihn zu interpretieren, das andere. Nach hundert Jahren, scheint mir, ist es an der Zeit zu fragen, wie alles das im historischen Kontext zu sehen ist, d.h. im Zusammenhang der Zeit, die dieser Décadence vorausging und der, die ihr folgte. Sie mit Mario Praz in direktem inneren und äußeren Zusammenhang mit der Romantik überhaupt zu sehen, scheint bei aller Affinität, die gerade Praz für das Verhältnis zwischen Romantik und Décadence nachweist, genauso problematisch wie die zeitgenössische und bis heute andauernde naserümpfende Ausgrenzung von nicht salonfähigen Phänomenen.

chungen gewidmet.[68] Ich stimme mit diesem so überaus anregenden Buch in nahezu allen Teilen von Darstellung und Analyse überein. Nur seine These, die in dem Satz gipfelt, Mallarmé sei »ebensowenig Décadent wie Huysmans Symbolist; eine *poetica del decadentismo*« sei »ein Unding«, scheint mir vor dem Hintergrund des Gesagten überdenkenswert. Die »Décadence-Literatur«, heißt es dort, »ist nichts anderes als eine literarische Reaktion, eine ästhetische Opposition gegen die bürgerliche Industriegesellschaft der letzten Jahrzehnte des 19. Jahrhunderts. Als Komplementärbegriff zu dem des Fortschritts (in seinem bürgerlich-technokratischen Verständnis) bezeichnet der Terminus eine Literatur, die Verhaltensweisen, Ideale und Leitbilder aufzeigt, die denen des zeitgenössischen Bourgeois ins Gesicht schlagen«.[69] Koppen bezieht sich auf Helmut Kreuzer, wenn er mit Recht dergleichen »Komplementärphänomene den bisherigen industriellen Gesellschaftsformen inhärent« sein läßt.[70] Von diesen Vorstellungen ist, scheint mir, nach wie vor auszugehen; auch der in diesem Zusammenhang gegebene Hinweis auf Ernst Robert Curtius,[71] daß hier in der Décadence »eine Literatur der künstlichen verkehrten Welt« entstehe, die dem »mittelalterlichen Topos dieses Namens« entspreche, bleibt richtig. – Anders steht es mit der Abwehr einer Beschäftigung mit dem Dekadenzproblem unter dem Aspekt von Sprache, Stil und Form im weitesten Sinne. Es ist zweifellos richtig, wenn Koppen alles das, was in solchem Zusammenhang eher von einer sprachlichen Untersuchung zutage zu fördern ist, dem Begriff und der Sache ›Symbolismus‹ zuschlägt. Es ist auch verständlich, daß er aus Gründen terminologischer Klarheit und Sauberkeit die Begriffe trennt, indem er der Décadence eine inhaltliche, dem Symbolismus eine sprachlich orientierte Untersuchung zuordnen möchte. Was dagegen in unserem Zusammenhang versucht werden soll, basiert einerseits auf Koppens Vorarbeiten, möchte aber andererseits doch die literarische und künstlerische Décadence gerade nicht einer inhaltlichen Interpretation überlassen; sie vielmehr aus den Praktiken des positivistischen Historismus ableiten, an denen ganz offensichtlich auch die Décadence teilhat und in dessen Herkunft sie mit dem Symbolismus übereinstimmt und zusammengeht.

Es scheint mir fraglich, ob es sinnvoll ist, die Décadence auszugrenzen und für eine inhaltliche Bestimmung zu reservieren.[72] Koppens apodiktischer Satz, Mallarmé sei ebensowenig ein Décadent wie Huysmans ein Symbolist gewesen, ist nur dann sinnvoll, wenn man für die Décadence die bekannten Inhalte, für den Symbolismus die sprachlichen und stilistischen Besonderheiten reserviert. Demgegenüber möchte ich in einer zusammenfas-

---

[68] Koppen, *Wagnerismus* (Anm. 3), S. 7-68.

[69] Koppen, *Wagnerismus* (Anm. 3), S. 66.

[70] Koppen, *Wagnerismus* (Anm. 3), S. 66; – vgl. Helmut Kreuzer, *Die Boheme. Beiträge zu ihrer Beschreibung. Analyse und Dokumentation einer Subkultur vom 19. Jahrhundert bis zur Gegenwart*, Stuttgart 1968, S. V.

[71] Koppen, *Wagnerismus* (Anm. 3), S. 67.

[72] Vgl. besonders Koppen, *Wagnerismus* (Anm. 3), S. 64.

senden Schlußbemerkung noch einmal begründen, was mir für eine Betonung der Genese aus dem Historismus auch im Hinblick auf die Décadence zu sprechen scheint und worin der Gewinn einer solchen Bestimmung für das Verständnis der Literatur des Fin de siècle, ja der Moderne überhaupt beruht.

Was hier vorgetragen wurde, hat nicht so sehr den Anspruch, Terminologien wie Décadence oder Symbolismus durch neue (oder auch nur wechselseitig) zu substituieren. Es will vielmehr das Augenmerk auf eine Gemeinsamkeit richten, die zunächst innerhalb des deutschen Sprachbereiches beobachtet werden konnte, von der sich aber bald herausstellte, daß – den Romanisten eine Selbstverständlichkeit – beispielsweise für Frankreich, von dem die hier infragestehende deutschsprachige Literatur bekanntlich weitgehend abhängig ist, ähnliche Beobachtungen zu machen sind oder sich doch wenigstens zahlreiche literarische Erscheinungen so interpretieren lassen.

6. Summa

Es ist zu konstatieren, daß die Literatur des Fin de siècle entscheidend von ihrem Verhältnis zum positivistischen Historismus bestimmt ist. Eine Abhängigkeit läßt sich zunächst eher in inhaltlicher Hinsicht feststellen. Aber selbst noch dort, wo offensichtlich die inhaltlich bestimmbare Verbindung zum Historismus abreißt, ist sie materialiter vorhanden: nämlich dort, wo die vom Historismus vorgegebenen Inhalte zugunsten neuer Themenbereiche vernachlässigt werden. Die Literatur des Fin de siècle übernimmt also zwar nicht die Inhalte, wohl aber das Verfahren des positivistischen Historismus. Die Merkmale solcher formalen Übernahme sind: Aufzählung, Vollständigkeitstendenz, historisch korrekte Benennung, Detailliertheit, Enzyklopädistik.[73]

Dadurch, daß nun in der Literatur des Fin de siècle zum ersten Mal die im positivistischen Historismus am konkreten Material konkret gewonnenen Inhalte zugunsten der aus ihrer Behandlung *abgeleiteten* Behandlungs*weise* aufgegeben werden, erschließt sich für die Literatur der Moderne *überhaupt* ein völlig neues Feld. Im Grunde läßt sich sagen, daß gerade dadurch der Literatur die Möglichkeit erwächst, sich von Inhalten *prinzipiell* zu trennen und sich auf *Form*probleme, modern gesprochen: auf sich selbst, zu konzen-

[73] Mit dem Stichwort Enzyklopädistik ist man beim 18. Jahrhundert und damit bei den Vorläufern des positivistischen Historismus. Die Praxis, in Enzyklopädien zu sammeln, was man weiß, und dabei Vollständigkeit wenigstens anzustreben, stammt einerseits aus der Aufklärung; erfreut sich aber andererseits im positivistischen 19. Jahrhundert gerade aus verwandten intellektuellen Bedürfnissen großer Beliebtheit. Die Enzyklopädien in Form der Konversationslexika kommen erst im Laufe des 19. Jahrhunderts zu voller Blüte (auch das ist unterschiedlich in den einzelnen Kulturen); – vgl. dazu Ulrich Dierse, *Enzyklopädie. Zur Geschichte eines philosophischen und wissenschaftlichen Begriffes*, Bonn 1977 (= Archiv für Begriffsgeschichte, Supplementheft 2).

trieren. Soweit das in der Sprache überhaupt möglich ist – soweit also die Nennung von Wörtern, Sätzen überhaupt vor sich gehen kann, ohne zugleich Bedeutung zu transportieren und sei sie noch so minimal und dürftig –, geschieht das hier.[74]

Wie von selbst zeitigt diese Reduktion auf die Form von vornherein auch das, was man mit einem modernen Wort und etwas salopp ›Leerlauf‹ nennen könnte. Gemeint ist die Tatsache, daß nicht nur hochartifizielle und diffizile Formen, wie das seit dem Frühexpressionismus unübersehbar und im Dadaismus schließlich endgültig manifest wird, das Ergebnis sind, sondern daß über weite Strecken Leerstellen zu verzeichnen sind, die durch nichts angefüllt sind und deshalb eher geeignet sind, Langeweile hervorzurufen als Spannung. Beispiel etwa – aus der nicht eben trivialen Literatur – Leopold von Andrians »Garten der Erkenntnis«.[75] Hier ist der Inhalt weitgehend suspendiert. ›Passieren‹ tut eigentlich nichts. Der Held des kurzen Textes geht durch eine kaum reale Welt, handelt nicht, ihm geschieht nichts, schließlich stirbt er, »ohne erkannt zu haben«.[76] Diesem Paradox vollständiger Inhaltslosigkeit entspricht die Unfähigkeit des Textes, den fehlenden Inhalt durch Formalia zu kompensieren, wie das etwa die vom Historismus abhängigen Texte tun. Sie nämlich übernehmen mit der historistisch erlernten Technik von Aufzählung, Vollständigkeit und Gleichbehandlung von Fakten usw. gerade jenes Verfahren, das sie zu inhaltsunabhängigen Texten machte. Die wiederum stellen diejenigen Texturen dar, die später in Expressionismus und Dadaismus, schließlich in der konkreten Poesie zu jener abstrakten Form der Texte erst führen.

Es ist nicht ausgeschlossen, daß aus diesem Grunde gerade zu dieser Zeit eine so große Anzahl von ›langweiligen‹, ›langatmigen‹ oder einfach ›uninteressanten‹ Texten bei ansonsten durchaus bedeutenden und hochgeschätzten Autoren zu verzeichnen ist. Derjenige Autor nämlich, der angesichts jenes totalen Relativismus auf Inhalt überhaupt verzichten möchte, aber nicht begriffen hat, daß ein solcher Inhaltsverzicht keineswegs automatisch auch einen Formverzicht darstellt, dieser Autor gerät in das Dilemma einer Substituierung von Inhalt, die nur über das Verfahren zu erreichen wäre, weil er mit dem Inhalt das Verfahren zugleich verloren glaubt. Daß dem nicht so ist, ha-

---

[74] Zu fragen wäre, ob nicht etwa für die Bildende Kunst, namentlich die Malerei, ähnliches zu konstatieren wäre. Die grandiose künstlerisch-technische Fähigkeit ›positivistisch-historistischer‹, also realistischer Darstellung bei beispielsweise Delacroix oder Courbet – nur diese zu nennen – geht über einen gängigen klassischen Realismus bereits weit hinaus. Die Inhalte der Darstellung werden formal schnell überholt (vgl. die spätrealistischen Riesengemälde im Musée d'Orsay). Das Verfahren scheint sich auch hier so zu verselbständigen, daß sich – analog zur Literatur – die Formen schon bald in den ersten Abstraktionen (etwas später besonders gut demonstrierbar am frühen Kandinsky zwischen etwa 1900 und 1912) präsentieren.

[75] Leopld von Andrian, *Der Garten der Erkenntnis*, mit einem Nachwort von Iris Paetzke, Zürich 1990, S. 58; – vgl. Ursula Renner, *Leopold von Andrians ›Garten der Erkenntnis‹. Literarisches Paradigma einer Identitätskrise in Wien um 1900*, Frankfurt/Main 1981 (= Literatur und Psychologie, Bd. 2).

[76] So der letzte Satz der Erzählung.

ben die angeführten Autoren von Huysmans bis Hofmannsthal zur Genüge dargetan. Sie nämlich waren in der Lage, die fehlende Inhaltlichkeit formal zu kompensieren, indem sie die ohnehin zur Belanglosigkeit degradierten Inhalte und zu prinzipieller Gleichwertigkeit deklassierten Einzelfakten und Partikeln als das nahmen, was sie geworden waren: depossedierte Bedeutungsträger. Sie vollzogen die in der Konsequenz dieses Relativismus liegende Austauschbarkeit der Inhalte und reduzierten so deren ursprünglich inhaltlich bedingte, zumeist grammatisch in Erscheinung tretende formale Seite auf die singuläre Erscheinungsweise ihrer selbst: d.h. auf das Verfahren. – Das bedeutet konkret, daß etwa in Hofmannsthals »D'Annunzio«-Aufsatz inhaltlich völlig heterogene Dinge nebeneinanderstehen, genauso wie in seinem »Lebenslied«. Der Leser hat also die Aufgabe, solche Texte – die zu verstehen und zu durchschauen er, wie man sieht, fast hundert Jahre nötig hatte – nicht als semantisch relevante, sondern als allein strukturell bestimmte, wenn man so will, *grammatische* zu lesen.

Eine weitere Paradoxie tritt durch folgenden Tatbestand ein. Das Relativ-Werden von Bedeutungen und Werten besagt nicht, daß sie überhaupt nichts mehr bedeuten; besagt vielmehr, daß sie etwas anderes, möglicherweise *alles* andere bedeuten können. Da nun Wörter wie Adler, Lamm oder Pfau keinem inhaltslogischen formalen Schema mehr entsprechen, d.h. da sie sinnvoll miteinander nicht verknüpft und mit dem »Salböl aus den Händen der toten alten Frau« zusammengebracht werden können, ist der Assoziation des Lesers oder Hörers jede Möglichkeit freigegeben. Auf diese Weise meint er etwas Bestimmtes zu verstehen, das aber nicht mit einem Referenzpunkt außerhalb seiner selbst zusammentrifft, sondern lediglich mit dem subjektiven Bezug, den er selbst herstellt. Es ist in der Tat zu fragen, ob Rilkes ›reiner Bezug‹ nicht letztlich dieses Verhältnis bedeutungsfreier Relation meint, die lediglich noch scheinbar eine Semantik herstellt, die kommunizierbar und damit real wäre.

Das hat Konsequenzen für das Subjekt des Lesers und damit für das des Menschen nach dem Fin de siècle überhaupt. Sie liegen in der Konstatierung seiner Einsamkeit. Angesichts des Kunstwerkes, hier des literarischen Textes, ist er eingeschränkt auf einen Bezug zu sich selbst. Er vermag sein Verstehen des Textes nicht mit anderen zu kommunizieren. Nicht weil er nicht kann oder will, sondern weil der Text objektiv solchem Telos nicht mehr gehorcht. – *Der Semantikverlust der Wörter macht diese zu bloßen Lexemen.* Er war entstanden aus jener relativistischen Draufsicht auf die Phänomene, wie sie ihrerseits aus der positivistischen, egalisierenden Behandlung der Einzelfakten entstanden war. Diese Lexeme werden zu potentiellen Bedeutungsträgern jedweder Art. Das Subjekt, das sie wahrnimmt, kann sie beliebig mit Inhalt füllen. Zugleich gehorchen die Texte nicht mehr einer von der Semantik dominierten Praxis, haben in ihrer Präsentation vielmehr die genannten formalen Elemente, solche des Verfahrens, realisiert. Folglich sind auch sie nur als neue, wenn man so will, moderne Phänomene an den Texten überhaupt wahrnehmbar.

Wichtig festzuhalten scheint insbesondere die Tatsache, daß diese Art von Modernität offensichtlich historisch erstmals hier auftritt; und das im *genus proprium* der Literatur: der Sprache.[77] *Auf dem Wege über die positivistische Aneignung von Geschichte und deren Entlassung aus ihrem Interessensystem erobert sich die Literatur ein sprachliches Verfahren, das die prinzipielle Gleichwertigkeit der Einzellexeme und damit deren Autonomie begründet.* Verständlich wird diese Literatur von Mallarmé bis Kafka, von Ezra Pound bis Celan nur vor diesem Hintergrund. Aus ihm tritt sie heraus, wenn sie zu Wort kommt.[78]

---

[77] Es hat zumindest eine Epoche europäischer Literatur gegeben – den Manierismus –, die vergleichbare (nicht dieselben!) Erscheinungen aufzuweisen hat; – vgl. Ernst Robert Curtius, *Europäische Literatur und lateinisches Mittelalter*, Bern ^{8}1973, besonders S. 277ff.; Gustav René Hocke, *Manierismus in der Literatur. Sprach-Alchemie und esoterische Kombinationskunst. Beiträge zur Vergleichenden Europäischen Literaturgeschichte*, Hamburg 1959; dazu auch: ders., *Die Welt als Labyrinth. Manier und Manie in der europäischen Kunst. Beiträge zur Ikonographie und Formgeschichte der europäischen Kunst von 1520 bis 1650 und der Gegenwart*, Hamburg 1957. – Der Manierismus mit allen seinen Spielarten bis hin zur Kombinatorik unterscheidet sich wesentlich von den hier beschriebenen Phänomenen dadurch, daß er bei aller scheinbaren Willkür der Anordnung dennoch die einzelnen Bedeutungsträger nicht willkürlich mit Bedeutungen besetzt oder unbelegt läßt, sondern ihnen vielmehr feste, wenn auch u.U. nur wenigen bekannte (vgl. den Hermetismus) Bedeutungen zuteilt.

[78] Überarbeitete Fassung eines Aufsatzes, der u.d.T »Historismus und Fin de siècle. Zum Décadence-Begriff in der Literatur der Jahrhundertwende« in den Tagungsberichten der »Societé luxembourgeoise de littérature générale et comparé« erschienen ist: *Actes du colloque international »La littérature de fin de siècle, une littérature décadente?« (Luxembourg, septembre 1990)*, Numéro spécial de la *Revue Luxembourgeoise de Littérature Générale et Comparée*, Luxembourg 1990, S. 13-47.

6. Naturalismus und Décadence als Verfahren

Daß Naturalismus und Décadence (möglicherweise auch noch weitere ›Epochen‹) ein Verfahren darstellen, ist nicht unproblematisch. Dennoch geht es genau darum: eine ganze Epoche, oder was so bezeichnet zu werden pflegt, mit dem Verfahren zusammenzubringen, das sie realisiert.

Mit dem Ausdruck ›Verfahren‹ soll die Beobachtung einer bestimmten Art von Textgenerierung begrifflich gefaßt werden, die es ermöglicht, die Frage nach Sinn und Bedeutung von literarischen Texten weitgehend zu suspendieren; anders gesagt: hermeneutische Fragen nicht stellen zu müssen, die angesichts der generellen Unverständlichkeit moderner Texte ohnedies unbeantwortet bleiben würden. Keineswegs polemisch gegen die Verdienste gerade dieses Ansatzes, was ganz unangebracht wäre; aber doch als Versuch, für solche Texte in Zeiten radikaler Desemantisierung dennoch einen Zugang zu gewinnen, der nicht auf ihr Verstehen aus ist, sondern vielmehr darauf, ihre Machart und Aufbereitung, ihr Zustandekommen (ohne freilich produktionsästhetisch argumentieren zu müssen) zu begreifen. Wo es nichts zu verstehen gibt, kann man sich selbst die Paraphrase sparen, die im besten Falle die Wiederholung des Textes sein könnte, den man schon hat. Die modernen Texte, die dergestalt ausschließlich noch auf sich selbst verweisen und denen deshalb nicht beizukommen ist, erschließen sich allenfalls einem Blick auf die Besonderheit ihrer Durchführung; die heißt Verfahren. – Ein ›anderes‹ Verfahren ist es insofern, als es sich in seiner Sorglosigkeit gegenüber Vorgaben wie Inhaltslogik, gar Argumentation, Argumentationsketten und zielgerichtetem Sprechen deutlich unterscheidet von allen Textverfahren vorangehender oder auch zeitgenössischer Texte.

Das Problemfeld nun über seine systematische Fragestellung hinaus auch historisch in der ganzen Breite zu beschreiben, die es seit etwa der Mitte des 19. Jahrhunderts einnimmt, wird kaum möglich sein. Dennoch ist die historische Begründung des in Frage stehenden Verfahrens unverzichtbar. Es geht darum, Fragen zu formulieren und deren Dringlichkeit und Stichhaltigkeit exemplarisch und repräsentativ zugleich zu begründen; d.h. hier: am literarhistorischen Material.

Das Folgende beschränkt sich daher auf diejenigen Punkte in der Entwicklung des Problems, an denen es sich historisch unwiderruflich herauszubilden beginnt. Vor- und Nachgeschichte können lediglich angedeutet werden. Das Ganze reicht – um es wenigstens ungefähr einzugrenzen und einen ungefähren Anhaltspunkt zu geben – vom Realismus des späten Stifter bis zu den Collage-Techniken der 20er Jahre und der zweiten Nachkriegszeit. Zu sprechen wäre also nicht nur von den historischen Romanen des 19. Jahrhunderts. Vielmehr auch von Stifters »Kuß von Sentze« oder dem »Frommen

Spruch«, von Friedrich Theodor Vischers »Auch Einer«; Texten, die genauso in die Vorgeschichte gehören wie bestimmte Arbeiten der 20er Jahre dieses Jahrhunderts von Karl Kraus oder Alfred Döblin bis hin zu Max Frisch und Arno Schmidt in die Nach- oder Spätgeschichte des Phänomens. Alles das noch reiht sich über jenes ›andere‹ Verfahren, das jetzt genauer zu formulieren ist, jenem ›anderen‹ Verständnis an, das mit dem Insistieren auf Semantisierung kaum zu erreichen ist.[1]

1. Naturalismus als Verfahren: Anfänge der Lexemautonomie

Versucht man, die Verknüpfung von positivistischem Historismus und literarischem Textverfahren systematisch zu fixieren, dann bietet sich dazu ein historisches Phänomen besonders an: der *literarische Naturalismus.* Das scheint zunächst verwunderlich, stellt sich aber bei näherem Hinsehen schnell als sehr plausibel heraus. An literarischen Texten des Naturalismus läßt sich die Erscheinung besonders gut beobachten und beschreiben, obwohl sie doch ihrer Genese nach viel früher anzusetzen ist: in der produktiven Nachbarschaft von Geschichtswissenschaft und historischem Roman in der ersten Hälfte des 19. Jahrhunderts.[2]

Der Naturalismus nämlich zeitigt Innovationen in zweierlei Hinsicht: einerseits, indem er den ästhetisch zulässigen literarischen Gegenstand weiter faßt, als es bis dahin der Fall war; insbesondere im Hinblick auf die zeitgenössische Sozialproblematik. Und er zeigt andererseits eine geschärfte *Vorliebe fürs Detail.* Zwar hängt das eine mit dem anderen aufs engste zusammen; denn ohne das Interesse an den sozialen Zuständen, die nach Meinung der naturalistischen Generation im Bewußtsein der Öffentlichkeit zu wenig oder gar keinen Raum einnahmen, wäre es nicht vonnöten gewesen, ein Instrumentarium genauer Detailtreue zu entwickeln. Das ist aber bekanntlich in allen großen europäischen Nationalliteraturen des 19. Jahrhunderts in der Regel so gewesen: Frankreich, England, Rußland, den skandinavischen Ländern – um nur diese zu nennen. Dennoch: Trotz aller engen Verschränktheit von quasi-ideologischem Interesse und Detailbesessenheit, trotz aller scheinbaren Prädominanz der Gesinnung über die Ziele der Literatur zeigt sich

---

1 So stellt sich – analog zu einer Vorgeschichte der Lexemisolierung – u.a. auch die Frage, wie die Entwicklung weitergeht; und zwar im Hinblick auf bestimmte Themenkomplexe. Zu untersuchen wäre, ob z.B. Antikebegeisterung, Exotismus oder Orientalismus, kurz: die angerufenen (vertrauten) Fremdbilder etwa in Flauberts »Salammbô«, in der Musik von Hector Berlioz oder in Kafkas »Chinesischer Mauer« tatsächlich thematisch gemeint sind. Ob sie nicht vielmehr bloßes Arsenal darstellen und Katalogstoff sind; also einer Isolierung der Lexeme anheimfallen, die sie für eine thematische, folglich hermeneutische Interpretation, die sie ›verstehen‹ will, ganz und gar unbrauchbar macht; sie statt dessen einer Bestimmung unterwirft, die auf einer Untersuchung des Verfahrens besteht, nicht der Bedeutung.

2 Vgl. Moritz Baßler/Christoph Brecht/Dirk Niefanger/Gotthart Wunberg, *Historismus und literarische Moderne*, mit einem Beitrag von Friedrich Dethlefs, Tübingen 1996; besonders Kapitel I.2: »Historismus und Realismus im historischen Roman«, S. 36ff.

bald eine deutliche Verselbständigung in der Darstellung des Beobachteten; eine Verselbständigung eben der detaillierten Schilderung. Das ist deutliches Stilprinzip in Melvilles »Moby Dick« (1851), ist in Ansätzen schon bei Hugo (»Les Misérables«, 1862) der Fall. Für die deutsche Literatur, die uns in diesem Zusammenhang besonders interessiert, zeigt sich das bereits im frühen historischen Roman; also bei Willibald Alexis, dann ganz deutlich bei Viktor von Scheffel, Felix Dahn oder Georg Ebers. Im bewußten Anschluß an Zola, der mit dem dezidierten Willen zum Detail zugleich den zur Totalität und zum Riesen-Opus verbindet, verselbständigt sich das in der deutschen Literatur noch im Spät-Naturalismus (Holz, oder Heinrich und Julius Hart);[3] für die französische geht die Entwicklung einigermaßen bruchlos von Zola über die Brüder Goncourt, Maupassant auf Huysmans über; so daß sich das merkwürdige Phänomen ergibt, daß bestimmte deutsche Spätnaturalisten (oder besser gesagt: Naturalisten in einer spätnaturalistischen Phase ihrer Arbeit) im Hinblick auf das *Textverfahren* annähernd zur gleichen Zeit die gleichen Erscheinungen zeigen wie die Vertreter der literarischen Décadence in Frankreich samt ihren Vorläufern wie etwa Flaubert oder eben auch Hugo.[4]

Ein gewisser Antagonismus ist dabei nicht zu verkennen; denn es geht bei allem um zweierlei zugleich: um Detailtreue und Totalität. Beide Ziele sind kaum miteinander zu vereinbaren, ja schließen sich eigentlich aus. Dennoch versucht man, sie – zum Teil sogar miteinander kombiniert – zu verwirklichen. Das tritt in gewisser Weise bereits, wenn auch nicht immer explizit, bei Zola in Erscheinung. Er sucht in den »Rougon Macquarts« seine am naturwissenschaftlichen Experiment orientierte, genaue und auf Detailtreue zielende Beschreibung mit der Vollständigkeit einer Großfamiliendarstellung als gesellschaftlicher Totalität zu verbinden. Bei Arno Holz verhält es sich (ins Formale gewendet) in gewisser Weise ähnlich: Er entwickelt aus seinem schmalen »Phantasus«-Bändchen seinen sogenannten ›Riesen-Phantasus‹ von Hunderten von Seiten, dessen Ziel genauso die Darstellung einer Totalität ist, wie das in zahllosen anderen entsprechenden Entwürfen der Zeit versucht wird.[5] Das Dilemma, vor dem die Autoren stehen, ist von vornherein in dem angelegt, was sie beabsichtigen: in der Unmöglichkeit, Vollständigkeit der Abbildung einerseits und Genauigkeit des Details andererseits gleichrangig miteinander zu verbinden.

Es ist nun interessant zu beobachten, daß zwar zunächst beides aufs engste zusammengehört: Totalitätskonzept und Detailtreue; daß sich aber auch

---

[3] Vgl. unten, Anm. 5.

[4] Für die deutschsprachige Literatur ist dabei insbesondere an Arno Holz zu erinnern, über den später noch Genaueres zu sagen sein wird, aber auch bereits an Detlev von Liliencron.

[5] Zola nicht nur oder Carl Spitteler mit dem »Olympischen Frühling« (4 Bde., 1905-1910), oder Heinrich Hart mit dem »Lied der Menschheit. Epos in vierundzwanzig Erzählungen« (3 Bde., 1888-1896), sondern in anderer Weise auch der pseudo-wissenschaftliche Versuch seines Bruders Julius Hart, eine »Geschichte der Weltliteratur und des Theaters aller Zeiten und Völker« von insgesamt mehr als 1880 Seiten zu schreiben (1894-1896).

hier beides sehr schnell verselbständigt. Im ersten Falle dokumentiert sich das Bedürfnis, der allgemeinen Zersplitterung und Auflösung ein monistisches[6] oder wenigstens holistisches Gesamtbild entgegenzuhalten. Im anderen verselbständigt sich die sprachliche Darbietung in jeder Hinsicht und bildet von nun an bestimmte Formen aus, die nicht mehr zu übersehen sind: redundante Anhäufung von Details, Ordnungs- und Strukturierungsversuche im Hinblick auf solche Redundanzen in Aufzählungen, komplexen Lexemreihungen, Katalogen oder auch (Bild-)Beschreibungen, wie in »A Rebours«[7] oder – unverhältnismäßig geradezu – in »La Cathédrale«[8] von Huysmans.

Zweifellos kann man – für die deutschsprachige Literatur – bereits in dem exzessiven Gebrauch, den Hauptmann in seinen »Webern« vom Schlesischen macht, in dem, was man ›Soziolekt‹ oder ›Psycholekt‹[9] genannt hat, jenen Detailrealismus erkennen, der als Gesamterscheinung in seiner Konsequenz zu Lexemautonomie und Isolierung der Lexeme führt. Hauptmanns Nachbildung der Realität schon in »Vor Sonnenaufgang« (1889) – denkt man an die Reden des betrunkenen Bauern Krause[10] etwa – hat zwar schlechterdings Modellcharakter für das, was man das Ideal naturalistischer Schreibweise nennen muß. Zugleich erkennt man aber eben auch, daß sich darin bereits ein ›anderes Verfahren‹ abzeichnet. Eines, das sich zwar – hier wie andernorts – noch selbst als naturalistisch versteht, das aber doch diese Bezeichnung nur in sehr begrenztem Maße auch tatsächlich uneingeschränkt verdient. Es handelt sich um eine Spielart der Textgenerierung, die vielmehr sozusagen gerade auf dem Wege ist, sich zu verselbständigen und damit eben diese Verselbständigung zur Signatur ihres eigenen Verfahrens zu machen: eines Verfahrens, das die Autonomisierung der Lexeme betreibt, nicht weil sie sich aus einem naturalistischen Mimesis-Gebot ergäbe, sondern um ihrer selbst willen.[11]

---

6 Vgl. für den vorliegenden Kontext Walter Gebhard, *»Der Zusammenhang der Dinge«. Weltgleichnis und Naturverklärung im Totalitätsbewußtsein des 19. Jahrhunderts*, Tübingen 1984 (= Hermaea, Bd. 47); Gotthart Wunberg, Österreichische Literatur und allgemeiner zeitgenössischer Monismus um die Jahrhundertwende, in: Peter Berner et al. (Hrsg.), *Wien um 1900. Aufbruch in die Moderne*, Wien 1986, S. 104-111; sowie insbesondere die breit angelegte, hervorragende Untersuchung von Monika Fick, *Sinnenwelt und Weltseele. Der psychophysische Monismus in der Literatur der Jahrhundertwende*, Tübingen 1993 (= Studien zur deutschen Literatur, Bd. 125).

7 Joris-Karl Huysmans, *A Rebours*, Paris 1978; besonders Kapitel V.

8 Vgl. allein »›Die Krönung der Jungfrau‹ des Fra Angelico im Louvre« (Joris-Karl Huysmans, *Die Kathedrale*, übers. von Hedda Eulenberg, Berlin o.J., 2 Bde. [in einem] I, 7, S. 151ff.), die Beschreibungen der Beuroner Kunst (ebd. II, 4), der Plastiken (»Aber am einfachsten gehen wir einfach den Reihen der Statuen nach, die um den Türbogen geordnet sind« [II, S. 95]).

9 Vgl. Günther Mahal, *Naturalismus*, München 1975; besonders S. 95ff. Mahal beschreibt die Besonderheit naturalistischer Sprache, indem er die beobachteten Tatbestände in die Tradition der Rhetorik einordnet und (konsequenterweise und für seine Zwecke völlig zu Recht) von Ellipse, Aposiopese, Anakoluth, Katachrese usw. spricht.

10 Gerhart Hauptmann, *Sämtliche Werke*, Centenar-Ausgabe zum hundertsten Geburtstag des Dichters am 15. November 1962, hrsg. von Hans-Egon Hass, Bd. I: *Dramen*, Frankfurt/Main/Berlin 1966, S. 39 (Beginn des zweiten Aktes).

11 Natürlich hat auch das seine ›Vorformen‹, in diesem Falle im Realismus, der seinerseits be-

Man kann auch die »Papierne Passion« von Holz und Schlaf zu solchen Vor- oder Übergangsformen rechnen; und zwar in sehr spezifischer Beziehung: im Hinblick auf die hier ganz offensichtlich gewordene Verwischung der Gattungsgrenzen.[12] Der Text liest sich in seinen Dialogpartien wie ein Drama, ohne es zu sein; die dazugehörigen minuziösen ›Regieanweisungen‹, die natürlich keine sind, wie epische Kurztexte:

> Mutter Abendroth'n hat sich wieder auf ihren Stuhl gesetzt, wieder kratzen die Kartoffeln über das Reibeisen. Draußen tappt es faul die Treppen hinunter. Eine Weile vergeht. Das kleine, blitzende Pünktchen auf dem Zinkdeckel der langen Pfeife hinten in der Schrankecke tanzt, zwischen den beiden blutroten Troddeln oben am Mundstück flinkern ein paar Goldfäden ... Eben ist unten durch den Torweg wieder ein schwerer, mit Eisen beladener Wagen in den Hof gerasselt. Ein paar Arbeiter rufen und lachen, unten im Budikerkeller muß [sic!] man unterdessen die Fenster geöffnet haben, die Ziehharmonika ist verstummt, deutlich klappern ein paar Billardbälle. Dazwischen, regelmäßig, von der Fabrik her, die Dämpfe.[13]

Solche Beseitigung scharfer Grenzen setzt die Selbständigkeit dessen gerade voraus, was da vermischt werden soll; einen gewissen Grad an Abstraktheit, Isoliertheit, wenn man so will. Es handelt sich also um ein der Lexemisolierung analoges Verfahren.

2. Das Paradigma Arno Holz

Zwar beginnt nicht erst im *literarischen Naturalismus*, was mit Isolierung der Lexeme und deren Autonomisierung gemeint ist, aber es läßt sich an ihm besonders gut exemplifizieren. Das beste Beispiel für den deutschsprachigen Bereich ist Arno Holz mit seinem »Phantasus«, der von Auflage zu Auflage zwischen 1898/99 und 1925 zunehmend jene Flut von Lexemen aufweist, die als sicherer Indikator für deren Autonomisierung anzusehen ist. Eines wird an Holz deutlich: Die naturalistische Vorliebe fürs Detail erschöpft sich nicht in ihrer sozialpolitischen Intention, wird vielmehr in der Konsequenz natu-

---

reits bekanntlich Vergnügen am Detail hatte und keineswegs nur vom Fontaneschen ›heiteren Darüberstehen‹ bestimmt war. Gerade Fontane selbst – Mahal hat daran erinnert (*Naturalismus* [Anm. 9], S. 91) – rekurriert auf ein Sonett von Herwegh (»An den Dichter«, mit den Versen: »Und wenn einmal ein *Löwe* vor Euch steht, / Sollt ihr nicht das *Insekt* auf ihm besingen«) und meint dazu: »Gut. Ich bin danach Lausedichter, zum Teil sogar aus Passion [...]« (vgl. Theodor Fontane, *Briefe in 2 Bänden*, hrsg. von Gotthard Erler, Bd. 2, Berlin/Weimar 1968, S. 121).

[12] Es ist wichtig, hier vom Verwischen der Gattungsgrenzen zu sprechen und nicht von einer Vernachlässigung der Gattungsmerkmale; denn das ist bei aller Ähnlichkeit ein anderes Thema. Szondi hat es vor Jahrzehnten gerade am Beispiel u.a. von Hauptmanns »Webern« unter dem Stichwort verleugneter Epik erörtert und spricht dort von dem »Widerspruch zwischen epischer Thematik und nicht aufgegebener dramatischer Form« (Peter Szondi, *Theorie des modernen Dramas*, Frankfurt/Main 1966, S. 62ff.).

[13] Arno Holz/Johannes Schlaf, Die papierne Passion (Olle Kopelke). Eine Berliner Studie, in: *Prosa des Naturalismus*, hrsg. von Gerhard Schulz, Stuttgart 1973, S. 99.

ralistischer Schreibweise zu einem *Textverfahren*, das mit den gesellschaftskritischen Implikationen seiner Anfänge am Ende nicht mehr viel zu tun hat. Es stellt sich folglich in seiner Erscheinungsform der Lexemisolierung und -autonomisierung als das eigentlich konsequente Moment am sogenannten ›konsequenten Naturalismus‹ heraus. Hier *beginnt* also, wie gesagt, nicht, was sich als Lexemisolierung beschreiben läßt, aber es wird hier besonders gut konstatierbar. Im Naturalismus schlägt eindeutig die Quantität in Qualität um. Die ›Inhalte‹ der naturalistischen Riesenepen werden schließlich inhaltlich gar nicht mehr ernst genommen, der Katalog-, ja Enzyklopädiecharakter[14] ihrer Auflistungen aber springt um so mehr ins Auge.

Das beginnt bei Holz schon sehr früh: in dem gemeinsam mit Johannes Schlaf verfaßten »Papa Hamlet«: ein gutes Beispiel für den sogenannten Detailrealismus, der die Bedingung jener Verselbständigung der Lexeme darstellt. In den Reden Thienwiebels, des Schauspielers, werden dessen eigene Sätze unterschiedslos mit zahllosen Hamletzitaten vermischt, die nur derjenige als diese erkennt, der Shakespeares »Hamlet«, und zwar in der Schlegel-Tieckschen Übersetzung (und noch dazu: gut) kennt. Daneben werden ganze Zitatpassagen, die Thienwiebel memoriert, auch wieder typographisch deutlich hervorgehoben und sind folglich als Zitate genau auszumachen. Das Verwirrspiel ist also vollkommen. Es ist früh darauf hingewiesen worden, »wie unzureichend es ist, diese mit Kunstwillen stilisierte Prosa unter dem landläufigen Aspekt eines lediglich reproduzierenden Naturalismus zu lesen«;[15] ohne freilich, muß man hinzufügen, daraus Konsequenzen zu ziehen. Der »Sekundenstil«,[16] in dem Holz seinen ›konsequenten Naturalismus‹ präsentiert, ist denn doch stets als Ausdruck genuin naturalistischer Schreibweise verstanden worden; nicht dagegen im größeren Zusammenhang einer sich auch hier ganz offensichtlich bereits anbahnenden Lexemautonomie.

Am Beispiel von Arno Holz und der Entwicklung, die er mit der Produktion seines »Phantasus« zwischen 1898/99 und 1925 genommen hat, läßt sich dreierlei ausgezeichnet demonstrieren. Zum einen Genese und Entwicklung der *zunehmenden Verselbständigung der Lexeme*; und zwar als eines spezifisch modernen Phänomens aus eher traditionellen, eben: naturalistischen Voraussetzungen, die selbst alles andere als modern waren.[17] Zum anderen das, worum es hier geht: *Naturalismus als Verfahren*. Drittens schließlich das

---

14 Vgl. Baßler/Brecht/Niefanger/Wunberg [Anm. 2], S. 134ff., 281ff. u. 293ff.

15 Fritz Martini, Nachwort, in: Arno Holz/Johannes Schlaf, *Papa Hamlet/Ein Tod*, Stuttgart 1968, S. 108; – vgl. auch seinen Beitrag zu »Papa Hamlet« in: F.M., *Das Wagnis der Sprache*, Stuttgart ^{5}1964, S. 99-131.

16 Der Ausdruck stammt bekanntlich von Adalbert von Hanstein, *Das Jüngste Deutschland. Zwei Jahrzehnte miterlebter Litteraturgeschichte*, Leipzig 1900, S. 157.

17 Das wiederum müßte bedeuten, daß der Naturalismus in dieser Qualität in der Tat zur Moderne zu rechnen ist. Bereits vor Jahrzehnten hat Wilhelm Emrich darauf hingewiesen, daß eine intensive Beschäftigung mit Arno Holz von »erhellender Bedeutung« sein werde »auch für die Erschließung analoger Kunsttheorien und Dichtungen des Charonkreises, des Expressionismus (Sturmkreis), Surrealismus u.a.«; zudem zeigten sich, schreibt er, »auffallende Parallelen bei Dichtern wie Hofmannsthal, James Joyce, Hermann Broch, Robert Musil

Phänomen *enzyklopädistischer Lyrik* in der Moderne als weiterer Ausweis von Lexemautonomie.[18]

So gesehen ist Arno Holz für die deutschsprachige Literatur zugleich als der Exponent der Adaptation[19] und Radikalisierung von Huysmans zu verstehen. Dafür spricht neben der Textevidenz u.a. seine offensichtliche Vertrautheit mit Huysmans. Sie geht nicht nur daraus hervor, daß Huysmans mit seinem »Là Bas!« von Holz bereits 1897 in einem Gedicht (!) im »Pan« zitiert wird, das er später in die erste Auflage des »Phantasus« aufgenommen hat.[20] Holz hatte schon einige Jahre zuvor (1895/96) erwogen, Huysmans – mit vielen anderen bedeutenden zeitgenössischen Autoren des In- und Auslandes – als Mitarbeiter einer von ihm gemeinsam mit Paul Ernst geplanten Zeitschrift »Sphinx« zu gewinnen.[21]

Schon an den ersten »Phantasus«-Gedichten ist jener Historismus abzulesen, dessen Partikelhäufung so klar in der historistisch bestimmten Umwelt der Zeit begründet ist, und die sie deshalb nur reproduziert. Die Lexemautonomie ist nicht nur dem Text inhärent; sie ist – sozialgeschichtlich beschreibbar – in der gesellschaftlichen Realität vorgegeben, aus der diese Verse kommen und in die hinein sie sprechen. Kaum irgendwo ist das besser abzulesen als an einem Vergleich zwischen den einschlägigen Gedichten von Holz einerseits und einer zeitgenössischen Interieurbeschreibung andererseits, wie sie der Kulturkritiker Max Nordau in seiner berühmten »Entartung« vornimmt. Einige wenige Ausschnitte schon können das belegen. Arno Holz:

---

u.a.« (Wilhelm Emrich, Arno Holz und die moderne Kunst, in: W.E., *Protest und Verheißung. Studien zur klassischen und modernen Dichtung*, Frankfurt/Main ³1968, S. 157). – Dem ist eigentlich nie genauer nachgegangen worden.

18 Zu den entsprechenden Phänomenen dieser dritten Spielart vgl. Baßler/Brecht/Niefanger/Wunberg (Anm. 2), S. 293ff.; zum ganzen vgl. die selbst nach mehr als fünfundzwanzig Jahren immer noch weitsichtige und brauchbarste Verlautbarung zum Thema von Hans-Georg Kemper, *Vom Expressionismus zum Dadaismus. Eine Einführung in die dadaistische Literatur*, Kronberg/Taunus 1974.

19 Nicht im Sinne der Einflußforschung, versteht sich.

20 »Ich lieg noch im Bett und habe eben Kaffee getrunken [...]« (Arno Holz, *Phantasus*, Faksimiledruck der Erstfassung, hrsg. von Gerhard Schulz, Stuttgart 1968, S. 8).

21 Die Zeitschrift ist nicht zustande gekommen. Vorgesehen war, neben Huysmans u.a. folgende Autoren als Mitarbeiter heranzuziehen: D'Annunzio, Bahr, Dehmel, Fontane, Arne Garborg, Max Halbe, Gerhart Hauptmann, Liliencron, Maeterlinck, C.F. Meyer, William Morris, Wilhelm Raabe, Strindberg, Swinburne, Leo Tolstoj, Paul Verlaine (aufgeführt bei Helmut Scheuer, *Arno Holz im literarischen Leben des ausgehenden 19. Jahrhunderts [1883-1896]. Eine biographische Studie*, München 1971, S. 171). – Diese internationale Mischung aus Autoren, die teils dem etablierten Naturalismus, teils noch dem Realismus, aber auch bereits der Dekadenz (oder jedenfalls einem dezidierten Anti-Naturalismus) zuzurechnen waren, ist außerordentlich indizierend, verabschiedet diese Auswahl doch schon zeitgenössisch jede Klassifizierung in die ›Ismen‹ der Zeit. Zwar hatten Holz und Ernst – darin typische Renegaten des Naturalismus, dem sie ja angehört hatten – eine elitäre Zeitschrift im Stil von Georges »Blättern für die Kunst« im Sinn. Aber auf das hier verhandelte Problem projiziert, könnte man diese Gründungsabsichten auch als Indiz dafür werten, daß gerade jemand wie Arno Holz den Akzent seiner künftigen Wirksamkeit auf eine Gemeinsamkeit legen wollte, die nur im ›Verfahren‹, nicht im Inhaltlichen liegen konnte. Seine eigene weitere Entwicklung jedenfalls gäbe einer solchen Überlegung Recht.

Auf einem Schreibtisch,
neben einem grünverhangenen Fenster, durch das die Sonne scheint,
zwischen zwei Büsten aus Bisquitporzellan, rechts »die Kunst«, links »die Wissenschaft«,
liegen in einem marmorirten Pappdeckel, den ich selbst geklebt habe,
meine ersten Gedichte.
[...]
Über der kleinen Schreibzeugvenus aus Cuivre poli
die drei Alabastergrazien als Briefbeschwerer,
dahinter in goldbedruckten Prachtbänden, deren Titel mich immer so anziehen,
»Die Wunder der Zeugung«, »Liebe und Ehe«, »Der Mensch und sein Geschlecht«,
und drüben – zwischen den beiden Schweizerlandschaften – nahezu lebensgroß,
die badende Oeldrucknymphe:
eine blendende Brust, ein sinkendes Tuch, ein errötendes Lächeln,
Schenkel, wie aus einem Schlächterladen!

Meine bedrängten Augen irren angstvoll weiter. [...][22]

Dem ist so mancher andere Text schon aus den ersten »Phantasus«-Drucken an die Seite zu stellen; als Beispiel:

Im Hause, wo die bunten Ampeln brennen,
hängt an derselben Wedgwoodtapete, über demselben Rokokoschirm,
zwischen Klinger und Hokusai,
Anton von Werner.

Im Hause, wo die bunten Ampeln brennen,
spielen dieselben schlanken Hände, auf demselben Ebenholzflügel,
mit demselben Charm und Chic
Frédéric François Chopin und Ludolf Waldmann. [...][23]

Das Folgende teilt Nordau in einem »Fin de siècle« überschriebenen Kapitel und unter der Überschrift »Symptome« als kritische Zustandsbeschreibung mit:

> Das Arbeitszimmer des Hausherrn ist ein gothischer Rittersaal mit Panzern, Schilden und Kreuzbannern an den Wänden oder der Kaufladen eines morgenländischen Bazars mit kurdischen Teppichen, Beduinen-Truhen, circassischen Narghilehs und indischen Lackschachteln. Neben dem Spiegel des Kamins schneiden japanische Masken wilde oder drollige Gesichter. Zwischen den Fenstern starren Trophäen von Schwertern, Dolchen, Streitkolben und alten Radschloßpistolen. [...] Es ist alles ungleichartig, alles wahllos zusammengewürfelt; die Einheitlichkeit eines bestimmten geschichtlichen Stils gilt

---

22 Holz, *Phantasus* (Anm. 20), S. 79. – Extrem wird das Phänomen der auch hier schon feststellbaren Partikelhäufung erst in den späteren Auflagen des »Phantasus«. Richard Brinkmann hat schon früh im Zusammenhang mit sogenannter ›abstrakter‹ Lyrik im Expressionismus gerade auf die späten »Phantasus«-Texte hingewiesen und mit Recht konstatiert, daß das »Übermaß des Konkreten« – auf das Übermaß eben kommt es an! – direkt »ins Abstrakte« umschlage (R.B., »Abstrakte« Lyrik im Expressionismus und die Möglichkeit symbolischer Aussage, in: Hans Steffen [Hrsg.], *Der deutsche Expressionismus. Formen und Gestalten*, Göttingen 1965, S. 95).

23 Holz, *Phantasus* (Anm. 20), S. 86; oder auch: »Musik. / Durchs Schilf glotzt der Behemot, [...]« (S. 35).

für altmodisch, für provinzial-philisterhaft; einen eigenen Stil hat die Zeit noch nicht hervorgebracht. [...][24]

Woher die Partikeln in den »Phantasus«-Gedichten stammen, ist offensichtlich, ihre gemeinsame Herkunft mit der bei Nordau beschriebenen Lebenswelt der Zeit aus dem Historismus unverkennbar; das Verfahren ihrer Nennung in beiden Fällen: Aufzählung, ›Katalog‹.[25]

3. Décadence als Verfahren

Eine spezifische Bedeutung gewinnt das Gemeinte dort, wo die Autonomisierung der Lexeme tatsächlich ein Textverfahren bestimmt: in der *Décadence*. Hier nämlich geht es in den geradezu zwanghaft aufgelisteten Fakten keineswegs mehr um diese selbst und deren Inhaltlichkeit, die sie zum Skandalon werden ließen, sondern ausschließlich um das Verfahren. Liest man die Texte der Décadence auf ihr *Verfahren* hin, nicht auf ihre Inhalte, so ist ihr Verständnis aus einer Dichotomie befreit. Eine solche Lesart suspendiert die diesen Texten oktroyierte Dichotomie von: geschmacklich akzeptabel/inakzeptabel, salonfähig/nicht salonfähig, moralisch/amoralisch. Und dazu berechtigen paradoxerweise gerade die in den Décadencetexten konstatierbaren Häufungen der dekadenten Details, weil sie es sind, die den Blick aufs Verfahren lenken; das wiederum läßt die Inhalte in den Hintergrund treten.[26]

Es scheint eben nicht so zu sein, wie es erst kürzlich wieder zu lesen war, daß »die aus Symbolismus und Jugendstil, den Gedichten von Baudelaire, Mallarmé, Verlaine, O. Wilde, Hofmannsthal, Rilke, George u.a. bekannten Accessoires der Décadence: künstliche Blumen, Perlen, Opale und Diamanten, Seiden und Brokate, Pfauenfedern, Moschusdüfte und Opiate vor allem modische Requisiten« sind, »als renommierte Zitate [...] durch die Literatur und Kunst des 20. Jahrhunderts [wandern]« und die »›objets trouvés‹ einer antiquarisch interessierten Postmoderne« darstellen.[27] Ein Blick auf die Forschungsgeschichte der letzten Jahre ist in diesem Punkt besonders dazu angetan, die Problematik verständlich zu machen. Sie läßt sich gut in einer

---

[24] Max Nordau, *Entartung*, Bd. 1, Berlin o.J., S. 19ff.; – die Interieurbeschreibungen haben bei Nordau als Beweis für die Unechtheit der Lebensauffassung dieser Zeit zu dienen (S. 18).

[25] Vgl. Baßler/Brecht/Niefanger/Wunberg (Anm. 2), S. 134ff.

[26] Das hat sich schon Anatole Baju so dargestellt, wenn er 1886 zur Bestimmung des Décadence-Begriffs schreibt, daß sich die »ersten Symptome« des abgestumpften, übersättigten modernen Menschen, als den er den Décadent verstand, vor allem in der Sprache manifestierten (Anatole Baju, Aux lecteurs!, in: *Le décadent littéraire et artistique*, 10. April 1886, S. 1; zit. nach: *Les manifestes littéraires de la belle époque, 1886-1914. Anthologie critique*, ed. par Bonnet Mitchell, Paris 1966, S. 19: »L'homme moderne est un blasé. Affinement d'appétits, de sensations, de goût, de luxe, des jouissance; névrose, hystérie, hypnotisme, morphinomanie, charlatanisme scientifique, schopenhauerisme à outrance, tels sont les prodromes de l'évolution sociale. C'est dans la langue surtout que s'en manifestent les premiers symptômes«).

[27] Cornelia Blasberg, Art. Dekadenz, in: *Historisches Wörterbuch der Rhetorik*, hrsg. von Gert Ueding, Bd. 2, Tübingen 1994, Sp. 473-481.

wenigstens skizzenhaften Auseinandersetzung mit Erwin Koppen und der in seinem Buch »Dekadenter Wagnerismus« (1973) vertretenen Décadence-Auffassung präzisieren.[28] Koppen widmet dem Wortgebrauch von ›Décadence‹ umfängliche Untersuchungen.[29] Seine Hauptthese lautet, Mallarmé sei »ebensowenig Décadent wie Huysmans Symbolist«; eine Poetik ›*del decadentismo*‹ sei »ein Unding«. Die »Décadence-Literatur«, heißt es dort,

> ist nichts anderes als eine literarische Reaktion, eine ästhetische Opposition gegen die bürgerliche Industriegesellschaft der letzten Jahrzehnte des 19. Jahrhunderts. Als Komplementärbegriff zu dem des Fortschritts (in seinem bürgerlich-technokratischen Verständnis) bezeichnet der Terminus eine Literatur, die Verhaltensweisen, Ideale und Leitbilder aufzeigt, die denen des zeitgenössischen Bourgeois ins Gesicht schlagen.[30]

Koppen bezieht sich auf Helmut Kreuzer, wenn er mit Recht dergleichen »Komplementärphänomene den bisherigen industriellen Gesellschaftsformen« zuschlägt.[31] Von diesen Voraussetzungen ist sinnvollerweise nach wie vor auszugehen; auch der Hinweis auf Ernst Robert Curtius,[32] daß hier in der Décadence »eine Literatur der künstlichen verkehrten Welt« entstehe, die dem »mittelalterlichen Topos dieses Namens« entspreche, bleibt richtig.

Anders steht es mit der Abwehr einer Beschäftigung mit dem Dekadenzproblem unter dem Aspekt von Sprache, Stil und Form im weitesten Sinne. Es ist zweifellos zutreffend, wenn Koppen alles das, was in solchem Zusammenhang eher von einer sprachlichen Untersuchung zutage zu fördern ist, dem Begriff und der Sache ›Symbolismus‹ zuschlägt. Es ist auch verständlich, daß er aus Gründen terminologischer Klarheit und Sauberkeit die Begriffe trennt, indem er der Décadence eine inhaltliche, dem Symbolismus eine sprachlich orientierte Untersuchung zuordnen möchte. Was dagegen hier versucht werden soll, basiert einerseits auf Koppens Vorarbeiten, möchte aber andererseits doch die literarische und künstlerische Décadence gerade nicht einer inhaltlichen Interpretation überlassen; sie vielmehr sozusagen zusammen mit dem Symbolismus aus den Praktiken des Historismus ableiten, an denen ganz offensichtlich auch die Décadence teilhat.

Es scheint fraglich, ob es sinnvoll ist, die Décadence auszugrenzen und für eine inhaltliche Bestimmung zu reservieren.[33] Koppens apodiktischer Satz, Mallarmé sei ebensowenig ein Décadent wie Huysmans ein Symbolist gewesen, ist nur dann sinnvoll, wenn man für die Décadence die bekannten Inhalte, für den Symbolismus die sprachlichen und stilistischen Besonderhei-

[28] Zum folgenden vgl. Beitrag 5 in diesem Band.

[29] Erwin Koppen, *Dekadenter Wagnerismus. Studien zur europäischen Literatur des Fin de Siècle*, Berlin/New York 1973, S. 7-68.

[30] Koppen, *Wagnerismus* (Anm. 29), S. 66.

[31] Koppen, *Wagnerismus* (Anm. 29), S. 66; – vgl. Helmut Kreuzer, *Die Boheme. Beiträge zu ihrer Beschreibung. Analyse und Dokumentation einer Subkultur vom 19. Jahrhundert bis zur Gegenwart*, Stuttgart 1968, S. V.

[32] Koppen, *Wagnerismus* (Anm. 29), S. 67.

[33] Vgl. besonders Koppen, *Wagnerismus* (Anm. 29), S. 64.

ten reserviert. Das ist sozusagen nicht nötig, denn beide stehen in der gemeinsamen Verfahrenstradition, die ihre Genese im historistischen Positivismus hat.

Texte, die man dem Symbolismus zuordnen könnte, wie Richard Beer-Hofmanns »Tod Georgs«, erschließen sich anders und müheloser, liest man sie unter der Vorgabe, ihr Verfahren erkunden zu wollen, nicht so sehr um ihres Inhalts willen. Man braucht nur auf die Dichte der allgemeinen Beschreibung zu achten und zugleich beispielshalber auf die Häufigkeit der direkten und indirekten Farbnennungen (Farbadjektive also, oder die Nennung von Stoffen, zu denen sich bestimmte Farben wie von selbst assoziieren: Goldschleie, Blutstropfen, Onyx usw.). Auf eine Textseite kommen schätzungsweise allein zwischen zehn und zwanzig Farbbezeichnungen.[34]

Die sich verselbständigende Detailliertheit der Beschreibung bei Beer-Hofmann geht ganz in die gleiche Richtung wie Flauberts »Salammbô« oder Huysmans' »A Rebours«, wenn es im »Tod Georgs« heißt:

> Hochwucherndes *Gras* verbarg fast die *tiefblauen Trauben* wildwachsender *Hyazinthen*, und nur *gelbe rotgeflammte Tulpen* mit zerfetzten Rändern *loderten* auf hohen Stielen aus dem *dunklen Grün*. Die *Sonne* stand tief, und lang sich streckend fielen die *Schatten* der Schreitenden über die *Wiese* den Abhang hinab. Über harzigen Scheitern und ganzen noch nicht entasteten Bäumen schichteten sie die Geschenke. Schilde mit *silbernen* Buckeln lehnten an *rotbauchigen* Mischkrügen; *kupferne* Schalen waren mit Getreide gefüllt, und *grüne* weidengeflochtene Körbe, in denen man Früchte von weit hergebracht, gossen stürzend ihren Inhalt aus. Ziegen mit überreich geschwellten Eutern, Hirschkälber mit *vergoldetem* Geweih, hatte man lebend an die Äste gebunden.[35]

Die Nähe zu Huysmans beispielsweise ist unübersehbar, erinnert man an die Auflistung der Farbnuancen des Hauses von Des Esseintes in »A Rebours«:

> Langsam sortierte er, einen nach dem anderen, die *Farbtöne*.
> *Blau* hat bei Fackelschein einen Stich ins *Grünliche*; wenn es *dunkel* ist wie *Kobald* und *Indigo*, wird es *schwarz*; wenn es *hell* ist, schlägt es ins *Grau*; wenn es echt und zart ist wie *Türkis*, verliert es seinen *Glanz* und erstarrt. Es konnte demnach nicht die Frage sein, daraus den beherrschenden *Ton* eines Zimmers zu machen, es sei denn als Hilfsmittel, verbunden mit einer anderen Farbe.
> Die *stählernen Grautöne* andererseits verdüstern und verdicken sich. *Perlgrau* verliert seine Lasur und verwandelt sich in ein *schmutziges Weiß*; *Braun* wird stumpf und kalt; *dunkle Grüntöne* wie *Kaiser-* und *Myrtengrün* verhalten sich ebenso wie kräftige *Blauschattierungen* und versetzen sich mit

---

[34] In der Reihenfolge ihrer Nennung im Text einer beliebigen Stelle: Graublau, grünlich, bläulich, goldbewegt, grünlich, steinern, gemauert, dunkel glänzend, roterblüht, grünlich, golden, goldbraun, rostrot, honigfarben, Goldschleie, rosenrot, Blutstropfen, dunkle Tiefe, steinern, weiß, blaupurpurn, schwarzgemalt, weiß, glanzlos (sic!), weiß, blutig, geschminkte Lippen, Onyx usw. (Richard Beer-Hofmann, *Gesammelte Werke*, Frankfurt/Main 1963, S. 542ff.); – genauso gut ließe sich das an Beispielen der gehäuften Nennung von Kleidungsstücken, Edelsteinarten usw. darlegen.

[35] Beer-Hofmann, *Werke* (Anm. 34), S. 546 (Hervorhebungen nicht im Original).

> *Schwarz*; es verblieben also noch die *blasseren Grüntöne* wie *Pfauengrün*, ferner *Zinnober* und *Lackfarben*, aber da filtert das Licht das *Blau* aus und bewahrt nur noch ihr *Gelb*, das seinerseits nur einen falschen Ton, einen verschwommenen Reizwert behält.[36]

Stellt man diese Abschnitte schließlich neben solche aus Flauberts »Salammbô«, dann versteht man die Genese des hier angewendeten Verfahrens und zugleich, daß es sich offensichtlich nicht um eine Einzelerscheinung, sondern vielmehr um so etwas wie ein Prinzip, eben ein Schreibverfahren handelt, das diesen Texten gemeinsam ist.

Flauberts Detailtreue, die als eine Art Vorstufe der dann immer häufiger werdenden Reihungen und Kataloge anzusehen wäre, ist für diesen historischen Zeitpunkt – 1856 – frappierend. Sie weist, wie gesagt, auf das voraus, was erst der Naturalismus programmatisch anstrebt und in Theorieversuchen voranzutreiben sucht. Aber Flaubert eben beschäftigt offensichtlich bereits ein vergleichbares Problem: Seine Faktenobsession ist Beleg genug. »Les faits manquent«, schreibt er schon zehn Jahre vor »Salammbô«.[37] Dem Roman dann mangelt es an Fakten wahrlich nicht; sie sind vielmehr in überwältigender Quantität vorhanden. Ein beliebiges Beispiel (zugleich damit auch für die durch diese Detailliertheit erreichte Eindringlichkeit der Beschreibung)[38] aus dem dritten Kapitel:

> Der Mond stieg über dem Meer herauf, und über der Stadt, die noch im Dunkel ruhte, leuchteten einige glänzende Punkte und weiße Flächen auf: die Deichsel eines Wagens in einem Hof, ein paar aufgehängte Leinwandfetzen, die Ecke einer Mauer, ein goldenes Halsband auf der Brust eines Gottes. Glaskugeln auf den Dächern der Tempel funkelten hier und dort wie große Diamanten. Aber unbestimmte Ruinen, Haufen schwarzer Erde und Gärten bildeten in der Dunkelheit noch dunklere Massen. Und unten in Malqua spannten sich Fischernetze von einem Haus zum andern, wie riesige Fledermäuse, die ihre Flügel ausbreiten. Das Ächzen der Räder, die das Wasser in die obersten Stockwerke der Paläste pumpten, war verstummt. Und in der Mitte der Terrassen ruhten friedlich die Kamele, auf dem Bauche liegend wie Strauße. Die Türhüter schliefen auf den Straßen an der Schwelle der Häuser. Die Schatten der gewaltigen Götterbilder streckten sich über die menschenleeren Plätze. In der Ferne entwich zuweilen der Rauch eines Opferfeuers, das noch brannte, durch die bronzenen Schindeln, und der schwüle Wind führte mit den Düften aromatischer Pflanzen den Geruch des Meeres und den warmen Dunst mit sich, den die von der Sonne erhitzten Mauern ausstrahlten. [...]
> Salammbô stieg auf die Terrasse ihres Palastes, gestützt von einer Sklavin, die in einem eisernen Becken glühende Kohlen trug. In der Mitte der Terrasse

---

[36] Joris-Karl Huysmans, *Gegen den Strich*, übersetzt und hrsg. von Walter Münz/Myriam Münz, Stuttgart 1992, S. 43 (Hervorhebungen nicht im Original).

[37] *Œuvres complètes de Gustave Flaubert*, Correspondance, deuxième série (1850-1854), Paris 1910, S. 82; – G.F., *Briefe*, hrsg. und übersetzt von Helmut Scheffel, Stuttgart 1964, S. 184 (17. Januar 1852).

[38] Im deutschsprachigen Bereich ist dem in dieser Durchgängigkeit außer dem »Odfeld« von Wilhelm Raabe kaum etwas an die Seite zu stellen; – vgl. dazu und zu Friedrich Theodor Vischer (s.u.), der hier auch zu nennen wäre, den Beitrag 7 in diesem Band.

> befand sich ein niedriges Lager aus Elfenbein, bedeckt mit Luchsfellen und Kissen, aus Papageienfedern, den weissagenden, göttergeweihten Vögeln und an den vier Ecken erhoben sich hohe, mit Narde, Weihrauch, Zimt und Myrrhen gefüllte Räucherpfpannen.[39]

Mag man in Flauberts Text noch die herkömmliche Beschreibungstradition erkennen; bei Huysmans haben die Partikeln sich endgültig verselbständigt. Das Menu in seinem Roman »A Rebours« gerät zur reinen Aufzählung und asyndetischen Reihung, zum Katalog (entsprechendes gilt für die Listen der Bücher, der Champagnersorten und Edelsteine).[40] Hier eine Speisenliste:

> Man hatte von schwarzumrandeten Tellern gespeist, Schildkrötensuppe, russisches Roggenbrot, reife Oliven aus der Türkei, Kaviar, Seebarbenrogen, geräucherte Frankfurter Würstchen, Wild mit Saucen in der Farbe von Lakritzensaft und Schuhwichse, Trüffelbrühen, schokoladefarbene Sahnen, Puddings, Brugnolen, Traubenmus, Brombeeren und Herzkirschen; getrunken wurden aus dunkel getönten Gläsern Weine aus der Limagne und dem Roussillon, Tenedos, Val de Peñas und Portwein; nach dem Kaffee und dem Nußbranntwein wurde Kwass, Porter und Stout genossen.[41]

4. Verfahren in der Folgezeit

Die Verschränkung von Realismus, Naturalismus, Décadence usw. im Hinblick auf das dort entwickelte und für die nachfolgende Moderne stilbildende *Verfahren* ist schwer zu entflechten. Mehr noch: Es gehört zu den Charakteristika des Phänomens, daß sie in diesem Sinne komplex sind, d.h. daß ihre historische Genese sich in Übergängen charakterisiert und daß deren Konturen nur schwer nachzuzeichnen sind. Diese Tatsache wiederum spricht für ihre gemeinsame Zugehörigkeit zu einer Moderne, die gerade nur aus der Gemeinsamkeit und Koalition ihrer Genese verständlich wird.

Das in Naturalismus und Décadence entwickelte Verfahren läßt sich auch für die Literatur der darauffolgenden Zeit beobachten. Es ist nicht schwer – um sich also der herkömmlichen Epocheneinteilung[42] zu fügen – Impressionismus[43] oder Jugendstil,[44] Expressionismus, gar Dadaismus oder Kon-

---

[39] Gustave Flaubert, *Salammbô*, übersetzt von Robert Habs, Stuttgart 1970, S. 46f.

[40] Vgl. die Kapitel III und XII von »Gegen den Strich«, in denen es besonders um Bücher geht, und Kapitel XI.

[41] Huysmans, *Gegen den Strich* (Anm. 36), S. 41f.

[42] Es geht hier natürlich nicht darum, die Relevanz der alten und in vieler Hinsicht auch bewährten (weil praktischen) Epocheneinteilungen in Frage zu stellen, gar um den Versuch, sie überflüssig zu machen. Dennoch soll, was seit dem Beginn der klassischen Moderne vor sich gegangen ist, dem Erklärungsmodell ›Verfahren‹ subsumiert werden, um das *cui bono* anzudeuten, auf das das ganze hinausläuft.

[43] Vgl. Hartmut Marhold, *Impressionismus in der deutschen Dichtung*, Frankfurt/Main u.a. 1985; *Gedichte und Prosa des Impressionismus*, hrsg. von Hartmut Marhold, Stuttgart 1991 (führt im Anhang die wichtigste neuere Literatur zum Thema auf).

[44] Vgl. *Theorie des literarischen Jugendstils*, hrsg. von Jürg Mathes, Stuttgart 1984; *Prosa des Jugendstils*, hrsg. von Jürg Mathes, Stuttgart 1982.

krete Poesie als die jeweilige Verlängerung dieser hier mit Naturalismus und Décadence begonnenen Reihe zu sehen. Dazu ein paar Beobachtungen im Hinblick auf den sogenannten Impressionismus.

Bereits die allgemeine Auffassung z.B., daß Impressionismus und Naturalismus miteinander nichts zu tun hätten,[45] bezieht sich stets auf die Inhalte und ist deshalb unter dem Aspekt der hier angestellten Überlegungen zum Verfahren zu revidieren. Natürlich bleibt richtig, daß im Bewußtsein der Zeitgenossen, deren Zugang zur Literatur ihrer eigenen Zeit im wesentlichen über ein inhaltliches Interesse zustande kam, Naturalismus und Impressionismus tatsächlich zweierlei sind. Was die Zeitgenossen aber selbst kaum wahrzunehmen imstande waren, und was sich auch in der Forschung erst allmählich, also gut hundert Jahre später, durchzusetzen beginnt, ist die sprachliche Seite der Angelegenheit. Und da bestehen nicht nur vage Gemeinsamkeiten. Unter dem Aspekt des Verfahrens, gar eines *anderen Verfahrens*, das hier zu konstatieren wäre, gehören die Texte des Naturalismus und des Impressionismus vielmehr weitgehend zusammen. Für Holz (und Schlaf), wie gesagt, gilt das besonders im Hinblick auf den »Phantasus« und die »Papierne Passion«. Diese Texte lassen sich, berücksichtigt man ihre Darbietung, kaum noch als nur naturalistische verstehen.[46]

Andererseits: Bei aller bekannten Nähe des literarischen Impressionismus zur Bildenden Kunst und seiner definitorischen Abhängigkeit von ihr:[47] Er hat doch Stilmerkmale entwickelt, die es erlauben, ihn so zu bezeichnen. Zur Frage der Analogien zwischen einem Impressionismus in der Bildenden Kunst und einem in der Literatur ist mit Recht bemerkt worden, daß die auf der literarischen Seite »als lexikalisches, grammatikalisches, syntaktisches, phonologisches und metrisch-rhythmisches Gebilde« in Erscheinung träten, »das zugleich Medium *und* Bedingung der Möglichkeit der Gestaltung«

---

45 Vgl. Hugo Sommerhalder (in seiner Zürcher Antrittsvorlesung), *Zum Begriff des literarischen Impressionismus*, Zürich 1961 (= Eidgenössische Technische Hochschule. Kultur- und Staatswissenschaftliche Schriften, Heft 113), S. 5; – das wird auch *ex negativo* deutlich durch die Tatsache, daß in einer historischen Begriffsabgrenzung nach vorne der Expressionismus stets einen entscheidenden Bezugspunkt darstellt, nach rückwärts der Naturalismus aber keine Rolle spielt, ja in der theoretischen Abgrenzung nicht einmal genannt wird; wie in der jüngsten und umfassendsten Arbeit zum Problem (Marhold, *Impressionismus* [Anm. 43]).

46 Deutlich wird das aber auch in Schlafs enger Beziehung zum Werk Walt Whitmans, dessen »Grashalme« er übersetzt hat; und zwar gerade auch im Hinblick auf die impressionistischen Implikationen seines eigenen (nicht mehr naturalistisch ambitionierten) Werkes, denkt man an »In Dingsda« (1894 in Bierbaums »Musenalmanach«) oder »Frühling« (Leipzig 1896). Seine Beschäftigung mit Whitman und dem, was sich zeitgenössisch mit diesem Autor verbindet, legitimiert diese Texte sozusagen in sprachlicher Hinsicht noch *ex post*. – Die noch heute lieferbare Übersetzung erschien 1907 in Reclams Universalbibliothek.

47 Das ist, wie jeder weiß, ein heikles Problem. Gerade die Offensichtlichkeit der mannigfachen Korrespondenzen und Entsprechungen zwischen den Bildern der Impressionisten und den (wenigen) Werken der Literatur, die dem unter der Überschrift ›impressionistisch‹ an die Seite zu stellen wären, macht skeptisch. – Für die Wiener Moderne hat Dirk Niefanger an die Bedeutung des künstlerischen Impressionismus im Zusammenhang mit der Literatur erinnert (D.N., *Produktiver Historismus. Raum und Landschaft in der Wiener Moderne*, Tübingen 1993 [= Studien zur deutschen Literatur, Bd. 128], besonders S. 157ff.).

sei.[48] Damit ist genau der Punkt benannt, wo das, was man herkömmlicherweise als Impressionismus bezeichnet, in jenes Verfahren der Lexemisolierung mündet. Dieses ›andere Verfahren‹ nimmt gewissermaßen das impressionistische in sich auf. Also auch das impressionistische Textverfahren stellt keinen selbständigen Vorgang dar, wird vielmehr nur verständlich in der Kontinuität von historistischer Faktenisolierung, naturalistischer Detailtreue usw., aus der es stammt. Unter solchen Voraussetzungen muß man geradezu sagen: Mehr oder weniger beliebige Texte wie ganze Abschnitte aus Liliencron, Max Dauthendeys »Blütenleben«[49] oder »Paradies« (beide 1893);[50] sogar Ernst Stadlers berühmte »Fahrt über die Kölner Rheinbrücke bei Nacht« – oder zahllose weitere – lesen sich anders, liest man sie auf ihr Textverfahren hin.

Marhold hat gut beschrieben, warum das Prosagedicht »Blütenleben« von Max Dauthendey, wie er sagt, »uneingeschränkt impressionistisch« ist:

> Die Bewegung der Blätter und Blüten eines Baumes und der Insekten auf dem Stamm wird bildhaft in zahlreichen Nuancen wahrgenommen. Präpositionen sind dementsprechend, als lokalisierende Partikel, häufig; Konjunktionen, die gewöhnlich gedankliche Verbindungen stiften, in logische Beziehung setzen, fehlen.[51]

Uneingeschränkt impressionistisch oder nicht: Das Problem stellt sich zwar für einen Zusammenhang nicht, dem es um die Frage nach dem Verfahren geht, auch wenn – gewissermaßen im Vorfeld – mit dergleichen Begriffen und Bezeichnungen notgedrungen hantiert werden muß. Wohl aber läßt sich konstatieren, daß genau der hier beschriebene Tatbestand auf eben das Verfahren anwendbar ist und zutrifft, an dessen Ende die Verselbständigung der Lexeme steht. – Ernst Stadlers Text »Fahrt über die Kölner Rheinbrücke bei Nacht«[52] von 1913 mag man wegen seiner Lichter und Facetten als quasiimpressionistisch oder wegen seiner inneren Bewegung und der ›großen Worte‹ eher als expressionistisch bestimmt auffassen: Jenseits solcher epochenspezifischer Zuordnungsfragen ist beiden Schreibweisen das Verfahren gemeinsam, das die Sätze parzelliert, die Worte isoliert und den so gewonnenen Partikeln zur Autonomie verhilft. Was man gemeinhin als Impressionismus zu bezeichnen pflegt, ist so etwas wie der Schaltpunkt, an dem das im Naturalismus ausgebildete Verfahren, das hier gemeint ist, endgültig in die Selbständigkeit seiner Modernität entlassen wird. Was davon dann in Expressionismus oder Dadaismus weiterwirkt, ist nicht Impressionismus oder gar

---

[48] Günter Heintz im Nachwort zu der von ihm herausgegebenen Auswahl der Gedichte von Detlev von Liliencron unter der Überschrift »Literarischer Impressionismus« (übrigens selbst in seiner Knappheit einer der interessantesten Beiträge zum Thema), Stuttgart 1981, S. 135ff.; hier S. 145.

[49] *Gedichte und Prosa des Impressionismus* (Anm. 43), S. 182; – zuerst in: Max Dauthendey, *Ultra Violett. Einsame Poesien*, Berlin 1893.

[50] *Prosa des Jugendstils* (Anm. 44), S. 7ff.; – zuerst in: Dauthendey, *Ultra Violett* (Anm. 49).

[51] *Gedichte und Prosa des Impressionismus* (Anm. 43), S. 240.

[52] In: *Die Aktion* 3/1913, Sp. 451.

Naturalismus, sondern das diesen gemeinsame Verfahren, das die Lexeme autonom sein und die Literatur nur so überleben läßt. Diesen Schaltpunkt genauer zu bestimmen, ist Detlev von Liliencron besonders geeignet.

5. Detlev von Liliencron

Innerhalb der deutschsprachigen Literatur bietet tatsächlich der heute kaum noch beachtete, seinerzeit aber überaus erfolgreiche und viel gelesene[53] Liliencron (1844-1909) wichtige Belegstellen für das Verfahren, um das es hier geht; genauer gesagt: Belege für dessen sukzessive Herausbildung am Ende des 19. Jahrhunderts. Und es lohnt sich, dem nachzugehen. Etwas verdeckt zunächst noch durch die Bezeichnung ›Impressionismus‹,[54] erweisen sich seine Texte bei genauerem Hinsehen schnell als symptomatisch im Hinblick auf die allenthalben zu beobachtende Isolierung der Lexeme und deren daraus resultierende, stets zunehmende Autonomie. In seinen schon zeitgenössisch bekanntesten Texten, den heute noch am ehesten gegenwärtigen »Kriegsnovellen«, läßt sich das feststellen. Sie sind nicht eben vergnüglich zu lesen, liest man sie auf den Inhalt hin, der für ein zeitgenössisches Lesepublikum – nach dem Deutsch-Französischen Krieg – offenbar nichts Abwegiges hatte. (Der Feind konnte für Liliencron in diesen Dichtungen übrigens wahllos Franzose von 1870/71 oder Österreicher von 1866 sein.) Aber in Passagen wie der folgenden verselbständigt sich dann doch die sprachliche Darbietung so sehr, daß man sich fragen mag, ob es bei diesen »Adjutantenritten« noch primär um die Beschreibung einer »Januarschlacht« geht, wie im Untertitel angekündigt, oder nicht doch eher um die Erprobung eines Verfahrens:

> Eine Granate zersprang zwischen uns und riß einen Hauptmann vom Stabe in Stücke [...]. Das Gefolge stand wieder auf demselben Fleck. Auf die entsetzlich verstümmelte Leiche breitete eine Stabsordonanz ein vor dem brennenden Gebäude liegendes buntes Bettlaken. Um das Bettlaken herum waren hingeworfen: eine Kaffeemühle, ein Bauer mit einem Kanarienvogel, der piepte und lustig, selbst in der schiefen Lage, sein halbverstreutes Futter

[53] Seine Bekanntheit ging so weit, daß seine Gedichte Gegenstand der Bildenden Kunst wurden; vgl. z.B. das Gemälde »Liliencrons ›Die Musik kommt‹« des Dresdener Illustrators Feodor Czabran (geb. 1867), abgebildet bei Albert Soergel, *Dichtung und Dichter der Zeit. Eine Schilderung der deutschen Literatur der letzten Jahrzehnte*, Leipzig [15]1922, S. 493; oder Hans Lindloffs (geb. 1878) Zeichnung zu der Novelle »Umzingelt« aus den Kriegsnovellen; ebenfalls bei Soergel (S. 503). – Zahlreiche Gedichte Liliencrons sind schon früh vertont worden; u.a von Eugen d'Albert, Leo Blech, Brahms, Pfitzner, Reger, Oskar Strauß, Richard Strauß (vgl. die Aufstellung in der Monographie von Heinrich Spiero, *Detlev von Liliencron. Sein Leben und seine Werke*, Berlin/Leipzig 1913, S. 510ff.).

[54] Gleichwohl ist Liliencron zu Recht in der Forschung seit jeher mit dem Phänomen Impressionismus (auch neuerdings wieder) in Verbindung gebracht worden; vgl. schon Richard Hamann, *Der Impressionismus in Leben und Kunst*, Köln 1907; Manfred Diersch, *Empiriokritizismus und Impressionismus. Über Beziehungen zwischen Philosophie, Ästhetik und Literatur um 1900 in Wien*, Berlin 1973, S. 223; jüngst die Arbeiten von Marhold (Anm. 43) und Heintz (Anm. 48).

nahm. Vor dem Hause lagen ferner Bücher, Tassen, eine Frauenmütze, zerbrochne Vasen, Bilder, Kissen, eine Zigarrentasche mit einer Stickerei, ein Kamm, eine Zuckerdose und tausenderlei sonstiger Hausgeräte und nützliche und nichtnützliche Gegenstände.[55]

Derartige Passagen stellen sich ohne Umstände in den Kontext ›Impressionismus‹, stehen neben Gedichten wie seinem »Ich war so glücklich«, das für zahlreiche andere gelten kann und die gleiche zu Aufzählung und Katalog tendierende Nennung von Einzelheiten zeigt.

[...]
Welcher Wirrwarr
Auf dem großen Bahnhofe.
An allen Schaltern Gedränge;
Viele Sprachen umtönen mich;
Rote Reisebücher stechen aus allen Händen.
In den Hallen und Sälen und Fluren
Wartende,
Sich Treffende,
Schwatzende,
Sich Durcheinanderschlingende,
Schupsende,
Entwirrende.
Und im Mittelbau
Wart auch ich,
Umbrandet
Von Menschenwogen.
[...][56]

Weit extremer noch, übrigens, in Heinz Tovotes Prosaskizze »Fallende Tropfen« (1890). Dort wird die impressionistische Auflösung der Wahrnehmung – ablesbar an der Typographie – scheinbar bis an die Grenzen der Abstraktion getrieben, wenn der Erzähler, der in einer Regennacht nicht schlafen kann und statt dessen verständlicherweise die an sein Fenster schlagenden Tropfen zählt, zum Medium zwar abstrakter, aber doch zugleich mimetischer Beschreibung wird:

Tipp ... 1 ... 2 ... 3 ... 4 ... 5 ... tipp ... 1 ... 2 ... 3 ... 4 ... 5 ... 6 ... 7 ... tipp ... 1 ... 2 ... 3 ... 4 ... 5 ... tipp ... 1 ... 2 ... 3 ... 4 ... 5 ... 6 ... 7 ... 8 ... 9... tipp ...[57]

---

[55] Detlev von Liliencron, Adjutantenritte. Aus einer Januarschlacht, III: In der Mittagsstunde, in: D.v.L., *Gesammelte Werke*, Bd. 7: *Novellen*, hrsg. von Richard Dehmel, Berlin ^{8}1912, S. 15; in ähnlicher Fassung bereits in der Sammlung »Adjutantenritte und andere Gedichte« von 1884.

[56] Detlev von Liliencron, Ich war so glücklich, I: Ausflug, in: D.v.L., *Gesammelte Werke*, Bd. 2: Gedichte, Berlin ^{10}1921, S. 340 (auch in: *Gedichte und Prosa des Impressionismus* [Anm. 43], S. 92).

[57] Heinz Tovote, Fallende Tropfen. Ein Stimmungsbild, in: *Gedichte und Prosa des Impressionismus* (Anm. 43), S. 139f.; – daß der Text mit dem Untertitel »Ein Stimmungsbild« (!) in der »Freien Bühne für modernes Leben« (1/1890, S. 1198-1201) erschienen ist, besagt zweierlei: zum einen seine dezidierte Zugehörigkeit zu dem, was man (»Stimmungsbild«) Impressionismus zu nennen gewohnt ist; zum anderen, daß die Zeitschrift eines so profilierten Parteigängers der Naturalisten wie Otto Brahm in der Aufnahme eines solchen Textes keinen

Ein anderer, hier einschlägiger Text Liliencrons ist die heute völlig vergessene Erzählung »Der Mäcen« (zuerst 1889).[58] Es handelt sich um einen der unter diesem Aspekt ergiebigsten Texte Liliencrons, ja der Zeit überhaupt. Mit Recht hat sein Biograph Heinrich Spiero den Vergleich mit Friedrich Theodor Vischers »Auch Einer« (1879) gezogen.[59]

Von besonderer Bedeutung ist, was in diesem Roman als »Notizbuch« (so die Überschrift) des verstorbenen Gutsherrn Graf Wulff Gadendorp ausgegeben wird. Von dem wird in der Rahmenerzählung berichtet, daß er dem Erzähler diese Aufzeichnungen vermacht habe. Sie sind als Hauptteil (gut 120 Seiten) innerhalb der hier nicht weiter wichtigen (übrigens nicht zu Ende geführten) Rahmenerzählung abgedruckt. Es ist eine Collage aus Merksprüchen, einzelnen Gedichtstrophen von Autoren der zurückliegenden hundert Jahre, Reminiszenzen und Überlegungen. Poetologische Reflexionen stehen neben ganzen kapitelartigen Abschnitten, die unter dem Überschriftentypus »Gottfried Keller-Tag« darüber hinaus der Wiedergabe von Gedichten Conrad Ferdinand Meyers, Platens, Lenaus oder Uhlands gewidmet sind; unterbrochen durch Reflexionen über den unreinen Reim bei Heine und anderen oder die Schilderung kleinerer Erlebnisse des verstorbenen Verfassers.[60]

Die Heterogenität der Anordnung ist so weit getrieben, die ersten sieben Verse des Buches »Esther«[61] aus dem Alten Testament kommentarlos abzudrucken, begleitet lediglich von einem einzigen Nachsatz des Tagebuchschreibers, der auf die »Farbenpracht ohnegleichen« dieses Textes verweist; die wiederum kommt zustande durch die kataloghafte Auflistung der einzel-

---

Widerspruch zu ihrem eigenen Programm zu entdecken vermochte. Das spricht auch von der Seite der Autoren und Herausgeber her für die innere Kontinuität, ohne die jene sukzessive Herausbildung der oben verhandelten Verselbständigung der Lexeme nicht plausibel wird. – Die Geräusche aufschlagender Regentropfen waren offensichtlich nicht nur wie hier ein beliebtes Demonstrationsobjekt für impressionistische Technik oder das, was man *ex post* so genannt hat, sondern schon bei den Naturalisten für den sogenannten ›Sekundenstil‹ (vgl. z.B. Holz/Schlaf, *Papa Hamlet* [Anm. 15], S. 62). Das verweist auf die enge Zusammengehörigkeit der Phänomene. Der Unterschied liegt, wie gesagt, in der stärkeren Abstraktheit derjenigen Texte, die man eher als impressionistische anzusprechen sich gewöhnt hat.

[58] Detlev von Liliencron, Der Mäcen, in: D.v.L., *Gesammelte Werke*, Bd. 5: *Romane*, Berlin [5]1918; – in den einzelnen Ausgaben bald als Roman (s.o.), bald als Erzählung bezeichnet; zuerst als Titelgeschichte in: D.v.L., *Der Mäzen. Erzählungen*, 2 Bde., Leipzig 1889.

[59] Spiero, *Liliencron* (Anm. 53), S. 272. Vischers Buch ist übrigens ein Text, bei dem die Gattungsbezeichnung bekanntlich durch den Untertitel »Eine Reisebekanntschaft« präzisiert ist, die Zuordnung zu einem Genus also ausdrücklich vermieden wird. Zur Bedeutung gerade dieses Textes für unseren Zusammenhang vgl. den Beitrag 7 in diesem Band. In ähnliche Richtung weist die Tatsache, daß die Genusbezeichnungen der einzelnen Liliencron-Ausgaben im Hinblick auf den »Mäcen« – ob »Roman« oder »Erzählung« – nicht einheitlich sind.

[60] Liliencron, Der Mäcen (Anm. 58), S. 193ff. u. 276f.

[61] Die Wiedergabe stellt einen leicht zusammengezogenen, im wesentlichen an Luthers Übersetzung orientierten Text dar. – Die Vorliebe des Autors für das Buch »Esther« geht auch aus einer entsprechenden Passage – überschrieben mit »An der Table d'hôte. Stücke in Esther«, Kap. 4., Vers 3-14, in den »Adjutantenritten« von 1884 hervor; – vgl. die Ausgabe D.v.L., *Adjutantenritte und andere Gedichte*, Neudruck der Urausgabe von 1884 mit einer Einführung von Heinrich Spiero, Berlin/Leipzig 1924, S. 65f.

nen Farben des alttestamentlichen Textes,[62] was seinerseits einem mit »Farben« überschriebenen Abschnitt des Notizbuches korrespondiert:

> *Hellblaue* Husaren reiten, zu Zweien hintereinander, aus dem Ausgang eines *dunklen* Buchenwaldes in den *hellsten* Sommersonnenschein; immer mehr, immer mehr – immer reiten zwei heraus, und immer mehr, und immer nur zwei zugleich. Die hinter ihnen ziehen, die noch kommen sollen, sind nicht zu sehen.
> Neulich, als ich jagte, suchte mein kurzhaariger, *goldbrauner* Hühnerhund in einem blühenden Lupinenfelde. Der Hund verschwand; nur sein Kopf war, fortwährend witternd (Luft ziehend), über dem Felde sichtbar. Dieses *dunkle Goldbraun* in den *eiergelben* Lupinen.
> Auf dieser Jagd auch fiel mir ins Auge: Auf einem niedergelegten Knick stand ein Ebereschenbäumchen, mit *knallroten* Beeren übersät. Diese stachen ab von der *lila* Haide, die den Wall übersponnen hatte. *Rote* Beeren und *lila* Haide wieder von den Stoppeln, auf denen *gebräunte* Garben sich aneinander lehnten.
> In diesem Frühjahr sah ich und behielt im Kopf: Eine *dunkle Tannenwand*; zwei nebeneinanderstehende *Silberpappeln* in der Höhe der Fichten, vor diesen. Und vor den beiden *Silberpappeln*, vor deren Mitte, ein Buchenbäumchen mit den ersten *hellgrünen* Blättchen. Reizend. [...][63]

Das indizierende Beispiel aber zum Thema ›Katalog‹ ist eine Auflistung von insgesamt 73 Autoren bzw. Titeln, die der Notizbuchschreiber auf Bitten eines Freundes zusammenstellt, dem er »die besten Bücher aller Zeiten und Literaturen nennen« soll.[64] Was darauf folgt, ist eine Zusammenstellung von Schriftstellern aus Frankreich, England, Italien, Spanien, Dänemark, Skandinavien (sic!), Rußland. Jeder Rubrik sind bis zu zehn Titel zugeordnet. Allem voran geht eine Liste mit über 30 deutschsprachigen Autoren, zu denen großzügig die Bibel, Homer und bestimmte römische Autoren genauso gezählt werden wie (z.T. mit kommentierenden Zusätzen) Goethe,[65] Jean Paul und Kleist,[66] Bismarcks Briefe, Theodor Storm und die Droste.[67] Das erinnert nicht nur deutlich an Huysmans und seine Aufzählungen; es folgt dem

---

[62] Liliencron, Der Mäcen (Anm. 58), S. 221; – mag der Hinweis auf die »Farbenpracht« dieses alten Textes auch mehr oder weniger figürlich gemeint sein; er bezieht sich wohl faktisch im wesentlichen auf die wiedergegebenen Verse 6 und 7 des Buches »Esther«; die aber stellen, was die Farbnennungen angeht, einen Katalog dar: »Da hingen *weiße, rote* und *gelbe* [Luther: blaue!] Tücher, mit leinenen und *scharlachenen* Seilen gefasset, in *silbernen* Ringen auf Marmorsäulen. Die Bänke waren *golden* und *silbern*, auf Pflaster von *grünen, weißen, gelben* und *schwarzen* Marmeln gemacht [Luther: von grünem, weißem, gelbem und schwarzem Marmor]. Und das Getränke trug man in *goldenen* Gefäßen, und immer anderen und anderen Gefäßen und königlichen Wein die Menge, wie denn der König vermochte« (S. 221 [Hervorhebungen nicht im Original]).

[63] Liliencron, Der Mäcen (Anm. 58), S. 242f. (Hervorhebungen nicht im Original).

[64] Liliencron, Der Mäcen (Anm. 58), S. 288ff.: »Aber sie dürfte nicht vollzählig sein: es wird dies oder jenes Buch zu leicht vergessen [...]«.

[65] Liliencron, Der Mäcen (Anm. 58), S. 288: »alles, mit Ausnahme von ›Hermann und Dorothea‹ [...]«.

[66] Liliencron, Der Mäcen (Anm. 58), S. 288: »jedes Komma, jedes Titelchen, mein Lieblingsdichter«.

[67] Liliencron, Der Mäcen (Anm. 58), S. 289: »beide mit hunderttausend Ausrufungszeichen«.

gleichen Schema auch in anderer Hinsicht; so wenn hier ebenfalls die Kataloge neben theoretischen Erörterungen zu finden sind.[68]

Die Erzählung schließt mit der Bemerkung des Notizenschreibers, daß er in letzter Zeit »aus neuerschienenen Büchern und Zeitschriften« eine Reihe von Gedichten abgeschrieben habe.[69] Dem folgen lediglich noch die angekündigten Beispiele (Heinrich von Reder, Ferdinand Avenarius, Prinz Emil zu Schönaich-Carolath, Peter Hille, Prinz Reuß, Franz Sandvoss, Reinhold Fuchs, Ernst Ziel, Otto Ernst). Mit einer Strophe von Conrad Ferdinand Meyer endet der Roman.

Das alles ließe sich nun allerdings mühelos der literarischen Abteilung Tagebuch zuordnen.[70] Damit wären Beliebigkeit der Anordnung und Heterogenität der Texte und Textsorten gleichermaßen erklärt. Man könnte an Beispiele erinnern: erhabene (Ottiliens Tagebuch in den »Wahlverwandtschaften«) und weniger erhabene (die Tagebuchaufzeichnungen in Gutzkows »Wally die Zweiflerin«). Allerdings würde damit die auffallende Kataloghaftigkeit des Textes nicht erklärt sein, die nicht notorisch zur Tradition der Gattung Tagebuch gehört. Auf unser Problem bezogen heißt das, daß die Lexemisolierung als Folge eines Historismus bestimmter Provenienz hier bereits möglich ist. Die Beurteilung eines solchen Textes kann sich dieser Beobachtung nicht verschließen.

Die Heterogenität der hier genannten, untereinander nicht anders denn als Aufzählung verbundenen Phänomene muß ihnen wie aus sich heraus den Charakter von Verselbständigung und Isolierung verleihen. Man wird beim besten Willen nicht behaupten können, daß es sich bei diesen Texten um ›impressionistische‹ in irgendeinem strikteren Sinne des Begriffs handelt. Um so nachdenklicher stimmt gerade die Tatsache, daß sie von einem Autor stammen, der mit Recht immer wieder dem Impressionismus zugerechnet worden ist. Das Fazit kann eigentlich nur heißen, daß die oben konstatierte Isoliertheit der Textteile mit dem Impressionismus sehr wohl zu tun hat. Und die sich daran anschließende These lautet, daß die Verselbständigung der Lexeme, die in den vorangehenden Darlegungen für den Naturalismus genauso festgestellt werden konnte wie für die Décadence (und sich für noch weitere ›Epochen‹ zeigen ließe), das *übergeordnete Verfahren* ist. Es ist gerade nicht an bestimmte Ausprägungen bestimmter sogenannter literarischer Epochen gebunden, sondern bestimmt sie alle gleichermaßen und generell.

---

[68] Vgl. besonders Huysmans, *Gegen den Strich* (Anm. 36), Kapitel III und XII; – auch bei Huysmans stehen Kataloge neben theoretischen Erörterungen (z.B. über Baudelaire, Mallarmé und das Prosagedicht am Ende von Kapitel XIV).

[69] Liliencron, Der Mäcen (Anm. 58), S. 301ff.

[70] Zur Differenzierung dieses Komplexes vgl. besonders Rüdiger Görner, *Das Tagebuch. Eine Einführung*, München/Zürich 1986, der in einem eigenen Kapitel das »Tagebuch als Collage« (zu Gerhart Hauptmann, Frisch, Brecht und Grass) abhandelt; vgl. auch Gustav René Hocke, *Europäische Tagebücher aus vier Jahrhunderten. Motive und Anthologie*, Wiesbaden/München 1986 (zuerst u.d.T. »Das europäische Tagebuch«, Stuttgart 1963); Peter Boerner, *Tagebuch*, Stuttgart 1969 (= Sammlung Metzler, Bd. 85).

Richard von Schaukals »Intérieurs aus dem Leben der Zwanzigjährigen« (1901)[71] sind ein weiteres Beispiel für die Heterogenität von Texten in der Zwischenmoderne. Diese – in lockerer Folge, kaum irgendwie angeordnet – Beobachtungen, Skizzen, Überlegungen und Impressionen (die an Altenberg erinnern), kleinen Erzählungen oder Tagebucheintragungen mit zahllosen Lektürenotizen praktizieren dasselbe Verfahren, das die Verselbständigung der Einzeltexte betreibt. Schaukal selbst nennt das Arno Holz (!) gewidmete Buch im Nachwort ein »Ragout«.[72] Es ist lediglich dasjenige Buch Schaukals, das am deutlichsten, keineswegs als einziges[73] diese Symptome zeigt.

So mancher andere Autor wäre noch zu nennen: Wilhelm Bölsche mit dem Roman »Die Mittagsgöttin«;[74] oder Cäsar Flaischlen, den heute niemand mehr ernst nehmen wird. Allein dessen umständliche Titel wie die folgenden sind allerdings schon Indikatoren genug: »Von Alltag und Sonne. Gedichte in Prosa. Rondos. Lieder und Tagebuchblätter. Mönchguter Skizzenbuch. Lebensidylle. Morgenwanderung«[75] oder: »Jost Seyfried. Ein Roman in Brief- und Tagebuchblättern. Aus dem Leben eines Jeden. Sprüche eines Steinklopfers. Sturmbruch. Lieder eines Schwertschmieds. Herzblut. Tor auf!«[76] Die Verselbständigung ganzer Texte korrespondiert hier derjenigen der Lexeme.

6. Peter Altenberg

Zur weiteren Verdeutlichung des engen Verhältnisses zwischen dem, was man in erster Linie mit literarischem Impressionismus verbindet, und dem hier verhandelten Verfahren der Lexemisolierung ferner ein Hinweis auf den Wiener Peter Altenberg (1859-1919). Denn er ist es, der im allgemeinen stärker noch als Liliencron (von Bölsche oder Flaischlen nicht zu reden) von jeher mit dem Impressionismus in Verbindung gebracht wird. Man braucht nur auf die schon zeitgenössisch und seither immer wieder apostrophierte Lese-Differenz bei der Betonung seines berühmtesten Titels – »Wie ich es

---

[71] Richard von Schaukal, *Intérieurs aus dem Leben der Zwanzigjährigen*, Leipzig 1901; – auch in: R.v.S., *Um die Jahrhundertwende*, hrsg. von Lotte von Schaukal/Joachim Schondorff, München/Wien o.J., S. 31-174.

[72] Schaukal, *Jahrhundertwende* (Anm. 71), S. 172; – das Nachwort versucht, den Gesamttext sozusagen zu retten, indem es die Entscheidungsfrage anbietet (und zugleich verwirft), ob es sich bei diesem Ragout um ein »Kunstwerk« oder nicht doch um »›Unterhaltungslektüre‹« handle.

[73] Vgl. z.B. »Das Buch Immergrün«, 1916; »Großmutter«, 1906; oder auch besonders »Leben und Meinungen des Andreas von Balthesser, eines Dandy und Dilettanten« (mit dem Kapitel: »Einiges aus Andreas von Balthessers leider nicht gesammelten Sinnsprüchen und Glossen; aus dem Nachlaß vermehrt«), 1907, erw. 1911; – gut zehn Jahre später, 1913, erscheint Schaukals »Zettelkasten eines Zeitgenossen. Aus Hans Bürgers Papieren«; ein Buch, das nur noch vom Titel her für diesen Zusammenhang interessant ist.

[74] Erschienen 1891.

[75] Erschienen 1898.

[76] Erschienen 1905.

sehe« – von 1896 zu erinnern. Dazu hat sehr früh schon Egon Friedell – einer von Altenbergs engsten Freunden – bemerkt, daß der Akzent nach dem Willen des Autors nicht auf ›ich‹ zu liegen hätte, sondern auf ›sehe‹, und damit die dort gesammelten Texte in den Zusammenhang eines aus der impressionistischen Malerei abgeleiteten Verständnisses zurückgestellt, in das sie gehören. Friedell war es auch, der am Beispiel Altenberg eine für unseren Zusammenhang höchst aufschlußreiche Feststellung getroffen hat. Er leitet Altenbergs ›Impressionismus‹ aus dem genauen Hinsehen ab, versteht ihn explizit nicht nur als die sprachliche Umsetzung der »Netzhautbilder«, sondern als die »objektive[r], allgemeine[r] Dinge«, die »so wirklich wie irgendeine andere physiologische Erscheinung« seien.[77] Friedell konstatiert damit implizit die Herkunft von Altenbergs Impressionismus aus dem Naturalismus, ganz wie das oben am Beispiel von Arno Holz geschehen ist. In dem Versuch, dem schwierigen Phänomen der Altenberg-Texte näher zu kommen, entwickelt er ein Bildensemble, das zugleich Altenbergs Verfahren und die Unzugänglichkeit und Unverständlichkeit der daraus hervorgehenden Texte berücksichtigt. Altenberg habe sich »gar keiner künstlerischen Mittel« bedient. Er habe vielmehr »gewissermaßen rein mechanisch« gearbeitet, »wie ein Morsetaster«; das Ergebnis sei Schwerverständlichkeit, ja Unverständlichkeit.[78]

In diesem Zusammenhang wäre besonders auf die folgenden Texte Altenbergs hinzuweisen: »Speisehaus Pròdrŏmŏs«, »Ein unerfülltes Ideal« (1906),[79] »Leichtest-verdauliche Nahrung [...]« (1906),[80] »Zimmereinrichtung« (1918)[81] und schließlich: »Meine Ideale« (1916).[82] Bezeichnend ist, daß die Formulierung »Ein unerfülltes Ideal« von 1906 in dem Text von 1916 als »Meine Ideale« – also: als erfüllte – zur Charakterisierung eines Katalogtextes wiederkehrt, also tatsächlich wie das Endergebnis einer langen Bemühung um die Formalisierung einer ›Textsorte‹ erscheint.[83] Kennzeichnend auch für

[77] *Das Altenbergbuch*, hrsg. von Egon Friedell, Leipzig u.a. 1921, S. 14f.; – vgl. auch E.F., *Kulturgeschichte der Neuzeit. Die Krisis der europäischen Seele von der schwarzen Pest bis zum Ersten Weltkrieg*, Bd. 3: *Romantik und Liberalismus, Imperialismus und Impressionismus*, München 1954, S. 399.

[78] »Er arbeitete gewissermaßen rein mechanisch, gleich dem Schreibhebel eines telegraphischen Apparats, der einfach in Zeichen überträgt, was ein geheimnisvoller elektrischer Strom ihm zusendet. Dadurch kam freilich manches Sonderbare und Schwerverständliche [sic!] in seine Dichtungen. Wie ein Morsetaster: Punkt – Strich – Strich – Punkt, abgerissen, chiffriert, stenographisch, zerhackt: so schrieb er. Er folgte minutiös den Bewegungen des Lebens und machte auch alle ihre überraschenden Schwankungen und unlogischen Wendungen mit. Man konnte das alles nicht verstehen [sic!]» (*Das Altenbergbuch* [Anm. 77], S. 15f.).

[79] Peter Altenberg, *Pròdrŏmŏs*, Berlin 1906; zit nach Werner J. Schweiger (Hrsg.), *Das große Peter Altenberg Buch*, Wien/Hamburg 1977, S. 287f.

[80] Altenberg, *Pròdrŏmŏs* (Anm. 79), S. 289.

[81] Peter Altenberg, *Vita ipsa*, Berlin 1918; zit. nach Schweiger, *Altenberg* (Anm. 79), S. 116f.

[82] Peter Altenberg, *Nachfechsung*, Berlin 1916; zit. nach Schweiger, *Altenberg* (Anm. 79), S. 84f.

[83] Vgl. z.B. »Speisehaus Pròdrŏmŏs«: »[...] In dem Speisesaale selbst, an der Wand ein herrlicher, einfacher, weißer Eiskasten, in dem man durch Kristallwände alles sieht. Ferner ein ebenso großer schöner Stahlkasten, mit vorne kristallenen Wänden, der von unten erwärmt,

unseren Zusammenhang, daß es sich im ersten und zweiten Beispiel um Speisenkataloge handelt, wie man sie bei Huysmans beobachten kann:

> Leichtest-verdauliche Nahrung für moderne Kultur-Menschen: Ausschließlich *weißes* Fleisch: Poularde, Chapon de Styrie, ganz frische Fluß- und Seefische (vor allem Zander, Fogosch, Sole, Branzin, Schellfisch), junge Rebhuhn-Brüste, Hirn, Bries; dann ganz weichgekochter Karolinen-Reis; Spinat; ganz weiche Eidotter; Fleisch-Suppe; Extractum Puro; Beef tea jellie; Sardines Nantes, geschält natürlich; Erdapfel-Pürée; Gervais-Käse, mit Salz; grünes Erbsen-Pürée [...].[84]

Daß die Texte Altenbergs häufig, liest man sie auf ihren Inhalt hin, deutlich in den Diskurs von Reformkost und Gesundheitsreform gehören, nimmt ihnen nichts von ihrem Belegcharakter für das Textverfahren, dem sie gehorchen. Eine genauere Beschäftigung mit der Literatur (wenigstens der deutschsprachigen) der Folgezeit würde zeigen, daß für sie die Dinge prinzipiell nicht anders liegen. Ein paar kurze Bemerkungen mögen genügen.

7. Robert Walser

Dazu gehört insbesondere zuvor noch der Hinweis auf einen Autor, der hier weniger als mancher andere fehlen darf: Robert Walser. Von den zahllosen Texten, die hier zu berücksichtigen wären, sind die folgenden vielleicht am besten dazu geeignet zu zeigen, wie es nach dem Impressionismus weitergeht, zugleich neben allen ›Ismen‹ wie Expressionismus, Dadaismus oder

---

unsichtbar die lauen und warmen, bereits fertigen Speisen enthält. Ferner ein dritter Kristallkasten für die untemperierten Speisen, wie harte Eier, Salzkeks, Birnen (Alexander-Butterbirne, Isenbart, die gute Luise), Camembert, Gervais, Mondseer, Roquefort, Primsen, Gorgonzola (?) [...]« (Schweiger, *Altenberg* [Anm. 79], S. 287). Demgegenüber wirkt der Text »Meine Ideale« von 1916 in der Tat wie eine mit den Mitteln sprachlicher Aussparung und Straffung erreichte Formalisierung:
»Die Adagios in den Violinsonaten Beethovens.
Die Stimme und das Lachen der Klara und der Franzi Panhans.
Gesprenkelte Tulpen.
Franz Schubert.
Solo-Spargel, Spinat, Kipfelerdäpfel, Karolinen-Reis, Salz-Keks.
Knut Hamsun.
Die Intelligenz, die Seele der Paula Sch.
Die blaube Schreibfeder ›Kuhn 201‹.
Das Gewürz: Cat-sup.
Mein Zimmerchen Nr. 33: Wien I, Dorotheergasse, Grabenhotel.
Das Äußere der A.M.
Der Gmundener See, Wolfgang-See.
Das Vöslauer Vollbad.
Die Schneeberg-Bahn.
Mondseer Schachtelkäse, topfig-jung.
Sole, Zander, junger Hecht, Reinanken.
Geld.
Hansy Klausecker, dreizehn Jahre alt.«
(Schweiger, *Altenberg* [Anm. 79], S. 84f.).

[84] Schweiger, *Altenberg* (Anm. 79), S. 289.

Futurismus her. Zu nennen wären etwa: »Asche, Nadel, Bleistift und Zündhölzchen« von 1915,[85] oder »Reisekorb, Taschenuhr, Wasser und Kieselstein«, 1916.[86] – Einen ähnlich überschriebenen Text Walsers gibt es schon aus den Jahren zuvor: »Lampe, Papier und Handschuhe«.[87] In denselben Zusammenhang gehören schließlich auch die »Rede an einen Ofen«, 1915,[88] und die »Rede an einen Knopf«, ebenfalls 1915.[89]

In den hier gemeinten Texten Walsers werden – das fällt als erstes auf – scheinbar unwichtige Gegenstände zu Beschreibungsvorlagen, von denen man anzunehmen pflegt, daß sie schier zahllos vorhanden sind. Man könnte sagen: dem Autor stelle sich die Welt eben nicht (mehr) als Totalität dar; sie sei bereits disparat und präsentiere sich ihm folglich in Partikeln; oder: die Vielfalt der abgebildeten Welt allein schon dokumentiere ihrerseits noch einmal den selektiven Zugriff des Autors auf ihre Partikularität. Das mag nicht falsch sein. Die hier zu beobachtende Aufteilung der Gegenstände in ungezählte Unterarten geht aber noch einen Schritt weiter. So werden beispielsweise in dem kleinen Prosatext »Lampe, Papier und Handschuhe« die Papiersorten einzeln aufgezählt:

> Allgemein gesprochen gibt es dickes und dünnes, glattes und rauhes, grobes und feines, billiges und teueres Papier, und es ragen mit des gütigen Lesers Erlaubnis an verschiedenen Papiersorten- und Arten hervor, Schreibpapier, Glaspapier, Rostpapier, Postpapier, Packpapier, Zeichenpapier, Zeitungspapier und Seidenpapier.[90]

Stehen schon die drei Gegenstände des Textes: Lampe, Papier, Handschuhe völlig heterogen nebeneinander: Ihre perfekte Disparatheit wird aber erst wirklich penetrant durch die nochmalige, gewissermaßen mikroskopische Verlängerung einer sich immer mehr verengenden Perspektive, die die Papiersorten *en detail* und völlig unproportioniert in den Blick bringt. Ähnlich übrigens, wie in Raabes »Odfeld«, wo der alte Buchius seine Papiersorten aufzählt.[91]

---

85 Zuerst in »Die Ähre« (April 1915); in: Robert Walser, *Träumen*, Prosa aus der Bieler Zeit, 1913–1920 (= Sämtliche Werke in Einzelausgaben, hrsg. Jochen Greven, Bd. 16), Zürich/Frankfurt/Main 1985, S. 328-330.

86 Zuerst in der »Vossischen Zeitung« (Januar 1916); in: Walser, *Träumen* (Anm. 85), S. 330-332; – Jochen Greven hat in seiner Ausgabe solche »Sachtexte«, wie er sie nennt, geradezu unter der Überschrift »Asche, Nadel, Bleistift und Zündhölzchen« gesammelt. Er spricht von »spielerischer Wortartistik zu einem beliebigen motivlichen Vorwurf« (S. 424.). – Über Walsers »Reisekorb, Taschenuhr, Wasser und Kieselstein« handelt ausführlich unter der Überschrift »Rhetorischer Katalog« Moritz Baßler, *Die Entdeckung der Textur. Unverständlichkeit in der Kurzprosa der emphatischen Moderne 1910-1916*, Tübingen 1994 (= Studien zur deutschen Literatur, Bd. 134), S. 141-148.

87 Nicht eindeutig datierbar; in: Robert Walser, *Der Spaziergang*, Prosastücke und Kleine Prosa, (= Sämtliche Werke [Anm. 85], Bd. 5) Zürich/Frankfurt/Main 1985, S. 154ff.

88 Zuerst in »Die weißen Blätter« (Juni 1915); in: Robert Walser, *Poetenleben* (= Sämtliche Werke [Anm. 85], Bd. 6) Zürich/Frankfurt/Main 1986, S. 106ff.

89 Zuerst in »Die weißen Blätter« (August 1915); in: Walser, *Poetenleben* (Anm. 88), S. 108ff.

90 Walser, *Poetenleben* (Anm. 88), S. 155f.

91 Wilhelm Raabe, Das Odfeld. Eine Erzählung, in: W.R., *Sämtliche Werke*, im Auftrage der

In einem für diesen Zusammenhang aufschlußreichen und bezeichnenderweise ganz traditionell »Naturstudie« überschriebenen Text aus dem Jahre 1916 faßt sich die vom Erzähler beschriebene Landschaft schließlich folgendermaßen zusammen:

> Fröhliches Kindheitsland, lichte Elternerde, hohe Felsen, heitere, kleine Wege, Stadt- und Bauernhäuser. Gottes und der Menschen helle Welt und reizende, anmutige Verstecke, Büsche, Gräser, Pflanzen, Apfel- und Kirschbäume, tiefsinnig-blasse Lilien, üppig-schöne Rosen im dunkelgrünen heimeligen Garten, Helligkeit des frühen Morgens, die Du mich götterhaft mit frischer Hoffnung anblitztest, dann wieder Du, geduldiger, glücklicher, wehmütig goldene Gedanken-Wellen, Lieder voll Lebenslust, Ströme voll Liebe heraufzaubernder Abend, Dein Bangen und Ahnen, Deine Schwäne auf silbern-stillem Wasser, Nächte mit Mond und Sternen, des Halbmondes Schwermutlächeln. Rötliche Wolken über abendlich bleichem See, Morgenrot, Wind, Regen und süße Mittagshitze [...].[92]

Hier erliegt das traditionelle Genus Landschaftsbeschreibung dem Verfahren des Katalogs.[93]

Den Gipfel scheinbarer Absurdität erreicht das Interesse am vereinzelten und, wie es scheint, entfremdeten Gegenstand in den beiden »Reden«: der »Rede an einen Ofen« und der »Rede an einen Knopf«. Solche Texte *müssen* unverständlich bleiben, solange man sie nicht aus dem Kontext einer inhaltslogischen Vorlagenverpflichtung herauslöst. Tut man das aber und bindet sie in ihrer Genese an eine positivistisch-historistische Erarbeitung von Welt, dann gewinnen sie innerhalb dieses Schemas die ihnen einzig zukommende Plausibilität: daß sie nämlich Ausweis jenes dort erlernten und für die Weltbewältigung als einzig richtig eingeschätzten Verfahrens sind. Ofen, Knopf, Asche, Nadel, Bleistift, Zündholz, Reisekorb, Taschenuhr, Wasser oder Kieselstein und verschiedene Papiersorten, Lampe oder Handschuh: Das alles kann nur Gegenstand literarischer Bemühung werden, weil alle diese Partikeln gleich viel wert sind und sich in ihrer Dignität keinesfalls unterscheiden von dem, was an sogenannten ›großen Themen‹ an der Tagesordnung sein könnte, sollte oder ist. »Ein jedes Ding kann der liebe Gott sein, man muß es ihm nur sagen«, dieser Satz aus Rilkes »Geschichten vom lieben Gott«[94] steht sozusagen über allem und formuliert – den positivistischen wie den relativistischen Historismus abschließend beerbend – die bewußtseinsgeschichtliche Maxime der Zeit.

Braunschweigischen Wissenschaftlichen Gesellschaft hrsg. von Karl Hoppe, Bd. 17, bearbeitet von Karl Hoppe/Hans Oppermann, Göttingen 1966, S. 42.

[92] Zuerst u.d.T. »Naturschilderung«, in: *Deutsche Monatshefte (Die Rheinlande)* 16/1916, S. 27-31; in: Robert Walser, *Seeland* (= Sämtliche Werke [Anm. 85], Bd. 7) Zürich/Frankfurt/Main 1986, S. 60ff.; hier S. 79f.

[93] Vgl. Baßler/Brecht/Niefanger/Wunberg (Anm. 2), S. 134ff.

[94] Rainer Maria Rilke, Wie der Fingerhut dazu kam, der liebe Gott zu sein, in: R.M.R., *Sämtliche Werke*, hrsg. von Ernst Zinn, Bd. 4, Frankfurt/Main 1961, S. 355.

Verfolgt man die weitere Entwicklung, dann stellt sich die als die unmittelbare Fortsetzung des hier Hergeleiteten dar. Ein paar Hinweise können genügen. Ganze Anthologien des Dadaismus oder der Konkreten Poesie, gar Paul Celan werden erst dann plausibel, wenn sie aus dem Zwang, hermeneutisch erfaßbar sein und etwas bedeuten zu müssen, heraustreten und sich aus dem Duktus ihres *Verfahrens* erschließen können.

Alle diese Texte produzieren auf Grund ihres ›anderen Verfahrens‹ eine Art *anderer, neuer Verständlichkeit*, die mit einer semantisch vermittelten nur noch wenig zu tun hat. Sie stellen sich überdies wie von selbst neben »A Rebours« und »La Cathédrale« von Huysmans, Flauberts »Salammbô«, neben die Texte des späten Arno Holz, von Emerson oder Whitman. Noch das, was man gemeinhin und im weitesten Sinne unter literarischer Collage versteht – Texte von Karl Kraus oder Alfred Döblin, ja bis zu Max Frisch, Hubert Fichte, Arno Schmidt und Uwe Johnson[95] – reiht sich mühelos jenem anderen Verständnis an, das mit dem Insistieren auf Semantisierung kaum zu erreichen ist.

Die Texte gewinnen damit eine Art genereller Einsichtigkeit und Plausibilität, die ihre bis dahin gültige und scheinbar unabänderliche Unverständlichkeit aufzuheben imstande ist. Aber diese Plausibilität ist nur im Rekurs auf die beschriebenen Phänomene zu gewinnen: im Rekurs auf das Verfahren, das auf der Lexemisolierung und in deren Folge der Lexemautonomie beruht. Das allerdings hebt sie weit über das hinaus, was jede spezifische Bedeutung im Sinne hermeneutischer Zugänglichkeit zu erreichen vermöchte, die – gäbe es die überhaupt noch – nach Bedeutung der Substrate fragen wollte.

[95] Karl Kraus, »Der Hort der Republik«, 1927; – Alfred Döblin, »Berlin Alexanderplatz«, 1929; – Max Frisch, »Der Mensch erscheint im Holozän«, 1979; – Hubert Fichte, »Die Palette«, 1965; – Uwe Johnson, »Eine Reise nach Klagenfurt«, 1974; – der besseren Zugänglichkeit der sonst z.T. nur verstreut auffindbaren Texte (bzw. Auszüge) wegen hier der Hinweis auf *Literarische Collagen. Texte, Quellen, Theorie*, hrsg. von Volker Hage, Stuttgart 1981, wo sie gesammelt sind.

7. Unverständlichkeit

Historismus und literarische Moderne

1. Literarische Moderne und europäischer Kontext: Unverständlichkeit als gemeinsamer Befund

Die *literarische Moderne* hat sich zwar in den großen Kulturzentren ausgebildet, ist aber ein *gesamt-europäisches Phänomen*. Gemeinsam ist den verschiedenen Ausformungen der literarischen Moderne nicht nur die im ganzen einheitliche Tradition, aus der sie herkommen, sondern ein Merkmal, das sie gegenüber anderen Epochen zur spezifischen macht: die vorherrschende *Unverständlichkeit* ihrer Texte.

Die Bemühungen der Literaturwissenschaft der letzten Jahre und Jahrzehnte sind von dem Versuch bestimmt gewesen, die literarische Moderne im wesentlichen an ihren Ausdifferenzierungen, d.h. einzelnen, zumeist herausragenden Personen oder wichtigen Zeiträumen und Kulturzentren zu exemplifizieren.[1] Zu punktuell also, als daß die Gemeinsamkeiten – zeitgenössisch stets wie selbstverständlich vorausgesetzt – klar genug hätten hervortreten können. Es ist an der Zeit, sich gerade an sie zu erinnern, oder sie überhaupt erst zu erfragen. Das gilt für interdisziplinäre wie komparatistische Aspekte; denn die anderen Künste kommen, wie die fremdsprachige Moderne, in der Regel nur additiv zu Wort.

Der europäische Kontext ist für die literarische Moderne deutlich durch die jeweiligen Nationalliteraturen bestimmt. Die Beschäftigung mit ihm kann aber in der Klärung von Einflußfragen und inhaltlichen Abhängigkeiten – so wichtig sie sind – nicht aufgehen. Vielmehr ist nach gemeinsamen Befunden und deren vorausliegenden Begründungszusammenhängen zu suchen. Solche Fragen finden ihre Beantwortung zunächst in einem auch gemeinsamen *Ergebnis* europäischer Literatur der Moderne. Es formuliert sich in ihrer etwa seit der Mitte des 19. Jahrhunderts stets zunehmenden, jedenfalls nicht zurückgehenden oder lediglich stagnierenden *Unverständlichkeit.* Von Baudelaire und Mallarmé über Hofmannsthal, Joyce, Carl Einstein oder die Dadaisten bis zu Ezra Pound, zur Konkreten Poesie und Paul Celan ist eine – wenn nicht alles täuscht – bis heute zunehmende Bewegung der Unverständlichkeit von Texten zu verzeichnen.[2] Bevor man fragt, wie sie mög-

---

[1] Die zahlreichen Dokumentationen sprechen für sich: die Bände »Dokumente und Manifeste« bei Metzler, die »Theorie«-Sammlungen bei Reclam (nach Epochen); die Bände zur Berliner, Münchner und Wiener Moderne bei Reclam (nach Zentren).

[2] Schon relativ früh wird Unverständlichkeit von den Zeitgenossen als konstitutiv für die Texte der eigenen Zeit verwendet. So bei Musil, wenn er von Hofmannsthals »Lebenslied«

licherweise dennoch zu verstehen oder wenigstens zu lesen sind, sollte man fragen, worin solche Unverständlichkeit begründet ist, die sich deutlich von derjenigen früherer Jahrhunderte unterscheidet.

Unverständlich sind Texte wohl auch früher gewesen, wahrscheinlich in der Geschichte aller Literaturen sogar häufig. Was solche frühere ›Unverständlichkeit‹ von derjenigen der Moderne unterscheidet, ist die Notwendigkeit, mit der sie hier auftritt. Auch bestimmte Texte von Goethe (»Werther«, »West-östlicher Divan«), Mörike (»Maler Nolten«), Büchner (»Woyzeck«), Lenz (»Hofmeister«) oder Jean Paul mögen den Zeitgenossen nicht recht verständlich gewesen sein. Für viele ist das geradezu belegt.[3] Dennoch waren sie es in einer anderen Weise: innerhalb eines bestimmten Systems, ohne daß dieses System, das eines der Verständigung war oder sein sollte, gestört gewesen wäre. Das bedeutet, daß sie bei einiger Bemühung verständlich werden konnten und es *de facto* auch wurden, wenngleich oft erst Jahre später. Die moderne Unverständlichkeit sprengt aber das System gerade, dem sie sich verdankt; sie will es wohl auch suspendieren, scheint geradezu darauf angelegt zu sein. Indiz ist *e contrario* dafür, daß gewisse Texte vom Typus etwa des Dadaismus, Paul Celans, der Konkreten Poesie zu jenen früheren Zeiten (wie etwa in der Goethezeit) überhaupt nicht – allenfalls aus dem Nachlaß und dann als Fragmente deutlich gekennzeichnet – veröffentlicht worden wären. Das noch heute verbreitete Staunen philologischer Laien über die sogenannte ›moderne Literatur‹ und deren Unverständlichkeit meint genau dies. In der Bildenden Kunst spielt sich unter der Bezeichnung ›abstrakt‹ Entsprechendes ab. – Im übrigen ist der hier und im folgenden verwendete Begriff ›Unverständlichkeit‹ naturgemäß zunächst wenig präzise; seine begriffliche Zuspitzung erfährt er vielmehr erst im Verlauf seiner Anwendung und Begründung. Soviel jedenfalls kann man sagen: ›Unverständlich‹ in dem hier verwendeten Sinne ist, was hermeneutisch nicht zugänglich ist und deshalb eine Bestimmung über das Text-*Verfahren* nötig macht. Daß damit eine aporetische Situation gegeben ist, muß hingenommen werden.

---

als von einem »sinnlosen Gedicht« spricht (Robert Musil, Der Geist des Gedichts, in: R.M., *Prosa und Stücke, Kleine Prosa, Aphorismen, Autobiographisches, Essays und Reden, Kritik*, hrsg. von Adolf Frisé, Reinbek 1978, S. 1214f.); oder Ludwig Wittgenstein in einer bezeichnenden Formulierung in einem Brief an Ludwig von Ficker (28. November 1914) über die Gedichte Georg Trakls: »Ich verstehe sie nicht. Aber ihr *Ton* beglückt mich« (freundlicher Hinweis von Siegurd Paul Scheichl, Innsbruck; Ludwig von Ficker, *Briefwechsel 1914-1925*, hrsg. von Ignaz Zangerle u.a., Innsbruck 1988, S. 328). – Daß es dennoch nach wie vor gleichzeitig Texte gibt, die ›verständlich‹ sind, ist nicht zu leugnen. Daneben allerdings gibt es Übergangsformen, bei denen man von Unverständlichkeit in striktem Sinne kaum sprechen kann, die aber sozusagen auf dem Wege zu der hier gemeinten Unverständlichkeit (s.u.) sind.

[3] Reaktionen wie das »Werther«-Verbot auf Antrag der Theologischen Fakultät in Leipzig von 1775 (vgl. Karl Robert Mandelkow, *Goethe in Deutschland. Rezeptionsgeschichte eines Klassikers*, Bd. 1: *1773-1918*, München 1980, S. 160) oder die Anstände der »Neuen allgemeinen deutschen Bibliothek« im Hinblick auf den »Titan« (vgl. *Jean Paul im Urteil seiner Kritiker. Dokumente zur Wirkungsgeschichte Jean Pauls in Deutschland*, hrsg. von Peter Sprengel, München 1980, besonders S. XXVIff.) bezeichnen das Spektrum.

Ein gemeinsamer Befund wie die hier konstatierte *generelle Unverständlichkeit* in der Moderne müßte auch eine gemeinsame Ursache haben oder wenigstens eine gemeinsame Begründung finden. Im folgenden soll zwar an der Möglichkeit eines gemeinsamen Erklärungsmodells solcher Unverständlichkeit für die europäische Literatur insgesamt stets festgehalten, ein solches aber aus naheliegenden Gründen primär für die deutschsprachige Literatur realisiert und an ihrem Beispiel untersucht und wenn möglich formuliert werden.

Geht man zur Darstellung des Problems der literarischen Moderne zunächst vom Phänomen der Unverständlichkeit aus und verfolgt von ihren Merkmalen her ihr Zustandekommen rückwärts, dann ergibt sich folgendes Bild.

2. Symptome und Kriterien: Lexem-Isolierung und Verzicht auf inhaltslogische Zusammenhänge; Paraphrasierbarkeit der Texte

Die *Symptome* solcher Unverständlichkeit lassen sich für die deutschsprachige Literatur als *Tendenz zur Isolierung der Lexeme* und als *Verzicht auf inhaltslogische Zusammenhänge* formulieren. Die Nicht-Paraphrasierbarkeit der Texte erweist diese als unverständliche; sie heißen *Texturen* (s.u.). Dabei muß unterschieden werden zwischen Texten, in denen das bereits eindeutig und offensichtlich vollzogen ist und solchen, in denen noch gewisse Übergänge zu konstatieren sind. Zu den ersten gehören die späten Texte Paul Celans, bestimmte Texte der hybriden Kurzprosa seit etwa 1910 (Carl Einstein, Robert Müller, Gustav Sack usw.).[4] Solche Texte, in denen das Phänomen isolierter Lexeme – ›Lexem‹ nicht in linguistisch-spezifischem Sinne gemeint – und des Verzichtes auf inhaltslogische Zusammenhänge eher noch verdeckt als explizit erscheint, sind etwa Hofmannsthals »Lebenslied«,[5] einige seiner frühen Essays,[6] zahlreiche Passagen bei Huysmans[7] oder Trakl usw.

Es wäre in diesem Zusammenhang sogar zu fragen, ob etwa die stark mit Aphorismen durchsetzten Texte Oscar Wildes nicht eher von hierher als aus der Tradition von Sentenz-Prosa zu erklären sind. Betrachtet man unter diesem Gesichtspunkt zum Beispiel Wildes »Dorian Gray«,[8] dann läßt sich fest-

---

[4] Vgl. Moritz Baßler, *Die Entdeckung der Textur. Unverständlichkeit in der Kurzprosa der emphatischen Moderne 1910-1916*, Tübingen 1994 (= Studien zur deutschen Literatur, Bd. 134).

[5] Hugo von Hofmannsthal, *Gedichte, Dramen I: 1891-1898*, Frankfurt/Main 1979 (= Gesammelte Werke in zehn Einzelbänden, hrsg. von Bernd Schoeller/Rudolf Hirsch), S. 28.

[6] Neben anderen besonders: »Das Tagebuch eines Willenskranken«, 1891; »Gabriele D'Annunzio«, 1893; »Walter Pater«, 1894; sämtlich in: Hugo von Hofmannsthal, *Reden und Aufsätze I: 1891-1913*, Frankfurt/Main 1979 (vgl. Anm. 5).

[7] So etwa in »A Rebours«: Joris-Karl Huysmans, *A Rebours*, Paris 1884; dt.: *Gegen den Strich*, übersetzt und hrsg. von Walter Münz/Myriam Münz, Stuttgart 1992.

[8] Vgl. zum ganzen besonders Manfred Pfister, *Oscar Wilde: »The Picture of Dorian Gray«*, München 1986; – vgl. den dort (S. 19, Anm. 40) zitierten Forschungsbericht von Wolfgang

stellen, daß gewissermaßen über einen ausnehmend durchschnittlichen Unterhaltungsroman-Text, wie er zu Dutzenden im Viktorianischen England (und allen anderen europäischen Literaturen der Zeit) anzutreffen ist, ein Text von Aphorismen und Sentenzen gelegt ist, der dieses Subtextes kaum noch bedarf. Bezeichnend deshalb, daß dem Roman Wildes ein Katalog von allgemeinen sentenzhaften Bemerkungen zur Kunst vorangestellt ist, dem mühelos die Lebensweisheiten Lord Henrys anzugliedern wären. – Liest man also etwa den »Dorian Gray« unter dem Aspekt der Konstitutivität seiner aphoristischen, zumeist Lord Henry in den Mund gelegten Feststellungen, dann läßt sich unbeschadet einer möglicherweise noch immer durchaus herstellbaren Integralität des Romans erkennen, daß die sentenzhaften Aphorismen sich hier längst aus dem Zusammenhang zu lösen beginnen. Man könnte auch einen Schritt weiter gehen und sagen, daß der Textbefund bereits zwei verschiedene Textsorten ausweist, die miteinander nur noch scheinbar verknüpft sind: die des Aphorismus und die des mehr oder weniger anspruchslosen Unterhaltungsromans.[9] – So gesehen wäre Wildes »Dorian Gray« als eine Mischform zu verstehen, die zwar in der Tradition des Künstler- und Bildungsromans, wenn auch – inhaltlich gesprochen – seiner pervertierten Form steht, gleichzeitig aber diese Tradition lediglich als Subtext benötigt und schließlich dem Prinzip einer Lexem-Isolierung bereits gehorcht. Wenngleich das hier mit Hilfe von in sich noch durchaus inhaltslogisch dargestellten Gehalten geschieht.[10]

Solche Beispiele also stehen für Texte, die gewissermaßen Übergangsbelege darstellen, für die die genannten Kriterien ›Lexem-Isolierung‹ und ›Verzicht auf inhaltslogische Zusammenhänge‹ noch nicht vollständig oder – wie im Beispiel »Dorian Gray« – scheinbar gar nicht zu konstatieren sind. Zu solchen Übergangstexten ließen sich auch die von Thomas Mann stellen; die schon in den frühen Arbeiten wie »Buddenbrooks« oder »Der Weg zum Friedhof« – von »Joseph und seine Brüder« oder »Das Gesetz« nicht zu reden – adjektiv-redundanten Formulierungen sprechen für sich.

Die Isolierung der Lexeme, die – wie noch zu zeigen sein wird – zu deren Autonomisierung führt, ermöglicht und erzwingt geradezu *Texturen*, die einer generellen Lesbarkeit nicht mehr zur Verfügung stehen. Dies im Gegensatz zu *strukturierten Texten*.[11] Das Kriterium für einen texturierten gegen-

---

Maier, *Oscar Wilde. »The Picture of Dorian Gray«. Eine kritische Analyse der anglistischen Forschung von 1962-1982*, Frankfurt/Main 1984.

9 Die einschlägige Forschung allerdings stimmt dem nicht zu. Sie versteht den »Dorian Gray« vielmehr als genau durchkomponierten Text – was freilich einem guten Unterhaltungsroman nicht widersprechen muß; – vgl. Pfister, *Oscar Wilde* (Anm. 8).

10 Ähnliches gilt für Wildes Lustspiel »Lady Windermere's Fan«, das eben aus diesem Grunde nicht zuletzt in der Literaturgeschichte die Bezeichnung ›Konversationsstück‹ führt; es gilt auch für Arthur Schnitzlers »Anatol«, jene Einakterfolge (1889ff.), die sehr viel deutlicher als die späteren Dramen Schnitzlers von der Aphoristik ihres Helden lebt.

11 Die Begrifflichkeit Textur vs. Struktur stammt von Moritz Baßler, der sie im Zusammenhang der auch hier zu verhandelnden Problematik an bestimmten Kurztexten der Moderne zwischen 1910 und 1920 exemplifiziert hat: Robert Müller, »Das Grauen«, 1912; Gustav

über einem strukturierten Text ist danach *die nicht mehr mögliche Paraphrasierbarkeit* des Textes. Dieser bis auf weiteres brauchbare Unterscheidungsmodus beläßt also den Terminus ›Texte‹ der Bezeichnung *aller Schriftlichkeit*; unterscheidet aber deren spezifische Ausformungen im Hinblick auf ihre Verständlichkeit mit dem instrumentalisierten Kriterium von Paraphrasierbarkeit.

Wendet man dieses Kriterium der *Paraphrasierung* auf Texte wie die genannten an (die Lyrik Hofmannsthals, Trakls; Huysmans' Romane), wird man bemerken, daß sie sich teilweise durchaus noch paraphrasiert darstellen lassen, daß möglicherweise lediglich einzelne Passagen sich einer solchen Überprüfung durch Paraphrasierung entziehen, nicht aber das ganze. Einen Schritt weiter, aber durchaus noch in diesem Rahmen, bewegt sich, was etwa für die frühen Essays Hofmannsthals zu konstatieren ist. Dort stehen – scheinbar assoziativ – die Bilder nebeneinander und eine Paraphrase läßt sich aus eben diesem Grunde kaum noch erzeugen; jedenfalls keine, die zu einem sinnherstellenden, konsistenten Ergebnis führte.[12] Der Grund liegt in der zunehmenden Lexem-Isolierung, die sich in ihnen und in ihrem Verfahren ausspricht, und dem zunehmenden Verzicht auf inhaltslogische Darstellung.[13]

3. Herleitung aus dem Historismus

Diese Phänomene leiten sich aus einem speziellen *Historismus*-Diskurs her, wie er sich in der engen Nachbarschaft zwischen einer bestimmten Spielart historischer Forschung und historischem Roman seit dem mittleren 19. Jahrhundert dokumentiert.

Die Literatur der Moderne weist nun ein Schema auf, das dem positivistisch-historistischen Verfahren vergleichbar, ja in doppelter Hinsicht analog ist. Sie übernimmt zunächst in zahllosen historischen Romanen, Dramen und Geschichtsballaden die historischen *Themen* der Geschichtswissenschaft und hat damit den gleichen Gegenstand wie sie.

Sack, »Das Duell«, 1916; Carl Einstein, »G.F.R.G.«, 1913/18; Paul Adler, »Nämlich«, 1915; Ferdinand Hardekopf, »Morgen-Arbeit«, 1916; Peter Altenberg, »Akolé's Gesang«, »Akolé's süßes Lied«, 1897; – vgl. Baßler, *Textur* (Anm. 4).

[12] Vgl. zu diesem Fragenkomplex auch die Untersuchungen von Dirk Niefanger, *Produktiver Historismus. Raum und Landschaft in der Wiener Moderne*, Tübingen 1993 (= Studien zur deutschen Literatur, Bd. 128).

[13] Es scheint mir wenig sinnvoll, die mehr oder weniger unverbunden nebeneinander stehenden Lexeme etwa in den frühen Essays Hofmannsthals – die übrigens eine starke Tendenz zum Charakter literarischer Texte im engeren Sinne, also zu fiktionalen Texten zeigen – über den Begriff der Assoziation zu bestimmen. Das würde bedeuten, die Texte einem produktionsästhetischen Ansatz auszuliefern, der ausschließlich produktions*psychologischer* Natur wäre und deshalb die Entwicklung einer eigenen Bewegung der Texte im Laufe der Jahrzehnte vernachlässigt. Die wiederum müßte dagegen als abhängig nicht nur (oder erst in letzter Linie) vom Subjekt, sondern insbesondere von dessen gesellschaftlichen, sozial-, aber auch vor allem ästhetikgeschichtlichen Prämissen her verstanden werden.

Zu erinnern ist an die ungezählten, im weitesten Sinne historischen Romane von Scott bis Alexis und Fontane, von Flaubert bis Tolstoj, von Sienkiewicz oder Hugo bis Manzoni; an C.F. Meyer, Raabe; für Deutschland insbesondere an Gustav Freytag,[14] Scheffels »Ekkehard« (1855) oder Felix Dahns »Kampf um Rom« (1876) und »Eine ägyptische Königstochter« (1864) von Georg Ebers. Zu erinnern ist an die zahllosen Geschichtsdramen: Büchner, Grabbe, Hauptmann, Shaw, Strindberg oder Puschkin, auch Hebbel; schließlich an die unzähligen Kunstballaden des Jahrhunderts, die sich mit historischen Themen beschäftigen.

Sodann übernimmt die Literatur aber zugleich mit der Thematik auch das *Verfahren* der historischen Wissenschaften.[15] *Der Isolierung, die den Fakten in der historistischen Untersuchung widerfährt, entspricht eine Verselbständigung im literarischen Text.* In der Literatur erreichen die einzelnen Lexeme auf diesem Weg im Laufe der Zeit ihre Autonomisierung. Hinzu kommt, daß der Historismus sich samt seinen Folgen in zwei Erscheinungsformen präsentiert: als *positivistischer* und *relativistischer.* Auch diese dyadische Ausprägung bestimmt bei der starken Affinität der literarischen Moderne zum Historismus deren Merkmale wie Problemstellung überhaupt.

Es ist deshalb nötig, einerseits diese Begrifflichkeit in strikter Orientierung auf die gängige, wissenschaftsgeschichtlich gebräuchliche Terminologie zu formulieren, andererseits aber den Spielraum zu konzedieren, der eine Ausweitung auf das Phänomen der literarischen Moderne ermöglicht.

Methodisch sind *positivistischer* und *relativistischer* Historismus zu unterscheiden. Unter *positivistischem* Historismus ist zu verstehen die »zur Stoffhuberei ausgewucherte Tatsachenforschung und -aufreihung, die alles und jedes Vergangene thematisieren kann, ohne nach Sinn und Beziehung zur Gegenwart zu fragen, die alles und jedes genetisch herleitet«; unter *relativistischem* Historismus[16] diejenige Position, die »auch den Standpunkt des erkennenden Subjektes historisch relativiert«, d.h. den Historismus »als Indiz für den Auseinanderfall von Subjektivität und Geschichtsinhalt, als Indiz

---

[14] Walter Scott, »Waverly«, 1814; Willibald Alexis, »Die Hosen des Herrn von Bredow«, 1846; Theodor Fontane, »Vor dem Sturm«, 1878; ders., »Schach von Wuthenow«, 1883; Gustave Flaubert, »Salammbô«, 1869; Leo Tolstoi, »Krieg und Frieden«, 1864-1869; Henryk Sienkiewicz, »Quo vadis«, 1896; Victor Hugo, »Notre Dame de Paris«, 1831; ders., »Les Misérables«, 1862; Alessandro Manzoni, »I Promessi Sposi«, 1827; Conrad Ferdinand Meyer, »Jürg Jenatsch«, 1876; ders., »Angela Borgia«, 1891; Wilhelm Raabe, »Das Odfeld«, 1888; ders., »Hastenbeck«, 1899; Gustav Freytag, »Die Ahnen«, 1873-1881.

[15] Ganz deutlich bei Raabe und Ebers; vgl. dazu weiter unten.

[16] Zu einer unmißverständlichen Bestimmung des Historismusbegriffs, wie er hier Verwendung findet, ist am besten auf Herbert Schnädelbach zu verweisen. Er bezeichnet, was im folgenden »positivistischer Historismus« genannt wird, als »Historismus_1«, nennt den »relativistischen« »Historismus_2« und unterscheidet davon den »allgemeinen Historismus« als »Historismus_3«. Es ist sinnvoll, sich seinen Definitionen anzuschließen; – Herbert Schnädelbach, *Philosophie in Deutschland 1831-1933*, Frankfurt/Main 1983; hier besonders das Kapitel 2.1: »Der Historismus«, S. 51ff.

für Identitäts- und Wertverlust« versteht.[17] Daraus folgt für das Problem Historismus und Moderne eine Reihe von allgemeinen Konsequenzen:[18]

Die deutsche Literatur nimmt in dem seinerzeit hochgeschätzten, heute vergessenen und verachteten Genre historistischer Literatur (historischer Roman, historische Erzählung, Professorenroman, Geschichtsdrama, Geschichtsballade) die *Geschichte – ideologisch gesprochen – als Ersatzangebot* für eine schwindende Transzendenz an, so daß die hier erlernten *Fähigkeiten genauer Faktenwahrnehmung* und -beschreibung auch noch nach dem späteren Verlust der Verbindlichkeit der Geschichte *erhalten bleiben*. Sie bestimmen zum Beispiel im literarischen Naturalismus entscheidend die schreibtechnische Fähigkeit genauer Beobachtung, die für diese Generation mit dem Experimentcharakter von Literatur zusammenfällt, wie ihn etwa Emile Zola im Anschluß an naturwissenschaftliche Verfahren entwickelt und gefordert hatte. Sie ist namentlich von Arno Holz, wie noch zu zeigen sein wird, in den in mehreren Auflagen stets erweiternden Bearbeitungen seines »Phantasus« perfektioniert worden.

Die im positivistischen Historismus bereitgestellten *Einzelfakten* sind keinem übergreifenden System (göttlicher Heilsplan, Geschichtsphilosophie, Wertsystem o.ä.) eingeordnet; sie werden in der Regel – Gustav Droysen[19] bleibt die Ausnahme – nicht einmal hermeneutisch in die Fragestellung dessen zurückgebunden, der sie erarbeitet hat. Sie haben folglich *keinen* oder aber gerade einen ganz *ausgezeichneten* Eigenwert: Die *Einzelfakten haben keinen Wert*, weil ihnen – insofern sie der Ausweis von Geschichte sein sollen – der Horizont fehlt, in dem sie zu sehen wären; sie *haben einen selbständigen und herausgehobenen Wert* gerade in ihrer nicht vorhandenen Bindung an ein übergeordnetes System, wie Geschichte es für sie darstellen müßte und in dem sie dann wie von selbst relativiert wären. Ihrer Verselbständigung steht deshalb nicht nur nichts im Wege. Sie tendieren vielmehr aus den genannten Gründen auf Autonomie und finden sich in dieser Qualität in den literarischen Werken spätestens seit der Jahrhundertwende. Um etwas bedeuten zu können, werden die Einzelfakten jetzt mit (beliebiger) Bedeutung versehen. Salomé oder Elektra also können – müssen aber nicht – ›historisch‹ gemeinte Figuren sein. Die einmal vollzogene Herauslösung aus dem historischen bzw. mythischen oder mythologischen Zusammenhang macht sie vielmehr jeder neuen Bedeutungsbelehnung verfügbar.

Von der historistischen Relativierung ist nicht nur der historische Gegenstand, sondern auch das Subjekt gleichermaßen erfaßt; dem *positivistischen* korreliert also ein *relativistischer* Historismus. Der allgemeine ›Wertzerfall‹

---

[17] G. Scholtz, Art. Historismus, Historizismus, in: *Historisches Wörterbuch der Philosophie*, hrsg. von Joachim Ritter/Karlfried Gründer, Bd. 3, Basel/Stuttgart 1974, Sp. 1142.

[18] Vgl. zum folgenden den Beitrag 5 in diesem Band.

[19] Johann Gustav Droysen, *Historik. Vorlesungen über Enzyklopädie und Methodologie der Geschichte*, hrsg. von Rudolf Hübner, München [6]1971; vgl. besonders »Grundriß der Historik«, S. 317-366.

(Hermann Broch)[20] bringt die ›Unrettbarkeit des Ich‹ (Ernst Mach)[21] wie von selbst mit sich; aus beidem resultieren die Surrogat-Konzepte.[22]

4. Historischer Roman und Geschichtswissenschaft

Der historische Roman übernimmt aus der positivistisch verfahrenden Geschichtswissenschaft Möglichkeit wie Verpflichtung zu minutiösem Nachweis historischer Richtigkeit. Mit dem Verfahren der Lexem-Isolierung erwirbt die Literatur so in der Folgezeit zunehmend die Lizenz zum Verzicht auf inhaltslogische Zusammenhänge: Die bis dahin gültigen Konstitutionsmerkmale werden aufgegeben. Die Literatur praktiziert dieses Verfahren ziemlich früh, jedenfalls früher, als man die klassische Moderne gemeinhin ansetzt.

Dafür gibt es zahllose Belege, deren Beibringung kaum Grenzen gesetzt sind und deren Aufzählung niemals vollständig, bestenfalls repräsentativ sein kann.

Weitaus am deutlichsten zeigen sich die genannten Phänomene – im Hinblick wenigstens auf Lexem-Isolierung – bei Flaubert; und dort – bezeich-

---

[20] Zu Hermann Brochs Begriff des Wertzerfalls vgl. besonders die Diskurse und Exkurse in seinem Roman »Die Schlafwandler. 3: Huguenau oder die Sachlichkeit«; gesondert zusammengefaßt u.d.T. »Der Zerfall der Werte. Diskurse, Exkurse und ein Epilog«, in: H.B., *Erkennen und Handeln. Essays*, Bd. 2, hrsg. von Hannah Arendt, Zürich 1955, S. 5-43.

[21] Vgl. Ernst Mach, *Die Analyse der Empfindungen und das Verhältnis des Physischen zum Psychischen*, mit einem Vorwort zum Neudruck [der 9. Auflage, 1922] von Gereon Wolters, Darmstadt 1991; zuerst u.d.T. »Beiträge zur Analyse der Empfindungen«, 1886.

[22] Deren manifeste ideologische Erscheinungen sind u.a.: *Neue Gemeinschaftsgründungen*: Jugendbewegung, Wandervogel, Pfadfinder etc.; – verstärkte *Sektenbildungen* und *-ausbreitungen* (konfessionell): Methodisten, Baptisten, Adventisten usw.; (profan): Theosophie, Anthroposophie, Reform(haus)-Kulte usw.; – *Totalitätskonstrukte*: allgemeiner, religiöser, naturwissenschaftlicher Monismus (Haeckel, Bölsche), Geschichtsphilosophie (Spengler); – *politische Entwürfe*: Faschismus, Nationalsozialismus, Ständestaat (Kralik, Andrian); – zu Monismus und Umfeld vgl. besonders die überaus materialreiche Arbeit von Walter Gebhard, *»Der Zusammenhang der Dinge«. Weltgleichnis und Naturverklärung im Totalitätsbewußtsein des 19. Jahrhunderts*, Tübingen 1984 (= Hermaea, Bd. 47); außerdem: Dieter Kafitz, Tendenzen der Naturalismus-Forschung und Überlegungen zu einer Neubestimmung des Naturalismus-Begriffs, in: *Der Deutschunterricht* 40/1988, S. 11-29; und Gotthart Wunberg, Österreichische Literatur und allgemeiner zeitgenössischer Monismus um die Jahrhundertwende, in: Peter Berner et al. (Hrsg.), *Wien um 1900. Aufbruch in die Moderne*, Wien 1986, S. 104-111; sowie Monika Fick, *Sinnenwelt und Weltseele. Der psychophysische Monismus in der Literatur der Jahrhundertwende*, Tübingen 1993 (= Studien zur deutschen Literatur, Bd. 125); – zu Spengler vgl. Gilbert Merlio, *Oswald Spengler. Témoin de son temps*, Stuttgart 1982 (= Stuttgarter Arbeiten zur Germanistik, Bd. 114, 1-2); – zum ganzen vgl. Christoph Conti, *Abschied vom Bürgertum. Alternative Bewegungen in Deutschland von 1890 bis heute*, Reinbek 1984; Armin Mohler, *Die konservative Revolution in Deutschland 1918-1932. Ein Handbuch*, Darmstadt [3]1989; zu Kralik besonders: Richard von Kralik, *Die neue Staatenordnung in organischem Aufbau*, Innsbruck 1918; zu Andrian: Leopold von Andrian, *Die Ständeordnung des Alls. Rationales Weltbild eines katholischen Dichters*, München 1930.

nenderweise[23] – in seinen sogenannten historischen Romanen. Das ist für den französischen Sprachbereich augenfällig fortgeführt bei Huysmans; besonders in »A Rebours« und »La Cathédrale«. Auch Victor Hugo übrigens ist daran beteiligt (vgl. die ersten Bücher von »Fantine« in »Les Misérables«). – Dem sind zunächst an die Seite zu stellen aus der deutschsprachigen Literatur die sogenannten ›Professorenromane‹ des 19. Jahrhunderts: Viktor von Scheffels »Ekkehard«, Georg Ebers' »Eine ägyptische Königstochter«, in denen die Isolierung der Lexeme besonders offensichtlich ist: In zahllosen wissenschaftlich akribisch gearbeiteten Anmerkungen werden dort unendlich viele Daten, wissenschaftlich gesichert, dem Leser zusammenhanglos mitgeteilt; zusammenhanglos im Hinblick auf die Romanhandlung, in die sie kaum zu integrieren sind und wo sie deshalb auch als Fußnoten erscheinen.[24] – Dann aber auch etwa Richard Beer-Hofmann: »Der Tod Georgs«, das »Traumkapitel« (Tempel-Kapitel); der wenig bekannte Roman »Auch Einer« von Friedrich Theodor Vischer (s.u.). Bereits in den frühen Texten Robert Walsers – extrem dann in dem nachgelassenen Romanfragment »Der Räuber« (20er Jahre).

Insgesamt erweist sich der historische Roman als der Ort, wo der zeitgenössische geschichtswissenschaftliche Diskurs, d.h. in diesem Falle: der historistische, mit einer bestimmten Vorliebe inhaltlicher Art in der Literatur koinzidiert.[25] – In solcher Koinzidenz von Geschichtswissenschaft und Geschichtsroman, in der sich ein gemeinsames Interesse ausdrückt, hat seinen Ausgangspunkt, was sich im folgenden für die Literatur als Lexem-Isolierung und schließlich als Lexemautonomie entwickelt.

Im Hinblick nun auf die deutschsprachige Literatur ist die deutliche Affinität zwischen den Maximen der zeitgenössischen historischen Forschung in der ersten Jahrhunderthälfte und der Beliebtheit historischer Themen zur

---

[23] Bezeichnenderweise deshalb, weil sich hier die direkte Verbindung zu dem später noch zu verhandelnden Phänomen historistischer Geschichtsaneignung dokumentiert.

[24] Es ist ein interessantes Phänomen, daß dem Leser in zahlreichen Volksausgaben historischer Romane, etwa des überaus populären »Ekkehard« von Viktor von Scheffel, diese minutiös gearbeiteten Fußnoten nicht zugemutet werden. Natürlich mit dem teils impliziten, teils expliziten Hinweis, daß dergleichen wissenschaftliche Daten den Leser nur langweilen würden. Das läßt bewußt oder unbewußt außer acht, daß es keineswegs in erster Linie die Wissenschaftlichkeit ist, die hier langweilen könnte; denn gerade sie ist es ja, die in den Roman selbst als integrativer Bestandteil eingegangen ist. Es handelt sich vielmehr um eine sich bereits darin andeutende erste *Unverständlichkeit*, die vom Leser nicht mehr verarbeitet werden kann. Der Leser ist außerstande, eine konstruktive Beziehung zwischen den wissenschaftlichen Fakten in den Fußnoten einerseits und dem Romangeschehen im Haupttext andererseits tatsächlich herzustellen. Wenn das wissenschaftliche Material solchermaßen aus dem Haupttext herausfällt und nur noch zu Beweis- und Belegzwecken präsentiert wird, verweist das deutlich auf den Tatbestand isolierter Lexeme und der daraus entstehenden Unverständlichkeit.

[25] Übrigens nicht nur dort. Fast noch augenscheinlicher läßt sich das in der Bildenden Kunst (ganz besonders aber in der Architektur) verfolgen; – vgl. zur Begriffsbestimmung: Wolfgang Götz, Historismus. Ein Versuch zur Definition des Begriffes, in: *Zeitschrift des deutschen Vereins für Kunstwissenschaft* 24/1970, S. 196-212; Hans Gerhard Evers, Historismus und bildende Kunst, in: H.G.E., *Schriften*, Darmstadt 1975, S. 15-33.

gleichen Zeit unübersehbar. Es geht aber nicht um inhaltliche Abhängigkeiten, die offensichtlich sind und die in den letzten Jahren auch immer wieder Gegenstand von Untersuchungen waren.[26] Zu offensichtlich ist das Zusammenfallen von wissenschaftlicher Beschäftigung mit Geschichte einerseits und dem allgemeinen Interesse an ihr andererseits.[27] Auch das ist ein generelles und europäisches Phänomen. Daß gerade die deutschsprachige Literatur von Felix Dahn bis Theodor Fontane, von Georg Ebers bis Viktor von Scheffel in dieser Hinsicht nicht isoliert betrachtet werden kann, belegt ihre starke Abhängigkeit von Walter Scott, die sich sowohl in Übersetzungen, als auch in zahllosen Nachahmungen und Nachfolgern dokumentiert.[28] – Die klar erkennbaren Gemeinsamkeiten zwischen historischem Roman und Historiographie, wie sie für unseren Zusammenhang interessant sind, gehen nicht in dem offensichtlichen Phänomen gemeinsamen Interesses am Gegenstand auf. Es handelt sich um die Art und Weise, *wie* mit Geschichte umgegangen wird. Bis dahin war Geschichtsschreibung weithin identisch mit dem Berichten von Geschehenem: d.h. sie war Literatur, oder spezifischer ausgedrückt: Erzählung. Die Erzählung ihrerseits hatte den Ehrgeiz, Geschichten mitzuteilen, denen man historische Realität zutrauen konnte, die also den Status von Berichten über tatsächlich Geschehenes durchaus beanspruchten.[29]

Die historischen Romane der deutschen Literatur des frühen und mittleren 19. Jahrhunderts folgen bei aller deutlichen Abhängigkeit von Autoren wie Walter Scott dennoch eher oder zusätzlich dem Vorbild der Geschichtsschreibung des frühen Historismus. Ein Blick in die genannten Romane von Scheffel oder Ebers etwa läßt das evident erscheinen.

4.1 Zwei Beispiele

Ich gebe zunächst ein beliebiges Beispiel aus dem zweiten Kapitel von Viktor von Scheffels Roman »Ekkehard« mit der Überschrift »Die Jünger des Hl. Gallus«:

> Wie sie an der Bucht von Rorschach (10) anfuhren, hieß die Herzogin einlenken. Zum Ufer steuerte das Schiff, übers schwanke Brett stieg sie ans Land. Und der Wasserzoller kam herbei, der dort den Welschlandfahrern das

[26] Vgl. Ernst Schulin, Vom Beruf des Jahrhunderts für die Geschichte. Das 19. Jahrhundert als Epoche des Historismus. In: Arnold Esch/Jens Petersen (Hrsg.), *Geschichte und Geschichtswissenschaft in der Kultur Italiens und Deutschlands. Wissenschaftliches Kolloquium zum hundertjährigen Bestehen des Deutschen Historischen Instituts in Rom (24.-25. Mai 1988)*, Tübingen 1989, S. 11-38.

[27] Vgl. Schulin, Vom Beruf (Anm. 26), passim.

[28] Dieser Problemkomplex ist gut untersucht; – vgl. hierzu besonders die Arbeiten von Hartmut Steinecke, *Romantheorie und Romankritik in Deutschland. Die Entwicklung des Gattungsverständnisses von der Scott-Rezeption bis zum programmatischen Realismus*, 2 Bde., Stuttgart 1975; und Hartmut Eggert, *Studien zur Wirkungsgeschichte des Deutschen historischen Romans 1850-1875*, Frankfurt/Main 1971.

[29] Vgl. Karlheinz Stierle, Erfahrung und narrative Form. Bemerkungen zu ihrem Zusammenhang in Fiktion und Historiographie, in: Jürgen Kocka/Thomas Nipperdey (Hrsg.), *Theorie und Erzählung in der Geschichte*, München 1979 (= Beiträge zur Historik, Bd. 3), S. 85ff.

Durchgangsgeld abnahm, und der Weibel des Marktes und wer immer am jungen Hafenplatz seßhaft war, sie riefen der Landesherrin ein rauhes: Heil Herro! Heil Liebo! (11) zu und schwangen mächtige Tannenzweige. Grüßend schritt sie durch die Reihen und gebot ihrem Kämmerer, etliche Silbermünzen auszuwerfen, aber es galt kein langes Verweilen.

(10) Rorschach wird oftmals erwähnt als Durchgangspunkt für die nach Italien Reisenden. Das Gotteshaus Sankt Gallen übte ›von des Reichs Wegen‹ die Vogtei darüber. S. Oeffnung zu Rorschach v. 1469 bei Grimm, Weistümer I. 233. Diplome sächsischer Kaiser bestätigen den Aebten von Sankt Gallen das Markt-, Münz- und Zollrecht daselbst. S. Ildefons v. Arx, Geschichte des Kantons St. Gallen I. 221.
(11) Et clamativo illum cantu salutant: Heil Herro! Heil Liebo! et caetera. Ekkeh. casus S. Galli bei Pertz Mon. II. 87.[30]

Man sieht, dergleichen Fußnoten sind nur von Fachleuten zu dechiffrieren. In den insgesamt 285 Fußnoten des Romans sind häufig ausführliche Quellenzitate mitgeteilt, die den authentischen Charakter der entsprechenden Romanpassagen belegen sollen.

Entsprechendes wie für Scheffels Roman von 1855[31] gilt für den wohl berühmtesten ›Professorenroman‹: »Eine ägyptische Königstochter« von Georg Ebers (1864).[32] Der Ägyptologe Ebers hat seinen dreibändigen Roman schon vor Beginn seiner wissenschaftlichen Laufbahn[33] publiziert. Auch dieser Roman war von größtem Erfolg zu seiner Zeit.[34] Und die mehreren hundert wissenschaftlichen Anmerkungen im Anhang dienen wie bei Scheffel

---

30 *J.V. von Scheffels Gesammelte Werke in 6 Bänden*, mit einer biographischen Einleitung von Johannes Proelß, Stuttgart o.J. [1907], S. 114; – die Ziffern in Klammern bezeichnen die Fußnoten im Original.

31 Der Erfolg des Romans war übrigens zunächst mäßig. Erst im Zusammenhang mit der Reichsgründung sind die steigenden Absatzzahlen zu vermerken, die auf Jahrzehnte hinaus – und in gewissem Sinne bis heute – den überaus großen Erfolg des Romans dokumentieren. Vgl. dazu Eggert, *Studien* (Anm. 28), der im Anhang seiner Untersuchung genaue vergleichende Auflagenzahlen der wichtigsten historischen Romane des 19. Jahrhunderts mitteilt und entsprechende Statistiken erstellt.

32 Kamen bei Scheffel auf 389 Seiten 285 Fußnoten, so waren bei Georg Ebers zwar auf 700 Seiten auch nur 525 Fußnoten zu verzeichnen, ihr Umfang aber war gegenüber Scheffel (34 Seiten Anmerkungen) fast auf das Vierfache (120 Seiten Anmerkungen) angeschwollen.

33 Vgl. dazu besonders Georg Ebers, *Eine ägyptische Königstochter. Historischer Roman*, 3 Bde., Stuttgart/Leipzig [20]1906, Bd. 2, Anm. 74 zu S. 93, S. 258-261; sowie die Lebenserinnerungen von Ebers, in denen er über die Entstehung seines ersten Romans und die Reaktion seines akademischen Lehrers, des Ägyptologen Lepsius, darauf berichtet (G.E., Die Geschichte meines Lebens. Vom Kind bis zum Manne, in: G.E., *Ausgewählte Werke*, Bd. 10, Stuttgart/Berlin o.J.).

34 Wenn auch nicht von gleichem Erfolg wie Scheffels »Ekkehard«, der im Jahre 1900 seine 200. Auflage erreichte; demgegenüber brachte es Ebers mit seinem nur neun Jahre später erschienenen Roman bis zum gleichen Jahr lediglich auf 18 Auflagen (vgl. Eggert, *Studien* [Anm. 28]). – Interessant etwa die Bemerkung in einer der seinerzeit meistgelesenen Literaturgeschichten, der von Robert König, wo es zu Ebers' Roman heißt: »Ungeachtet der durch nur zuviele störende Fußnoten bezeugten Geschichtstreue aller auftretenden Persönlichkeiten und jedes archäologischen Details war die ganze Erzählung doch mit dichterischer Freiheit behandelt und mutete oft sehr modern [sic!] an.« (Robert König, Deutsche Litteraturgeschichte, Bielefeld/Leipzig [22]1889, S. 768).

dazu, die historische Glaubwürdigkeit zu erhöhen und den Objektivitätsanspruch plausibel zu machen.

Der Roman konnte offensichtlich mit einem wissenschafts-orientierten, ja wissenschaftsgläubigen Publikum rechnen, das seine Realismusbedürfnisse, die es selbst (oder gerade) romanhaften Darstellungen entgegenbrachte, am besten über eine wissenschaftlich daherkommende Beweisstrategie befriedigen konnte. Das ist ein wichtiges rezeptionsgeschichtliches und -theoretisches Phänomen. Die zum Teil umfänglichen wissenschaftlichen Erörterungen in den zahllosen Fußnoten waren keineswegs Mystifikationen. Sie beruhten vielmehr auf genauen Forschungen und belegten minutiös das Mitgeteilte mit den entsprechenden Quellenangaben von der Antike bis zu den historischen Forschungen des 19. Jahrhunderts.

Bevor Ebers die vierte Auflage seines Romans herausgab, hatte er bei einer Ägyptenreise 1872/73 den sogenannten Papyrus Ebers entdeckt und mitgebracht. Es handelt sich um einen hermetischen Text über die Arzneimittelkunst der alten Ägypter, u.a. die Augenheilkunde. Aus dem, was Ebers in seiner »Vorrede zur vierten Auflage« schreibt, geht deutlich die *Verschränkung* von wissenschaftlichem Interesse am historischen Gegenstand Ägypten und dem Willen zu romanhafter Darstellung hervor. Sie gibt den Hergang einer merkwürdigen Koinzidenz wieder. Ebers zusammenfassend:

> Alles dies scheint kaum in die Vorrede zu einem historischen Roman zu gehören, und dennoch ist es gerade an dieser Stelle der Erwähnung wert; hat es doch etwas beinahe ›Providentielles‹, daß es gerade dem Autor der Königstochter, daß es gerade mir vorbehalten blieb, meine Wissenschaft mit dieser Schrift zu beschenken. Der Leser wird unter den in diesem Romane auftretenden Personen einem Augenarzte aus Saïs begegnen, der ein Buch über die Krankheiten des Sehorgans verfaßte. Das Schicksal dieser kostbaren Arbeit wirkt bestimmend auf den Verlauf der gesamten Handlung ein. Diese *Papyrusrolle des Augenarztes aus Saïs*, die noch vor kurzem nur in der Vorstellung des Verfassers und der Leser der Königstochter existirte, ist nunmehr als reales Ding vorhanden. Es ist mir, als es mir diese Rolle heimzubringen gelang, ergangen wie dem Manne, der von einem Schatze geträumt hatte, und der ihn am Wege fand, da er ausritt ...[35]

Ebers stellt eine ursächliche Verbindung her zwischen einer seiner Romanfiguren und einer historischen Gestalt aus dem alten Ägypten; und zwar in dieser Reihenfolge. Zuerst die Erfindung, dann die historische Realität. Das bedeutet aber: Die Roman-Erfindung ist historisch *so* korrekt, daß sie alle Aussicht hat, real zu werden und – es tatsächlich wird. *Das* wiederum erschien Ebers als Mirakel. Der Augenarzt aus Saïs ist zugleich Traum und Wirklichkeit – so Ebers am Ende seines Vorwortes; sie treten »providentiell«[36] zueinander in Beziehung. In der Realität seiner Reise nach Ägypten erfüllt sich erst, was in der Dichtung »geträumt« wurde. – Es handelt sich um

---

[35] Ebers, *Königstochter* (Anm. 33), S. XXIV-XXVI.

[36] Ebers, *Königstochter* (Anm. 33), S. XXV; – was hier wohl soviel wie ›antizipatorisch‹ heißen soll.

eine Verknüpfung von Poesie und Wissenschaft, von Roman und tatsächlicher Geschichte, die geradezu als die Grundlage dieser Schreibweise anzusehen ist.

Die historischen Romane dieser Art präsentieren sich schon rein optisch als wissenschaftliche Texte; freilich: ohne es zu sein oder sein zu wollen. Dem fiktionalen Haupttext werden über Indices die im Anhang gesondert gedruckten wissenschaftlichen Fußnoten beigegeben. Sie sind ihrerseits keineswegs Bestandteil der Fiktionalität, sondern wollen gerade als wissenschaftliche Ergebnisse ernstgenommen werden. Anders also als etwa die zahlreichen Fußnoten in den Romanen Jean Pauls, die sämtlich einer Stärkung des fiktionalen Potentials des Haupttextes zu dienen haben. In den genannten historischen Romanen sind vielmehr durchweg nachprüfbare Ergebnisse wissenschaftlicher Forschung niedergelegt und zum Teil intensiv diskutiert.

Offensichtlich besagen diese Vorgänge, daß dem einzelnen historischen Faktum eine Bedeutung beigemessen wird, die weit über das hinausgeht, was man herkömmlicherweise an Glaubwürdigkeit von dergleichen Fakten erwartet hat. Das ist eine dialektische Angelegenheit. Denn die Tatsache, daß jedes einzelne Faktum – innerhalb eines fiktionalen Textes wohlgemerkt! – einer wissenschaftlich fundierten historischen Begründung bedarf, läßt darauf schließen, daß dem Faktum für sich genommen wenig Glaubwürdigkeit zugetraut wird; im Sinne wissenschaftlicher Nachprüfbarkeit. Das war bis dahin auch keineswegs gefordert. Fiktionale Texte bedurften nicht der Stütze und Glaubhaftmachung durch wissenschaftliche Unterfütterung. Wenn das jetzt anders wird, kann daraus gefolgert werden, daß dem im fiktionalen Kontext verwendeten Einzelfaktum gerade Faktizität einerseits abverlangt, andererseits nicht zugetraut wird. Wie dem auch sei: Das Einzelfaktum wird ernstgenommen und wissenschaftlich konsolidiert. Dieser Vorgang löst es allerdings mehr aus dem Zusammenhang heraus, als daß er es in ihn integrierte, wie das offenbar die Absicht ist. Der Autor konstituiert mit dem Fußnotenteil vielmehr einen *zweiten Text*, der argumentativer, nicht-fiktionaler Natur, d.h. im Hinblick auf den fiktionalen Text deutlich ein fremder ist. Das diskursive Moment, das diesen zweiten Text gegenüber dem fiktionalen auszeichnet, trennt die Textbestandteile nicht nur optisch für den Leser, sondern auch im Hinblick auf seine Rezeptionsmöglichkeiten und -qualitäten. Der Leser ist aufgefordert, den fiktionalen Text als fiktionalen zu lesen, aber zugleich wie einen wissenschaftlichen für richtig und wahr (für ›echt‹) zu halten, weil und allein weil er diskursiv gestützt wird.

Der literarische Text also bedarf der wissenschaftlichen Zuverlässigkeit, um adäquat gelesen zu werden. Das beansprucht im Leser zwei voneinander völlig verschiedene Arten von Bereitschaft. Die jeweils *ad vocem* beigezogene wissenschaftliche Begründung hebt die annotierte Stelle des Haupttextes als *unverständliche* hervor; sonst bedürfte sie nicht der wissenschaftlichen Erklärung. Der Leser wird also überhaupt erst auf die Möglichkeit hingewiesen, daß es Passagen in diesem fiktionalen Text gibt, die ihm unverständlich sind oder sein könnten, sofern er sich nicht der beigegebenen Annotierung bedient. Das vermittelt ihm zugleich mit dem Bewußtsein der Erklärungsbedürftigkeit gewisser Textstellen dasjenige möglicher punktueller Unverständlichkeit im Zusammenhang von ansonsten durchaus plausiblen Kontexten überhaupt. – Selbst wenn man den rezeptionsästhetischen Aspekt dieses Phänomens nicht überbetonen möchte, wird man zugestehen müssen, daß damit eine Sensibilisierung des Lesers – vielleicht ohne daß er sie selbst wirklich bemerkt – vonstatten geht; sie wird ihn andere Texte in Zukunft mit einer erhöhten Aufmerksamkeit lesen lassen. Auf jeden Fall ist dem Leser deutlich, daß ein Text nicht immer und wie selbstverständlich homogen sein muß.[37]

Aber nicht in allen Fällen des historischen Romans sind die Affinitäten zwischen dem Geschichtsroman und der Geschichtsschreibung, zwischen historischem Roman und wissenschaftlicher Beschäftigung mit historischen Fakten so offensichtlich wie in den genannten Fällen Scheffel oder Ebers. Bei Felix Dahn zum Beispiel gehen seinen großen historischen Romanen, von denen der berühmte »Kampf um Rom« nur der bekannteste ist, ebenfalls umfangreiche wissenschaftliche Vorarbeiten voraus. An Flauberts großem Karthago-Roman »Salammbô« ließe sich zeigen, was gemeint ist. Hier sind in höchster Akribie historische Fakten gesammelt und im Romanganzen sozusagen fiktional aufgehoben. Es gibt keine Fußnoten, aber der Leser, der sich auskennt, stellt fest, daß der Produktion dieses Textes ganz offensichtlich außerordentlich intensive einschlägige Studien zugrundeliegen.[38]

5. Folgen

Solche wissenschaftliche Konzentrierung auf Einzelfakten führt für die Literatur in ihrer Konsequenz zu einer immer stärker werdenden *Isolierung einzelner Lexeme* und damit zum weitgehenden *Verzicht auf inhaltslogische Zusammenhänge*. Die Darlegung dessen, worum es in unserem Zusammenhang geht, kann deshalb einen Schritt weitergehen. Denn es läßt sich feststellen, daß es keineswegs einer explizit wissenschaftlichen Annotation bedarf, um den fiktionalen Texten die Glaubhaftigkeit historischer Darstellung zu verleihen. Bei Flaubert oder Huysmans[39] vielmehr, bei Wilhelm Raabe, auch bei Friedrich Theodor Vischer und in anderer Weise später bei Beer-Hofmann in dem erwähnten Roman »Der Tod Georgs« (1900), finden die akri-

[37] Klar ist natürlich auch, daß eine solche Leseerfahrung weder überall zeitgenössisch in dieser expliziten Weise gemacht worden ist, noch daß man sie als so explizit auch nur voraussetzen könnte. Wichtig ist daran lediglich, daß es sich ganz offensichtlich hier um Vorformen von Textveränderungen handelt, die erst einer späteren, für das Gesamtphänomen ›isolierte Lexeme‹ sensibilisierten Leseerfahrung so etwas wie erste Anzeichen signalisieren.

[38] Das läßt sich im Falle Flaubert auch mühelos belegen und ist in die zahllosen Untersuchungen zu nicht nur diesem Roman Flauberts auch eingegangen; – vgl. Gustave Flaubert, *Salammbô*, Paris 1971.

[39] Vgl. Beitrag 5 in diesem Band, besonders S. 59ff.

bisch erarbeiteten Einzelfakten Eingang in die fiktionalen Texte selbst. Sie bewahren aber zugleich ihre im Historismus gewonnene Selbständigkeit und präsentieren sich immer deutlicher als autonome Lexeme. Spätere Unverständlichkeit ist in dieser Loslösung aus ihrem ursprünglichen Kontext begründet.

5.1 Das Beispiel Wilhelm Raabe

Wilhelm Raabes (1831-1910) historische Erzählung aus dem Siebenjährigen Krieg »Das Odfeld«[40] gehört in besonderer Weise in diesen Zusammenhang. Zwar verzichtet sie auf die aus den Romanen von Scheffel oder Ebers bekannten wissenschaftlichen Anmerkungen; aber die Quellen werden zum Teil genau zitiert.

Die zwischen 1886 und 1887 geschriebene, seit 1888 zunächst in Fortsetzungen, dann 1889 als Buch erschienene Erzählung gehört literaturgeschichtlich in den Spätrealismus. Ihre Entstehung ist etwa zeitgleich mit den von Huysmans in Rede stehenden Romanen (»A Rebours«, 1884; »Là Bas«, 1891; auch »La Cathédrale«, 1898). Wie dort – wenn auch in ganz anderer Weise – finden sich bei Raabe die entsprechenden Kataloge;[41] allerdings noch in deutlicher Verbindung mit dem Anliegen historischer Treue gegenüber dem Gegenstand; zumindest auf den ersten Blick. So wird die Studierstube des etwas wunderlichen und skurrilen Magister Buchius genau beschrieben. Sie ähnelt eher einem Raritätenkabinett als einer Bibliothek und »es kleben und hängen an allem Zettul«, auf denen die Gegenstände – »von des gelehrten und kuriösen Mannes Hand geschrieben«[42] – archiviert sind, die das Arsenal analog zur historistischen Bestandsaufnahme der Historiker genau katalogisieren. Etwa:

---

[40] Wilhelm Raabe, Das Odfeld. Eine Erzählung, in: W.R., *Sämtliche Werke*, im Auftrage der Braunschweigischen Wissenschaftlichen Gesellschaft hrsg. von Karl Hoppe, Bd. 17, bearbeitet von Karl Hoppe/Hans Oppermann, Göttingen 1966, S. 5-220. – Die Erzählung ist bezeichnenderweise bis etwa 1960 so gut wie nicht beachtet worden. Erst Fairley und Killy haben sie in den Mittelpunkt besonderen Interesses gerückt; vgl. besonders: Barker Fairley, *Wilhelm Raabe. Eine Deutung seiner Romane*, übersetzt von Hermann Boeschenstein, München 1961, S. 101ff.; Walther Killy, Geschichte gegen die Geschichte. Raabe: »Das Odfeld« (1889), in: W.K., *Wirklichkeit und Kunstcharakter. Neun Romane des 19. Jahrhunderts*, München 1963, S. 146–165; Hubert Ohl, *Bild und Wirklichkeit. Studien zur Romankunst Raabes und Fontanes*, Heidelberg 1968; Hans-Vilmar Geppert, *Der ›andere‹ historische Roman. Theorie und Strukturen einer diskontinuierlichen Gattung*, Tübingen 1976; – für diesen Zusammenhang besonders wichtig: Eberhard Knobloch, *Die Wortwahl in der archaisierenden chronikalischen Erzählung. Meinhold, Raabe, Storm, Wille, Kolbenheyer*, Göppingen 1971; – auch: Karl Jürgen Ringel, *Wilhelm Raabes Roman ›Hastenbeck‹. Ein Beitrag zum Verständnis des Alterswerkes*, Bern 1970 (= Europäische Hochschulschriften, Reihe I, Bd. 20); – zum Nachweis der Quellenstudien Raabes nach Erich Weninger vgl. die o.g. Textausgabe, S. 402ff.

[41] Vgl. unten im Zusammenhang mit Holz: Huysmans, Nordau; – das Wort »Katalog« bezeichnenderweise bei Raabe selbst (Raabe, Odfeld [Anm. 40], S. 43).

[42] Raabe, Odfeld (Anm. 40), S. 42.

> Nro. 5. Ein römischer Rittersporn, so wahrscheinlich in den kayserlichen Armaden Divi Augusti oder Tiberii verloren. Im Sumpf am Molter-Bach gefunden. Arg verrostet. – Nro. 7. Eines cheruskischen Edelings Arm- und Schmuckring. In einem Topfe gefunden ohnweit Warbsen. – Nro. 7b. Etliche Aschen und Kohlen aus dem nämlichen Topfe. Zum Andenken an unsere Vorfahren in einem Papier conserviret in der Tobacksdose des hochseligen Herrn Abtes Doctoris Johann Peter Häseler, weiland hiesiger Hohen Schule weitberühmten Vorstehers. Ein feiner weltbekannter Historicus![43]

Die Beschriftung der Zettel ist, wie man sieht, genau wiedergegeben; seitenlang. Dennoch bedauert der Autor, bezeichnenderweise, »daß wir nicht alle nachschreiben können«:[44] auf diese Weise das Verfehlen seines Ideals beklagend, das in Vollständigkeit doch gerade besteht – ganz wie bei Huysmans in »A Rebours« und »La Cathédrale« oder bei Flaubert in »Bouvard et Pécuchet« (1880). – Das Verfahren ist nicht frei von Digressionen;[45] so veranlaßt allein das Stichwort »Gänsefeder« den Erzähler, die zu seiner Zeit gängigen Papiersorten vollständig aufzuführen.[46]

Es ist nicht sehr verwunderlich, daß der Leser bei der Lektüre der Erzählung eher an Jean Paul als an die sogenannten historischen Romane erinnert ist. Die Skurrilität des späten Raabe bedient sich zwar des historischen Quellenmaterials; aber doch in ganz anderer Weise als Dahn, Scheffel, Ebers oder Freytag. Dennoch läßt sich die gemeinsame Herkunft aus der historistisch gemachten Erfahrung der geschichtlichen Welt nicht leugnen; bei allen Qualitätsunterschieden.[47] Zugleich verändern die *Lexeme* ihre Konsistenz. Ihre Funktion, darüber hinaus, wird eine andere, als sie es in den historischen

---

43 Raabe, Odfeld (Anm. 40), S. 42.

44 Raabe, Odfeld (Anm. 40), S. 42.

45 Seine genuin moderne Fassung findet das in den kurzen Texten Robert Walsers: »Asche, Nadel, Bleistift und Zündhölzchen« (1915), »Reisekorb, Taschenuhr, Wasser und Kieselstein« (1916) »Lampe, Papier und Handschuhe«, »Rede an einen Ofen« sowie »Rede an einen Knopf« (1915).

46 Hubert Ohl trifft im Zusammenhang mit einer Stelle, wo Bernhard von Clairvaux mit Goethe zusammengebracht wird, nur um auf diese Weise alles auszuschöpfen, was dem Erzähler etwa beikommen könnte, die weiterführende, aufschlußreiche Feststellung, daß für den Erzähler des »Odfeld«, ja den »späten Raabe überhaupt, [...] das Vergangensein alles Erzählbaren nicht nur die qualitative Gleichheit aller Zeiten, sondern auch deren Austauschbarkeit in dem Sinne« bedeute, »daß eine für die andere eintreten kann« (Ohl, *Bild und Wirklichkeit* [Anm. 40], S. 137). Ohl hat ein anderes Interesse bei seiner Untersuchung dieser Erzählung. Dennoch ist seine in diesem Zusammenhang gemachte Beobachtung auch für uns von Bedeutung. Die Austauschbarkeit der historischen Ebenen ist offensichtlich: zwischen dem Erzählerrekurs auf Bernhard von Clairvaux einerseits und dem Goethe/Schiller-Briefwechsel andererseits. Solche Austauschbarkeit prinzipieller Art stellt sich als Spezifikum positivistisch-historistischer Geschichtsauffassung bzw. als deren Konsequenz dar. Sie entspricht für die Literatur dem relativistischen Historismus (dem also, was Schnädelbach »Historismus$_2$« nennt).

47 Daß Raabe im vierten Kapitel (Raabe, Odfeld [Anm. 40], S. 35f.) die Aufzählung der Streitkräfte Granbys, Hardenbergs usw., wie Weninger (vgl. ebd., S. 402) nachgewiesen hat, eindeutig einer historischen Quelle entnimmt (Ch.H.Ph. Westphalen), zeigt, wie nahe er der Technik des historischen Romans stand, bei aller »Modernität«, die man ihm sonst attestieren mag; – vgl. Ch.H.Ph. Westphalens »Geschichte der Feldzüge des Herzogs Ferdinand von Braunschweig-Lüneburg« (1859-1872).

Romanen von Scheffel, Dahn oder Ebers noch war. Sie befinden sich *auf dem Wege zu ihrer Autonomie* und beginnen so, die Textbewegung der literarischen Moderne auf eine irreversible Unverständlichkeit hin nachhaltig zu bestimmen.

5.2 Das Beispiel Friedrich Theodor Vischer

Friedrich Theodor Vischers »Auch Einer« (1879), als Text so uneinheitlich, daß er sich weder der Gattung Roman, noch der Reiseliteratur, noch einer anderen herkömmlichen zuschlagen läßt (der Untertitel nennt ihn folgerichtig nicht Roman, sondern vage genug »Eine Reisebekanntschaft«): Er ist für unseren Zusammenhang von besonderem Interesse.[48] Es geht dabei nicht so sehr um die dem Buch eingefügte umfangreiche »Pfahldorfgeschichte«,[49] die unter historistischen Gesichtspunkten ihres Stoffes wegen interessant genug wäre; mehr um die als »System des harmonischen Weltalls«[50] dargebotenen, höchst merkwürdigen Aufzählungen aller möglichen Übel sowie von Szenen, die diese – personifiziert – vorführen; aber zum Wenigsten der Inhalte wegen.

Gewöhnlich weiß, wer über Friedrich Theodor Vischer spricht, nicht viel mehr zu sagen, als auf die »Tücke des Objekts« anzuspielen. Damit sind die in diesem Buch als »innere« und »äußere Teufel« umständlich und skurril beschriebenen Plagen des alltäglichen Lebens gemeint. Und gerade das ist hier weniger wegen seiner Inhalte als wegen der kommentarlosen Aufzählung von Bedeutung, mit der sie über viele Seiten präsentiert werden. In unzähligen absurd-disparaten Partikeln wird dem Leser, gegliedert in Paragraphen, vorgeführt, welche »Teufel« dem Menschen im Alltag zum Verhängnis werden können. Diese »Tücken des Objekts» werden zwar aufgeteilt in innere und äußere Unzuträglichkeiten, eingeteilt in »Unorganisches und abgestorbene organische Stoffe«, »Artefakte«, »Pflanzen«, »Tiere« und »Menschen« – alles bleibt aber heterogen nebeneinander stehen, stellt eine reine Materialbenennung, eben einen Katalog dar. Eine logische, gar erzähllogische Beziehung wird nicht hergestellt.[51] Schließlich findet der Erzähler in den nachgelassenen Papieren von A.E. auch den »Anfang eines Romans«,[52] der ebenfalls mitgeteilt wird. Es handelt sich um den Beginn einer Erzählung, deren jedem Satz am Rand »Anmerkungen mit roter Tinte«[53] beigegeben sind. Diese Anmerkungen – jeweils mit diesem Ausdruck näher bezeichnet –

---

[48] Friedrich Theodor Vischer, *Auch Einer. Eine Reisebekanntschaft*, 2 Bde., Stuttgart 1879; – zit. nach: F.T.V., *Auch Einer*, mit einem Nachwort von Otto Borst, Frankfurt/Main 1987.

[49] Unter dem Titel »Der Besuch. Eine Pfahldorfgeschichte von A.E.« (Vischer, *Auch Einer* [Anm. 48], S. 93-356).

[50] Vischer, *Auch Einer* (Anm. 48), S. 322.

[51] Den Hauptarten der Teufel, den Aktionen, wird zu allem Überfluß in Form einer Handlungsskizze eine »Singtragödie« beigefügt (Vischer, *Auch Einer* [Anm. 48], S. 334ff.).

[52] Vischer, *Auch Einer* (Anm. 48), S. 337.

[53] Vischer, *Auch Einer* (Anm. 48), S. 337.

konterkarieren das Handlungsgeschehen. Deutlich persifliert Vischer[54] damit die Annotationstechnik der historischen Romane im Stile von Scheffel und Ebers. Die Anmerkungen heben den Fortgang der intendierten Erzählung auf, indem sie nach dem Schema der »Tücke des Objekts« sämtliche Handlungen retardieren.[55]

Seiner ursprünglich 1874 verfaßten autobiographischen Skizze »Mein Lebensgang« hat Vischer später im Hinblick auf seinen Roman einen umfangreichen »Zusatz« beigegeben.[56] Für unseren Zusammenhang ist die gleich zu Anfang dieser Verteidigungsschrift gemachte Bemerkung von der »Relativität aller Kulturgrade« und der »Relativität des *Zeitbegriffs*«[57] interessant; denn sie verweist auf die relativistische Spielart des Historismus. Die Pfahldorfgeschichte, in den Gesamttext als Novelle eingelegt, beruht ihrem Stoff nach auf den fundreichen Ausgrabungen in Schweizer Seen im 19. Jahrhundert.[58] Angesichts der dort gemachten steinzeitlichen Funde, die nach allgemeiner Auffassung und auch in Vischers Augen von beachtlichem kulturellem Niveau zeugten,[59] stellt sich ihm im Vergleich zur eigenen Zeit die Frage nach der »Relativität aller Kulturgrade und vermeintlichen Kulturgipfel«.[60] Mag also die Qualität dieser historistisch-skurrilen Novelleneinlage sein, wie sie will: Was Vischer, seiner eigenen Darstellung nach, zu ihr veranlaßt hat, ist genau das, was in unserem Zusammenhang überhaupt von Interesse ist: die Einsicht in die Relativität geschichtlicher Epochen.[61]

Die in dem Zusatz zu seiner autobiographischen Skizze niedergelegten Überlegungen Vischers zur Entstehung von »Auch Einer« rücken dieses abstruse Buch in den Horizont unseres Interesses. Die katalogartige Auflistung der tückischen Objekte gehorcht vordergründig – wie er selbst sagt – einem Gedankenspiel, einer erkenntnistheoretischen Manipulation. Aber letztlich

---

54 Z.B. Vischer, *Auch Einer* (Anm. 48), S. 337ff.

55 Zur Entstehung der Geschichte vgl. Fritz Schlawe, *Friedrich Theodor Vischer*, Stuttgart 1959, S. 362f.

56 Die autobiographische Skizze erschien zuerst in der »Gegenwart« (November/Dezember 1874). Dem Wiederabdruck in der Sammlung »Altes und Neues« (Heft 3, 1882) war dieser »Zusatz« beigefügt; – alle Zitate im folgenden nach: Friedrich Theodor Vischer, *Prosaschriften*, hrsg. von Gustav Keyßner, Stuttgart/Berlin o.J.

57 Vischer, *Prosaschriften* (Anm. 56), S. 90.

58 Vischer selbst erwähnt (Vischer, *Prosaschriften* [Anm. 56], S. 89) in diesem Zusammenhang Ferdinand Keller, *Die keltischen Pfahlbauten in den Schweizer Seen*, Zürich 1854-1879; – vgl. dazu auch Schlawe, *Vischer* (Anm. 55), S. 362f.

59 »Ich erinnere an die praktischen Geräte und Waffen, an die Webstühle, die gemusterten Stoffe und so manches andere« (Vischer, *Prosaschriften* [Anm. 56], S. 89).

60 Vischer, *Prosaschriften* (Anm. 56), S. 90.

61 Zu fragen wäre, ob Vischer mit Leopold von Rankes berühmtem Gedanken, alle Epochen seien unmittelbar zu Gott, vertraut war. Ranke hat diese Vorstellung wohl zum ersten Mal im Herbst 1854 in einem Vortrag »Über die Epochen der neueren Geschichte« vor Maximilian II. von Bayern geäußert. Diese Vorträge wurden allerdings erst 1888 von Alfred Dove aus dem Nachlaß veröffentlicht; – wieder abgedruckt in: Leopold von Ranke, *Geschichte und Politik. Friedrich der Große, Politisches Gespräch und andere Meisterschriften*, hrsg. von Hans Hofmann, Stuttgart o.J. [1936], S. 138ff.; hier S. 141; – vgl. dazu M. Riedel, Art. Epoche, Epochenbewußtsein, in: *Historisches Wörterbuch der Philosophie* (Anm. 17), Bd. 2, Sp. 596ff.

geht es um die Relativität von allem und allem, über die er selbst spricht. An dieser Stelle beginnt der *Umschlag des positivistisch-historistischen Verfahrens ins relativistische* sich tatsächlich abzuzeichnen.[62]

Eine besondere Erwähnung verdient der »Speisezettel« überschriebene Abschnitt in der Pfahldorfgeschichte.[63] Denn spätestens dort ist deutlich, daß es sich – traditionell gesprochen – um eine Parodie handelt, die den historisch/historistischen Roman à la Scheffel oder Ebers meint.[64] Sieht man die Texte unter dem Gesichtspunkt an, sie als vor-moderne zu verstehen, dann werden sie gerade als im Progreß auf eine nur wenig später tatsächlich vollzogene Lexem-Isolierung, dann Lexemautonomie, neu verständlich.

An diesem Werk Vischers ist zweierlei für unseren Zusammenhang festzuhalten: Anlaß des Buches ist offensichtlich die Einsicht in die grundsätzliche Relativität der Zeit bzw. des »Zeitbegriffs«; Vischer auf dem Wege über die Beschäftigung mit früheren Kulturen zugekommen, die ihn zu solcher Einsicht in die Relativität des historischen Geschehens und der historischen, kulturellen Abfolge zwingt. Andererseits aber wird das alles zum Gegenstand komischer Darstellung, weil es nur in der komischen Aufhebung überhaupt erträglich wird. Die Unsinnigkeit, bestimmte historische Epochen als besonders gelungen, andere als besonders mißlungen anzusehen, fordert geradezu dazu heraus, sie parodierend in ihr Verfahren aufzulösen; d.h. in ein historistisches.

So mag die erfundene Speisekarte für sich genommen noch als real, realistisch, historisch hingehen; in ihrer historistischen Zutat aber, in den »Anmerkungen« eben, paralysiert sie sich selbst und stellt sich dadurch objektiv still. *Die Verselbständigung der Lexeme ist unübersehbar.* Der Verzicht auf inhaltslogische Zusammenhänge ist lediglich durch den Schematismus verhindert, dem die Aufzählungen eingegliedert sind. In dem Moment, da der Leser die vorgegebene Gliederung (etwa des »Speisezettels«) suspendiert, d.h. I., 1., α., ß., αα., ßß., usw. außer Acht läßt, stellt sich der Text als reiner Katalog dar, der nicht nur keine Satzlogik mehr erkennen läßt, sondern auch

---

62 Vischer versteht die Auflistung, ja die Behandlung jener Tücken des Objekts als indikativische Auflösung eines konjunktivischen Zustands. Wenn einem dergleichen zustoße, so sage man doch so und so oft: ›Es ist doch geradezu, *als ob*‹. Wenn man nur einen Schritt weiterginge und diesen Irrealis in den Realis umsetze, habe man genau das, was er in seinem Buch beschreibe: »Wir alle denken und sagen tausendmal bei sehr lästigen Zufällen: Es ist doch, als ob Dämonen gegen mich verschworen wären! Man mache mit diesem ›*Als ob*‹: halb ernst, wie die alte Mythologie ganz Ernst aus Ähnlichem machte – nun, so hat man ja den A.E.« (Vischer, *Prosaschriften* [Anm. 56], S. 93). Ob Vischer sich der ganzen Tragweite seiner Überlegungen zum Phänomen des *Als ob* bewußt war, ist schwer zu entscheiden. Jedenfalls charakterisiert bekanntlich, wie Krummacher (vgl. Hans-Henrik Krummacher, *Das ›Als ob‹ in der Lyrik. Erscheinungsformen und Wandlungen einer Sprachfigur der Metaphorik von der Romantik bis zu Rilke*, Köln 1965) gezeigt hat, gerade dieser Tatbestand denjenigen moderner Lyrik überhaupt. Philosophiegeschichtlich führt er auf direktem Wege zu Hans Vaihinger.

63 Vischer, *Auch Einer* (Anm. 48), S. 253-259.

64 Vgl. besonders den Kommentar zu Nummer 2 dieser historischen Speisekarte, der die Delikatesse »Mark verschiedener Art« aufführt (Vischer, *Auch Einer* [Anm. 48], S. 255).

sonst das Bild einer durchaus willkürlichen Zusammenstellung bietet. Noch deutlicher in den Aufzählungen der »Hauptarten der Teufel«, deren »Einteilung«[65] sich entsprechend liest.[66] Und man muß sich fragen, ob das alles noch – was man traditionellerweise annehmen möchte – unter der Überschrift Komik erklärbar ist; worüber Vischer bekanntlich viel nachgedacht hat. Im Kontext von Historismus und Lexemautonomie jedenfalls scheinen diese Phänomene fürs erste von ihrer Unverständlichkeit und Sinnlosigkeit befreit zu sein, weil sie offensichtlich einem ganz anderen Paradigma gehorchen. Die Untersuchung über Friedrich Theodor Vischer und den Historismus, konkreter: Friedrich Theodor Vischers Ästhetik einerseits, seinen merkwürdigen romanhaften Text einer Reisebekanntschaft »Auch Einer« andererseits und den historischen Roman ist noch zu schreiben.[67]

Aus alledem ergibt sich, daß die hier zuletzt vorgeführten Beispiele (Raabe und Vischer) gar nicht mehr unter die Gattung historischer Roman zu subsumieren sind; obgleich doch inhaltlich alles oder vieles dafür spricht. Die in der Entwicklung des historischen Romans entstehende und sich stets mehr herausbildende Tendenz zu dem, was hier ›Lexemautonomie‹ genannt worden ist, führt zu einer Verselbständigung und Isolierung, die nicht mehr zu übersehen ist; ob es sich nun um einzelne Wörter (Huysmans, Arno Holz, August Stramm, Dadaismus), einzelne Sätze (Georg Trakl, Theodor Däubler, Hugo von Hofmannsthal), ganze Passagen (Flauberts »Bouvard et Pécuchet«, Joyces »Ulysses«), ganze Kapitel (Hermann Brochs »Schlafwandler«, III. Teil) handelt.«

6. Übergänge und Schaltstellen: Arno Holz

Raabe und Vischer stehen, so gesehen, wesentlich näher bei Arno Holz als beim historischen Roman. Sein »Phantasus«, die kleine Sammlung von hundert kurzen Gedichten, hat, als sie 1898 unter diesem Titel erscheint, nichts Hypertrophes. Aber die zahllosen späteren Überarbeitungen, die ihn zum ›Riesenphantasus‹ werden lassen, erweisen ihn *ex post* als bereits im Kern historistisch.

---

[65] So die Bezeichnung in Vischers Text, was den Katalogcharakter noch einmal hervorhebt, der im Laufe der folgenden Jahre für andere Texte anderer Autoren wie Huysmans oder Beer-Hofmann, Holz oder auch die Dadaisten zunehmend konstitutiv und verfahrensbildend wird.

[66] Z.B.: »Schleimhäute, Zunge, Kehle, Lunge, Zwerchfell, Magen, Gedärme, Blase, Gelenke, Sehnen, Nerven, Gehirn, Augen, Nase, Ohren, Haut, Hals, Rücken, Arme, Finger, Kreuz, Beine, Zehen, Nägel. [...] Brillen, Haken, Nägel, Uhren, Zündhölzchen, Kerzen, Lampen, Münzen, Stiefelknechte, Schnüre, Bändel, Beinkleider, Hosenträger, Knöpfe, Knopflöcher, Rockhängeschleife, Hut, Armlöcher, Schuhe, Stiefel, Galoschen, Messer, Gabel, Löffel, Teller, Schüssel mit Suppe und anderem, Papier, Tinte, Böden, besonders Parkettböden, Treppen, Türen, Schlösser, Wände, Fenster, Kandeln, Fußbänke, Wagen, speziell Eisenbahnwagen« (Vischer, *Auch Einer* [Anm. 48], S. 325ff.).

[67] Dabei wäre ein besonderes Augenmerk auf Unterschiede und Gemeinsamkeiten im Hinblick etwa auf Goethes »Wanderjahre« zu richten, als das Modell, nach dem Vischers Text angelegt ist: Novelleneinlage, »Betrachtungen im Sinne der Wanderer« usw.

Man pflegt die hier vereinigten kurzen Texte dem Jugendstil zuzuordnen und hat damit so Unrecht nicht; schon wegen der Typographie, in der sie erscheinen. Das Ornament spielt eine wichtige Rolle. Mit Recht und ganz im Sinne von Holz hat Gerhard Schulz seine Ausgabe als Faksimiledruck[68] angelegt. Die nur in solcher Wiedergabe deutlich hervortretende Erscheinungsform der Texte ist ihnen keinesfalls äußerlich. Mittelachsenanordnung, Punkte und Gedankenstriche, die Lianen der Titelvignetten ordnen die Texte zwischen Jugendstil und Impressionismus, *style floréal* und Mode ein. ›Zeitgebunden‹ also scheinen sie dem heutigen Leser; und sind es in einem sehr speziellen Sinne. Der liegt nicht so sehr in der Typographie, die einen die Texte eben schnell dem Jugendstil zuschlagen läßt. Vielmehr ist in der bloßen Geschichte ihrer Bearbeitung durch den Autor der *Übergang von einem inhaltlichen Historismus zu einem des Verfahrens* deutlich zu beobachten, weil von hier aus für die späteren Auflagen des »Phantasus« zu verfolgen. Kaum sonst irgendwo in der Literatur der Zeit läßt sich dieser Übergang so gut ablesen wie hier.

Vermutlich für keine andere Epoche hängt die Lebenswelt so sehr mit dem zusammen, was sich auch sprachlich nachweisen läßt. Beides definiert sich über die Ansammlung der Details. Die Faktenkataloge der Literatur reproduzieren die zeitgenössische Lebenswelt, die Interieurs, in denen Autor und Leser der Zeit sich aufzuhalten pflegen; und umgekehrt. Das kann wörtlich und explizit geschehen wie in Huysmans' »Gegen den Strich«, wo die Wohnung des Helden Des Esseintes minutiös beschrieben wird; oder als formale Übernahme einer Auflistung, deren gegenständliche Realisation dann wesentlich freier verfährt: von Flauberts »Salammbô« bis zum »Phantasus« von Arno Holz. – Es handelt sich um das, was Hugo von Hofmannsthal »Möbelpoesie«[69] nennt.

Ein einziges Beispiel – ein Text von Holz und ein zeitgenössisches Zeugnis – kann auch hier zunächst genügen:

Der Kulturkritiker Max Nordau hat in seinem so verbreiteten wie problematischen Buch »Entartung« von 1892/93 eine überaus treffende Darstellung solcher Interieurs gegeben.[70] Wie sehr sie der historischen Wirklichkeit entsprechen, ist mühelos einem Vergleich mit zeitgenössischen Illustrationen

---

[68] Beide »Phantasus«-Hefte sind im Faksimile der Jugendstil-Typographie abgedruckt in: Arno Holz, *Phantasus*, Faksimiledruck der Erstfassung, hrsg. von Gerhard Schulz, Stuttgart 1968; – dort auch eine Konkordanz der verschiedenen Fassungen sowie Verzeichnis der Erstdruckorte und der Überschriften aus dem »Nachlaßphantasus« (S. 117-127).

[69] Hugo von Hofmannsthal, Gabriele D'Annunzio, in: H.v.H., *Reden und Aufsätze I* (Anm. 6), S. 183.

[70] Max Nordau, *Entartung*, Bd. 1, Berlin o.J.; in dem Kapitel »Fin de Siècle« unter der Überschrift »Symptome«. – Die Interieurbeschreibungen haben bei Nordau als Beweis für die Unechtheit der Lebensauffassung dieser Zeit zu dienen (S. 18) und kommen damit nahe an die Instrumentalisierung des Schauspielers für die Kultur- und Zivilisationskritik bei Nietzsche heran (dem im übrigen gerade seine vehemente Kritik gilt).

(»Gartenlaube« usw.) oder Fotos[71] zu entnehmen. Im Verlauf der von Nordau gebotenen Zivilisationskritik, die keineswegs Literatur sein möchte, gewinnen die von ihm als Beispiele des Unbedeutenden, Oberflächlichen, Nebensächlichen, kurz: ›Uneigentlichen‹ aufgezählten Fakten eine Selbständigkeit, die sie in der Literatur – wie auch in der Bildenden Kunst natürlich – längst haben. Ein kleiner Ausschnitt aus einer seitenlang beschreibenden Aufzählung der Interieurs, die »zugleich Theaterdekorationen und Rumpelkammern, Trödelbuden und Museen« seien:

> Das Arbeitszimmer des Hausherrn ist ein gothischer Rittersaal mit Panzern, Schilden und Kreuzbannern an den Wänden oder der Kaufladen eines morgenländischen Bazars mit kurdischen Teppichen, Beduinen-Truhen, circassischen Narghilehs und indischen Lackschachteln. Neben dem Spiegel des Kamins schneiden japanische Masken wilde oder drollige Gesichter. Zwischen den Fenstern starren Trophäen von Schwertern, Dolchen, Streitkolben und alten Radschloßpistolen. [...] Es ist alles ungleichartig, alles wahllos zusammengewürfelt; die Einheitlichkeit eines bestimmten geschichtlichen Stils gilt für altmodisch, für provinzial-philisterhaft; einen eigenen Stil hat die Zeit noch nicht hervorgebracht. [...][72]

Das Gedicht »Im Hause, wo die bunten Ampeln brennen ...« aus dem »Phantasus« von Arno Holz liest sich – schon in der ersten Fassung von 1899 – wie eine versifizierte Fassung dieses Textes:[73]

Im Hause, wo die bunten Ampeln brennen,
glänzen auf demselben Bücherspind
über George Ohnet, Stinde und Dante,
Schiller und Goethe:
beide beteiligt an ein und demselben Gypskranz!

Im Hause, wo die bunten Ampeln brennen,
hängt an derselben Wedgwoodtapete, über demselben Rokokoschirm,
zwischen Klinger und Hokusai,
Anton von Werner.

Im Hause, wo die bunten Ampeln brennen,
spielen dieselben schlanken Hände, auf demselben Ebenholzflügel,
mit demselben Charm und Chic
Frédéric François Chopin und Ludolf Waldmann.

Im Hause, wo die bunten Ampeln brennen,
auf vergoldeten Stühlchen sitzend,
trinkt man Chablis, Pilsner und Sect,
kommt dann peu-à-peu auf Nietzsche,
zuletzt wird getanzt.

---

[71] Vgl. etwa ein Foto des Salons in der Villa des Geheimrats Kaufmann in Berlin von 1905; in: *Die gute alte Zeit im Bild. Alltag im Kaiserreich 1871-1914 in Bildern und Zeugnissen*, präsentiert von Gert Richter, Berlin u.a. 1974, S. 47.

[72] Nordau, *Entartung* (Anm. 70), S. 19-22.

[73] Holz, *Phantasus* (Anm. 68), S. 86.

Ich küsse entzückt der Hausfrau die Hand,
enttäusche einen älteren, glattrasirten Herrn
mit baumwollnen Handschuhen und Wadenstrümpfen
durch eine Mark Trinkgeld
und verschwinde.

Was diesen Text im Zusammenhang mit dem Problem des Historismus besonders interessant macht, ist die Aufzählung von Einzelgegenständen, mit denen der Salon dieser »Kurfürstendammvilla«[74] ausstaffiert wird.

Beschrieben wird in der Tat der Salon einer offensichtlich wohlhabenden Familie. Die Nennung der einzelnen Details ist keineswegs willkürlich. Vielmehr wird katalogartig und genau gegliedert aufgezählt, was zu sehen und zu hören ist: die Werke von Dichtern, Bildenden Künstlern und Komponisten. Ansonsten scheint die Aufzählung wahllos. Aber genau wie in Nordaus Interieur, das die exakte Ordnung eines großbürgerlichen Hauses reproduziert, herrscht auch hier Ordnung und Geordnetheit: von den Modeschriftstellern George Ohnet und Julius Stinde über Goethe und Schiller, Klinger und Hokusai bis zu Nietzsche. – Nicht unwichtig ist die allerletzte Zeile: »und verschwinde«. Das Subjekt entzieht sich nach vollzogener Aufzählung der historistisch zusammengestellten Ausstattungsgegenstände der Szenerie, um nicht mit ihr verwechselt oder zusammen genannt zu werden. Hierin folgt der Autor ganz dem idealtypischen Bild des positivistisch verfahrenden Historikers, der seine Aufgabe lediglich darin sieht, die Fakten zu benennen, sich selbst aber aus dem Spiele zu lassen.

Dieser Text von Holz stellt die direkte Umsetzung des Verfahrens historistischer Gegenstandsannäherung in ein literarisches dar: Es handelt sich tatsächlich um Historismus als Verfahren.

Hält man beide Texte, den von Holz und den von Nordau, nebeneinander, dann lesen sie sich als wechselseitige Bestätigung eines Historismus-Diskurses, an dem offensichtlich die Zeit überhaupt partizipiert. Am Beispiel der »Phantasus«-Texte läßt sich darüber hinaus das Problem des historistischen Verfahrens besonders gut erörtern. Und das gerade auch bei solchen, deren Gegenstand selbst nicht einmal historistisch ist. Denn selbst sie unterliegen ebenfalls in den späteren Fassungen der Verselbständigung der Lexeme; also unabhängig vom Gegenstand. Das historistische Verfahren wird so tatsächlich generell ablesbar. Was zunächst noch an den historistischen Inhalt gebunden erscheint, setzt sich in den späteren Fassungen als bloßes Verfahren fort. Aber es ist in den beiden ersten Heften des »Phantasus« von 1898 und 1899 bereits angelegt.[75]

---

[74] Arno Holz hat seinen Gedichten aus dem »Phantasus« in der letzten Fassung in den meisten Fällen einen Titel beigegeben, der dann als »Nachlaßfassung« in die Ausgabe von Wilhelm Emrich übernommen worden ist. Für den hier vorliegenden Text lautet dieser Titel »Kurfürstendammvilla«; – vgl. Arno Holz, *Werke*, hrsg. von Wilhelm Emrich/Anita Holz, 7 Bde., Neuwied/Berlin 1961-1964; darin die Nachlaßfassung des »Phantasus« in Bd. 1-3; hier Bd. 3 (1962): *Phantasus IV, Ecce Poeta*, S. 294ff.

[75] Vgl. Holz, *Phantasus* (Anm. 68).

Verfolgt man die Produktion von Holz weiter bis zum Schluß, und sei es nur im Hinblick auf die Umarbeitungen des »Phantasus«, so ergibt sich ein im wörtlichen Sinne unbeschreiblicher Tatbestand. Aus den beiden schmalen Heften des Erstdrucks von 1898/99 mit 107 Seiten werden im Laufe der Jahre schließlich vier Teile mit insgesamt 1584 Seiten.[76] Mit Redundanz, »Elephantasus«,[77] wie die Kritik es nannte, oder Megalomanie des Autors ist das Phänomen auf jeden Fall unzureichend beschrieben.[78] Sucht man den Riesenphantasus – so Holz selbst – als Text der Moderne zu lesen, dann wird er im Verlauf seiner Umarbeitung immer deutlicher zu einem Dokument von Unverständlichkeit und Verselbständigung der Lexeme.[79] Und es gehört in den Kontext dessen, was hier diskutiert wird, daß im Hinblick auf die Lexeme schwerlich anders als von Scheinautonomie zu reden ist; was immer das in seiner Konsequenz bedeuten mag. So viel jedenfalls ist sicher: Der Status der Unverständlichkeit ist hier längst erreicht.

Vorläufig kann man zusammenfassend sagen: Die Anfänge einer historistisch-positivistischen Orientierung des literarischen Verfahrens sind besonders am historischen Roman abzulesen, der etwa seit dem zweiten Drittel des 19. Jahrhunderts in seiner Beschäftigung mit historischen Stoffen positivistisch verfährt. In der Folge löst sich die Literatur zwar von geschichtlichen Inhalten – oft von Inhalten überhaupt –, übernimmt aber das vorgegebene Schreibverfahren. Merkmale dieses Verfahrens sind zunächst Aufzählungen, Vollständigkeitstendenz, Detailtreue, differenzierte exakte Benennungen.

---

[76] Analog verfährt Holz in der »Blechschmiede«; sie erschien 1902 (Leipzig) mit einem Umfang von 147 Seiten, 1924 (Berlin) von insgesamt 846 Seiten; – zur Geschichte des »Phantasus« vgl. Gerhard Schulz, *Arno Holz. Dilemma eines bürgerlichen Dichterlebens*, München 1974, besonders S. 71-96 u. 177-235.

[77] Erwin Ackerknecht, Ein Pandämonium Lyricum, in: *Das literarische Echo* 19/1916/1917, S. 472; zit. nach: Schulz, *Arno Holz* (Anm. 76), S. 182f.

[78] Abgesehen davon, daß es in den holistisch und monistisch bestimmten literarischen Kontext der Zeit paßt (zusammen mit den Brüdern Hart, Carl Bleibtreu oder, in anderer Weise und von anderem Niveau, mit Thomas Manns »Josephsbrüdern« – vgl. Wunberg, Monismus [Anm. 22]). – Es wäre eine eigene Untersuchung wert, sich mit dem »Phantasus« genauer unter dem Aspekt des Historismus zu beschäftigen. »Die Hallelujawiese« (Holz, *Werke* [Anm. 74], Bd. 3, S. 345ff.) beispielsweise, ein nahezu 100 Seiten langer Gedichttext in Mittelachsensatz aus dem »Ecce Poeta« im fünften »Phantasus«-Teil, böte einen guten Ausgangspunkt. Die Farbnuancen in Reimform von Rot über Gelb, Blau, Grün, Braun, Grau und Schwarz bis Weiß (S. 358f.), eine Vollständigkeit mindestens insinuierende Liste musikalischer Bezeichnungen wie Forte und Piano, Presto, Allegretto, Largetto, Diminuendo usw. (S. 364f.), ganze Lapidarien (S. 371), Blumen- oder Vogelkataloge (S. 373-375); kurzum: ausgeschriebene Thesauren, die dem Titel des Werkes alle Ehre machen. Entsprechendes gilt für »Die Blechschmiede«. Dort findet sich zusätzlich noch (in der Ausgabe von 1924 – vgl. Anm. 76) ein 44-seitiges alphabetisch gegliedertes Register-Verzeichnis mit ca. 3350 Nennungen sogenannter »nomina propria«.

[79] Wilhelm Emrich hat schon vor mehr als dreißig Jahren darauf hingewiesen, daß die intensive Beschäftigung mit Arno Holz von »erhellender Bedeutung« sein werde »auch für die Erschließung analoger Kunsttheorien und Dichtungen des Charonkreises, des Expressionismus (Sturmkreis), Surrealismus u.a.«; zudem zeigten sich »auffallende Parallelen bei Dichtern wie Hofmannsthal, James Joyce, Hermann Broch, Robert Musil u.a.« (Wilhelm Emrich, Arno Holz und die moderne Kunst, in: W.E., *Protest und Verheißung. Studien zur klassischen und modernen Dichtung*, Frankfurt/Main [3]1968, S. 157).

Die Literatur kann dabei auf die Thesauren zurückgreifen, die »jener Ort des historischen Wissens« sind, »wo dieses in seiner Vereinzelung als historisches Datum geordnet und aufbewahrt ist.«[80] In der Folgezeit verselbständigen sich die ursprünglich historisch verstandenen Einzelfakten in zunehmendem Maße. Die daraus entstehende Autonomie der Lexeme setzt deren Gleichwertigkeit und somit ihre Entwertung voraus. Daraus ergibt sich eine Art Lizenz zur freien Verfügbarkeit der Diskurselemente außerhalb ihres ursprünglichen, nicht länger garantierten Sinnzusammenhanges. Unverständlichkeit moderner Texte ist die radikale Folge.[81] Einerseits eröffnet diese Lizenz der Moderne ein eigenständiges, bewußt nicht-traditionelles Selbstbewußtsein; andererseits stellt sie ihr die aporetische Aufgabe, den Sinn der rekombinierten Partikeln und Zitate nun aus sich selbst zu artikulieren.

7. Expressionismus und Historismus

Wenn die These von der zunehmenden Lexemautonomie seit dem positivistischen Historismus stimmt, dann handelt es sich dabei letztlich um ein allgemeines Sprachphänomen. Das Problem ist gebunden an die sprachliche Bewältigung von Erscheinungen, die aus der sprachlichen Überlieferung von historischen Begebenheiten resultieren, weil Geschichte das *Erzählen von erinnerten Begebenheiten* ist. Es ist folglich kein Zufall oder wenigstens kaum verwunderlich, daß sich im Gefolge dieser Problemlage die Literatur des Expressionismus zu einem großen Teil als *Sprachexperiment* und *Sprachspiel* darstellt. Nun ist mit dieser Feststellung zunächst selbstverständlich nicht viel Neues gesagt. Namen wie Mauthner oder Wittgenstein, jeder in seiner Weise, wie Kraus oder auch Hofmannsthal und das, wofür sie stehen: Sprachkritik, Sprachphilosophie, Sprachpurismus und Sprachkrise gehören zu den Randbedingungen. Der »Sturm«-Kreis beispielsweise, Lothar Schreyer oder Yvan Goll, Marinetti usw. haben sich bekanntlich dezidiert auch kritisch und theoretisch mit Fragen der Sprache beschäftigt.[82] Aber das Problem stellt sich anders, wenn man es unter den Voraussetzungen des positivistischen Historismus und seiner Folgen verhandelt, als wenn man solche Gesichtspunkte außer Acht läßt.

Man hat das in Hofmannsthals »Chandos«-Brief Formulierte bisher zumeist als Spezifikum und mehr oder weniger unvermittelt und plötzlich auftretendes Phänomen beschrieben.[83] Das scheint aus der hier vorgeschlagenen

---

[80] Stierle, Erfahrung (Anm. 29), S. 101. Um den zwar allenthalben verwendeten, aber diffusen Archiv-Begriff zu vermeiden, soll hier von Thesaurus gesprochen werden. Stierles Feststellung, daß »die Ordnung des Archivs eine außerdiskursive Ordnung« (S. 101) sei, gilt auch für den hier verwendeten Thesaurus-Begriff.

[81] Vgl. die Beiträge 4, 5 und 6 in diesem Band.

[82] Vgl. zum ganzen Maurice Godé, *›Der Sturm‹ de Herwarth Walden ou l'utopie d'un art autonome*, Nancy 1990.

[83] Vgl. zusammenfassend zum Sprachproblem der Moderne insgesamt: Dirk Göttsche, *Die*

Perspektive nicht haltbar. Vielmehr ist gerade eine Revision unter dem Aspekt von Historismus und Lexemautonomie geboten. Entsprechendes gilt selbstverständlich für die literarischen Texte des Expressionismus selbst. Man kann deshalb sagen, daß sich die Realisierung der Lexemautonomie bewußtlos und bewußt zugleich vollzieht; in Theorie und Praxis.

Ein Walter Meier hat in der »Neuen Zürcher Zeitung« 1919 das Problem ziemlich genau benannt. Er spricht bezeichnenderweise vom »expressionistischen Volapük« und diagnostiziert bereits richtig als Grund für den unübersehbaren Eindruck von »Hast« und »Tempo« in der Sprache der Expressionisten die »Eskamotierung« von *Artikel* und *Konjunktion*. Es sei die gegenwärtige Mode, der Sprache damit »die Gelenke zu stauchen und so sie zu jämmerlichem Gestelz zu nötigen«.[84]

Man wird also fragen können, ob das mit dem Unverständlichkeitskomplex zu tun hat. Meier hat recht, wenn er den zur Unverständlichkeit führenden Vorgang als einen genuin sprachlichen faßt. Die Literaturwissenschaft der zweiten Nachkriegszeit hat das später gerade für den Expressionismus *en detail* untersucht[85] und daraus ihre Schlüsse gezogen. Interessant an der genannten Bemerkung aber ist der frühe Zeitpunkt. Die Zeitgenossen bereits verstehen offensichtlich, worum es sich handelt. Dazu gibt es auch andere Belege. Denn nimmt man schließlich die polemische Tiefenschärfe dieser Bemerkung von Walter Meier etwas weg, bleibt immer noch der richtige diagnostische Blick für das Phänomen.

Franz Werfel, als Theoretiker gewiß eher bedeutungslos, hat etwas von dem Problem der Verselbständigung der Lexeme bemerkt und es als grammatisches genommen, wenn er es unter der Überschrift »Substantiv und Verbum« verhandelt: ein für diesen Zusammenhang bedeutungsvoller Text. Diese »Notiz zu einer Poetik« traktiert 1917 das Mauthnersche Problem von Substantiv, Verb und Adjektiv als »drei Sprachen« aus dessen »Wörterbuch der Philosophie«[86] auf ihre Weise; und zwar am Beispiel von u.a. Hölderlin und der Lasker-Schüler, und verweist darüber hinaus auf Poe und Swinburne.[87] – Daß Werfel gegenüber dergleichen Erscheinungen nicht unsensibel war, geht auch aus einer früheren Bemerkung (vom Dezember 1914) hervor, in der er die »fürchterliche Unübersehbarkeit« der Zeit beklagt: »es scheint«,

---

Produktivität der Sprachkrise in der modernen Prosa, Frankfurt/Main 1987; zum »Chandos«-Brief und seiner Einschätzung in der Forschung besonders S. 65-113.

[84] Neue Zürcher Zeitung, 1919, Nr. 1311; zit. nach: *Expressionismus. Manifeste und Dokumente zur deutschen Literatur 1910-1920*, hrsg. von Thomas Anz/Michael Stark, Stuttgart 1982, S. 602 (dort ausführlicher wiedergegeben).

[85] Vgl. Richard Brinkmann, *Expressionismus. Internationale Forschung zu einem internationalen Phänomen*, Stuttgart 1980, passim.

[86] Fritz Mauthner, *Wörterbuch der Philosophie. Neue Beiträge zu einer Kritik der Sprache*, Bd. 2, Leipzig 1910; – vgl. Walter Eschenbacher, *Fritz Mauthner und die deutsche Literatur um 1900. Eine Untersuchung zur Sprachkrise der Jahrhundertwende*, Frankfurt/Main/Bern 1977.

[87] Franz Werfel, Substantiv und Verbum. Notiz zu einer Poetik, in: *Theorie des Expressionismus*, hrsg. von Otto F. Best, Stuttgart 1976, S. 157-163.

schreibt er, »das *Und* zwischen den Dingen ist rebellisch geworden, alles liegt unverbindbar auf dem Haufen, und eine neue entsetzliche Einsamkeit macht das Leben stumm [!]«.[88] Bezeichnend, daß die allgemeine Zusammenhanglosigkeit, als die die Welt des ersten Kriegsjahrs erfahren wird, sich nur als sprachliches Phänomen zu äußern vermag. Aber die späteren Überlegungen zur Grammatik setzen das konsequent fort.

7.1 Expositorische Texte

Selbst noch die expositorischen Texte der Expressionisten sind in dem Sinne ›unverständlich‹, wie Meier es darstellt. Darin unterscheiden sie sich keineswegs von den fiktionalen. Die Versuche zu klärender Verständigung von Kandinsky bis Georg Kaiser, von Marinetti bis Schwitters, die Verlautbarungen der Wortkunst-Anhänger: Solche Texte fahren eigentlich im Genre der Fiktionalität fort; proben Diskursivität oft nicht einmal durch.[89] Sie versuchen allenfalls theoretisch vorzugehen, sind in Ausnahmen abstrakt und präsentieren ihre Überlegungen schließlich doch als metaphorische oder quasimetaphorische.

Deutlich unterscheiden sie sich darin von vergleichbaren Versuchen früherer Zeiten: Romantik, Klassik, auch des Naturalismus noch. Die kritische Annäherung an die eigenen künstlerischen Bedingungen ist dort stets ein Versuch zur Diskursivität gewesen; wollte keineswegs die im Werk erreichte Poetizität wiederholen. Selbst Friedrich Schlegel, dem das nahe gelegen hätte, wäre nie auf den Gedanken verfallen, in veröffentlichten Texten Diskursivität durch Fiktionalität zu ersetzen. Sogar Goethe, dem – umgekehrt – jede Theorie fern lag, dessen literaturkritische Äußerungen immer nur Annäherungen darstellten, keine Metareflexionen, hätte die Gattung niemals in dieser Weise desavouiert. Die Naturalisten schließlich waren ausgesprochen bemüht, ihren kritischen Gedankengängen den Anstrich wissenschaftlicher Begründung zu geben. Darin folgten sie ihrem Vorbild Zola.

Die völlige Durchsetzung aller diskursiven Äußerungen mit metaphorischer Sprechweise führt in den expositorischen Texten des Expressionismus zu deren ›Unverständlichkeit‹. Sie sind schließlich zu lesen wie die Texte, über die sie zu sprechen vorgeben, selbst. Ein Tatbestand, der in anderem Zusammenhang als monistisch zu begreifendes Phänomen verständlich wird.[90] Dann nämlich, wenn man ihn als die bewußtlose Tendenz der Zeit zu Einheitlichkeit – hier: von Aussage und Aussagemodi – auffaßt. Denn es entspricht der Homogenität der Künste untereinander, wie sie besonders seit dem Expressionismus allseits zu verzeichnen ist. Sie läßt sich mit Stichwor-

---

[88] Franz Werfel, Aphorismus zu diesem Jahr, in: *Die Aktion* 4/1914, Sp. 903; zit. nach *Expressionismus* (Anm. 84), S. 115.

[89] Eine beliebige Stichprobe genügt: die bei Anz/Stark (*Expressionismus* [Anm. 84]) oder Best (*Theorie des Expressionismus* [Anm. 87]) gesammelten Texte, um nur zwei der greifbaren Dokumentationen zu nennen.

[90] Vgl. Wunberg, Monismus (Anm. 22).

ten wie zunehmende *Abstraktion, Unverständlichkeit* überhaupt und *Chiffrierung* benennen.

8. Widerrufung des Historismus? Vorläufige Bemerkungen zum frühen Film als Kompensationsmodell

Es ist oft bemerkt worden, daß die expressionistische Literatur dem Prinzip der sogenannten asyndetischen Reihung folgt. Das unverbundene Nebeneinanderstehen ganzer Wortreihen findet sich insbesondere in der Lyrik, aber auch in Prosa und Drama. Von einer Position her gesehen, die dergleichen Erscheinungen als *Lexemautonomie* bestimmt, ist damit zunächst das Endstadium einer kontinuierlichen Entwicklung aus dem Historismus erreicht. Es tritt namentlich dort in Erscheinung, wo sich – wie spätestens im Dadaismus – die Sätze zugunsten von (wenigstens scheinbar) beliebigen Wortfolgen auflösen.

Nun ist Literatur, wie man weiß, kein isoliertes Phänomen. Sie ist vielmehr nur im Ensemble der übrigen Künste verständlich; das gilt im Hinblick auf den hier zur Debatte stehenden Zeitraum namentlich für den Film, der als neue Gattung und zugleich neues Medium hinzukommt. Er ist von Anfang an bestrebt, als neue und eigene Gattung neben den traditionellen angesehen zu werden und erfreut sich zudem von Anfang an großer Beliebtheit gerade auch im literarischen Expressionismus, der »mit der Kunst des Kurbelkastens ohnehin von Anbeginn innerlich auf Du und Du gestanden« hat.[91] Schon die Zeitgenossen – zuerst Franz Pfemfert – sprechen vom »Kino als Erzieher«.[92] Eine Beschäftigung mit dem aufkommenden Film der Zeit[93]

---

[91] Hans Franck 1920 im »Literarischen Echo«, zit. nach: *Kino-Debatte. Literatur und Film 1909-1929*, hrsg. von Anton Kaes, Tübingen 1978 (= Deutsche Texte, Bd. 48), S. 21f. (grundlegende Sammlung zum Thema); – vgl. jetzt auch die aufschlußreiche Sammlung: *Prolog vor dem Film. Nachdenken über ein neues Medium 1909-1914*, hrsg. von Jörg Schweinitz, Leipzig 1992; – zum ganzen vgl. Friedrich Kittler, *Grammophon, Film, Typewriter*, Berlin 1986, besonders S. 177-270. Kittler verweist mit Recht auf Foucaults »Archäologie des Wissens«. Dort heißt es geradezu: »Der Diskurs wird dem Gesetz des Werdens entrissen und etabliert sich in einer diskontinuierlichen Zeitlosigkeit. Er gelangt stückweise zur Bewegungslosigkeit« (Michel Foucault, *Archäologie des Wissens*, übersetzt von Ulrich Köppen, Frankfurt/Main 1981, S. 237).

[92] Franz Pfemfert, Kino als Erzieher, in: *Die Aktion* 1/1911, Sp. 560-563; zuerst in: *Das Blaubuch* 1909 (zit. nach: *Expressionismus* [Anm. 84], S. 478). Walter Hasenclever überschrieb 1913 seine »Apologie« entsprechend: Der Kintopp als Erzieher. Eine Apologie (abgedruckt in: *Expressionismus* [Anm. 84], S. 478ff.). Nietzsches dritte »Unzeitgemäße Betrachtung« wirkte, über den Rembrandtdeutschen vermittelt und zur Floskel geworden, bis hierhin nach.

[93] Anton Kaes (*Kino-Debatte* [Anm. 91]) gibt eine gute Einführung (mit ausführlicher Bibliographie); – illustrativ und als erste Einführung ebenfalls gut geeignet: *Hätte ich das Kino! Die Schriftsteller und der Stummfilm*, hrsg. von Ludwig Greve et al., München 1976 (= Sonderausstellungen des Schiller-Nationalmuseums, hrsg. von Bernhard Zeller, Katalog Nr. 27); – Anz/Stark (*Expressionismus* [Anm. 84]) geben eine konzise und zugleich mit den abgedruckten Texten sehr informative Zusammenfassung der Probleme, S. 473ff.

kann deshalb für das Verständnis von bis dahin schwer faßlichen Phänomenen in der Literatur sinnvoll und förderlich sein.

Dazu sind ein paar Voraussetzungen in Erinnerung zu rufen. Der Film, also das bewegte Bild, entsteht bekanntlich durch die Aneinanderreihung isolierter, voneinander nur wenig unterschiedener Bilder, deren Verhältnis zueinander nicht verändert wird. Auf diese Weise ergibt sich auf der Leinwand für den Betrachter (der Schein der) Bewegung. Nicht beliebige Anhäufung, sondern geordnete garantiert die angestrebte Bewegung; Reihung eben. Daß die Sequenz die Partikeln nicht anders als durch diese selbst miteinander verbindet, ist Voraussetzung. Dieses filmische Phänomen korreliert direkt dem der ›asyndetischen Reihung‹ in der Literatur. Das heißt: Zwischen die einzelnen Bilder im Film (oder besser: auf dem Filmstreifen) tritt so wenig eine fremde verbindende Partikel wie ein ›und‹ zwischen die Textglieder einer asyndetischen Textreihe in der Literatur. Die Analogie zum Vorgang fortschreitender Autonomisierung der Lexeme ist offensichtlich. In beiden Fällen ist eine vorgängige Isolierung der Lexeme bzw. Bilder nötig, damit eine neue ›Textur‹ zustande kommen kann; was sich im Falle der Lexeme wiederum aus der vorgängigen Isolierung der historistischen Fakten herleitet. Es besteht also eine deutliche Korrelation: Das technische Verfahren der Filmherstellung einerseits und der Vorgang fortschreitender Autonomisierung der isolierten Lexeme in literarischen Texten andererseits verhalten sich analog.

Für eine relativ kurze Phase des Übergangs, die Anfänge des Stummfilms, sind die betreffenden Erscheinungen in beiden Medien gleichermaßen zu beobachten. Im Film geht das so weit, daß zunächst – aus technischen Gründen – die Bilder in ihren ruckartigen Bewegungen sich verhalten, als trennten sie sich nur schwer vom asyndetischen Charakter ihrer Erscheinungsform. Sehr bald aber mündet die vom Film vorübergehend sozusagen unbesehen übernommene Lexemautonomie in einen nachträglichen Integrationsversuch. Er läßt im Verfolg seiner rasanten Entwicklung (bekanntlich handelt es sich nur um wenige Jahre) die Bilder nicht autonom und isoliert stehen. Er fügt sie auf Dauer so zusammen, daß sie eine nahtlose Sequenz ergeben, der man die Isoliertheit ihrer Teile, aus denen sie sich zusammensetzt, nicht mehr ansieht. Die ruckartige Bewegung verschwindet zugunsten einer gleitenden und sozusagen ›normalen‹. Technisch ist das ermöglicht durch eine deutliche Erhöhung der Menge der Einzelbilder; analog zur Literatur formuliert: der Lexeme. Je höher die Zahl von stehenden Einzelbildern, die eine Sequenz aufweist, desto eher wird die Bewegung, die ihr schnelleres Abspulen ermöglicht, für den Betrachter gleitend und homogen; mit einem Wort: realistisch.

In der Literatur entspräche das der Wiederherstellung der fortlaufenden Erzählung. Das heißt eines Textes, dessen ›Erzähl‹-Fluß durch keine behindernde Lexemautonomie unterbrochen ist. Auf diese Weise wird eine neue Entwicklung ermöglicht: die Restituierung der traditionellen Erzählung im Film. Sie war der Literatur auf Dauer versagt, nachdem diese im Gefolge des

Historismus einmal mit der Lexemautonomie in Berührung gekommen war. Der Film nimmt also eigentlich eine alte, eine traditionelle Form wieder auf. Man könnte sagen: *Der Film macht die Lexemautonomie rückgängig* und vollzieht damit für sich, was der Literatur der Moderne verwehrt ist. Sie nämlich würde damit ihren eben erst gewonnenen Modernitätsstatus gerade verlieren. Der Film dagegen, der bekanntlich keine Vorläufer, d.h. keine Tradition hat, der gegenüber er sich als modern abzusetzen hätte, hat das sozusagen nicht nötig. Die Literatur überläßt ihm diesen Vorgang gewissermaßen. Der Film leistet auf diese Weise, was der Literatursprache, die aus den genannten historistisch-positivistischen Gründen zerstört scheint, versagt ist: die Wiederherstellung und Integralisierung des ehemals Zusammenhängenden, indem er sie beerbt. Für sich selbst tut er das zum ersten Mal und folglich mit dem Bewußtsein der Innovation. Aus der Sicht der Literatur verfährt er, geschichtsphilosophisch gesprochen, regressiv. Er widerruft in diesem Sinne den Historismus als innovative Kraft, als welche dieser sich der Literatur der Moderne auf dem Umweg über den Zwang zur Lexemautonomie gerade erwiesen hatte.

Die Literatur tritt die ihr traditionell zugefallene Aufgabe des Bewahrens, d.h. hier: des zusammenhängend Bewahrenden,[94] an den Film ab. Der Film kommt zeitgenössisch darin, scheint es, geradezu überhaupt erst zu sich selbst. Zahllos sind die begeisterten Stimmen, die ihm die Funktion zuweisen, die bis dahin die Literatur, insbesondere der Roman hatte, der jetzt ›verfilmt‹ wird; und das Drama, das nun ersetzt werden kann durch ein Medium, das ganz neue und weit mehr Möglichkeiten eröffnet als das an die enge Bühne gebundene Theaterstück.[95] In David Wark Griffiths Film »Intolerance« (1916) z.B., namentlich in den Passagen über Babylon und denen über die Batholomäusnacht, knüpft der Film ohne Umschweife an den Geschichtsroman an; er illustriert gewissermaßen Felix Dahn, Scheffel oder Bulwer-Lytton und setzt die Ergebnisse der Historienmalerei, also Makart, Piloty usw. in Bewegung.

Die Literatur folgt damit – ohne es zu wollen – dem Beispiel, das ein halbes Jahrhundert zuvor die Malerei ihr gegeben hatte, indem sie ihr Mimesis-Postulat an die Photographie abgab, die es viel besser verwirklichen konnte als sie.[96] – Die Literatur selbst wiederum wird dadurch frei von der Verpflichtung einer Reintegration und Wiederherstellung dessen, was ihr auf dem Wege über die historistisch-positivistisch bedingte Entwicklung zur Lexem-

---

[94] Vgl. den Beitrag 2 in diesem Band.

[95] Vgl. besonders *Kino-Debatte* (Anm. 91), *Expressionismus* (Anm. 84).

[96] Vgl. Heinz Buddemeier, *Panorama – Diorama – Photographie. Entstehung und Wirkung neuer Medien im 19. Jahrhundert*, München 1970 (= Theorie und Geschichte der Literatur und der schönen Künste, Bd. 7); Erwin Koppen, *Literatur und Photographie. Über Geschichte und Thematik einer Medienentdeckung*, Stuttgart 1987; – vgl. auch die von Gerhard Plumpe in seiner Sammlung »Theorie des bürgerlichen Realismus« unter der Überschrift »Die Herausforderung der Photographie« zusammengestellten Texte (Stuttgart 1985, S. 161ff.).

Isolierung abhanden gekommen war. In diesem Falle konnte die ›alte Literatur‹ gewissermaßen weiter existieren und im Film als in einem neuen Medium überleben; während umgekehrt eine ›neue Literatur‹ in einem alten Medium, d.h. der Literatur, sich selbst zu behaupten, ja erst zu konstituieren hatte.

Das ›alte‹, herkömmliche Medium bedeutet allerdings für die Literatur die Hypothek jener ihre Sprachsubstanz letztlich auflösenden Lexemautonomie. Aus einer Vorliebe fürs Detail in Realismus und besonders Naturalismus ist sehr bald danach der Zwang zur Autonomie der Lexeme geworden; aus dem historistischen Umgang mit den Fakten und ihrer Nennung: der ästhetische Tatbestand, nur auf sie noch zurückgreifen zu können. Zu diesem geschichtlichen Zeitpunkt, der zugleich ein ästhetikgeschichtlicher besonderer Art ist, wird aus der arbiträren Verwendung von Lexemen als autonomen eine manifeste; aus ihrer möglichen Verwendung eine um den Preis der Modernität notwendige.

Ästhetikgeschichtlich hat sich unter der Perspektive des Historismus hier etwas ganz Einmaliges vollzogen. Die Literatur erweist sich im Verlaufe des 19. Jahrhunderts als unfähig, eine inhaltslogische Einheit aufrecht zu erhalten. Die Literatursprache löst sich im Gefolge des Historismus in Partikeln auf. Ihnen kommt, analog zu den geschichtlichen Fakten im historistischen Wissenschaftsverständnis positivistischer Provenienz, sämtlich der gleiche Wert zu. Alle partikulären Fakten sind gleich viel wert. Was aber prinzipiell gleich viel wert ist, ist damit auch gleich wenig wert.

Darin spiegelt sich das schon erwähnte berühmte Diktum Leopold von Rankes wider, alle Epochen seien unmittelbar zu Gott.[97] Dem Historiker, heißt das für ihn (in einem etwas kühnen Analogieschluß, der nicht explizit gemacht wird, sich aber dahinter verbirgt), sind historische Fakten sämtlich gleich lieb, weil er sich nach seinem Wissenschaftsverständnis eine Bewertung, auch nur eine Auswahl, nicht erlauben möchte noch darf.

Ranke begründete – was wenig bekannt ist – seinen berühmten Satz tatsächlich theologisch oder quasi-theologisch;[98] es handelte sich also keines-

---

[97] In »Wie der Begriff ›Fortschritt‹ in der Geschichte aufzufassen sei« heißt es 1854: »Wollte man [...] annehmen, [...] Fortschritt bestehe darin, daß in jeder Epoche das Leben der Menschheit sich höher potenziert, daß also jede Generation die vorhergehende vollkommen übertreffe, mithin die letzte allemal die bevorzugte, die vorhergehenden aber nur die Träger der nachfolgenden wären, so würde das eine Ungerechtigkeit der Gottheit sein. [...] Ich [...] behaupte: Jede Epoche ist unmittelbar zu Gott, und ihr Wert beruht gar nicht auf dem, was aus ihr hervorgeht, sondern in ihrer Existenz selbst, in ihrem eignen Selbst. Dadurch bekommt die Betrachtung der Historie, und zwar des individuellen Lebens in der Historie einen ganz eigentümlichen Reiz, indem nun jede Epoche als etwas für sich Gültiges angesehen werden muß und der Betrachtung höchst würdig erscheint« (Ranke, *Geschichte und Politik* [Anm. 61], S. 141).

[98] Ranke fährt an derselben Stelle etwas später fort: »Die Gottheit – wenn ich diese Bemerkung wagen darf – denke ich mir so, daß sie, da ja keine Zeit vor ihr liegt, die ganze historische Menschheit in ihrer Gesamtheit überschaut und überall gleichwert findet. Die Idee von der Erziehung des Menschengeschlechts hat allerdings etwas Wahres an sich; aber vor Gott erscheinen alle Generationen der Menschheit gleichberechtigt, und so muß auch der Historiker die Sache ansehen« (Ranke, *Geschichte und Politik* [Anm. 61], S. 142).

wegs um eine bloße Floskel, wenn er die ›Unmittelbarkeit zu Gott‹ bemühte. Für die Relevanzeinschätzung dieses Grund-Satzes aller historistischen Geschichtsschreibung und der aus ihr abgeleiteten Bewußtseinshaltung ist die theologische Genese deshalb so wichtig, weil sie sich mühelos in die kriseologisch beschreibbare Diagnose der Zeit als die einer »transzendentalen Obdachlosigkeit« (Lukács)[99] einpaßt.

Die Relativität, die damit von den historistisch verwendeten Partikeln auf die Lexeme der Literatursprache übergeht, ist nicht zu leugnen. Und der Tatbestand hat eine inhaltliche und eine formale Seite: Dem allgemeinen Relativismus in Gesinnung, Gesellschaft und Kunst korrespondiert die Beliebigkeit von Wortwahl und Bedeutungsbelehnung, oder das, was sich so darstellt.

Was sich als Lexemautonomie präsentiert, ist für die Literatur ein (bei Strafe seiner Preisgabe) irreversibler Status von Modernität. Im Zusammenhang mit dem Phänomen Film könnte man auch argumentieren: Nur weil es den Film gibt, vermag sich die Literatur überhaupt so weit in solche Irreversibilität und ›Unverbindlichkeit‹ im Sinne der Asyndetik und Lexem-Isolierung vorzuwagen. Das bedeutet, weiter gedacht und zugleich problematisch genug, so etwas wie einen Ausgleich zwischen den Künsten. Nimmt man diesen Gedanken jedoch nicht als geschichtsphilosophisches Konstrukt, sondern als Vehikel pragmatischer Beschreibung der Phänomene, d.h. dessen, was ist, dann könnte es sein, daß die Literatur (wie in anderer Weise die Bildende Kunst auch) die ihr genealogisch inhärenten Zwänge zu einer Reintegration des Disparaten im Film stellvertretend erfüllt sieht. Was für sie soviel bedeuten würde wie die Befreiung von einem Zwang zu integraler Repräsentation der Welt, die sonst von ihr, der Literatur, selbst zu bestreiten gewesen wäre.

Gemeint ist eine bestimmte Art von Kompensatorik. Gerade nicht irgendeine Art ›purgatorischer‹ Wirkung in dem Sinn, wie sie etwa Alfred Lichtenstein vorschwebte, wenn er 1913 in der »Aktion« ohne weiteres von einer »Rettung des Theaters« durch den Film spricht. »Die Zahl der Theater wird«, schreibt er, »in Zukunft geringer sein, aber ihre Qualität durchschnittlich unverhältnismäßig besser [...] das Theater wird, dank dem Kino freigeworden von hemmendem Ballast und ungünstigen Einflüssen, zurückkehren *müssen*: zur heiligen Schauspielkunst«.[100]

8.1 Film als Korrektiv der radikalen Verbalisierung: Film und Dada

Es ist einigermaßen folgerichtig, daß die Bildwelt des Films in diesem Sinne kompensatorisch mit dem wenigstens zeitweiligen Inhaltsverlust zu tun hat, der für die Literatur den Folgen des Historismus entspringt. Die Inhaltsab-

---

[99] Georg Lukács, *Die Theorie des Romans. Ein geschichtsphilosophischer Versuch über die Formen der großen Epik*, Neuwied 1963, S. 35.

[100] Alfred Lichtenstein, Retter des Theaters, in: *Die Aktion* 3/1913, Sp. 109 (zit. nach: *Expressionismus* [Anm. 84], S. 478).

stinenz der abstrakten Lyrik des Spätexpressionismus, im Dadaismus, von Kafkas Prosa sind gemeint. Kafkas Prosa beschreibt den Weg in die Konkretion als Umweg um diese herum. Sie hält sich lediglich auf dem dünnen Eise grammatischer Korrektheit. Inhaltlich sind diese Texte sozusagen längst verstummt. Analog zum Verhältnis Lexemautonomie und Film ist dasjenige von zunehmender Abstraktheit und Bildmedium Fernsehen zu verstehen. Wenn es sich bei diesen Phänomenen überhaupt um zwei verschiedene Dinge handelt. Film (und später Fernsehen) haben im Hinblick auf die unmöglich gewordenen Leistungen der Literatur in diesem Sinne in der Tat so etwas wie kompensatorischen Charakter.

Kaes hat recht, wenn er von »Ansätzen einer neuen Poetik« spricht.[101] Interessant ist immer wieder, daß die Zeitgenossen das Problem so gut wie ausschließlich inhaltlich angingen. »Der Zeitfilm rollt«, heißt es 1913 im »Sturm«; und weiter:

> Der Kinematograph wird nie und nimmer Literatur vermitteln können, aber die Literatur muß von der Kinematographie lernen. Und sie hat schon von ihr gelernt. Es ist nun einmal keine Zeit für schleppende Handlungen, Postkutschenstil und psychologische Kleinarbeit [...]. Das Döblinsche Werk hat das Tempo unseres Lebens.[102]

Das schreibt der Literatur die Übernahme von filmischen Mitteln und zugleich damit die Änderung von Inhalten vor; sieht sie bei Döblin gar schon realisiert. Aber es ist schlechterdings falsch zu meinen, die Literatur habe vom Film die sogenannten filmischen Mittel übernommen: die Lyrik die asyndetische Reihung, das Drama im flinken Szenenwechsel die Isolierung kleinster Einheiten, usw. Man kann nicht einmal sagen, sie bediene sich seiner und seiner Mittel. Freilich ist auch nicht einfach das Umgekehrte richtig. Aber es bedurfte für die Literatur keineswegs eines neuen Mediums, einer von außen kommenden Instanz, um so zu werden, wie sie zu diesem Zeitpunkt bereits war. Alles, was der Film tut, ist – bis zur technischen Seite seiner Fertigung – vorgegeben von der historistisch-positivistischen Genese der Lexemautonomie, in deren Konsequenz der Film so gut liegt wie die Literatur. Die Literatur wartet nicht auf den Film, um über die Aneignung seines Verfahrens einer Stillstellung von Bildern und deren Anhäufung und neuen Aufreihung zu sich selbst zu kommen. Sie ist es zu diesem Zeitpunkt bereits. Sie ermöglicht in einem anderen Sinne allenfalls umgekehrt erst dem Film die Übernahme von Verfahren, die für sie selbst in der Etablierung ihrer Lexemautonomie – zugegeben: weitgehend unbemerkt – obsolet geworden sind.

In diesem Zusammenhang ist es dann besonders aufschlußreich, daß – spätestens im Dadaismus – die Metaphern als konkrete Bilder – gewissermaßen über den Film – in die Literatur zurückkehren. Die Ver-Bildlichung,

---

[101] *Kino-Debatte* (Anm. 91), S. 29ff.

[102] Joseph Adler, Ein Buch von Döblin, in: *Der Sturm* 4/1913, S. 71 (zit. nach: *Kino-Debatte* [Anm. 91], S. 29f.).

die der Film ihr vorspielt, macht die Literatur ihm nach; neu ermuntert durch soviel unverbrauchte Innovation, die ihr in ihm begegnet.

Daß die Metapher auf dem Umweg über den Film als reales Bild, als Piktogramm, nicht als Metapher, in die Texte zurückkehrt, wird etwa in den Bildgedichten und Wort-Collagen der Dadaisten manifest.[103] Sie werden – obwohl doch gerade Literatur! – nach dem Durchgang durch Film und Photographie nur noch *optisch* ernstgenommen. Nur so können sie in den Texten überhaupt noch existieren. Das hängt damit zusammen, daß den Texten noch immer eine inhaltslogische Bedeutung abverlangt wird, der sie nicht mehr entsprechen (können oder wollen); es sei denn, dem Scheine nach durch das konkrete Bild. Der Dadaismus dieser Spielart ist der Beleg für die Rücknahme der Metapher und die Radikalisierung des konkreten Bildes als figürliche Rede.

Dennoch ist die These von der Rückkehr der Metapher als konkretes Bild nicht ganz korrekt oder wenigstens nicht differenziert genug. Denn die vermeintlichen Bilder sind sämtlich ›litterae‹ im wahren Wortsinne: Die Collagen, die in den Texten der Dadaisten präsentiert werden, bestehen im wesentlichen aus einem Arrangement von Lettern: großen und kleinen, fetten und mageren, auf dem Kopf stehend oder diagonal. Sie bringen also bereits einen Grad an Abstraktheit mit, der es ihnen schwer macht, als Bilder tatsächlich aufgefaßt zu werden.[104] Sie sind eigentlich keine Bilder mehr – die Piktogramme bei Döblin im »Alexanderplatz« mögen eine Ausnahme sein. Das heißt *in summa*: So ganz gelingt selbst diese Rückkehr der Bilder nicht mehr. Obwohl doch offensichtlich das Bedürfnis nach Inhaltslogik und Bildlichkeit gerade alles andere dominiert.

9. Die Literatur der Moderne

Insgesamt läßt sich sagen, daß alles, was man versucht sein könnte, als Endprodukte, Auflösungserscheinungen oder Spätphänomene der Literatur zu sehen, in einem anderen Lichte erscheint, wenn man es im Zusammenhang von Historismus und Lexemautonomie sieht und dem, wozu diese wiederum gehören. Die genuinen Erscheinungen der literarischen Moderne – Déca-

[103] Vgl. leicht greifbare Beispiele etwa in: *Literarische Collagen. Texte, Quellen, Theorie*, hrsg. von Volker Hage, Stuttgart 1981, S. 31-35 (Kurt Schwitters »Aufruf!«, 1921); oder in: Willy Verkauf (Hrsg.), *DADA. Monograph of a Movement, Monographie einer Bewegung, Monographie d'un mouvement*, Teufen o.J. [1957]; Hans Richter, *DADA – Kunst und Antikunst. Der Beitrag Dadas zur Kunst des 20. Jahrhunderts*, mit einem Vorwort von Werner Haftmann, Köln 1973; auch die Piktogramme in Alfred Döblins »Berlin Alexanderplatz« (1929); – vgl. ferner Karl Riha, *Cross-Reading und Cross-Talking. Zitat-Collagen als poetische und satirische Technik*, Stuttgart 1971.

[104] Die Texte von Karl Kraus werden von Volker Hage (*Collagen* [Anm. 103]) ebenfalls als solche Collagen gelesen. Mit Recht; gerade an ihnen wird die Abstraktheit und Buchstabenhaftigkeit deutlich, die das Charakteristikum dieser Texte unbedingt ist; – vgl. im übrigen die Literaturangaben Hages.

dence oder Fin de siècle, Dadaismus oder Essayismus, Photographie und Film, Unverständlichkeit, Rätselhaftigkeit und Verschlossenheit[105] – stellen sich dann nicht als die mehr oder weniger kontingenten Erscheinungen einer relativistisch bestimmten Zeit dar, sondern als folgerichtige und durchaus stringente Phänomene im Nexus historistischen Denkens.

Der Film, um den es hier auch ging, ist davon nur ein Teil. Mit den anderen Phänomenen teilt er die gemeinsame Herkunft aus dem Historismus. Sein Aufkommen revidiert die seit dem 19. Jahrhundert vergebenen Lizenzen. Er übernimmt alsbald die traditionelle (d.h. eine die Inhalte konservierende) Funktion der Literatur, indem er inhaltslogische, konsistente ›Verfilmungen‹ realisiert; oder realisieren möchte.[106] Seit es den Film gibt, hat die Literatur die Möglichkeit, ihre traditionelle Aufgabe zu delegieren. Sie kann sich der mit der Lexemautonomie erlangten Andersartigkeit *qua* Modernität zuwenden. Die traditionelle Literatur – also die inhaltslogische, die herkömmlich-mimetische – überlebt paradoxerweise (zunächst) im neuen Medium Film. Daß derselbe Film sehr bald andere, analoge Wege geht – wie z.B. »Un Chien andalou« oder »L'Age d'Or« von Luis Buñuel –, ist ein damit eng zusammenhängendes, aber anderes Problem.

Im Film bildet sich die Genese der Lexemautonomie als Isolierung der Details, Partikeln und Systeme zwar technisch ab. Denn er besteht in seiner Fertigung aus einer Folge von isolierten Segmenten, die dem historistischen Material analog sind. Er nutzt aber diese Möglichkeit vorerst nicht zur Destruktion seiner selbst wie vor ihm die Literatur. Er präsentiert sich vielmehr zunächst – bewußtlos – als die neue Möglichkeit, der alten Literatur noch einmal zur neuen Geltung ihres alten Anspruches auf Bewahrung zu verhelfen.

Seitdem gibt es eine avantgardistische Literatur, der die Revozierung des Historismus als stilbildendes, weil Lexemautonomien bildendes Mittel nichts anhaben kann. Der Film widerruft zwar (für sich) den Historismus als letztlich stilbildende Kompetenz, vermag aber die mit ihm in Gang gesetzte Entwicklung nicht rückgängig zu machen. Die Literatur nach dem Durchgang durch die Autonomisierung der Lexeme bleibt, was sie dadurch geworden ist: die Literatur der Moderne.

---

[105] Vgl. auch Beitrag 2 in diesem Band.

[106] Erst der experimentelle Film – *der* allerdings folgenreich – entgeht dem und besinnt sich gewissermaßen auf sich selbst, holt die Literatur ein und beteiligt sich an der Lizenz-Nutzung zur Lexemautonomie. Das geschieht natürlich ziemlich bald, wird dann zwischen 1933 und 1945 völlig unterdrückt, um erst relativ spät nach dem Zweiten Weltkrieg erneut an Bedeutung zu gewinnen.

II. Begriffe und Orte

8. Utopie und Fin de siècle

Zur deutschen Literaturkritik vor der Jahrhundertwende[1]

Daß das späte 19. Jahrhundert besonders viel mit ›Helden‹ im Sinne hatte, ist – »heroes and hero-worship« waren an der Tagesordnung[2] – hinreichend bekannt; daß auch die Literatur der Zeit diese Vorliebe teilte, schon weniger. Ähnlich ist es mit der ›Zukunft‹. Je mehr es mit dem alten Jahrhundert zu Ende ging, desto größer wurden die Erwartungen, die man in das neue setzte. Das »heimliche Flügelschlagen der Zukunft«[3] vernahmen nicht nur die Literaten, weil sie ihren »Zarathustra« gelesen hatten; es war überall zu hören

[1] Der vorliegende Aufsatz ist die erweiterte, deutsche Fassung meiner Leidener Antrittsvorlesung, Gotthart Wunberg, *Literatuur als toekomstmuziek. Enkele aspecten van de literaire kritiek in Duitsland omstreeks 1900*, Leiden 1969; – zum ganzen vgl. neben den in den Anmerkungen erwähnten Arbeiten besonders: Derek Maurice van Abbé, *Image of a People. The Germans and their creative writing under and since Bismarck*, London 1964; Walter Ackermann, *Die zeitgenössische Kritik an den deutschen naturalistischen Dramen (Hauptmann, Holz, Schlaf)*, Diss. München 1965; Ernst Bloch, *Das Prinzip Hoffnung*, Frankfurt/Main 1959; ders., *Atheismus im Christentum. Zur Religion des Exodus und des Reichs*, Frankfurt/Main 1968; Karl Henckell, Lyrik und Kultur, in: K.H., *Lyrik und Kultur. Neue Vorträge zu Leben und Dichtung*, München 1914, S. 1-36; Jost Hermand, Hauke Haien. Kritik oder Ideal des gründerzeitlichen Übermenschen?, in: *Wirkendes Wort* 15/1965, S. 40-50; Hans-Jürgen Krysmanski, *Die utopische Methode. Eine literatur- und wissenssoziologische Untersuchung deutscher utopischer Romane des 20. Jahrhunderts*, Köln 1963 (= Dortmunder Schriften zur Sozialforschung, Bd. 21); Alexander Lauenstein/Curt Grottewitz, *Sonnenaufgang! Die Zukunftsbahnen der Neuen Dichtung*, Leipzig 1890; Max Lorenz, Der Naturalismus und seine Überwindung, in: *Preußische Jahrbücher* 96/1899, S. 481-498; Georg Lukács, *Deutsche Literatur im Zeitalter des Imperialismus. Eine Übersicht ihrer Hauptströmungen*, Berlin 1945; Gerhard Masur, *Prophets of Yesterday. Studies in European Culture 1890-1914*, London 1963; Richard M. Meyer, Der zukünftige Mensch, in: *Neue Deutsche Rundschau* 12/1901, S. 1121-1135; Hans Wilhelm Rosenhaupt, *Der deutsche Dichter um die Jahrhundertwende und seine Abgelöstheit von der Gesellschaft*, Bern 1939; Dieter Schickling, *Interpretationen und Studien zur Entwicklung und geistesgeschichtlichen Stellung des Werkes von Arno Holz*, Diss. Tübingen 1965; Gernot Sittner, *Politik und Literatur 1870/71. Die Spiegelung des politischen Geschehens zur Zeit des deutsch-französischen Krieges in der zeitgenössischen deutschen Literatur*, Diss. München 1966; Ernst Benz (Hrsg.), *Der Übermensch. Eine Diskussion*, mit Original-Beiträgen von Ernst Benz, Hans Mislin, Ludolf Müller, Adolf Portmann, Joseph B. Rhine, Eugen Sänger, Peter Scheibert, Hugo Spatz und Otto Wolff, Zürich/Stuttgart 1961.

[2] Vgl. etwa Thomas Carlyles »On heroes, hero-worship, and the heroic in history« (1840). Für die Bedeutung, die schon die Zeitgenossen dem Einfluß von Carlyle beimaßen, kann die ausführliche Behandlung Carlyles als repräsentativ gelten, die sich in Leo Bergs Buch findet (Leo Berg, *Der Übermensch in der modernen Litteratur. Ein Capitel zur Geistesgeschichte des 19. Jahrhunderts*, Paris/Leipzig 1897, S. 24-27 u.ö.).

[3] Vgl. Friedrich Nietzsche, Also sprach Zarathustra, in: F.N., *Sämtliche Werke*, Kritische Studienausgabe in 15 Bänden, hrsg. von Giorgio Colli/Mazzino Montinari, München 1988, Bd. 4, S. 100: »Von der Zukunft her kommen Winde mit heimlichem Flügelschlagen; und an feine Ohren ergeht gute Botschaft«; – vgl. Eduard Michael Kafka, der dieses Diktum 1891 zur

und drang bis in die Politik.[4] Die Literaturkritik schließlich machte den Helden, diesen Phänotyp des Jahrhunderts, und die Zukunft in mannigfachen Variationen zum Kriterium der Moderne.

Es ist interessant zu sehen, wohin das führt. Speziell für die Literatur erhoffte man sich dementsprechend in den naturalistischen Kreisen der 80er und 90er Jahre zweierlei: eine »Zukunft der Literatur«, in der die Misere der zeitgenössischen Dichtung überwunden wäre; und einen Helden, der das zuwege brächte, der das gesunkene literarische Niveau etwas anhöbe und dadurch die deutsche Dichtung den ausländischen Vorbildern ebenbürtig machte: Skandinavien, Frankreich und Rußland vor allem; man wollte sich neben Ibsen, Zola und Dostojewski sehen lassen können, man wollte wieder konkurrenzfähig sein.[5]

Das war verständlich. Es war die Besinnung auf die etwas in Vergessenheit geratene liberale Tradition des ›Jungen Deutschland‹ der 30er und 40er Jahre, auch des Vormärz; auf das, was sich mit Namen wie Heinrich Heine,

---

Charakterisierung von Hermann Bahr verwendet: »Seine feinen Ohren lauschen gespannt allem heimlichem Flügelbrausen [sic!] der Zukunft, ob nicht neue Botschaft ergehe« (E.M.K., Der neueste Bahr, in: *Das Junge Wien. Österreichische Literatur- und Kunstkritik 1887-1902*, hrsg. von Gotthart Wunberg, 2 Bde., Tübingen 1976, Bd. 1, S. 241-244; hier S. 243).

[4] Hierher gehört u.a. der berühmt gewordene Ausruf Wilhelms II.: »Unsere Zukunft liegt auf dem Wasser«, bei der Eröffnung des Freihafens in Stettin am 23.9.1898; – vgl. *Reden des Kaisers. Ansprachen, Predigten und Trinksprüche Wilhelms II.*, hrsg. von Ernst Johann, München [2]1977, S. 80f. – Diese Anekdote hier heranzuziehen, ist nicht so absurd, wie es scheinen könnte. Schon Michael Georg Conrad verwendete das Wort ironisch. In seinen »Erinnerungen zur Geschichte der Moderne«, die er unter dem Titel »Von Emile Zola bis Gerhart Hauptmann« herausgab (Leipzig 1902), vergleicht er das Frankreich Zolas mit Deutschland und schreibt: »›unsere Zukunft liegt auf dem Wasser‹, dem trügerischsten Elemente« (S. 137).

[5] Vgl. die von Curt Grottewitz 1892 unter dem Titel »Die Zukunft der Literatur« veranstaltete Enquête, deren Ergebnisse er zunächst im »Magazin für Literatur«, dann aber auch als Buch (1892) publizierte (vgl. *Naturalismus. Manifeste und Dokumente zur deutschen Literatur 1880-1900*, hrsg. von Manfred Brauneck/Christine Müller, Stuttgart 1987, S. 426-444). Aus welchen Quellen sich dieser ›Wille zum Wettbewerb‹ zum großen Teil speiste, ist nur allzu deutlich, Michael Georg Conrad schrieb unter der Überschrift »Die Franzosenherrschaft im neuen deutschen Reich« (in: *Die Gesellschaft* 5/1889, S. 1531-1536): »Wann wird unserem Volke ein Heiland erstehen, der die Schacherer und Mamonsdiener aus dem Tempel unserer Kunst hinauswirft, daß sie die Hälse brechen? Wann wird unserem Volke ein Held erstehen, der sich an die Spitze des Heerzuges vaterländischer Geister schwingt und der schmachvollen Fremdherrschaft Krieg auf Tod und Leben bringt, die wälschen Schaubuden im Lande niederreißt und Deutschlands Geist zum Herrscher ausruft, auf Gassen und Plätzen, in Hütten und Palästen?« (S. 1535). Die Analogie zu Vergils – in der chauvinistischen Praxis der Kriegervereine auf beiden Seiten gerne zitierten – Versen »Exoriare aliquis nostris ex ossibus ultor« (Aen. IV, 625) ist unüberhörbar; auch aus den Gebeinen der Literaten sollte dereinst ein Rächer erstehen. Für unseren Zusammenhang ist besonders die Kombination mit dem Heiland, der die Schacherer aus dem Tempel wirft, interessant (vgl. unten; auch Anm. 6 und 7). – Conrad blieb damit nicht im Theoretischen stecken. Er konkretisierte seine Ansichten in der Auseinandersetzung mit den Zeitgenossen. So schrieb er über den Verfasser eines Buches, das sich mit französischer Literatur beschäftigte (Emil Burger, Emile Zola, Alphonse Daudet und andere Naturalisten Frankreichs, in: *Die Gesellschaft* 5/1889, S. 1655): »Auch wieder einer, dems in der Gurgel juckt, in deutschen Buchläden das hohe Lied von der Kunst der Franzosen zu singen, zu tun, als hätten wir daheim nichts vorgebracht, was sich den Arbeiten der Pariser als gleichwertig an die Seite stellen ließe«.

Ludwig Börne oder Karl Gutzkow verband. Allzugern verstand und bezeichnete man sich selbst als die ›Jüngstdeutschen‹.[6] – Es war auch die Reaktion auf »Gartenlaube« und »Daheim« oder das, was dort versandete; auf die Butzenscheibenlyrik Victor von Scheffels; die sogenannte Epigonendichtung Emanuel Geibels oder Paul Heyses; kurz, die Reaktion auf die ›Alten‹, das literarische Establishment, als dessen Pendant man sich empfand, wenn man sich selbst als ›die Jungen‹ postierte; was in Roman- oder Aufsatztiteln allein hinreichend zum Ausdruck kam. Man wollte Neues und glaubte fest daran; man war überzeugt, daß es sich auch einstellen werde. Aber es bedurfte eben des Helden, des – wie man wörtlich formulierte – »Erlösers«, eines »Messias der Literatur«, der diese Entwicklung einleitete.[7]

Beides, Zukunft und Messias, wurden nicht allzu scharf voneinander getrennt; denn auch auf den Erlöser wartete man noch, auch er war noch nicht präsent und verfügbar. Henrik Ibsen nannte man gar einen »literarischen Johannes«, der die neue Literatur vorzubereiten hätte.[8] Man versah seine theoretischen Schriften zu diesem Problem – was die theologische Terminologie komplettiert – mit Überschriften wie »Glaubensbekenntnis«, »Die

---

[6] Die Naturalisten wurden in Weiterführung der Bezeichnung ›Jungdeutsche‹ die ›Jüngstdeutschen‹ genannt, eine Bezeichnung, die sie selbst übernahmen; – zur Herkunft des Begriffs vgl. Karl Bleibtreu, Das jüngste Deutschland, in: *Das Magazin für die Litteratur des In- und Auslandes* 38/1887, S. 553-55.

[7] Vgl. Conrad Alberti [eigentlich Conrad Sittenfeld], *Die Alten und die Jungen. Socialer Roman*, Leipzig 1889; sowie Hermann Bahrs Aufsatz dieses Titels (in: *Das Junge Wien* [Anm. 3], Bd. 1, S. 53-58); sowie Rudolf Lothar, Die Alten und die Jungen, in: *Die Wage* 2/1899, S. 172–173; – zu dem Begriff ›Erlöser‹ vgl. Hermann Bahr, Das jüngste Deutschland (in: *Das Junge Wien* [Anm. 3], Bd. 1, S. 346-363); und Rudolf Lothar, Kritisches, in: *Die Zeit*, 24.8.1895, S. 123; – Bahr sprach sogar vom »lächelnden Erlöser« (H.B., An die Jugend, in: *Das Junge Wien* [Anm. 3], Bd. 1, S. 621-624) und viele andere; – zu ›Messias‹: Hermann Bahr, Die Moderne, in: *Das Junge Wien* (Anm. 3), Bd. 1, S. 30-33; ferner ders., Henrik Ibsen, in: *Das Junge Wien* (Anm. 3), Bd. 1, S. 1-17: »Messias der gegenwärtigen Literatur« (S. 2).

[7] Bahr, Ibsen (Anm. 7), S. 17; – auch dieser Gedanke ist, wie ›literarischer Messias‹, ›Erlöser‹ usw. ein viel früherer Topos; vgl. dazu Friedrich Engels, Alexander Jung und das Junge Deutschland, in: *Der deutsche Vormärz. Texte und Dokumente*, hrsg. von Jost Hermand, Stuttgart 1967, S. 23; – zur Verwendung theologisch-eschatologischer Terminologie im ›Jungen Deutschland‹ vgl. besonders die aufschlußreichen Belege bei Paul Konrad Kurz, *Künstler, Tribun, Apostel. Heinrich Heines Auffassung vom Beruf des Dichters*, München 1967, S. 47 u. 103-107; – zum ganzen: Günter Bliemel, *Die Auffassung des Jungen Deutschland von Wesen und Aufgabe des Dichters und der Dichtung*, Diss. Berlin 1955; – weitere Beispiele lassen sich häufen. So gehört in diesen Zusammenhang auch das »In his signis pugnabimus« der Brüder Hart, worin sie die Christus-Vision Konstantins des Großen variierten (Wozu, wogegen, wofür?, in: *Kritische Waffengänge*, 1/1882); – vgl. auch John Henry Mackays großes Gedicht »Wiedergeburt« in seinem Gedichtband unter dem gleichen Titel (= Der Dichtungen dritte Folge, 1896); – Isidor Gaiger, ein österreichisch-ungarischer Journalist, schrieb über den »Messias des 19. Jahrhunderts« einen Roman: »Ferdinand Lassalle« (1873); – vgl. auch das Gedicht »Der neue Heiland« von Hugo Salus (in: *Simplizissimus* 4/1899/1900, S. 27) und die »Messiaspsalmen« von Georg Gradnauer in den »Modernen Dichtercharakteren« (*Moderne Dichtercharaktere*, hrsg. von Wilhelm Arent, Berlin 1885, S. 211-216), Karl Maria Heidts »Promethidenpsalmen« sowie schließlich Gerhart Hauptmanns »Promethidenlos« (1885); – Leo Berg sprach ebenfalls bereits 1886 vom »Dichtermessias« (L.B., Das eiserne Zeitalter in der Literatur, in: *Das Magazin für die Litteratur des In- und Auslandes* 55/1886, S. 530); – in weiterem Sinne gehören hierher auch die »Ernsten Gedan-

zwölf Artikel des Realismus« oder »Credo«.[9] So sehr beides ineinandergreift und sich wechselseitig bedingt – die genannten Phänomene lassen sich genauer unterscheiden und beschreiben.

Als Richard Wagner 1850 sein »Kunstwerk der Zukunft« veröffentlichte, war das Echo auf seine Thesen relativ gering; aber der Titel prägte sich ein und wurde zum Begriff für eine ganze Weltanschauung. Als er elf Jahre später seinen Brief »an einen französischen Freund« mit der Überschrift »Zukunftsmusik« versah, mußte er den zur Spottbezeichnung avancierten Ausdruck schon in Anführungsstriche setzen: Aus dem eingängigen Titel eines langatmigen Aufsatzes war ein geflügeltes Wort geworden, das in den Büchmann gehörte.[10] Eine Generation später, um 1890, hatte ›Zukunft‹ im Zusammenhang mit Kunst nichts Anstößiges mehr; im Gegenteil: Das Wort war inzwischen unentbehrlich geworden und gehörte in jedes literarische Programm. Es gab kaum eine Zeitschrift (und sicher keinen Essayband), wo dieses geradezu magische Wort gefehlt hätte. Zukunft und alles, was dazugehörte, oder was man dazu assoziieren wollte, war für die Literaturkritik zum Leitbegriff geworden.

Gerhart Hauptmann beschrieb kurz nach 1900 in seinem allerdings erst 1910 erschienenen Roman »Der Narr in Christo Emanuel Quint« die Situation, von der hier die Rede ist, folgendermaßen:

> Wie die armen ländlichen Professionisten, die den Spuren des Narren gefolgt waren, auf das Tausendjährige Reich und auf das Neue Zion hofften, so und nicht anders hofften die sozialistischen Kreise und diejenigen jugendlichen Intelligenzen, die ihrer Gesinnung nahestanden, auf die Verwirklichung des sozialistischen, sozialen und also idealen Zukunftsstaats.
> Über vielen Biertischen politisierender Volkskreise schwebte damals, verquickt mit dem Bier- und Zigarrendunst, gleich einer bunten narkotischen Wolke, die Utopie. Was bei dem einen diesen, bei dem andern jenen Namen hatte, war im Grunde aus der gleichen Kraft und Sehnsucht der Seele nach

---

ken« Moritz von Egidys (1890) sowie die Fülle von geistlich-sozial ausgerichteten Traktaten, die alle auf eine Erneuerung des Lebens zielten und die sich fast alle der gleichen Terminologie bedienten; vgl. z.B. das Kapitel »Jesus im Abendlichte des Jahrhunderts« in den »Essays und Skizzen«, die der Schriftsteller und Theaterrezensent Karl Strecker unter dem Titel »Frühtau« herausgab (1898).

[9] Conrad Alberti veröffentlichte in der »Gesellschaft« (5/1889) seinen Aufsatz »Die zwölf Artikel des Realismus. Ein litterarisches Glaubensbekenntnis«. Hermann Conradi hatte sich in den »Modernen Dichtercharakteren« (1885) unter der Überschrift »Unser Credo« vernehmen lassen.

[10] Vgl. *Wörterbuch der Unhöflichkeit. Richard Wagner im Spiegel der zeitgenössischen Kritik*, hrsg. von Wilhelm Tappert, München 1967, S. 128-133; – vgl. auch Hermann Bahr, Von welschen Literaturen. IV: Spanischer Naturalismus, in: *Das Junge Wien* (Anm. 3), Bd. 1, S. 115-120. Die kritischen Bemerkungen von Ludwig Bischoff in der »Niederrheinischen Musikzeitung« (41/1859) gehen über eine einfache Tagespolemik weit hinaus: »All die Ungegorenheit, der Schwindel, all die Eitelkeit, all die Selbstbespiegelung, all die Trägheit, der Zukunft zuzuschreiben, was man selbst leisten müßte, all die Hohlheit und Salbaderei der ästhetischen Schwätzer – wie schön faßt sich das alles in dem einen Worte ›Zukunftsmusik‹ zusammen« (zit. nach: *Wörterbuch der Unhöflichkeit*, S. 128). Denn letztlich rief die Kategorie Zukunft, wie sich zeigen wird, nicht nur Aktivität hervor, sondern führte auch zu einem Quietismus, der die literarische Aktivität auf weiten Gebieten lähmte.

> Erlösung, Reinheit, Befreiung, Glück und überhaupt nach Vollkommenheit hervorgegangen: das gleiche nannten diese Sozialstaat, andere Freiheit, wieder andere Paradies, Tausendjähriges Reich oder Himmelreich.[11]

Zukunftserwartungen hat die Menschheit bekanntlich immer gehabt. Aber es gibt Zeiten, in denen sie komprimierter auftreten, oder besser nachweisbar sind als in anderen. In Deutschland sind diese Zukunftsvorstellungen gegen Ende des 19. Jahrhunderts von drei völlig verschiedenen Voraussetzungen bestimmt: Sie waren marxistisch im Anstoß und christlich-soteriologisch in der Terminologie, aber Nietzsche verhilft ihnen – wenn auch verzerrt, übertrieben, reaktionär, moralisch (wie man will, jedenfalls mit dichterischer Verve) – zum Durchbruch. Auf diese drei Komponenten trifft man immer wieder; sie treten strenggenommen in der Literaturkritik fast nie isoliert auf.

In solchen sozialutopischen Zukunftserwartungen gibt es kulturoptimistische und kulturpessimistische Entwürfe, progressive und regressive. Für die erste Gruppe stehen Romane wie Theodor Hertzkas »Freiland«, der ein »soziales Zukunftsbild« geben wollte;[12] die »Romanimprovisation aus dem 30. Jahrhundert« von Michael Georg Conrad;[13] Theodor Herzls zionistischer Roman »Altneuland«;[14] oder Edward Bellamys »Looking Backward 2000 – 1887« – ein auch in Deutschland viel gelesenes Buch.[15] Das »Tausendjährige Reich«, das Nietzsches Zarathustra verkündet,[16] und Henrik Ibsens »Drittes Reich«, das zehn Jahre früher, 1873, in seinem inhaltlich wohl einflußreichsten Drama – »Kaiser und Galiläer« – proklamiert wurde,[17] gehen in die gleiche Richtung.

---

[11] Gerhart Hauptmann, *Sämtliche Werke*, hrsg. von Hans-Egon Hass, Bd. 5, Berlin 1962, S. 263f. – Georg Lukács hat an entscheidender Stelle gerade auf diesen Passus bei Hauptmann aufmerksam gemacht; vgl. Georg Lukács, Deutsche Literatur im Zeitalter des Imperialismus, in: G.L., *Schriften zur Literatursoziologie*, hrsg. von Peter Ludz, Neuwied 1961, S. 452ff.; – Hauptmanns Vorliebe für diese Thematik ist bekannt; vgl. auch seine Erzählungen »Der Apostel« (1890) und »Der Ketzer von Soana« (1918).

[12] Erschienen 1890 (^{10}1897).

[13] Erschienen 1895 u.d.T. »In purpurner Finsternis«.

[14] Erschienen 1902; – Herzl (1860-1904) versuchte seine zionistischen Ideen nicht nur in Abhandlungen, sondern auch in literarischer Form bekannt zu machen; vgl. sein Drama »Das neue Ghetto« (1897); – vgl. dazu auch Hermann Bahr, Das neue Ghetto, in: *Das Junge Wien* (Anm. 3), Bd. 2, S. 810-813.

[15] Dieses Buch des Amerikaners Bellamy (1888) war von größtem Einfluß in der ganzen Welt und wurde in nahezu alle Sprachen übersetzt. Die Zeitgenossen stellten es neben Thomas Morus' »Utopia«, Bacons »Nova Atlantis« und Campanellas »Civitas solis«.

[16] Nietzsche, Zarathustra (Anm. 3), S. 298.

[17] Das Drama bringt genau diejenigen Stichworte, die für diesen Zusammenhang interessant sind; auch den »Messias«. Gerade dieser Gedanke nimmt in der Ibsen-Rezeption vor und nach der Jahrhundertwende den breitesten Raum ein. Marie Herzfeld, der das Verdienst zukommt, Ibsen überhaupt erst weiteren Kreisen in Deutschland und Österreich bekannt gemacht zu haben, weist ausführlich darauf hin (M.H., Die skandinavische Literatur und ihre Tendenzen, in: *Das Junge Wien* [Anm. 3], Bd. 2, S. 736-751); vgl. auch Rudolf Lothar (*Henrik Ibsen*, Leipzig 1902, S. 90-96), Emil Reich (*Ibsens Dramen*, Berlin 1894, S. 88-98) und Oskar Walzel (*Henrik Ibsen*, Leipzig 1912), der gleich von einer »künftigen Adelsmenschheit eines kommenden Dritten Reiches« sprach (S. 52). Schließlich beschäftigt sich Josef Collin in seinem berühmten Ibsenbuch über mehr als hundert Seiten mit diesem Drama (J.C., *Henrik Ibsen. Sein Werk – seine Weltanschauung – sein Leben*, Heidelberg 1910,

Daneben stehen zur gleichen Zeit dezidiert konservative, kulturpessimistische Zukunftsentwürfe. Den weitaus größten Einfluß hat neben den viel gelesenen »Deutschen Schriften« von Paul de Lagarde[18] das Buch »Rembrandt als Erzieher« von Julius Langbehn gehabt. Es war – 1890 – zunächst anonym erschienen. »Von einem Deutschen« – diese Notiz war alles, was man von seinem Verfasser wußte; der ›Rembrandtdeutsche‹ wurde geradezu zum konservativen Gütezeichen.[19] Er verstand die »geschichtliche deutsche Vergangenheit als eine Bildungsschule für die Zukunft«[20] und prophezeite ein künstlerisches Zeitalter, das das wissenschaftliche ablösen werde; im übrigen tadelten schon die kritischen Zeitgenossen, deren es immerhin einige gab, den verwirrten Stil und das irrationale Gebräu des Buches. Hier kam zweifellos am deutlichsten zum Vorschein, was als Alternativlösung zur literarischen Sozialutopie von Anfang an vorhanden war: Besinnung auf Bodenständigkeit und eigene Werte; das, was Ernst von Wildenbruch, preußischer Haus- und Hofpoet, allen Ernstes als »Furor Teutonicus« – er meinte, der hätte auch eine positive Seite – verstanden wissen wollte.[21]

S. 370-474). Es ist bezeichnend, daß »Kaiser und Galiläer« das erste Drama Ibsens war, das er nach eigener Aussage unter dem starken Eindruck des »deutschen Geisteslebens« – genauer gesagt, des deutsch-französischen Krieges – schrieb (vgl. hierzu seinen Brief an Julius Hoffory vom 26.2.1888, in: *Henrik Ibsens sämtliche Werke in deutscher Sprache*, hrsg. von Georg Brandes et al., Bd. 10, Berlin o.J. [1905], S. 372f.; auch Collin, *Ibsen*, S. 405f. und David E.R. George, *Henrik Ibsen in Deutschland. Rezeption und Revision*, Göttingen 1968 [= Palaestra, Bd. 251]). – Bis zu Moeller van den Brucks Buch »Das dritte Reich« von 1923, das die Nationalsozialisten dann – wenn auch z.T. mit Vorbehalten – für sich requirierten, ist es kein allzu langer Weg; jedenfalls ist es wohl mehr als die Vokabel, was die vergleichsweise harmlosen Anfänge solcher Reichserwartung mit dem 30. Januar 1933 und den darauf folgenden Jahren verbindet. Interessant ist, daß die Erwartung eines ›dritten Reiches‹ schon unmittelbar nach der Proklamation des Zweiten Kaiserreiches so manifest werden konnte. Offensichtlich war damit keine reale politische Alternative gemeint, sondern eine mehr ideale Projektion im Sinne des Marxschen ›Überbaus‹. Allerdings sind die Abstufungen mannigfach, wie etwa der »Berliner Roman« des einstigen Naturalisten Johannes Schlaf, »Das Dritte Reich« von 1900, belegen kann. Bekanntlich ging Schlaf als einer der ersten Naturalisten zum Irrationalismus über – wenn es für ihn dazu eines Überganges bedurfte.

18 Erschienen in 2 Bänden 1871-1881.

19 [Julius Langbehn,] *Rembrandt als Erzieher. Von einem Deutschen*, Weimar o.J. [1890]. – Das Buch brachte es noch im selben Jahr auf die 13. Auflage, im Jahr darauf waren es schon 37. Nietzsches dritte »Unzeitgemäße Betrachtung« über »Schopenhauer als Erzieher« dürfte die Formulierung des Titels inspiriert haben; was dem Buch zweifellos, weil darin zugleich ein gewisser Kontrastwert lag, zu einem nicht geringen Teil seine übergroße Wirkung verschaffte. Hierher gehört auch – allerdings mehr auf Österreich und katholische Kreise beschränkt (da aber von stärkstem Einfluß) – Richard von Kralik. Es ist nicht uninteressant festzustellen, was die Zeitgenossen außerdem lasen: Marie Herzfeld führt unter der Überschrift »Die meist gelesenen Bücher« 1891 (in: *Das Junge Wien* [Anm. 3], Bd. 1, S. 227-232) neben Ibsens Dramen, Bellamys Zukunftsroman und »Rembrandt als Erzieher« die »Wasserkur« des Pfarrers Kneipp an. Zur Gesundung wollte auch der Rembrandtdeutsche beitragen; man geht wohl nicht fehl, Kneipps Patienten in der Leserschaft Langbehns zu suchen und umgekehrt. Hierzu wie auch zu Lagarde und Moeller van den Bruck vgl. besonders Fritz Stern, *Kulturpessimismus als politische Gefahr. Eine Analyse nationaler Ideologie in Deutschland*, Bern u.a. 1963.

20 Langbehn, *Rembrandt* (Anm. 19), S. 63.

21 Vgl. Ernst von Wildenbruch, Furor Teutonicus. Eine Studie mit Nutzanwendung, in: *Nationalzeitung*, 7.6.1903; auch in: E.v.W., *Blätter vom Lebensbaum*, Berlin 1910, S. 331-346; –

Die Konzeption der literarischen Messiasfigur ist geradliniger. Der »Schrei nach dem Heiland«, der – wie man lesen kann – überall zu vernehmen war,[22] ist noch irrationaler als die Zukunftserwartungen; aber der Erlöser, den man sich erwartet, hat eine klar umrissene Aufgabe: Er soll Neues bringen, nicht einfach wiederherstellen. Man dachte nicht an Restauration, wenn man vom »erlösenden Stil der Zukunft« sprach, sondern an eine »Überwindung« des Alten.[23]

Kein Jahrhundert hat sich so sehr an seine Helden gehalten, ihm so viele Denkmäler gebaut wie das neunzehnte. Zu keiner Zeit wurden von der Forschung so viele Biographica gesammelt, um sie zum Monument eines monumentalen Lebens zusammenzusetzen. Die Literaturkritik, die ihren Helden, ihren Messias forderte, wollte nichts anderes.

Solcher theologischen Terminologie entsprechen säkulare Formen. Das wieder hervorgeholte Genie des ›Sturm und Drang‹[24] wird als erstrebtes Leitbild propagiert. Es ist – das kommt hinzu – die Zeit, da der ›göttliche Wahnsinn‹ medizinisch genauer untersucht wird. Cesare Lombroso hatte 1864 sein berühmtes Buch über »Genie und Irrsinn«[25] veröffentlicht; Max Nordau, sein wichtigster Adept auf Seiten der Publizistik, widmete ihm 1893 sein nicht minder einflußreiches Buch »Entartung«.[26] Lange bevor er seinen Weg zu Herzl und zum Zionismus fand, der seine späte Lebensaufgabe werden sollte, schrieb er über den Geniebegriff seiner Zeit, das – wie er sagte – »Urteilsgenie«. Zionismus und Genieproblem lagen in derselben Linie oder hatten doch – um eines seiner Lieblingswörter zu verwenden – dieselbe Ätiologie. Beides war ein Zukunftsentwurf, der eine sozialutopisch, der andere messianisch formuliert.

Die Verbindung zu den Naturalisten stellte Karl Bleibtreu her. Seine Schrift »Paradoxe der conventionellen Lügen« (1888) kontaminierte die beiden bekanntesten Titel Nordaus schon in der Überschrift.[27] Daß es gerade dieser Naturalist war, ist nicht verwunderlich. Zwei Drittel seiner eigenen literarischen Produktion, und die war nicht gering, hatten dieses Genie,

---

auch hier ist übrigens vom Genie in diesem Sinne die Rede: »Noch ist das Genie nicht gekommen, [...] aber nicht verkennen und vor allem nicht unterdrücken soll man darum die Regungen und Bestrebungen, die zum Teil wenigstens geben möchten, was jener uns gewiß geben würde« (S. 345).

22 Bahr, Die Moderne (Anm. 7), S. 30.

23 Vgl. Hermann Bahr, Theater, in: *Das Junge Wien* (Anm. 3), Bd. 1, S. 493-499; – »Überwindung« war der von Bahr speziell zur Behebung der literarischen Misere initiierte Begriff.

24 Vgl. *Literarische Manifeste des Naturalismus 1880-1892*, hrsg. von Erich Ruprecht, Stuttgart 1962, besonders S. 5; sowie Hermann Conradi, ebd. S. 45; – vgl. auch besonders Karl Bleibtreu, *Revolution der Literatur*, Leipzig 1886 (Nachdruck: hrsg. von Johannes J. Braakenburg, Tübingen 1973 [= Deutsche Texte, Bd. 23]), S. 82.

25 Zur Rezeption Lombrosos durch die Naturalisten vgl. auch Conrad Alberti, Zur Psychologie des Genies, in: C.A., *Natur und Kunst. Beiträge zur Untersuchung ihres gegenseitigen Verhältnisses*, Leipzig o.J. [1890], S. 31-48.

26 Erschienen in 2 Bänden 1892.

27 Es handelt sich um »Die conventionellen Lügen der Kulturmenschheit« (1883) und »Paradoxe« (1885); vgl. besonders das Kapitel »Psycho-physiologie des Genies und Talents«.

wenn auch in anderem Sinne, zum Gegenstand: Napoleon und Byron, oder einfach den »Übermenschen«.[28]

Daß auch Nietzsche sein Teil zum Geniebegriff beisteuerte, ist selbstverständlich und fast überflüssig zu bemerken. Zarathustras Lehre vom »Übermenschen«[29] ist auf diesem Hintergrunde die aus der Säkularisation in den Mythos – und mag er noch so falsch gewesen sein – zurückgeholte Erlöser- und Führergestalt, die mit Moses und Christus mehr Ähnlichkeit hat, als dem Seher von Sils-Maria, wie seine Anhänger ihn nannten, wohl lieb gewesen wäre.

In diesen Zusammenhang gehört auch der Hinweis auf allgemeinere Zeitströmungen; wie denn ohne den geradezu modischen Individualismus der Zeit diese personalistischen Hypostasierungen nicht recht denkbar sind.[30] Auch sind die Querverbindungen vielfältig: Der Autor von »Der Einzige und sein Eigentum«, Max Stirner, fand in dem in Berlin lebenden Naturalisten John Henry Mackay einen posthumen Verteidiger und Förderer seines Ruhmes.[31] – Stanislaw Przybyszewski, ein junger, ebenfalls in Berlin lebender polnischer Dichter, Begründer des literarischen Jung-Polen, der bis 1900 ausschließlich in deutscher Sprache schrieb, ist das deutlichste (und zugleich berüchtigtste) Beispiel eines solchen Individualismus.[32] Aber das wohl merkwürdigste Phänomen ist die Tatsache, daß diese Messiaserwartungen – ganz gleich, ob sie mehr soteriologischen oder mehr säkularen Charakter haben – mit konkreten zeitgenössischen Personen assoziiert werden. Im rein politischen Bereich war das nichts besonderes: Daß man seine politischen Hoffnungen auf Bismarck oder Wilhelm II. setzte, war wohl genauso normal wie vergeblich. Aber daß man sie auch als Veränderung und Überwindung bringende Heroen gegen die eigene literarische Misere verpflichtete, wirft ein eigenartiges Licht auf diese meist so militant-sozialistischen Naturalisten. – »Was erwartet die deutsche Kunst von Kaiser Wilhelm II.?«, unter diesem Titel veröffentlichte Conrad Alberti, der – neben Heinrich und Julius Hart, Henckell, Bleibtreu und Wilhelm Arent – führende Frühnaturalist, im Jahre 1888 eine Broschüre, die sich als »zeitgemäße Anregung« verstand.[33] Ein Jahr

---

[28] Von den zahlreichen Napoleonbüchern Bleibtreus seien folgende genannt: »Napoleon bei Leipzig« (1885); »Napoleon I.« (1889); »Der Genie-Kaiser und die Welt. Zur Centenarfeier der Krönung Napoleons« (1905); – über Byron die Dramen: »Lord Byron. Lord Byrons letzte Liebe. Seine Tochter« (1886); »Byron der Übermensch. Sein Leben und seine Dichtungen« (1897); »Byrons Geheimnis« (1900); »Das Byron-Geheimnis« (1912).

[29] Zum Übermenschenproblem, wie zum Genie- und Messiasbegriff, vgl. die umfangreichen und erschöpfenden Arbeiten von Ernst Benz zu diesem Thema (Anm. 1); – vgl. auch Michael Georg Conrad, *Der Übermensch in der Politik. Betrachtungen über die Reichs-Zustände am Ausgang des Jahrhunderts*, Stuttgart 1895.

[30] Vgl. hierzu besonders Hermann Bahr, Die Weltanschauung des Individualismus, in: H.B., *Zur Kritik der Moderne. Gesammelte Aufsätze. Erste Reihe*, Zürich 1890, S. 35-49.

[31] Vgl. John Henry Mackay, *Max Stirner. Sein Leben und sein Werk*, Berlin 1898; – Mackay gab im selben Jahr Stirners »Kleine Schriften« und seine Entgegnung auf die Kritik seines Werkes »Der Einzige und sein Eigentum« aus den Jahren 1842 bis 1847 heraus.

[32] Vgl. Stanislaw Przybyszewski, *Zur Psychologie des Individuums*, 2 Bde., Berlin 1892.

[33] Erschienen anonym 1888.

später schrieb Hermann Conradi, von dem gerade in diesem Zusammenhang gleich noch die Rede sein wird, seine – wie er das nannte – »zeitpsychologische Betrachtung« über »Wilhelm II. und die junge Generation«. Aber nicht nur in theoretischer Hinsicht reklamierte man den jungen Monarchen für sich und die eigene Sache. Man wußte ihn sozusagen auch praktisch zu verwenden. Als Conrad Alberti im Sommer 1890 in Leipzig wegen eines Romans vor Gericht stand, der den programmatischen Titel trug: »Die Alten und die Jungen«,[34] verteidigte er sich mit einem Hinweis auf den Schluß seines Buches. Dort habe er die moderne Jugend aufgefordert, sich wie der Held des Romans (er hieß Treumann – *nomen est omen*!) »um das Banner der Person des Kaisers zu scharen und gegen den Übermut des Geldprotzentums sich aufzulehnen«.[35] Die parodistischen Überhöhungen solcher Figuren sind bekannter geworden als sie selbst: Diederich Hessling in Heinrich Manns »Geschichte einer öffentlichen Seele unter Wilhelm II.«,[36] wie der Autor seinen »Untertan« – zwanzig Jahre später – nennt; aber hier ist das Original.

Verlautbarungen wie Albertis Broschüre über Kaiser und Kunst blieben keineswegs im nationalen, gar provinziellen Bereich stecken. Der Pariser »Figaro« wußte unter dem 24. April des Jahres 1890 zu berichten, daß es wohl in der Hauptsache diesem Buche zu verdanken sei, wenn dem naturalistischen Dichter Heinrich Hart von Staats wegen eine finanzielle Unterstützung gewährt worden sei; was Alberti sich seinerseits zur Ehre anrechnete und in seinem Prozeß gezielt für sich vorbrachte.[37]

Auch der Literaturbetrieb selbst hatte Platz für solchen Personenkult, wie mancher heute sagen würde. Der mit siebenundzwanzig Jahren verstorbene Dichter Hermann Conradi gerierte sich als Student in seinem Leipziger Freundeskreis in einer Messias- und Christusrolle als eben jener Erlösertypus, den man sich vorstellte und erhoffte. Die Freunde waren offensichtlich nur allzugern bereit, ihm diesen Anspruch zu bestätigen. Es ist denn auch bezeichnend, daß in aufschlußreicher Anspielung auf Richard Wagner die Redewendung von »Christus, Wagner und Conradi« überliefert ist; und daß man ihn und seinen Freund Oskar Hänichen als »Christus und Johannes« verspottete.[38] – Nach Conradis unerwartet frühem Tode brachte die »Gesellschaft« gar ein Foto von ihm auf dem Totenbett, das seine Freunde, unter ihnen Hänichen, aufgenommen hatten: Es zeigt in der Anordnung von Haar und Bart einen geradezu zum Christuskopf stilisierten, stark an die Bilder von Guido Reni erinnernden Dichter. Das gleiche Bild ist noch der Ausgabe seiner Werke von 1911 vorangestellt.[39]

---

34 Alberti, *Die Alten und die Jungen* (Anm. 7).

35 Vgl. Der Realismus vor Gericht, in: *Die Gesellschaft* 6/1890, S. 1141-1232; hier S. 1213.

36 Vgl. Ulrich Weisstein, *Heinrich Mann. Eine historisch-kritische Einführung in sein dichterisches Werk*, Tübingen 1962, S. 133, Anm. 4.

37 Vgl. Der Realismus (Anm. 35).

38 Vgl. Paul Ssymank, Leben Hermann Conradis, in: *Hermann Conradis Gesammelte Schriften*, hrsg. von Paul Ssymank/Gustav Werner Peters, 3 Bde., München 1911, Bd. 1, besonders S. 171ff.

39 Vgl. »Die Gesellschaft« vom Mai 1890; dort auch den Artikel von Mena*** [= Rosalie

Die hier nur angedeuteten, teils sozialutopisch, teils individuell realisierten Zukunftserwartungen führen dazu, daß die Zukunft zur grundlegenden Kategorie der literarischen Kritik wird. Implizit oder explizit steht sie im Mittelpunkt jeder theoretischen Beschäftigung mit Literatur.

Karl Bleibtreu, der geradezu einen »Kampf ums Dasein der Literatur« führte und in seinem variationsreichen Geniekult auf einen »Shakespeare des Romans« hoffte, ging in seiner Messiaserwartung weiter als alle anderen: »Ob in mir dieser Messias schlummert, weiß ich nicht«,[40] schrieb er 1888. Er wählte, wie gesagt, mit Vorliebe den Helden, den heroischen, außerordentlichen Menschen zum Gegenstand seiner Dramen und Romane: Byron oder Napoleon, oder auch Friedrich den Großen. Es ist nur folgerichtig, wenn auch die Maßstäbe, die er an die zeitgenössische Literatur legt, aus derselben Umgebung stammen; wenn er die Wende der Literaturmisere in ähnlicher Gestalt erwartet. Zwei Jahre später sah er den »erhabenen Zeitpunkt«, den Tag X, schon kommen und setzte pathetisch ein Schillerzitat an den Schluß einer Philippica, die der »Revolution der Literatur« auf die Sprünge helfen sollte: »Das Alte stürzt, es ändert sich die Zeit, und neues Leben blüht aus den Ruinen«.[41] Damit war auch er bei der Zukunft angelangt.

Leo Berg, einer der Begründer des literarischen Vereins »Durch!« in Berlin und zugleich neben Arno Holz der wohl klarste kritische Kopf dieser ›Jüngstdeutschen‹,[42] schrieb neben vielen Essays 1897 ein ganzes Buch mit dem symptomatischen Titel »Der Übermensch in der modernen Literatur«. Eine Essaysammlung, die er ein paar Jahre früher erscheinen ließ, hatte den in die gleiche utopische Richtung gehenden Titel »Zwischen zwei Jahrhunderten«.[43] Er war nicht nur der Ansicht, man könne die moderne Literatur nach solchen Dichtern einteilen, die von Nietzsche beeinflußt, und solchen, die von ihm »völlig unberührt geblieben sind«,[44] sondern konstatierte geradezu: »Zwei Gedanken gehen durch die neueste Literatur: der der Wiedergeburt

---

Nilsen], S. 717f.; – weitere Quellennachweise zu Nachrufen auf Conradi, die alle in die gleiche Richtung gehen, bei Ssymank, Leben (Anm. 38), S. 238f., Anm.

[40] Karl Bleibtreu, *Der Kampf ums Dasein der Literatur*, Leipzig 1888, S. 72. – Zwei Jahre zuvor hatte er solches Sendungsbewußtsein als typisches Merkmal der »ganzen jüngsten Dichtergeneration«, als »Größenwahn« beschrieben; als »Größenwahn mit all seinen widerlichen Auswüchsen des Neides und der Anfeindung jeder anderen Bedeutung. In dieser Bohème tauchen alle Monate neue Genies auf, von denen man keine Ahnung hatte, und bilden neue Cliquen, die wieder auf frühere Cliquen losziehen. Kaum hat der Eine sich den Messias, der andere den Reformator genannt, kaum ist der eine als Jesus erbarmend in die Hütten der Armuth niedergestiegen, kaum hat Arno Holz über seinem gottgeweihten Haupte messianisch das Banner der Zukunft wallen gefühlt und sich als Wunder aller wunder, als sein eigner Dalai Lama, dem Universum gnädigst vorgestellt – so sind schon wieder neue Messiasse, Reformatoren, Naturwunder und andere Hölzer da« (Bleibtreu, *Revolution* [Anm. 24], S. 66). – Materielle Unterstützung der Literatur hielt er für sinnlos: »Gott kann ihr helfen, nicht der Reichskanzler«, dekretierte er drastisch (S. 78).

[41] Bleibtreu, *Revolution* (Anm. 24), S. 79.

[42] Vgl. Anm. 6.

[43] Erschienen 1896.

[44] Leo Berg, *Neue Essays*, Oldenburg 1901, S. 288.

und der des neuen Menschen«.[45] So interpretierte er Sudermanns »Johannes« als »die Tragödie des Vorläufers« und zitiert im selben Zusammenhang das Wort Hebbels, daß es Zeiten gebe, »in denen in jeder Krippe der Messias gesucht wird«.[46]

Franz Servaes, einer der wichtigsten Berliner Kritiker dieser Zeit, heute total vergessen, faßte seine Aufsätze als »Präludien« zusammen[47] (der Titel war in seiner Verweisung auf das Kommende für sich schon ein Programm) – und widmete sie dem wohl bekanntesten ›Überwinder‹ der zeitgenössischen Literatur, dem – mit Hermann Conradi zu sprechen – wohl bekanntesten »Übergangsmenschen«[48] seiner Generation: Hermann Bahr. »Die Kunst will der erste Ausdruck einer kommenden Menschheit, einer sich entschälenden Seele sein«, sagte auch er; und dabei verwies das Wort Seele bereits auf andere Zusammenhänge.[49] – Nach der Lektüre von Leopold von Andrians »Garten der Erkenntnis« fragte er sich, ob ein solches Buch noch über sich selbst hinausweise und was »daraus noch für ein Neues, Zukünftiges« entstehen könne. Das »Notwendigste« in aller Kunst sei doch die »Zukunftsillusion«.

Für den Naturalisten Julius Hart schließlich standen diese Gedanken von Anfang an, sei es als »Lyrik der Zukunft«,[50] sei es – im Roman – als »Zukunftsland«[51] oder dann in den »Flugschriften zur Begründung einer neuen Weltanschauung«,[52] die er gemeinsam mit seinem Bruder Heinrich verteilte, im Vordergrund.

Auch Literaturkritiker, die entweder nur kurz mit dem Naturalismus in Berührung gekommen waren, wie etwa Hermann Bahr und allenfalls Richard Dehmel, oder solche, die von Anfang an eine Gegenposition einnahmen, wie Maximilian Harden, bezogen ihre Axiome mehr oder weniger aus den hier skizzierten Zeitströmungen.

Für Harden mag schon der Name symptomatisch sein, den er seiner berühmten, 1892 gegründeten Zeitschrift gab: »Die Zukunft«. Nicht zufällig ist ein Großteil seiner Aufsätze unter dem Titel »Köpfe«[53] erschienen. Der Mann Zola, der Mann Ibsen, oder – im Politischen besonders – der Mann Bismarck war für ihn der Anlaß zu seinen geradezu enzyklopädisch angelegten, äußerst erhellenden Analysen. Was ihn anzog, war nicht ein Abstraktum,

---

[45] Berg, *Neue Essays* (Anm. 44), S. 375.

[46] Berg, *Neue Essays* (Anm. 44), S. 396. – Es wirft ein bezeichnendes Licht auf die Vorliebe, die die Naturalisten für Ernst von Wildenbruch empfanden (die Brüder Hart verurteilten Spielhagen und hoben Wildenbruch im selben Atemzuge auf den Schild), wenn Leo Berg in diesem Zusammenhang Wildenbruchs Drama »Christoph Marlow« neben Ibsens »Kronprätendenten« stellt.

[47] Erschienen 1899.

[48] Vgl. Hermann Conradi, Ein Kandidat der Zukunft – Übergangsmenschen, in: *Die Gesellschaft* 6/1890, S. 662–678; auch in: *Gesammelte Schriften* (Anm. 38), Bd. 3, S. 447ff.

[49] Franz Servaes, *Präludien. Ein Essaybuch*, Berlin 1899, S. 9.

[50] Erschienen 1899 u.d.T. »Homo sum!«.

[51] Erschienen in 2 Bänden 1899–1902.

[52] Erschienen in 2 Bänden 1900–1901 u.d.T. »Das Reich der Erfüllung«; – vgl. hierzu Berg, *Neue Essays* (Anm. 44), S. 377ff.

[53] Erschienen in 4 Bänden 1910-1924.

nicht das literarische Werk als solches, sondern die Person; dasselbe, was Bleibtreu »Genie«, Nietzsche – und mit ihm viele andere – »Übermensch« nannte.

Für Hermann Bahr, der im Gegensatz zu Harden den Naturalismus zunächst begrüßt hatte, ihn aber bald als notwendigen »Zwischenakt«[54] – nicht mehr und nicht weniger –, als Übergangsstadium verstanden wissen wollte, gilt ähnliches. Sein Überwindungseifer, den man ihm von Anfang an übelgenommen hat[55] und den die Literaturgeschichte bis heute mit dem Schlagwort vom ›Proteus der Literatur‹ quittiert, geht gepaart mit der Erlösererwartung für die darniederliegende Literatur und – worin er sich mit Servaes einig war – ebenfalls für die Kritik. Seine Maxime von der »Überwindung des Naturalismus« wurde zum Schlagwort.[56] Sie war gewissermaßen die Bahrsche Interpretation von Marx' elfter »These über Feuerbach«; wie denn auch der sozialistische Einfluß aus seinem Umgang mit Victor Adler und seiner Beschäftigung mit Marx und Lassalle, wie bei den meisten Naturalisten auch, schon biographisch genauso nachweisbar ist, wie der Nietzsches oder Schopenhauers.[57]

Aber es wurden von diesen Prämissen her auch Gegenpositionen bezogen. Die wohl stärkste durch Richard Dehmel, der 1892 in der »Gesellschaft« schrieb, das naturalistische Drama, die naturalistische Tragödie sei geradezu die »Tragödie des Naturalismus selber«.[58] In dezidiert prometheushaften, goetheschen, an Nietzsche geschulten Tönen verkündet Dehmel die gekommene Zukunft, die Zukunft, die schon begonnen hat: »mit jedem Tag, mit jedem Augenblick beginnt sie und – ist da, wenn ihr sie bringt! – Auf, laßt uns wieder Menschen machen! neue treibende! ein Bild, das uns gleich sei! uns, den Schaffenden! Propheten der Sonne, was säumt ihr?! –«.[59]

Die Schlagworte der Zeit werden zu Kategorien der Literaturkritik. Die Literatur der Moderne wird gemessen an ihrer Zukunftsfähigkeit und allem, was damit zusammenhängt. Alles andere hat sich dem unterzuordnen. Begriffe wie ›Erlöser‹ und ›Messias‹, ›Überwindung‹ und ›neue Menschen‹, ja auch einfach das beliebig und klischeehaft überall verwendete Epitheton ›neu‹ beschreiben die literarische Moderne als Vorstadium, als Vorbereitung auf eine größere Zeit, die die Erfüllung erst noch bringen wird.

Mit solchen Prognosen, die Ermunterung und Herausforderung zugleich, und zwar an die eigene Adresse, bedeuteten, hatten sich Literatur und Literaturkritik – die schon deshalb nicht voneinander zu trennen waren, weil man

[54] Hermann Bahr, Die Überwindung des Naturalismus, in: *Das Junge Wien* (Anm. 3), Bd. 1, S. 155-159, hier S. 157.

[55] Vgl. Hermann Bahr, *Selbstbildnis*, Berlin 1923, S. 256f.

[56] Das geht hauptsächlich auf Bahrs Aufsatzsammlung unter diesem Titel zurück, die als »Zweite Reihe zur ›Kritik der Moderne‹« (1891) erschien. Einer der Aufsätze hatte diesen Titel (Anm. 54); aber auch von der ›Krise des Naturalismus‹ war bereits die Rede: H.B., Die Krisis des Naturalismus, in: *Das Junge Wien* (Anm. 3), Bd. 1, S. 145-149.

[57] Vgl. die Einführung zu: Hermann Bahr, *Zur Überwindung des Naturalismus. Theoretische Schriften 1887-1904*, hrsg. von Gotthart Wunberg, Stuttgart u.a. 1968, S. VIIIf.

[58] Richard Dehmel, Die neue deutsche Alltagstragödie, in: *Die Gesellschaft* 8/1892, S. 475-512.

[59] Dehmel, Alltagstragödie (Anm. 58), S. 512.

zumeist Dichter und Kritiker in einer Person war – in ein Dilemma hineinmanövriert, das sich nicht auflösen, das sich nicht einmal mehr neutralisieren ließ. Die Überzeugung, für die man sich seit Jahren eingesetzt hatte, war von vornherein falsch angelegt. Diese Mischung aus Bescheidenheit gegenüber dem großen Kommenden einerseits und Verachtung der literarischen Mitwelt andererseits; aus Selbstbemitleidung, solche Zeiten literarischer Dürre durchleben zu müssen, Erlösererwartung und utopischen Entwürfen; aus individualistischer Selbstüberschätzung und Sozialismus, drängte unter beständiger Akzeleration auf eine Lösung. Diese Lösung lag ausschließlich – und konnte ausschließlich liegen – in der Erfüllung des Erhofften, des verzweifelt Gewünschten und Prophezeiten, das sich aber eben nicht erfüllen konnte. Es war prinzipiell unerfüllbar, solange man keine verbindlichen Kriterien besaß, nach denen – um in der Terminologie zu bleiben – der Christ vom Antichrist zu unterscheiden gewesen wäre. War Conradi der Messias der Literatur, für den er sich hielt und als den seine Anhänger ihn ausgeben wollten? War das Kraftgenie Karl Bleibtreu von solchem Schnitt, daß man ihm die »Revolution der Literatur« getrost überlassen konnte? War Gerhart Hauptmanns Drama »Vor Sonnenaufgang«, wie Theodor Fontane – dem Jargon der Zeit darin wörtlich verpflichtet – rezensierte, »einfach ... die Erfüllung Ibsens«?[60] Und damit folgerichtig, wenn dieser Norweger – wie Hermann Bahr gemeint hatte – der literarische Johannes[61] war, also endlich der literarische Messias? War irgend etwas endgültig, was da geboten wurde? Wie gedachte man, das zu entscheiden? Man gedachte gar nichts; konnte nichts zu entscheiden gedenken. Denn über einen Messias wird nicht entschieden; der kommt und ist da. Erlöser werden erwartet; und so lange fehlen sie. Aber wenn sie da sind, merkt es jeder von selbst. So stellten sich auch die Literaturkritiker ihren eigentlichen Gegenstand, ihren utopischen großen Dichter vor. Eine solche Konzeption der Literatur mußte von vornherein jede Entscheidung über richtige oder falsche, über gute oder schlechte Literatur prinzipiell unmöglich machen. Was bei solcher Prämisse möglich war, geschah: chiliastische und eschatologische Beschreibungen des Zukunftsreiches und – eventuell – seiner personellen Verwirklichung; aber das kritische Unterscheidungsvermögen war absurderweise durch ein Erlebnis blockiert, das erst noch kommen mußte: blockiert durch den Erlöser selbst.

Es gehört kein großes Einfühlungsvermögen dazu, sich das Dilemma vorzustellen, das aus einer zur Doktrin gewordenen Erwartung des literarischen Messias einerseits und der prinzipiellen Unfähigkeit, ihn unter diesen Umständen zu erkennen, andererseits, erwachsen mußte. Für ein solches Dilemma gab es keine Lösung. Der ›Ausweg‹, der sich schließlich fand, war ein »Weg nach Innen«;[62] allerdings in doppelter Hinsicht. Die Alternative hieß:

---

[60] Theodor Fontane, Hauptmann. ›Vor Sonnenaufgang‹, in: T.F., *Sämtliche Werke*, hrsg. von Edgar Groß/Kurt Schreinert, Bd. XXII.2, München 1964, S. 713.

[61] Vgl. Bahr, Ibsen (Anm. 7), S. 17.

[62] Vgl. Hermann Hesse, *Weg nach Innen. Vier Erzählungen*, Berlin 1931.

die eigene Psyche, also, was man gemeinhin Décadence nannte; oder – die Heimatdichtung.

Mit dem letzten zu beginnen: Man könnte es den territorialen Rückzug nennen; also die ländliche, die provinzielle Seite der Alternative. So disparat es aussehen mag: Seele und Heimat lagen nicht weit auseinander; jedenfalls war zu beiden ein Rückzug nötig. Mancher mochte sie gar verwechseln, oder sie für zwei, wenn auch verschiedene, so doch nacheinander begehbare Wege halten. Bestes Beispiel: Maurice Barrès. Für die deutsche Literatur deshalb interessant, weil ihm seine Schüler – allen voran Hermann Bahr – mit ungebrochenem Vergnügen aus dem »culte du moi« in die Provinz, aus der er gekommen war, aus dem »Jardin de Bérénice«[63] ins Elsaß folgten; womit man – nicht erst durch das Stichwort Elsaß – bei Friedrich Lienhard, aber auch bei Ernst von Wildenbruch angelangt ist;[64] und also beim Konservativismus *par excellence.*

Michael Georg Conrad ist das wunderlichste und zugleich derbste Exempel dieser neuen Wende. Er, der jahrelang auf Zola geschworen hatte, verkündete 1901 in seinen »Erinnerungen zur Geschichte der Moderne«, die er in einer seitenlangen Widmung dem Heimatdichter Hermann Allmers zueignete: »Die Bauern in der Literatur, die Bauern in der Kunst – damit hebt allemal der neue Geisterfrühling an ... Das ist göttliche Naturordnung. So verstehen wir die Revolution der Poesie ...«.[65] Das mag frappierend erscheinen, aber es war folgerichtig.

Das Abwandern in die Heimatdichtung, der außerordentliche Erfolg dieser Literaturbranche, hat viele Gründe; darunter einige, die bekannt sind: die zunehmende Stadt- und Industriephobie, und als Ausgleich dazu ein neues *retour à la nature*, das vor allem die sogenannte Jugendbewegung zur Mode erhob: das Bad im Waldsee und der freie Oberkörper usw. usw. Für die Literatur selbst ist der Grund mehr im Stoffmangel zu suchen, der sich in dem Augenblick einstellen mußte, in dem man der sozialen Problematik der Großstädte entwachsen zu sein glaubte oder einfach überdrüssig war. Aber nicht nur das. Die Ursache war zu einem nicht geringen Teil die gescheiterte literarische Sozialutopie. Sich angesichts getäuschter Hoffnungen, und seien sie noch so absurd, aufs Land zurückzuziehen, ist zunächst nicht viel mehr als eine statistisch mehr oder minder häufig zu konstatierende Reaktion. Warum sollte man sie nicht auch der Literatur zubilligen. Die sozialutopischen Zukunftspläne und -visionen waren kosmopolitisch gemeint gewesen; jetzt, nach ihrem Scheitern, gab es nur eine folgerichtige Reaktion: den Rückgriff auf Provinz und Heimat. Diese Regression aber verläuft ganz offensichtlich (wie der mit ihr aufs engste zusammenhängende Nationalismus und Chauvinismus im Politischen) dem Weg parallel, den der sogenannte Déca-

63 Roman von Maurice Barrès (1891) der als dritter zusammen mit »Sous l'œil des Barbares« (1888) und »Un homme libre« (1889) die Romantrilogie »Le culte du Moi« bildete.

64 Vgl. Friedrich Lienhard, *Oberlin. Roman aus der Revolutionszeit im Elsaß*, Stuttgart 1910.

65 Conrad, *Erinnerungen* (Anm. 4), S. 8f.

dent aus Frustration und Resignation zu sich selbst, zu seiner Seele eingeschlagen hat, – was uns zur zweiten Möglichkeit bringt.

Nicht alle zogen wie Dehmel die Konsequenz, aus so viel Zukunft nun endlich eine literarische Gegenwart zu veranstalten. Manch einer fühlte sich wohl in so großer Erwartung und versuchte, wie die Brüder Hart,[66] seine Umgebung darauf vorzubereiten. Die weitaus meisten aber, das waren besonders die Jüngeren, die um 1870 Geborenen, reagierten geradezu simpel: mit einer Gegenbewegung. Sie schoben die soziale Problematik kurzerhand beiseite. Das war ein Zug der Zeit; es war der Aufhebung des Sozialistengesetzes 1890 durch Wilhelm II. durchaus analog: In beiden Fällen glaubte man etwas abzuschaffen, und in beiden Fällen blieb doch alles, wie es war. Die ›soziale Frage‹ gab es nach wie vor, und durch die *de iure*-Aufhebung des Gesetzes hatte sich an der *de facto*-Situation wenig geändert. Beidem haftete etwas Künstliches an, aber beides paßte auf diese Weise zueinander und in die Wilhelminische Ära.[67] Die soziale Frage blieb als literarisches Problem zwar erhalten,[68] aber sie gehörte zum Arsenal; sie war nicht mehr brennendes Problem. Das war kein Wunder, denn sie war bereits ausgiebig behandelt und verarbeitet und war dadurch zum literarischen Konsumgut geworden, das bezogen werden konnte. Die Konsequenz, die man aus dieser naturalistischen Überbetonung des Sozialen, der sozialen Misere zog, führte geraden Weges ins Private: Man sonderte sich ab, man hielt sich exklusiv. Was bekanntlich, wenn man an Oscar Wilde, den Grafen Montesquiou, den jungen Joris-Karl Huysmans denkt, oder die ›Tachtigers‹ in Holland, eine internationale Reaktion war. In Deutschland ist Stefan George für dieses literarische *odi profanum vulgus* der bekannteste, aber keineswegs der einzige Repräsentant geworden. Seine »Blätter für die Kunst« waren so exklusiv, daß sie anfangs nicht einmal käuflich zu erwerben waren, sondern lediglich »einen geschlossenen von den mitgliedern geladenen leserkreis« hatten. Andere literarisch-künstlerische Zeitschriften wie der »Pan«, der »Ver Sacrum«, auch die »Wiener Rundschau« und »Die Insel« gingen in die gleiche Richtung.

In der Literatur selbst entsteht Entsprechendes; und aus den gleichen Beweggründen: aus Frustration und Übersättigung an den »états de choses«,[69] wofür der herrschende Individualismus einen guten Nährboden abgegeben hatte. Erwin in Leopold von Andrians »Garten der Erkenntnis« (1895), Paul in Richard Beer-Hofmanns »Tod Georgs« (1900), oder der Kaufmannssohn in Hugo von Hofmannsthals »Märchen der 672. Nacht« (1895)[70] sind die erklärten Anti-Helden, die alles andere als ein Messias sind oder auch nur sein

---

66 Vgl. oben Anm. 50, 51, 52.

67 Vgl. hierzu besonders Hans Schwerte, Deutsche Literatur im Wilhelminischen Zeitalter, in: *Wirkendes Wort* 14/1964, S. 254-270.

68 So etwa bei Jakob Julius David, Philipp Langmann, auch Marie von Ebner-Eschenbach und Ferdinand von Saar.

69 Vgl. Bahr, *Zur Überwindung* (Anm. 57), S. XI, 49, 55.

70 Richard Beer-Hofmann war dafür bekannt, daß er an den wenigen Sachen, die er verfaßte, lange schrieb. So ist auch »Der Tod Georgs« bereits lange vor 1900 entstanden.

wollen. Sie haben nichts von den Kraftgenies Bleibtreus oder Conradis; sie kennen keine Arbeiterviertel, die es noch gab, und keinen Zukunftsstaat (auf den man hoffte, damit es jene nicht mehr gäbe). Diese ›Jungen‹ protestieren auf ihre Weise gegen die ›Alten‹ – auch darin läßt sich die selbstgezogene Parallele zum ›Sturm und Drang‹ weiterverfolgen:[71] Sie hielten gern wie Werther ihr »Herzchen wie ein krankes Kind«.[72] Wenn die Naturalisten sich selbst als Stürmer und Dränger empfanden, dann war dies eine ›neue Empfindsamkeit‹.

Gründe für solche Reaktion gab es genug. Die erwähnte Frustration angesichts der nicht erfüllten, aber sehr real erwarteten utopischen Lösung aller Probleme; die Übersättigung an den »états de choses«, was vor allem Hermann Bahr als wandlungsfähigster aller Kritiker geltend machte, die ganz von selbst das Verlangen nach anderen Dingen, eben den »états d'âme« hervorrief; und schließlich – mehr oder weniger alles bedingend – die allgemeinste Voraussetzung: der extreme Individualismus der Zeit, der seit Ibsen, Nietzsche, Stirner die wichtigste Komponente der Popularphilosophie geworden war.[73] Alles in allem läßt sich diese Reaktion am besten in einem Ausdruck zusammenfassen, den die Zeitgenossen selbst mit der Begeisterung dessen, der sich nicht nur verstanden, sondern auch formuliert sieht, verwendet haben: ›Fin de siècle‹.[74] Zunächst ist dieses Wort nicht mehr als eine etwas banale Zeitbezeichnung; wie ›Jahrhundertwende‹ oder ›Vorkriegszeit‹. Aber auf dem Hintergrund des Gesagten werden seine Konturen schärfer. Dann bedeutet dieses Lieblingswort der Epoche, daß man sich abgefunden hat mit der Jahrhundertwende; mit der Utopie, die keine war (sondern eine Phantasterei); mit dem Jahr 1900 als einer Markierung, über die es nicht hinausgeht und die keine Hürde ist, die man mit aller Gewalt nehmen müßte; daß man sich abgefunden hat mit dem vergeblichen Warten auf den erwarteten Erlöser und literarischen Messias.

Mit dem Wort ›Fin de siècle‹ läßt sich dann der Antiheld der Décadence, ob er als Erwin in Andrians »Garten der Erkenntnis« oder als Kaufmannssohn in den Labyrinthen von Hofmannsthals »Märchen« herumirrt, genauso beschreiben wie die müde Resignation, mit der Maurice Barrès' »homme libre« seinen »culte du moi« pflegt, oder die fragile Existenz von Des Esseintes in Huysmans' »A Rebours«.[75] Diese »Stimmung«, wie man zu jener Zeit gern sagte,[76] entsteht aus dem Überdruß an der Aktivität der Älteren nahezu

---

[71] Zum ›Sturm und Drang‹ vgl. Anm. 24.

[72] Vgl. Johann Wolfgang Goethe, Die Leiden des jungen Werthers, in: *Goethes Werke*, Hamburger Ausgabe in 14 Bdn., hrsg. von Erich Trunz, München 1981, Bd. 6, S. 10.

[73] Vgl. Bahr, Individualismus (Anm. 30).

[74] Vgl. Marie Herzfeld, Fin-de-siècle, in: *Die Wiener Moderne. Literatur, Kunst und Musik zwischen 1890 und 1910*, hrsg. von Gotthart Wunberg, Stuttgart 1981, S. 260-265.

[75] Erschienen 1884.

[76] Alfred Gold sprach geradezu von einem »Netz von Stimmungen« (A.G., Ästhetik des Sterbens, in: *Das Junge Wien* [Anm. 3], Bd. 2, S. 1078-1082), Rudolf Lothar sogar von »Erkenntnisstimmung« (R.L., Der Einacter, in: *Das Junge Wien* [Anm. 3], Bd. 2, S. 972-975).

von allein und ist zunächst nichts anderes als der Rückzug auf sich selbst. Das Ich, auf das man sich zurückzieht, liegt – vorbereitet durch den zeitgenössischen Individualismus – gewissermaßen parat. Es ist zu einer Chiffre geworden, zu einer Variante, die man nur überall dort einzusetzen brauchte, wo man vorher Milieu und Vererbung, Übermensch oder Erlöser gelesen hatte. Das Ich war sein eigener Messias geworden, auch *in litteris.*

›Fin de siècle‹ heißt dann auch alles andere, was durch solche Introversion wieder, oder zum ersten Mal, entdeckt wird. Die »Mystik der Nerven«, die »Hohe Schule der Nerven«, sagt man jetzt.[77] Nervosität galt als Zeichen raffinierter Verfeinerung – das Wort raffiniert selbst ist ›Fin de siècle‹. Man trug Nervosität, wie man nach dem Zweiten Weltkrieg Existenzialismus trug. Es legitimierte und war chic wie die Klage über Kopfschmerzen, Wetterempfindlichkeit und Migräne, die sich als Topos durch die Briefliteratur dieser Jahre zieht.

Man hatte für das Ich, das hier gemeint war, auch ein neues, poetisches Wort, eines, das sich in der Dichtung besser sehen lassen konnte als das abstrakte Ich. Es trat an die Stelle des Helden und des Messias, des Erlösers und des Übermenschen: ›Seele‹. Sie vor allem war gemeint, wenn etwas ›Fin de siècle‹ war. Wollte man in einer Konkordanz die Häufigkeit dieses Wortes aufführen, es würde ein voluminöses Opus. Die Naturalisten hatten das Wort nahezu gar nicht verwendet; man hätte sich – danach zu urteilen – nachgerade zu fragen, ob sie es überhaupt gekannt haben. Jetzt sprach man plötzlich von der Seele in den abenteuerlichsten Kombinationen: nicht nur von »seltenen«, »deutschen«, »europäischen« oder »künftigen Seelen«; neben den altbekannten »zwei Seelen« hatten »Revolutionen der Seele« oder »seelische Heimlichkeiten« Platz, man erfreute sich »seelischer Blutsverwandtschaften« und scheute selbst vor einem »Handel mit Seelenzuständen« nicht zurück.[78] Daß Sigmund Freud zu gleicher Zeit die Psychoanalyse für ein dringendes Desiderat hielt, ist für den Literaturhistoriker nicht unbedingt überraschend.[79]

---

[77] Vgl. Bahr, *Zur Überwindung* (Anm. 57), S. 87f.

[78] Hermann Bahr, Das junge Österreich, in: *Das Junge Wien* (Anm. 3), Bd. 1, S. 363-378; Hermann Ubell, Platen, in: *Die Zeit*, 24.10.1896, S. 76; Hermann Bahr, Maurice Barrès II, in: *Das Junge Wien* (Anm. 3), Bd. 1, S. 341-345; ders., Ein neuer Dichter, in: *Das Junge Wien* (Anm. 3), Bd. 1, S. 587-590; Julius Pap, Unsere Jugend, in: *Das Junge Wien* (Anm. 3), Bd. 1, S. 435-441; Friedrich Schik, Charlotte Wolter, in: *Das Junge Wien* (Anm. 3), Bd. 2, S. 734-736; Ernestine Pick, Otto Sachs. »Von zwei Geschwistern«, in: *Das Junge Wien* (Anm. 3), Bd. 2, S. 887f.; Max Messer, Maurice Maeterlinck, in: *Das Junge Wien* (Anm. 3), Bd. 2, S. 989-992; Karl Kraus, Der Gegenwartsschauspieler, in: *Das Junge Wien* (Anm. 3), Bd. 2, S. 715-718 (ironisch).

[79] Dieser ›Weg nach Innen‹ war bald zu Ende. Dort, wo die Verbindung zwischen der Außenwelt und dem, der ihn zur Erkundung seiner Seele beschritten hatte, abriß. Die meisten derselben Generation, die mit müder Geste sich selbst ›à la Fin de siècle‹ zelebrierten, waren in ihrem späteren Leben um eine handfeste konservative Position bemüht, wenngleich der stets etwas resignierte Unterton des einstigen Décadent auch dann noch mitschwang. Die Schopenhauersche und Nietzschesche Willens- und Tatmetaphysik, die sie schon sehr früh – kurz nach der Jahrhundertwende – für sich mobilisierten, macht das (wie andererseits

Seinen bekanntesten Ausdruck fand dieses Wort – obschon gerade hier in hohem Grade esoterisch gemeint – 1897 im Titel von Stefan Georges berühmtester Gedichtsammlung, im »Jahr der Seele«. Wie sich denn in Werk und Person Georges überhaupt die oben beschriebenen Phänomene von Erlösergestalt und Zukunftsreich mit dem der neu entdeckten eigenen Seele beispielhaft durchdringen: Er usurpierte schon im »Algabal« (1892) mit rücksichtsloser Esoterik die Rolle des Dichters *par excellence*, den – wie gezeigt – bis dahin unbesetzten Messias- und Führertitel. George konnte in eine Lücke treten, die unerfüllte Utopien ihm gelassen hatten. Es lag von Anfang an in seiner Linie. Schon als junger Gymnasiast hatte er sich an einer Übersetzung von Ibsens Erstlingswerk »Caligula« versucht. George übersetzte: »Ich stehe an der Spitze / Sagt – wollt ihr folgen!« Die Antwort war: »Ja wir folgen dir«.[80] Es war nur konsequent, daß die Kritik ihn als den »großen Reformator« begrüßte.[81] – Georges Erfolg bestätigt das demonstrierte soteriologische und utopische Bedürfnis besser als alles andere; denn wie dieses läßt sich das Phänomen George nur ästhetisch und soziologisch zugleich beschreiben.

Zusammenfassend läßt sich folgendes sagen: Die so weit verbreiteten, teils christlich-soteriologisch, teils vulgärmarxistisch gefärbten Heils- und Erlösererwartungen, die die Kritik in eine kommende Literatur setzte, haben sich nicht erfüllt. Die Konsequenz ist erstens, daß die Sozialutopie einer ›Literatur der Zukunft‹ mit energischem Zugriff aus der Projektion ins Jetzt zurückgeholt wird, womit sich die Heimatdichtung nicht nur etabliert, sondern auch legitimiert sieht; zweitens, daß der enttäuschte Literat sich auf sich selbst zurückzieht: Damit wird das ›Fin de siècle‹ zur Chiffre seiner Resignation.[81]

Zukunftserwartungen und utopische Entwürfe hat es, wie gesagt, wohl immer gegeben; Endzeiterwartung und Chiliasmus, Messiasglaube und Erlösungshoffnung sind bekanntlich nicht auf den religiösen Bereich beschränkt. Das eigens zu betonen, ist seit Ernst Bloch nicht mehr sehr originell. Aber es gibt Zeiten, in denen bestimmte Phänomene stärker in den Vordergrund treten als sonst. Für das späte 19. Jahrhundert ist das besonders eindringlich zu belegen; und weder Literatur noch Literaturkritik haben sich diesen – oft sehr politischen – Zeitströmungen entziehen können.

Hofmannsthals Versuch, den ›Weg zum Sozialen‹, die ›Verbindung zum Leben‹ zu finden) besonders deutlich.

80 Stefan George, *Gesamtausgabe der Werke. Endgültige Fassung*, Bd. 18, Berlin 1934, S. 122.

81 Hermann Ubell, Die Blätter für die Kunst, in: *Das Junge Wien* (Anm. 3), Bd. 2, S. 992-999.

82 Die Linien, die von hier aus – direkt oder auf Umwegen – zu dem führen, was man als ›Blut und Boden‹ bezeichnet, sind nicht zu übersehen. Sie führen aber auch – und das wird man, weil es die unerläßliche Differenzierung begründet, nicht vergessen dürfen – in ganz andere Richtungen. Hermann Brochs »Schlafwandler«-Trilogie, die bezeichnenderweise im Jahre 1888 beginnt, mündet dreißig Jahre später (am Ende des dritten Teils) aus in den Ruf nach dem ›Führer‹: »der Heilsbringer wandelt im unsichtbarsten Gewande und vielleicht ist es der Passant, der jetzt über die Straße geht ... sein Weg ist der Zionsweg, dennoch unser aller Weg ...« (H.B., *Die Schlafwandler*, Frankfurt/Main 1978, S. 715).

Was liegt näher, als den so offensichtlichen Bezug zur eigenen Zeit herzustellen; einer Zeit, die oft manches darum gäbe, wenn ihre zu nichts führenden Revolten und vergeblichen Hoffnungen, ihre im Keime erstickten Aufstände gegen die Gewalt, oder auch die neuen alten Messiasgestalten, die man vor ihr aufrichtet, lediglich literarischer Natur wären; und die nichts heißer ersehnt als die Verwirklichung ihrer Utopien, wie immer sie sie verstehen mag. Das Wort Walter Benjamins, der noch immer mehr heraufbeschworen als gelesen wird, erst dann habe die Literaturgeschichte Sinn und Berechtigung, wenn sie in der dargestellten Zeit ihre eigene erkenne; und dadurch werde ihr Gegenstand, das literarische Werk, »zu einem Mikrokosmos oder vielmehr: zu einem Mikroäon« der Geschichte, gilt auch hier: »Denn es handelt sich ja nicht darum, die Werke des Schrifttums im Zusammenhang ihrer Zeit darzustellen, sondern in der Zeit, da sie entstanden, die Zeit, die sie erkennt – das ist die unsere – zur Darstellung zu bringen«.[83]

[83] Walter Benjamin, Literaturgeschichte und Literaturwissenschaft, in: W.B., *Angelus Novus. Ausgewählte Schriften 2*, Frankfurt/Main 1966, S. 456.

9. Wiener Perspektiven im Werk von Schnitzler, Hofmannsthal und Freud

1. Mit diesem freundlicherweise mir zugedachten Thema habe ich mich etwas schwer getan.[1] Was sind Wiener Perspektiven? Daraus ließe sich allerdings mancherlei machen: Man könnte über den Dialekt in Schnitzlers Dramen reden oder über das »Süße Mädel«; über Ochs von Lerchenau oder das Bühnenbild im »Der Tor und der Tod«; über die Zusammensetzung von Freuds Mittwochsgesellschaft; über Ringstraße und Kaffeehaus, die Topographie Wiens überhaupt; und vieles andere. Aber wenn von Perspektiven die Rede ist, sind Veduten nicht gefragt. Perspektive – die Abbildung eines räumlichen dreidimensionalen Gegenstandes auf ebener Fläche, also: Das hat mit Projektion zu tun und mit Proportion; jedenfalls bedeutet es Verkürzung um eine ganze Dimension. Überdies: Die Fluchtlinien konvergieren in *einem* Punkt. Also wird man sich auch konzentrieren und – wenigstens: scheinbare – Verengungen in Kauf nehmen müssen.

2. Ich will im folgenden die drei Autoren aus dem Titel dieses Vortrags als drei verschiedene Fluchtlinien auf einen gemeinsamen Fluchtpunkt verstehen. Er liegt – daran ist kein Zweifel – in dem, was mit *Person*, der eigenen Person, mit dem Subjekt zusammenhängt; wofür Literatur, Philosophie und Psychoanalyse der Zeit die Bezeichnungen Seele und Ich, merkwürdigerweise auch Nerven verwenden,[2] und in dessen direktes Umfeld Traum und Sprache, Identität und das Problem von Schein und Wirklichkeit gehören. Man wird nicht sagen können, daß diese Probleme nur von diesen Autoren und nur an diesem Ort Wien traktiert worden sind. Sicher nicht. Beer-Hofmann gehörte dazu, Leopold von Andrian, Musil oder Hermann Broch; Rilke und Kafka wären zu nennen, auch Thomas Mann und mancher andere. Aber man wird sagen können, daß es gerade diese Autoren waren, die diesen Themen ihre besondere Dignität und – wenn auch in höchst verschiedener Weise – den besonderen Glanz gegeben, sie in Formulierungen gefaßt haben, die sie zu Problemen der gesamten Zivilisation haben werden lassen für das ganze ihnen folgende Jahrhundert. In der deutschsprachigen Welt jedenfalls, zumal

[1] Dieser Beitrag wurde zuerst als Vortrag auf dem Symposium »Wien – Wandlungen einer Stadt im Bild der Literatur« (1984) gehalten. Der Text ist gegenüber der vorgetragenen Fassung unverändert.

[2] Den reichhaltigen Gebrauch, den die Zeitgenossen von diesen Schlüsselworten machen, belegt die gesamte Literatur der Zeit; vgl. dazu die zahlreichen Belege im Register von *Das Junge Wien. Österreichische Literatur- und Kunstkritik 1887-1902*, hrsg. von Gotthart Wunberg, 2. Bde., Tübingen 1976, Bd. 2, S. 1306-1347.

in der Literatur, ist nirgends klarer, deutlicher und zugleich verhüllter, nirgends in kühneren Bildern gesagt worden, was es mit dem vereinsamten Ich auf sich hat, mit der Sprachlosigkeit, mit den geheimen Wünschen des Menschen, die ihm seine Träume enthüllen. Neben den berühmten Sätzen aus Hofmannsthals »Chandos«-Brief wie: »Es ist mir völlig die Fähigkeit abhanden gekommen, über irgend etwas zusammenhängend zu denken oder zu sprechen [...] die abstrakten Worte, deren sich doch die Zunge naturgemäß bedienen muß, um irgendwelches Urteil an den Tag zu geben, zerfielen mir im Munde wie modrige Pilze«;[3] – daneben stehen die Schlußpassagen aus Schnitzlers »Paracelsus«:

> Ein Sinn
> Wird nur von dem gefunden, der ihn sucht.
> Es fließen ineinander Traum und Wachen,
> Wahrheit und Lüge. Sicherheit ist nirgends.
> Wir wissen nichts von andern, nichts von uns;
> Wir spielen immer, wer es weiß, ist klug.[4]

Neben solchen Sätzen, auch, aus der Literatur, steht – ebenbürtig in anderer Weise – Freuds Feststellung, daß der Traum sich an die Stelle des Handelns setze und daß er eine Wunscherfüllung sei. Die Sprachlosigkeit des »Chandos«-Briefes ist es gerade, auf die Freuds Versuch reagiert, die verdeckten Erinnerungen im (therapeutischen) Gespräch neu zu *dem* Worte und *der* Sprache kommen zu lassen, die ihrem Subjekt verlorengegangen sind. So gesehen ist Freuds »Traumdeutung« in einem tieferen oder weiteren Sinne die Antwort auf das, was der »Chandos«-Brief als Problem formuliert.

Kurz nur sei angemerkt, weil es hier nicht ausgeführt werden kann: die sprichwörtlich mit der Wiener Literatur der Jahrhundertwende verknüpfte Vorstellung, ja Redensart vom Kaffeehausliteraten, vom Décadent, vom Morbiden und Todessehnsüchtigen; vom Ästheten – mit einem Wort. Alles das findet letztlich in jenem Konvergenzpunkt Ich, Subjekt, Person die Erklärung seiner Genese. – Aber dieser Ästhet ist eben nicht nur Folge, sondern auch Bedingung solcher Probleme.

3. Zu reden ist also über Schnitzler und von Wahrheit und Lüge, Sein und Schein; von Hofmannsthal und der Sprache; von Freud und über Psyche und Traum. Diese drei Themenkomplexe wären zwar leicht nur einem der drei Autoren zuzuordnen, sind aber zugleich auch für jeden der beiden anderen von zentraler Bedeutung. Sie können darüber hinaus stellvertretend stehen für viele andere Schriftsteller oder Autoren dieser Jahre in Wien von zum Teil

---

[3] Hugo von Hofmannsthal, Ein Brief, in: H.v.H., *Erzählungen, Erfundene Gespräche und Briefe, Reisen*, Frankfurt/Main 1979 (= Gesammelte Werke in zehn Einzelbänden, hrsg. von Bernd Schoeller/Rudolf Hirsch), S. 469.

[4] Arthur Schnitzler, Paracelsus, in: A.S., *Die Dramatischen Werke*, Bd. 1, Frankfurt/Main 1962, S. 498.

sehr heterogenen Positionen oder unterschiedlichem Stilwillen: von Altenberg bis Ernst Mach, von Beer-Hofmann bis Felix Dörmann, von Leopold von Andrian bis Hermann Bahr oder auch Richard von Schaukal; und für manche Minores oder heute gar Unbekannte, wie Paul Wertheimer, Camill Hoffmann oder Anton Lindner (die man nicht ganz vergessen sollte, wenn man von der Literatur dieser Jahre spricht). Die hier am Beispiel der drei Genannten vorzuführenden Probleme ließen sich – bei aller unterschiedlichen Qualität – auch für die anderen zeigen. Was soviel sagt, daß die Erörterten mit dem, was an ihnen für unseren Zusammenhang hervorzuheben sein wird, repräsentativ sind; und daß diese Trias – Erkenntnis, Sprache, Traum – die ihre Genese, ihre Identität und ihre Berechtigung nach der Vorstellung der Zeitgenossen im Ich (und nur in ihm) findet, das Denken der Wiener dieser Zeit überhaupt bestimmt. – Die Fragen kristallisieren sich im folgenden für Schnitzler insbesondere im »Anatol«, für Hofmannsthal im »Chandos«-Brief, für Freud in der »Traumdeutung«.

Schon Schnitzlers »Anatol« läßt diese ganze Komplexität hervortreten: Es ist eigentlich kaum auszumachen, worum es bei der »Frage an das Schicksal«, diesem Einakter von 1890, mehr geht: um Wahrheit und Lüge, das als »Sein und Schein« im »Grünen Kakadu« wieder auftaucht, oder um das Phänomen der Hypnose etwa – eine Methode bekanntlich, die von Freud und Breuer als sogenannte »kathartische« Therapie[5] bei hysterisch Kranken angewendet wurde und die schon 1893 von Freud genau beschrieben worden ist; oder um das »Unbewußte«, das explizit in diesem Einakter Schnitzlers benannt wird; oder um die an der Figur Anatol im Übermaß deutlich werdende Unfähigkeit, Sätze zu vollenden, Sprache zu bilden; Sprache zu benützen, also, überhaupt.

Im ersten dieser Einakter, dem mit dem Titel »Frage an das Schicksal«, will Anatol, ein junger Wiener Lebemann, in Gegenwart seines Freundes Max seine Freundin Cora hypnotisieren, um herauszufinden, ob sie ihm treu ist. Sie soll im Schlaf die Wahrheit sagen. Anatol beteuert, er sei nicht glücklich und könne es lediglich sein, »wenn es irgendein untrügliches Mittel gäbe [...], die Wahrheit zu erfahren«;[6] um aber gleich hinzuzufügen, es gebe »keines, außer dem Zufall«. Max und Cora schlagen ihm daraufhin unabhängig voneinander die Hypnose als ein solches Mittel vor.[7] Die bereits hypnotisierte Cora beteuert sogar: »Ich werde die Wahrheit sagen«.[8] Aber Anatol wagt es nicht, Cora zu fragen. – Zusammengenommen mit dem Schluß, wo Max – sich verabschiedend – bemerkt, »die Weiber« lögen »auch in der Hypnose« – folgt diese ganze Auseinandersetzung im übrigen dem Modell »Mendax«,

---

5 Sigmund Freud, Über den psychischen Mechanismus hysterischer Phänomene, in: S.F., *Hysterie und Angst*, Frankfurt/Main 1971 (= Freud-Studienausgabe, Bd. 6), S. 9ff.

6 Arthur Schnitzler, Anatol. Die Frage an das Schicksal, zit. nach: *Die Wiener Moderne. Literatur, Kunst und Musik zwischen 1890 und 1910*, hrsg. von Gotthart Wunberg, Stuttgart 1981, S. 484.

7 Schnitzler, Anatol (Anm. 6), S. 484 u. 486.

8 Schnitzler, Anatol (Anm. 6), S. 487.

überliefert als jene berühmte Fangfrage des Eubulides: »Der Kreter Epimenides sagt, alle Kreter lügen«; also: dem Modell eines *circulus vitiosus*. Lügen die Kreter nun oder nicht? Die Frage, die sich hier ergibt, ist eben diese: Lügt Cora nun oder nicht? Präziser: Wird sie, wenn sie in ihrer Hypnose über ihr Verhältnis zu Anatol befragt wird, lügen oder die Wahrheit sagen? Wenn sie in ihrer Hypnose wörtlich sagt: »Ich werde die Wahrheit sagen«, so ist Anatol noch nicht, wie sein Freund Max, der Überzeugung, daß die ›Weiber‹ auch in der Hypnose lügen; deshalb hat er Angst vor dieser ›wirklichen‹ Wahrheit. Gerade sie scheut er. Er hat – vordergründig – Angst, *daß* Cora die Wahrheit sagt (nämlich: daß sie ihn betrügt); und sucht allerlei Ausflüchte. Seine letzte schließlich ist das »Unbewußte«;[9] d.h. das Unbewußte, das – nach Freud – nicht lügen kann:

ANATOL: Mir ist nämlich soeben noch etwas eingefallen.
MAX: Und zwar ...?
ANATOL: Das Unbewußte!
MAX: Das Unbewußte?
ANATOL: Ich glaube nämlich an unbewußte Zustände.
MAX: So.

Zugleich allerdings folgt dieser kleine Einakter dem Motiv der Orakel-Befragung in seiner Fassung des »verschleierten Bildes zu Sais«: Anatol möchte die Wahrheit wissen und hat doch Angst, sie zu erfahren. So stellt er, der »eine Frage an das Schicksal« frei hat, wie Max ihm sagt,[10] Cora die Frage am Ende nicht; selbst als Max ihn schließlich auf seine Bitte mit der schlafenden Cora allein läßt. Cora, in der Pythia und Orakelgegenstand in einer Figur zusammenfallen, kommt nicht in die Gelegenheit, die Wahrheit zu sagen, die nach Max – weil die ›Weiber‹ auch in der Hypnose noch lügen – doch nur die Unwahrheit wäre;[11] d.h. die Frage nach Wahrheit und Unwahrheit bleibt unentschieden; Freud übrigens spricht selbst schon in den »Studien über Hysterie« (1895), von der Orakelhaftigkeit freier Assoziationen.[12]

Dazuhin: Die erwähnte Verlautbarung Freuds von 1893 über Hypnose liest sich wie das medizinische Seitenstück zum selben Phänomen. Oder man sollte wohl eher sagen: Der Einakter stellt die – gar nicht einmal besonders freie – literarische Darstellung eines in der Medizin der Zeit gerade erst erarbeiteten Phänomens dar. Was dort als Therapie-Möglichkeit bei Hysterischen als erfolgreich beschrieben wird, versagt hier in der vergleichsweise harmlosen Applikation desselben Verfahrens. Hier bei Anatol wird die Technik der Therapie zum klappernden Handwerk, weil er – etwas lapidar gesagt – selbst nicht an ihre Wirkung glaubt. – Natürlich geht es nicht darum nachzuweisen, daß hier irgendeine Abhängigkeit zwischen dem 1890 entstande-

[9] Schnitzler, Anatol (Anm. 6), S. 491.
[10] Schnitzler, Anatol (Anm. 6), S. 482.
[11] Schnitzler, Anatol (Anm. 6), S. 494.
[12] Vgl. Sigmund Freud, Zur Psychotherapie der Hysterie, in: S.F., *Schriften zur Behandlungstechnik*, Frankfurt/Main 1975 (= Freud-Studienausgabe, Ergänzungsband), S. 69f.

nen Einakter und der 1893 in das »Neurologische Centralblatt« eingerückten Verlautbarung Freuds besteht. Es geht vielmehr um die angedeutete Komplexität literarischer Formulierungen, Figuren, Bilder dieser Zeit. Sie sind auf der einen Seite so komplex, wie sie auf der anderen Seite distinkt sind: Die explizite Übernahme medizinischer – und seien es nur psychiatrische – Fachtermini wird bei dem Arzt Schnitzler nicht verwundern. Eher verwunderlich schon ist die Tatsache, daß es sich ganz offensichtlich im »Anatol« keineswegs nur um Hypnose, Unbewußtes: sozusagen Psychiatrisch-Psychologisches handelt, sondern letztlich um erkenntnistheoretische Probleme: um Realität und Irrealität, um Wirklichkeit und Illusion, um Sein und Schein, um Wahrheit und Lüge, die auseinanderzuhalten dem Subjekt unmöglich geworden ist. Eben darum aber geht es auch in vielen anderen Werken Schnitzlers. So im »Grünen Kakadu«, wo Rollin auf die Frage von Albin: »Sagen Sie mir, Herr Rollin, spielt die Marquise oder ist sie wirklich so – ich kenne mich absolut nicht aus«, antwortet: »Sein ... spielen ... kennen Sie den Unterschied so genau, Chevalier?«[13] – Oder in den berühmten Schlußversen des mit dem »Grünen Kakadu« zugleich am 1. März 1899 uraufgeführten »Paracelsus«, die wir vorhin gehört haben.

Von noch größerer Signifikanz – und nicht nur einigen wenigen Fachleuten bekannt – ist, was Hofmannsthal in seiner Figur des Lord Chandos beispielhaft vorführt. In jenem berühmten – fingierten – Brief des Lords an Francis Bacon, der den großen Philosophen um Nachsicht dafür bittet, daß sein Schreiber Worte und Sprache nicht mehr beherrscht, formulieren sich zum erstenmal in der Moderne Sprachskepsis und Sprachverlust für die Epoche und weit über sie hinaus: Dem Schreiber ist es unmöglich geworden, selbst an den alltäglichsten »Gesprächen irgend teilzunehmen«. Es gelinge ihm nicht mehr, heißt es dort weiter, die Dinge »mit dem vereinfachenden Blick der Gewohnheit zu erfassen. Es zerfiel mir alles in Teile, die Teile wieder in Teile, und nichts mehr ließ sich mit einem Begriff umspannen. Die einzelnen Worte schwammen um mich; sie gerannen zu Augen, die mich anstarrten und in die ich wieder hineinstarren muß: Wirbel sind sie, in die hinabzusehen mich schwindelt, die sich unaufhaltsam drehen und durch die hindurch man ins Leere kommt«.[14] – Das formuliert nicht nur allgemein – mit Nietzsche und nach Nietzsche – zum ersten Mal den Nihilismus als Gegenstand der Literatur. Mehr noch: Was die deutsche Literatur seither aufzuweisen hat – über die Wort- und Formversuche des Expressionismus, über die ›Sprachspiele‹ der Dadaisten bis zur konkreten Poesie, die ›Wiener Gruppe‹ nicht zuletzt – das ist dieser Konstatierung der Sprachunfähigkeit abgerungen, verdankt sich dem hier erneuerten und zugleich radikalisierten Unsagbarkeitstopos des Lord-Chandos-Briefes von 1902. Noch die Gedichte Paul Celans in ihrer Mischung aus Rausch und Resignation bezeugen das.

---

[13] Arthur Schnitzler, Der grüne Kakadu, in: *Dramatische Werke* (Anm. 4), S. 541.
[14] Hofmannsthal, Ein Brief (Anm. 3), S. 466.

Aber sicher ist auch, daß es sich dabei nicht *nur* um ein Sprachproblem handelt; daß es vielmehr seinerseits wiederum eines des Bewußtseins ist; daß, was hier im Gewande der Sprachproblematik vorgeführt wird, mit Erkenntnistheorie zu tun hat, mit dem Machismus und dem, was Hermann Bahr später als die Lehre vom ›unrettbaren Ich‹ popularisiert hat: Das Ich als Einheit sei nicht haltbar und beruhe nur auf den Eindrücken und Sinneswahrnehmungen, den Sinnesempfindungen des Subjekts; sei sozusagen nur heuristisch konstituiert. Das aber bedingt die Sprachskepsis des Lord Chandos genauso wie die Unsicherheit Anatols und die Sein- und Schein-Welt im »Paracelsus« und im »Grünen Kakadu«.

Daß eben zu diesem Zeitpunkt die Psyche zu *dem* Gegenstand der Medizin avanciert; der Neurologe Freud zum Psychologen und schließlich zum Psychoanalytiker wird, muß doch wohl im selben Zusammenhang gesehen werden. Neurasthenie, Ich- und Seelenschwäche, machen Psychoanalyse so nötig, wie das ›unrettbare Ich‹ Ernst Machs die Überlegungen seiner in physikalischen Forschungen, genauer: optischen Untersuchungen fundierten Erkenntnistheorie. – Schließlich: Freuds Entdeckung, daß der Traum eine Wunscherfüllung ist, daß er an die Stelle des Handelns tritt, das definiert den Traum (d.h. eine spezifische Wirklichkeitsauffassung) als Vehikel zur Bestimmung der Psyche. Hier wird der *Realitätsstatus* des Traumes neu formuliert; seine *Irrealität* entgegen allen bis dahin geltenden Erfahrungen durch die Definition des psychischen Determinismus als *Realität* festgelegt. Indem sein Irrealitätsstatus aufgehoben wird, wird der Traum sozusagen ernstgenommen und zum Gegenstand ernsthafter Diskussion gemacht. Ein Phänomen, übrigens, das Hofmannsthal – poetisch – nur als Aporie formulieren konnte:

> Zum Traume sag ich: »Bleib bei mir, sei wahr!«
> Und zu der Wirklichkeit: »Sei Traum, entweiche!«[15]

Von daher auch lesen sich die vielen Texte der Zeit anders, in denen vom Traum die Rede ist. Hofmannsthals berühmte Terzinen »Wir sind aus solchem Zeug, wie das zu träumen«[16] etwa. Was in Shakespeares »Sturm«, wo der Satz zum erstenmal zu lesen ist, Vanitas-Motiv ist, für die Vergänglichkeit dieser Welt steht, ist in diesem Gedicht Hofmannsthals (1894) reine Magie, wie der Schluß des Gedichtes deutlich ausweist: »Und drei sind Eins: ein Mensch, ein Ding, ein Traum«.[17] Aber (wie gesagt): Vor dem Hintergrund jener neuen Bestimmung, die Sigmund Freud dem Traum genau in dieser Zeit (an diesem Ort Wien) gibt, liest es sich auch neu und anders: nämlich, daß der Traum Realität ist, oder – wo er Realität nicht selbst ist – sie doch stets verbirgt und sich der Sprache, der skeptisch beargwöhnten und schwer zu spre-

---

[15] Hugo von Hofmannsthal, Für mich ..., in: H.v.H., *Gedichte, Dramen I: 1891-1898*, Frankfurt/Main 1979 (vgl. Anm. 3), S. 91.

[16] Hugo von Hofmannsthal, Terzinen III, in: H.v.H., *Gedichte* (Anm. 15), S. 22.

[17] Hofmannsthal, Terzinen III (Anm. 16), S. 22.

chenden Sprache erschließt; und: daß diese Sprache in ihm neu erprobt werden soll und kann.

Freud verhilft dem Traum zur Sprache; zum diskursiven Austausch über ihn; und damit der Sprache wieder zu sich selbst. Er nimmt – freilich nicht auf Verabredung – den Dichtern sozusagen das Problem ihrer Unfähigkeit, Sprache zu verwenden, ab. Er tut es, indem er das bis dahin Unformulierbare und Unbenennbare in die Formulierungen diskursiver Sprache faßt; ja den Traum diskursiver Sprache, als dem bis dahin Untauglichen, überhaupt als Gegenstand erst abgewinnt. Er erlöst gewissermaßen die Dichter von der Notwendigkeit einer ihnen wie selbstverständlich zugewachsenen Verpflichtung, das nur in Bildern Ausdrückbare auch noch diskursiv zu sagen und damit womöglich zu desavouieren. Er stellt sie gewissermaßen frei davon, ins Geschäft des Diskursiven eintreten zu müssen; sie können sozusagen bei den Bildern bleiben. Ein Vorgang, der übrigens eine Parallele hat: Die frühe Photographie befreit die Malerei des 19. Jahrhunderts von der Notwendigkeit, realistisch zu sein, weil sie, die Photographie, das viel besser vermag. Die Photographie ist es eigentlich, die die Abstraktion in der Malerei ermöglicht hat. So auch bei Freud: Er eröffnet der Dichtung die Möglichkeit, in diesem Sinne abstrakt zu werden; post-realistisch zu sein, sozusagen; d.h. die Inhalte zu vernachlässigen, die in einer mehr und mehr verwissenschaftlichten Welt diskursive Behandlung nötig machen und diese mit großem Recht fordern; sich auf die Form, auf die Bilder zu konzentrieren. Denn die Inhalte werden jetzt in der Versprachlichung, in den Texten psychoanalytischer Traumdeutung beschrieben, als Träume wiedererzählt, gedeutet, konstitutiv gemacht für Lebenspraxis; sozialisiert, wenn man so will. Sie brauchen – wenigstens in der lyrischen Dichtung – nicht wiederholt zu werden. Die Lyrik kann zur totalen Bildlichkeit und zur totalen Form als ihrem Proprium zurückkehren (oder beide überhaupt zum ersten Mal erreichen); und – tut es. Deutlich zeigen das die Expressionisten.

Der Epik ist im Gegenzug dazu ein neues Terrain eröffnet. Der Psychoanalyse, der Erkenntnistheorie, der Soziologie, der Diskursivität überhaupt, ist der Zugang zum Roman nicht länger verwehrt; zu erinnern ist also an Thomas Manns »Joseph und seine Brüder«, Robert Musils »Mann ohne Eigenschaften« und Hermann Brochs »Schlafwandler« oder Alfred Döblins »Berlin Alexanderplatz.«

Wie sehr das alles auf Modernität hinausläuft, beweist ein kleiner, sehr viel später als »Anatol«, »Chandos«-Brief und »Traumdeutung« geschriebener Text Hofmannsthals. Er stammt von 1921, hat den bezeichnenden Titel »Der Ersatz für die Träume« und – ist ein Text über Kino. Denn das Kino ist es, und zwar – natürlich! – der Stummfilm, das diesen Ersatz für die Träume darstellt. Die Sprache ist den »Leuten«, die als entfremdete Industriearbeiter beschrieben werden, verdächtig. Auf sie, die Sprache, als das Instrument derer, die sie beherrschen, wie es da ziemlich unumwunden heißt, fallen sie nicht mehr herein. Sie bevorzugen die Bilder des Kinos, denn die sind

»stumm wie Träume«: die Träume der Kindheit, die auch hier noch einmal als »die einzige wirkliche Macht«[18] bezeichnet werden, in unverhüllter Assonanz an Freuds Theorem. Die so verlorenen wortlosen Traumbilder restituieren sich in den lautlosen Bildern des Stummfilms. Denn auch dazu ist Sprache, die ohnehin unzuverlässig und unbrauchbar gewordene, nicht mehr vonnöten. Aber: Daß die bewegten Bilder *stumm* sind, gerät gerade ihnen zum Vorteil. Die Sprachlosigkeit des Lord Chandos: Hier ist sie ins Freundliche gewendet; denn daß die Bilder stumm sind, macht sie zu Träumen; und die sind jetzt beschreibbar. Weil die Träume jetzt verständlich geworden sind, sind es auch die neuen Bilder.

4. Um am Schluß noch einmal zu den Wiener Perspektiven, zu den Fluchtlinien zu kommen, die ich zu zeichnen versucht habe: Sie schießen in eben jenem Fluchtpunkt zusammen, den die verhandelte Trias von Erkenntnis, Sprache und Traum näher bezeichnet, die ihrerseits in *dem* Problem der Zeit – nämlich dem des Ich, der Person, des Subjekts, der Seele – konvergiert. Und für diesen Fluchtpunkt steht hier in der Tat die Chiffre *Wien*. Aber die Linien führen über Wien weit hinaus. Eine von ihnen hat Hugo von Hofmannsthal benannt, wenn er in seinem zweiten »Wiener Brief« von 1922 – wo er versucht, einem amerikanischen Publikum, den Lesern der in New York erscheinenden Zeitschrift »The Dial«, das Spezifikum Wiener Literatur zu übermitteln – den Fluchtpunkt Wien als die »alte porta Orientis für Europa« bezeichnet. Er finde es »sehr übereinstimmend, sehr richtig, daß Dr. Freuds Theorien von hier aus ihren Weg über die Welt nehmen«, schreibt er. Denn Wien sei »die porta Orientis auch für jenen geheimnisvollen Orient, das Reich des Unbewußten«. Und Freuds »Interpretationen und Hypothesen« seien »die Exkursion des bewußten Zeitgeistes an die Küsten dieses Reiches«.[19]

Das ist, wie man sehen konnte, keineswegs auf Freud zu beschränken. Es gilt gleichermaßen für Schnitzler, später für Musil oder Broch, wie natürlich für ihn, Hofmannsthal, selbst. Die Wiener Perspektiven, die diese Autoren dem Blick auf diese Stadt eröffnen, heißt das, weisen über diese Stadt Wien hinaus. Noch in der Ferne kann man die Linien ihrer imaginären Perspektive ausmachen, die sich in diesem Fluchtpunkt Wien kreuzen. *Porta orientis* nicht nur, auch *porta occidentis* ist diese Stadt: Tor überhaupt, Tor zur Welt. Wenn man in die Welt hinaussieht: Noch jenseits des Fluchtpunktes Wien, noch weit jenseits dieser Stadt sind ihre Spuren: *vestigia non terrent.*

---

[18] Hugo von Hofmannsthal, Drei kleine Betrachtungen, in: H.v.H., *Reden und Aufsätze II: 1914-1924*, Frankfurt/Main 1979 (vgl. Anm. 3), S. 143.

[19] Hugo von Hofmannsthal, Wiener Brief, in: H.v.H., *Reden II* (Anm. 18), S. 195.

10. Wien und Berlin

Zum Thema Tradition und Moderne

1. Die Unangemessenheit der Dichotomisierung Wien/Berlin

Die Dichotomisierung Wien/Berlin, wie unser Thema sie vorgibt,[1] ist historisch begründbar, schafft Klarheit in der Formulierung; ist aber der Sache nicht angemessen. Es gibt in der Tat zwei um die Jahrhundertwende und mindestens bis in die 10er Jahre hinein dominante deutschsprachige Kulturzentren Wien und Berlin. Das bleibt richtig auch dann, wenn man weiß, daß es München, Prag oder Zürich[2] gegeben hat mit zwar anderen, aber doch vergleichbaren Konzentrationen von Kultur; gerade auch im Hinblick auf die Literatur, von der in unserem Zusammenhang hauptsächlich die Rede sein soll. Dennoch läßt sich die Kultur der Moderne (und um die geht es hier) natürlich nicht auf Wien und Berlin beschränken.[3] Die Unmöglichkeit, die Autoren der einen Metropole ohne die der anderen sinnvoll zu verhandeln, läßt sich historisch genausogut belegen wie die erstaunliche Zusammenhang*losigkeit* gerade zwischen diesen beiden Zentren. Die Zusammengehörigkeit der beiden Städte ist so notorisch wie ihre Verschiedenheit.

Wenn dem so ist, stellt sich doch die Frage, ob es sinnvoll ist, dieser vielleicht praktischen, aber schon von den Zeitgenossen eher für irrelevant ge-

---

1 Dieser Beitrag wurde zuerst 1992 als Vortrag auf dem Internationalen Kolloquium »Wien – Berlin: Zwei Metropolen der Moderne« in Montpellier gehalten. [Anm. d. Hrsg.]

2 Vgl. zu Wien und Berlin (noch immer lesenswert, wenn auch ohne Quellenangaben): Julius Bab/Willy Handl, *Wien und Berlin. Vergleichende Kulturgeschichte der beiden Hauptstädte*, neubearbeitete Ausgabe, mit einem Schlußkapitel von H. Kienzl, Berlin 1926, besonders S. 9-25 u. 185-318; – vgl. zu Wien: *Die Wiener Moderne. Literatur, Kunst und Musik zwischen 1890 und 1910*, hrsg. von Gotthart Wunberg, Stuttgart 1981; – zu Berlin: *Die Berliner Moderne 1885-1914*, hrsg. von Jürgen Schutte/Peter Sprengel, Stuttgart 1987; Julius Bab, *Die Berliner Bohême*, Berlin/Leipzig o.J. [1904] (= Großstadt-Dokumente, Bd. 2); – zu München: *Die Münchner Moderne. Die literarische Szene in der ›Kunststadt‹ um die Jahrhundertwende*, hrsg. von Walter Schmitz, Stuttgart 1990; – zu Prag: Max Brod, *Der Prager Kreis*, Stuttgart 1966; Margerita Pazi/Hans Dieter Zimmermann (Hrsg.), *Berlin und der Prager Kreis*, Würzburg 1991. – So reichhaltig die Literatur zu Berlin, gar Wien als Literaturmetropole ist, so wenig gibt es zu Zürich.

3 Freilich gibt es zahlreiche Ansätze, mit denen man die so formulierte Thematik sinnvoll verhandeln kann. Das reicht von soziologischen und sozialgeschichtlichen bis zu solchen, die mit dem Stichwort ›Deutsche Stämme und Landschaften‹ und dessen Folgen am besten beschrieben sind und zur Regionalismusdiskussion der letzten Zeit. Aber darum soll es hier nicht gehen. – Rüdiger Wischenbart (Wien) schlug in der Diskussion die Begrifflichkeit ›Zentrum vs. Peripherie‹ vor, um einen möglicherweise negativ besetzten Regionalismusbegriff zu vermeiden. Demgegenüber machte Moritz Csáky (Graz, Wien) den Vorschlag, von ›Plurizentrik‹ zu sprechen (was später in seinem eigenen Referat auch noch deutlich begrün-

haltenen Unterscheidung zu folgen. Tut man es dennoch, muß man gute Gründe haben.

Im folgenden soll beides unternommen werden: Es soll versucht werden, zum einen die Unterscheidung, die sich als praktisch, wenn auch wenig ergiebig erwiesen hat, zu akzeptieren und weiterzuführen; zum anderen aber die Konsequenz aus Unterschiedlichkeit und Gemeinsamkeit zu formulieren. Denn beide erscheinen – und das ist die These – lediglich als zwei Varianten einer und derselben Reaktion auf die der Epoche überhaupt vorgegebene Problematik, nämlich das *Verhältnis zur Tradition.* Zunächst ein Blick auf die Anfänge der Beziehungen um 1900.

2. Unterschiedlichkeit: Theorie vs. Dichtung

Modernität entscheidet sich am Verhältnis zur Tradition. Generell kann man sagen, daß die Berliner das Problem früher verhandeln als die Wiener und daß sie es theoretisch, die Wiener praktisch angehen. Was das heißt, wird noch zu besprechen sein.

Gemeinhin setzt man den Beginn des Berliner Frühnaturalismus mit den zwischen 1882 und 1884 erschienenen »Kritischen Waffengängen« der Brüder Heinrich und Julius Hart an.[4] Damit wird das erste Zeichen einer Moderne oder Vormoderne gesetzt, das mit der Nennung bestimmter Autoren zugleich Grenzen nach rückwärts festlegt, hinter die zurückzugehen die junge Generation nicht gesonnen ist.[5] Die Namen Spielhagen, Paul Lindau, Heyse oder Graf Schack bezeichnen ein literarisches Territorium, das man hinter sich gelassen hat. Das spielt sich zu Beginn der 80er Jahre in Berlin ab. In Wien ist Vergleichbares erst ziemlich genau zehn Jahre später mit dem Erscheinen der Zeitschrift »Moderne Dichtung/Moderne Rundschau« (1890/91) festzustellen. Und irgendeine Verschiebung tritt dadurch nicht einmal ein; denn die Wiener überspringen damit zugleich eine ganze Epoche, die in Berlin als Naturalismus genau diese Zeitspanne völlig ausgefüllt hatte.[6]

det wurde), in der eine Dichotomie Wien/Berlin gewissermaßen aufgehen könne; vgl. dazu auch die Einlassungen von Walter Weiss, Anm. 20.

[4] *Kritische Waffengänge*, hrsg. von Heinrich und Julius Hart [Frühjahr 1882 bis Frühsommer 1884, insgesamt 6 Hefte in unregelmäßigen Abständen], Nachdruck hrsg. von Mark Boulby, New York/London 1969; vgl. Fritz Schlawe, *Literarische Zeitschriften. Teil 1: 1885-1910*, Stuttgart ²1965 (= Sammlung Metzler, Bd. 6), S. 17.

[5] Zu den zahlreichen weiteren Bemühungen ähnlicher Art, die weniger bekannt sind, vgl. schon zeitgenössisch: Adalbert von Hanstein, *Das jüngste Deutschland. Zwei Jahrzehnte miterlebter Litteraturgeschichte*, Leipzig 1900; sodann: Günther Mahal, *Naturalismus*, München 1975; *Literarische Manifeste des Naturalismus 1880-1892*, hrsg. von Erich Ruprecht, Stuttgart 1962; später in der zweiten, völlig neu bearbeiteten, auch zeitlich erweiterten Auflage: *Naturalismus. Manifeste und Dokumente zur deutschen Literatur 1880-1900*, hrsg. von Manfred Brauneck/Christine Müller, Stuttgart 1987.

[6] Vgl. zum weiteren Umkreis der vorangehenden literaturtheoretischen Diskussionen in Österreich: *Jung Österreich. Dokumente und Materialien zur liberalen österreichischen Opposition 1835-1848*, hrsg. von Madeleine Rietra, Amsterdam 1980.

Sie entbehren nichts. Das Gefühl, etwas verpaßt zu haben, ein – wie die Soziologen sagen würden – ›cultural lag‹ tritt nicht ein.[7] Für die Wiener – man muß korrekterweise sagen: für die Österreicher – setzt die Auseinandersetzung um die Tradition mit der genannten Zeitschrift ein, die das Stichwort Moderne bereits im Titel führt: die »Moderne Dichtung«.[8] Und es ist bezeichnend, daß Modernität für Österreich sich schon hier mit *Dichtung* als dem eigentlichen Gegenstand ihrer Bemühungen verbindet. Man will nicht wie die Berliner Zeitschriften und theoretisch-kritischen Publikationen – auch die Münchner[9] – eine grundsätzliche, abstrakte Diskussion, will keine Theorie proklamieren.

Theoriefeindlichkeit hat in Österreich eine lange Tradition. Franz Grillparzers dezidierte Position inauguriert die Haltung der Folgezeit. Seine berühmte Tagebucheintragung »Der Teufel hole alle Theorien«,[10] ist bezeichnenderweise die Quintessenz aus einer Auseinandersetzung mit Lessing und Mendelssohn, als zwei *deutschen* Theoretikern. Dieses gerade in den Tagebüchern Grillparzers hundertfach wiederholte Muster eines Antagonismus von Poesie und Theorie hält sich durch bis in die Moderne. Schon zeitgenössisch setzt sich Grillparzer damit gegen seine deutschen Kollegen verschiedensten Niveaus ab. Allen voran gegen die Brüder Schlegel, danach Hebbel, Gustav Freytag oder Otto Ludwig: Sie alle theoretisieren mit mehr oder weniger Erfolg; verachten jedenfalls die Theorie als Hilfsmittel ihrer eigenen Standortbestimmung keineswegs. In der Tradition solcher Bedürfnisse ist zu sehen, was wenig später die Frühnaturalisten veranstalten. – Bezeichnend auf ande-

---

[7] Es wäre wenig korrekt zu behaupten, die österreichische Literatur hätte zwischen 1880 und 1890 sozusagen nur so dahingelebt, ohne auch nur Notiz von den Entwicklungen im Zusammenhang mit dem aus Frankreich kommenden Naturalismus zu nehmen, dessen deutsche Rezeption sich insbesondere an den Namen des Münchner Michael Georg Conrad knüpft. Ludwig Anzengrubers Stücke stammen bereits aus den 70er Jahren (die Volksstücke »Der Pfarrer von Kirchfeld« [1870], »Der Meineidbauer« [1871], »Das Vierte Gebot« [1877]; die Bauernkomödien »Der Kreuzlschreiber« [1872], »Der G'wissenswurm« [1874]). Der heute kaum noch bekannte Arthur Fitger (1840-1909) schrieb seine ersten Stücke auch bereits in den 70er Jahren, wurde aber weiteren Kreisen erst durch sein Trauerspiel »Von Gottes Gnaden« (1883) und »Die Rosen von Tyburn« (1888) bekannt; – vgl. auch das Drama »Bartel Turaser« (1897) von Philipp Langmann, das allgemein als Seitenstück zu Hauptmanns »Webern« (1892) aufgefaßt wurde.

[8] *Moderne Dichtung. Monatsschrift für Literatur und Kritik*, hrsg. von Eduard Michael Kafka, Brünn, ab 1.1.1890; fortgesetzt als *Moderne Rundschau. Halbmonatsschrift*, hrsg. von Jacques Joachim/Eduard Michael Kafka, 1.4. bis 15.12.1891; – vgl. Schlawe, *Literarische Zeitschriften* (Anm. 4), S. 31f.

[9] In München insbesondere: *Die Gesellschaft. Realistische Wochenschrift für Literatur, Kunst und öffentliches Leben*, [mit wechselnder Erscheinungsweise und wechselnden Untertiteln] hrsg. von Michael Georg Conrad, 1885-1902; – vgl. Schlawe, *Literarische Zeitschriften* (Anm. 4), S. 19ff.

[10] Dort heißt es 1817: »Um recht überzeugt zu werden, wie mißlich es mit dem Theoretisieren über Poesie aussehe und was für schiefe Resultate selbst scharfsinnige Männer herausbringen, braucht man nur jene Briefe Lessings an Mendelssohn lesen, wo sie beide über den Zweck und die Idee der Tragödie streiten. Wenn das am grünen Holz geschieht – Der Teufel hole alle Theorien.« (Tagebuch 269, 1817, in: Franz Grillparzer, *Sämtliche Werke. Ausgewählte Briefe, Gespräche, Berichte*, hrsg. von Peter Frank/Karl Pörnbacher, Darmstadt 1964, Bd. 3, S. 284).

re Weise ist es dann, daß in den ersten Jahrzehnten des 20. Jahrhunderts es umgekehrt gerade die österreichischen Autoren waren, die explizit theoretisch gearbeitet und auf diese Weise Wege aus der sie anregenden und zugleich verwirrenden Moderne gesucht haben: Hermann Broch, Musil, Fritz Mauthner, auch Karl Kraus, dann Ludwig Wittgenstein, Ernst Mach. Die erkenntnistheoretischen, sprachkritischen und logischen Ergebnisse, die daraus hervorgingen, bestimmen nachhaltig und bis heute gerade die Auseinandersetzung mit den Problemen der Moderne und machen, was man nicht ganz korrekt Theoriefeindlichkeit nennen mag, mehr als wett.

»Kritische Waffengänge«, »Revolution der Lyrik« (Arno Holz), »Revolution der Literatur« (Bleibtreu), »Die naturwissenschaftlichen Grundlagen der Poesie« (Bölsche):[11] Das waren – einige wenige – Titel der Berliner. Wie ein Gegenprogramm für die Praxis steht dem Eduard Michael Kafkas und Jacques Joachims Zeitschriftentitel »Moderne Dichtung« gegenüber.

3. Berlin: Theorie vs. Wien: Praxis

In Wien geht es um Dichtung, in Berlin um Kritik, Revolution, Grundlagen und Programme. Schon darin wird deutlich, daß die Berliner mit den Wiener Positionen – sieht man genauer hin – wenig zu tun haben. Der unterschiedliche Zugang zu ein und demselben Problem ist es, der sie voneinander trennt. Wenn Modernität sich am Verhältnis zur Tradition entscheidet – und wenn man die zeitgenössischen Verlautbarungen ernst nimmt, muß es so sein –, dann ist mit der Antwort auf die Frage, wie man es mit der eigenen Tradition hält, längst auch eine grundsätzliche Entscheidung getroffen. Im ganzen kann man sagen, daß die Berliner ihr Verhältnis zur Tradition kritisch klären, die Wiener es integrativ bewältigen wollen. Die Berliner verfassen Texte, die sich mit den entsprechenden Grundsatzfragen befassen, sie zitieren dabei die Autoren, auf die sie zielen – frühere und zeitgenössische gleichermaßen – lediglich als Beispiele. Anders die Wiener. Auch sie zwar setzen sich mit den entsprechenden Problemen auseinander. Aber niemals gewinnt die kritisch-theoretische Erörterung die Oberhand über die Literatur, d.h. über das, worum es eigentlich geht. Der Zugang der Wiener zu denselben Problemen unterscheidet sie von dem der Berliner durch das Verfahren. Was bei den Berlinern deduktiv ist, vollzieht sich bei den Wienern induktiv.[12] Während bei den Berlinern der Anlaß zu den Erörterungen entweder immer zurückliegt: in

---

[11] Zu den »Kritischen Waffengängen« vgl. Anm. 4; – Arno Holz, *Revolution der Lyrik*, Berlin 1899; Carl Bleibtreu, *Revolution der Literatur*, Leipzig 1886 (Nachdruck: hrsg. von Johannes J. Braakenburg, Tübingen 1973 [= Deutsche Texte, Bd. 23]); Wilhelm Bölsche, *Die naturwissenschaftlichen Grundlagen der Poesie. Prolegomena einer realistischen Ästhetik*, Leipzig 1887 (Nachdruck: hrsg. von Johannes J. Braakenburg, Tübingen 1976 [= Deutsche Texte, Bd. 40]).

[12] Vgl. *Das Junge Wien. Österreichische Literatur- und Kunstkritik 1887-1902*, hrsg. von Gotthart Wunberg, 2 Bde., Tübingen 1976, Bd. 1, S. LXXXVIIIff.

der Vergangenheit, also der Tradition, um sich kritisch gegen sie abzusetzen; oder voraus, in der Zukunft, um für sie die neu gewonnenen Positionen zu realisieren, haben die Wiener den Gegenstand stets genau vor Augen. Konkret gesprochen: Sie benutzen die soeben absolvierte Lektüre eines Buches, den Besuch eines Theaterstücks oder einer Kunstausstellung, um an diesem Beispiel zu zeigen, worum es in der neuen Kunst geht.[13] Der Gegner, der für die Berliner Naturalisten durchaus in dieser oder jener Figur der Literaturgeschichte präsent ist: Für die Wiener existiert er nicht. Von heute her könnte man gar sagen, die Wiener hätten abgewartet, bis die Berliner die theoretischen Rahmenbedingungen geklärt, formuliert und – wenn man so will – *ad absurdum* geführt hatten; genau dazu hätten sie die zehn Jahre gebraucht, um sich schließlich dem, was sie ihrerseits für das Entscheidende und Wichtigere hielten, unter dem Aspekt solcher geklärten Voraussetzungen, aber eben anders, zuzuwenden. In diesen Rahmen paßt auch der Ratschlag, den die Herausgeber der »Modernen Rundschau« 1891 ihren Lesern geben, als sie das Erscheinen ihrer Zeitschrift einstellen: daß sie nämlich die Berliner »Freie Bühne« lesen sollten. Offensichtlich schien ihnen das Berliner Organ mittlerweile so weit gelangt zu sein, daß man sich in dieser Weise mit ihm mühelos identifizieren konnte.[14]

Der unübersehbare Unterschied liegt also in der Art und Weise des *Umgangs mit der Tradition*. Er läßt sich als eine Frage des Verfahrens bestimmen, das im Falle Berlin eine grundsätzlich-theoretische Klärung, im Falle Wien das ermöglichte eigene Schreiben erreichen will.

4. Gemeinsamkeit: Die Irreversibilität der Tradition und die Alternative zwischen Traditionalität und Unverständlichkeit

Paradoxerweise resultiert daraus gerade aufgrund der Verschiedenartigkeit des Verfahrens eine unübersehbare *Gemeinsamkeit*. Sie liegt in der *Irreversibilität der Tradition für das Bewußtsein der Moderne* überhaupt. Indiz dafür ist im Falle Berlin die Vehemenz und Affekthaftigkeit, mit der in Pamphleten und Manifesten gegen sie vorgegangen wird; im Falle Wien die produktive Integration, die ihr sowohl literaturpolitisch als auch praktisch widerfährt. Dennoch liegen Gewinn und Problematik dieser Tatbestände in etwas Drittem, das eben jene Gemeinsamkeit ausmacht und das mit dem Stichwort *Historismus* als gemeinsamer Voraussetzung am besten zu bezeichnen ist.

Für die folgenden Jahre und Jahrzehnte nämlich ist sowohl für die literarischen Texte der Berliner als auch für die der Wiener (d.h. für die deutsche, wie auch die österreichische Literatur insgesamt) ein *Schwanken zwischen*

---

[13] Vgl. *Das Junge Wien* (Anm. 12), passim.

[14] Zu erwähnen ist, daß in der Zwischenzeit die ›Jungwiener‹ es unternommen hatten, eine Wiener »Freie Bühne« zu gründen, die allerdings wenig Erfolg hatte; – vgl. dazu *Das Junge Wien* (Anm. 12), Bd. 1, S. LXXIVff.

Traditionalität und Unverständlichkeit[15] zu konstatieren. Verkürzend kann man formulieren, daß Verständlichkeit für die Moderne nur um den Preis der Traditionalität zu haben ist; daß umgekehrt Traditionalität nur um den Preis der Unverständlichkeit zu überwinden ist. Verständlich ist nur die traditionelle Literatur; und modern kann sie nur werden, wenn sie akzeptiert, unverständlich zu sein.

Konkret gesprochen heißt das: Das historische Drama (in der Grillparzer- und Hebbel-Nachfolge von Paul Ernst oder Samuel Lublinski; im Rekurs auf mittelalterliches Mysterienspiel im Stile von Hofmannsthals »Jedermann« oder dem »Salzburger Großen Welttheater«, der Antike-Adaptation der Hauptmannschen »Atriden-Tetralogie«) ist zwar verständlich, aber traditionell; Hofmannsthals frühe Verse hingegen, Carl Einstein oder die Vertreter der ›Wortkunst‹, der Dadaismus, Paul Celan usw., wiederum, sind zwar nicht traditionell, aber unverständlich.[16]

Es ist eine unabweisbare Tatsache, daß die Literatur seit dem Beginn der Moderne zunehmend von dieser dichotomischen Möglichkeit gekennzeichnet ist: entweder traditionell zu verfahren oder unverständlich zu sein.[17] Auch und gerade die Wiener und Berliner Autoren konnten dem nicht entgehen. Das hängt mit der engen Verknüpfung der Moderne mit dem Historismus zusammen.[18]

---

[15] Sigrid Schmidt-Bortenschlager (Salzburg) hielt den Begriff der ›Unverständlichkeit‹ für nicht adäquat: Der »Ulysses« von Joyce beispielsweise sei heute nicht mehr [!] unverständlich. Andrea Allerkamp (Montpellier) fragte zu Recht, wie die ›Einstiegsmöglichkeit‹ in den Text vorzustellen sei (z.B. in Carl Einsteins »Bebuquin«), wenn der Charakter seiner Unverständlichkeit diese doch gerade verhindere. Dem ist entgegenzuhalten, daß dergleichen Texte der Moderne womöglich überhaupt anders denn ›hermeneutisch‹, d.h. auf Verständnis hin, zu lesen sind. Ihr ›Sinn‹ ist nicht mehr nur verborgen, sondern – wie sie selbst belegen – offensichtlich nicht mehr vorhanden; er kann und soll deshalb weder gesucht noch gefunden werden. – Musil hat bekanntlich schon von Hofmannsthals »Lebenslied« gesagt, daß es ein »sinnloses Gedicht« sei (Robert Musil, Der Geist des Gedichts, in: R.M., *Prosa und Stücke, Kleine Prosa, Aphorismen, Autobiographisches, Essays und Reden, Kritik*, hrsg. von Adolf Frisé, Reinbek 1978, S. 1214f.).

[16] Moritz Csáky (Graz, Wien) wies zu Recht auf die Zwölftonmusik Arnold Schönbergs als auf ein Beispiel radikaler Unverständlichkeit hin.

[17] Hofmannsthals »Chandos«-Brief gewinnt – so gelesen – eine andere Konnotation. Er wird Ausdruck einer literarischen Produktion, die lieber dem Schweigen anheimfällt, als sich zwischen Traditionalität und Unverständlichkeit zu entscheiden. Hofmannsthal selbst, als einer der wenigen, hat bekanntlich einen Weg eingeschlagen, der sowohl das eine als auch das andere praktizierte: die Traditionalität im »Jedermann«, im »Rosenkavalier« im »Salzburger Großen Welttheater«, zum Teil im »Turm«. Der Weg der Unverständlichkeit bei ihm führt vom »Lebenslied« und der lyrischen Produktion seiner frühen Jahre überhaupt über den »Andreas« zum »Schwierigen«, der sie als zweiter »Chandos«-Brief noch einmal quasitheoretisch auf der Bühne zu verhandeln sucht. – Nur ganz wenige Autoren von Rang vermögen Traditionalität so fortzuführen und fortzuformulieren, daß mit traditionellen Mitteln tatsächlich eine Innovation entsteht; zu ihnen gehört in erster Linie als Beispiel, das deutlich in die Moderne weist: Robert Musil mit den »Vereinigungen«. Sodann Arthur Schnitzler, dessen Erzählungen und Romane – namentlich »Fräulein Else«, »Therese«, »Frau Beate und ihr Sohn« usw. – der Prosa eine wortgewordene Psychologie hinzugewinnen, die es zuvor nicht oder allenfalls in anderer Weise bei Flaubert gegeben hatte.

[18] Vgl. dazu die Beiträge 5, 6 und 7 in diesem Band.

Die so bestimmte Literatur der Moderne steht vor der Alternative, ›so weiterzumachen wie bisher‹, dann bleibt sie in jedem Sinne, was sie ist; oder sie sucht neue Wege, dann aber um den Preis ihrer Verständlichkeit.[19]

Diese Dichotomie[20] im Verhältnis zur literarischen Tradition jedenfalls ist der Ausweis einer Gemeinsamkeit auch zwischen Wien und Berlin; aber nur deshalb, weil es der von Gemeinsamkeit moderner Literatur überhaupt ist. Ganz offensichtlich nämlich stehen auch andere Autoren (der deutschsprachigen Literatur nicht nur, sondern ebenso der anderen westeuropäischen Nationalliteraturen) vor dem gleichen Problem. Das hängt ganz zweifellos mit der Bewußtwerdung von Historie zusammen, wie sie in der Folge der aufkommenden Geschichtswissenschaften des 19. Jahrhunderts überhaupt aktuell ist. Wie diese im historistischen Positivismus ein Verhältnis zu historischen Gegenständen entwickelt haben, das seine Berechtigung aus der Anhäufung vieler, tendenziell *aller* historischen Fakten zieht, so gewinnt auch die Literatur in Realismus und Naturalismus den Status ihrer Selbstbehauptung darin, daß sie – analog dazu – die beschriebenen Objekte so detailgetreu wie möglich observiert und beschreibt. Hat sie das einmal getan, so steht sie vor dem gleichen Problem wie die Geschichtswissenschaft, die nicht nur einen positivistischen, sondern auch einen relativistischen Historismus[21] produziert. Für die Literatur bedeutet das in Analogie zu den Geschichtswissenschaften, in denen alle Fakten prinzipiell gleichwertig sind, daß sämtliche Lexeme gleich viel und deshalb obendrein gleich wenig wert sind. Wie die Geschichtswissenschaften steht die Literatur vor der grundsätzlichen Frage, was sie mit den Thesauren machen soll, die ihr – von jenen vermittelt – konkret in den Einzelwissenschaften bis in die Konversationslexika und Enzyklopädien hinein bereitgestellt worden sind. Sie kann darauf reagieren wie Arno Holz im »Phantasus«, der, über Jahrzehnte erweitert, den Charakter eines Riesen-Glossars ohne irgendeine Struktur annimmt. Sie kann verstummen, wie Chandos es tut. Oder sie kann weitermachen wie bisher (Hauptmann, Wassermann, Hermann Hesse).

Zur ersten Möglichkeit gehört aber nicht nur Arno Holz. Er ist vielmehr nur das Extrem. Ihm und seinen unverständlich gewordenen Texten sind Hunderte und Aberhunderte an die Seite zu stellen. Als Beispiel nur: Carl

---

[19] Es versteht sich dabei von selbst, daß weder alle Autoren diese Dichotomie als die Bedingung ihres Schreibens überhaupt erkennen, noch daß sie sie – falls sie sich dessen bewußt sind – realisieren. Was hier im folgenden verhandelt wird, ist also so etwas wie eine idealtypische Anordnung, die es *per definitionem* nicht in jedem konkreten Fall gibt.

[20] Walter Weiss (Salzburg) hat in der Diskussion vorgeschlagen, den Begriff ›Dichotomie‹, der ihm zu strikt erschien, durch ›Dualität‹ zu ersetzen.

[21] Vgl. zur Begrifflichkeit: Herbert Schnädelbach, *Philosophie in Deutschland 1831-1933*, Frankfurt/Main 1983; hier besonders das Kapitel 2.1: »Der Historismus«, S. 51ff. Er bezeichnet, was im folgenden »positivistischer Historismus« genannt wird, als »Historismus$_1$« nennt den »relativistischen« »Historismus$_2$« und unterscheidet davon den »allgemeinen Historismus« als »Historismus$_3$«; – vgl. auch G. Scholtz, Art. Historismus, Historizismus, in: *Historisches Wörterbuch der Philosophie*, hrsg. von Joachim Ritter/Karlfried Gründer, Basel/Stuttgart 1974, Bd. 3, Sp. 1142; – vgl. auch den Beitrag 5 in diesem Band, besonders S. 59ff.; – auch: Anette Wittkau, *Historismus. Zur Geschichte des Begriffs und des Problems*, Göttingen 1992.

Einstein, die Dadaisten, Paul Celan; der späte Rilke, die Vertreter der ›Wortkunst‹ usw. Kafka und Sternheim wären zu nennen, Toller, Hasenclever oder der frühe Brecht. Man sieht: Schon längst handelt es sich nicht mehr um das Problem Wien und Berlin; schon längst sind sie nicht einmal mehr repräsentativ, diese beiden Kulturzentren; schon längst vielmehr sind sie einfach Teil dessen, was Moderne überhaupt heißt, will sagen: *europäische* Moderne.

Lexeme und Rhemata haben sich – analog zu den Fakten der Geschichtswissenschaften – verselbständigt, haben den Charakter einer beliebigen literarischen Einsetzbarkeit angenommen. Ihre ubiquitäre Verfügbarkeit und Verwendbarkeit aber ist dialektisch gleichbedeutend mit deren Negation. Denn über alles verfügen, bedeutet: zu keiner Entscheidung gelangen. So wird die Verwendung der einzelnen Lexeme in einer Weise betrieben, die den Charakter der Beliebigkeit nicht mehr von der Hand weisen kann, auch wenn es nicht der Fall ist. Es ist gleichgültig geworden, ob diese Lexeme noch inhaltslogischen Vorgaben gehorchen oder nicht; es ist gleichgültig geworden, ob sie zu Hunderten und Tausenden präsentiert werden, wie im ›Riesenphantasus‹ von Arno Holz, oder in wenigen Einzelpartikeln wie in den Gedichttexten Celans.

Genau dieser Prozeß ist es, an dem die Autoren Wiens und Berlins, Österreichs und Deutschlands, Mitteleuropas und Westeuropas – mit einiger Verzögerung auch die Literaturen Osteuropas – partizipieren. Es werden nicht mehr Geschichten erzählt wie bei Tolstoi, Dostojewski, Wassermann oder Georg von Ompteda; es werden vielmehr Lexeme und Rhemata präsentiert in einem Verfahren, für das sich traditionelle Exempel genauso finden lassen wie solche des Übergangs und des Extrems. Erste Beispiele – zumeist solche des Übergangs – sind früh und lassen sich schon in Flauberts »Salammbô«[22] erkennen. Zur Reife freilich gelangt das erst in »La Tentation de Saint Antoine« und dann besonders in »Bouvard et Pécuchet«. Sie zeigen sich auch in Huysmans' »A Rebours«, wo sich die Lexeme als Aufzählungen in den seitenlangen Katalogen von Büchern, Kristallen oder Speisefolgen dokumentieren.[23] Im Extrem schließlich keineswegs nur in der additiv gehäuften Aufzählung bei Arno Holz, sondern genauso in den Texten der 10er Jahre, die zwar die Satzlogik dem Scheine nach aufrechterhalten, sie in Wirklichkeit aber bereits längst in die Aneinanderreihung von Lexemen aufgelöst haben. So der erste Satz von Carl Einsteins »Bebuquin« von 1907/09:

> Die Scherben eines gläsernen, gelben Lampions klirrten auf die Stimme eines Frauenzimmers: »Wollen Sie den Geist Ihrer Mutter sehen?« Das haltlose Licht tropfte auf die zartmarkierte Glatze eines jungen Mannes, der ängstlich abbog, um allen Überlegungen über die Zusammensetzung seiner Person vorzubeugen.[24]

---

[22] Vgl. den Beitrag 5 in diesem Band, S. 59ff.
[23] Vgl. den Beitrag 5 in diesem Band, S. 62ff.
[24] Carl Einstein, *Bebuquin oder Die Dilettanten des Wunders*, hrsg. von Erich Kleinschmidt, Stuttgart 1985, S. 3.

Zahllose andere Beispiele wären anzuführen.[25] Solche des Übergangs gibt es sogar noch relativ spät, als die Übergangszeiten längst vorbei sind; bei Thomas Mann in seinen adjektiv-redundanten Beschreibungen bereits der frühen Texte, am deutlichsten dann in den »Josephsbrüdern«.

5. Die Konsequenz aus der Praxis des Schreibens

Es gibt eine Konsequenz aus alledem. Sie liegt in der Feststellung einer Gemeinsamkeit: Die Berliner und die Wiener Spielart, auf die Zentralfrage der Moderne, wie man es mit der Tradition halte, zu reagieren, ist letztlich identisch. *Die Praxis des Schreibens artikuliert den Sinn dafür, daß es so wie bis dahin nicht weitergehen kann.* Denn sowohl der Berliner Versuch, der Sache kritisch-theoretisch beizukommen, als auch der Wiener, das eigene Verhältnis zur Tradition nicht als Antagonismus zu verstehen, übersieht offensichtlich das eigentliche Problem.

Heute, nahezu hundert Jahre später, stellen sich Probleme und Lösungsversuche in einem anderen Licht dar. Jedenfalls erscheinen von heute her diese beiden Möglichkeiten, sich zur literarischen Tradition überhaupt, insbesondere auch zur eigenen, zu verhalten, wo nicht falsch, so doch inadäquat. Es läßt sich feststellen, daß die Zeitgenossen das objektive Ende der Tradition nicht zu erkennen vermochten. Die Berliner folgten dabei einem implizit oder explizit vorhandenen Fortschrittsglauben, der sie in den Stand setzen sollte, sich von denen, die bis dahin in der Literatur den Ton angegeben hatten, in eine Zukunft abzustoßen, die ihnen entscheidend Neues zu bieten hätte. Die Wiener, durch ihren Protagonisten Hermann Bahr zu solcher Berliner Lösung implizit und explizit immer wieder gedrängt,[26] blieben vielmehr bei dem, was sie immer getan hatten. Sie produzierten eine theorielose Literatur, die sich aber gerade deshalb als die beständigere erweisen sollte: Hofmannsthal, Altenberg, Schnitzler, Musil, Broch stellten sie gegen Holz, Hauptmann, Schlaf usw.

Die Quintessenz aus alledem für die Problemstellung unseres Symposiums lautet, daß es zwar praktisch ist, eine Wiener Literatur von einer Berliner zu unterscheiden und daß dem womöglich andere Unterscheidungen – etwa im Hinblick auf Prag, München oder Zürich – zu folgen hätten, daß es aber der Spezifik der Moderne nichts hinzutut, wenn man sie regional behandelt und in Regionalismen auflöst. Es macht die Literatur der Moderne zwar hantierbar, so vorzugehen. Die literarische Moderne ist aber in sehr viel stärkerem Maße als andere Epochen zuvor ein europäisches Phänomen, das nicht in regionale zerfällt.

[25] Nahezu beliebige Texte von Oskar Panizza, Paul Scheerbart, Mynona, Melchior Vischer, Robert Müller, auch Max Dauthendey – um nur ein paar der heute greifbaren zu nennen.

[26] Bahr hatte eben dies in Berlin und bei Marx gelernt und versuchte, es unter dem Titel einer »Überwindung« als die bürgerliche Form des Fortschrittsglaubens zu lancieren; – vgl. den Beitrag 11 in diesem Band.

Das hängt eindeutig mit historischen Bedingungen zusammen. Denn es ist leicht verständlich, daß im Zeitalter zunehmender Kommunikationsmittel, der Printmedien insbesondere, Grenzen und Einschränkungen wegfallen, wie sie noch das frühe 19. Jahrhundert hinnehmen mußte und wie selbstverständlich akzeptierte. Der Informationsaustausch geht nicht nur schneller vonstatten, er ist auch erheblich stärker geworden. Hinzu kommt, daß durch die Entwicklung von Eisenbahn, später Automobil, Reisen und persönliche Bekanntschaften im In- und Ausland zur Regel werden. Mit anderen Worten, alles und jedes ist in sehr viel stärkerem Maße als zuvor einer allgemeinen, über sämtliche Grenzen reichenden Kommunikation ausgesetzt, die jedes lokal oder regional gebundene Phänomen sofort zu einem allgemeinen, d.h. in diesem Falle: europäischen macht.[27]

So sind es denn vor allem sozialgeschichtlich beschreibbare Phänomene von höchst allgemeiner Gültigkeit, die zu einer völlig veränderten Kommunikation in Sachen Literatur führten, einer sehr viel müheloseren, die zu einem gemeinsamen Fundus an Kenntnis dessen führten, was man für wichtig hielt. Die deutschsprachigen Autoren zumal waren genauestens vertraut mit der französisch- oder englischsprachigen Literatur, die sie in vielen Fällen nicht einmal in Übersetzungen zu lesen gezwungen waren. Außerdem: Nahezu alle bedeutenden Autoren des Auslandes von Tolstoi und Dostojewski über Björnson, Ibsen, Strindberg, Jacobsen und Herman Bang bis zu D'Annunzio und den Spaniern standen bald in bis heute gültigen Übersetzungen zur Verfügung. Selbst die französischen und englischsprachigen Autoren wurden schnell übersetzt (Zola, Maupassant, Flaubert, Huysmans; Carlyle, Ruskin, Emerson, Pater, Morris, Swinburne, Dickens, Thackeray, George Eliot oder Oscar Wilde), und das setzt sich fort bis heute.

Man partizipierte also, ganz gleich, wo man sich befand, an einer europäischen literarischen Gemeinsamkeit, die bis dahin ihresgleichen suchte.

Aus alledem ergibt sich, wie gesagt, daß die Konzentrierung auf Wien und Berlin (oder beliebige andere Literaturmetropolen) zwar praktisch sein mag, unter dem Aspekt der Moderne und dessen, was sie auszeichnet, aber wenig aussagekräftig ist über das hinaus, was Modernität in der Literatur auch sonst

---

[27] Wohl haben in früheren Zeiten die Autoren – allen voran Goethe – mit Gesinnungsgenossen und Antagonisten anderer Nationen kommuniziert. Aber alles das war auf andere Weise vermittelt: weniger schnell, weniger häufig, weniger viel. Ein Autor vom Range Schillers zum Beispiel hat seine Anregungen im wesentlichen aus der Beschäftigung mit deutschsprachigen Autoren gezogen. Sie waren ihm zumeist von Freunden (Körner, Humboldt, Goethe) benannt worden; aus der bloßen Lektüre waren Verfasser und Leser sich selten näher gekommen. Schließlich auch war es sehr viel schwieriger und kostspieliger, sich Druckerzeugnisse zu beschaffen. Behinderungen also, die für die Autoren seit 1880/90 kaum ein Problem darstellten. Nicht zuletzt so banale Vorgänge wie die zahllosen, durch die neuen Verkehrsmittel ermöglichten gegenseitigen Besuche von fernher, aber auch die Tatsache, daß man sich – aus der Provinz kommend – in den Großstädten in unmittelbarer Nähe von Freunden und Gesinnungsgenossen, zum Teil im selben Haus ansiedelte, taten das Ihre. Die Großstädte waren gerade in dieser Hinsicht keineswegs groß, sondern gerade klein und übersichtlich.

bedeutet. Es gibt also weniger Unterschiede als Gemeinsamkeiten. Die aber liegen in einem Verhältnis zur Tradition begründet, das alle – ob in Wien, Berlin, Paris – vor die Alternative: Traditionalität oder Unverständlichkeit stellt. Vor die Alternative der Moderne.

11. Deutscher Naturalismus und Österreichische Moderne

Thesen zur Wiener Literatur um 1900

Es lassen sich drei Problemkomplexe unterscheiden.

Erstens: Das Spezifikum einer Österreichischen Moderne läßt sich für die Literatur aus der Absetzung der Wiener gegen den Berliner Naturalismus und seine gleichzeitige stilistische Weiterentwicklung bei Autoren wie Hofmannsthal, Schnitzler, Peter Altenberg, Beer-Hofmann u.a. verstehen.

Zweitens: Sie ist sozialgeschichtlich im niedergehenden Habsburger-Reich und – damit zusammenhängend – ideen- und bewußtseinsgeschichtlich in der Rezeption von Freud und Mach zu begründen.

Drittens: Hermann Bahr kommt dabei eine besondere Funktion zu, insofern er mit der perpetuierten »Überwindung« der jeweiligen Ismen die von ihm propagierte Moderne zum Konstituens zeitgenössischer Selbstreflexion macht.

Ich versuche zunächst, die beiden zuerst genannten *Phänomene* unter diesen Voraussetzungen zu beschreiben, um mich dann der Problematik noch einmal von einer anderen Seite her, über das *Beispiel* ihres nach außen hin wirksamsten Vertreters zu nähern. – Zunächst also *eine Art Bestandsaufnahme.* Daran schließen sich *drei Thesen zur Interpretation* dieser Tatbestände an.

1. Bestandsaufnahme

Das Phänomen der Wiener, der Österreichischen Moderne ist nicht auf die Literatur beschränkt. Aber es läßt sich an ihr besonders gut verdeutlichen. Es handelt sich um die Zeit etwa zwischen 1890 und 1910. Das Spezifische der Epoche: Hier konvergiert es. Aber es tritt auch sonst deutlich zutage. Nicht nur die Namen derer, die die Literatur dieser Zeit prägen, auch die der anderen Künste sind von großer Wichtigkeit. Nicht nur Hugo von Hofmannsthal, Arthur Schnitzler, Peter Altenberg, Karl Kraus, Richard Beer-Hofmann. Auch Musik, Malerei und Architektur sind zu nennen: Gustav Mahler und Arnold Schönberg; Gustav Klimt; Joseph Olbrich, Adolf Loos oder Otto Wagner; hinzu kommen Sigmund Freud und die Psychoanalyse, die Philosophie Ernst Machs, Theodor Herzl, Otto Weininger. Auch die antisemitischen Politiker Schönerer und Lueger gehören dazu, ja sogar die Kaiserin Elisabeth, der liberale Kronprinz Rudolph mit seinen Beziehungen zum

»Neuen Wiener Tagblatt«, dem liberalen Blatt von Moritz Szeps; oder selbst – wenn auch nicht so sehr als konkrete historisch-politische Person denn als Figur – Kaiser Franz Joseph I.

Am Beispiel der Literatur läßt sich das Phänomen deshalb so gut erläutern, weil hier stärker als an anderen Stellen alles Übrige zu kristallisieren scheint. Die »Merkworte der Epoche« – einen Ausdruck Hofmannsthals zu verwenden – Nerven, Seele, Ich und Traum: Hier präsentieren sie sich in mannigfachen Brechungen. Allein über eine Häufigkeitsstatistik ließen sie sich als die favorisierten Probleme der Epoche belegen.

2. Wien vs. Berlin: »Seelenstände« vs. »Sachenstände«

Die Fixierung auf immer wieder diese selbe Thematik wird aber erst verständlich, wenn man sie als Reaktion auf die bevorzugten Gegenstände des deutschen, speziell des Berliner Naturalismus versteht; der selbst wiederum auf den französischen zurückgeht.

Das Spezifische der Österreichischen Moderne entwickelt sich aus einer *politisch verstandenen Konkurrenzsituation gegenüber dem Deutschen Reich.* Preußen und Berlin: Das war für die Österreicher einerseits der *nouveau riche*, der *homo novus*, den man verachtete; andererseits aber auch der, hinter dessen offensichtlichen Erfolgen in Politik und Kultur man in Österreich nicht zurückstehen wollte; und daran ist phänotypisch gesehen viel Richtiges. Hermann Bahr schreibt noch 1923 in seinen Lebenserinnerungen emphatisch: »Sedan, Bismarck, Richard Wagner hatten sie, da draußen. Und was hatten wir?«[1] Er bezeichnet damit drei wichtige Aspekte öffentlicher Meinung und öffentlichen Selbstbewußtseins. Sedan steht für einen gewonnenen Krieg, Bismarck für einen bedeutenden Staatsmann, Wagner für ein Symbol der Kultur. Alles Dinge, die man in Österreich so nicht aufzuweisen hatte. Gegenüber so viel Erfolg im Äußeren diktierte die Konkurrenzsituation dann auch den Rückzug auf eine noch nicht ausgespielte Domäne, die man zur eigenen machen konnte: die *Innenwelt.* Es war eine Entscheidung gegen Politik und Gesellschaft zugunsten der Seele, gegen die »Sachenstände«, wie Bahr es in schlechter Übersetzung des französischen »états de choses« nannte, zu den »Seelenständen«, den »états d'âme«. Genau dies sollte zum Spezifikum Wiener, Österreichischer Moderne werden: die Favorisierung der Innenwelt auf Kosten der Außenwelt der Naturalisten. Die so zutage tretende thematische Verschiebung stellt sich als *Bewegung von außen nach innen* dar: vom Sozialen zum Individuellen, vom Objekt ins Subjekt, von Umwelt auf Innenwelt.

---

[1] Hermann Bahr, *Selbstbildnis,* Berlin 1923, S. 127.

3. Innerliterarische Genese

Dazu gehörte genaues Hinsehen. Die menschliche Psyche beschreiben zu können, dazu bedurfte es einer hochdifferenzierten Technik. Die aber war den Österreichern in den unmittelbar vorausliegenden Jahren von den deutschen und französischen Naturalisten sozusagen vorgemacht und gewissermaßen stellvertretend eingeübt worden.

Die Naturalisten hatten genauer hinzusehen gelehrt; die deutschen Naturalisten namentlich im Drama: um die Figuren, die sie auf die Bühne bringen wollten, genauer beschreiben zu können. Das gilt insbesondere für Gerhart Hauptmann (bei ihm übrigens nicht nur für das Drama, sondern genauso für die Novelle »Bahnwärter Thiel«, die er nicht von ungefähr eine »novellistische Studie« genannt hat).

Das gilt dann in ganz besonderem Maße für die Lyrik von Arno Holz, dessen sogenannter »Sekundenstil« nur auf dieser Basis möglich ist und auch nur so verständlich wird: genauestes Hinsehen und der Versuch, dieses genaueste Hinsehen in Sprache umzusetzen. Auch bei Holz sind es im wesentlichen noch Gegenstände der Außenwelt, die beschrieben werden.

Die Naturalisten stehen in der Beschreibungstradition, die in Deutschland seit Lessings »Laokoon« als Problem formuliert war und in Adalbert Stifter um die Mitte des 19. Jahrhunderts ihre deutlichste Ausprägung gefunden hatte. Und sie fügten dem einen neuen Gegenstand hinzu: das soziale Problem in allen seinen Facetten. Aber sie blieben bei der Beschreibung. Die Wiener entdeckten dank dieser Technik des genauen Hinsehens abermals einen neuen Gegenstand: *das eigene Ich.* Damit wirkt der beschreibende Text paradoxerweise nicht mehr als Beschreibung, sondern als Evokation. Gutes Beispiel: Peter Altenberg. Denn was dem beobachtenden Ich als Ich (als Objekt also) erscheint, vermag jenes nicht mehr als beschriebenes zu verstehen. Es ›offenbart‹ sich ihm vielmehr nach Art der Joyceschen Epiphanien. – Hinzu kommt: Die wissenschaftliche Beschreibung des Ich im engeren Sinne nehmen Sigmund Freud und Ernst Mach der Kunst ohnehin ab. Was dem Künstler bleibt, ist: sein *Erlebnis* darzustellen, die ihm widerfahrene Offenbarung (Lord Chandos bei Hugo von Hofmannsthal z.B.) direkt mitzuteilen.

Der neue Gegenstand des Interesses – Nerven, Seele, Ich, Traum – ist nicht plötzlich da, er entwickelt sich vielmehr folgerichtig aus dem Gegenstandsarsenal der Zeit; literarisch gesprochen: aus dem Naturalismus. Conrad Alberti, der Naturalist, spricht schon 1890 vom »nervösen Zeitalter«.[2] Denkt man an so manche Dramengestalten Gerhart Hauptmanns, wie den Bauern Krause oder seine Tochter Helene in »Vor Sonnenaufgang« (1889), an

---

[2] Conrad Alberti, Das Milieu, in: *C.A., Natur und Kunst. Beiträge zur Untersuchung ihres gegenseitigen Verhältnisses,* Leipzig, o. J. [1890], S. 51-65; zit. nach: Gotthart Wunberg/Stephan Dietrich (Hrsg.), *Die literarische Moderne. Dokumente zum Selbstverständnis der Literatur um die Jahrhundertwende,* 2., verb. u. komm. Auflage, Freiburg i.Br. 1998 (= Reihe Litterae, Bd. 60), S. 91.

Ibsens »Nora«, dann ist das Neuropathologische auch für den Naturalismus nicht von der Hand zu weisen.

Von der genauen Beschreibung des Neurologischen, der Nerven, war es nur ein kleiner Schritt zu jenem neuen Objekt: der Seele und dem eigenen Ich. Der hundertfältigen literarischen Verwendung solcher Worte wie ›Nerven‹, ›Seele‹ und ›Ich‹ entspricht die Beschäftigung mit diesem Problemkomplex in der Medizingeschichte der Zeit. Auch dort entwickelt sich – in deutlicher Parallelität – die Beschäftigung mit der Psyche aus der zunächst physiologisch bestimmten Fragestellung. Auch dort mündet die Neurologie in die Psychologie und schließlich in die Psychoanalyse. Freuds eigene wissenschaftliche Biographie folgt dieser Entwicklung.

So ist von ›Nerven‹, ›Nervosität‹, den ›Nervösen‹ in allen möglichen und unmöglichen Zusammensetzungen die Rede.[3]

Entsprechendes gilt für die ›Seele‹: Über Camille Mauclair bemerkt Hermann Bahr, was der schreibe, seien »allerhand Notizen aus neuen Gedichten, Glossen zu neuen Gemälden, Betrachtungen über Meister oder Freunde, Kritiken, die doch im Grunde nicht kritisch, sondern nur subtile Beichten seiner Stimmungen sind, Fragen an sich selbst, Zweifel in sich selbst, Beratungen mit seiner Seele, um sich desto deutlicher zu vernehmen« und »zwei Worte liebt er sehr; die kommen immer wieder: rêve und sensibilité. Er will träumen und will seinen leisesten Gefühlen lauschen«.[4] Es wird von der deutschen Seele gesprochen,[5] von der europäischen,[6] von den Ekstasen der Seele,[7] von der »Verseelung«, von »Verseelung und Begeisterung der Dinge«.[8] Verse, schließlich, seien »ein Gefängnis der Seele«: »Die Verse, die ein Mensch schreibt, sind auf ewig ein unentrinnbares Gefängnis seiner Seele, wie sein lebendiger Leib, wie sein lebendiges Leben.«[9] So wird nach einem Autorenabend am 28. März 1897 in der »Wiener Rundschau« Hofmannsthal für eine Dichterlesung dadurch Lob gespendet, daß seine »meisterhafte See-

---

[3] Als Belege einige Beispiele, zit. nach: *Das Junge Wien. Österreichische Literatur- und Kunstkritik 1887-1902,* hrsg. von Gotthart Wunberg, 2 Bde., Tübingen 1976: »Empfindsamkeit der Nerven« (Bd. 1, S. 278), »Ethik der modernen Nerven« (Bd. 1, S. 270), »heimliche Nerven« (Bd. 1, S. 400 u.ö.), »hohe Schule der Nerven« (Bd. 1, S. 157), »Kultus« (Bd. 1, S. 243), »Kunst« (Bd. 1, S. 649), »Mystik« (Bd. 1, S. 157), »Rätsel« (Bd. 1, S. 487) und «Romantik« (Bd. 1, S. 423) der Nerven; »vergnügte Nervengymnastik« (Bd. 1, S. 277), »Nervenleben« (Bd. 1, S. 284), »Nervenmenschen» (Bd. 1, S. 242), »Nervenstimmung« (Bd. 1, S. 119) oder in Analogie zu den Seelen- und Sachenständen: »Nervenstände» (Bd. 1, S. 129 u.ö.).

[4] Hermann Bahr, Camille Mauclair, in: *Das Junge Wien* (Anm. 3), Bd. 1, S. 468.

[5] Hermann Ubell, Platen. (Zum hundertsten Geburtstag), in: *Das Junge Wien* (Anm. 3), Bd. 1, S. 646.

[6] Hermann Bahr, Maurice Barrès. II, in: *Das Junge Wien* (Anm. 3), Bd. 1, S. 342; Hermann Bahr, Das junge Österreich, in: *Das Junge Wien* (Anm. 3), Bd. 1, S. 377.

[7] Stefan Zweig, Peter Altenberg, in: *Das Junge Wien* (Anm. 3), Bd. 2, S. 1156.

[8] Hermann Bahr, Rothe Bäume, in: *Das Junge Wien* (Anm. 3), Bd. 1, S. 481.

[9] Hugo von Hofmannsthal, Gedichte von Stefan George, in: H.v.H., *Reden und Aufsätze I: 1891-1913*, Frankfurt/Main 1979 (= Gesammelte Werke in zehn Einzelbänden, hrsg. von Bernd Schoeller/Rudolf Hirsch), S. 219.

lenanalyse« hervorgehoben wird.[10] Rudolf Lothar sagt über die Bilder der Sezession am 3. Dezember 1898 in der »Waage«: »Seelenkunst, das ist die Secession, das will sie sein. Sie hat mit dem Angelernten gebrochen, sie hat anstelle der ›Stimmung‹, des ›Schönen‹, des ›Großen‹, das der Herr Professor lehrte, die Stimmung, das Schöne und Große gesetzt, das der Künstler in sich selbst fand. Das ist ihre Jugend, ihre Kraft, ihre Bedeutung! Sie ist, wie jede wahre Kunst, persönlich, individuell.«[11]

Mit dem ›Ich‹ ist es ähnlich; wenn von der »Autonomie des Ich« die Rede ist.[12] Am Ich besonders wird die Dissoziiertheit des Individuums deutlich, wenn Hofmannsthal von der »furchtbaren Wechselwirkung zwischen dem Ich, das leidet, und dem Ich, das leiden zusieht« spricht,[13] wenn von der »Hälfte unseres Ich« die Rede ist,[14] von der »Leidensgeschichte eines gespaltenen Ich«,[15] vom »Mitleid mit dem zweiten Teil eines Ich«,[16] vom »Ich und der Welt«,[17] von der »Zwiespältigkeit des Ich«,[18] vom »Zwiespalt von Ich und Welt, Wunsch und Wahrheit, Traum und Schein«.[19] Und in dieser Gespaltenheit des Ich dokumentiert sich zugleich das ambivalente Verhältnis zur Wirklichkeit, die Einstellung zu ihr.

Ähnlich steht es mit dem ›Traum‹. Hofmannsthals »Traum von großer Magie«, der kompliziert verschachtelte, große Traum des Helden Paul in Richard Beer-Hofmanns »Tod Georgs«; zahllose Gedichte, von Felix Dörmann[20] bis Richard von Kralik und Paul Wilhelm[21] können als Beispiele dienen. Die Hypnoseversuche, die Schnitzlers Anatol mit seiner Freundin Cora als »Frage an das Schicksal« (!) auf der Bühne anstellt, gehören hierher, wie die mit Bildern versetzte rhythmische Prosa »Die träumenden Knaben« des Klimt-Schülers Oskar Kokoschka von 1908.[22]

---

10 F. [= Felix Rappaport?], Autorenabend, in: *Das Junge Wien* (Anm. 3), Bd. 2, S. 700.

11 Rudolf Lothar, Von der Secession, in: *Das Junge Wien* (Anm. 3), Bd. 2, S. 922.

12 Eduard Michael Kafka, Vom modernen Individualismus. II: Der Kampf um die Persönlichkeit und Der Pädagog der Zukunft, in: *Das Junge Wien* (Anm. 3), Bd. 1, S. 107.

13 Hugo von Hofmannsthal, Das Tagebuch eines Willenskranken, in: H.v.H., *Reden I* (Anm. 9), S. 116.

14 Hugo von Hofmannsthal, Zur Physiologie der modernen Liebe, in: H.v.H., *Reden I* (Anm. 9), S. 94.

15 Hofmannsthal, Tagebuch (Anm. 13), S. 115.

16 Rudolf Strauß, Die graue Frau. Von Constantin Christomanos, in: *Das Junge Wien* (Anm. 3), Bd. 2, S. 881.

17 Karl von Levetzow, Der neue Rhythmus, in: *Das Junge Wien* (Anm. 3), Bd. 2, S. 950.

18 Rudolf Lothar, Bertha von Suttner, in: *Das Junge Wien* (Anm. 3), Bd. 1, S. 184.

19 Hermann Bahr, »Der Thor und der Tod« und »Die Pariserin«, in: *Das Junge Wien* (Anm. 3), Bd. 2, S. 1149.

20 Namentlich in den Gedichtbänden »Neurotica« (1891), »Sensationen« (1892) und »Tuberosen« (1920); – in Auswahl abgedruckt in: *Die Wiener Moderne. Literatur, Kunst und Musik zwischen 1890 und 1910,* hrsg. von Gotthart Wunberg, Stuttgart 1981, S. 356ff.

21 Vgl. *Die Wiener Moderne* (Anm. 20), S. 370ff.

22 Abgedruckt in: *Prosa des Jugendstils,* hrsg. von Jürg Mathes, Stuttgart 1982, S. 309ff.

4. Mach und Freud

Dem Physiker Ernst Mach, seit 1895 Professor der Philosophie in Wien, stellt sich der Zugang zum Ich über physikalische (besonders: optische) Untersuchungen her. Er löst das Ich schließlich in sogenannte Sinnes- und Wahrnehmungsqualitäten, in Elemente auf, die dessen integrale Erfassung und Auffassung unmöglich machen. Die ›Unrettbarkeit des Ich‹ wird von dem Literaten Hermann Bahr dann popularisiert. Das Ich ist, so schreibt er 1904, nur noch »ein Name. Es ist nur eine Illusion. Es ist ein Behelf, den wir praktisch brauchen, um unsere Vorstellungen zu ordnen«.[23] Die Welt sei in ständiger Veränderung begriffen, die das Bestehende fortwährend vernichte und Kontinuität so unmöglich mache. »Ewige Veränderung«[24] und ›Werden‹ – das sind Begriffe, die dem Zeitgenossen von Nietzsche her vertraut sind, wenn auch aus anderem Zusammenhang.

Machs »Analyse der Empfindungen« (1885), die in ihren Konsequenzen über die prinzipielle Gleichwertigkeit aller Erinnerungs- und Wahrnehmungsqualitäten zu einem generellen Wert-Relativismus führt, steht in direktem Zusammenhang mit einer in der Literatur (und den anderen Künsten) überall feststellbaren Hinwendung zu alltagsweltlichen Gegenständen und Vorgängen. Ein Handschuh, ein Schreibtisch, eine japanische Vase (Hofmannsthal), eine Grammophonplatte[25] oder eine Zufallsbegegnung im Volkspark[26] (Altenberg) etwa sind die Beispiele. Denn wenn der Wert-Relativismus – was Hermann Broch für Wien beschrieben hat – für die gesamte Lebenswelt konstitutiv wird, ist es nicht mehr weit zur grundsätzlichen Beliebigkeit auch des ästhetischen Gegenstandes überhaupt. Rilkes Wort, alles könne der liebe Gott sein, man müsse es ihm nur sagen (aus den »Geschichten vom lieben Gott«, 1900) formuliert genau dies:

> Auch Hans wußte keinen Rat. Alle schauten ihn an. Auf einmal sagte er: »Das ist ja dumm. Ein jedes Ding kann der liebe Gott sein. Man muß es ihm nur sagen.« Er wandte sich an den ihm zunächst stehenden, rothaarigen Knaben. »Ein Tier kann das nicht. Es läuft davon. Aber ein Ding, siehst Du, es steht, Du kommst in die Stube, bei Tag, bei Nacht: es ist immer da, es kann wohl der liebe Gott sein.« Allmählich überzeugten sich die andern davon. »Aber wir brauchen einen kleinen Gegenstand, den man überall mittragen kann, sonst hat es ja keinen Sinn. Leert einmal alle Eure Taschen aus.« Da zeigten sich nun sehr seltsame Dinge: Papierschnitzel, Federmesser, Radiergummi, Federn, Bindfaden, kleine Steine, Schrauben, Pfeifen, Holzspänchen und vieles andere, was sich aus der Ferne gar nicht erkennen läßt, oder wofür der Name mir fehlt. Und alle diese Dinge lagen in den seichten Händen der Kinder, wie erschrocken über die plötzliche Möglichkeit, der liebe Gott zu werden, und

[23] Hermann Bahr, Das unrettbare Ich, in: H.B., *Dialog vom Tragischen* (zuerst 1904); hier zit. nach: Hermann Bahr, *Zur Überwindung des Naturalismus. Theoretische Schriften 1887-1904,* hrsg. von Gotthart Wunberg, Stuttgart u.a. 1968, S. 183ff.

[24] Vgl. Bahr, Das unrettbare Ich (Anm. 23), S. 191.

[25] Peter Altenberg, Grammophonplatte, in: *Die Wiener Moderne* (Anm. 20), S. 426.

[26] Peter Altenberg, Im Volksgarten, in: *Die Wiener Moderne* (Anm. 20), S. 421f.

> welches von ihnen ein bißchen glänzen konnte, glänzte, um dem Hans zu gefallen.[27]

Auch Hofmannsthals »Brief« des Lord Chandos (1902) gehört hierher. Auch dort werden die scheinbar nebensächlichen Dinge für den Lord zu den eigentlichen: ein Käfer, eine Gießkanne, oder was immer. Chandos bittet den Adressaten, Francis Bacon, »um Nachsicht für die Albernheit« seiner »Beispiele«: »Eine Gießkanne, eine auf dem Felde verlassene Egge, ein Hund in der Sonne, ein ärmlicher Kirchhof, ein Krüppel, ein kleines Bauernhaus, alles dies kann das Gefäß meiner Offenbarung werden. Jeder dieser Gegenstände ...«[28]

In diesem Dokument bereitet sich eine erst von den Expressionisten dann tatsächlich realisierte Reaktion auf den Wert-Relativismus vor: Da die Gegenstände sich der sprachlichen Benennung entziehen, wird die Zuflucht in der Thematisierung der Sprache selbst gesucht. Das wiederum deutet sich zum Beispiel in Hofmannsthals »Lebenslied« (1896)[29] an, das keinen ›Sinn‹ mehr ergibt; vielmehr nur noch sprachlich ›schön‹ ist; es findet seine Entsprechung in Sprachpurismus und Sprachmanie von Karl Kraus; in den Arbeiten Fritz Mauthners.

Führen Machs Untersuchungen zu Wert-Relativismus und Bewußtsein von historischer Diskontinuität, so tritt *Freuds Psychoanalyse* gerade mit dem Anspruch auf, die Therapie der Psyche zu sein. Allerdings gehört zu deren Voraussetzungen die Konstatierung eben der kranken Seele, die der Therapie erst bedarf.

Daß eben zu diesem Zeitpunkt die Psyche zu *dem* Gegenstand der Medizin avanciert; der Neurologe Freud zum Psychologen und schließlich zum Psychoanalytiker wird, muß im selben Zusammenhang gesehen werden. Neurasthenie, Ich- und Seelenschwäche machen Psychoanalyse so nötig wie das ›unrettbare Ich‹ Ernst Machs die Überlegungen seiner in physikalischen Forschungen, genauer: optischen Untersuchungen fundierten Erkenntnistheorien. – Schließlich: Freuds Entdeckung, daß der Traum eine Wunscherfüllung ist, daß er an die Stelle des Handelns tritt, das definiert den Traum (d.h.: eine spezifische Wirklichkeitsauffassung) als Vehikel zur Bestimmung der Psyche. Hier wird der *Realitätsstatus* des Traumes neu formuliert; seine Irrealität entgegen allen bis dahin geltenden Erfahrungen durch die Definition des psychischen Determinismus als *Realität* festgelegt. Indem sein Irrealitätsstatus aufgehoben wird, wird der Traum sozusagen ernst genommen und zum Gegenstand ernsthafter Diskussion gemacht. Ein Phäno-

---

27 Rainer Maria Rilke, Wie der Fingerhut dazu kam, der liebe Gott zu sein, in: R.M.R., *Geschichten vom lieben Gott* (zuerst 1900); hier zit. nach: Rainer Maria Rilke, *Sämtliche Werke*, hrsg. von Ernst Zinn, Bd. 4, Frankfurt/Main 1961, S. 355f.

28 Hugo von Hofmannsthal, Ein Brief, in: H.v.H., *Erzählungen, Erfundene Gespräche und Briefe, Reisen*, Frankfurt/Main 1979 (vgl. Anm. 9), S. 467.

29 Vgl. Hugo von Hofmannsthal, *Gedichte, Dramen I: 1891-1898*, Frankfurt/Main 1979 (vgl. Anm. 9), S. 28.

men, übrigens, das Hofmannsthal – poetisch – nur als Aporie formulieren konnte:

> Zum Traume sag ich: »Bleib bei mir, sei wahr!«
> Und zu der Wirklichkeit: »Sei Traum, entweiche!«[30]

Von daher auch lesen sich die vielen Texte der Zeit anders, in denen vom Traum die Rede ist. Hofmannsthals berühmte Terzinen »Wir sind aus solchem Zeug wie das zu Träumen«,[31] etwa. Was in Shakespeares »Sturm«, wo der Satz zum erstenmal zu lesen ist, ›Vanitas‹-Motiv ist, für die Vergänglichkeit dieser Welt steht, ist in diesem Gedicht Hofmannsthals (1894) reine Magie, wie der Schluß des Gedichtes deutlich ausweist: »Und drei sind Eins: ein Mensch, ein Ding, ein Traum.«[32] Aber (wie gesagt): Vor dem Hintergrund jener neuen Bestimmung, die Sigmund Freud dem Traum genau in dieser Zeit (an diesem Ort Wien) gibt, liest es sich auch neu und anders: nämlich, daß der Traum Realität ist, oder – wo er Realität nicht selbst ist – sie doch stets verbirgt und sich der Sprache, der skeptisch beargwöhnten und schwer zu sprechenden Sprache, erschließt; und: daß diese Sprache in ihm neu erprobt werden soll und kann.

Freud verhilft dem Traum zur Sprache; zum diskursiven Austausch über ihn; und damit der Sprache wieder zu sich selbst. Er nimmt – freilich nicht auf Verabredung – den Dichtern sozusagen das Problem ihrer Unfähigkeit, Sprache zu verwenden, ab. Er tut es, indem er das bis dahin Unformulierbare und Unbenennbare den Formulierungen diskursiver Sprache, als dem bis dahin untauglichen, überhaupt als Gegenstand erst abgewinnt. Er erlöst gewissermaßen die Dichter von der Notwendigkeit einer ihnen wie selbstverständlich zugewachsenen Verpflichtung, das nur in Bildern Ausdrückbare auch noch diskursiv zu sagen und damit womöglich zu desavouieren. Er stellt sie gewissermaßen frei davon, ins Geschäft des Diskursiven eintreten zu müssen; sie können sozusagen bei den Bildern bleiben. Ein Vorgang, der übrigens eine Parallele hat: Die frühe Photographie befreit die Malerei des 19. Jahrhunderts von der Notwendigkeit, realistisch zu sein, weil sie, die Photographie, das viel besser vermag. Die Photographie – so gesehen – ist es eigentlich, die die Abstraktion in der Malerei ermöglicht hat. So auch bei Freud: Er eröffnet der Dichtung die Möglichkeit, in diesem Sinne abstrakt zu werden; post-realistisch zu sein, sozusagen; d.h. die Inhalte zu vernachlässigen, die in einer mehr und mehr verwissenschaftlichten Welt diskursive Behandlung nötig machen und diese mit großem Recht fordern; sich auf die Form, auf die Bilder zu konzentrieren. Denn die Inhalte werden jetzt in der Versprachlichung, in den Texten psychoanalytischer Traumdeutung beschrieben, als Träume wiedererzählt, gedeutet, konstitutiv gemacht für Lebenspraxis; sozialisiert, wenn man so will. Sie brauchen – wenigstens in der lyrischen

---

[30] Hugo von Hofmannsthal, Für mich ..., in: H.v.H., *Gedichte* (Anm. 29), S. 91.
[31] Hofmannsthal, *Gedichte* (Anm. 29), S. 22.
[32] Hofmannsthal, *Gedichte* (Anm. 29), S. 22.

Dichtung – nicht wiederholt zu werden. Die Lyrik kann zur totalen Bildlichkeit und zur totalen Form als ihrem Proprium zurückkehren (oder beide überhaupt zum erstenmal erreichen); und – tut es. Deutlich zeigen das die Expressionisten.

Der Epik ist im Gegenzug dazu ein neues Terrain eröffnet. Der Psychoanalyse, der Erkenntnistheorie, der Soziologie, der Diskursivität überhaupt, ist der Zugang zum Roman nicht länger verwehrt; zu erinnern ist also an Thomas Manns »Joseph und seine Brüder«, Robert Musils »Mann ohne Eigenschaften« und Hermann Brochs »Schlafwandler« oder Alfred Döblins »Berlin Alexanderplatz«.

5. Hermann Bahr

Aber die Beschreibung der *Wiener Moderne* der Jahrhundertwende wäre unvollständig, wäre historisch falsch, wenn sie sich nicht auf ihren eigentlichen Promotor – Hermann Bahr – erstreckte. Dieser *Praeceptor Austriae* war ein mediokrer Autor und ein wichtiger Kritiker. Bahrs Versuch einer Bestimmung dessen, was seine Generation unter ›Moderne‹ verstehen wollte, ist nicht an seinen mittelmäßigen Romanen und Theaterstücken abzulesen. Sie ist vielmehr aus seinen zahllosen Aufsätzen und Rezensionen zu präparieren, die er selbst immer wieder zusammengestellt und – meist thematisch geordnet – herausgegeben hat. Auch kann man Bahrs Bestimmung der Moderne nur im Kontext der übrigen zeitgenössischen Bemühungen um das literarische Selbstverständnis sinnvoll beschreiben. Er hat einerseits den *Gegenstand* der Moderne formuliert, wenn er auf die jungen Franzosen, Belgier, Österreicher, Deutschen und Skandinavier der 90er Jahre verwies. Er hat die Moderne andererseits aber insbesondere als Vorgang, d.h. er hat ihre *Dynamik* bestimmt, wenn er Veränderung als ihr wichtigstes Merkmal begriff. Dieser Vorgang ist es, der uns hier insbesondere zu interessieren hat.

Das Spezifische des Bahrschen Beitrages zur Moderne-Diskussion ist in drei entscheidenden Punkten zu sehen. *Erstens*: Er koppelt den Moderne-Begriff vom Antike-Begriff los, wie er von Eugen Wolff wenige Jahre früher in der Tradition der Romantik und der »Querelle« noch vorgegeben worden war; bestimmt ihn dann, *zweitens,* inhaltlich am Beispiel einiger bis heute wichtiger Autoren der europäischen Literatur; um ihm *drittens* seinen (für uns heute so gut wie selbstverständlichen) besonderen Charakter zu sichern, der in einer ständigen Veränderung von Gegenstand, Stil und Absicht der Literatur beruht, wofür sein Ausdruck »Überwindung« hieß. Diese drei Aspekte sollen im folgenden jeweils im Zusammenhang mit anderen zeitgenössischen Bemühungen wenigstens skizziert werden und sind dann vor diesem Hintergrund zusammen mit den anderen Phänomenen zu bewerten.

5.1 Antike – Moderne

Denen, die sich in den 80er und 90er Jahren explizit zum Moderne-Problem geäußert haben – Eugen Wolff, Heinrich Hart, Leo Berg, Curt Grottewitz,[33] Hermann Bahr selbst[34] – ging es darum, mit der Bestimmung dieses Begriffes das Selbstverständnis der Epoche überhaupt zu formulieren – auf dem Wege über die Literatur; ein nicht eben bescheidenes Unternehmen. Dazu bediente man sich wie natürlich eines alten dualistischen Schemas, eines Schemas, das sich anbot: Man suchte die Moderne von der Antike abzusetzen, ja erfand überhaupt erst ein neues Wort, indem man in Analogie zu ›*Die* Antike‹ jetzt von ›*Die* Moderne‹ sprach. So sehr man sich, was die bloße Wortbildung angeht, an das Vorbild Antike anschloß, so sehr setzte man sich inhaltlich gegen sie ab. Man folgte damit, wie gesagt, einem vorgängigen Schema: der zuerst in der sogenannten »Querelle des Anciens et des Modernes« von 1687 formulierten Problemstellung des Verhältnisses von Antike und Modernität, Altertum und Neuzeit. Das war von Schiller und später in der Romantik von Friedrich Schlegel wieder aufgegriffen worden;[35] jetzt suchte man in Analogie und Kontroverse zugleich einen Gewinn für die Definition des eigenen Selbstverständnisses daraus zu ziehen. In diesen Zusammenhang gehören auch Bahrs Überlegungen und Verlautbarungen.

Eugen Wolff, der spätere Kieler Literarhistoriker, hatte einige Jahre zuvor in den »Thesen des Vereins ›Durch!‹« das neue Wort, besser gesagt: die neue Wortbildung »*die* Moderne« eingeführt.[36] Er hatte später, in einer ausführlicheren Schrift mit dem Titel »Die jüngste deutsche Literaturströmung und das Prinzip der Moderne« (1888)[37] die Moderne als »ein wissendes, aber reines Weib, und wild bewegt wie der Geist der Zeit, d.h. mit flatterndem Gewand und fliegendem Haar, mit vorwärts schreitender Gebärde« allegorisiert, damit sozusagen eine klassisch-antike Allegorie durch eine Germania ersetzt und sie als »unser neues Götterbild« installiert.[38] »Unser höchstes Kunstideal ist nicht mehr die Antike, sondern die Moderne« hatte er schon in den Thesen zur literarischen Moderne in der »Allgemeinen Deutschen Universitätszeitung« (1887) konstatiert.[39] Heinrich Hart schließlich, der im selben Jahr wie Bahr – also 1890 – und unter derselben Überschrift einen programmatischen Aufsatz veröffentlicht,[40] sucht seinen Modernebegriff eben-

---

[33] Die Texte sind gesammelt in: *Die literarische Moderne* (Anm. 2).

[34] Die hier in Frage kommenden Schriften Bahrs sind gesammelt in: Bahr, *Überwindung* (Anm. 23).

[35] Vgl. Hans Robert Jauß, Schlegels und Schillers Replik auf die »Querelle des Anciens et des Modernes«, in: H.R.J., *Literaturgeschichte als Provokation*, Frankfurt/Main 1970, S. 567ff; zum ganzen vgl. ders., Literarische Tradition und gegenwärtiges Bewußtsein der Modernität, ebd., S. 11ff.

[36] Thesen der »Freien literarischen Vereinigung Durch!«, in: *Die literarische Moderne* (Anm. 2), S. 23ff.

[37] Abgedruckt in: *Die literarische Moderne* (Anm. 2), S. 27ff.

[38] Wolff, Literaturströmung (Anm. 37), S. 70.

[39] Thesen (Anm. 36), S. 25.

[40] Heinrich Hart, Die Moderne, in: *Die literarische Moderne* (Anm. 2), S. 123ff.

falls aus der Gegenüberstellung von Antike und Moderne zu gewinnen. In einer Kombination aus Kulturphilosophie – bestimmt aus dort: Antike, hier: Moderne – und einem zeitgenössisch beliebten (Pseudo-)Darwinismus soll deutlich werden, daß der Mensch erwachsen geworden ist und durch die Entwicklung, die er absolviert hat, der Antike – deren »Aufgabe erfüllt« ist – nicht mehr bedarf: »Der Weg der Moderne beginnt«.[41]

Nichts davon, nichts von alledem bei Hermann Bahr. Er emanzipiert die Moderne, indem er ihr jeden Vergleich erspart, jede Genese unterdrückt, wenn er von ihr spricht. Sein programmatischer Aufsatz »Die Moderne« (wenn man das, was eher eine Conférence ist, so nennen will) im ersten Heft der »Modernen Dichtung«,[42] jener kurzlebigen, seit 1890 zunächst in Brünn, dann in Wien von Eduard Michael Kafka und Julius Kulka herausgegebenen Zeitschrift, setzt ganz anders an. Zwar ist diesem Aufsatz mit allen übrigen zeitgenössischen Ausführungen zum Problem das Lamento über die bestehenden Zustände gemeinsam – keineswegs nur die literarischen, nein: auch sonst. Zwar steht Bahr hier noch in unmittelbarer Nähe zum Naturalismus Hauptmannscher, ja Ibsenscher Prägung, wenn es ihm um die »Wahrheit«, immer wieder um Wahrheit geht. Sie, die Wahrheit, sei dreifach wie das Leben und die Kunst: eine Wahrheit der Körper, eine in den Gefühlen und eine in den Gedanken.[43] Aber: Zugleich geht er doch in dieser ersten Verlautbarung zur Moderne bereits einen wesentlichen Schritt über den Naturalismus hinaus, wenn er diese Wahrheit als eine faßt, »wie jeder sie empfindet«.[44] Solche Relativierung und subjektivistische Reduktion – unmöglich für jede konsequent naturalistische Position – bezeichnet deutlich den ersten Umschlag zu dem, was er nur wenig später am Beispiel des jungen Loris als die »zweite Periode der Moderne«[45] bezeichnen wird, seinen neuen Ansatz. Sein ganzes hier vorgetragenes Moderne-Konzept will zwar mit der Wahrheit, die sich gegen die Lüge wehrt, nichts anderes als Wahrhaftigkeit der Darstellung und schließt sich darin dem poetischen Konzept des Naturalismus an. Zugleich aber wird das Subjekt als kritische Instanz wieder eingeführt, wenn es heißt, es gehe um »die Wahrheit, wie jeder sie empfindet«. Was daraus schließlich hervorgehen soll, ist nicht eben wenig: Es werde »die neue Kunst« und es werde zugleich »die neue Religion« sein.[46] Hier wird ein Programm postuliert, das von der Kunst her eine neue Religion und noch mehr: eine neue Wissenschaft formuliert; »denn Kunst, Wissenschaft und Religion sind dasselbe«[47] – so Bahr. Mit dieser Prognose nun verbindet sich die Frage – und die stellt Bahr, soweit ich sehe, in diesem Zusammenhang als Einziger –, ob es eigentlich so sicher sei, daß alles aufwärts und vorwärts gehe. Denn »viel-

[41] Hart, Die Moderne (Anm. 40), S. 125.
[42] Hermann Bahr, Die Moderne, in: *Die literarische Moderne* (Anm. 2), S. 97ff.
[43] Bahr, Die Moderne (Anm. 42), S. 101.
[44] Bahr, Die Moderne (Anm. 42), S. 101.
[45] Hermann Bahr, Loris, in: *Das Junge Wien* (Anm. 3), Bd. 1, S. 298.
[46] Bahr, Die Moderne (Anm. 42), S. 101f.
[47] Bahr, Die Moderne (Anm. 42), S. 102.

leicht«, heißt es, »betrügen wir uns« – die Lüge also wird – auch hier wieder! – aufs Subjekt zurückbezogen – »vielleicht ist es nur Wahn, daß die Zeit sich erneut hat. Vielleicht ist es nur der letzte Krampf, das überall stöhnende, der letzte Krampf vor Erstarrung in das Nichts. Aber wenigstens wäre es ein frommer Betrug, weil er das Sterben leicht macht.«[48] Er stellt also die Frage nach dem Fortschritt, die Frage nach Sinn und Möglichkeit von Fortschritt überhaupt. Nur vor diesem Hintergrund läßt sich jener »Schrei nach dem Heiland«[49] verstehen, den er zu vernehmen meint. Denn der Ruf nach dem »literarischen Messias«,[50] dessen Figur in vielen Formen seine kritische Prosa der kommenden Jahre bestimmen wird, bedeutet bereits, daß der literarische Fortschritt aus sich selbst heraus nicht mehr stattfinden wird; daß es vielmehr einer Hilfe von außen – eben durch den Messias – bedarf. Das Konzept vom Erlöser der Literatur, übrigens, ist allgemein verbreitet. Bahr hat es nicht erfunden; er hat sich diesem Schlagwort der Naturalisten nur angeschlossen, es wohl auch etwas übertrieben: Schon 1887 (im »Henrik Ibsen«) schreibt er, Ibsen sei keineswegs der erhoffte Messias selbst, er sei erst der »literarische Johannes«;[51] der Heiland müsse erst noch kommen.

Nur wenig später bereits hat sich der daraus destillierte Überwindungsgedanke bereits verselbständigt. Zwar erwartet er von den jungen Dichtern im Wien der 90er Jahre die Fortsetzung der begonnenen Überwindung;[52] aber sehr schnell gibt er doch selbst seine eigenen Überwindungs- und Veränderungsanweisungen aus, wendet er das Erleiden des Fortschritts in die Tat einer selbst in die Hand genommenen Überwindung, die Passivität in die Aktivität; will er sich und die Literatur nicht mehr nur von einem Heiland und Messias erlösen lassen.

5.2 Europäische Namen

Von Anfang an ist Bahrs Moderne-Entwurf konkret. Er verbindet sich mit Namen und mit einem – später hier noch zu verhandelnden – Konzept. Von Anfang an auch sind die Namen europäischer Provenienz. Regionalismus lag ihm bei aller Bemühung um eine eigenständige Österreichische Literatur fern. Die Franzosen waren es, die Skandinavier, denen er nach der »Krisis des Naturalismus« »Weltkultur«[53] attestierte. Maurice Barrès ist sein »Zwillingsgeist«[54] und der Belgier Maeterlinck derjenige, der – im Hinblick auf die Décadence – »jene langen Verheißungen zum erstenmal erfüllt und die heftige Sehnsucht der Décadence endlich verwirklicht hat.«[55] An ihnen besonders

---

[48] Bahr, Die Moderne (Anm. 42), S. 102.
[49] Bahr, Die Moderne (Anm. 42), S. 98.
[50] Vgl. dazu insbesondere den Beitrag 8 in diesem Band.
[51] Hermann Bahr, Henrik Ibsen, in: *Das Junge Wien* (Anm. 3), Bd. 1, S. 17.
[52] Bahr, *Überwindung* (Anm. 23), S. 141ff.
[53] Hermann Bahr, Die Krisis des Naturalismus, in: *Das Junge Wien* (Anm. 3), Bd. 1, S. 145.
[54] Bahr, *Selbstbildnis* (Anm. 1), S. 238.
[55] Hermann Bahr, Maurice Maeterlinck, in: *Das Junge Wien* (Anm. 3), Bd. 1, S. 163.

hält er fest. Er benennt darüber hinaus seinen Zeitgenossen diejenigen, von denen er sich das Neue, die Moderne eben, nicht nur erhofft, sondern erwartet. Neben die Namen der europäischen Avantgarde (außer den genannten auch Huysmans),[56] die ihm – sozusagen von außen her – die Garantie für die von ihm proklamierte Moderne im deutschen Sprachbereich geben, treten die Namen der nachmals großen und für die Literatur bedeutenden Österreicher: Hofmannsthal, Schnitzler, Beer-Hofmann, Leopold von Andrian, Altenberg.

Als er den Gymnasiasten Hugo von Hofmannsthal am 27. April 1891 im Café Griensteidl kennengelernt hat,[57] formuliert er Sätze, die den Siebzehnjährigen als die Verwirklichung dessen beschreiben, was Hermann Bahr sich unter Moderne vorstellt. Er, Loris, sei es, der »den ganzen Zusammenhang ihrer Triebe« enthalte, und zwar: »von den Anfängen des Zolaismus bis auf Barrès und Maeterlinck«; und: er sei zugleich »mehr als jeder Einzelne, mehr als ihre Summe«.[58] Loris mute so »klassisch, geradezu hellenisch an, daß er in der Weise der Alten neu ist«.[59] Damit kommt Bahr in seiner Weise auf das Antike-Moderne-Schema zurück: nicht abstrakt und konstruiert, sondern konkret und erlebt. Hier auch wörtlich wieder die Trias von Körper, Gefühl und Gedanke aus dem Moderne-Aufsatz, in der sich die Wahrheit – das Kennzeichen der Moderne – finden müsse, wenn es von Hugo von Hofmannsthal heißt, er erlebe »nur mit den Nerven, mit den Sinnen, mit dem Gehirne«.[60] Gekommen ist mit Loris der Zeitpunkt, »wenn endlich alles Außen ganz Innen geworden und dieser neue Mensch ein vollkommenes Gleichnis der neuen Natur ist«.[61] Loris, heißt das, stellt sich dann dar (als jenes »vollkommene Gleichnis der neuen Natur«[62] und damit) als die Erfüllung der Hoffnung auf die Moderne. Mit ihm eben setzt er die »zweite Periode der Moderne« nach dem Naturalismus an.[63]

5.3 Überwindung vs. Entwicklung

Wichtiger als die zahllosen Hinweise auf Autoren durch ganz Europa – »zwischen Wolga und Loire« habe »die europäische Seele keine Geheimnisse vor« ihm, hat er, typisch in seiner nicht nur für die Zeitgenossen unerträglichen Selbstüberschätzung, geschrieben[64] – wichtiger als die Verschränkung der neuen Sache, die ihm vorschwebte, der Moderne, mit Personen, ist *die*

---

[56] Vgl. besonders den Text »Kunst und Kritik«, in: *Das Junge Wien* (Anm. 3), Bd. 1, S. 149ff.

[57] Vgl. Hugo von Hofmannsthal, *Reden und Aufsätze III: 1925-1929, Buch der Freunde, Aufzeichnungen 1889-1929,* Frankfurt/Main 1980 (vgl. Anm. 9), S. 382.

[58] Hermann Bahr, Loris (Anm. 45), S. 297.

[59] Bahr, Loris (Anm. 45), S. 297.

[60] Bahr, Loris (Anm. 45), S. 297f.

[61] Bahr, Die Moderne, (Anm. 42), S. 101.

[62] Bahr, Die Moderne, (Anm. 42), S. 101.

[63] Bahr, Loris (Anm. 45), S. 298.

[64] Bahr, Das junge Österreich (Anm. 6), S. 377; vgl. Karl Kraus, Die demolirte Literatur, in: *Das Junge Wien* (Anm. 3), Bd. 1, S. 651.

Inaugurierung einer Bewegung, die sich seitdem selbst perpetuiert. Auf die jüngste Entwicklung folgt die noch jüngere, auf diese eine wiederum jüngste, die erst darin ihren Sinn zu gewinnen scheint, daß sie in der nächst höheren aufgeht. Deutlich also, wie sehr noch heute unser eigenes Denken diesem (pseudo-)geschichtsphilosophischen Konzept von stets sich neu regenerierender Moderne gehorcht, wenn der ›klassischen Moderne‹ die ›Moderne‹ und dieser die ›Post-Moderne‹ gefolgt ist. Es ist also das merkwürdige Phänomen zu konstatieren, daß ein höchst mittelmäßiger *Schriftsteller* als *Kritiker* für die Literatur etwas höchst Folgenreiches initiiert, wenn er die Überwindung immer der jeweils jüngsten Moderne durch eine jeweils noch jüngere fordert und (literatur-)kritisch praktiziert. Allerdings sollte man sich vorab klarmachen, daß er selbst solche Einschätzung, die ihn auf den »Mann von Übermorgen« reduziert, keineswegs geteilt hätte. Er selbst hat immer wieder darauf bestanden, daß er nicht der »Proteus der Literatur« sei, der »Verwandlungskünstler«,[65] für den man ihn hielt.

Bahrs Entwurf der Moderne – wie gesagt – ist also interessant in dreifacher Hinsicht: als einer, der sich vom *Antike-Vorwurf emanzipiert;* als einer, der *Autoren* benennt, die bis heute (auch für uns noch) für die Moderne der Jahrhundertwende stehen; und schließlich als die *Inaugurierung jener sich selbst perpetuierenden Bewegung,* deren spezifisches Movens er »Überwindung« genannt hat. Um dieses Movens, als dem wichtigsten, geht es jetzt.

Das Wort »Überwindung« ist es, das ihm die Kritik der Zeitgenossen, ihren Spott eingetragen hat. Es stand als Titel über einem seiner Bücher, in dem er 1891 Aufsätze zur »Kritik der Moderne«[66] versammelte, und es war seither sein Markenzeichen, seine Erkennungsmarke. Als Überwinder ging er in die Literaturgeschichte ein; und zwar, wie sich zeigen läßt: zu Recht; aber auch: mit einer genuinen, eigenen Leistung.

Das Problem, das die Zeitgenossen beschäftigte, war – wie billig – auch sein Problem. Nur: Sie nannten es anders, weil sie es anders verstanden. Sie sprachen von Entwicklung und von »Übergangserscheinung«,[67] gar vom »Übergangsmenschen« und »Zukunftsmenschen«[68] als den literarischen Idealen. Daß damit z.T. anderes gemeint war, was gleichwohl synchron nebenherlief, zeigt sich überall. Otto Brahm hatte im selben Jahr 1890, als Bahr den Naturalismus schon überwinden wollte, noch programmatisch zur Eröffnung der »Freien Bühne« davon gesprochen, daß die »unendliche Entwicklung menschlicher Kultur«, zu der die »moderne Kunst« gehöre, »an

---

[65] Vgl. Hartmut Steinecke, Verwandlungskünstler? Zur Literaturkritik des Jungen Wien, in: Benjamin Bennett (Hrsg.), *Probleme der Moderne. Studien zur Deutschen Literatur von Nietzsche bis Brecht,* Festschrift für Walter Sokel, Tübingen 1983, S. 101ff. Steinecke zeigt, wie hartnäckig sich das gesamte Wortfeld in der Rezeption Hermann Bahrs bis heute erhalten hat.

[66] Vgl. Hermann Bahr, *Die Überwindung des Naturalismus. Als zweite Reihe von ›Zur Kritik der Moderne‹,* Dresden 1891.

[67] Curt Grottewitz, Wie kann sich die moderne Literaturrichtung weiter entwickeln?, in: *Die literarische Moderne* (Anm. 2), S. 108.

[68] Hart, Die Moderne (Anm. 40), S. 127.

keine Formel gebunden« sei;[69] aber das bedeutete eben eigentlich, der »Schall des Kommenden«, des »noch Ungeschauten«[70] sei bereits zu vernehmen, es komme sozusagen von sich aus. »Werdelust« – ein Goethescher Ausdruck, bezeichnenderweise – sei am Werke.[71] Man fragte direkt: »Wie kann sich die moderne Literaturrichtung weiter entwickeln?«;[72] nicht: wie die bestehende zu überwinden, d.h. zu verändern sei. Die »Zukunftsdichtung« war – so definierte und deklarierte man ganz einfach – »Entwicklungsdichtung«.[73] Sie sprachen also eher von einem zu erleidenden Schicksal oder – darwinistisch – von »Entwicklung«: von »Entwicklungsdichtung«, von »Entwicklungsära« überhaupt,[74] gar von »Entwicklungsweltanschauung« war die Rede.[75] Hinter dem von den Zeitgenossen so extensiv verwendeten Begriff der Entwicklung stand deren evolutionistisches Weltbild, wenn auch in zumeist popularisierter Variante. Darwin war in aller Munde.[76]

Das alles war Bahr zu wenig. *Er wendete die passive Entwicklung in eine aktive Überwindung.* Von Überwindung als einer »Pflicht der modernen Menschheit« spricht er schon 1887 und verknüpft den Begriff bezeichnenderweise mit Ibsen: den hätte »seine Erkenntnis« auf die Notwendigkeit des Überwindungsbegriffes geführt.[77] Bahrs Überwindungsgedanke präsentiert sich gegenüber den zeitgenössischen Vorschlägen als ein gänzlich anderes Konzept; geradezu als Kontrastprogramm. Die Zeitgenossen sagten »Entwicklung«, wo er »Überwindung« sagte, waren Darwinisten, wo er, der Freund Victor Adlers, der Kontrahent des Herrn Schäffle und Parteigänger der Sozialdemokraten, marxistisch dachte. Es war lange her, daß er Marx gelesen hatte, zu dem er merkwürdigerweise »über Bismarck« gelangt sein will, wie er später in seinen Lebenserinnerungen schrieb.[78] Aber das marxistische Denkmuster war ihm, wie wir sehen werden, geblieben.

In seinem Definitionsversuch der Moderne setzt er neu an – dar*in* und da*durch* selbständig und dilettantisch zugleich verfahrend. Indem er so tut, als habe es die Brüder Schlegel nicht gegeben, die »Querelle des Anciens et des Modernes« nicht (die er nicht einmal gekannt haben mag), jedenfalls den zeitgenössischen *usus* negiert, die Moderne stets an die Antike als ihr Gegenbild zu knüpfen, befreit er sich ins A-Historische und: *befindet sich im Frei-*

---

[69] Otto Brahm, Zum Beginn [der »Freien Bühne für modernes Leben«], in: *Die literarische Moderne* (Anm. 2), S. 106.
[70] Brahm, Zum Beginn (Anm. 69), S. 105.
[71] Brahm, Zum Beginn (Anm. 69), S. 105.
[72] Grottewitz, Literaturrichtung (Anm. 67), S. 108ff.
[73] Grottewitz, Literaturrichtung (Anm. 67), S. 111.
[74] Curt Grottewitz, Où est Schopenhauer? Zur Psychologie der modernen Literatur, in: *Die literarische Moderne* (Anm. 2), S. 120f.
[75] Curt Grottewitz, Neuer Stil und neue Schönheit, in: *Die literarische Moderne* (Anm. 2), S. 154.
[76] Vgl. u.a.: Grottewitz, Schopenhauer (Anm. 74), S. 118; Hart, Die Moderne (Anm. 40), S. 126; Moriz Carriere, Ein Bekenntnis der »Moderne«, in: *Die literarische Moderne* (Anm. 2), S. 161f.
[77] Bahr, Ibsen (Anm. 51), S. 10.
[78] Bahr, *Selbstbildnis* (Anm. 1), S. 211.

raum der ›Moderne‹. Das hängt zusammen mit seiner, Bahrs, Auffassung des zeitgenössischen Individualismus. Aus ihm ist denn auch *sein Überwindungskonzept genetisch* herzuleiten. »Denn das ist tief im innersten Wesen alles Individualismus begründet, daß seine Entwicklung nicht einen Augenblick zur Ruhe kommt«, schreibt er schon in einem seiner frühesten Aufsätze (unter dieser Überschrift). »Nie findet sie den festen Punkt, darauf still zu stehen und sich zufrieden zu geben. Unstet hastet sie weiter. Widerspruch, kritische Befehdung, nüchtern abwägende Verstandesthätigkeit, mit einem Wort, ist regelmäßig ihr Anfang.«[79] Unruhe und unstetes Weiterhasten – 1890 schon formuliert – sollte Bahrs Leben und die Realisierung dessen, was er unter »Moderne« verstand, auch weiterhin entscheidend bestimmen: Seine Biographie selbst spiegelt die »zahlreichen Überwindungen«, die er für die Literatur »vornahm« (Karl Kraus), wenn er vom Burschenschaftler und Bismarckverehrer zum Marxisten wird, sich von der katholischen Kirche lossagt, um später, 1912, endgültig und überschwenglich in sie zurückzufinden.[80] Es war begründet in einem Konzept, das einer »Weltanschauung des Individualismus« entsprang, wie er es nannte. »Entwicklung« heißt hier in der zitierten Passage[81] noch das, was nie zur Ruhe kommt. Aber schon wird es mit Begriffen wie »Widerspruch, kritische Befehdung« näher charakterisiert. Bereits der junge Bahr ist entschlossen, die als Entwicklung apostrophierte Tendenz der Zeit nicht sich selbst zu überlassen. Ja, man mag sich fragen, ob sie hier überhaupt noch explizit als Evolution verstanden wird; zu deutlich widersprechen dem die Qualitäten, die sie auszeichnen.

Sein Überwindungsbegriff beruht auf einem vorgängigen Veränderungs-Konzept; und das ist marxistisch seinem Ursprung nach. Bahr hatte in Berlin bei dem Nationalökonomen Adolph Wagner eine Doktorarbeit begonnen, die er »›Die Entwicklung vom Individualismus zum Sozialismus‹ oder ähnlich zu nennen« gedachte, wie er seinem Vater am 26. Juli 1885 schrieb.[82] Wir wissen, daß er den ersten Band des »Kapitals« von Marx nicht nur sorgfältig gelesen, sondern auch exzerpiert hatte.[83] (Teile dieser Arbeit hat er dann übrigens – sie wurde von Wagner schließlich abgelehnt – als einzelne Aufsätze veröffentlicht.)

Der deutlichste Beleg dafür, daß sich ihm der Überwindungsgedanke aus dem Marxschen Veränderungskonzept ergibt, findet sich jedoch – wiederum in einer Passage eines Briefes an den Vater – ein Jahr später: »Nur nichts Beharrendes, nur keine Dauer, nur kein Gleichbleiben: denn jedes Neue ist besser, schon weil es jünger ist als das alte. Also vor hundert Jahren Kampf gegen

[79] Hermann Bahr, Die Weltanschauung des Individualismus, in: H.B., *Zur Kritik der Moderne. Gesammelte Aufsätze*, Erste Reihe, Zürich 1890, S. 45.

[80] Zu Bahrs Reversion vgl. Erich Widder, *Hermann Bahr. Sein Weg zum Glauben,* Linz 1963, besonders S. 71ff.

[81] Vgl. Bahr, Weltanschauung (Anm. 79), S. 45.

[82] *Hermann Bahr. Briefwechsel mit seinem Vater,* ausgewählt von Adalbert Schmidt, Wien 1971, S. 100.

[83] Brief an den Vater vom 26.7.1885, in: *Briefwechsel* (Anm. 82), S. 102.

die Aristokratie mit Hilfe des Bürgertums, heute Kampf gegen die Bourgeoisie mit Hilfe des Proletariats, nach hundert Jahren Kampf gegen das Proletariat mit Hilfe irgendeines neuen und heute noch unbekannten Elementes, um das mir gar nicht bange ist.«[84]

Bahrs Überwindungskonzept, heißt das, ist seiner Genese nach die bürgerlich formulierte Veränderungsforderung der elften These ad Feuerbach von Marx: »Die Welt ist bisher nur verschieden interpretiert worden, es kömmt aber darauf an, sie zu verändern.« Als solches bestimmt es seinen Begriff der Moderne. Freilich wird solche Ableitung des Überwindungs-Konzeptes von Bahr nicht mehr explizit gemacht. Unklar scheint gar, ob er sich dieser »Herkunft der Weltanschauung«[85] – angewendet auf seine eigene Tätigkeit – überhaupt bewußt war. Allerdings sind seine frühen Aufsätze sämtlich als eindeutig marxistisch schon von den Zeitgenossen aufgefaßt worden: Sie seien, schreibt Eduard Michael Kafka in seiner Rezension begeistert, »Marxismus – Marxismus vom reinsten Wasser«.[86]

6. Drei Thesen zur Interpretation

Will man verstehen, was das alles bedeutet und wie es dazu kommt, dann ergeben sich folgende drei Thesen:

Erste These: Die Wiener Moderne ist die Reaktion auf den Verlust politischer Makrostrukturen und Identifikationsmöglichkeiten.

Zweite These: In der sogenannten Wiener Moderne wird beschreibbar, was die Moderne seither überhaupt deutlich bestimmt; Stichwort: historische Diskontinuität.

Dritte These: Bahrs Moderne-Konzept ist das eines sich selbst reproduzierenden Systems, das konstitutiv ist für die zeitgenössische Selbstreflexion zur Zeit der letzten Jahrhundertwende[87] *und an dem noch die Jetztzeit partizipiert.*

Zur *ersten These: Das Spezifische dieser Wiener Moderne, dieses ästhetischen Phänomens, läßt sich nicht begreifen, ohne die konkreten politischen Verhältnisse der Zeit und ohne die historische Entwicklung, die dem voraufgegangen ist.*

Die folgenden Überlegungen machen gewissermaßen Nietzsches Gedanken vom »Hinfall kosmologischer Werte« konkret. Die für das späte 19. Jahrhundert vorgegebenen politischen Makrostrukturen sind für die Österreicher besonders im Habsburgerreich realisiert.

---

[84] Brief an den Vater vom 14.3.1887, in: *Briefwechsel* (Anm. 82), S. 154.

[85] So der Titel eines Aufsatzes in derselben Sammlung; vgl. Bahr, *Kritik der Moderne* (Anm. 79), S. 5ff.

[86] Eduard Michael Kafka, »Zur Kritik der Moderne«, in: *Das Junge Wien* (Anm. 3), Bd. 1, S. 43.

[87] D.h. hier: um 1900. [Anm. d. Hrsg.]

Da diese Makrostrukturen durch den zunehmenden Zerfall der Doppelmonarchie – die Revolution von 1848, Preußisch-Österreichischer Krieg 1866, Österreichisch-Ungarischer Ausgleich 1867, Börsenkrach 1873 usw. – ständig an Bedeutung verlieren, sieht sich das Individuum gerade auf *Mikrostrukturen* verwiesen. Unter diese sind sowohl die alltagsweltlichen Gegenstände wie auch die Psyche – beides *die* bevorzugten Themen der Zeit – zu subsumieren. Das ›Kleine‹ tritt an die Stelle des ›Großen‹. Das ist vorformuliert bereits bei Adalbert Stifter in der Vorrede zu den »Bunten Steinen« von 1853. Dort allerdings ist das Subjekt selbst gerade noch *nicht* Gegenstand der Literatur. Es ist stark genug, als beschreibendes Ich die Umwelt zu benennen, ohne sich selbst zum Gegenstand zu werden und dadurch zugleich problematisch.

Hinzu kommt die schwindende *Identifikationsmöglichkeit* mit den in den Dynastien von jeher traditionell vorgegebenen Identifikationsfiguren. Der alternde Kaiser (1830 geboren), der Selbstmord des (›liberalen‹) Kronprinzen Rudolf 1889, die Ermordung der Kaiserin Elisabeth 1898 und andere ›Unregelmäßigkeiten‹ in der kaiserlichen Familie sind dazu Anlaß genug. Auch das läßt sich als Auslöser für die sich intensivierende Beschäftigung mit dem eigenen Ich interpretieren. Zeitgenössisch formuliert Sigmund Freud in seinem Konstrukt von *Ich – Es und Über-Ich* das Schema, in dem das aufgeht. Der Verlust dieser Über-Ich-Figuren schwächt das Ich dermaßen, daß ihm nur mit intensiver Zuwendung geholfen werden kann. Folglich beschäftigt sich das Ich mit sich selbst.

Die thematische Bevorzugung des *Traumes* schließlich in Literatur, Kunst und Psychoanalyse antwortet auf den allgemeinen Realitätsverlust, der sich aus alledem wie von selbst ergibt. Wenn Freud den Traum als »Wunscherfüllung« interpretiert, dann formuliert er damit gerade eine Möglichkeit, der Realität zu entkommen; einer Realität, die eben Wünsche nicht mehr erfüllt.

›Moderne‹ heißt hier folglich nicht einfach arbiträrer Bruch mit dem Vergangenen, sondern notwendige und – von heute her – konsequente Reaktion auf eine politische Situation mit den Mitteln, die zeitgenössisch innerliterarisch und innerkünstlerisch angeboten wurden.

Versucht man nun, in einem zweiten Schritt diesen Sachverhalt auf seine Bedeutung für einen weiteren Moderne-Begriff zu befragen, dann ergibt sich eine *zweite These: In der sogenannten Wiener Moderne wird beschreibbar, was die Moderne seither überhaupt deutlich bestimmt; Stichwort: historische Diskontinuität.* So kann *erstens* etwa das Ergebnis der Machschen Philosophie, daß nämlich Kontinuität des Gedächtnisses nicht möglich, sondern allenfalls inzidentell als Sinneseindruck neu zu erwerben ist, als Beschreibung eines Moderne-Impulses überhaupt gelten. So wird *zweitens* die seit Fichte thematisierte Frage des Ich (in Max Stirners Solipsismus ins Extrem getrieben) hier gewissermaßen kulturell zum erstenmal manifest. Und so eröffnet *drittens* die Traumtheorie Freuds den beschriebenen Ausweg aus der Realität, den die Dichter, Künstler und Musiker, von Hofmannsthal, Schnitzler und Beer-Hofmann bis zu Klimt oder Mahler dann gehen.

Im Gegensatz zur Moderne-Diskussion, wie sie etwa noch in der Romantik bei Friedrich Schlegel im Anschluß an die »Querelle des Anciens et des Modernes« geführt wird, handelt es sich hier – auch schon aus Gründen der Einsicht in die historische Diskontinuität – nicht mehr um die Fortsetzung der Antike mit anderen Mitteln; um ein bloßes Supplement zur Antike, sozusagen; oder auch nur um deren Aufwertung. Es handelt sich nicht mehr um etwas, das man noch wollen oder nicht wollen kann. Es geht vielmehr darum, einer Situation lediglich noch zu entsprechen, deren *Signatur das Fehlen von Sinnzusammenhängen* und eben gerade *das Bewußtsein von historischer Diskontinuität* ist; nicht aber geht es darum, so etwas erst noch zu postulieren, aus der eigenen historischen Position abzuleiten, oder als ›fällig‹ zu fordern.

Das wird am greifbarsten an der Architektur, wenngleich es in der Literatur genauso vorhanden ist: Der Stileklektizismus von Neo-Gotik, Neo-Renaissance und Neo-Barock (und ihren Mischformen) hat das historisch angebotene Arsenal so weit ausgereizt, daß auch von daher um 1900 eine Kontinuität nicht mehr zu formulieren ist, ja nicht einmal mehr eine Gegenposition. Was allein übrig bleibt, ist die radikalisierte Reduktion auf das eigene Ich. Das aber heißt so viel wie: seine Problematisierung. Der Architekt Adolf Loos hat sich, das darf man nicht vergessen, zu seiner Zeit – namentlich in seinen Anfängen – nicht nur deshalb unbeliebt gemacht, weil er alle Ornamente von den Stuckfassaden schlagen wollte, sondern weil er außer seiner Person, seinem Ich also, nichts und niemanden als kunstrichterliche Instanz anzuerkennen bereit war. (Er griff nicht zurück auf Gotik oder Renaissance und sagte, wir machen es wie die, damals; sondern er sagte: wir machen es, wie *ich* es will.) Darin wird deutlich, daß die Thematisierung des eigenen Ich keineswegs nur Schwäche und bemitleidenswerte Resignation ist, sondern zugleich eine künstlerische Potenz bedeutet. So weist das, was zunächst als Ich-Schwäche erfahren und formuliert wird, auf seine neu gewonnene Stärke und Möglichkeit. – Hier liegt die Potentialität der Moderne. Mit dem, was hier zum Ausdruck kommt, mit der Radikalisierung des Individuums in den Künsten, mit dem rigiden Rückzug aus der Realität: d.h. aus der historischen Kontinuität sowohl, wie aus der der Wahrnehmung, ist dem öffentlichen Bewußtsein eine Dimension eröffnet, die es vorher nicht hatte: die eines künstlerischen und ästhetischen Selbstbewußtseins. Alles, was danach kommt, fußt auf dieser Errungenschaft: vom Expressionismus bis zur sogenannten Neuen Sachlichkeit.

Zur *dritten These: Bahrs Moderne-Konzept ist das eines sich selbst reproduzierenden Systems, das konstitutiv ist für die zeitgenössische Selbstreflexion zur Zeit der letzten Jahrhundertwende und an dem noch die Jetztzeit partizipiert.*

Bezeichnend für Bahrs Moderne-Konzept ist es, daß sich Veränderbarkeit unter der Chiffre der Überwindung so verselbständigt, daß die Überwindungsmaxime weit über das mit ihrer Hilfe erreichte Ziel hinaus aufrechterhalten und praktiziert wird. Aber das ist, wie man aus dem zitierten Brief an seinen Vater sehen kann, in Bahrs marxistisch verstandenem Veränderungskonzept bereits angelegt. Als der Naturalismus überwunden ist, geht es darum, den Symbolismus, die Neuromantik, die Mystik der Nerven oder wie immer er das dann zu nennen pflegte, ihrerseits zu überwinden, um zum Impressionismus zu gelangen; und alsbald – nach der verspäteten Entdekkung Ernst Machs und seines ›unrettbaren Ich‹ (1904)[88] – wird der Impressionismus verlassen und zugunsten des Expressionismus überwunden. Das nun hat in seinem Rigorismus keine Parallele mehr in der zeitgenössischen Literaturkritik. Dort konstatierte man die offensichtlichen *Veränderungen* nach wie vor als *Entwicklungen*; allenthalben begrüßte oder verwarf man die schnell sich ablösenden Ismen. Eher schon ließen sich sogar Stimmen vernehmen, die dazu aufriefen, zum ›guten Alten‹ zurückzukehren, wie Paul Ernst, der sich bald von der Sozialdemokratie lossagte, wie Wilhelm von Scholz – oder in anderer Weise – Samuel Lublinski.[89] Bahr als einziger hielt am Prinzip bloßer Veränderung fest, an einem Mechanismus, dem die Literatur gehorchen sollte, bis sie endlich zu sich selbst gekommen wäre.

Für Bahr läßt sich die Moderne nur aus einer perpetuierten Überwindung gewinnen. Was als die Überwindung des Naturalismus beginnt, wird zum Verfahren gegenüber dem jeweils neu Erreichten überhaupt: der Moderne. Und darin bindet er deutschen (Berliner) Naturalismus und Österreichische (Wiener) Moderne zusammen: Auch das zuletzt Erreichte wieder ist zu überwinden zugunsten eines Neuen, noch Unbekannten. *Seine Gewinnung der Moderne geht schließlich in einem Konzept auf, das sich selbst reproduziert.* Und an dem partizipieren wir noch heute; nicht nur der Terminologie nach. Stellt man Bahr in den Zusammenhang der weiteren Entwicklung bis heute, dann hat er seinen (dann haben mit ihm die Wiener der Jahrhundertwende ihren) Ort in einer Kette von Bemühungen um die Standortbestimmung der Literatur, ja der Kultur überhaupt; von Bemühungen, die nicht nur immer noch mit dem Modernebegriff operieren, sondern deren Modernität sich gerade auch an der ständigen Selbstperpetuierung ihrer Begrifflichkeit erkennen läßt. Nach der – zumindest vorläufigen – Erschöpfung der Ismen und ihrer Analoga (Impressionismus, Expressionismus, Futurismus, Dadaismus, Neue Sachlichkeit; Nihilismus und Zweite Nachkriegszeit) und der Konstatierung ihrer Hilflosigkeit gegenüber den Fakten haben wir uns seit geraumer Zeit damit zufriedengegeben, die Spielarten der Moderne noch einmal zu deklinieren: Avantgarde, Moderne oder Postmoderne. Schon sie, die Postmoderne, reicht nicht mehr aus, und man mag sich fragen, was demnächst das Ende der Postmoderne näher bezeichnen soll.

---

[88] Bahr, Das unrettbare Ich (Anm. 23).

[89] Vgl. Andreas Wöhrmann, *Das Programm der Neuklassik. Die Konzeption einer modernen Tragödie bei Paul Ernst, Wilhelm von Scholz und Samuel Lublinski,* Frankfurt/Main 1979 (= Tübinger Studien zur Deutschen Literatur, Bd. 4).

»Was von Periode zu Periode in diesem geistigen Sinn ›modern‹ ist, läßt sich leichter fühlen als definieren; erst aus der Perspektive des Nachlebenden ergibt sich das Grundmotiv der verworrenen Bestrebungen.«[90] – Ergibt es sich? Hat es sich ergeben? Fest steht jedenfalls, daß die Wiener ihren entscheidenden Beitrag dazu – wie beschrieben – geleistet haben.

[90] Hugo von Hofmannsthal, Gabriele D'Annunzio, in: H.v.H., *Reden I* (Anm. 9), S. 175f.

12. Fin de siècle in Wien

Zum bewußtseinsgeschichtlichen Horizont von Schnitzlers Zeitgenossenschaft

Arthur Schnitzler und das Wien des Fin de siècle:[1] kaum ein Autor dieser Zeit um 1900 (selbst unter den bedeutendsten nicht), dessen Werk die meisten so fraglos, direkt und in so mannigfacher Weise mit dem gesellschaftlichen Leben, der Kultur und der politischen Realität Wiens, Österreichs, der Moderne überhaupt assoziiert, wie das seine;[2] kaum einer aber auch, dessen Werk gleichzeitig so quer steht zu der Epoche, die es hervorgebracht hat. Weil er sie nicht auf sich beruhen ließ und weil seine Meinung über seine Epoche nicht schwankend war. Weil er vielmehr ihre Lebensmaximen, die – von heute her geurteilt – eher Monstrositäten waren, schon damals beim Namen nannte; die sorgfältig für sich behaltenen, die man sehr wohl kannte und keineswegs verdrängte, die man aber geheim hielt: die Ungeheuerlichkeiten der Epoche (wie ihren selbstverständlichen Antisemitismus), ihre zugleich höchst inhu-

---

1 Zum Fin de siècle allgemein und speziell in Wien vgl. besonders: Roger Bauer et al. (Hrsg.), *Fin de siècle. Zu Literatur und Kunst der Jahrhundertwende*, Frankfurt/Main 1977 (= Studien zur Philosophie und Literatur des neunzehnten Jahrhunderts, Bd. 35); Manfred Diersch, *Empiriokritizismus und Impressionismus. Über Beziehungen zwischen Philosophie, Ästhetik und Literatur um 1900 in Wien*, Berlin 1973; Monika Fick, *Sinnenwelt und Weltseele. Der psychophysische Monismus in der Literatur der Jahrhundertwende*, Tübingen 1993 (= Studien zur deutschen Literatur, Bd. 125); Jens Malte Fischer, *Fin de siècle. Kommentar zu einer Epoche*, München 1978; Markus Fischer, *Augenblicke um 1900. Literatur, Philosophie, Psychoanalyse und Lebenswelt zur Zeit der Jahrhundertwende*, Frankfurt/Main u.a. 1986; Egon Friedell, *Kulturgeschichte der Neuzeit. Die Krisis der europäischen Seele von der schwarzen Pest bis zum Ersten Weltkrieg*, Bd. 3: *Romantik und Liberalismus, Imperialismus und Impressionismus*, München 1954; Walter Gebhard, *»Der Zusammenhang der Dinge«. Weltgleichnis und Naturverklärung im Totalitätsbewußtsein des 19. Jahrhunderts*, Tübingen 1984 (= Hermaea, Bd. 47); Elrud Kunne-Ibsch, *Die Stellung Nietzsches in der Entwicklung der modernen Literaturwissenschaft*, Tübingen 1972 (= Studien zur deutschen Literatur, Bd. 33); Dirk Niefanger, *Produktiver Historismus. Raum und Landschaft in der Wiener Moderne*, Tübingen 1994 (= Studien zur deutschen Literatur, Bd. 128); Hartmut Scheible, *Literarischer Jugendstil in Wien*, München/Zürich 1984; Carl Schorske, *Wien. Geist und Gesellschaft im Fin de siècle*, Frankfurt/Main 1982; Michael Worbs, *Nervenkunst. Literatur und Psychoanalyse im Wien der Jahrhundertwende*, Stuttgart 1983; *Das Junge Wien. Österreichische Literatur- und Kunstkritik 1887-1902*, hrsg. von Gotthart Wunberg, 2 Bde., Tübingen 1976; *Die Wiener Moderne. Literatur, Kunst und Musik zwischen 1890 und 1910*, hrsg. von Gotthart Wunberg, Stuttgart 1981.

2 Die bis heute beste Einführung in das Thema ›Schnitzler und Fin de siècle‹ geben noch immer: Rolf-Peter Janz/Klaus Laermann, *Arthur Schnitzler. Zur Diagnose des Wiener Bürgertums im Fin de siècle*, Stuttgart 1977; vgl. auch die Beiträge in: Giuseppe Farese (Hrsg.), *Akten des Internationalen Symposions »Arthur Schnitzler und seine Zeit«*, Bern 1985; sowie die neue Biographie von Roberta Ascarelli, *Arthur Schnitzler*, Pordenone 1995 (= Collezione Iconografia, Bd. 9); verzeichnet die wichtigste (internationale) Literatur bis 1993.

manen und doch liebgewordenen Gewohnheiten (wie ihre Duellpraxis), ihre Heuchelei (wie ihre Sexualmoral). Nicht erst von heute her ist dieses spezielle Verhältnis zwischen Schnitzler und seiner Zeit evident; schon damals war es das. Dieses Œuvre reagiert konkret wie kaum ein anderes auf die konkreten Probleme der eigenen Zeit und erschließt doch zugleich ihrer Literatur völlig neue Dimensionen; ist in Gesellschaft und Politik aufsässig, unbequem und renitent, wie es *in aestheticis* richtungweisend, innovativ im höchsten Maße und avantgardistisch ist. Um Antisemitismus geht es, um Duell und Ehrenkodex, um Sittlichkeit, wenn man auf die äußeren Anlässe blickt; um so subtile Dinge wie den inneren Monolog, den literaturfähig gemachten Traum, die deutschsprachige Version des ›Culte du Moi‹, sieht man auf die ästhetischen Verfahren.

Gesellschaft und Politik: Schnitzler reagiert direkt darauf, und das Ergebnis sind repräsentative Skandale. Der »Reigen«, im Jahre 1900 als Privatdruck erschienen (aber schon 1896/97 geschrieben), sorgt für einen handfesten Sittlichkeitsprozeß, der erst Jahre nach dem Krieg – 1922 – zugunsten des Autors entschieden wird:[3] ein repräsentativer Skandal. – Die Novelle »Leutnant Gustl«, am ersten Weihnachtstag 1900 in der »Neuen Freien Presse« erschienen, traktiert die Frage von Ehrenhändeln und Duell (wie später in »Liebelei« oder »Freiwild«) und führt zur Degradierung des Reserveleutnants Arthur Schnitzler und zu seiner Entlassung aus der Armee: ein repräsentativer Skandal nicht minder. – Der Stoff des »Komödie« genannten Schauspiels »Professor Bernhardi« von 1912 ist zwar frei erfunden. Aber der Antisemitismus[4] – um den es geht – ist manifest und sogar (kirchen-)politisch gewollt. Das Stück ist jahrelang durch die Zensurbehörden von den österreichischen Bühnen ferngehalten worden. Uraufgeführt wird es exterritorial: am 28.11.1912 in Berlin; in Wien erst 1920.[5] – Ein repräsentativer Skandal auch das.

Aber auch weniger Spektakuläres ist zu verzeichnen, das dennoch völlig außergewöhnlich ist. Mehr als mancher andere versteht es dieser Schriftsteller, die Chiffren des Zeitalters zu decodieren; man fragt sich bisweilen geradezu, ob ihm das selbst alles wirklich bewußt gewesen sein kann. Er ist Mediziner und als solcher in Diagnostik geübt. Das kommt dem, was er treibt, zugute. Die Diagnosen, die er stellt, sind professionell. Aber noch, scheint es,

---

3 Vgl. Alfred Pfoser et al., *Schnitzlers Reigen*, Bd. 1: *Skandal*, Bd. 2: *Die Prozesse*, Frankfurt/Main 1993.

4 Für Schnitzler stellte der Antisemitismus von früh an ein wichtiges Problem dar, das er schon in seiner Jugendbiographie mit der späteren Komödie in Verbindung bringt; vgl. dazu: *Jugend in Wien. Eine Autobiographie*, hrsg. von Therese Nickl/Heinrich Schnitzler, Wien u.a. 1968, besonders S. 76ff. u. 155ff.

5 Speziell zu »Professor Bernhardi« vgl. Werner Wilhelm Schnabel, »Professor Bernhardi« und die Wiener Zensur. Zur Rezeptionsgeschichte der Schnitzlerschen Komödie, in: *Jahrbuch der Deutschen Schillergesellschaft* 28/1984, S. 349-383; Rolf-Peter Janz, Professor Bernhardi – »eine Art medizinischer Dreyfus«? Die Darstellung des Antisemitismus bei Arthur Schnitzler, in: Farese, *Akten* (Anm. 2), S. 108-117; allgemein: Walter Müller-Seidel, Moderne Literatur und Medizin. Zum literarischen Werk Arthur Schnitzlers, in: Farese, *Akten* (Anm. 2), S. 60-92.

vermag nicht jeder sie zu verstehen, auch (und gerade deshalb wohl) wenn sie die Dispositionen und Voraussetzungen der *modern times* ohne Umschweife aufgreifen und unmißverständlich formulieren.

Schon »Anatol«, Schnitzlers früheste Arbeit von Bedeutung (1893),[6] spielt in jenem leichten und scheinbar oberflächlichen Milieu, das man von jeher mit Schnitzlerschen Stücken assoziiert. Aber schon hier stehen hinter diesen Vordergründigkeiten, die für jedermann wahrnehmbar sind, jene letztlich im Wortsinne todernsten Probleme von Identität[7] und Ich, die sich auf der Bühne eher verbergen. Sie sind allerdings für die Zeit so symptomatisch wie wenig anderes sonst. Sie lassen einen an Ernst Mach und seine erkenntnistheoretischen Überlegungen zum ›unrettbaren Ich‹[8] denken; und daß Schnitzler die Hypnose aufs Theater bringt, erinnert daran, daß auch Freud seine Therapien bekanntlich damit beginnt, die Wirkung der Hypnose zu nutzen.[9] – »Liebelei«, ein Schauspiel von 1896, in dem es unter anderem auch um das Duell geht (heute hauptsächlich in der Verfilmung unter der Regie von Max Ophüls bekannt), soll sogar einer literarischen Zeitschrift den Namen gegeben haben.[10] – »Der grüne Kakadu« (1899)[11] verhandelt (expliziter als andere Stücke Schnitzlers) eines der zur Bestimmung des Fin de siècle wohl wichtigsten Phänomene überhaupt: das von Sein und Schein; und zwar so, daß anschließend weder Figuren noch Zuschauer mehr recht wissen, was das eine und was das andere ist. Es gibt kaum ein Theaterstück, das an einem vorgeblich weit entfernten, weil historischen Stoff – die »Groteske« spielt (was man hinter diesem Titel wahrlich nicht vermutet) am Vorabend der Französischen Revolution von 1789 – die Essenz der eigenen zeitgenössischen Probleme so klar zu benennen weiß. – »Leutnant Gustl« führt den *monologue intérieur* in die deutschsprachige Literatur ein und ist nicht nur dadurch bis heute einer der bedeutendsten Prosatexte der Moderne überhaupt. – »Fräulein Else« schließlich (1924) greift ein Vierteljahrhundert später die Technik des inneren Monologs aus dem »Leutnant Gustl« mit Virtuo-

---

6 Erste Buchausgabe: *Anatol. Mit einer Einleitung von Loris*, Berlin 1893; zu der komplizierten Publikationsgeschichte des Einakter-Zyklus vgl. Richard H. Allen, *An annotated Arthur Schnitzler Bibliography. Editions and Criticism in German, French, and English 1879-1965*, Chapel Hill 1966, S. 45ff.

7 Mit Recht sprechen Janz und Laermann geradezu von der Identitätskrise als der Signatur des Wiener Fin de siècle (Janz/Laermann [Anm. 2], S. 170ff.).

8 Vgl. Ernst Mach, *Die Analyse der Empfindungen und das Verhältnis des Physischen zum Psychischen*, mit einem Vorwort zum Neudruck [der 9. Auflage, 1922] von Gereon Wolters, Darmstadt 1991; zuerst u.d.T. »Beiträge zur Analyse der Empfindungen«, 1886; hier zit. nach: *Die Wiener Moderne* (Anm. 1), S. 142.

9 Wie stark Freud seine Nähe zu Schnitzler empfunden hat, geht aus den beiden bekannten Briefen an Schnitzler von 1906 und 1922 hervor (vgl. Sigmund Freud, *Briefe 1873-1939*, hrsg. von Ernst L. Freud, Frankfurt/Main 1960, S. 249f. u. 338ff. vom 8.5.1906 bzw. 14.5.1922; hier zit. nach: *Die Wiener Moderne* [Anm. 1], S.651ff.).

10 Vgl. *Liebelei*, hrsg. von Rolf Baron von Brockdorff/Rudolph Strauß (u.a.), Januar – März 1896.

11 Vgl. Arthur Schnitzler, *Der grüne Kakadu. Groteske in einem Akt* (zuerst in der *Neuen Deutschen Rundschau* 10/1899).

sität wieder auf und kombiniert das literarische Verfahren mit der Darstellung von Träumen. Diese Novelle gewinnt dem Problem des Unbewußten und dem von Traum und Wirklichkeit seine dichterische Darstellung hinzu.

Das sind wenige, wenn auch gewichtige Beispiele. Worauf nun rekurriert oder worauf reagiert das alles? Wovon ist das Wien um 1900, das Wien Arthur Schnitzlers, nicht nur politisch und gesellschaftlich, sondern auch und gerade bewußtseinsgeschichtlich bestimmt; das Wien, das zugleich dasjenige Hofmannsthals, Altenbergs oder Beer-Hofmanns ist, dasjenige Klimts, Freuds oder das von Karl Kraus und Theodor Loos, Gustav Mahler und Arnold Schönberg, der Mutzenbacher, von Otto Weininger – und von Leuten wie Schönerer und Lueger?

Soviel jedenfalls kann man sagen: Was man Fin de siècle nennt, definiert zweifellos nicht nur den Kontext von Schnitzlers Anfängen, sondern nachhaltig auch seinen Weg weit über die Markierung 1900 hinaus. Wirklich verständlich wird das Werk Arthur Schnitzlers erst aus den bewußtseinsgeschichtlichen Voraussetzungen, die mit den damaligen Tatbeständen zusammenhängen, den Aufkündigungen nämlich, den Impulsen und theoretischen Anstößen der Zeit, und schließlich dem, was aus alledem resultiert.

1. Tatbestände

Stärker als vorangehende Jahrhunderte ist das 19. auf allen Gebieten von Technik und Wissenschaft durch Innovationen gekennzeichnet; an der Wende zum 20. akkumulieren sie in nie dagewesener Weise. Erstaunlich übrigens, daß heute, hundert Jahre später, die wichtigsten Entdeckungen, Theoreme, Hypothesen und Strategien noch immer gültig sind: Relativitätstheorie und Psychoanalyse, die Erfindung von Film, Otto- und Dieselmotor, Grammophon oder Flugzeug, von Röntgenstrahlen (1895), Braunscher Röhre (1898), die Entwicklung des Diphterie-Serums (1892) und des Tuberkulin (1890) oder etwas so Banales wie die Erfindung des Druckknopfs (1885 von H. Bauer). Das meiste daran war überdies und ist bis heute von unmittelbarem Einfluß auf die Gesamtgesellschaft; konnte, heißt das, von nahezu jedem selbst unmittelbar und als schlagender Beweis für Vielfalt, Fortschritt und nicht zuletzt Rationalität der modernen Welt, für die vermeintlichen oder tatsächlichen Segnungen der Zivilisation also, erlebt werden. – Ebenso Verwirrung und Entsetzen angesichts der Rückschläge: Dreyfus-Affäre in Frankreich (1894); Börsenkrach in Wien (1876); Selbstmord des österreichischen Kronprinzen Rudolf (1889); Ermordung der Kaiserin Elisabeth in Genf (1898); Bismarcks Entlassung (1890); Boxeraufstand (1900) und russische Revolution (1905); Untergang der Titanic (1912) usw.

Daneben blühen privates und gesellschaftliches Leben in Salons und Soireen, bei Umzügen und Maskenbällen, Jours und Landpartien. Der Armen gedenkt man auf Wohltätigkeitsbällen. Nationales und internationales Leben wird seit der Jahrhundertmitte zum erstenmal vor einer breiten Öffentlichkeit inszeniert: in historischen Umzügen (am berühmtesten der von Hans Makart inszenierte zur Silberhochzeit Franz Josephs I. in Wien am 27. April 1879) und Weltausstellungen. Diese *expositions universelles* verzeichnen große Besuchererfolge; wenn auch die meisten zugleich erhebliche bis desaströse Verluste bilanzieren; was darauf schließen läßt, daß der Wirtschaftlichkeitsgedanke sich gegen das Vergnügungsbedürfnis der Zeit nicht durchzusetzen vermochte. Und das paßt auffallend zu den übrigen Befunden, wenn man an die Diagnose denkt, die Hermann Broch ein halbes Jahrhundert später anstellt.[12] Im übrigen gibt es bereits zutreffende zeitgenössischen Diagnosen, die sich insbesondere mit den Namen Nietzsche, Mach, Freud oder Hofmannsthal verbinden. Darüber später.

Zu reden ist also über das Fin de siècle als Bedingung der Moderne, zu der Arthur Schnitzler gehört, und über die Möglichkeiten, die einer solchen Moderne aus der Radikalisierung ihrer Voraussetzungen erwachsen – freilich nicht nur im Hinblick auf Erfindungen.

Fin de siècle: Diese Epoche hat viele Gesichter. Unsinnig wäre also schon der bloße Versuch, sie auf einen, gar *den* Begriff bringen zu wollen. Einzelne Züge sind hervorzuheben, das ist alles. Zudem stellt die Epoche sich im Bewußtsein der Zeit zuweilen anders dar als von heute her. Im Bewußtsein der Zeitgenossen war das Fin de siècle die *facies hippocratica* der Epoche: das seltsam und den Umstehenden unbegreiflich sich verändernde Gesicht ihres sterbenden Zeitalters. Aber mit der Vorstellung vom Ende des Jahrhunderts verband sich merkwürdigerweise explizit diejenige von der Notwendigkeit seiner Fortführung und Erneuerung. Die Physiognomie des Fin de siècle ist daher paradoxerweise zugleich die der Moderne. Deren erste Formulierungen in ihrer noch heute verbindlichen Fassung – hier sind sie zu finden. Sich mit dieser Zeit zu beschäftigen ist also unerläßlich, will man die eigene Epoche begreifen.

Das Fin de siècle ist so geradezu die Prämisse der Moderne. Es bündelt die Voraussetzungen, die ihm aus dem 19. Jahrhundert überkommen sind, in Problemkomplexe. Die Formulierungen, mit denen es jenen entgegentritt, legen den Grund für das, was kommt.

Man tut also gut daran, sich diese Voraussetzungen noch einmal ins Bewußtsein zu rufen, bevor man von dem spricht, wozu sie führen; von den Theoremen, die sich mit Namen wie Mach, Freud, Nietzsche oder Hofmannsthal und Mauthner verbinden.

---

[12] Hermann Broch, Hofmannsthal und seine Zeit. Eine Studie, in: H.B., *Dichten und Erkennen. Essays*, Bd. 1, hrsg. von Hannah Arendt, Zürich 1955, S. 43ff.

2. Bewußtseinsgeschichtliche Voraussetzungen: Die Auflösung stabiler Systeme

Die sukzessive Auflösung stabiler Systeme: Man kann es nicht oft genug betonen, daß das – allgemein gesprochen – die zentrale Erfahrung des Jahrhundertendes ist. Aber es werden sogleich auch neue stabile Teilsysteme etabliert und lassen die Voraussetzungen für das erkennen, was später Moderne genannt werden wird. Diesem Verfahrensschema von Auflösung bzw. Zerschlagung einerseits und Neu-Konstituierung andererseits folgen – allerdings in völlig verschiedener Weise – die bis heute ausschlaggebenden Neuansätze. Die holistischen Systeme – Kirche und Staat, Kunst und Gesellschaft – werden aufgekündigt und zugleich durch Teilsysteme ersetzt, die ihrerseits sogleich holistische Ansprüche erheben. Das Schema ist nahezu allen Auseinandersetzungen inhärent: Ihm gehorchen die Sezessionen im Kunstbetrieb genauso wie die Kirchen; Politik und Psychoanalyse genauso wie die Arbeitsteilung und die impressionistische Malerei, wie Film oder Philosophie und Reformpädagogik.

Die *Sezessions*bewegungen aller Art bewirken das Auseinanderbrechen des etablierten Kunstbetriebes, konstituieren aber sofort mit ihrem neuen Zusammenschluß auch neue Einheiten; und zwar mit dem entsprechenden Alleinvertretungsrecht bzw. dem holistischen Anspruch, den sie gerade auflösen und bestreiten wollten. Sie führen umgehend einen neuen, sozusagen einen kleinen Holismus wieder ein; ganz gleich, ob in Berlin, Wien oder München. Die Großkörperschaften werden aufgegeben, ihr Anspruch auf Alleinvertretungsrecht aber wird übernommen, aufrecht erhalten und neu etabliert. – Ganz analog die *Kirchen* in ihren beiden Hauptkonfessionen und deren Zerfall in (namentlich im Protestantismus) zahllose Sekten und Freikirchen. Sie lösen sich gewissermaßen in neu etablierte Teil- oder Gegenholismen auf: Sekten und Freikirchen im Konfessionellen; Weltanschauungsgebilde wie Theosophie, Anthroposophie, Reformvereine aller Art im profanen Bereich. – Die Auflösung der *politischen Makrosysteme* Mitteleuropas in Nationalstaaten (gerade am Beispiel Habsburg gut zu studieren) ist mit dem Versuch gekoppelt, holistische Modelle im Kleinen, noch im Zerfall zu bewahren. Die bis dahin im k. k. Österreich zusammengebundenen Kronländer lösen sich aus dem Gesamtverband, der den holistischen Gesamtanspruch zur selbstverständlichen Verbindlichkeit gemacht hatte und – forcieren ihre partikularen Holismen. – Auch für so allgemeine Bereiche wie das Erwerbsleben gilt Entsprechendes. Die *Arbeitsteilung* erreicht zu dieser Zeit ihren ersten Höhepunkt, provoziert aber gerade in der Konzentration auf einzelne, kleine und isolierte Arbeitsvorgänge die Etablierung von Fertigungswerkstätten, die heute unter der Bezeichnung ›Zulieferungsbetriebe‹ längst selbst holistische Klein-Systeme darstellen.

Die sogenannten Überbauphänomene im engeren Sinne stehen dahinter keineswegs zurück. Sie partizipieren auf ihre Weise an der Auflösung gesamtholistischer Systeme zugunsten von holistischen Teilsystemen. Selbst für die *Psychoanalyse* gilt das Schema: Indem sie die vorgängige Analyse zur Voraussetzung einer Therapie macht, ist auch hier jenes Junctim von Auflösung und Neukonstituierung hergestellt. – In der Malerei löst der *Impressionismus* die Farben der Bilder pointillistisch in Farbnuancen auf. Damit diktiert er dem Betrachter größere Distanz zu ihnen und ermöglicht ihm zugleich von dieser neuen Position aus den Gesamteindruck: indem die Distanz die Farbpartikel wieder zusammenschießen läßt und das Bild sich als geschlossenes System neu konstituiert.

Der *Film* schließlich bringt die Auflösung der Bewegung in feststehende Einzelbilder. Er arretiert die natürliche Bewegung in tendenziell unendlich viele, aber starre Partikel, die erst durch ihre Reihung wieder Bewegung ergeben und so zu deren Einheit zurückführen. Daß diese Einheit eine scheinbare ist, nicht die Bewegung selbst, die die Photographie zuvor aufgelöst hat, in Partikel zerhackt, ist zweifellos das bedeutsamste Phänomen der Zeit überhaupt. Es ist nicht von ungefähr, daß es sich mit der einzigen genuin modernen, weil neuen Kunstgattung verbindet. Alle anderen Phänomene produzieren in der Auflösung der alten Holismen objektivierbar neue. Anders der Film: Er löst die Realität – den alten Gesamtholismus – auf und setzt an seine Stelle deren scheinhafte neue; an die Stelle der dreidimensionalen die zweidimensionale. Der Film suggeriert noch wesentlich stärker als das stillstehende Photo, aus dem er hervorgegangen ist, Wirklichkeit, d.h. Dreidimensionalität, ohne es zu sein. Positiv gesagt: Die Scheinhaftigkeit des unvollständigen Abbildes suggeriert dessen Vollständigkeit im ständigen Verweis auf den Verlust der dritten Dimension, die doch zur exakten Mimesis der Realität gerade gehörte. Die Oberfläche wird denn auch wenig später von Siegfried Kracauer als das Signum der Zeit bezeichnet werden.[13]

Selbst für ein hier scheinbar so abseitiges Thema wie die *Pädagogik* gilt das alles in gleicher Weise. Die unzähligen reformpädagogischen Bestrebungen seit der Jahrhundertwende von Hermann Lietz bis zur Waldorfschule Rudolf Steiners, von Quickborn und der Jugendherberge bis zum Wandervogel, Maria Montessori und Ellen Key, kurz: alles, was sich mit dem Stichwort Jugendbewegung im weitesten Sinne verbindet, liefert zahllose Belege. Es ist deshalb nicht abwegig, auf die vielen reformpädagogischen Unternehmungen und zahllosen Neugründungen hinzuweisen, weil sie der zweifellos sichtbarste Ausdruck für das sind, was das Modewort ›Leben‹ bezeichnen sollte. Die seit Nietzsche und der Lebensphilosophie meistgebrauchte Vokabel der Zeit wird hier mit Inhalt gefüllt.

Solche beobachtbaren Reaktionen auf die Zerstörung der großen holistischen Systeme des Jahrhunderts, die hier substituiert werden sollen, sind begleitet von Formulierungen bewußtseinsgeschichtlich beschreibbarer Posi-

---

[13] Zum Thema Oberflächenanalyse vgl. das entsprechende Kapitel in: Inka Mülder, *Siegfried Kracauer – Grenzgänger zwischen Theorie und Literatur. Seine frühen Schriften 1913-1933*, Stuttgart 1985, besonders S. 86ff.

tionen, die sich von heute aus als Radikalisierungen allerersten Ranges und zugleich als Prämissen der Moderne darstellen: in Erkenntnistheorie, Psychoanalyse, Kunst- und Sprachphilosophie.

Bevor es darum gehen soll, ist noch von dem Ambiente zu reden, in dem sich alles das abspielt: dem Wien der Ringstraßenbauten.

3. Ringstraße: Die Kulisse für das Leben als Kunst

Man kann den hier in den Ringstraßenbauten zutage tretenden Historismus als die manifeste und jedermann sichtbare Voraussetzung der Stil- und Bewußtseinskrise (wenn es denn eine gewesen ist) des Wiener – und im weiteren Sinne des europäischen – Fin de siècle verstehen.

Die in den Jahren 1859 bis 1872 angelegte Ringstraße[14] stellt eine Konzentrierung von historistischen Bauwerken dar, die nahezu sämtliche großen Stile der Vergangenheit von der Antike bis zum Barock neu beleben.[15] Sie umschließt die alte Stadt und folgt in ihrer Anlage dem zu diesem Zweck geschleiften und begradigten Glacis. Als städtebauliche Innovation ist sie den Haussmannschen Straßenzügen in Paris vergleichbar, die zur selben Zeit realisert wurden. Der entscheidende Unterschied: Während die neuen Pariser Straßenzüge die mittelalterliche und frühneuzeitliche Stadt durchschneiden und eigentlich zerstören, umgibt die Ringstraße den alten Stadtkern, ohne ihn zu tangieren. Sie faßt das alte Wien gewissermaßen zusammen, gibt ihm sozusagen einen Rahmen; allerdings einen, der – wie die neuen Museumsprotzbauten[16] mit den alten Bildern darin – dem alten Stadtbild, das er rahmen soll, völlig unangemessen erscheint.

Der Vielfalt der Stile ästhetischer Objekte korrelieren die Disparatheit des Subjekts und seine Orientierungslosigkeit in der Bewußtseinsgeschichte, wie Ernst Mach sie beschreibt. Wie jede Einheitlichkeit des Stils (gar Epochenstils) zugunsten einer Suche nach neuen Stilmöglichkeiten in der Vergangenheit und deren bedingungsloser Aneignung aufgegeben ist, so präsentiert sich jetzt das einstmals integrale Subjekt, das einstmals intakte Ich als ›unrettbar‹. Die Unsicherheit im Stil entspricht der allgemeinen, und umgekehrt.

---

[14] Vgl. Renate Wagner-Rieger (Hrsg.), *Die Wiener Ringstraße. Bild einer Epoche*, Wiesbaden 1969-1981.

[15] Konkret: Griechischer Baustil als Klassizismus (Reichsratsgebäude [Parlament], 1874-1883 von Theophil Hansen); Gotik als Neugotik (das Rathaus, 1872-1883 von Friedrich von Schmidt [mit Renaissance-Motiven]; Votivkirche 1856-1879 von Heinrich Ferstel); Renaissance als Neorenaissance (Universität: ital. Hochrenaissance, 1873-1884 von Ferstel; Hofburgtheater 1874-1888 von Gottfried Semper und Carl von Hasenauer als Hochrenaissancebau; Kunsthistorisches und Naturhistorisches Museum 1872-1881 von Hasenauer in Hochrenaissance-Stil; Hofoper 1861-1869 von van der Nüll und von Sicardsburg im Stil der französischen Frührenaissance; Neue Hofburg 1870-1875 von Hasenauer und Semper im Hochrenaissance-Stil).

[16] Namentlich das Kunstmuseum, das – symmetrisch zum Naturhistorischen Museum – von Hasenauer 1872-1889 im italienischen Hochrenaissance-Stil am Maria-Theresia-Platz errichtet wurde.

Alles, was sich um 1900 in Wien abspielt, ereignet sich vor diesem Hintergrund. In diesen Jahren wirtschaftlicher Blüte (trotz Börsenkrachs) und politischer Befriedung (trotz Sprachenkonfliktes, österreichisch-ungarischen Ausgleichs usw.) werden die Kulissen errichtet, vor denen wenig später das Theater der Seele inszeniert werden kann und muß: jenes berühmte, das in Hofmannsthals Prolog zu Schnitzlers »Anatol« seine viel zitierte Formulierung gefunden hat:

> Also spielen wir Theater,
> Spielen unsre eignen Stücke,
> Frühgereift und zart und traurig
> Die Komödie unsrer Seele.[17]

Genau das also, was die Kunst zur Bewältigung im Sinne von Nietzsches Surrogatformel anzubieten hat, daß wir nämlich angesichts der häßlichen Wahrheit die Kunst hätten, »damit wir nicht an der Wahrheit zugrundegehen«.[18] Aber die Kulissen sind – von heute aus gesehen – nicht eben originell. Es springt eher die Ratlosigkeit der Kunst vor den unendlichen Möglichkeiten vergangener Stilangebote ins Auge. Und die entspricht in der Tat der Unsicherheit des Subjekts vor den ebenfalls tendenziell unendlich großen Wahlmöglichkeiten, die dem Ich zu Konsolidierung und Selbstversicherung zur Verfügung stehen. Die Stile sind durchprobiert (keine Wiener Besonderheit, aber hier besonders gut zu beobachten); sie sind ausgereizt.[19]

Daß hier Ästhetik und konkretes Bedürfnis zusammengehen, ist deutlich an den einzelnen Gebäuden der Ringstraße abzulesen, die sämtlich eine klare Zweckbestimmung aufweisen. Keineswegs nur für jeden Geschmack, sondern auch für jeden Repräsentationszweck etwas: das gotische Rathaus für das städtische, das griechische Reichsratsgebäude für das vaterländische Gemeinwesen; die gotische Kirche für den Glauben und die Religion, die Renaissance-Gebäude für Museen, Oper und Theater usw.; von den zahllosen Bank- und Hotelgebäuden nicht zu reden. Aber gerade solche Fülle der Angebote provoziert im Subjekt die Unfähigkeit, sich für eines tatsächlich zu entscheiden. Und man braucht nicht einmal Marxist zu sein, um zu sehen, daß auch hier die Quantität in Qualität umschlägt: die Fülle der ästhetischen Angebote in das Nihil der Entscheidungsmöglichkeit.

Die Gefährdungen und Problematisierungen, denen das Individuum dieser Zeit ausgesetzt ist, sind höchst komplexer und globaler Natur zugleich.

---

[17] Hugo von Hofmannsthal, Prolog zu dem Buch »Anatol«, in: H.v.H., *Gedichte, Dramen I: 1891-1898*, Frankfurt/Main 1979 (= Gesammelte Werke in zehn Einzelbänden, hrsg. von Bernd Schoeller/Rudolf Hirsch), S. 60.

[18] »Die Wahrheit ist häßlich. Wir haben die *Kunst*, damit wir *nicht an der Wahrheit zu Grunde gehn*« (in: Friedrich Nietzsche, *Werke in drei Bänden*, hrsg. von Karl Schlechta, Bd. III, München 1956, S. 832).

[19] Das Problem so sehen, heißt, es ausschließlich von heute aus sehen. Die historistische Orientierung der Zeit dagegen war alles andere als antiquiert und unoriginell. Gerade dieser ubiquitäre Eklektizismus war im Gegenteil die Devise der damaligen Avantgarde, die da ausgegeben wurde (ohne daß die sich so genannt oder auch nur das Wort gekannt hätte).

Auch das Bewußtsein vom Ende des Jahrhunderts ist nicht Wien-spezifisch; es ist – was die Bezeichnung Fin de siècle bis heute zugleich suggeriert und verschleiert – zeitgenössisch eines vom Ende des Zeitalters, des ganzen Saeculums (und in dem Angstpotential, das es freisetzte, der Welt überhaupt).

Den radikalen Auflösungen korrespondieren aber, wie gesagt, von Anfang an emphatische Neukonstituierungen. Diese sind entweder als von außen kommende Reaktionen aufzufassen oder als binnensystematische Restitutionsversuche. Den Programmen der Ich-Isolierung und Ich-Zersetzung, für die Ernst Mach nur der wichtigste erkenntnistheoretische Zeuge ist, antworten die zahllosen von außen kommenden Kompensationsversuche in Gruppen aller Art. Bei Sigmund Freud tritt von vornherein neben die Analyse die Heilung, der Versuch also, der Auflösung die Neukonstituierung folgen zu lassen.

Nach alledem kann man sagen: Das Fin de siècle faßt die Voraussetzungen der Moderne *ex negativo* zusammen und ermöglicht so, in dieser Bündelung, überhaupt erst deren produktive Formulierung. Die zweifellos vorhandenen Destruktionsmomente, die es zunächst zusammenbindet, formuliert und geradezu als seine eigene Beschreibung auffaßt, werden so überhaupt erst zu einer möglichen Basis für Neukonstituierungen und Neuanfänge; Bewegungen also, die schon zeitgenössisch mannigfach benannt sind und in Kultur und Politik, Gesellschaft, Kunst und Literatur explizit gefordert werden.[20]

Alles, aber auch alles, was danach kommt, steht in dem Antagonismus von Neukonstituierung einerseits und deren prinzipieller Infragestellung andererseits. Die Situation unterscheidet sich von vergleichbaren früheren Epochenschwellen oder Paradigmenwechseln dadurch, daß die Konsequenzen nicht mehr drohen, sondern bereits eingetreten sind.

4. Aufkündigungen, Impulse, theoretische Anstöße: Mach, Freud, Nietzsche, Hofmannsthal

Schon an einigen wenigen Beispielen kann man sich klar machen, worum es geht. Es mag kein Zufall sein, daß die Exempel für die Besonderheiten der Moderne und des Fin de siècle sich aufs engste mit Wien verbinden, als einer *der* Metropolen der Moderne. Sei es, daß die Personen (wie Mach, Freud oder Hofmannsthal) Wiener sind oder in Wien leben, sei es, daß sie dort besonders rezipiert worden sind. Immerhin stellte sich schon dem Diagnostiker Robert Musil »Österreich als besonders deutlicher Fall der modernen Welt«[21] dar. Und in der Tat lassen sich die Phänomene des Fin de siècle kaum an einem anderen als an dem Paradebeispiel Wien so hervorragend erläutern.

---

20 Vgl. den Beitrag 8 in diesem Band.

21 Robert Musil, *Der Mann ohne Eigenschaften*, hrsg. von Adolf Frisé, Bd. 2, Reinbek 1978, S. 1905.

Die »Merkworte der Epoche«,[22] wie Hofmannsthal das nennt, heißen: Ich und Seele, Traum und Wunschwelt, Leben und Kunst, Sprache und Sprachunfähigkeit, Historismus. Sie verbinden sich mit ein paar Namen: mit Ernst Mach und dem Phänomen von Diskontinuität und Dissoziation, kurz dem »unrettbaren Ich«; mit Sigmund Freud, d.h. mit Hypnose und Hysterie und mit dem Traum als Wunscherfüllung; mit Friedrich Nietzsche, der Lebensphilosophie und dem Ausweg in die Kunst; mit Hugo von Hofmannsthal und der unmöglich gewordenen Fortsetzung dichterischer Produktion, d.h. Sprache und Aphasie (auch Fritz Mauthner, also der bewußtseinsgeschichtlichen Seite des Chandos-Problems).

4.1 Ernst Mach (1838-1916)

Das Schlagwort von der ›Unrettbarkeit des Ich‹, von dem Physiker und Philosophen Ernst Mach formuliert,[23] von Hermann Bahr unter die Leute gebracht,[24] bezeichnet eine ernste und im Grunde gefährliche Sache. Es besagt kurz und bündig, daß das Subjekt sich nicht darauf verlassen kann, daß es ›es selbst‹, daß es unwiederholbar, einmalig, eine unverwechselbare und unaustauschbare Einheit ist. Die »Antimetaphysischen Vorbemerkungen«, die Mach[25] seiner seit 1885 in vielen Auflagen erschienenen Untersuchung über »Die Analyse der Empfindungen und das Verhältnis vom Physischen zum Psychischen« voranstellt, sind schon als Titel eine Radikalisierung; und zwar im Sinne der Reduktion eines erkenntnistheoretischen Problems auf seine experimental-physikalische Basis. Der zum Philosophen gewordene Physiker Ernst Mach leugnet jede Einheit des Ich. Vom Ich zu sprechen, habe lediglich dann einen Sinn, wenn man es als »denkökonomische Einheit« ansetze, gewissermaßen als Arbeitshypothese im Umgang mit sich selbst. Machs berühmter Satz aus jenen »Antimetaphysischen Vorbemerkungen« lautet denn auch: »Nicht das Ich ist das Primäre, sondern die Elemente (Empfindungen)«.[26] Dabei ist das Wort »Elemente« bzw. »Empfindungen« zu betonen. Und das eben bedeutet so viel, daß das Ich allenfalls in seinen Bestandteilen, den »Empfindungen« angesetzt werden kann; keineswegs als Einheit. Diese Auflösung des Ich in kleine Partikel deutet – wie übrigens nahezu alles,

---

[22] Hugo von Hofmannsthal, Gabriele D'Annunzio, in: H.v.H, *Reden und Aufsätze I: 1891-1913*, Frankfurt/Main 1979 (vgl. Anm. 17), S. 175.

[23] Zu Mach und seinem Verhältnis zur zeitgenössischen Literatur vgl. besonders den grundlegenden Aufsatz von Claudia Monti, Mach und die österreichische Literatur. Bahr, Hofmannsthal, Musil, in: Farese, *Akten* (Anm. 2), S. 263-283.

[24] Hermann Bahr, Das unrettbare Ich, in: H.B., *Dialog vom Tragischen* (zuerst 1904); hier zit. nach: Hermann Bahr, *Zur Überwindung des Naturalismus. Theoretische Schriften 1887-1904*, hrsg. von Gotthart Wunberg, Stuttgart 1968, S. 183-192.

[25] Ernst Mach war Physiker. Er wurde 1864 Professor für Mathematik in Graz, 1867 Professor für Experimentalphysik in Prag und übernahm 1895 einen für ihn an der Universität Wien eingerichteten Lehrstuhl für Physik. Sein für unseren Zusammenhang wichtigstes Werk hat den Titel *Die Analyse der Empfindungen* (Anm. 8).

[26] Zit. nach: *Die Wiener Moderne* (Anm. 2), S. 142.

was im folgenden noch zu verhandeln ist – auf Irritation, Relativismus, eine sehr generelle Problematisierung des Subjekts. Die Stichworte heißen: Diskontinuität und Dissoziation – das hat Ernst Mach u.a. die Bezeichnung eines ›Philosophen des Impressionismus‹ eingetragen, weil er – analog zu den Gegenständen der impressionistischen Bilder, die pointillistisch in Farbflekken aufgelöst werden – das Ich in seine Bestandteile zerlegt. Die Analyse des Philosophen und die Praxis der Kunst verfahren analog.

Daß der Mensch sich selbst überhaupt zum Thema, sich selbst sein eigener ›Fall‹ werden kann, das Subjekt sich auflöst in die jeweiligen Empfindungen, und daß darin ein Problem liegen kann, hat zu tun mit der zunehmenden Transzendenzlosigkeit seit der Aufklärung, dem, was Lukács dann für die Moderne in einer (sprachlich-philosophisch) nicht eben ganz korrekten Formulierung als »transzendentale Obdachlosigkeit»[27] bezeichnet hat. Es verweist in seiner Essenz auf den besprochenen Verfall von holistisch organisierten Makrosystemen im Laufe des 19. Jahrhunderts generell. Der Ansatz des Physikers Mach ist naturwissenschaftlich; der des Philosophen Mach konsequenterweise materialistisch. Die von ihm über Jahre hin entwickelte Erkenntnistheorie folgt – ähnlich wie die Freudsche Psychoanalyse – wissenschaftsgeschichtlich ganz den Entwicklungen im Übergang vom 19. zum 20. Jahrhundert; d.h. dem *ductus* vom Materialismus und Mechanizismus zu einem neuen Idealismus. Im übrigen sind die Bemühungen Machs als die andere Seite ein und derselben Medaille anzusehen, deren eine der von Maurice Barrès favorisierte ›Culte du Moi‹ ist.[28]

4.2 Sigmund Freud (1859-1938)

So wenig wie Ernst Mach immer Philosoph war, so wenig ist Sigmund Freud von Anfang an Psychoanalytiker und Psychotherapeut gewesen; er fängt vielmehr als Neurologe an und beschäftigt sich mit Kokainexperimenten, stammt also wie Mach aus der mechanizistischen und positivistischen Wissenschaftstradition des 19. Jahrhunderts. Und es verbindet sie miteinander, daß sie von Experimenten ausgehen, die sie zunächst an sich selbst vornehmen: Mach von optischen Versuchen, Freud (nach vorangegangenen Versuchen mit Kokain, wie gesagt) von der Selbstanalyse.[29] Daß das Subjekt in bei-

---

[27] Georg Lukács, *Die Theorie des Romans. Ein geschichtsphilosophischer Versuch über die Formen der großen Epik*, Neuwied 1963, S. 35.

[28] Man kann davon ausgehen, daß diese viel gelesenen Romane – abgesehen von der Tatsache, daß schon der siebzehnjährige Hofmannsthal sie bereits 1891 an für Insider prominenter Stelle (der »Modernen Rundschau«) rezensierte – auch in Wien überall bekannt waren. Hugo von Hofmannsthal, Maurice Barrès, in: H.v.H. *Reden I* (Anm. 22), S. 118ff.; zuerst in: *Moderne Rundschau*, Wien, 1.10.1891.

[29] Als besonders eindrückliches Beispiel für eine fortgesetzte Selbstanalyse Freuds vgl. seine Briefe an Wilhelm Fließ: Sigmund Freud, *Aus den Anfängen der Psychoanalyse. Briefe an Wilhelm Fließ, Abhandlungen und Notizen aus den Jahren 1887-1902*, Frankfurt/Main 1962.

den Fällen in dieser Radikalität zum Ausgangspunkt und zur Instanz der Erkenntnis wird, ist ein bemerkenswertes Indiz für die offensichtlich unumgängliche Tatsache, daß das Ich sich selbst zum Problem wird.

Daß die von Freud vertretene Wissenschaft ›Psycho-Analyse‹ heißt, also ein Verfahren darstellt, das die Psyche zunächst analysiert, trennt und auflöst, bevor sie ihr therapeutisch zu Hilfe kommen kann, ist bemerkenswert, und zwar im Hinblick auf das über die aufgelösten holistischen Systeme Gesagte. Was Freud ›Seele‹ und Mach ›Ich‹ nennt, liegt nicht weit auseinander. (Freud selbst hat später bekanntlich gerade diese Verbindung in der Ausdifferenzierung seines Konstrukts von Ich, Es und Über-Ich hergestellt.) Der Psychoanalyse steht aber in der Psychotherapie dyadisch von Anfang an eine Instanz zur Seite, die der Machschen Erkenntnistheorie fehlt: ein Horizont, auf den hin Freud therapiert. Die Praxis seiner Theorie, die eine Analyse ist, heißt Therapie. Damit ist auch hier ein (vermeintlich) stabiles System, die Psyche, zwar aufgelöst; aber sogleich in der Therapie rekonstituiert; ja, diese Neukonstituierung ist der Analyse bereits programmatisch inhärent. Was Freud in seiner Therapie zu erreichen sucht, ist letztlich die Wiederherstellung eines in sich geschlossenen und einheitlichen Ich, des Subjekts. Wenn er die Menschen seiner Zeit, gar diese Zeit selbst als krank versteht, so besagt das einiges über das Bewußtsein, das diese Zeit von sich selbst hat. Sie sieht einen Kranken, wenn sie sich selbst sieht. Noch dazu geht es nicht um irgendeine partielle Krankheit, sondern um eine elementare: die des Subjekts, des Ich. Mach, um das noch hinzuzufügen, denkt ohne solchen Horizont, arbeitet – salopp gesprochen – ohne Netz. Freuds ›Seele‹ wird geheilt – tendenziell wenigstens; Machs ›Ich‹ wird nicht restituiert; auch nicht tendenziell.

Um die allenthalben konstatierte Disparatheit des Subjekts, des Ich, überwinden zu können, muß es – in der Analyse – zunächst einmal sozusagen in seine Bestandteile zerlegt werden. Dazu bedient sich Freud verschiedener Ansätze. Einer davon ist die Traumanalyse. Der zentrale Gedanke seines berühmtesten Buches, der »Traumdeutung« von 1900, seiner dort niedergelegten Theorie lautet bekanntlich, daß der Traum eine Wunscherfüllung[30] sei: die Erfüllung eines verdrängten, weil nicht erfüllten Wunsches. Das damit gegebene Stichwort ›Traum‹ ist eines der wichtigsten Signale des Fin de siècle. – Spätestens im nachhinein stellt sich Freuds Theorie als Analogon zu den entsprechenden Themen in Kunst, Musik und Literatur der Zeit dar. Die Bilder von Klimt, Mahlers Symphonien oder die Texte Hofmannsthals (»Leben, Traum und Tod ...«),[31] Beer-Hofmanns (der Traum im »Tod Georgs«),[32]

---

[30] Sigmund Freud, Die Traumdeutung, Frankfurt/Main 1972 (= Freud-Studienausgabe, Bd. 2), besonders S. 141ff.

[31] Hugo von Hofmannsthal, Leben, Traum und Tod ..., in: H.v.H., *Gedichte* (Anm. 17), S. 149.

[32] Richard Beer-Hofmann, Der Tod Georgs, in: R.B.-H., *Gesammelte Werke*, Frankfurt/Main 1963, Kap. II.

Schnitzlers (»Traumnovelle«)[33] ordnen sich dem mühelos und wie von selbst zu. – Schnitzlers »Anatol« bringt nicht nur dieses Problem auf die Bühne.

Die Favorisierung des Traums paßt zudem in die zeitgenössische Kunstdiskussion, deren Selbstdiagnose die Abwendung vom Naturalismus formuliert. Hermann Bahr kommt wörtlich darauf zu sprechen, wenn er in seinem »Décadence«-Aufsatz von 1894 schreibt, der bereits zurückliegende Naturalismus habe das Problem des Verhältnisses zur Wirklichkeit gelöst, »indem er von der Kunst verlangt, Wirklichkeit, nichts als Wirklichkeit und die ganze Wirklichkeit zu sein.« Die Décadence dagegen, also die zeitgenössisch aktuelle Moderne, löse »die Frage, indem sie von der Kunst verlang[e], *unwirklich, Traum und nichts als Traum* zu sein.«[34] Wenn im Traum das Unbewußte – wörtlich und über das Vehikel seiner Deutung und deren Analyse – zur Sprache kommt, also die eigentliche Wirklichkeit, dann ist der Traum mit Recht der bevorzugte Gegenstand der Literatur, der Kunst überhaupt, um gerade sie darzustellen. Um eine Selbstverständlichkeit handelt es sich also, wenn die Kunst so verfährt, wie Freud und seine Traumtheorie es ihr vorgeben – und natürlich auch umgekehrt. Zudem: Setzt Freuds Analyse beim Subjekt an (das er ›Seele‹ nennt) und schließt sich so mit Machs Überlegungen zusammen, so geht sein Verfahren im zweiten Schritt (der Therapie, die der Analyse folgt) von der Sprache als konstitutivem Element aus. Denn in der Therapie soll der Patient sprachlich assoziieren, was ihm zu bestimmten Träumen einfällt. Dadurch entsteht in dem therapeutischen Gespräch so etwas wie ein Text. Man kann sagen, daß in der Freudschen Psychoanalyse und Psychotherapie der Traum zum Text wird.

Das läßt sich auf der einen Seite direkt in Zusammenhang bringen mit Machs erkenntnistheoretischen Überlegungen, auf der anderen mit der Sprache. Die wiederum ist in einem weiteren Zusammenhang von großer Wichtigkeit: dort nämlich, wo Sprache und Sprachfähigkeit überhaupt in Frage gestellt sind. Und damit wären wir eigentlich bei Hugo von Hofmannsthal. Aber zunächst noch zu Friedrich Nietzsche.

4.3 Friedrich Nietzsche (1844-1900)

Nietzsche ist es, der die Probleme der Zeit zugleich formuliert und auslegt. Er macht das Phänomen ›Leben‹ begriffsfähig, und die nachfolgende Lebensphilosophie realisiert das. Er diagnostiziert die Zeit als die der Décadence und stellt ihr die Erlösung aus ihren Problemen durch die Kunst vor. Nietzsches schon zitierter aporetischer Satz, daß die Wahrheit häßlich sei und daß wir die Kunst hätten, damit wir nicht an ihr zu Grunde gingen,[35] diese Erlö-

---

[33] Arthur Schnitzler, Traumnovelle, in: A.S., *Erzählende Schriften*, Frankfurt/Main 1961, Bd. 2, S. 437ff.

[34] Hermann Bahr, Décadence, in: Bahr, *Überwindung* (Anm. 24), S. 171 (Hervorhebungen nicht im Original).

[35] Vgl. Anm. 18.

sungsformel steht, als Bedrohung und Versicherung zugleich formuliert, über dem Zeitalter.

Die gesamte künstlerische Produktion des Fin de siècle hat ursächlich aufs engste zu tun mit diesen Voraussetzungen. Philosophisch legitimiert sich die Kunst dieser Zeit insgesamt zuletzt einzig durch Nietzsche und seine Kunstphilosophie. Seine Zertrümmerung der herkömmlichen Metaphysik entspricht den Voraussetzungen der oben dargelegten Befunde und damit den Erfahrungen, die um 1900 allenthalben zu machen waren; am deutlichsten vielleicht im Wien dieser Zeit, das noch eine Generation später Hermann Broch unter der Überschrift jener »fröhlichen Apokalypse«[36] abhandeln konnte. Zugleich bietet Nietzsches Kunstphilosophie ein Surrogat an. Der zitierte Satz – wiewohl erst aus dem Nachlaß veröffentlicht[37] – macht das deutlich. Wenn Nietzsche sagt, die Wahrheit sei häßlich, dann ist damit eine allgemeine Lebenserfahrung und Erkenntnis der Zeit *ästhetisch* formuliert. Wahrheit ist aber ein ethisches, Kunst ein ästhetisches Phänomen. Und weil er auf diese Weise den Lebensproblemen eine ästhetische Wendung gibt, kann er sagen, daß, wer die Wahrheit als häßlich erfährt, die Kunst nötig hat, um sie gewissermaßen in der Schönheit zu neutralisieren. Es ist das Dorian Gray-Programm Oscar Wildes aus dem »Decay of Lying«.[38] An die Stelle der realen Wirklichkeit, deren Prädikat die Wahrheit ist, tritt die irreale Kunst, eine fiktionale Welt. Ihr Prädikat ist nicht Wahrheit, sondern Schönheit. Es ist das Programm des Ästhetizismus. Kunst und Literatur treten ganz eindeutig als Substitut, als Korrektur, als Surrogat an die Stelle der unertragbar gewordenen Realität. Natürlich reproduziert aber gerade diese Kunst zugleich Faible und Unzulänglichkeit der eigenen Zeit.

Die Unfähigkeit des Zeitgenossen, sich selbst zu definieren, die Unfähigkeit, sich und seine Welt mit Sinn zu füllen, man muß sagen: die objektive Unmöglichkeit, das zu tun, dieser *morbus Fin de siècle* reflektiert sich in der Inhaltslosigkeit der Kunst der Zeit, speziell der Wiener. Die ist schön, aber nicht ethisch; ästhetisch organisiert, aber ohne Gehalte und Werte, die sich transportieren, auch nur wiedergeben, geschweige denn verwenden ließen. Darauf besteht sie, und das unterscheidet sie vom Naturalismus (den es in Wien übrigens bezeichnenderweise so gut wie nie gegeben hat; Naturalismus war – im deutschsprachigen Raum – eine ›preußische‹ Angelegenheit). Kein

---

[36] Broch, Hofmannsthal (Anm. 12), S. 76.

[37] Hermann Bahr hat Jahre vor der Veröffentlichung dieses Nachlaßfragmentes bereits Entsprechendes gesagt, im Anschluß an Wildes berühmten Satz aus dem »Decay of Lying« schreibt er: »›Enjoy Nature! I am glad to say that I have entirely lost that faculty.‹ Die Natur ist häßlich. Die Kunst ist die Flucht aus der Natur. Die Kunst meide das Leben. Das Leben folgt der Kunst. Die Kunst darf dem Leben nicht folgen.« – Und er fügt hinzu, daß der Graf von Montesquiou, Herman Bang und Stefan George dieses Programm gern unterschreiben würden (Bahr, Décadence [Anm. 34], S. 171).

[38] Oscar Wilde, The Decay of Lying. An Observation, in: *Aesthetes and Decadents of the 1890's. An Anthology of British Poetry and Prose*, hrsg. von Karl Beckson, New York 1966, S. 167ff.

Wunder, wenn bei derartig prädominater Inhaltslosigkeit die Aufmerksamkeit dem gilt, was man traditionellerweise ›Form‹ nennt, die allein übrigbleibt; für die Literatur heißt das: der Sprache (in der Malerei gilt Entsprechendes für die Farbe). Daß nichts Geringeres als die Handhabung der Sprache auf dem Spiel steht, einem mit höchst unsicherem Ausgang dazu, hat einer der begabtesten Dichter der Zeit in einem der berühmtesten Dokumente der modernen Literatur dargelegt. Er tat es paradoxerweise – wie oft bemerkt worden ist – mit beredten Worten vollendeter Prosa in einem fingierten Brief des Philipp Lord Chandos an Francis Bacon, dem sogenannten »Chandos«-Brief; erschienen ist er in einer Tageszeitung.[39] Der Autor hieß Hugo von Hofmannsthal.

4.4 Hugo von Hofmannsthal (1874-1929)

Dieser berühmte Text der Moderne beginnt mit der lapidaren Feststellung, der Brief werde geschrieben, seinen Verfasser – Lord Chandos – bei dem »Freunde wegen des gänzlichen Verzichts auf literarische Betätigung zu entschuldigen«.[40] Die Begründung, die dann folgt, handelt keineswegs nur und ausschließlich von Sprach- und Benennungsproblemen.

Vielmehr ist von sehr allgemeinen Beschwerden die Rede, von »geistiger Starrnis« und von dem Verlust, »in einer Art von dauernder Trunkenheit das ganze Dasein als eine große Einheit« zu erleben. Daß es sich zunächst eher (oder: auch) um eine Bewußtseinskrise handelt, eher als um eine der Sprache, geht schon daraus hervor, daß dem Schreiber vor allem anderen »völlig die Fähigkeit abhandengekommen [ist], über irgend etwas zusammenhängend zu denken«. Aber in engstem Zusammenhang damit geht es dann im selben Satz genauso um die Unfähigkeit, zusammenhängend zu sprechen: Die »abstrakten Worte« – so die viel zitierte Stelle – »zerfielen mir im Munde wie modrige Pilze«. Hier ist in fiktionaler Prosa das erkenntnistheoretische Syndrom Machs von der Auflösung des Ich in Empfindungen und Elemente, der Verlust der Einheit des Ich auf die Sprache angewandt.

Das berührt sich in manchem mit den Arbeiten des Sprachphilosophen und Sprachkritikers Fritz Mauthner (1849-1923).[41] Dessen Thema stellt sozusagen die theoretisch formulierte und bewußtseinsgeschichtlich beschreibbare Seite des Hofmannsthalschen Chandos-Problems dar. Mauthner

---

[39] Hugo von Hofmannsthal, Ein Brief, in: H.v.H., *Erzählungen, Erfundene Gespräche und Briefe, Reisen*, Frankfurt/Main 1979 (vgl. Anm. 17), S. 461ff.; zuerst in: *Der Tag*, Berlin, 18. und 19.10.1902.

[40] Hofmannsthal, Ein Brief (Anm. 39), S. 461.

[41] Für 1902 – die Zeit der Abfassung des »Chandos«-Briefes – ist eine Tagebuchnotiz Hofmannsthals überliefert, die Mauthners Namen festhält: Hugo von Hofmannsthal, Wirbelpunkt Mauthner, in: H.v.H., *Reden und Aufsätze III: 1925-1929, Buch der Freunde, Aufzeichnungen 1889-1929*, Frankfurt/Main 1980 (vgl. Anm. 17), S. 439. – Gerade diese Formulierung allerdings ist verräterisch – zumal wenn man den Kontext heranzieht – und markiert möglicherweise gerade Hofmannsthals Skepsis gegenüber den Mauthnerschen Schriften, in denen er genauso versinkt wie Chandos in den »Wirbeln der Sprache«.

veröffentlicht genau zur gleichen Zeit (1901/1902) seine »Beiträge zu einer Kritik der Sprache«, in denen es *mutatis mutandis* eigentlich just um das Machsche Problem geht. Denn seine Grundthese lautet, daß die Sprache nichts weiter als ein ›Handwerkszeug‹ des Menschen ist und daß sie die Benennung der Wirklichkeit nicht tatsächlich zu leisten vermag. Er sagt im Hinblick auf die Sprache das gleiche wie Mach über das Ich, der es bekanntlich nur als »denkökonomische«[42] Hilfe gelten lassen wollte, gewissermaßen aus praktischen Gründen.[43] Im Hinblick auf die Literatur ist die Nähe zu Hofmannsthals »Chandos«-Brief evident.

Es handelt sich um eine aporetische Situation. Denn nur wer sich aussprechen, sich formulieren kann, vermag damit auch seiner selbst sicher zu sein. Wenn das Ich sich seiner selbst jedoch nicht sicher ist, vermag es auch den Zugriff auf die Wirklichkeit nicht zu leisten, der diese Wirklichkeit zusammenzufassen und damit überhaupt erst handhabbar zu machen hätte.

Daß im Gefolge dieser Erfahrungen die Welt als bedrohlich empfunden wird, weil sie nicht mehr beherrscht werden kann, ist nur die (psycho-)logische Konsequenz daraus. Folglich muß dem auf irgendeine Weise Abhilfe geschaffen werden. Und da leistet der Gedanke Nietzsches, den der erwähnte Satz aus dem Nachlaß formuliert, Diagnose und Therapie zugleich, indem er, darin repräsentativ für die Zeit, alles auf die Karte der Kunst setzt.

5. Exkurs
Die Kunst: Der Weg in die Abstraktion

Der Kunst stellt sich der Ausweg aus dem Dilemma als eine Alternative dar, die keine ist. Sie besteht im dialektischen Aushalten eines Antagonismus auf der einen und dem Ausbruch in die Abstraktion auf der anderen Seite. Der Antagonimus ist vorgegeben: Er entsteht aus der Spannung zwischen dem Scheitern an der Tradition (z.B. der Stile) und der Notwendigkeit von Innovation.

Die Kunst bringt Tradition und Innovation nicht zusammen und geht deshalb, vor diese Entscheidung gestellt (die, wie gesagt, keine ist, weil sie nicht anders kann), den zweiten Weg, den – verkürzt gesagt – der Abstraktion; man könnte statt von Abstraktion auch von einem neuen Text-›Verfahren‹ sprechen.[44] Sie hat ihn bis heute nicht verlassen. Und das in allen Sekto-

---

[42] Zit. nach: *Die Wiener Moderne* (Anm. 1), S. 141.

[43] Mauthner sagt in bezug auf die Sprache im Grunde nichts anderes. Seine Sprachkritik löst die Sprache in Adjektiv, Verbum und Substantiv auf und kann so von drei Sprachen reden, in denen wir je nach der Richtung unserer Aufmerksamkeit unsere Kenntnis von einer und derselben Welt ausdrücken; vgl. Fritz Mauthner, *Wörterbuch der Philosophie. Neue Beiträge zu einer Kritik der Sprache*, Bd. 2, Leipzig 1910, S. 530; vgl. dazu besonders Walter Eschenbacher, *Fritz Mauthner und die deutsche Literatur um 1900. Eine Untersuchung zur Sprachkrise der Jahrhundertwende*, Frankfurt/Main/Bern 1977.

[44] Zum Begriff des Textverfahrens vgl. die Beiträge 5 bis 7 in diesem Band.

ren: Literatur, Musik und Bildender Kunst. Die Endprodukte dieser Entwicklung bezeichnen am besten die Richtung, in die man aufbrach, auch wenn dieses Ziel oft erst Jahrzehnte später erreicht wurde: Dada, Zwölftonmusik und abstrakte Kunst.

Generell läßt sich sagen, daß hier die Abstraktion übertragungsfähig geworden ist: aus Wissenschaft und Denken auf Kunst und damit – wie die Zeitgenossen das verstanden hätten – zugleich auf ›Leben‹. Dessen Verwissenschaftlichung nimmt hier bekanntlich nicht ihren Anfang, aber sie erfährt hier ihre stärkste Radikalisierung: »das Leben ist an allem schuld« (wie Musil die Lage formuliert).[45] Man könnte sagen, daß dieses Lieblingswort der Epoche, dessen sich als Begriff sogar die Philosophie bemächtigt und mit ihm eine ganze Schule begründet, nur deshalb in aller Munde ist, weil jene ihm tödliche Verwissenschaftlichung so durch eine Phalanx verbaler Behauptung, durch ›Besprechung‹[46] gewissermaßen, abgewehrt werden soll. Vergeblich zwar, denn das Leben erliegt dem Ansturm der Verwissenschaftlichung dennoch, und zwar zunächst – das heißt hier allerdings: bis heute – durchaus unwiderruflich. In Auswahl sind die Bereiche logischerweise kaum zu benennen, weil diese Szientifizierung flächendeckend ist. Aber die Kanäle heißen Technik und Technologie, pharmazeutische Industrie und Medizin.

Vorwürfe von Scheinhaftigkeit und Oberfläche, Äußerlichkeit und folglich Verkommenheit, Dekadenz, ja Verworfenheit in diesem Sinne bezeichnen falsch eine richtig verstandene oder jedenfalls korrekt wahrgenommene Veränderung, die sich mit dem Fin de siècle verbindet. Es sind jene Begriffe, die die vorangegangene Zeit für dergleichen Neuerungen einzig bereithielt, weil sie der Tiefe und dem Höchsten gleichermaßen, d.h. dem ›Wesentlichen‹ *ex negativo* korrespondierten, also den hier längst manifesten Jargon der Eigentlichkeit umgekehrt praktizierten. Indiziert werden sollte die verwerfliche Abkehr vom Inhalt, von dem, was drin, was Substanz war oder sein sollte; die Hinwendung vom Gehalt zur bloßen Erscheinung, die sich verselbständigt hatte und alles andere repräsentierte als das, was sie verbarg. Das *Entourage*- und *Etalage*hafte sollte mit solchen Vorwürfen getroffen werden; das Schaufensterartige.[47] Aber das kann nicht funktionieren, wenn die Kunst

---

[45] Umgekehrt wollen »bekanntlich«, sagt Musil, »unsere Dichter nicht mehr denken, seit sie von der Philosophie gehört zu haben glauben, daß man Gedanken nicht denken darf, sondern sie leben muß. Das Leben ist an allem schuld.« (Robert Musil, Schwarze Magie, in: R.M., *Prosa und Stücke, Kleine Prosa, Aphorismen, Autobiographisches, Essays und Reden*, hrsg. von Adolf Frisé, Reinbek 1978, S. 503).

[46] Nicht von ungefähr, scheint mir, diskutiert Musil diese Probleme unter der bemerkenswerten und anspielungsreichen Überschrift »Schwarze Magie« (Anm. 45), S. 501ff.

[47] Der Scheincharakter des Begriffes indiziert mit der gemeinten Epoche zugleich das, was diese initiiert: die Moderne. Oberfläche, Schein, Entourage, Zweidimensionalität sind denn auch die Indizien der Moderne bis heute. Es ist der Streit des ersten Jahrzehnts zwischen Thomas Mann und Heinrich Mann, der um die Artifizialität der Kunst und den Ernst des Lebens ging; um Thomas Mann und den Ästhetizismus auf der einen und Heinrich Mann und Zola auf der anderen; es ist der Hiat zwischen Ironie und Sozialreform, bürgerlicher Kunst und Veränderung der Gesellschaft.

sich für jenen Weg der Abstraktion entschieden hat. Abstraktheit ist mit inhaltlichen Argumenten nicht zu erschüttern; im Guten nicht und nicht im Bösen, weder in Akklamation noch in Kritik.

6. Konsequenzen

Das Verdienst dieser Epoche *Fin de siècle*, wenn sie als solche zu bezeichnen ist und wenn Epochen so etwas wie Verdienste aufzuweisen haben, liegt in der rücksichtslosen Selbstradikalisierung ihrer Defizite, oder besser: der Defizienzfeststellungen, die sie zu treffen gezwungen war; liegt in dem, was Freud als die »Zersetzung der konventionell-kulturellen Sicherheiten« bezeichnet hat (womit er bezeichnenderweise gerade einen besonderen Charakterzug Schnitzlers hervorheben wollte!);[48] liegt damit in der Tatsache, daß das Fin de siècle diese Ergebnisse den nachfolgenden Generationen vermittelt hat: diese folgenreichen und in ihrer Radikalität vorher so nicht formulierten Problemkomplexe, wie sie sich mit Mach und dem ›unrettbaren Ich‹ verbinden, mit Freud, der Hypnose und dem Traum als Wunscherfüllung, Nietzsche und dem Ausweg in die Kunst oder Hofmannsthal und dem Sprachproblem des Lord Chandos.

Die Einsicht in das Fehlen jeder Verbindung mit der Vergangenheit, die ein Minimum an Identität zu vermitteln vermocht hätte, konnte nur deshalb so desaströs auf die Zeitgenossen wirken, weil man sie gelehrt hatte, an etwas anderes zu glauben. Das vorangehende Jahrhundert der Geschichtswissenschaften hatte Tradition und Herkunft, Geschichtlichkeit und Historizität gerade als notwendige Voraussetzungen des eigenen Selbstverständnisses festgeschrieben. Darauf war zu bauen, hatte man gemeint. Entsprechend knüpfen auch die radikalen Entwürfe des Fin de siècle bewußt *ex negativo* an Tatbestände der Tradition an. Das Arsenal, aus dem Literatur, Bildende Kunst und Musik schöpfen, ist zunächst ein historistisches, d.h. ein vermitteltes. Die Gedichte Georges und die frühe Prosa Hofmannsthals, die Bilder des frühen Kandinsky, die Symphonien Mahlers: Ehe das modern ist, ist es traditionell; ehe im Verfahren und im Arrangement Modernität sichtbar wird, erkennt man, erkennen besonders die Zeitgenossen im Stoff zu Recht die Tradition. Daß es gerade das ist, was in die Moderne weisen wird, über die Jahrhundertmarke hinaus, wird erst später deutlich und ist eigentlich erst von heute her auszumachen. Jedenfalls spricht die gerade unter den Wienern dieser Generation so verbreitete Depressivität wahrhaftig für sich: Hofmannsthal, Beer-Hofmann, Karl Kraus, Musil, bezeichnenderweise auch Mach und Freud; und wahrlich nicht zuletzt Arthur Schnitzler.

Ein hoch komplizierter Vorgang ist hier folglich zu beobachten: Die Tradition wird in ihren inhaltlichen Vorgaben beibehalten und zugleich in ihrem

[48] Vgl. *Wiener Moderne* (Anm. 1), S. 652.

Verfahren, in ihrem *display*, um ein modernes Wort zu verwenden, verändert. Das gilt für die gesamte Kunst der Zeit. Und es hängt von der Einschätzung einer solchen Verfahrens- und *display*-Änderung ab, ob man darin eine Zurückweisung der Tradition sehen will oder ihre Konsolidierung. Für die Künste jedenfalls gilt, daß das Material *grosso modo* dasselbe bleibt, daß lediglich sein Arrangement ein anderes ist. Die Wörter, deren die Literatur sich bedient, die Farben, die die Maler zur Hand nehmen, die Instrumente, mit denen die Komponisten ihre Partituren ausstatten, sind dieselben wie fünfzig oder zweihundert Jahre zuvor. Anders geworden ist lediglich das Arrangement: die Anordnung der Worte, Farben und Töne. In der Literatur wird die Syntax aufgelöst oder die Epitheta werden asyndetisch gereiht, in der Malerei wird die Perspektive aufgegeben, in der Musik die Tonalität. Das Verhältnis zur Realität ist kein mimetisches mehr; es ist abstrakt.

Das alles aber geschieht in einem Moment, da die gesellschaftliche, die technisch und industriell abgesicherte Wirklichkeit (auch die politische) für die Zeitgenossen einen Grad an Zuverlässigkeit und Garantierbarkeit, an Überschaubarkeit und Planbarkeit erreicht, oder wenigstens erreicht zu haben scheint, den bis dahin schlechterdings niemand für möglich gehalten hätte.[49] In just diesem Augenblick proben Kunst und Kultur die Abstraktion; in einem Moment also, da ihnen diese durch eine besondere Konsolidierung, d.h. ein spezifisches Konkretwerden der gesellschaftlichen Verhältnisse ermöglicht, man könnte sagen: luxuriöserweise leichtgemacht, wenn man so will: als Möglichkeit eigener Identitätsformulierung geradezu nahegelegt wird. Man kann sich Abstraktheit leisten; denn für das Konkrete – die Basis aller Abstraktheit – ist mehr als gesorgt. Die Kunst der folgenden Jahrzehnte übersteht nur in dieser Verfassung – der Abstraktion – die fundamentalen Angriffe auf ihre Substanz, denen sie ausgesetzt ist. Wenn die religiösen, gesellschaftlichen, politischen und kulturellen ›Werte‹ wegbrechen und sich auflösen, stellen sie auch keine Ressourcen mimetischen Verhaltens mehr dar. Die Kunst ist gezwungen, sich ihren Verfahren zuzuwenden. Die aber sind – ohne den Gehalt, auf den sie referieren könnten – logischerweise abstrakt, ja müssen es sein.

Daß Arthur Schnitzler diesen Weg in die Abstraktion nur zum Teil beschritten hat, und zwar aus Prinzip, gehört zu seinen Besonderheiten. Daß das eine für ihn das andere nicht ausschloß, er über dem Abstraktwerden, wenn man das so formulieren kann, das Konkrete nicht vergessen wollte; und umgekehrt: über den Anatol-, Gustl-, Bernhardi- und Else-Fällen nicht die Erprobung von Techniken und Verfahren, also inneren Monolog und Traumprosa vernachlässigte, dies unterscheidet ihn von nahezu allen anderen Zeitgenossen, die sich stets für das eine *oder* das andere entschieden. Er hatte für diese Alternative wenig Sinn. Weder die eine noch die andere Seite aufgegeben, gar ignoriert zu haben, das mag ihn den nachfolgenden Generationen

[49] Es ist etwas anderes, daß sich das von heute aus angesichts der Folgen anders darstellt.

empfehlen und eigentlich unentbehrlich machen, denn sie stehen letztlich wohl vor demselben Problem: daß Politik und Ästhetik keine Alternative darstellen.

Die abstrakten Verfahren waren an der Zeit: »Das Technische findet sich ein, wenn das Bedürfnis vorhanden ist«, sagt Hegel.[50] Aber es muß zuvor geweckt werden. Für die Moderne als dem Terrain der Abstraktion jedenfalls hat das genaugenommen das Fin de siècle besorgt. Nicht zuletzt in jener Haupt- und Residenzstadt Wien, als seinem – neben Paris – bewußtseinsgeschichtlich bedeutendsten Horizont, hat diese Epoche jene Bedürfnisse sich selbst gleichsam unfreiwillig und widerstrebend abgerungen, sich und der Nachwelt in ihren Konsequenzen erst aus den radikalisierten Erfahrungen des voraufgehenden Jahrhunderts zu destillieren gewußt.

---

[50] Georg Wilhelm Friedrich Hegel, Vorlesungen über die Philosophie der Geschichte, in: G.W.F.H., *Werke*, Bd. 12, Frankfurt/Main 1970, S. 491.

III. Autoren und Werke

13. Samuel Lublinskis literatursoziologischer Ansatz

Samuel Lublinski[1] – die Literaturgeschichten erwähnen ihn gar nicht oder nur am Rande.[2] Und das nicht einmal zu Unrecht. Gäbe es für die Zeit um die Jahrhundertwende eine Geschichte der Literaturkritik, gar eine der Soziologie der Literatur:[3] *Dort* hätte er einen breiten Raum einzunehmen. Er selbst allerdings verstand sich keineswegs nur als Literaturkritiker, sondern entschieden auch – und seit etwa 1900 von Jahr zu Jahr in zunehmendem Maße –

---

1 Über sein Leben ist wenig zu erfahren. Die Lexika führen ihn nicht, in den Lebenserinnerungen der Zeit kommt er nicht vor. Kompiliert man das Bekannte, dann ergibt sich folgendes: Samuel Lublinski, der auch unter dem Pseudonym Salomo Liebhardt schrieb, ist am 18. Februar 1868 in Johannisburg in Ostpreußen geboren, am 25. Dezember 1910 in Weimar gestorben. Er ging mit Obersekunda vom Gymnasium ab, wurde Buchhändler und »trat in das große Inkunabeln-Antiquariat von Leo S. Olschki in Verona (jetzt [d.i. 1913] in Venedig u. Florenz) ein, blieb dort als Lehrling und Gehilfe, obwohl er wenig Neigung für diesen Beruf zeigte, 4 1/2 Jahre, war dann noch zwei Jahre in Heidelberg, gab dann aber (1895) seinen Beruf auf und ging nach Berlin, um hinfort als Schriftsteller tätig zu sein.« (F. Brümmer, *Lexikon der deutschen Dichter und Prosaisten vom Beginn des 19. Jahrhunderts bis zur Gegenwart*, Leipzig [6]1913). Kürschners »Deutscher Literatur-Kalender« nimmt Lublinski zum ersten Mal 1896 in den Band 18 als »Redakteur am ›Berliner Fremdenblatt‹« auf. 1908 (Band 30) steht er dort mit Wohnsitz Weimar verzeichnet; vgl. auch die Einleitung von Ida Lublinski zu den von ihr herausgegebenen »Nachgelassenen Schriften« ihres Bruders (Anm. 4), S. VII-XII. – Die Zeitgenossen waren Zeugen von zwei literarischen Skandalen, in die Lublinski verwickelt war. Im einen ging es um Arno Holz und Johannes Schlaf, der andere spielte sich zwischen Lublinski und Theodor Lessing ab. Beide waren durch die »Bilanz der Moderne«, 1904 (Anm. 7), hervorgerufen. Thomas Mann, über dessen »Buddenbrooks« Lublinski als einer der ersten (im »Berliner Tageblatt« vom 13.9.1902) eine positive, rühmende Besprechung gebracht hatte, nahm in der Auseinandersetzung mit Lessing leidenschaftlich für Lublinski Partei. In diesem Zusammenhang ist Lublinski innerhalb der Thomas-Mann-Forschung vereinzelt Gegenstand kürzerer Erörterungen gewesen; vgl. Hans Wysling, *Thomas-Mann-Studien*, Bd. 1, Bern/München 1967, S. 108-115; Hans Waldmüller, Ein Fund für die Thomas-Mann-Forschung. Zu Samuel Lublinskis ›Buddenbrooks‹-Rezension, in: *Aus dem Antiquariat* 28/1972, I, S. A 20-A 24 (*Börsenblatt für den Deutschen Buchhandel*, Frankfurter Ausgabe, Nr. 8, 28.1.1972). – Zu Holz und Schlaf hat Lublinski selbst eine Darstellung veröffentlicht (S.L., *Holz und Schlaf. Ein zweifelhaftes Kapitel Literaturgeschichte*, Stuttgart o.J. [1905]). Holz hatte ihm vorgeworfen, daß er »seinen Anteil an dem Drama *›Familie Selicke‹*, das er mit Schlaf zusammen gezeichnet hat, zu Gunsten Schlafs verkümmert hätte« (S. VII); vgl. dazu: Helmut Scheuer, Arno Holz und Johannes Schlaf – Das Dioskurenpaar der Moderne, in: H.S., *Arno Holz im literarischen Leben des ausgehenden 19. Jahrhunderts (1883-1896). Eine biographische Studie*, München 1971, S. 99-131.

2 In der Regel gehen die Informationen nicht über etwa zehn Zeilen hinaus. Die einzige Literaturgeschichte, die m.E. Lublinski ausführlicher und auch in anderem Zusammenhang als dem obligatorischen mit Paul Ernst, Wilhelm von Scholz und der sogenannten Neuklassik erwähnt, ist Albrecht Soergel, *Dichtung und Dichter der Zeit. Eine Schilderung der deutschen Literatur der letzten Jahrzehnte*, Leipzig 1911.

3 Eine Geschichte der Literaturkritik dieses Zeitraums gibt es nicht. Das gleiche gilt für eine Literaturgeschichte unter spezifisch soziologischem Aspekt. Bezeichnend in diesem Zu-

als Schriftsteller und Dichter.[4] Und in der Tat gewinnt seine vergessene literarische Produktion auf dem Hintergrund seiner kritischen Äußerungen auch eine gewisse Bedeutung. Denn es hatte seinen literaturkritischen, wenn man so will, auch literaturtheoretischen Stellenwert, daß er sich nach der umfänglichen literaturgeschichtlichen Bestandsaufnahme über »Literatur und Gesellschaft im neunzehnten Jahrhundert« (in vier Bänden),[5] sowie zahlreichen Aufsätzen in Zeitungen und Zeitschriften[6] selbst in dem bis dahin von ihm nur rezensierten Genre versuchte und mehrere Novellen und Tragödien veröffentlichte; noch bevor er 1904 die »Bilanz der Moderne« zog.[7] Das gilt insbesondere für seine Trauerspiele und Tragödien, die er eindeutig als Paradigmata für das verstanden wissen wollte, was er für die »neuen Wege« des Dramas hielt.[8] Hier sollte die »neue Klassik« beispielhaft vorgeführt werden;[9] hier also auch wäre – zumindest für Lublinski – anzusetzen, wenn man die Rückwendung zur deutschen Klassik Goethes und Schillers beschreiben und analysieren wollte, wie sie sich im ersten Jahrzehnt dieses Jahrhunderts vollzogen hat. Lublinski figuriert in den Literaturgeschichten bis heute nicht zuletzt auch aus diesem Grunde fast ausschließlich zusammen mit Paul Ernst

---

sammenhang ist es auch, daß Lublinski auch in Fügens Sammlung »Wege der Literatursoziologie« nicht nur mit keinem Text vertreten ist (was sich leicht und überzeugend mit der Raumnot in Anthologien begründen ließe), sondern sogar nicht einmal mit seinem Namen vorkommt (vgl. Hans Norbert Fügen [Hrsg.], *Wege der Literatursoziologie*, Neuwied/Berlin 1968 [= Soziologische Texte, Bd. 46]).

4 Die Publikationsdaten seiner selbständig im Druck erschienenen literarischen Arbeiten liegen sämtlich nach 1900: *Gescheitert. Novellenbuch*, Dresden 1901; *Der Imperator. Trauerspiel*, Dresden 1901; *Hannibal. Tragödie*, Dresden 1902; *Elisabeth und Essex. Tragödie*, Berlin 1903; *Peter von Rußland. Tragödie, Mit einer Einleitung ›Der Weg zur Tragödie‹*, München 1906; *Gunther und Brunhild. Tragödie*, Berlin 1908; *Kaiser und Kanzler. Tragödie*, Leipzig 1910; *Teresa und Wolfgang. Novelle*, Berlin 1912 [posthum]. Frühere, um 1890 unter Ibsens Einfluß entstandene Arbeiten scheint Lublinski vernichtet zu haben (vgl. Ida Lublinski, Einleitung, in: Samuel Lublinski, *Nachgelassene Schriften,* hrsg. von I.L., München 1914, S. VIIIf.).

5 Vgl. Samuel Lublinski, *Literatur und Gesellschaft im neunzehnten Jahrhundert*, 4 Bde., Berlin 1899-1900 (Bd. 1: *Die Frühzeit der Romantik*, 1899; Bd. 2: *Romantik und Historizismus*, 1899; Bd. 3: *Das junge Deutschland*, 1900; Bd. 4: *Blüte, Epigonentum und Wiedergeburt*, 1900).

6 So – um nur die bekanntesten zu nennen – in den Zeitschriften: »Die Fackel«, »Freie Bühne«, »Die Gegenwart«, »Die Gesellschaft«, »Der Kunstwart«, »Das Literarische Echo«, »Das Magazin für die Literatur des In- und Auslandes«, »Die Schaubühne«, »Der Sturm«, »Die Zeit«, »Die Zukunft«; sowie auch in der »Vossischen Zeitung« und dem »Tag«. – Auch hier ist es, ähnlich wie bei den Literaturgeschichten, bezeichnend, daß Schlawe Lublinski nicht nennt, obwohl er über Jahre hinweg an den führenden Blättern mitgearbeitet hat (vgl. Fritz Schlawe, *Literarische Zeitschriften. Teil I: 1885-1910*, Stuttgart ^{2}1965 [= Sammlung Metzler, Bd. 6]).

7 Vgl. Samuel Lublinski, *Die Bilanz der Moderne*, Berlin 1904 (Nachdruck: hrsg. von Gotthart Wunberg, Tübingen 1974 [= Deutsche Texte, Bd. 29]).

8 Vgl. Samuel Lublinski, *Der Ausgang der Moderne. Ein Buch der Opposition*, Dresden 1909, besonders S. 151-172 (Nachdruck: hrsg. von Gotthart Wunberg, Tübingen 1976 [= Deutsche Texte, Bd. 41]; dort S. 313ff. auch eine ausführliche, von Johannes J. Braakenburg zusammengestellte Bibliographie).

9 Lublinski, *Ausgang* (Anm. 8), S. 169ff.

und Wilhelm von Scholz. Es wird Zeit, ihn aus dieser Umarmung zu befreien.[10]

Zunächst ist, was Lublinski betrifft, weniger nach diesen literarischen Beispielen als nach deren von ihm selbst formulierten Grundlagen zu fragen. Er hat sie zusammenhängend zum erstenmal 1904 in der »Bilanz der Moderne« dargestellt. Eine genauere Untersuchung könnte nachweisen, wie stark seine zu diesem Zeitpunkt bereits zahlreich vorliegenden Zeitschriftenaufsätze sowie Teile seiner Literaturgeschichte[11] dem Thema, wenn auch nicht der Formulierung nach, darin wiederkehren. Das gilt nicht nur für die spezifisch literarische Thematik, sondern in gleichem Maße etwa für seine Positionen gegenüber dem Antisemitismus[12] (eines der ersten Probleme, das ihn – vom zionistischen Standpunkt her – beschäftigt), seine Einschätzung Bismarcks und Treitschkes,[13] Nietzsches[14] oder Darwins und der Vererbungslehre.[15] Von Lublinskis theoretischen Äußerungen auszugehen, hat also, abgesehen von dem zweifellos stärkeren Interesse, mit dem sie heute rechnen können, auch seine eigene Entwicklung als Kritiker für sich. Es wäre – besonders angesichts des praktisch seit seinem Tode herrschenden Stillschweigens über diesen Mann – nötig, sie gelegentlich genauer darzustellen; denn sie ist exemplarisch.

Überhaupt hat eine Beschäftigung mit Lublinski heute ihren Sinn eher in der Aufdeckung von zeitgenössisch-symptomatischen Aspekten und Phänomenen, als in der Aktualisierung von gegenwärtig möglicherweise unmittelbar relevanten Ansätzen. Die bezieht eine Untersuchung Lublinskis eher aus der Tatsache, daß er als erster versucht hat, Literaturgeschichte soziologisch zu betreiben; wie wenig ihm das auch nach heutigen Maßstäben gelungen sein mag. Peter Ludz zählt ihn zu Recht gemeinsam mit Belinskij, Dobroljubow, Kleinberg, Mehring, Plechanow, Reimann, Tschernyschewski (und »in gewissem Sinne auch Paul Ernst«) zu den »Vorläufern der marxistischen Literaturtheorie«.[16] Lublinskis Versuch, Literatur und Gesellschaft aufeinander zu beziehen, d.h. so zu beschreiben, wie er Soziologie verstand und wohl auch allein verstehen konnte, ist in der Tat nur dann gescheitert, würde man

[10] Diese obligatorische Umklammerung löst erst die völkische und die ihr nahestehende Literaturgeschichtsschreibung (denen man das nicht überlassen sollte): Ernst und von Scholz requiriert man für sich, Lublinski läßt man fallen.

[11] Vgl. Anm. 5.

[12] Samuel Lublinski, Der Antisemitismus, in: *Freie Bühne für modernes Leben* 7/1896, S. 1145-1162; auch in: *Nachgelassene Schriften* (Anm. 4), S. 92-119.

[13] Samuel Lublinski, Bismarck, eine Psychologie (1900), in: *Nachgelassene Schriften* (Anm. 4), S. 169-253; S.L., Heinrich von Treitschke als Politiker, in: *Die Zeit* 8/1896, S. 39-41 (auch in: *Nachgelassene Schriften* [Anm. 4], S. 156-168); vgl. für diesen Zusammenhang auch seinen Aufsatz: Wilhelm II, in: *Die Gesellschaft* 14/1898, S. 800-812.

[14] Vgl. Lublinski, *Literatur* (Anm. 5), Bd. 4, S. 180ff.; sowie außerdem: Lublinski, *Ausgang* (Anm. 8), S. 65-73.

[15] Vgl. Lublinski, *Literatur* (Anm. 5), Bd. 4, S. 165ff.; zu Darwin speziell auch die etwas später erschienene Schrift: *Charles Darwin. Eine Apologie und eine Kritik*, Berlin 1905.

[16] Peter Ludz, Marxismus und Literatur. Eine kritische Einführung in das Werk von Georg Lukács, in: Georg Lukács, *Schriften zur Literatursoziologie*, ausgewählt und eingeleitet von P.L., Neuwied 1961 (= Soziologische Texte, Bd. 9), S. 21.

einen Soziologiebegriff zugrunde legen, der nicht der seine war und nicht sein konnte. Für die »Bilanz der Moderne« war ein Phänomen bereits soziologisch beschrieben (und das galt auch für den »Ausgang der Moderne«), wenn die Abhängigkeiten von Literatur und Kunst als Überbauphänomenen von einer gesellschaftlichen Basis – ohne mit dieser Vokabel allerdings belegt zu werden – hinlänglich offensichtlich geworden waren. Was er betrieb, war weit entfernt von Empirie und Statistik, aber es beruhte auf Fakten.

Solcher mehr wissenschaftsgeschichtliche Aspekt ist zweifellos von großer Wichtigkeit; interessanter aber ist – was damit allerdings zusammenhängt – die spezielle, besondere Spielart von Lublinskis höchst unorthodoxer und undogmatischer, gleichwohl aber immer noch marxistischer Position. Er ändert sie im Laufe der Jahre ›organisch‹ – um einen bevorzugten Ausdruck des jungen Lukács (und Lublinskis selbst) zu verwenden. Später hat Lublinski, was hier aus Raumgründen nicht weiter ausgeführt werden kann, einen völlig anderen Soziologiebegriff. Er definiert ihn 1910 unter der Überschrift »Zwei Arten von Soziologie« und unterscheidet dort »das tiefere Wesen der Soziologie«[17] von einer »früheren, kleinlichen« Soziologie.[18] Sein Problem hieß zunächst – er formulierte es in einer Selbstrezension –, wie »innerhalb der sozialisierten Moderne die große Persönlichkeit möglich« sei.[19] Es ergab sich für ihn aus den Befunden des 19. Jahrhunderts, aus Sozialismus und Individualismus, aus – wenn man es personalisiert – Marx und Nietzsche. Was dieser Satz Lublinskis – verkürzend und scheinbar ohne Bezug zu Literatur, Literaturgeschichte, gar Literatursoziologie und doch gerade nur in diesem Horizont – formulierte, ist gleichwohl die Antinomie, der sich das ausgehende Jahrhundert insgesamt gegenübersah. In der Definition des Individualismusbegriffes flossen so verschiedene Quellen wie die Rezeption der deutschen Klassik, das radikale Individualismusprogramm Max Stirners und Nietzsches Genie- und Übermenschkonzeptionen zusammen. Ähnlich komplex, wenn auch in eindeutiger Terminologie praktiziert, ist das, was Lublinski an der Moderne als ›sozialisiert‹ bezeichnet: Es leitet sich keinesfalls nur von Marx, Engels und dem klassischen Sozialismus her, sondern gleichermaßen von den für die Literatur – und die Künste überhaupt – gerade entdeckten Naturwissenschaften oder dessen, was man – in popularisierter Form – dafür hielt; von dem, was man mit den Namen Darwin, Haeckel, dann auch Taine verband; was durch Zola und Ibsen an der Tagesordnung war und – für Deutschland und die deutsche Literatur – insbesondere von Wilhelm Bölsche vermittelt wurde.[20]

---

[17] *Nachgelassene Schriften* (Anm. 4), S. 308.

[18] *Nachgelassene Schriften* (Anm. 4), S. 310. – Wenn man, im Anschluß an Erwin Leibfrieds Unterscheidung zwischen ›Soziologie des Textes‹ und ›Textsoziologie‹, von ›Soziologie der Literatur‹ und ›Literatursoziologie‹ sprechen will, handelt es sich hier bei Lublinski ausschließlich um ›Soziologie der Literatur‹; vgl. Erwin Leibfried, *Kritische Wissenschaft vom Text. Manipulation, Reflexion, Transparente Poetologie*, Stuttgart 1970, S. 170ff.

[19] Vgl. *Die Zukunft* 51/1905, S. 489.

[20] Vgl. in diesem Zusammenhang besonders: Wilhelm Bölsche, *Entwicklungsgeschichte der*

Was er »Bilanz« nannte, war eher eine Diagnose mit Therapievorschlag. Die »geistige Struktur um 1890«[21] widersprach als historischer Befund den Axiomen seiner normativen produktionsästhetischen Poetik;[22] aber aus diesem Widerspruch konstruierte er seinen Ansatz. Die literarische Moderne habe die Abhängigkeit des Individuums von der Gesellschaft für sich entdeckt, so lautete der Befund; aber die große Kunst benötige die große unabhängige Individualität, so die Axiomatik. Daraus ergab sich die Frage, wie sich historischer Befund und normative Position miteinander zu verbinden hätten, um die »größere Moderne« wie sie sich ihm darstellte,[23] überhaupt erst zu ermöglichen. Die Therapie, die er vorschlug – das, was man später das neoklassische Drama nannte –, speiste sich aus verdeckter (klassischer) Quelle; aber interessanter als die Therapie, die man kennt, ist zunächst die Diagnose.

Innerhalb der Literaturkritik war er der einzige, der den Tatsachen in dieser Weise Rechnung trug. Die hießen für ihn (und damit für diesen Zusammenhang): Sozialismus und Genietradition. Die marxistisch-sozialistische Komponente bei ihm ist deutlich und unübersehbar. Implizit ist sie von Anfang an vorhanden; explizit bekennt er sich erst später dazu: Als er den Sozialismus *überwunden* hat, nennt er ihn beim Namen.[24] Der andere Komplex hieß bei ihm nicht Genie, sondern er umschrieb ihn mit »große Individualität« oder »große Persönlichkeit«.[25] – Das Problem entstand für ihn folglich aus dem Zusammentreffen einer neuen Idee und einer alten Tradition, wobei Lublinski den Sozialismus mit dem hergebracht unmißverständlichen Terminus auch belegt, die Genietradition aber, wenn er von Individualismus und

Natur, 2 Bde., Berlin 1894-1895; *Charles Darwin*, Leipzig 1898; *Vom Bazillus zum Affenmenschen. Naturwissenschaftliche Plaudereien*, Leipzig 1900; *Ernst Haeckel*, Dresden 1900; *Das Liebesleben in der Natur. Eine Entwicklungsgeschichte der Liebe*, Leipzig 1900-1903; *Die Entwicklungslehre im neunzehnten Jahrhundert*, Berlin 1901. – Lublinski stand dem »liebenswürdigen und begabten Wilhelm Bölsche« mit seinen »dichterischen Naturgeschichten« sehr skeptisch gegenüber: »Nur Bölsches Liebenswürdigkeit und anmutige Epik verhindert uns, die romantische Ungeheuerlichkeit, aus der diese ›naturwissenschaftlichen‹ Bücher erwachsen sind, voll zu durchschauen ...« (Lublinski, *Bilanz* [Anm. 7], S. 154).

[21] So die Überschrift des ersten Kapitels der »Bilanz der Moderne« (dieses Kapitel ist vollständig abgedruckt in: Gotthart Wunberg/Stephan Dietrich [Hrsg.], *Die literarische Moderne. Dokumente zum Selbstverständnis der Literatur um die Jahrhundertwende*, 2., verb. und. komm. Auflage, Freiburg i.Br. 1998 [= Reihe Litterae, Bd. 60], S. 297-328).

[22] Vgl. die »Vorrede« zur »Bilanz«: »Der Verfasser tritt also als ein Mann auf, der eine Wahrheit gefunden zu haben glaubt, für die er normativen Charakter beansprucht.« (Lublinski, *Bilanz* [Anm. 7], S. V; ebenfalls in: *Die literarische Moderne* [Anm. 21], S. 291-295).

[23] Lublinski, *Ausgang* (Anm. 8), S. 228.

[24] Vgl. Lublinski, *Ausgang* (Anm. 8), S. 227f.: »Ich vertraute mich jener Marxistischen Theorie vom Klassenkampf an und stellte meine Sache auf die sozialistische Bewegung und auf die Arbeiterklasse. [...] Mit einem Wort, bei der Arbeiterbewegung glaubte ich jene Synthese gefunden zu haben, die ich suchte, und was ich nunmehr mit dem Schlagwort ›Kultur‹ zu bezeichnen versuchte, nannte ich damals Klasse. [...] Daß ich mich dieser philosophischen Naivität, nicht nur nicht mit Widerstreben, sondern sogar mit einer gewissen Begeisterung hingab, ist allerdings ein bedenkliches Zeichen dafür, wie sehr ich damals noch zu den Modernen gehört habe.«

[25] Vgl. *Die Zukunft* (Anm. 19), S. 489.

Persönlichkeit spricht, in eigener, freilich zeitgenössisch-modern orientierter Terminologie vorführt. Die Lösung sucht er in einer Kombination, die er als historisch notwendig voraussetzt. Später – im »Ausgang der Moderne« (1909) – wird er das präziser als Synthese fassen; präziser, aber auch decouvrierender: Aus dem Linkshegelianer, als der er angetreten, ist dann endgültig der Synthetiker einer Neuen Klassik geworden. Das erste Kapitel der »Bilanz« zeigt diese Ansätze besonders deutlich und eindrucksvoll: Es ist der Versuch eines (linken) Parteigängers zu retten, was zu retten ist.

Die Vorrede schon bestimmt die Richtung der Argumentation. Sie enthält das dialektische Konstrukt aus Klassik und Soziologie, aus – besser – Klassizität im Bewußtsein und Soziologie in der Methode; und weist damit zugleich eigentlich bereits über die hier, 1904, bezogene Position hinaus auf die spätere von 1909. Goethes berühmter Satz: »Denn wer in schwankender Zeit noch schwankend gesinnt ist, vermehret das Übel« wird – scheinbar – wörtlich zitiert[26] und stellt mit dem Terminus einer »schwankenden Zeit überhaupt« zugleich die Diagnose der eigenen. Unüberhörbar umreißt aber das Verdikt der schwankenden Gesinnung auch das Bild einer festen; eine Kombination also, die schon seinem Buch über »Literatur und Gesellschaft im neunzehnten Jahrhundert« zugrunde gelegen hatte, die auch im »Ausgang der Moderne« noch das Grundmuster darstellte, oder vielmehr: dort erst recht. Kurz: das Grundmuster, an dem die beiden Extreme seines Lebens ablesbar sind; die Soziologie, von der er herkam, indem er sie aus seinem Verständnis des Marxismus entwickelte, und die Neoklassik, der er sich zuwandte, als er jene vergeblich versuchte Lösung seiner Probleme verwarf.

Lublinski setzt, wie gesagt, mit der Diagnose ein, einer Diagnose der verpaßten Gelegenheiten. Was darunter zu verstehen ist, soll im folgenden an den jungen, links orientierten Naturalisten gezeigt werden, die für Lublinski – neben den »Herren Konservativen«, wie er sie nennt – in besonderer Weise für das Verhältnis von Literatur und Gesellschaft gegen Ende des Jahrhunderts repräsentativ sind. Unter der Überschrift »Geistige Struktur um 1890«, im ersten Kapitel der »Bilanz der Moderne«, bereits auf der ersten Seite, kritisiert er den Ansatz der jungen Generation in Deutschland: Sie gehe »gar nicht in erster Reihe von ästhetischen Bedürfnissen« aus.[27] Das heißt für ihn, daß sie sich nicht um einen neuen Stil bemüht.[28] Ihre daraus folgende Kon-

---

[26] Lublinski, *Bilanz* (Anm. 7), S. VI; – vgl. Goethe, *Hermann und Dorothea*, 9. Gesang, Vers 302f.

[27] Lublinski, *Bilanz* (Anm. 7), S. 3.

[28] Die Forderung nach einem neuen Stil wird nicht nur von Lublinski und Paul Ernst etwa erhoben. Schon in den frühen 90er Jahren sind diesem Problem ganze Aufsätze gewidmet; vgl. Hermann Bahr, Vom Stile, in: *Das Junge Wien. Österreichische Literatur- und Kunstkritik 1887-1902*, hrsg. von Gotthart Wunberg, 2 Bde., Tübingen 1976, Bd. 1, S. 127-134; Der neue Stil, in: H.B., *Studien zur Kritik der Moderne*, Frankfurt/Main 1894, S. 266-325, besonders S. 266-269; Curt Grottewitz, Neuer Stil und Neue Schönheit, in: *Die literarische Moderne* (Anm. 21), S. 151-157; Franz Servaes, Der Wille zum Stil, in: *Die neue Rundschau* 16/1905, S. 105-118.

zentration auf die »Stoffmassen«[29] anstelle des Stils hängt für ihn – und damit macht er die Literatur gleich zu Anfang an der Realgeschichte fest – mit einem höchst ästhetikfremden Ereignis zusammen: dem Sturz Bismarcks. Der Name des ›Eisernen Kanzlers‹ und die mit seinem Sturz zusammenfallende Aufhebung des Sozialistengesetzes werden zum Ausgangspunkt der Argumentation. Wie die politische Konzentrierung auf die Sozialistenfrage, so ist auch die literarische lediglich die notwendige Folge der wachsenden Industrialisierung und Merkantilisierung seit der Reichsgründung. Im einen ist so wenig eine Liberalisierung der Politik wie im anderen eine Einsicht in die Notwendigkeit einer sozialistisch thematisierten Literatur zu sehen. Diese junge Naturalistengeneration entspreche mit der Proklamation einer »Wahrheit um jeden Preis« – Lublinski wird später von der »Modernität um jeden Preis« sprechen[30] – gerade nicht dem zeitgenössisch notwendigen und begründbaren Bedürfnis nach Behandlung sozialer Probleme. Sie erliege vielmehr einer Selbsttäuschung, die in der Verwechslung von allgemeinem wirtschaftlichem Aufschwung seit der Reichsgründung mit der Sozialproblematik beruht und die damit eben keineswegs mit Sozialismus zu tun hat:

> Dieses Dogma, dieser tölpelhafte naive Rausch stand einem Geschlecht sehr gut an, das im neuen Reich zusammen mit der neudeutschen Industrie und Technik aufgewachsen war.[31]

Wo die soziale Frage im Mittelpunkt der Dichtung steht oder stehen soll, hängt sie also nicht primär (und keinesfalls ausschließlich) mit einer – wie allerorts als selbstverständlich vorausgesetzt wurde – immanenten Problembereitschaft zusammen, sondern ist nichts als ein »Mißverständnis«.[32] Der Anspruch auf Sozialproblematik in der zeitgenössischen Dichtung leite sich aus nichts geringerem als ihrem genauen Gegenteil her: einer Industrierevolution und Merkantilisierung, die diese Generation nie anders als aus der Partizipation am Reparationswunder der 70er und 80er Jahre gekannt hat.

Die Illusion auf seiten der Literaten, von der Lublinski in diesem Zusammenhang spricht,[33] bezeichnet ihren Verzicht auf das dialektische Schema, das demjenigen Gesellschaftsgefüge gerade zugrunde lag, in dem sie lebten. Diese Dialektik jedoch war von ihnen substituiert durch das Konzept einer »gradlinigen schematischen Entwicklung«.[34] Was man für einlinig und unkompliziert, für selbstverständlich übernehmbar und simpel rezipierbar hielt, war in Wirklichkeit höchst differenziert, gebaut nach dem Hegelschen

---

[29] Das »Verhältnis [...] zwischen dem Künstler und seinem Stoff« (*Nachgelassene Schriften* [Anm. 4], S. 307) hat Lublinski durchgehend beschäftigt. Noch 1910 schreibt er darüber: »Der echte Meister, die wahre Schöpfernatur lauscht den Gesetzen und eingeborenen Bedürfnissen des Stoffes, denen er aber aus seiner schöpferischen Herrscherseele heraus erst die Entfaltung vorschreibt und ermöglicht« (S. 307f.). – Hier verbindet sich – offenkundiger als in der »Bilanz« – die »große Persönlichkeit« vom Typus Übermensch mit dem Ideal des Dichters.

[30] Lublinski, *Bilanz* (Anm. 7), S. 5.

[31] Lublinski, *Bilanz* (Anm. 7), S. 4.

[32] Lublinski, *Bilanz* (Anm. 7), S. 5.

[33] Lublinski, *Bilanz* (Anm. 7), S. 5.

[34] Lublinski, *Bilanz* (Anm. 7), S. 7.

Schema von These und Antithese. Aber »gerade die Marxistisch-Hegelsche Dialektik wurde von den literarischen Revolutionären am wenigsten verstanden und fiel gänzlich unter den Tisch«.[35] Letztlich wirft Lublinski seinen Zeitgenossen vor, daß sie die Zeichen der Zeit nicht verstanden hätten: daß sie in blinder und entproblematisierter Geradlinigkeit die revolutionäre Praxis der Barrikadenkämpfe auf eine Zeit übertragen hätten, deren andere Stunde, nämlich die einer kritisch rezipierenden Verarbeitung des Marx-Engelsschen Gedankengutes und seiner erst daraus resultierenden Anwendung auf Praxis, vielmehr längst geschlagen hatte.

Lublinskis soziologischer Ansatz versucht, wie gesagt, die Literatur konkret auf konkrete Fakten der Realgeschichte zu beziehen; hier, in seinem einleitenden Kapitel zur »Bilanz der Moderne« – entsprechend seinem Konzept von der notwendigen »großen Individualität« – auf diejenigen Personen, die er als Kristallisationspunkte der Moderne versteht: Bismarck, Schopenhauer, Wagner, den Rembrandtdeutschen Julius Langbehn und Nietzsche. Es kann hier nicht darum gehen, das im einzelnen nachzuzeichnen. Lublinski hat immer, sowohl in der »Bilanz« als auch im »Ausgang«, Wert gelegt auf eine gewisse Ausgewogenheit zwischen einer kritischen, man könnte sagen: kulturhistorischen Analyse und einer speziell an einzelnen Autoren orientierten. Beide Bücher dokumentieren diese Arbeitsweise gleichermaßen; weniger allerdings vom Inhaltsverzeichnis als von der Darstellung selbst her. – Hier sollen die eher theoretischen Implikationen seiner mit der Sozialgeschichte befaßten Analyse diskutiert werden. Eine von ihnen ist die für Lublinski entscheidende Kategorie des »Mißverständnisses«. Wenn er zunächst die letzten dreißig Jahre des zurückliegenden Jahrhunderts als eine Kette solcher Mißverständnisse analysiert, dann besteht das erste bereits darin, daß die junge Literatengeneration das von ihr so erbittert bekämpfte Epigonentum mit Literatur insgesamt, mit Kunst überhaupt verwechselt.[36] Daß man z.B., wie angedeutet, keinen »neuen Stil, sondern neue Stoffmassen«[37] wollte, beruhte eben darauf, daß man den in den eigenen Augen übertriebenen und isolierten Schönheitsbegriff der Epigonen – der Geibel, Heyse, Schack usw. also –, gegen die man zu Felde zog, auf die Kunst schlechthin übertrug. An die Stelle von Schönheit hatte Wahrheit zu treten; und Wahrheit ist für die Naturalisten – so interpretiert Lublinski sie – allein die Gegenwart. Sie ist es, insgesamt, bereits insofern, als sie das Gegenteil von Vergangenheit, von Historie, d.h. dessen ist, was bis dahin den »Stoff« für die Dichtung hergegeben habe. Hier spielt, ohne daß sein Urheber namentlich genannt ist, der Moderne-Begriff Eugen Wolffs bzw. der des Berliner Vereins »Durch!« mit hinein,[38] wo die

---

[35] Lublinski, *Bilanz* (Anm. 7), S. 7f.

[36] Lublinski, *Bilanz* (Anm. 7), S. 3; – vgl. dort: »Die ausgeleerte und in angeblicher Schönheit erstarrte oder vielmehr verniedlichte Form der Butzenscheibenpoeten jener Tage wurde nicht etwa der Epigonenkunst, sondern der Kunst schlechthin auf Rechnung geschrieben ...«.

[37] Lublinski, *Bilanz* (Anm. 7), S. 3.

[38] Eugen Wolff, *Die jüngste deutsche Litteraturströmung und das Prinzip der Moderne*, Berlin 1888 (= Literarische Volkshefte, Bd. 5); vgl. auch die Thesen des Vereins »Durch!« in: *Allge-*

Moderne etwas simpel als Gegenstück zur Antike definiert ist. In Lublinskis Argumentationszusammenhang bedeutet das die Diagnose kompletter Ahistorizität. Sie veranlaßt ihn ein paar Jahre später folgerichtig zu einer Therapie, die gerade die Historie wieder konstituieren soll; indem er die neoklassische Tragödie propagiert. Die »Wahrheit um jeden Preis«[39] ist für die jungen Literaten mit der »Modernität um jeden Preis«[40] identisch. Aus diesem ihrem Mißverständnis, das Wahrheit mit Gegenwart gleichsetzt, dieser falschen Isolierung des Zeitgenössischen als einzigem Gegenstand der Kunst, folgte wie von selbst ein zweites »ungeheures Mißverständnis«.[41] Indem sie ihre zeitgenössischen Probleme zum ausschließlichen Gegenstand ihrer künstlerischen Darstellungen machen, identifizieren sie fälschlicherweise ihre literarische Revolution mit der sozialen.

> Man bildete sich ein, weiter nichts nötig zu haben, als Einzelausschnitte aus diesen [sozialen] Kämpfen mit der Feder in der Hand sorgsam zu kopieren, um mühelos moderne Dramen und Erzählungen und vielleicht auch Gedichte in Hülle und Fülle zu erzeugen.[42]

Das Mißverständnis ist für Lublinski damit nur benannt, nicht beschrieben. Seine Genese ist in einem ganzen Komplex von historischen Fakten zu suchen: Die nachträgliche und gerade auch deshalb lange, über mehr als drei Jahrzehnte nachwirkende Mystifizierung der 48er Freiheit verstellte den Blick für die historisch gewandelten Realitäten. Die Ideale einer heldenhaften, aber eben im Ganzen mißlungenen Revolution wurden erst von den literarischen Stürmern und Drängern des Naturalismus hypostasiert und damit erneut als Anspruch bestätigt. Damit aber hatten sie genug zu tun, um die Realitäten zu übersehen. Dem soziologisch denkenden Lublinski stellt sich das Problem zu Recht in der Herkunft der »bürgerlichen Intelligenz« – die die literarische Revolution nahezu ausschließlich trug – aus dem »älteren Liberalismus und Radikalismus« dar.[43] Auch hier eine Verwechslung, ein Mißverständnis: Die soziale Frage, der sich die Literaten guten Glaubens mit den Idealen des »älteren Liberalismus« zuwandten, wurde in Wirklichkeit eindeutig von ganz anderen Gruppen, nämlich »von der Arbeiterbewegung des vierten Standes getragen«,[44] weshalb die literarische Intelligenz, die aus dem liberalen Bürgertum kam, sie auch verfehlen mußte. Die Literaten hätten – so Lublinski – die Schwärmerei »für allgemeine Menschenrechte«[45] übernom-

---

meine Deutsche Universitätszeitung, 1.1.1887; beide Texte auch in: *Die literarische Moderne* (Anm. 21), S. 23-26 u. 27-81; – zum Verein »Durch!« vgl. das materialreiche, wenn auch nicht fehlerfreie Buch von: Katharina Günther, *Literarische Gruppenbildung im Berliner Naturalismus*, Bonn 1972, besonders S. 50-77; sowie: Scheuer, *Holz* (Anm. 1), S. 84-89.

39 Lublinski, *Bilanz* (Anm. 7), S. 3.
40 Lublinski, *Bilanz* (Anm. 7), S. 5.
41 Lublinski, *Bilanz* (Anm. 7), S. 5.
42 Lublinski, *Bilanz* (Anm. 7), S. 5.
43 Lublinski, *Bilanz* (Anm. 7), S. 5f.
44 Lublinski, *Bilanz* (Anm. 7), S. 5.
45 Lublinski, *Bilanz* (Anm. 7), S. 5.

men, ohne die Veränderungen der Zeit wahrzunehmen, ohne zu bemerken, daß der Liberalismus schon von Anfang an »nur der Platzhalter des Kapitalismus« gewesen wäre.[46] Sie selbst wären, was zweifellos richtig ist, »nur zum kleineren Teil von den wirtschaftlichen Beweggründen des modernen Proletariers und hauptsächlich von den politischen Impulsen eines Bürgertums vergangener Zeiten bestimmt« gewesen.[47]

Das alles war gut marxistisch argumentiert. Wenn es dazu eines Beleges bedürfte: Franz Mehring hatte zu gleicher Zeit ähnlich angesetzt. Verwunderlich bleibt angesichts der Befunde, daß Lublinski ihn nicht nennt. Mutet doch seine »Bilanz der Moderne« an – namentlich der Aufriß, den er im ersten Kapitel über die geistige Struktur um 1890 gibt –, als komme er mit ihr einer Aufforderung nach, die Mehring schon mehr als zehn Jahre zuvor an die Literaturgeschichtsschreibung hatte ergehen lassen:

> Man muß in jedem einzelnen Falle untersuchen, welche Stellung diese literarische Richtung in den Klassenkämpfen ihrer Zeit einnimmt. Das heißt nicht, die Literatur unter das Joch der politischen Tendenz zu beugen, sondern es heißt, auf die gemeinsame Wurzel der politischen und religiösen, künstlerischen und literarischen und überhaupt aller geistigen Anschauungen zurückgehen. Es gibt keinen anderen Weg, die jeweilige Bedeutung des literarischen Naturalismus festzustellen.[48]

---

[46] Lublinski, *Bilanz* (Anm. 7), S. 6.

[47] Lublinski, *Bilanz* (Anm. 7), S. 6.

[48] Vgl. Franz Mehring, Etwas über Naturalismus, in: *Die Volksbühne* 1/1892, S. 7-11; hier zit. nach: F.M., *Gesammelte Schriften*, hrsg. von Hans Koch, Bd. 11: *Aufsätze zur deutschen Literatur von Hebbel bis Schweichel*, Berlin 1961, S. 130. – Im Duktus ähnelt manche Einzelargumentation Lublinskis Positionen in erstaunlichem Maße. Mehring schrieb im September 1908 in der »Neuen Zeit« über das Verhältnis von Naturalismus und Neuromantik: »Seine [des Naturalismus] legitime Tochter aber war die Neuromantik. Konnte und wollte der Naturalismus die kapitalistische Wirklichkeit nicht mehr ertragen, aber auch nicht den entscheidenden Schritt über ihre Grenzen tun, so blieb ihm nur die Flucht in ein Traumland übrig, das ihm das Gefühl einer illusionären Freiheit gab und ihm zugleich gestattete, allen nervösen Launen eines übersättigten Publikums genug zu tun. Es ist freilich richtig [...], daß diese neue Romantik tief unter der alten Romantik steht, in der sich immerhin eine große, historische Weltwende widerspiegelte.« – Vgl. hierzu Lublinski: »Es war etwas Großartiges in diesem stammelnden Ringen der alten Romantiker gewesen, während sich ihre konservativen Epigonen die Sache merkwürdig leicht machten« (Lublinski, *Bilanz* [Anm. 7], S. 19). – Mehring fährt fort: »Historisch ist die Neuromantik nichts anderes als ein ohnmächtiges Abzappeln von Kunst und Literatur in den erstickenden Armen des Kapitalismus, und es ist am letzten Ende allerdings der ›Wille‹ des kapitalistischen Publikums, der ihr das Gesetz diktiert. – Emanzipieren kann sie sich von diesem ›Willen‹ nur, indem sie sich von der kapitalistischen Gesellschaft emanzipiert, die nun einmal, sei es auch zum tiefsten Kummer aller Ästheten, eine ›national-ökonomische‹ Tatsache ist, und es ist die reine Illusion ins Blaue hinein, anzunehmen, daß sie jemals auf anderem Wege ein neues klassisches Zeitalter erleben könnte« (Bd. 11, S. 229). – Mehrings und Lublinskis Romantik- und Neuromantik-Aversionen bestätigen sich gegenseitig und damit ihre marxistischen Positionen. Aufschlußreich ist im Zusammenhang damit namentlich der letzte Satz Mehrings, der immerhin ein »neues klassisches Zeitalter« apostrophiert: Das weist mit Lublinski – konsequenterweise – in eine gemeinsame Richtung. Daß »jede gründliche Prüfung des modernen Naturalismus [...] auf die feudale Romantik zurück« führe – also genau das, was Lublinski darlegt –, hatte Mehring schon 1899 in seinen »Ästhetischen Streifzügen« geschrieben (Bd. 11, S. 221). – Lublinski bezieht eindeutig die gleichen Positionen wie in Mehrings Text »Der heutige

Von solcher – wenigstens ursprünglich – marxistischer Position her argumentierte auch Lublinski, wenn er sich mit der naturalistischen Literatur befaßte. Er ist zwar bereits deutlich – das ist trotz aller (auch späteren) gegenteiligen Beteuerungen nur zu genau zu merken – von seinen früheren Standpunkten abgerückt, ist selbst nicht mehr Naturalist und nicht mehr Marxist, wie diejenigen es sein wollten, von denen er handelt; aber er versucht, und das ist der genuin soziologische Ansatz, den er verfolgt, die naturalistische Literatur im Sinne Mehrings aus ihrer Zeit heraus zu verstehen und sie an ihren eigenen Prämissen, die auch einmal seine eigenen gewesen sind, zu messen.[49]

Lublinski machte den »bürgerlichen Brauseköpfen«[50] den Vorwurf, daß sie Marx nicht verstanden hätten; namentlich seine Entdeckung »der inneren Gegensätzlichkeit und Dialektik im modernen Wirtschaftsleben«[51] sei ihnen entgangen. In einer Selbstrezension seines Buches ging er in der Beurteilung der jungen Generation noch weiter:

> Man muß mit der Jugend Fühlung halten, um nicht zu vertrocknen; aber man muß von ihr nicht Hilfe hoffen, wo es gilt, zu Ende zu denken und zu fühlen. Die Jugend ist im Wesenskern immer reaktionär gesinnt, auch wo sie sich noch so revolutionär und absurd gebärdet. Wo die Väter sagen: schwarz muß es sein, da widerbrüllt der Chor der ›revolutionären‹ Herrn Söhne: nein, weiß ist die Parole.[52]

Ein mystifizierter Entwicklungsbegriff, aus den Naturwissenschaften und der Beschäftigung mit nationalökonomischen Fragen entwickelt, sei überdies ohne weiteres an die Stelle eines mystifizierten Freiheitsbegriffes gesetzt worden.[53] Lublinskis immer wieder feststellbare Abneigung gegen alle Spielarten von Romantik und Neuromantik hat insofern ihren Grund nicht zuletzt in dieser Feststellung, als für ihn Begriffe wie »Mystik, Phantastik und Romantik«[54] stets zusammengehören. Damit folgt er freilich weitgehend

---

Naturalismus« vom Januar 1893: »indem er [der Naturalismus] sich gegen die Unnatur entarteter Zustände empört, indem er sich gegen die akademisch-konventionelle, der Natur entfremdete, überlebte Dicht- und Malweise auflehnt, verleugnet er das Wesen jeder Kunst durch die Forderung, daß die Bedeutung des Kunstwerks einzig und allein nach seiner Naturwahrheit zu beurteilen, daß als Preis der Kunst die sozusagen buchstäbliche Wiedergabe der Natur aufzufassen, daß jede eigene Zutat aus der Phantasie des Künstlers, jede künstlerische Erfindung und Komposition zu verwerfen sei. Auf diesem Wege gelangt man beispielsweise zu der unvermeidlichen Schlußfolgerung, daß die Photographie die höchste Vollendung der bildenden Kunst sei« (Bd. 11, S. 131).

49 Vgl. dazu besonders das Kapitel »Kritik meiner Bilanz der Moderne« (Lublinski, *Ausgang* [Anm. 8], S. 225-235); vgl. auch Anm. 24; dieses Kapitel aus dem »Ausgang« findet sich ebenfalls in: *Die literarische Moderne* (Anm. 21), S. 351-361.

50 Lublinski, *Bilanz* (Anm. 7), S. 8.

51 Lublinski, *Bilanz* (Anm. 7), S. 8.

52 In: *Kritik der Kritik* 1/1905, S. 125.

53 »Sie glaubten einfach an eine mystische Freiheit schlechthin, wie einst ihre Väter, und modernisierten diesen Glauben höchstens im äußeren Aufputz. Statt Freiheit sagte man Entwicklung und spielte mit ein paar Resultaten der modernen Nationalökonomie und modernen Naturwissenschaft« (Lublinski, *Bilanz* [Anm. 7], S. 8).

54 Lublinski, *Bilanz* (Anm. 7), S. 10.

dem Romantikverständnis des späteren 19. Jahrhunderts, das seinerseits darin den polemischen Anstößen der Jungdeutschen, namentlich Heines, verpflichtet ist. Dieser Komplex auch begründet letztlich seine spätere Etablierung einer »neuen Klassik«, die alle Romantik *per definitionem* ausschließt.[55] Aus der Einsicht, eine moderne Kunst nicht ohne den Rückgriff auf die »politischen und sozialen Kräfte des Jahrhunderts«[56] zu Wege bringen zu können, ergab sich für die Literatur wie von selbst eine neue Orientierung, die zu einer intensiveren Beschäftigung mit »Nationalökonomie, mit Einzeluntersuchungen über die Lage der verschiedenen Klassen [...]«[57] führen mußte und die undialektisch denkenden Literaten – ein entsprechendes Sensorium vorausgesetzt – gezwungen hätte, sich dialektisch zu arrangieren. Dagegen: Wenn es um Entwicklung und Emanzipation ging, im einerseits darwinistischen, andererseits marxistischen Sinne, dann mußten die besagten Einzeluntersuchungen auch unternommen werden; und zwar nicht nur innerhalb der Wissenschaft und mit wissenschaftlichen Methoden; weshalb solche Tendenzen ihr Pendant auch in der literarischen Produktion hatten. Seit man die Freiheit mit Entwicklung, das eine ›Ideal‹ also mit dem anderen vertauscht hatte, ging es um die kleinen und großen Gebrechen, die einen an ihrer Verwirklichung hinderten. Lublinski führt an dieser Stelle das ein, was er das »naturalistische Symbol« nennt:[58] die Chiffre für einen von den Naturalisten aus seinem soziogenetischen Zusammenhang herausgerissenen Tatbestand, der nur in eben diesem Kontext seinen Sinn und politisch-literarisch verwendbaren Agitationswert gehabt hätte. Sein Beispiel für *das*, wenn auch nicht das einzige, ›Symbol‹ dieser Art war der Alkoholismus; es war insofern treffend gewählt, als bekanntlich die Bekämpfung der Trunksucht gerade gegen Ende des Jahrhunderts besonders populär war und sowohl staatliche und kirchliche als auch private Initiativen veranlaßte.[59] Auch die Literatur der Zeit hat sich – in ihren Höhen und Niederungen gleichermaßen – dieses Stoffes mit besonderer Hingabe angenommen: Hauptmanns »Vor Sonnenauf-

---

[55] Vgl. außer den einschlägigen Kapiteln von »Bilanz« und »Ausgang« zur Neuromantik besonders: Wiener Romantik, in: *Das literarische Echo* 2/1899, H. 4, S. 221-227; Was ist Romantik?, in: *Das Blaubuch* 4/1909, S. 1069-1072; sowie: Romantik und Stimmung (1902), in: *Nachgelassene Schriften* (Anm. 4), S. 20-34.

[56] Lublinski, *Bilanz* (Anm. 7), S. 10.

[57] Lublinski, *Bilanz* (Anm. 7), S. 10f. – »Sie lehnten sich [...] an die Sozialdemokratie an und hatten dabei die Aufgabe, ihren bengalisch beleuchteten Revolutionsbegriff mit dem Begriff einer dialektischen Entwicklung in Einklang zu setzen« (Lublinski, *Bilanz* [Anm. 7], S. 10).

[58] Lublinski, *Bilanz* (Anm. 7), S. 14.

[59] »Der entschlossenste Klassenegoismus verwandelte sich [...] plötzlich in universale Menschenliebe« (Lublinski, *Bilanz* [Anm. 7], S. 7). – Dabei »konnte man natürlich nicht umhin, fortwährend in eine religiöse Ekstase zu verfallen. Man deklamierte, man philosophierte, man dichtete und überschlug sich in Lyrik und schrieb trockene und verdienstvolle Abhandlungen über die Trunksucht« (Lublinski, *Bilanz* [Anm. 7], S. 11). – Bezeichnend für die Wichtigkeit, die dieses Problem für die Zeitgenossen hatte, ist der Raum, den ihm »Meyers Konversations-Lexikon« in der 6. Auflage (1905ff.) – etwa gegenüber dem in der 4. Auflage – widmet. Dort findet man unter dem Stichwort »Trunksucht« zweieinhalb, unter dem Stichwort »Mäßigkeits- und Abstinenzbestrebungen«, was schon als Lemma Lublinski unmittelbar bestätigt, sogar mehr als sechs Spalten.

gang« genauso wie die Romane der Naturalisten, die nahezu alle – von Conradis »Adam Mensch« bis zu Bleibtreus »Größenwahn«[60] – im engeren oder weiteren Sinne vom Alkohol und seinen Folgen handelten.

Die Konstituierung solcher Symbole kam mit einem ›Kunstgriff‹ zustande. Dargelegt am Beispiel Trunksucht hieß das: »man ließ die Welt vergessen, daß es in ihr noch andere Leute als Säufer gab«.[61]

In die Reihe der Symbole, die er konstatiert, gehören auch andere.[62] Allen gemeinsam aber ist – und das ist das Entscheidende – die Verwechslung von Symbolhaftigkeit (in Lublinskis Sinn) mit Wirklichkeit. Mit dem Stigma der Verwechslung war für ihn also auch diese Konstituente des Naturalismus behaftet. Aber was wichtiger ist als das Verdikt selbst, ist der damit ganz offenkundig beschriebene Tatbestand: Fetischismus.

> Man lebte und schwelgte in einer ewigen und berauschenden Atmosphäre von naturalistischen Symbolen, die man aber nicht für Symbole hielt, sondern für Wirklichkeit.[63]

Dieser Satz stellt exakt das Verhalten gegenüber einem Gegenstand (Symbol) dar, den man gemeinhin als Fetisch bezeichnet; ein Verhalten also, das man heute Fetischismus nennen würde. Dem hätte sich Lublinski vermutlich angeschlossen, wenn ihm der Terminus geläufig gewesen wäre. Der Begriff reicht von de Brosse (»Sur le culte des dieux fétiches«, 1760) über Sigmund Freud bis zu Theodor W. Adornos Aufsatz »Über den Fetischcharakter in der Musik und die Regression des Hörens« (1938).[64] Der klassische Fetischismusbegriff der Religionsgeschichte kommt Lublinskis ›Symbol‹-Definition noch am nächsten;[65] der Freudsche dagegen, dem Adornos Relation von Fetischcharakter und Regression bis in die Terminologie verpflichtet ist, nur

---

[60] Gerhart Hauptmann, *Vor Sonnenaufgang. Soziales Drama*, Berlin 1889; Hermann Conradi, *Adam Mensch*, Leipzig 1889; Karl Bleibtreu, *Größenwahn. Pathologischer Roman*, Leipzig 1888.

[61] Lublinski, *Bilanz* (Anm. 7), S. 14.

[62] »Auch das Warenhaus oder der brünstige Erdboden oder die Geschlechtlichkeit oder der Krieg oder der Fleischgenuß« (Lublinski, *Bilanz* [Anm. 7], S. 14).

[63] Lublinski, *Bilanz* (Anm. 7), S. 14.

[64] Vgl. Christian de Brosse, *Sur le culte des dieux fétiches* (1760, dt. 1785); Sigmund Freud, Fetischismus, in: S.F., *Psychologie des Unbewußten*, Frankfurt/Main 1975 (= Freud-Studienausgabe, Bd. 3), S. 379-388; Drei Abhandlungen über Sexualtheorie. I: Die sexuellen Abirrungen, in: *Sexualleben*, Frankfurt/Main 1972 (= Freud-Studienausgabe, Bd. 5), S. 47-80; Theodor W. Adorno, Über den Fetischcharakter in der Musik und die Regression des Hörens, in: *Zeitschrift für Sozialforschung* 7/1938; wieder in: T.W.A., *Dissonanzen. Einleitung in die Musiksoziologie*, hrsg. von Rolf Tiedemann, Frankfurt/Main 1973 (= Gesammelte Schriften, Bd. 14), S. 14-50.

[65] Was Lublinski beschreibt, entspricht der gängigen, am religionsgeschichtlichen Begriff orientierten Definition: »Fetisch [...], ein Gegenstand, der Zauberkraft besitzt und daher selbst als Geist, Dämon oder Gott gilt; dazu Fetischismus, [...] Bezeichnung der Vergötterung sinnlich anschaulicher Gegenstände, die von den Fetischmännern gemacht und in die der Geist hineingezaubert wird! im weiteren Sinne jede Verehrung von leblosen Gegenständen« (Johannes Hoffmeister, *Wörterbuch der philosophischen Begriffe*, Hamburg ^{2}1955, S. 232).

bedingt.[66] Besser als die Freudsche Fetischismusdefinition – so aufschlußreich sie in der Anwendung der Psychopathologie des Individuums auf die Sozialpathologie auch sein mag – greift die seines Schülers Karl Abraham.

Abraham kommt auf das Fetischismusphänomen in seinem »Versuch einer Entwicklungsgeschichte der Libido« zu sprechen.[67] Auch er geht – im Zusammenhang mit der Erörterung der »Partialliebe«[68] – wie Freud von der »Spezialisierung des Interesses am Objekt auf bestimmte Körperteile« aus. Das gelte in besonderem Maße für den Fetischisten: »diesem ist der ganze Mensch oftmals nur ein irrelevantes Anhängsel eines einzelnen Körperteils, der allein ihn mit unwiderstehlicher Gewalt anzieht«.[69] Abrahams Satz, der dies ins Allgemeine wendet, nämlich, es handle sich dabei um einen »Vorgang, der einen (den größten) Teil des Objektes zur Bedeutungslosigkeit herabsetzt, um einem anderen eine gewaltige Überschätzung zuteil werden zu lassen«[70], umschreibt mit der speziellen Einsicht in das bestimmte »Stadium einer Libidoregression«,[71] das hier nicht interessiert, zugleich generell die des Fetischisierungsvorganges überhaupt. Dieser aber entspricht eben als Vorgang genau dem, was Lublinski »Symbolisierung«, genauer gesagt, was er den »Kunstgriff« nennt, die Welt – so sein Beispiel – vergessen zu lassen, »daß es in ihr noch andere Leute als Säufer gab«; entspricht seiner Feststel-

---

[66] Der Tatbestand allerdings, die Verwechslung von Symbol und Realität (und darum eigentlich geht es Lublinski ausschließlich), wird auch von Freud selbst beschrieben. Sein Aufsatz über »Realitätsverlust bei Neurose und Psychose« von 1924 (*Psychologie* [Anm. 64], S. 355-361) untersucht Lublinskis Symptom – die Aufrichtung von Symbolen und ihre Verwechslung mit der Wirklichkeit – nicht, wie dieser es getan hatte, soziologisch, sondern psychoanalytisch, kommt aber gleichwohl zum gleichen Ergebnis. Freud geht davon aus, daß der »Realitätsverlust für die Psychose [im Gegensatz zur Neurose] von vornherein gegeben« ist (S. 356), kommt aber schließlich zu der Feststellung: »[...] die neue phantastische Außenwelt der Psychose will sich an die Stelle der äußeren Realität setzen, die der Neurose hingegen lehnt sich wie das Kinderspiel gern an ein Stück Realität an – ein anderes als das, wogegen sie sich wehren mußte –, verleiht ihm eine besondere Bedeutung und einen geheimen Sinn, den wir nicht immer ganz zutreffend einen *symbolischen* [sic!] heißen. So kommt für beide, Neurose wie Psychose, nicht nur die Frage des Realitätsverlustes, sondern auch die eines Realitätsersatzes in Betracht« (S. 361). – Lublinski war der Meinung, daß man das naturalistische Symbol in allen seinen Spielarten, namentlich aber als die »beiden Riesensymbole [...] die Gesellschaft als Schenke und die Gesellschaft als Bordell« (Lublinski, *Bilanz* [Anm. 7], S. 16), mit der Wirklichkeit verwechselte. Das bedeutet – in Freuds Terminologie ausgedrückt – nichts anderes als eben »Realitätsverlust« bei gleichzeitigem »Realitätsersatz«. Das würde, konsequent weiter verfolgt, in der Tat bedeuten, daß Lublinskis Diagnose gelautet hätte: Die literarischen Stürmer und Dränger waren, sozialpsychologisch gesehen, Psychotiker; anders ausgedrückt: Er hat in ihren Maßnahmen und Reaktionen, in ihren Verwechslungen von ›Symbol‹ und Realität und den Mißverständnissen, denen sie unterlagen, letztlich psychotische Symptome gesehen.

[67] Karl Abraham, Versuch einer Entwicklungsgeschichte der Libido auf Grund der Psychoanalyse seelischer Störungen (darin der ursprünglich [1923] selbständig erschienene Abschnitt über »Anfänge und Entwicklung der Objektliebe«), in: K.A., *Psychoanalytische Studien zur Charakterbildung und andere Schriften*, hrsg. von Jens Cremerius, Frankfurt/Main 1969, S. 113-183.

[68] Abraham, Versuch (Anm. 67), S. 174.

[69] Abraham, Versuch (Anm. 67), S. 174.

[70] Abraham, Versuch (Anm. 67), S. 174.

[71] Abraham, Versuch (Anm. 67), S. 174.

lung: »[...] man war in jedem Fall ein Monomane und blind für alle anderen Farben«.[72]

Faßt man nun mit Abraham – oder von ihm ausgehend – den Fetischismus weit genug, nützt man also die bei ihm vorgegebene Übertragbarkeit des Begriffes, so ist man auch der zunächst unausweichlich erscheinenden Digression aus der Soziologie der Literatur in die psychoanalytisch untersuchte Sozialgeschichte enthoben. Von dieser ausgehend, allerdings, läßt sich der hier relevante Problemkreis einer in Lublinskis Sinn spezifisch soziologischen Analyse der Literatur(geschichte) wieder erreichen und – darüber hinaus – von dieser Basis her auch schärfer fassen. Erst jetzt nämlich wird die Reichweite von Lublinskis Symbolbegriff deutlich; erst jetzt auch, warum das Ergebnis der jüngstdeutschen Bemühungen in seinen Augen eher eine »Karikatur der Arbeiterbewegung« als deren adäquate Beschreibung war: »weil man die soziale Frage nicht als eine Gesamtheit erfaßte, nicht als eine Entwicklung und Verwirklichung unzähliger Einzelprobleme in einem komplizierten Prozeß«;[73] mit anderen – Freuds oder Abrahams – Worten: weil man eine »Partialliebe« realisierte, statt einer komplexen. Diesem von Lublinski so schematisierten Vorgang der Symbolisierung entsprechen andere, gleichartige: So werden durch die Fixierung auf die Darwinsche Entwicklungslehre einerseits[74] und die Nationalökonomie (was damals so viel hieß wie Marxismus) andererseits die »beiden großen Symbole: Kampf ums Dasein und Expropriation der Expropriateure«[75] stimuliert. Die beiden daraus wiederum erwachsenden »Riesensymbole«, die »die Gesellschaft als Schenke und die Gesellschaft als Bordell« fetischisieren, sind nur möglich, weil sich diese »Naturwissenschaft für Literaten«[76] mit einer falsch, nämlich: »romantisch verstandenen Physiologie, dieser dunklen Mystik der Vererbung«[77] verbindet.

---

[72] Lublinski, *Bilanz* (Anm. 7), S. 14.

[73] Lublinski, *Bilanz* (Anm. 7), S. 12f.

[74] »Die Natur selbst war in dieser Lehre zum revolutionären Symbol geworden« (Lublinski, *Bilanz* [Anm. 7], S. 15).

[75] Lublinski, *Bilanz* (Anm. 7), S. 16.

[76] Lublinski, *Bilanz* (Anm. 7), S. 16.

[77] Lublinski, *Bilanz* (Anm. 7), S. 17. – Entsprechend wurde nach Lublinski, was hier wenigstens kurz angedeutet werden soll, auch auf der ›Gegenseite‹ verfahren: »Neben der sozialdemokratischen und der literaturrevolutionären gab es auch eine konservative Jugend«, ja, »man hätte sich, wenn man Preisfragen liebte, gerade damals ruhig den Kopf zerbrechen können, ob Deutschland das typisch revolutionäre oder das typisch rückschrittliche Land wäre« (Lublinski, *Bilanz* [Anm. 7], S. 17). – Die Konservativen, bei Lublinski etwas vereinfachend als »die Rittergutsbesitzer des preußisch-deutschen Ostens« definiert – wobei ihm die Zustände seiner eigenen Heimat Ostpreußen als Anschauungsmaterial gedient haben mögen –, seien, »genau wie ihre Gegner, bei der modernen Naturwissenschaft in die Schule« gegangen und hätten dem »Märchen vom blauen Blut« ein »mehr modernisiertes Blutmärchen [...], die Legende von der Rasse« substituiert (S. 18). Damit sind die »Symbole« beschrieben, die die »Herren Konservativen« ihrerseits »mit der Realität verwechselten« (S. 22) – das »bessere Blut« (S. 19), die Rasse, »ein üppiger und betäubender Rassenmystizismus« (S. 20). Von hier zur Diagnostizierung des Antisemitismus ist es für Lublinski, als Sympathisanten des Zionismus – und nicht nur für ihn –, nicht einmal mehr ein Schritt. Aus dem darwinistischen Schlagwort vom Kampf ums Dasein zieht der Konservatismus die

Namentlich Definition und Verwendung seines Symbolbegriffes, aber auch seine Kategorie des Mißverständnisses, lassen deutlich Lublinskis kritische, seine ideologiekritische Absicht erkennen. Allerdings geht es ihm dabei letztlich immer um die Dichtung selbst, die er denaturiert sieht und der er deshalb aufhelfen will. Seine soziologischen Ansätze haben manche mit ihm geteilt. Keiner hat sie – außer Mehring – ohne Modifizierung konsequent fortgesetzt. Keiner hat sie aber auch wie er stringent und ohne Bruch weiterentwickelt; weil für keinen außer ihm diese Veränderbarkeit seiner Position zur Axiomatik gehörte. Wenn man wie er von Anfang an die Antinomie von Sozialismus und Individualismus nicht nur feststellt, sondern als historische Hypothek akzeptiert hat, konnte man sich zwar einerseits – was sein Fehler im Vergleich etwa zu Mehring sein mag – gar nicht so intensiv auf diesen Sozialismus einlassen, bedurfte man andererseits auch nachher nicht eines so radikalen Positionswechsels, der schlechthin alles verwerfen mußte, was noch bis vor kurzem zum eisernen Bestand gezählt und das Bekenntnis ausschließlich definiert hatte, wie das zum Beispiel bei Paul Ernst der Fall war. Ernst stand zunächst viel weiter (und eindeutiger) links als Lublinski; aber eben deshalb mußte für ihn auch die einmal vollzogene Abwendung von Sozialismus und Partei zugleich den Bruch mit allem bedeuten, was er bis dahin vertreten hatte.[78] Lublinski verdankte ihm nach eigenen Aussagen vielerlei Anregungen. Er hat in beiden Büchern, die hier zur Debatte stehen, ausführ-

---

Konsequenz: »Wir sind Tiere, wir zerfleischen uns, das stärkere Raubtier siegt über das schwächere, und die ›blonde Bestie‹ ist stärker als alle die anderen Bestien zusammen genommen. So war also die Verbindungslinie von Hermann dem Cherusker zu Charles Darwin glücklich hergestellt« (S. 22). – Die Ethik der »Arier und Nibelungenenkel« (S. 24) war damit zwar in sich ebenso folgerichtig wie das Konzept der sozialdemokratisch orientierten Stürmer und Dränger, aber eben deshalb auch kein geringeres Mißverständnis, ja: »im Lager der Konservativen trat der Widerspruch noch viel greller hervor als bei den literarischen Gegnern«. »Ein Bordell oder ein Warenhaus so zu romantisieren, daß es als ein Symbol ungeheurer sozialer Übelstände erschien, war immer noch verständiger gedacht, als die Flucht zu den Nibelungenenkeln und Urariern, um höhere Getreidepreise herauszuschlagen, oder die Schnapsbrennerei profitabler zu gestalten.« (S. 25).

[78] Paul Ernst hat das 1904 ausführlich in den »Bemerkungen über mich selbst« (in: P.E., *Der Weg zur Form*, Leipzig 1905, S. 1-12) beschrieben: »Das Gegebene für meine Absichten war zunächst das Erwerben von staats- und volkswirtschaftlichen Kenntnissen und dann eine Tätigkeit als Volksredner und Journalist. So warf ich mich denn, mit bewußter Unterdrükkung aller persönlichen Neigung zur Kunst, auf die neue Wissenschaft, indem ich natürlich mit dem Studium von Marx begann, dann aber mich zu den großen älteren Theoretikern wendete. Von diesen hatte eine ganz besondere und ganz eigenartige Wirkung Sismondi. [...] Damals spürte ich wohl Sismondis weiteren Blick, aber jugendliche Art läßt dem Willen einen zu großen Einfluß auf das Denken, und so siegte dennoch Marx' Klassenkampftheorie und materialistische Geschichtsauffassung; erst nach Jahren merkte ich dann, wie trotzdem Sismondis Gedanken in mir fruchtbar gewesen waren in aller Stille, während ich mich offen für einen ›konsequenten‹ Marxisten gehalten hatte. Gleichzeitig mit diesen Studien, in jugendlichem Tatendrang, hielt ich dann Vorträge und Reden vor Arbeitern, was damals, unter dem Sozialistengesetz, noch seinen besonderen Reiz hatte durch eine gewisse Gefahr, und schrieb für die wenigen sozialdemokratischen Blätter, die es in der Zeit gab; die stärkste Mitarbeiterschaft hatte ich bei der ›Berliner Volkstribüne‹, die von Schippel als ein Organ der jungen radikalen Leute begründet wurde, und bei der ähnlich jugendlichen ›Sächsischen Arbeiterzeitung‹ in Dresden« (S. 4f.).

lich über ihn gehandelt, im »Ausgang der Moderne« an ausgesprochen exponierter Stelle unter der Überschrift »Neue Wege«. Bezeichnenderweise nimmt er das – 1909 – zum Anlaß, auch ausführlich über sich selbst und seine eigenen dichterischen Versuche zu sprechen. Er maß sich an Ernst, wohl weil er in ihm den einstigen – und späteren – Gesinnungsgenossen erkannte.

Die Zeitgenossen haben Lublinskis »Bilanz der Moderne« wenig beachtet. Es gab eine Reihe von Rezensionen, die aber über das übliche Maß an Aufmerksamkeit, das man Neuerscheinungen entgegenzubringen pflegt, nicht wesentlich hinausgingen.[79] Die einzige umfangreichere Würdigung[80] kam von Paul Ernst und damit zwar in gewissem Sinne also aus dem eigenen Lager, war aber trotzdem negativ. Es erhellt den historischen und literaturkritischen Kontext, sich das genauer anzusehen; und es präzisiert Lublinskis Eigenheiten. Paul Ernst schrieb 1905 einen Aufsatz, worin er unter dem Titel »Gesellschaftliche Voraussetzungen«, indem er Lublinskis Voraussetzungen ablehnte, zugleich seine eigenen revidierte.[81]

Auf den letzten Seiten seiner »Bilanz der Moderne« hatte Lublinski Paul Ernst zunächst zwar noch etwas zögernd empfohlen, an ihm aber doch schon hervorgehoben, daß er verschiedenen Untugenden der Zeitgenossen nicht erlegen sei.[82] So war er der Meinung, daß bei ihm »Form und Gehalt noch vielfach im Streit« liegen. Dabei bezog er sich auf seine Novellensammlung »Die Prinzessin des Ostens«[83] und begründete seinen Einwand damit, daß »die Erzählungen aus alter Zeit [...] freilich nicht aus altitalienischer Naivität,

---

[79] Trotzdem hat sich Lublinski selbst sehr unterschiedlich über den Erfolg oder Mißerfolg seiner »Bilanz« geäußert. Man wird diese Stellungnahmen allerdings, was ihren Realitätswert betrifft, nicht zu hoch zu veranschlagen haben, weil der Kontext, in dem sie stehen, sie kontrovers motiviert. – In seiner Selbstrezension über die »Bilanz der Moderne« schrieb er 1905 in »Kritik der Kritik«: »Alles in allem: ich wäre undankbar, wenn ich unzufrieden wäre. Ich schrieb ein kritisches Buch und nahm kein Blatt vor den Mund, schoß auch wohl in mancher Nebensache, die für den Betroffenen natürlich eine große Hauptsache bedeutete, in etwas über das Ziel hinaus: [...] Aber man verfuhr gnädig; und meine ›Bilanz der Moderne‹ wurde zumeist von der Kritik wohlwollend, hie und da auch mit warmer Anerkennung aufgenommen« (*Kritik der Kritik* [Anm. 52], S. 58). – In seiner »Kritik meiner ›Bilanz der Moderne‹«, die er 1909 in dem Band »Der Ausgang der Moderne« veröffentlichte, fügte er dem Titel folgende Fußnote hinzu: »Der ehrenwerte Versuch, meine Bilanz totzuschweigen, ist von fast allen großen Berliner und Wiener Blättern (in Berlin machten nur Berl. Tageblatt und Voss. Zeitung eine Ausnahme [beides Blätter, in denen er schrieb!]) und auch von einigen großen Blättern im Reich unternommen worden. Von literarischen Revuen haben sich die Neue Rundschau und der Kunstwart um ein Urteil herumgedrückt. Dem Kunstwart, dessen geistesenges Wesen in meinem Buch gekennzeichnet wurde, ist ein solches Totschweigesystem freilich nicht zu verdenken. Immerhin haben alle Unterdrückungsmaßnahmen nichts geholfen, da meine Bilanz die Leser, die sie suchte, zu finden wußte, und ebenso einsichtige Kritiker, die sich in verständiger Weise über sie äußerten« (Lublinski, *Ausgang* [Anm. 8], S. 225).

[80] Eine Ausnahme bildet die verhältnismäßig umfangreiche Besprechung von Otto Stößl im »Literarischen Echo« (6/1904, Sp. 1611-1616), die sich außerdem allerdings auch noch mit Hans Landsbergs »Die Moderne Literatur« (Berlin 1904) und Rudolf Huchs »Eine Krisis« (München 1904) befaßt.

[81] Ernst, *Weg* (Anm. 78), S. 195-219; auch in: *Die literarische Moderne* (Anm. 21), S. 329-349.

[82] Lublinski, *Bilanz* (Anm. 7), S. 365.

[83] Lublinski, *Bilanz* (Anm. 7), S. 365.

sondern aus romantischer Sehnsucht geboren«[84] seien, was – wie beschrieben – in seinen Augen ein Verdikt war. »Aber zugleich«, schrieb er, »imponierte das ernste Streben nach Stil, nach einer reinen Kunst ohne fremden Zusatz«.[85] Das gelte in noch stärkerem Maße für seinen Roman »Der schmale Weg zum Glück«.[86] Ein halbes Jahrzehnt später rühmt er Paul Ernst dann in seinem »Ausgang der Moderne« zusammen mit Wilhelm von Scholz folgerichtig als einen Mann, »der sich mit tapferer Entschlossenheit dem üblen Zeitgeschmack und den beliebten Irrtümern der Moderne in den Weg geworfen«[87] habe, die Lublinski mit Eulenberg und Hofmannsthal exponiert, und denen gegenüber es darum geht, »neue Wege« – so die Kapitelüberschrift[88] – zu beschreiten. Lublinski bescheinigt ihm:

> Das Buch »Der Weg zur Form«, in dem Paul Ernst mit dem modernen Drama und der Moderne überhaupt abgerechnet hat, ist von einer symptomatischen Bedeutung für die gegenwärtige Entwicklung.[89]

Symptomatisch insofern, als auch er, Lublinski, eine ähnliche Entwicklung durchlaufen hatte, und mit ihm mancher andere. Im Grunde belobigte er mit den Sätzen über Paul Ernst auch sich selbst.[90]

Lublinski hatte noch sehr viel länger als Ernst auf seiner marxistischen Position ausgeharrt. Zur gleichen Zeit, als er seine »Bilanz« schrieb, sich »jener marxistischen Theorie vom Klassenkampf« anvertraute und seine »Sache auf die sozialistische Bewegung und auf die Arbeiterklasse« stellte,[91] sein Drama »Peter von Rußland« verfaßte, das er nachträglich als den »endgültigen Abschluß jenes naturalistischen deutschen Dramas« bezeichnete, »mit dem die literarische Revolution begonnen« hatte,[92] zur gleichen Zeit schrieb Paul Ernst bereits Novellen, an denen Lublinski trotz allem vorgeblichen, noch *a posteriori* konstatierten Marxismus das »ernste Streben nach Stil«[93] imponierte; zur gleichen Zeit sammelte er – 1905 – schon seine ästhetischen Abhandlungen aus fünf, sechs Jahren, in denen er sich bereits auf dem »Weg zur Form« befunden hatte und stellte sie folgerichtig auch unter diesem Motto zusammen.[94] Dennoch war Paul Ernst doch sehr viel intensiver als

[84] Lublinski, *Bilanz* (Anm. 7), S. 365.
[85] Lublinski, *Bilanz* (Anm. 7), S. 365f.
[86] Lublinski, *Bilanz* (Anm. 7), S. 366.
[87] Lublinski, *Ausgang* (Anm. 8), S. 157.
[88] Lublinski, *Ausgang* (Anm. 8), S. 151.
[89] Lublinski, *Ausgang* (Anm. 8), S. 159.
[90] So, wenn er fortfährt: »Nicht zum wenigsten muß es als ein bemerkenswerter Umstand bezeichnet werden, daß ein führender Politiker diesen Fehdehandschuh in die Arena warf, weil es allerwege ein schlimmes Zeugnis für ein Zeitdrama bedeutet, wenn es den politischen Geistern, den Ethikern und Willensnaturen nicht mehr zu genügen vermag« (Lublinski, *Ausgang* [Anm. 8], S. 159).
[91] Lublinski, *Ausgang* (Anm. 8), S. 227.
[92] Lublinski, *Ausgang* (Anm. 8), S. 169.
[93] Lublinski, *Bilanz* (Anm. 7), S. 365.
[94] Der Band »Der Weg zur Form« (Anm. 78) enthält außer den genannten Beiträgen: Das Drama und die moderne Weltanschauung (1898); Zwei Selbstanzeigen: 1. Lumpenbagasch – Im

Lublinski einst Sozialdemokrat gewesen. Ende der 80er Jahre hatte er sich der Sozialdemokratie angeschlossen, war 1890/92 einer der Führer der halbanarchistischen Gruppe der sogenannten ›Jungen‹ gewesen. Seine parteipolitische Aktivität hatte bis zu seinem Austritt aus der SPD 1896 – anders als bei Lublinski, jedenfalls unmittelbarer – publizistische Früchte getragen.[95] Daneben hatte er schon früh auch zu literaturtheoretischen Fragen Stellung genommen. Aufsätze von ihm erschienen u.a. in der »Gegenwart«, im »Magazin«, in der »Freien Bühne«, in der »Modernen Dichtung/Modernen Rundschau«; außerdem vielfach in Tageszeitungen.[96] Dagegen hat er bis 1900 literarisch weder mit Beiträgen in Zeitschriften, noch mit Einzelveröffentlichungen eine Rolle gespielt. Aufschlußreich ist aber, daß er mit literarischen Arbeiten nicht nur erst nach 1900, sondern dann auch in Zeitschriften mit ganz bestimmter Ausrichtung und Prägung vertreten ist; so im »Pan«, in der »Insel«, im »Hyperion«.[97]

Der junge Paul Ernst steht schon 1890 auf einem Standpunkt, den Lublinski noch 1904 vertritt. In einem Aufsatz über »Das Absolute in der Kritik« in der »Modernen Dichtung« erklärt er apodiktisch: »Das absolute Gesetz ist nun, daß die Kunstwerke durch die sozialen Verhältnisse bestimmt werden«.[98] Auf diesem Hintergrund will es sich etwas merkwürdig ausnehmen, daß Ernst – wenn auch fünfzehn Jahre später – an Lublinski just die »gesellschaftlichen Voraussetzungen« kritisiert. Wie sehr er in der Zwischenzeit seine Position geändert hatte, belegt deutlich folgende Passage seiner Kritik von 1905:

> Wenn man die Erscheinungen des geistigen Lebens soziologisch betrachtet, so kommt man zunächst immer in die Versuchung, eine mehr oder weniger

---

Chambre Séparée. Zwei Schauspiele (1898), 2. Wenn die Blätter fallen – Der Tod (1900); Das moderne Drama (1898); Zur Technik der Novelle (1901); Georg Rodenbach (1903); Schlußwort zur Judenbuche (1904); Die Entwicklung eines Novellenmotivs (1904); Die Möglichkeit der klassischen Tragödie (1904); Merope (1905); Die Nibelungen: Stoff, Epos und Drama (1904); Lear (1904); Das Weib und die Tragödie (1904).

[95] Vgl. hierzu die »Bemerkungen über mich selbst« (Anm. 78) sowie seine Bücher: *Die Arbeiterschutzgesetzgebung und ihre internationale Regelung*, Berlin 1890; *Der Capitalismus fin de siècle*, Wien 1894 (zusammen mit Rudolf Meyer); *Die gesellschaftliche Reproduktion des Kapitals bei gesteigerter Produktivität der Arbeit*, Berlin 1894.

[96] Vgl. Schlawe, *Zeitschriften* (Anm. 6).

[97] Vgl. Schlawe, *Zeitschriften* (Anm. 6).

[98] Ernst fährt fort: »und eine Kritik von absoluter Gültigkeit würde also die Aufgabe haben, die Beziehungen zwischen den sozialen Verhältnissen und den Kunstwerken nachzuweisen, ebenso wie die Kritik des Naiven die Beziehung zwischen dem Kunstwerk und dem Kritiker darstellt. Habe ich also ein Buch zu besprechen, so darf ich nicht fragen: welche ästhetischen Gesetze finden darauf Anwendung?, sondern ich habe zu fragen: welches ist seine Beziehung zu den sozialen Zuständen?« Eine Kritik von absolutem Wert sei, so schließt er, »nur dadurch möglich, daß der Kritiker seine ästhetischen Überzeugungen ganz aus dem Spiele läßt; daß er überhaupt vollständig zurücktritt und nichts tut, als den Zusammenhang des Kunstwerks mit der Zeit, dann mit den sozialen Verhältnissen aufweist. Aus einem Urteilen wird die Kritik dadurch zu einem Erkennen. Aber da alles Prozeß ist, das ganze Sein, so kann eben nirgends, auch in keinem andern Fall, das Urteil absoluten Wert haben. Absolut ist nur das Erkennen, das Erkennen des Prozesses« (Paul Ernst, Das Absolute in der Kritik, in: *Moderne Dichtung* 1/1890, S. 311-313).

> weitgehende Unfreiheit des Geistes zu finden. Gerade in der Kunst würde man mit solcher Ansicht am übelsten fahren; denn da die letzten technischen Gesetze in den einzelnen Künsten ewig sind, und von ihnen eigentlich das Wesentliche des Kunstwerks bestimmt wird, so ist in Wirklichkeit die Bedeutung des Zeitlichen im fertigen Kunstwerk recht gering; ganz anders ist es mit dem unvollkommeneren Kunstwerk, das ist fast immer ein Produkt des Zeitgeistes.[99]

Sein Einwand gegen Lublinski war keiner. Die »gesellschaftlichen Grundlagen« der zeitgenössischen Literatur erschienen ihm »nicht, wie Lublinski meint, als ein Kampf von Klassen, sondern als ein allzu undifferenziertes und dadurch indifferentes Publikum«.[100] Das war ein Tatbestand, den Lublinski als Beobachtung, als Symptom schwerlich bestritten hätte; ein Einwand gegen sein Konzept jedoch war es aus eben diesem Grunde genausowenig, abgesehen davon, daß Ernsts Begriff mit Lublinskis Versuch, die soziale Genese der Literatur zu beschreiben, nicht mehr viel zu tun hatte. Allerdings – und er mag deshalb in seinem »Ausgang der Moderne« gerade auf diesen Einwand nicht mehr eingegangen sein – hatte er inzwischen selbst seine frühere Konzeption fallenlassen und bezeichnete nun mit »dem Schlagwort ›Kultur‹«, was er zuvor in der »Bilanz« noch »Klasse« genannt hatte.[101] Ernsts Publikumsbegriff hatte einst in dieselbe Richtung des jetzt kritisierten Lublinski tendiert. Er hatte geschrieben:

> Es existiert aber nur eine Beziehung, nur ein rein formales Verhältnis; und das ist das Verhältnis des Dichters zum Publikum, der Dichtung zu den Verhältnissen, aus denen und für die sie entstanden ist. Hier, in dieser Beziehung liegt das absolute Gesetz verborgen, hier kann man eine Kritik von absoluter Gültigkeit fällen, die noch nach Jahrtausenden eben so wahr sein wird, wie sie heute ist. [...] auch der Dichter ist nichts als das Produkt der Verhältnisse, welche ihn umgeben.[102]

Das war noch auf marxistischer Grundlage gedacht, aber inzwischen hatte sich einiges ereignet, was ihn auf den Weg nach Weimar – in mancherlei Gestalt – bringen sollte. In seinem Aufsatz über die »Gesellschaftlichen Voraussetzungen«, der diese aus Anlaß des Buches von Lublinski revidieren und grundsätzlich neu zu bestimmen hatte, versuchte er sich an einer Soziologie der Literatur, die nichts Marxistisches, aber auch nichts Elitäres an sich hatte, sondern ganz einfach den Tatbestand dessen erfüllte, was Lublinski schon 1904, aber deutlicher noch 1909 im »Ausgang der Moderne«, ohne es allerdings auf Paul Ernst anzuwenden, als Epigonentum bezeichnet hat. Es stehe doch, schreibt Ernst 1905, in Deutschland günstig um

---

99 Ernst, *Weg* (Anm. 78), S. 210f.
100 Ernst, *Weg* (Anm. 78), S. 210.
101 Lublinski, *Ausgang* (Anm. 8), S. 227; vgl. außerdem S. 231 und die analoge Substituierung von »kleinbürgerlich« durch »epigonenhaft-revolutionär« (S. 229).
102 Ernst, Das Absolute (Anm. 98), S. 312.

> die Möglichkeit, daß sich ein kleiner Hof neu bildet nach der Art von Carl Augusts Hofe. Warum hat sich in Weimar nicht überhaupt eine wirkliche Tradition herausgebildet, weshalb mußte alles mit Goethes und Carl Augusts Tode zu Ende sein? [...] Man kann sich gar nicht ausdenken, was geworden wäre, [...] wenn durch drei Generationen hindurch hier Fürsten, Gesellschaft [sic!] und Dichter in beständiger Steigerung und Veredelung einander gefolgt wären.[103]

Erstaunlich und ›gar nicht auszudenken‹ ist allerdings eher der Gesellschaftsbegriff, den Ernst hier zugrunde legt. Er spricht über »gesellschaftliche Voraussetzungen« und bringt als Beispiel für eine sinnvolle Verbindung des Dichters mit seinem Publikum die Weimarische Hof- und Kleinstadtgesellschaft.[104]

So abstrus das heute anmuten mag: Interessant wäre es immerhin, diesem Phänomen etwas nachzugehen. Ernst begründet seine Flucht aufs Land nicht zuletzt mit der richtig beobachteten zunehmenden Neigung seiner Dichtergenossen, die Großstädte – namentlich Berlin, das für die Naturalisten geradezu das unerläßliche Lebensrequisit gewesen ist – zu meiden und mit dem Aufenthalt auf dem Lande zu vertauschen. Die sogenannte Heimatliteratur im engeren Sinne ist dafür ebenso symptomatisch wie etwa Friedrich Lienhard, der seit 1905 einem breiten Publikum in regelmäßiger Folge die »Wege nach Weimar« wies.[105]

Daß Erscheinungen wie Ernst und Lublinski aufgrund von in sich subjektiv durchaus plausiblen Argumenten und Argumentationsreihen (wozu namentlich Ernsts »Bemerkungen über mich selbst« und Lublinskis »Kritik meiner Bilanz der Moderne« heranzuziehen wären) von so dezidiert marxistischen Positionen abrücken, sollte weder von vornherein zu linker Verachtung noch zu rechter Schadenfreude ermuntern; beides wäre zumindest solange deplaziert, als nicht gründlich untersucht worden ist, ob einerseits hier wirkliche Alternativen zu etwa Mehring vorliegen oder ob andererseits etwa gerade Mehring – überhaupt – als Alternative für eine mögliche nachnaturalistische literaturtheoretische Position gelten kann. Schon für den jungen Lukács, der eingestandenermaßen entscheidend von Ernst beeinflußt worden ist,[106] stellt sich das Problem nicht mehr als Alternative, sondern als höchst komplexe Problematik; das aber beweist gerade die Dringlichkeit, sich endlich einmal die Mühe einer allerdings über weite Strecken – wie zuzugeben ist – höchst öden Aufarbeitung dieser Komplexitäten zu machen.

---

103 Ernst, *Weg* (Anm. 78), S. 216ff.

104 Paul Ernst wohnte zu dieser Zeit – seit 1904 – bereits in Weimar; wie übrigens auch der von Lublinski stark attackierte völkisch-antisemitische Adolf Bartels, der schon 1896 dorthin übergesiedelt war. Später, seit 1908, wohnte auch Lublinski in Weimar (vgl. Anm. 1).

105 Vgl. *Wege nach Weimar. Monatsblätter* von Fritz Lienhard, Stuttgart 1905-1908.

106 Der junge Georg Lukács setzte sich schon 1911 ausführlich mit Paul Ernst auseinander. Einige Sätze aus seinem Aufsatz »Metaphysik der Tragödie: Paul Ernst« hätte Lublinski seinem Selbstverständnis nach ohne weiteres auf sich beziehen können. Von Ernsts Trauerspiel »Brunhild« (1909) – Lublinski hatte 1908 eine Tragödie »Gunther und Brunhild« erscheinen lassen – schrieb er: »›Brunhild‹ ist die erste Erfüllung, die dem Tragiker Paul Ernst

Der einzige Zeitgenosse, der – wie man sieht – sich ausführlicher mit Lublinski beschäftigt hat, hat ihn nicht produktiv machen können. Das lag wohl nicht zuletzt auch am falschen Zeitpunkt: Als Ernst über Lublinski schrieb, hatte er den ehemals gemeinsamen Standpunkt längst verlassen, von dem aus Lublinski aber seine Bilanz – halben Herzens zwar schon, wie man feststellen kann – noch gezogen hatte. Er hat Lublinskis Problem, den Antagonismus von Individuum und Gesellschaft, nicht gesehen.[107] Dagegen hat die weitere Entwicklung der Diagnose Lublinskis eindeutig Recht gegeben. Denn wie sich das Individuum – wenn überhaupt – mit einer Gesellschaft zu arrangieren vermag, in deren Konzept es nicht vorkommt, das war nicht nur die Frage des ausgehenden 19., sondern auch die des 20. Jahrhunderts. Das Problem, das er bereits im späten 19. Jahrhundert angelegt sah, haben erst die Expressionisten artikuliert. Daß die Gesellschaft das Individuum, trotz aller Integrationsversuche von beiden Seiten, schließlich ausstieß, genau das lag in der Konsequenz von Lublinskis Analyse und hätte ihn nicht überrascht. Mag das seinen literarischen Ausdruck auch erst im Expressionismus gefunden haben – zu dem Lublinski übrigens bereits erste Kontakte hatte;[108] seine soziologisch-realgeschichtliche Genese hatte es eben, wie er richtig – und in dieser Präzision und Beharrlichkeit wohl als erster und einziger – gesehen hat, bereits in der ›Struktur um 1890‹, im Naturalismus und dem, was diesem an ungewissem Schwanken zwischen diversen Stilmöglichkeiten so folgte.

Ernst und Lublinski redeten 1904/05 bereits von verschiedenen Dingen. Sie waren ursprünglich von den gleichen marxistischen Voraussetzungen

---

vergönnt war. Der Theoretiker sah sie schon lange voraus; [...] seine Theorien waren für ihn nur Wege, die nur nachträglich, durch das Erreichen des Zieles gerechtfertigt werden sollten; durch die Taten, die auf sie folgten« (zuerst in: *Logos* 2/1911, S. 97ff.; hier zit. nach: G.L., *Die Seele und die Form. Essays*, Neuwied/Berlin 1971 [= Sammlung Luchterhand, Bd. 21], S. 234). – Mehr als eine literaturtheoretische Position hat Ernst und Lublinski diese eher praktische Seite ihrer Arbeit miteinander verbunden: daß sie, je länger je mehr, darum bemüht waren, ihre theoretische Erkenntnis in die dichterische Praxis umzusetzen. Die aber hieß bei ihnen beiden: die neue Tragödie.

[107] Lublinskis leichte Vorbehalte gegenüber Ernst in der letzten Zeit seines Lebens scheinen das zu bestätigen. Er hat sie nach den Mitteilungen seiner Schwester offensichtlich gehabt, aber nicht mehr formuliert. Ida Lublinski verweist in ihrem Vorwort zu den »Nachgelassenen Schriften« dazu auf den Schluß des posthum gedruckten Sophokles-Aufsatzes: »Im ›Ausgang‹ war Samuel Lublinski mit Wärme für Paul Ernst eingetreten, bei dem er ein verwandtes Streben gefunden zu haben glaubte. Später erkannte er indessen, wo seine und Paul Ernsts Wege sich trennten, und nur sein vorzeitiges Ende machte die beabsichtigte öffentliche Auseinandersetzung dieser innerlich vollzogenen Tatsache unmöglich. Ein kurzer Hinweis auf sie ist am Schluß des Sophoklesaufsatzes enthalten« (*Nachgelassene Schriften* [Anm. 4], S. X). – Daß Ernst das Problem bei Lublinski nicht wahrgenommen hat, liegt wohl daran, daß es sich ihm selbst nicht stellte; wenigstens nicht in dieser Form und sicher nicht zu dieser Zeit. Er sah bei aller Übereinstimmung doch andere Probleme und suchte folglich auch andere Lösungen. Aber das kann hier nicht weiter verfolgt werden.

[108] So wandte sich Lublinski im Zusammenhang mit der Theodor-Lessing-Affäre (vgl. Anm. 1) in einem »Offenen Brief« an Herwarth Walden, den dieser im »Sturm« (1/1910/1911, S. 6) abdruckte. Noch posthum erschien von Lublinski im »Sturm« sein Aufsatz »Romantik und Stimmung« von 1902 (Anm. 55). Ebenfalls posthum wurde seine Novelle »Teresa und Wolfgang« in der »Bücherei Maiandros« gedruckt (1912).

ausgegangen, aber schon in der Revision ihrer Standpunkte zu verschiedenen Ergebnissen gelangt. Ihre Reaktion aufeinander braucht, so gesehen, nicht weiter zu verwundern; denn sie war in ihrer Divergenz angelegt. Verwunderlich ist eher, daß sich Lublinskis Entwicklung mit einer Position berührt, die alles andere als marxistischer Provenienz war.

Symptomatischer als die negative Bewertung, die speziell die »Bilanz der Moderne« bei Paul Ernst erfährt, ist damit eine Stellungnahme, die nicht als solche gedacht sein konnte, die aber gleichwohl ihren Standpunkt in auffälligster Affinität zu Lublinski umreißt: Rudolf Borchardts »Rede über Hofmannsthal«. Bekanntlich geht es – anders als Anlaß und Überschrift zunächst vermuten lassen – darin weniger um Hofmannsthal, als um die literarische Moderne überhaupt. Darum gehört sie in diesen Kontext; denn unter diesem Aspekt gibt es zwischen Borchardt und Lublinski Parallelen, die sich nicht erst im Unendlichen schneiden. Das läßt sich bei einem Vergleich oft bis in die Diktion belegen. Hier kann das nur eben angedeutet werden.

Lublinski bezieht sich in einer Fußnote auf Borchardt;[109] Borchardt auf Lublinski gar nicht. Trotzdem hätte es (für beide) nahe gelegen; denn sie haben die Auseinandersetzung um die literarische Moderne offensichtlich von fast identischen Positionen aus geführt. Allerdings: Erstens kann man aus verschiedenen Richtungen kommen und trotzdem zum gleichen Standpunkt gelangen; und zweitens: Lublinski hätte das nicht wahrhaben wollen, und Borchardt hätte sich diese Feststellung wohl gar verbeten. Die »Bilanz« erschien 1904, Borchardts »Rede« 1907, war aber schon 1902 gehalten worden.[110] Schon zeitlich lagen beide also nahe beieinander; aber eben nicht nur zeitlich. Zunächst allerdings stehen sich – auch für den heutigen Beobachter – in Borchardt und Lublinski (immer vorausgesetzt, man folgt den Schablonen, die wir uns eher angewöhnt als näher untersucht haben) konservativ und liberal, rechts und links, ja reaktionär und revolutionär unvereinbar gegenüber. Auch sie selbst hätten sich, das wird man unterstellen dürfen, kaum gegenseitig akzeptiert, kaum den Standpunkt des anderen mit dem eigenen auch nur für vergleichbar gehalten. Für Lublinski geht das eindeutig aus der erwähnten Stelle[111] hervor, für Borchardt indirekt genauso eindeutig aus seiner »Rede über Hofmannsthal«, wo es sozusagen zwischen den Zeilen steht.

---

109 Lublinski, *Ausgang* (Anm. 8), S. 230.

110 Zu der bis heute nicht exakt geklärten Frage der Drucklegung der »Rede« vgl.: *Briefwechsel Hugo von Hofmannsthal – Rudolf Borchardt*, hrsg. von Marie Luise Borchardt/Herbert Steiner, Frankfurt/Main 1954; sowohl die betreffenden Briefe selbst als auch die Anmerkungen der Herausgeber, besonders S. 222.

111 »In wahrhaft ergötzlicher Weise tritt diese naive Hochstapelei in einer ›Rede auf Hofmannsthal‹ von Rudolf Borchardt zu Tage. Da wird auf jeder Seite Artisten- und Aesthetentum mit Stil verwechselt und der Naturalismus mit Pathos verachtet. Der drollige und süffisante Ton imponierte einem Kritiker dermaßen, daß er von dieser Rede den Anbruch einer ›neuen Lebensgestaltung‹ zu datieren begann. Übrigens soll Borchardt ein Dichter und ein kommender Mann sein, und es gelang mir nicht, diese Gerüchte auf ihre Wahrheit zu kontrollieren. Also abwarten, ob da nicht nur einfach ein neuer Kostümdichter auftritt, als der er sich in seinem üblen ›Buch Joram‹ jedenfalls erwiesen hat« (Lublinski, *Ausgang* [Anm. 8], S. 230).

Man kann für eine Untersuchung zunächst von der Meinung ausgehen, die Lublinski von Borchardt hatte. Er wirft der neuromantischen Jugend, zu der er ihn rechnete, vor, daß sie zwar dem Naturalismus »hochnäsig« sein Epigonentum vorhalte, in dem er, ohne es zu merken, stecken geblieben sei; daß sie selbst aber keineswegs besser, ihm vielmehr selber verfallen sei. Als Kronzeugen bringt er Borchardt und seine Rede bei (die er übrigens nicht eben geistlos charakterisiert, wenn er von ihrem »drolligen und süffisanten Ton« spricht). Hier werde, schreibt er wörtlich, »der Naturalismus mit Pathos verachtet«; und das – dieses Pathos – hat er richtig gesehen, wenngleich er, der notorisch Unpathetische, damit auch ein Spezifikum an Borchardts Diktion überhaupt übersieht. Die initiale Frage für diesen Zusammenhang heißt aber: ob die These richtig ist, daß bei Borchardt tatsächlich »auf jeder Seite Artisten- und Ästhetentum mit Stil verwechselt« wird. Denn das würde auch über Lublinski entscheiden, der sie zwar nicht verwechselte, der aber allen Ernstes glaubte, er könnte – gewissermaßen legitimiert aus einem doch wohl zu einfachen historischen Parallelismus – einen neoklassischen Stil entwickeln, ohne ein, wie er gesagt haben würde: neuromantisches Artisten- und Ästhetentum, das nun wiederum *er* – wenngleich nicht mit Pathos – verachtete. Borchardt begann seine Rede damit, daß er den, wie man annehmen darf: erstaunten Zuhörern, die gekommen waren, etwas über einen jungen Wiener Dichter zu hören, die Mitteilung machte, er werde »nicht über Hugo von Hofmannsthal sprechen, sondern über Hugo von Hofmannsthal und die Zukunft der deutschen Dichtung«.[112] Damit hatte er zweierlei gewonnen. Einmal, indem er von Zukunft sprach, requirierte er *das* Reizwort der Epoche überhaupt. Zum anderen sicherte er sich durch das Junktim, das er zwischen dieser literarischen Zukunft und Hofmannsthal herstellte, zugleich das nötige Interesse an seinem Dichter als dem Repräsentanten dessen, worüber er reden wollte.

Hier, wo es um Affinitäten zu Lublinski geht, hat das weniger Bedeutung, denn in puncto Hofmannsthal dachten sie nun wirklich verschieden. Wichtig ist vielmehr, daß es offensichtlich beiden um eine kommende Literatur zu tun ist; um Diagnose des Vorhandenen zunächst und sodann um die daraus abzuleitenden Schlüsse zur Überwindung der – übereinstimmend festgestellten – Misere. Entscheidend ist die Übereinstimmung namentlich in der Diagnose. Lublinski spricht von Mißverständnis und Verwechslung; Borchardt im gleichen Zusammenhang vom »schicksalsvollen Irrtum«.[113] Das Selbstbewußtsein der »deutschen Modernität«, das er beschreibt, ist signiert von der nahezu perfekten Ahistorizität, die auch Lublinski an der Moderne rügt. Wo er den Jungen ihr Konzept einer »Modernität um jeden Preis« vorwirft, kon-

---

[112] Rudolf Borchardt, Rede über Hofmannsthal, in: R.B., *Reden*, hrsg. von Marie Luise Borchardt unter Mitarbeit von Rudolf Alexander Schröder/S. Rizzi, Stuttgart o.J., S. 50 (in Auszügen u.d.T. »Gegen-Moderne« ebenfalls in: *Die literarische Moderne* [Anm. 21], S. 227-235).

[113] Borchardt, Rede (Anm. 112), S. 50.

statiert Borchardt den »Verlust jeder Überlieferung«. Und weiter, wenn Borchardt sagt, man habe »den Begriff des Modernen aus der zeitlichen Sphäre, in der, bestenfalls, er eine Art von Sinn hat, in die ästhetische überführt und zu einem Gattungs- und Wertbegriffe umgeschaffen«,[114] dann deckt sich das mit Lublinskis Feststellung. Er attestiert der jüngeren Romantik die »ersten Spuren« des Verfalls[115] und trifft auch damit Lublinskis Position, wie beschrieben, genau. Aber die entscheidende Kongruenz bringt doch erst die Analyse der Zeit als Anarchie, was sich – wenn nicht dem Wort, so doch dem Sinne nach – mit Lublinskis Verwendung von Revolution deckt. Sie kommen von heterogenen weltanschaulichen Positionen her und aus entgegengesetzter Richtung; aber sie treffen zusammen: Lublinski verzweifelt über die (in seinen Augen) Pervertierung der Revolution, eines Begriffes nicht zuletzt seiner eigenen Jugend, den er verraten sah; Borchardt – der immerhin fast zehn Jahre Jüngere, der, seit er Hofmannsthal zum erstenmal gelesen hatte, alles, was er zu messen hatte, an ihm maß[116] – degoutiert aus ganz anderen Gründen als Lublinski. »Der Begriff des Modernen«, schreibt er, enthülle den »chaotischen Zustand einer Gesellschaft« und die Anarchie ziehe »nun, einmal fixiert, alle zersetzenden Mächte der Zeit so an sich, wie sie von ihnen wiederum angezogen wird«.[117] Das – wie an mancher anderen Stelle – ist nicht der bedauernde Ton dessen, der einen großen Aufwand schmählich vertan sieht, wie Lublinski; das ist eher die Allüre dessen, der sich zu fein ist. Lublinski versteht; Borchardt verurteilt. Das ist der Unterschied. Auffallend nur, wie sich trotzdem die Beschreibung der Phänomene ähnelt: Lublinskis naturalistisches Symbol, der Fetisch, der nicht die Wirklichkeit ist, sie aber sein soll, wird bei Borchardt umschrieben mit »der Lüge vom ›Milieu‹, der Lüge von den ›Umständen‹, der Lüge von den ›Beziehungen‹«, mit seiner »tiefen, feigen Feindschaft gegen alles, was Person heißt«.[118] Mögen sie von verschiedenen Ausgangspunkten herkommen: Die Diagnose, die sich hinter der unterschiedlichen Formulierung nur notdürftig verbirgt, ist dennoch die gleiche. Was hier Lüge heißt, also den tatsächlichen Befunden nicht entspricht, ist dort Symbol und seine Verwechslung mit Wirklichkeit.[119] Wenn Borchardt im selben Satz von der »feigen Feindschaft gegen alles, was Person heißt« spricht, dann trifft auch das Lublinskis Beobachtung: *e contrario* genau sein Programm der Moderne, wo er, wie zitiert, die Notwendigkeit der großen Persönlichkeit, des großen Individuums konstatiert. Borchardt wiederum exemplifiziert in seiner Rede nichts anderes als eben dies. »Der triumphierenden Anarchie« wollte er »ihren großen Richter entgegenstellen, der Epoche ihren Widerspruch, durch den sie im höchsten Sinne komplett wird«:

---

114 Borchardt, Rede (Anm. 112), S. 53.

115 Borchardt, Rede (Anm. 112), S. 55.

116 Vgl. u.a. *Briefwechsel* (Anm. 110) und Borchardts »Eranos«-Brief, in: R.B., *Prosa*, Bd. 1, hrsg. von Marie Luise Borchardt, Stuttgart 1957, S. 90ff., besonders S. 122ff.

117 Borchardt, Rede (Anm. 112), S. 54.

118 Borchardt, Rede (Anm. 112), S. 55.

119 Vgl. oben, S. 242ff.

Stefan George.[120] Paradox, daß Lublinski das nicht gesehen hat: Hier hatte er alles, was er von der neuen Tragödie forderte, was er, der Hebbel-Verehrer für *das* Problem der Epoche hielt: die Versöhnung von »Mensch und Welt«[121] in einem soziologisierten Sinne von Individuum und Gesellschaft. Was er selbst in seinen neuklassischen Tragödien versucht hatte: Hier war es im Gegenzug zu jeder Art von Moderne schon zum Programm gemacht.

Lublinski hatte die Moderne für einen ernstzunehmenden Faktor gehalten, als er ihre Bilanz zog. Noch das »Buch der Opposition«, der »Ausgang der Moderne«, zielte auf den Gegner, nicht auf eine Strömung. Borchardt aber, der die Moderne wie Lublinski mit einem soziologisch-quasisoziologischen Ansatz analysierte, wenn er sie als Anarchie verstand, hatte selbst so wenig mit ihr zu tun, daß er mit ihr verfahren konnte wie mit einer Schachfigur; besser, um im Bilde zu bleiben: Er stellte dem Heer von Bauern, wie er es gesehen haben würde, eine einzige Figur – eben George – gegenüber. Die Einsicht in die Notwendigkeit, so verfahren zu müssen, teilte er mit Lublinski; was der für die Kunst, im Drama, forderte und versuchte, tat er für die Literaturgeschichte. Die prinzipielle wechselseitige Übertragbarkeit von Lublinskis Forderung und Borchardts Vorschlag formuliert schlagend ein Satz Borchardts: »Das Verhältnis Georges zur Epoche und ihre Gebärde gegen ihn enthält in Wahrheit, über alles Literaturmäßige hinaus, unser ganzes Leben und den Zwiespalt eines jeden unter uns in einem typischen Bilde.«[122] Auch Lublinski hatte ein »typisches Bild« parat: seine neue Tragödie; und die waren austauschbar.

Nur an einer Stelle, allerdings an entscheidender, tritt die Unterschiedlichkeit – nicht der Positionen, die sich viel zu ähnlich sind, als daß sie unterschieden werden könnten, sondern – im ursprünglichen Ansatz hervor: wo Borchardt kategorisch erklärt, »der Begriff des Modernen enthüllt den chaotischen Zustand einer Gesellschaft«.[123] Wenn man das genauer ansieht, ist das seinerseits decouvrierend. Denn für Lublinski enthüllt nicht die Moderne die Gesellschaft, sondern umgekehrt: bedingt die Diffusion der Gesellschaft die Richtungslosigkeit und Chaotik der Literatur. An diesem Grundsatz, dem Marxschen also, daß das Sein das Bewußtsein bestimme und nicht umgekehrt, hat Lublinski – wenn auch, wie zuzugeben ist, in abgeschwächter Form – bis zum Schluß festgehalten. Die »Tendenz«, die er noch im »Ausgang der Moderne« programmatisch auf der ersten Seite formulierte, machte »die Entwicklung der Kunst von der Entwicklung der Gesamtheit abhängig«[124]. Wenn er der Literatur dann im letzten Kapitel empfiehlt, erst einmal ihre beiden von ihm schon in der »Bilanz« konstatierten »Erbübel«, ihre bei-

---

[120] Borchardt, Rede (Anm. 112), S. 59f.
[121] Vgl. Klaus Ziegler, *Mensch und Welt in der Tragödie Friedrich Hebbels*, Darmstadt ²1966.
[122] Borchardt, Rede (Anm. 112), S. 60.
[123] Borchardt, Rede (Anm. 112), S. 54.
[124] Lublinski, *Ausgang* (Anm. 8), S. 1.

den »Kinderkrankheiten«[125] zu kurieren: die »Verwechslung zwischen Wissenschaft und Kunst«[126] und den »Anachronismus ihrer revolutionären Gesinnung«,[127] dann führt auch das noch zur viel zitierten gesellschaftlichen Basis zurück. Allerdings zu einer, die (nach seinem Willen) durch eine ihr voraufgehende und sie bedingende Definition nicht wiederum auf einen falsch verstandenen Klassenkampf festgelegt werden soll. Vielmehr geht es um die Korrektur jenes Anachronismus; um realisierte Synchronizität. Solange, heißt das, die literarische Moderne ihr Verhältnis zu der sie determinierenden Gesellschaft nicht wirklich erkannt und als ausschließlich soziologisch beschreibbar akzeptiert hat, versteht sie sich selbst falsch, weil nicht aus dem zeitgenössisch-gesellschaftlichen Kontext. Solange sie sich folglich nicht wirklich an der Stelle sieht, an der sie *de facto* steht, kann sie auch zu keiner »großen Kunst gelangen«,[128] weil das eine das andere bedingt.

Lublinski kann das nur dialektisch sehen: Die Kunst hätte gerade die Aufgabe, »in direkter und tief eingreifender Weise auch auf das Leben zu wirken und dadurch eine Kultur formen zu helfen«;[129] andererseits muß »erst die moderne Kultur da sein, ehe von einer modernen Kunst gesprochen werden kann«.[130] Das dialektische Konzept ist durchgehalten. Es loziert ihn exakt: »im eigenen Lager« – als »legitime Opposition«.[131]

---

125 Lublinski, *Ausgang* (Anm. 8), S. 308ff.
126 Lublinski, *Ausgang* (Anm. 8), S. 308.
127 Lublinski, *Ausgang* (Anm. 8), S. 310.
128 Lublinski, *Ausgang* (Anm. 8), S. 311.
129 Lublinski, *Ausgang* (Anm. 8), S. 311.
130 Lublinski, *Ausgang* (Anm. 8), S. 1.
131 Lublinski, *Ausgang* (Anm. 8), S. VII.

14. Öffentlichkeit und Esoterik

Zur Wirkungsgeschichte Hugo von Hofmannsthals

Von Anfang an in problemloser Parallele auf Öffentlichkeit bedacht wie auf Esoterik, auf Publizität wie Exklusivität, erschienen seine ersten Verse keineswegs – was den Zeitgenossen kaum klarzumachen gewesen wäre – in den »Blättern für die Kunst«; sie standen – wohin sie auch eher gehört haben mögen – in einem Unterhaltungsblatt mit Operettentitel: in Fedor Mamroths »An der schönen blauen Donau«, einer belletristischen Familienbeilage zur »Wiener Presse«.[1] Gleichzeitige Publikationen in der »Modernen Dichtung/ Modernen Rundschau«[2] waren in der Wirkung seriöser, aber nicht exklusiv. Erst als er den »Tod des Tizian« im Oktober 1892 im ersten Heft der »Blätter«[3] veröffentlichte, betrat er die Enklave der wenigen. Aber der zeitliche Abstand ist nicht groß genug, um von Entwicklung zu sprechen, von: erst öffentlich, dann privat. Es handelt sich tatsächlich um – für ihn, Hofmannsthal – problemlose Parallelität. Daß die jedoch in keiner Weise auch anderen selbstverständlich scheinen wollte, beweist die Empörung Georges darüber, daß Hofmannsthal sich dazu hergeben konnte, seine Gedichte in Bahrs Symbolisten-Aufsatz zu publizieren;[4] einem Rahmen, der sie in falschem Lichte

---

[1] Die Gedichte »Frage«, »Was ist die Welt?«, »Für mich«, »Gülnare«, »Denkmallegende«; – zu Fedor Mamroth (1851-1907) und »An der schönen blauen Donau« vgl. *Deutsch-Österreichische Literaturgeschichte. Ein Handbuch zur Geschichte der deutschen Dichtung in Österreich-Ungarn*, hrsg. von Johann Willibald Nagl/Jakob Zeidler/Eduard Castle, Bd. 3, Wien o.J. [1937], S. 719 u. 875.

[2] In der zunächst als Monatsschrift unter dem Titel »Moderne Dichtung«, sodann als Halbmonatsschrift unter dem Titel »Moderne Rundschau« (1890-1891) erschienenen Zeitschrift veröffentlichte Hofmannsthal u.a. die Gedichte »Sturmnacht« und »Sünde des Lebens« sowie seine Essays »Die Mutter« (über Hermann Bahrs Schauspiel) und »Das Tagebuch eines Willenskranken« (über Henri-Frédéric Amiel).

[3] Vgl. *Blätter für die Kunst* 1/1892, S. 12ff.

[4] Hermann Bahr hatte in seinem Aufsatz Hofmannsthals Gedichte »Die Tochter der Gärtnerin« und »Mein Garten« »gleichsam als handliche Schulbeispiele« für Symbolismus zitiert (Hermann Bahr, Symbolisten, in: *Die Nation*, 18. Juni 1892, S. 576f.; auch in: H.B., *Zur Überwindung des Naturalismus. Theoretische Schriften 1887-1904*, hrsg. von Gotthart Wunberg, Stuttgart u.a. 1968, S. 111-115). George monierte das in seinem Brief an Hofmannsthal vom 17. Juli 1892, worauf ihm dieser bezeichnenderweise mit einem Hinweis auf Georges Öffentlichkeits-Abscheu folgendes antwortete: »Der Ausdruck ›Schulbeispiele‹ kennzeichnet ganz richtig das, was ich mit der Überlassung zweier sehr wenig bedeutender Gedichte an Herrn Bahr beabsichtigt habe; ich fand es tactvoll, ihm von Citaten aus seinem Exemplar der ›Hymnen‹ [Georges] abzurathen, ehe Sie selbst öffentliche Besprechung Ihrer Werke zu billigen scheinen. [...] ist es nicht besser, auch in den gemeinlitterarischen Kreisen oberflächliche, aber wesentlich richtige, als gar keine oder verwirrende Darstellungen des äußerlichen an unsern Kunstanschauungen verbreiten zu helfen? Man kann doch wohl Privatmeinungen, aber nicht Kunsttheorien verheimlichen« (*Briefwechsel zwischen George und Hofmannsthal*, hrsg. von Robert Boehringer, München/Düsseldorf ²1953, S. 28ff.).

erscheinen lasse und einem unberufenen Publikum vor Augen führe. Dieser früh feststellbare Tatbestand: daß Öffentliches und Esoterisches sich durchdringen, kaum zu trennen sind, einander bedingen, umschreibt zureichend den Grund für Ablehnung und Exaltation, Mißverständnis und Überinterpretation; kurz das, worauf dieser Dichter beim Publikum mehr als die meisten anderen seiner Zeitgenossen gestoßen ist.

Es ist nicht uninteressant, diesen Öffentlichkeitscharakter seiner Wirkung denjenigen Intentionen gegenüberzustellen, die ihn selbst geleitet haben; und die ihrerseits Öffentlichkeitscharakter besitzen, weil er sie – wörtlich verstanden – *coram publico* formuliert hat. Der manifesten Wirkung selbst steht deren schon früh, bereits mit dem Vortrag »Poesie und Leben« einsetzende Selbstreflexion gegenüber. Die Intentionen der eigenen Wirkung werden, so ließe sich formulieren, in dem Maße flexibel, wie die Rezeption sich ohne Varianten auf ein Klischee festlegt. Zugleich unterliegt aber das Subjekt jener Selbstreflexion ebenfalls einer Fixation, ja Erstarrung auf seine Weise. Während Hofmannsthal also von anderen gerade als der ewige Jüngling, der spielerisch Unentschiedene, Nicht-Festgelegte perenniert werden soll, ist er selbst immer mehr um eine Haltung bemüht, die bewahren und pflegen (bearbeiten und übersetzen), die zu bedenken geben und zugleich neue geistige Zentren etablieren möchte: die »Neuen Deutschen Beiträge«, die »Salzburger Festspiele«.

Im folgenden wird versucht, die Wirkung, sodann ihren Selbstreflex bei Hofmannsthal zu beschreiben; d.h. beide sollen aufeinander bezogen werden.

1. Manifestes Vorurteil und exklusiver Maßstab

»Ich halte Wirkung für die Seele der Kunst«, schrieb er, »wenn sie nicht wirkte, wüßte ich nicht, wozu sie da wäre«.[5] Seine Wirkung, die Rezeptionsgeschichte Hugo von Hofmannsthals, ist das nahezu klassische Beispiel eines einmal fixierten und fortan ausschließlich an seiner Erfüllung gemessenen Erwartungshorizontes;[6] darin nur noch Byron vergleichbar oder Mozart, mit

[5] Hugo von Hofmannsthal, Poesie und Leben. Aus einem Vortrag, in: H.v.H., *Reden und Aufsätze I: 1891-1913*, Frankfurt/Main 1979 (= Gesammelte Werke in zehn Einzelbänden, hrsg. von Bernd Schoeller/Rudolf Hirsch), S. 18.

[6] Zu diesem Begriff speziell wie zum ganzen allgemein vgl. besonders die grundlegende Abhandlung von Hans Robert Jauß, Literaturgeschichte als Provokation der Literaturwissenschaft, in: H.R.J., *Literaturgeschichte als Provokation*, Frankfurt/Main 1970, S. 144-207, besonders die Kapitel V bis XII; – ferner: Karl Robert Mandelkow, Probleme der Wirkungsgeschichte, in: *Jahrbuch für Internationale Germanistik* 2/1970, S. 71-84; sowie: Hanna Weischedel, Autor und Publikum. Bemerkungen zu Hofmannsthals essayistischer Prosa, in: Eckehard Catholy (Hrsg.), *Festschrift für Klaus Ziegler*, Tübingen 1968, S. 291-321; – vgl. auch die Einleitung zu meiner Dokumentation: *Hofmannsthal im Urteil seiner Kritiker. Dokumente zur Wirkungsgeschichte Hugo von Hofmannsthals*, hrsg. von Gotthart Wunberg, Frankfurt/Main 1971, S. 15-34, auf die der erste Teil des vorliegenden Aufsatzes in gekürzter und überarbeiteter Form zurückgeht.

dem er die Fama vom Wunderkind gemeinsam hatte. Selten ist ein Dichter so früh auf eine bestimmte Seite und Möglichkeit seiner Produktion und damit zugleich auf ihre Grenzen festgelegt worden; selten allerdings war dazu auch so viel berechtigte und frühe Veranlassung. Überschwengliches Lob, Belehrung und Besserwisserei, Verachtung, Tadel und Verzückung haben ihn von Anfang an begleitet. Für die Freunde war er »ein Götterbote«,[7] die »Krone und Blume ihres Lebens«;[8] und seine frühen Verse konnte eine ganze Generation auswendig. Noch 1911, in Kurt Hillers »Neopathetischem Cabaret«, las man sie öffentlich vor.[9] Seine Erscheinung werde »das kommende Jahrhundert beschäftigen und im nachfolgenden nicht vergehen«, meinten die einen;[10] ein Platz jedoch gebühre ihm »nicht in Goethes, nicht in Hölderlins Schatten, wohl aber in Heyses und Conrad Ferdinand Meyers Nähe« – die anderen.[11] Gemäßigt Wohlwollende ließen ihn – womit sie seine Mitarbeit an den »Blättern für die Kunst« honorierten – als »Formkünstler« gelten; neben George oder Rilke. Samuel Lublinski, der anfänglich »das Wort ›großer Dichter‹ nicht immer zurückhalten«[12] konnte, meinte gleichwohl etwas später, er sei von der Natur nicht zum Dichter, allenfalls zu einem »Museumsdirektor der Kultur«[13] bestimmt worden; Franz Mehring sprach von »wahren Sandwüsten von Trivialitäten mit einzelnen blühenden Oasen«,[14] und Karl Kraus hatte nie einen »so aberwitzigen Dreck« wie in auch nur »einer einzigen Szene« des »Salzburger großen Welttheaters« erlebt.[15] – Die Skala ließe sich mühelos erweitern.

1.1 Literaturgeschichte und *Opinio communis*

So dezidiert diese Positionen bezogen wurden: Die *opinio communis* ist dadurch eigenartigerweise nicht bestimmt worden. Die lautete – sehr viel un-

---

[7] Rudolf Alexander Schröder, In memoriam Hugo von Hofmannsthal, in: *Neue Rundschau* 40/1929; zit. nach: Hugo von Hofmannsthal, *Worte des Gedenkens. Nachrufe aus dem Todesjahr 1929*, hrsg. von Leonhard M. Fiedler, Heidelberg 1969, S. 30.

[8] Rudolf Borchardt, Hofmannsthals Lehrjahre, in: R.B., *Prosa I*, Stuttgart 1957, S. 136; – in ähnlicher Formulierung hatte Borchardt schon 1903 an Hofmannsthal selbst von einer »Verbindung« zwischen beiden als der »Krone meines Lebens« geschrieben (*Briefwechsel Hugo von Hofmannsthal/Rudolf Borchardt*, hrsg. von Marie Luise Borchardt/Herbert Steiner, Frankfurt/Main 1954, S. 11).

[9] Vgl. *Georg Heym. Dokumente zu seinem Leben und Werk*, hrsg. von Karl Ludwig Schneider/Gerhard Burckhardt, Darmstadt 1968 (= Dichtungen und Schriften, Bd. 6), S. 402 u. 407.

[10] Rudolf Borchardt, Hofmannsthals Unsterblichkeit, in: *Prosa I* (Anm. 8), S. 212.

[11] Richard von Schaukal, Hugo von Hofmannsthal, in: *Hochland* 26/1929, S. 579.

[12] Samuel Lublinski, *Die Bilanz der Moderne*, Berlin 1904 (Nachdruck: hrsg. von Gotthart Wunberg, Tübingen 1974 [= Deutsche Texte, Bd. 29]), S. 349.

[13] Samuel Lublinski, *Der Ausgang der Moderne. Ein Buch der Opposition*, Dresden 1909 (Nachdruck: hrsg. von Gotthart Wunberg, Tübingen 1976 [= Deutsche Texte, Bd. 41]), S. 86.

[14] Franz Mehring in seiner Rezension über Hofmannsthals »Die Hochzeit der Sobeide« und »Der Abenteurer und die Sängerin«, in: *Die neue Zeit*, 17/1899; zit. nach: F.M., *Gesammelte Schriften. Aufsätze zur deutschen Literatur von Hebbel bis Schweichel*, hrsg. von Hans Koch, Berlin 1961, S. 529.

[15] Karl Kraus, Vom großen Welttheaterschwindel, in: *Die Fackel* 24/1922, Nr. 601-607, S. 1-7.

differenzierter – zunächst Ästhet oder Dekadenzkünstler – mit jenem trotz aller Kritik immer auch vorhandenen Beigeschmack von Bewunderung; dann: frühreifer, aber stehengebliebener, über seine vielversprechenden Anfänge nicht hinausgekommener Lyriker. Solche Meinungen waren weniger den Einzelverlautbarungen als den Literaturgeschichten zu entnehmen, deren Infamie signiert ist von einer Equipe von Abschreibern, die sich, nachdem sie Hofmannsthal jahrelang als Ästheten angepriesen oder verschrieen, jedenfalls gehörig rubriziert hatten, wenig später darüber beschwerten, daß aus diesem Dichter nichts geworden sei. In Wirklichkeit hatte das Bewußtsein ihres Publikums die Entwicklung des Dichters so wenig nachvollziehen können wie ihr eigenes; war vielmehr mit ihnen stehen geblieben und trat auf der Stelle, der Stelle ›Loris‹. Mit anderen Worten: Sie warfen nunmehr Loris vor, nicht der geblieben zu sein, als den sie einen Dichter gerade hatten perennieren wollen, dessen Entwicklung sie nicht gefolgt waren oder der sie nicht zu folgen vermochten. Nach dem Wunderkind, das man anderen aufgeschwatzt hatte, wollte man sich den Wundermann, der die einzige legitime – d.h. konservierte – Fortsetzung sein sollte, den es aber eben nicht gab, nicht ausreden lassen.

Was man ihm vorzuwerfen hatte, weshalb man ihn für unfähig hielt, Schritt zu halten mit einer Entwicklung, die die Dichtung zu nehmen hätte, orientierte sich an dem vielberufenen Mangel an Vitalität, an Fähigkeit zur Beschäftigung mit konkreten Problemen: Vulgär-Nietzsche also war das, was man – darin dem Trend der Zeit blind und vergröbernd folgend – als ›Leben‹ zwar bezeichnete, aber schon in der Anwendung auf dieses Objekt mißverstand und mißverstehen mußte. Als ob nicht gerade das Leben für Hofmannsthal – mehr als es z.B. George lieb war – von Anfang an das große Problem gewesen wäre, gerade in den Werken, die man für Gegenbeispiele, für Beweise eines krankhaften und lebensuntüchtigen Ästhetizismus hielt; – gerade in »Der Tor und der Tod«, gerade im »Märchen der 672. Nacht«, dem »Bergwerk zu Falun«. Als ob er nicht – keinesfalls erst seit dem »Chandos«-Brief, sondern spätestens seit dem Vortrag über »Poesie und Leben« – auf dem von der Forschung inzwischen über alle Gebühr bemühten ›Weg zum Sozialen‹ gewesen wäre; als ob er nicht – für so manchen Geschmack mit Fug und Recht zu viel – seiner Zeit den Prinzen Eugen und die Kaiserin Maria Theresia als höchst konkrete Lebensmuster präsentiert hätte. Solche Vorwürfe konnten ihn bei näherem Hinsehen nicht treffen; warum erhob man sie dann? War das Ästhetentum? Ästhetentum im Sinne von Lebensferne, Lebensschwäche und Unfähigkeit in jeder Hinsicht? Da hätte es andere Beispiele gegeben, dankbarere sozusagen zur Exemplifizierung solcher Behauptungen, in seiner unmittelbaren Umgebung: den Verfasser des »Garten der Erkenntnis«, Leopold von Andrian, etwa.

Die Literaturgeschichten verzeichneten für Hugo von Hofmannsthal nicht Entwicklung, sondern Stagnation; darum auch nicht Wirkung, sondern Sterilität. Sie haben ihm sehr früh und sehr respektvoll einen festen Platz eingeräumt, einen Platz, den zu verlassen, auch nur zu modifizieren, sie ihm aber genauso hartnäckig verweigerten. Adalbert von Hanstein war schon 1900 der festen Überzeugung, daß Hofmannsthal »zum Lyriker großen Stils« geboren sei,[16] sprach ihm aber gleichwohl im selben Satz die Fähigkeit zum Dramatiker ab, womit auch er die Fixierung auf die Lyrik bestätigte. Friedrich Kummer reihte ihn noch 1909 zusammen mit Gustav Falke, Schnitzler und Bahr unter die »abhängigen Talente« ein.[17] Richard M. Meyers Literaturgeschichte meinte ihm 1921 lediglich den guten Willen zu einer »Wandlung« im Sinne eines »unbefangenen Verhältnisses zur Zeit« bescheinigen zu können, einer Wandlung, die »seiner Dichtung eine breitere Grundlage zu bieten versprach«. Der Dichter sei dadurch aber »in eine nun schon lange dauernde Krise gestürzt worden, die seine dichterische Stärke erlahmen ließ, seiner Sprache den Flaum, seinem Verse den Gesang, seiner Anschauung die Ahnungsfähigkeit fortnahm«.[18] Es ließen sich ganze Seiten mit Ähnlichem füllen. Immer wieder dasselbe Ja-Aber und das Bedauern, daß er die lyrischen Anfänge so vernachlässigt habe:

> Ob Hugo von Hofmannsthal, der noch nicht Fünfzigjährige, sich noch einmal zu Werken aufraffen wird, die sich mit denen seiner Jünglingsjahre vergleichen lassen, erscheint zweifelhaft. Den unsterblichen Glanz seiner frühen Verse wird er jedenfalls kaum wieder erreichen.[19]

Mag die Literaturgeschichtsschreibung die Schuld an solchen Klischees treffen: Die Ursachen liegen woanders. Sie sind aufs engste verknüpft mit der literarischen Situation in Deutschland und Österreich, ja der europäischen Literatur um 1890 überhaupt. Nur wer wie die Zeitgenossen die Versemacherei der Naturalisten – Arno Holz ausgenommen – oder auch derer, die gegen sie waren, aber kaum Besseres zustande brachten, ausgiebig gelesen hat, nur der kann ermessen, was es für die Generation um und nach 1890 bedeutet haben muß, Verse zu hören wie: »Es läuft der Frühlingswind durch kahle Alleen ...«. Noch Klaus Mann, erst geboren, als Hofmannsthal schon mehr als ein halbes Jahrzehnt kein lyrisches Gedicht mehr geschrieben hatte, noch die nächste Generation also, konnte nicht fassen, »bis zu welcher Höhe seine Stimme kam: ›Wie selig ich, der trinkt, wo keiner trank, am Quell des Lebens in geheimer Nähe‹«.[20] Wer die Misere der ›Moderne‹ derer kannte, die sie propagierten, aber nicht verwirklichten; sie kannte, weil sie ihm täglich und

---

[16] Adalbert von Hanstein, *Das Jüngste Deutschland. Zwei Jahrzehnte miterlebter Literaturgeschichte*, Leipzig 1900, S. 354.

[17] Friedrich Kummer, *Deutsche Literaturgeschichte des 19. Jahrhunderts, dargestellt nach Generationen*, Dresden 1909, S. 687ff.

[18] Richard M. Meyer, *Geschichte der deutschen Literatur*, Bd. 2: *Die deutsche Literatur des 19. und 20. Jahrhunderts*, hrsg. und fortgesetzt von Hugo Bieber, Berlin 1921, S. 632f.

[19] Kurt Martens, *Die deutsche Literatur unserer Zeit in Charakteristiken und Proben*, München 1921, S. 259.

[20] Klaus Mann, Am Grabe Hugos von Hofmannsthal, in: *Prisma* 6/1929, S. 66-67; u.d.T. »Die Jugend am Grabe Hofmannsthals« zit. nach: K.M., *Auf der Suche nach einem Weg. Aufsätze*, Berlin 1931, S. 138-142.

wöchentlich aus Journalen und Magazinen entgegensprang, der mußte diese Verse, diesen Dichter bedingungslos bewundern; diesen sowohl wie – für die gilt gleiches – George und Rilke. Nur vor dem Hintergrund der Bleibtreu, Arent, Conradi, Wildenbruch *e tutti quanti*, hebt sich das Bild dieses Loris für heutiges Verständnis so ab, daß sich ausmachen läßt, woher solcher Enthusiasmus kam und kommen mußte, der ihn nicht nur begrüßte, der ihm die Treue hielt, an ihm alles andere maß und sich selbst korrigierte.

Noch Ernst Stadler, der 1912 schrieb, die Zeit der »geschniegelten Wiener Kulturlyrik« sei »endgültig vorbei«,[21] und damit den Frühexpressionismus etablierte, meinte mit solchem Verdikt zum wenigsten Hofmannsthal (gar George, der bei aller Distanz das Idol auch seiner frühesten Jugend gewesen war und der vielen – wenigstens dem Gestus nach – als ›Wiener‹ galt); meinte eher die Dörmann, Richard Schaukal und – im weiteren Sinne – Beer-Hofmann; meinte wohl überhaupt mehr das Genre als einen bestimmten Exponenten; womit er, weil es weit genug verbreitet und kaum individuell zu fixieren war, nicht unrecht hatte. Aber das Problem war doch nicht nur ein ästhetisches, sondern für die Expressionisten zugleich ein anthropologisch-psychologisches: sich zu lösen von der Überwältigung durch allzu selbstverständlich gewordene Maßstäbe, die mit zu Konvention und Elternhaus gehörten, von Versen, die man – konkret gesprochen – zwar nicht auf, wohl aber desto intensiver unter der Schulbank gelesen hatte.

Außerdem: Die frühe Wirkung Hofmannsthals ist nicht zu trennen von der Faszination des Persönlichen, die von ihm ausgegangen sein muß, auch noch in späteren Jahren. Auch dann noch muß das in der persönlichen Begegnung immer wieder dominiert haben; jedenfalls hat es nachweislich, wenn man die Erinnerungen der nicht eben ersten besten und unkritischsten unter seinen Freunden liest – Schröder, Kessler und (auch hier wieder) Borchardt – auch das sachliche Urteil entscheidend beeinflußt. Das trennt den heutigen Betrachter, der sich dem Œuvre ohne das offensichtlich so konstitutive Medium dieser Person gegenübersieht, in entscheidender Weise von der Generation der Mitlebenden und Gleichaltrigen; mehr als das bei der Wirkung anderer Dichter der Fall sein mag. Gerade dies ist ein Problem seiner Wirkung und keine Banalität, die es anderswo und überall genauso gäbe; ist ein Faktum, mit dem die Rezeptionsgeschichte gerade dieses Dichters zu rechnen hat. Formuliert hat es zum erstenmal Max Kommerell, der Anlaß genug hatte, etwas dieser Art gegen seine persönliche Kenntnis in die Waagschale zu werfen: »Sie haben den persönlichen Eindruck, der immer durch Vereinfachung erlösend wirkt«, schrieb er an Christiane Zimmer, Hofmannsthals Tochter: »Ich stehe vor dem geistigen Gesicht: das ist weiß Gott nicht einfach«.[22]

[21] Ernst Stadler in seiner Rezension über Georg Heyms Gedichtsammlung »Der ewige Tag«, in: *Cahiers alsaciens* 1/1912; zit. nach: Ernst Stadler, *Dichtungen. Gedichte und Übertragungen mit einer Auswahl der kleinen kritischen Schriften und Briefe*, hrsg. von Karl Ludwig Schneider, Bd. 2, Hamburg o.J. [1954], S. 13.

[22] Brief vom 24. März 1931; in: Max Kommerell, *Briefe und Aufzeichnungen 1919-1944*, hrsg. von Inge Jens, Olten/Freiburg i.Br. 1967, S. 212.

1.2 Loris

Hofmannsthals Wirkung beginnt pseudonym. Für die Zeitgenossen war er, abgesehen vielleicht (trotz des »Eranos«-Briefes) von Borchardt, für alle anderen blieb er es: immer nur Loris. Dieses – falsche – Nomen wurde zu dem Omen, das ihn zugleich berühmt machte und festlegte. Als Hermann Bahr ihn 1892 unter dieser Überschrift an exponiertester Stelle etwas übertrieben begrüßte[23] und damit seine Wirkung inaugurierte, war dieser Loris noch keine achtzehn Jahre. Was Bahr wie einen Kosenamen aussprach und was man damit verband, war für mehr als drei Jahrzehnte hindurch richtungweisend; für Bewunderer wie Kontrahenten. Die hier festgehaltene Geste des Jünglings, preziös genug von einem in Conferencen geübten Journalisten beschrieben, sollte, als erstarrte Bewegung, als Petrefakt seiner selbst, jeder künftigen Verlautbarung den Weg ebnen oder – vertreten. Der unerhört große Erfolg dieser Propaganda hängt mit der Parole zusammen, die ihr Veranstalter ausgab, und die diesen seinerseits bis heute nicht freigegeben hat: mit der »Überwindung des Naturalismus«; seit seinem Buch von 1891 zeichnet er in den Augen der meisten für sie verantwortlich.[24] Dieser zum Schlagwort gewordene Titel umschrieb nicht nur Bahrs Privatmeinung. Mochte man sein Bedürfnis nach Überwindung auch nicht immer teilen: Daß die Naturalisten – wenigstens für die Lyrik – nicht das zustande gebracht hatten, was man sich von der Moderne erwartete, war mehr als offensichtlich. Nur allzu gern und bereitwillig schloß man sich deshalb dem Konzept dieser Entdeckung eines jungen Talents an. Und das um so freudiger, als Bahr nicht müde wurde, auch in anderen Zusammenhängen sein Bild von Loris zu geben, ihn – was Karl Kraus früh und nicht zu Unrecht bespöttelte und mit seinem »Goethe auf der Schulbank« quittierte[25] – verwegen in den Umkreis der heiligsten Güter der Nation stellte, als er ihm nachrühmte, er habe »das Wilhelm-Meisterliche«. Das mußte verfangen. Auch über Mißverständnisse hinweg; denn gerade dieser aus Carlyle und der Goetherezeption des Jahrhunderts destillierte Begriff meinte ein anderes Verständnis, als es traf: meinte schon 1893 nicht bürgerlichen Bücherschrank und Bildungslektüre, wenn es Goethe bemühte, sondern meinte eben gerade das, was spätere Literaturgeschichten, wie man nachlesen kann, dem Dichter Hofmannsthal immer absprachen: die sogenannte Verknüpfung mit dem Leben. »Bei uns«, schrieb Bahr über das junge Österreich, »ist Loris der Einzige, der immer von moralischen Fragen handelt. Er sucht die Stellung des Menschen zur Welt, sucht Sinn und Bedeutung der Dinge, sucht Gewißheit für den Gang des Lebens. Er will Erweckung

---

23 Hermann Bahr, Loris, in: *Das Junge Wien. Österreichische Literatur- und Kunstkritik 1887-1902*, hrsg. von Gotthart Wunberg, 2 Bde., Tübingen 1976, Bd. 1, S. 293-298 (zuerst in: *Freie Bühne für modernes Leben* 3/1892, S. 94-98).

24 Vgl. die Aufsatzsammlung: Hermann Bahr, *Die Überwindung des Naturalismus. Als zweite Reihe von »Zur Kritik der Moderne«*, Dresden/Leipzig 1891.

25 Karl Kraus, *Die demolirte Literatur*, Wien ²1897, S. 13 (auch in: *Das Junge Wien* [Anm. 23], Bd. 1, S. 652).

und Erbauung. Er hat das Wilhelm-Meisterliche«.[26] Daß Hofmannsthals erster Herold auch das schon sehr früh gesagt hat, ist immer konsequent vergessen oder verschwiegen worden. Der literarischen Öffentlichkeit im engeren Sinne genügte Bahrs Hinweis auf die Verse, die er zitieren konnte; dem weiteren Publikum war die Berufung auf Goethe gerade gut genug, um fortan auf die Produktion dieses Loris zu achten.

Die erste Arbeit – das kleine Drama »Gestern« – machte ihn kaum bekannt. Marie Herzfelds Rezension erschien, kritisch die Schwächen des Stükkes hervorhebend, an höchst versteckter Stelle. Als die »Moderne Rundschau«, die manches von ihm gebracht hatte – außer »Gestern« auch einige Gedichte und Essays –, Ende 1891 ihr Erscheinen einstellte und ihre Leser an die »Freie Bühne« verwies, fand Hofmannsthal bald darauf nicht dort, sondern in den »Blättern für die Kunst« sein erstes adäquates Forum.[27] Mit dieser Zeitschrift verband man fortan neben Georges Namen auch den seinen. Sie war es, die ihm – wenn auch unter dem schweren Siegel Georges und des ›Kreises‹ – den ersten bleibenden Ruhm brachte; – absurderweise, denn sie war bekanntlich nur für »einen geschlossenen von den mitgliedern geladenen leserkreis« gedacht, und man sollte meinen, dort hätten ihn nur die ohnehin schon Eingeweihten gelesen. Fest steht jedenfalls, daß er auf Jahre hinaus als dorthin gehörig angesehen wurde. Als 1899 die erste für eine breitere Öffentlichkeit bestimmte Auslese aus den »Blättern für die Kunst« erschien, in der Hofmannsthal repräsentativ vertreten war, bestätigte dieser Kontext noch einmal die seitdem ausgiebig wiederholte Version von der George-Nähe und dem Symbolismus seiner Arbeiten (den im übrigen schon Bahr für exemplarisch gehalten hatte).[28] Seither gab es kaum eine Literaturgeschichte, die diese Periode nicht zum Dauerzustand erhoben hätte; auch noch, als seit 1904 in den »Blättern« nichts mehr von Hofmannsthal erschien.[29] Seit dem Anfang des Jahrhunderts konnte man Hofmannsthal kaum noch mit George in einem Atemzuge nennen. Denn schon die »Elektra« (1903) war dazu angetan gewesen, den Kreuzpunkt zu bezeichnen, an dem sich die Wege dieser beiden definitiv trennten; letzten Endes mehr noch als das nicht nur von George mit Recht für schwach gehaltene »Gerettete Venedig«. Daß es ihm gewidmet sein konnte, spricht nicht dagegen, sondern macht die Beziehungslosigkeit erst richtig evident; zeigt Hofmannsthals an Naivität grenzende Arglosigkeit gegenüber George, seinen unverwandten Willen zu bleibender Versöhnung und Harmonie, der eher rührt als überzeugt.

---

[26] Hermann Bahr, Das junge Österreich, in: *Das Junge Wien* (Anm. 23), Bd. 1, S. 372.

[27] Später allerdings hat Hofmannsthal wiederholt in der »Neuen Deutschen Rundschau« und der »Neuen Rundschau«, den Nachfolgerinnen der »Freien Bühne«, publiziert.

[28] Vgl. Anm. 4.

[29] Wer konnte wissen, daß der unwiderruflich letzte persönliche Kontakt zwischen Hofmannsthal und George ein nicht einmal mehr eigenhändiges Schreiben vom 21. März 1906 gewesen war, in dem Hofmannsthal »i.A.« und ohne Anrede mitgeteilt wurde: »Sie stellen in Ihrem Brief Behauptungen auf die jede persönliche Erörterung meinerseits ausschliessen« (*Briefwechsel George/Hofmannsthal* [Anm. 4], S. 229).

1.3 Bis zum Ersten Weltkrieg

Mit der »Elektra«, mit Hofmannsthals neuer Dramenform, hatte sich nicht nur sein Verhältnis zum Theater, sondern auch das zum Publikum – *et vice versa* – geändert. Daß man plötzlich etwas anderes von ihm auf der Bühne sah als das bis dahin Gewohnte, bedeutete, daß man es (und damit ihn) auch anders verstand. Das zeigte sich in faszinierender Weise an der Reaktion der Kritik nach der Berliner Erstaufführung. Ein Werk, das so verstanden werden konnte, wie Maximilian Harden es rezensierte, mußte George fremd bleiben: Harden verwies *expressis verbis* auf Bahrs »Dialog vom Tragischen«, auf Hysterie und Sigmund Freud – was im übrigen nicht wenig dazu beigetragen hat, in Hofmannsthal den künstlerischen Vollstrecker der Psychoanalyse zu sehen oder zu suchen. Georges Einwände kennen wir nicht; und es besteht Veranlassung genug zu der Vermutung, daß auch Hofmannsthal sie – aus äußeren Gründen – nicht mehr zu hören bekam, obgleich sie zur Uraufführung beide in Berlin waren.[30] Aber George wird sich schwerlich auch nur zu Kerrs »klarem ›Warum nicht‹?«[31] haben durchringen können; wie viel weniger zu seinem »*ecce artifex!*« in derselben Besprechung – wie doppelbödig auch immer das gemeint war. Eher schon mochte er die »Elektra« wie Hofmannsthals Wiener Freund in Berlin, Paul Goldmann, sehen: als die »Verirrung eines Talents«.[32]

Aber: Die Literaturgeschichte blieb dabei, Hofmannsthal zusammen mit George zu feiern oder zusammen mit ihm abzulehnen. Sie verschwieg allerdings – nicht aus Bosheit, sondern aus Ignoranz, wie man annehmen muß – die Nachtseite dieser Beziehung; nicht die private (die 1906 im Briefwechsel versandete und die sie deshalb nicht kennen konnte), sondern die öffentlich zwischen ihnen – d.h. ihren Sekundanten Gundolf und Borchardt – ausgetragene Fehde. Öffentlich? Borchardts Rede von 1902, um die es dabei ging, war 1905 bzw. 1907 in 600 Exemplaren erschienen, Gundolfs Aufsatz über »Das Bild Georges«, in dem er sie zusammen mit den George-Büchern von Klages und Wolters abhandelte, 1910 im »Jahrbuch für die geistige Bewegung«; Auflage: 500. War das Öffentlichkeit? Gemessen an heutigen Auflagenziffern kaum. Aber auch damals war es eine mehr notgedrungene, eine trotz aller Publizität, die man dem eigenen Standpunkt geben wollte, vergleichsweise esoterische Öffentlichkeit. Die Exemplare reichten aus, den ohnehin Interessierten Einblick in die Auseinandersetzungen der Großen bzw. die Querelen der Nachhut zu geben. So schien es. Hofmannsthal selbst hatte sich öffentlich nie anders als zustimmend, rühmend über George geäußert, zwei Essays

---

[30] Vgl. *Briefwechsel George/Hofmannsthal* (Anm. 4), S. 207 mit Anm.

[31] Alfred Kerr, Rose Bernd und Elektra, in: *Neue Deutsche Rundschau* 14/1903, S. 1317.

[32] Paul Goldmann, Elektra, in: *Neue Freie Presse*, Wien 1903; zit. nach: Paul Goldmann, *Aus dem dramatischen Irrgarten. Polemische Aufsätze über Berliner Theateraufführungen*, Frankfurt/Main 1905, S. 63.

über ihn geschrieben;[33] dieser hatte nie auch nur eine Zeile über ihn veröffentlicht. Rudolf Borchardt, weit davon entfernt, das Sprachrohr Hofmannsthals zu sein oder auch nur sein zu wollen, wurde von Friedrich Gundolf vorgeworfen, die seinen Ausführungen zugrundeliegende Idee werde dem Gegenstand – George – nicht gerecht, könne ihm nicht gerecht werden. Hinreißend in der Rhetorik, beispiellos – auch für die Folgezeit – als Konzeption, hatte er Hofmannsthal und George einander antithetisch, nicht hierarchisch gegenübergestellt. Gundolfs Polemik, die solche Antithetik als unzutreffend, unzumutbar, ja frevelhaft verwarf, gipfelte jedoch – aufschlußreich genug – ihrerseits in einer Antithese: »beide bedingen sich gegenseitig wie konvex und konkav – Borchardt wenigstens wäre überhaupt nichts, wenn es keinen Hofmannsthal gäbe«.[34] Borchardt schlug noch einmal zurück, in den »Süddeutschen Monatsheften« – die ihm mit einer Auflage von (1911) 3.500 Exemplaren eine alles andere als esoterische Öffentlichkeit erschlossen – unter der Überschrift »Intermezzo«.[35] Was Borchardt dort – aufs äußerste gereizt, mit sich zuweilen überschlagender Eloquenz – konstatierte, traf nicht nur die Person Gundolfs, sondern auch die Sache, die dieser an Borchardts Ausführungen gerade verfehlt hatte: »Denn wie leicht wäre es gewesen«, schrieb Borchardt, »die triftigsten Dinge gegen uns dort vorzubringen, wo er die ohnmächtigsten sagt! [...] Hätte er nur nicht vernichten wollen, der arme Teufel, wie empfindlich hätte er uns werden können! Nun steht die Bestie auf allen Vieren breit weggepflanzt vor ihm: er muß umdrehen, wohl oder übel«.[36]

Gundolfs Erwiderungen hatten, so verständlich sie sein mochten, die eigentlichen Intentionen von Borchardts Rede nicht getroffen oder treffen können. Die galten weniger George und – trotz des Titels – Hofmannsthal als dem Phänomen der literarischen Moderne überhaupt, die hier gegen ihre Antipoden exemplarisch abgesetzt wurde. Daß dabei gerade das Diagramm dieser Moderne in ein falsches Licht geriet, hat ihm weder Gundolf angekreidet, auf dessen Linie so etwas nicht lag, noch er selbst diesem in seiner Replik als mögliche Angriffsflächen dargeboten, weil auch er kein Interesse daran hatte, eine Moderne zu propagieren, die einen anderen Charakter gehabt hätte als einen defizienten. Gundolf aber konnte, will man gerecht bleiben – noch

---

[33] Vgl. Hofmannsthals Essays »Gedichte von Stefan George« (in: H.v.H., *Reden I* [Anm. 5], S. 214-221) und das »Gespräch über Gedichte« (in: H.v.H., *Erzählungen, Erfundene Gespräche und Briefe, Reisen*, Frankfurt/Main 1979 [vgl. Anm. 5], S. 495-509).

[34] Friedrich Gundolf, [Erwiderung an Rudolf Borchardt], in: Gotthart Wunberg/Stephan Dietrich (Hrsg.), *Die literarische Moderne. Dokumente zum Selbstverständnis der Literatur um die Jahrhundertwende*, 2., verb. und. komm. Auflage, Freiburg i.Br. 1998 (= Reihe Litterae, Bd. 60), S. 241.

[35] Rudolf Borchardt, Intermezzo, in: *Süddeutsche Monatshefte* VI, 12. Dezember 1910; auch in: *Prosa I* (Anm. 8), S. 435-468; – Gundolf hat darauf nur noch privat reagiert; er quittierte die Verlautbarung in einem Brief an George als die »zu erwartende Stinkbombe« (25. November 1910 an George, in: *Briefwechsel George/Gundolf*, hrsg. von Robert Boehringer/Georg Peter Landmann, München/Düsseldorf 1962, S. 214f.).

[36] Borchardt, *Prosa I* (Anm. 8), S. 446.

trennte ihn fast ein Jahrzehnt vom Bruch mit George, und später hat er sich gerade zu Hofmannsthal auch ganz anders geäußert[37] –, kaum anders reagieren. Sein Bild von Stefan George mußte ihm – heute läßt sich der Briefwechsel heranziehen![38] – eine Analyse verstellen, die viel breiter, allgemeiner und keineswegs ausschließlich als Fixierung auf die beiden Dichter gedacht war und die eher als Zeitbild, denn als Porträt ihre Bedeutung behalten wird.

Auf einen bestimmten Vorwurf Gundolfs ist Borchardt bezeichnenderweise wiederholt zu sprechen gekommen: daß er wohl jetzt, 1910, nicht mehr die Frivolität besitze, Hofmannsthals »dialekt-komödien und operetten-texte«[39] der deutschen Jugend als leuchtende Beispiele vorzuhalten. Borchardt hat darauf öffentlich und privat reagiert. So unscheinbar das Detail sein mag: Es wirft nicht einfach ein weiteres Schlaglicht auf die Unterschiedlichkeit der Positionen, die man auf dieser Folie als die Diskrepanz zwischen Humor und Humorlosigkeit definieren könnte, und damit auf die letztlich im Privaten, in Veranlagung und Naturell wurzelnden Meinungsverschiedenheiten. Es formuliert abermals die oben dargelegten Reserven einer ganzen Epoche gegenüber ihrem Dichter-Epheben, den sie als solchen versteht und sich so bewahren möchte, der sich aber seinen Klischees bereits mit Erfolg in ganz andere Gegenden entzogen hat. Man braucht nur die Reaktion Borchardts auf die Lektüre des »Rosenkavaliers« zu lesen, um zu wissen, daß es gerade das Lachen und das Gelächter war, was ihn und damit Hofmannsthal, in der Beurteilung solcher »Dialektkomödien« von Gundolf, und damit von George, trennte.[40]

Jakob Wassermann hat 1913 die Antinomien des Librettisten Hofmannsthal in seinem von diesem dankbar aufgenommenen Aufsatz über seine »Texte für Musik« (nach dessen Lektüre sich Alfred Kerr veranlaßt sah, seinen »Schutz für Ariadne« zu proklamieren)[41] genauer darzulegen versucht. »Einen Namen von Gehalt und Leuchtkraft in den Schatten eines anderen Namens zu tragen«, sei schon recht viel verlangt; aber eben das zeichne Hofmannsthals Libretti aus, daß »er dabei innerhalb seiner dichterischen Sphäre«,[42] daß er – mit anderen Worten – er selbst geblieben sei. Es ist das gleiche, was Borchardt, der mit diesem Aufsatz nichts anfangen konnte,[43] vom »Rosenkavalier« meinte, wenn er schrieb, er bringe es nicht einmal übers Herz zu sagen, daß er die Musik vermisse »oder zu vollem Genusse gehört haben

---

[37] Vgl. Gundolfs Aufsatz »Loris« von 1930, in: *Europäische Revue* 6/1930, S. 672-676.
[38] Vgl. Anm. 35
[39] Vgl. Gundolf, Erwiderung (Anm. 34), S. 245.
[40] Im übrigen dürften Gundolfs Aversionen auch mit Georges notorischer Musikfeindlichkeit zusammenhängen.
[41] Alfred Kerr, Schutz für Ariadne (21. Februar 1913); in: A.K., *Die Welt im Drama*, Bd. 2: *Der Ewigkeitszug*, Berlin 1917, S. 338-340.
[42] Jakob Wassermann, Hofmannsthals Texte für Musik, in: *Neue Rundschau* 24/1913, S. 265.
[43] Vgl. Borchardts Brief an Hofmannsthal vom 25. Dezember 1913, in: *Briefwechsel Hofmannsthal/Borchardt* (Anm. 8), S. 109f.

müßte«[44] – auch, wo er es anders begründete. Der Text hatte sein eigenes Recht und seine eigene Berechtigung und bedurfte keiner Bestätigung durch die Musik, die ihm gleichwohl anmutig zu Gesichte stehen mochte. Aber das war bei weitem nicht die allgemeine Meinung.

Man hat es Hofmannsthal verübelt, statt es ihm nachzurühmen, daß er aus der trüb-zerbrechlichen Stimmung seiner frühen Jahre, aus der elegischen Weltschmerzhaltung in die heitere Landschaft der Komödie auswanderte; eine, die man im übrigen wohl auch für heiterer hielt, als sie war. Auch hier wieder, von nur allzu unerwarteter Seite, bestätigt sich der Erwartungshorizont des hundertfach zitierten »früh gereift und zart und traurig«, das eben immer nur zur Hälfte angezogen wurde. Sonst hätte man bemerken können, daß das »also spielen wir Theater« (und zwar »die Komödie unserer Seele«) für Hofmannsthal dazugehörte, von Anfang an; seit dem »Anatol«-Prolog,[45] also seit 1893.

1.4 Die 20er Jahre

Der Anschluß an die Entwicklung nach dem Ersten Weltkrieg fiel Hofmannsthal nicht eben leicht, wurde ihm andererseits aber auch nicht leicht gemacht. Das gilt sowohl für ihn persönlich wie auch für seine Werke. Als 1921 innerhalb kurzer Zeit »Der Schwierige« in München und Berlin mit so unterschiedlichem Erfolg uraufgeführt wurde,[46] zeigte gerade die geteilte Aufnahme des Stückes das Problem im ganzen Umfang. Man war mit Gründen gegen diesen Autor, aber nicht überall; und genauso war man für ihn – auch nicht überall. Das wäre noch fünf Jahre früher nichts anderes als Geschmacksache – wenn man so will: normal – gewesen. Jetzt war es dazu auch noch symptomatisch; denn es entsprach einer von Grund aus veränderten gesellschaftlichen Situation, die zweifellos nicht überall so verändert war, wie sie es hätte sein sollen oder wie mancher es befürchtete. Während das Lustspiel in München freundlich aufgenommen wurde, war die Berliner Kritik fast vernichtend. Kerr, der – auf diesem Hintergrunde der Nachkriegszeit interessant genug – Hofmannsthals österreichische Antwort von 1914 auf Rudolf Alexander Schröders »Deutschen Feldpostbrief«[47] noch im Ohr hatte (»für die geschichtliche Stunde schlankweg das erlösende Wort«),[48] schrieb

---

[44] Vgl. Borchardts Brief an Hofmannsthal vom 23. Juli 1911, in: *Briefwechsel Hofmannsthal/Borchardt* (Anm. 8), S. 46.

[45] Vgl. Hofmannsthals Prolog zu Arthur Schnitzlers »Anatol« (Erstdruck: Arthur Schnitzler, *Anatol. Mit einer Einleitung von Loris*, Berlin 1893), in: H.v.H., *Gedichte, Dramen I: 1891-1898*, Frankfurt/Main 1979 (vgl. Anm. 5), S. 59-61.

[46] Am 8. November 1921 im Münchener Residenztheater; am 30. November 1921 in den Berliner Kammerspielen.

[47] Hugo von Hofmannsthal, Trostwort aus dem Felde. Einleitung zu einem Brief Rudolf Alexander Schröders, in: H.v.H., *Reden und Aufsätze II: 1914-1924*, Frankfurt/Main 1979 (vgl. Anm 5), S. 500-502.

[48] Im »Berliner Tageblatt« vom 1. Dezember 1921; zit. nach: Günther Rühle, *Theater für die Republik 1917-1933. Im Spiegel der Kritiker*, Frankfurt/Main 1967, S. 335.

bissig: »Jetzt, nach Schluß des Weltkrieges, findet er das erlösende Drama: ein Verlobungslustspiel aus der Komtessenschicht. Kurz, was die Zeit halt braucht«.[49] Dagegen war Jacobsohns Genörgel, der es in der »Weltbühne« »dürftig« nannte und Ratschläge gab, wie man es hätte besser machen können, harmlos.[50] Erst die spätere, von Max Reinhardt inszenierte Aufführung brachte den großen Erfolg; sie spielte das Stück aber auch dort, wo es (damals) hingehörte: in Wien.[51] Man hat zu Recht darauf hingewiesen, daß die unterschiedliche Beurteilung des Lustspiels in Berlin und Wien weiterreichende Gründe hatte, als seiner Aufführung, Autorschaft oder gar Qualität anzulasten waren. Das Berliner Theater hatte im Gegensatz zum Wiener inzwischen andere Wege beschritten, was unter anderem wohl für Max Reinhardts geringe Erfolge in Berlin und seine um so größeren in Österreich bezeichnend ist:

> Was ihn vom Deutschen Theater jetzt trennte, das war dessen Bindung an die Gegenwart, die Indienststellung für allerlei Außerkünstlerisches, im Grunde: der Abbau seiner Festlichkeit, seines Spielcharakters, seine Einfügung in die Wirklichkeit.[52]

Das umschreibt nicht nur Reinhardts, sondern auch Hofmannsthals Position. Das weitere Zusammengehen mit ihm in den Salzburger Festspielen, in den Filmplänen, d.h. das, was Hofmannsthals große Wirkung nach außen werden sollte, ist hier entscheidend begründet. Die Beziehungen Hofmannsthals zu Reinhardt institutionalisierten sich schließlich in ihrer Zusammenarbeit für die Salzburger Festspiele. Sie hatten seit der »Elektra« bestanden und waren der Öffentlichkeit besonders durch die »Jedermann«-Inszenierung im Berliner Zirkus Schumann mit Alexander Moissi in der Titelrolle im Bewußtsein geblieben.[53]

In den Salzburger Festspielen verwirklicht Hofmannsthal schließlich ein Projekt, das für ihn zum Vehikel der Wirkung großer Dichtung überhaupt, wie auch seiner eigenen wird – was in seinem Verständnis von Dichtung nicht eben weit auseinanderlag. Seine Calderon-Bearbeitungen – »Salzburger Großes Welttheater«, wie »Turm« – sind so zu verstehen. Sie suchen eher in der Fortführung des »Jedermann«-Spiels als der Molière-Stücke mit der Wirkung der Tradition auch die eigene. Der Domplatz in Salzburg ist die Bühne, auf der sich die europäische Selbstdarstellung in ihren großen Exempeln noch einmal zu vollziehen hat. Hofmannsthals Reflexion dieser formal wie substantiell neuartigen Wirkungsmöglichkeit ist von besonderer Evidenz und wird später zu besprechen sein.

---

[49] Zit. nach: Rühle, *Theater* (Anm. 48), S. 335.

[50] In der »Weltbühne« von 1921 (Bd. II, S. 575); zit. nach: Siegfried Jacobsohn, *Jahre der Bühne. Theaterkritische Schriften*, hrsg. von. Walther Karsch/Gerhart Göhler, Reinbek 1965, S. 207f.

[51] Die Premiere des »Schwierigen« war am 16. April 1924 im Theater in der Josefstadt.

[52] Rühle, *Theater* (Anm. 48), S. 22f.

[53] Die Uraufführung des »Jedermann« fand am 1. Dezember 1911 statt.

Im Zeitschriften-Projekt der »Neuen Deutschen Beiträge« (wie auch dem »Deutschen Lesebuch« und der Begründung der »Bremer Presse«) löst Hofmannsthal zu Beginn der 20er Jahre unter neuen Aspekten ein (für ihn) altes Problem: das der Sprache.

> Was in den Jahren des ausgehenden 19. Jahrhunderts – in diesem »goldenen Zeitalter der Sicherheit« – als Last empfunden werden konnte und mußte, da es zum Vehikel der Konvention geworden war, muß nun neu gewonnen werden, wenn anders nicht die Nation daliegen soll, »ihres eigenen Daseins nicht mächtig und mit fremden, verworrenen Gedanken wie ein Krankes«.[54]

Es ist mit Nachdruck immer wieder bestritten worden, daß es sich hier um die Spielerei eines Ästheten handelt, der hier seine Zuflucht sucht.[55] Die Zeitgenossen jedoch machten sich gerade erst daran, ihr Bild vom Ästheten Hofmannsthal in allen Konsequenzen zu untermauern: Man benannte es direkt so, wie Karl Justus Obenauer;[56] oder sprach in diesem Zusammenhang von »Impressionismus als Zeiterscheinung«, wie Berendsohn[57] oder »impressionistischer Manier« wie Herbert Cysarz.[58] Obenauer legte Hofmannsthal – nach mehr als zwanzig Jahren – auf die »ästhetische Lebensrichtung«[59] seines Claudio in »Der Tor und der Tod« fest und dekretierte in den »Preußischen Jahrbüchern«: »der undeterminierte Mensch kann zu keinem Weltbild kommen«.[60] Wenn Walter A. Berendsohn 1920 schrieb, daß »Claudio und Hofmannsthal eins« seien,[61] so formulierte er nicht nur ein altes, sondern auch ein bewährtes (Vor-)Urteil, das sich als Konservierungsmittel – anders als er es übersehen, ja nur beabsichtigt haben kann – vorzüglich eignete. Mit dieser Hypothek ging Hofmannsthal in die letzte Dekade seines Lebens, obwohl er längst daran war, den hier formulierten Forderungen zu genügen, die man

---

[54] Werner Volke in der Einleitung zu den von ihm herausgegebenen Briefen Hofmannsthals an Willy Wiegand und die »Bremer Presse«, in: *Jahrbuch der Deutschen Schillergesellschaft* 7/1963, S. 49.

[55] Zuletzt – nicht nur bestritten, sondern auch begründet – von Werner Volke: »Die im wahrsten Sinne des Wortes konservative Wirksamkeit Hofmannsthals war also niemals Verlegenheitsgeschäft eines Mannes, dessen dichterische Kraft am Erlahmen war, niemals nur die Esoterik eines Ästheten, romantische Flucht aus der Wirklichkeit. Das Problem seines Dichtens: aus der Sprachnot herauszukommen, erschien ihm nicht als das Problem eines Einzelnen, sondern als das der ganzen Nation; und es entsprach seiner Auffassung vom Beruf des Dichters – hier verbindet ihn manches mit George –, die Lösung nicht nur für sich in seinem ästhetischen Bereich des Dichtens zu suchen, sondern auch der Nation, deren Glied der Dichter ist, Wege zu zeigen, von denen er glaubte, sie könnten aus dem Dilemma herausführen« (Volke, Einleitung [Anm. 54], S. 51f.).

[56] Karl Justus Obenauer, Hugo von Hofmannsthal. Eine Studie über den ästhetischen Menschen, in: *Preußische Jahrbücher* 173/1918, S. 19-51; vgl. auch das Hofmannsthal-Kapitel in seinem späteren Buch: K.J.O., *Die Problematik des ästhetischen Menschen in der deutschen Literatur*, München 1933, S. 379-390.

[57] Walter A. Berendsohn, *Der Impressionismus Hofmannsthals als Zeiterscheinung. Eine stilkritische Studie*, Hamburg 1920; dasselbe Buch enthält ein eigenes Kapitel dieses Titels.

[58] Herbert Cysarz, Alt-Österreichs letzte Dichtung (1890-1914). Strukturen und Typen, in: *Preußische Jahrbücher* 214/1928, S. 45.

[59] Obenauer, Hofmannsthal (Anm. 56), S. 46.

[60] Obenauer, Hofmannsthal (Anm. 56), S. 48.

[61] Berendsohn, *Impressionismus* (Anm. 57), S. 24.

allgemein stellte, deren Erfüllung man aber gerade von ihm nicht erwarten mochte:

> Ein Umschwung kann nur kommen von einer großen Welle diesseitiger Religiosität, die alle schöpferischen Menschen aus der Vereinzelung lockt zur willigen Mitarbeit an der Neugestaltung der irdischen Verhältnisse.[62]

Obenauer ist später noch einmal in größerem Rahmen auf sein Thema zurückgekommen: in seinem Buch über »Die Problematik des ästhetischen Menschen in der deutschen Literatur«,[63] zu dem sein Hofmannsthal-Aufsatz nur eine Vorstudie gewesen war und dessen Jahreszahl, 1933, dem heutigen Leser nicht ganz so unschuldig erscheinen will, wie sie dort auf dem Papier steht.

Im Zusammenhang mit Hofmannsthals Münchener Rede über »Das Schrifttum als geistiger Raum der Nation« entwickelte Ernst Robert Curtius 1929 in einem einflußreichen Aufsatz seine Konzeption von Hofmannsthals »deutscher Sendung«[64] und verwahrte sich energisch gegen das einseitig falsche Bild vom »Nur-Ästheten«. Die deutsche Jugend wende sich von Hofmannsthal, weil sie ihn ausschließlich als »lebensfremden Ästheten« sehe, ausgerechnet »in dem Augenblick« ab, »wo dieser tiefe und vornehme Geist sich dem politischen Bereiche zuwendet«.[65] Er war der Meinung, Hofmannsthal sei in keinem Sinne Romantiker, gar Neuromantiker; aber er stellte ihn zu – Adam Müller. Was auf den ersten Blick weit hergeholt sein mochte, erwies und erweist sich bei näherem Hinsehen als jedenfalls genauso richtig und genauso falsch wie das Ästhetenklischee. – Wer Hofmannsthal fortan weder als Ästheten abtun, noch als den Exponenten deutscher Sendung akzeptieren mochte – was immer das (genauer befragt) bedeuten sollte –, konnte nur eine Position beziehen, die, wie Richard von Schaukal es tat, Hofmannsthal an dem zu messen versuchte, was ihm zukam; der zugleich aber einen Sinn für die »schicksalhafte Tragik«[66] dieses Dichters besaß. Mag Schaukals Abrechnung[67] mit der »verzückten Huldigung« und »überschwenglichen Bewunderung«, wie aus Anlaß von Hofmannsthals Tod – geschöpft aus dem unerschöpflichen Reservat der Devise *de mortuis nihil nisi bene* – überall zu lesen war, auch hier oder da Züge eines Selbstporträts tragen: Sie rückte so manches wieder ins Lot. Mochte sie hart, überzogen, ungerecht wirken, einem Manne gegenüber, der sich nicht mehr wehren konnte (was ihm allerdings auch in bezug auf die Lobhudeleien aus gleichem Anlaß versagt war): Sie behauptete sich als das notwendige Epirrhema, und war als solches gedacht.

---

62 Berendsohn, *Impressionismus* (Anm. 57), S. 51.

63 Vgl. Anm. 56.

64 Ernst Robert Curtius, Hofmannsthals deutsche Sendung, in: *Neue Schweizer Rundschau* 2/1929, S. 583-588; zit. nach: E.R.C., *Kritische Essays zur europäischen Literatur*, Bern 1950, S. 158-164 (dort zusammen mit dem Beitrag »Hofmannsthal und die Romanität« unter dem gemeinsamen Obertitel »Zu Hofmannsthals Gedächtnis«).

65 Curtius, *Essays* (Anm. 64), S. 164.

66 Curtius, *Essays* (Anm. 64), S. 161.

67 Vgl. Schaukal, Hofmannsthal (Anm. 11).

1.5 Seit 1929

Die ungeheuer hohe Frequenz von Publikationen im Todesjahr – nur noch 1952, und dann wieder 1954 zum achtzigsten Geburtstag übertroffen – wurde abgelöst durch zwei, teilweise aus dem Nachlaß zusammengestellte, Veröffentlichungen: die von Max Mell besorgte Essaysammlung »Loris«[68] und das von Walther Brecht im »Jahrbuch des Freien Deutschen Hochstifts« herausgegebene »Ad me ipsum«-Fragment.[69] Die erste trug wesentlich dazu bei, den Essayisten Hofmannsthal von einer in Vergessenheit geratenen Seite her zu zeigen, von einer, die selbst Gundolf, der sich inzwischen aus der Gefolgschaft Georges befreit hatte, versöhnliche Töne zu entlocken vermochte.[70] Die andere – ein bis 1916 zurückreichendes autobiographisches Konvolut – war dazu angetan, so glaubte man damals (und die nahezu gesamte Forschung bis heute), ein authentisches Licht auf Werk und Person dieses rätselhaft und geheimnisvoll gebliebenen Mannes zu werfen, dessen Tod man, wie es Anton Wildgans in einem Brief formulierte, als »Zeitsymbol« und »furchtbares Menetekel« empfunden hatte.[71] Die Nomenklatur dieses Fragments oft höchst kryptischer privater Aufzeichnungen und ihre durch Verständnis wie Mißverständnis reich kolorierte Rezeption in der Forschung haben ihre eigene Brisanz. Die Beschäftigung mit diesem hochinteressanten und überaus wichtigen Dokument hat der Forschung – die ›Präexistenz‹ und der ›Weg zum Sozialen‹ sind als Schlüsselbegriffe in sie eingegangen – eine wahre Fata morgana von Interpretamenten vorgegaukelt, wobei allerdings die wenigsten bemerkten, daß sie sich in einer esoterisch-biographistischen Sackgasse befanden, die ihresgleichen sucht. Weit davon entfernt, Hofmannsthals eigenen Begriff der ›Bezüge‹ in allen Konsequenzen ernstzunehmen, begnügte sie sich selbstgerecht und nicht wenig borniert damit, Hofmannsthal sich aus sich selbst erklären zu lassen. Karl J. Naef, der als erster den ›Präexistenz‹-Begriff aus dem »Ad me ipsum« in genauen Untersuchungen für das fruchtbar machte,[72] was er bei Hofmannsthal die »frühe Mystik« nannte, und von dem alle späteren Arbeiten abhängig sind, steht am Anfang dieser Interpretationsgeschichte; ein Ende scheint nicht abzusehen. Erst mit ihm und Richard Alewyn setzt die spezifisch wissenschaftliche Auseinandersetzung ein.[73]

---

[68] Vgl. *Loris. Die Prosa des jungen Hugo von Hofmannsthal*, hrsg. von Max Mell, Berlin 1930.

[69] Vgl. Walther Brecht, Hugo von Hofmannsthals »Ad me ipsum« und seine Bedeutung, in: *Jahrbuch des Freien Deutschen Hochstifts*, Frankfurt/Main 1930, S. 319-353.

[70] Vgl. Gundolf, Loris (Anm. 37).

[71] Anton Wildgans, *Ein Leben in Briefen*, hrsg. von Lilly Wildgans, Bd. 3: *1925-1932*, Wien 1947, S. 280.

[72] Karl J. Naef, *Hugo von Hofmannsthals Wesen und Werk*, mit einer Hofmannsthal-Bibliographie von Herbert Steiner, Zürich/Leipzig 1938.

[73] Zwar hat es vorher bereits vereinzelte Ansätze gegeben, die man nicht vergessen sollte: Emil Sulger-Gebing, *Hugo von Hofmannsthal. Eine literarische Studie*, Leipzig 1905 (= Breslauer Beiträge zur Literaturgeschichte, Bd. 3); und Walter H. Perl, Das lyrische Jugendwerk Hugo von Hofmannsthals, in: *Germanische Studien* 173/1936. Aber erst mit dem erwähnten Buch von Naef und besonders Alewyns lesenswerten Aufsätzen der 30er Jahre setzt eine

Friedrich Gundolf hatte nach seiner Trennung von George sein altes Verhältnis zum Werk des frühen Hofmannsthal wiedergewonnen und noch einmal über ihn geschrieben. Geradezu programmatischen Charakter aber hatte für den, der zu lesen verstand, die Antrittsvorlesung, die im selben Jahr ein anderer ehemaliger George-Adept, der junge Privatdozent Max Kommerell in Frankfurt am Main hielt.[74] Kommerell hatte jahrelang zum engsten Freundeskreis Georges gehört, war mit ihm auf Reisen gegangen, hatte sein Buch über den »Dichter als Führer in der deutschen Klassik« im Verlag der »Blätter für die Kunst« erscheinen lassen;[75] sich jedoch gegen Ende der 20er Jahre immer mehr dem Anspruch und Einfluß Georges – was ihm, wie die Briefe und das Tagebuch[76] ausweisen, schwer genug geworden ist – zu entziehen versucht. Daß er seine Frankfurter Antrittsvorlesung über Hugo von Hofmannsthal hielt, hatte unter diesen Aspekten und angesichts der Tatsache, daß auch Hofmannsthal sich einst dem Georgeschen Zugriff entzogen hatte, etwas Exempelhaftes. Versteckt in den Worten eines Achtundzwanzigjährigen, der selbst keine geringen dichterischen Ambitionen besaß,[77] finden sich hier Bemerkungen, die zum Teil konträr zum allgemeinen Urteil der Zeit standen. Im »Schwierigen« habe sich Hofmannsthal »ein Ding zwischen Sprache und Nichtsprache ersonnen«, sagte er; und zum »Turm« nahm er als einer der wenigen, die dem Autor wohlgesonnen waren, kritisch Stellung: Ihm fehle »zum Trauerspiel obersten Grades vielleicht die volle Körperlichkeit der mehr bedeutenden als gestaltenden Auftritte«.[78] Das Problem von Hofmannsthals Wirkung berührte hellsichtig ein anderer Passus: »Führer sein heißt«, so war dort ganz im Sinne seines Buches nachzulesen, »die Aufgaben der Zeit so zu lösen, daß die Lösung auch für andere gültig ist« (George hatte gerade diesem Anspruch nicht genügt, wird man wohl hinzufügen dürfen). Hofmannsthal habe das aber »nie angestrebt«:

Entwicklung ein, die der vor- und außerwissenschaftlichen Rezeption Hofmannsthals ebenbürtig an die Seite tritt, indem sie neue und andere Probleme sieht und zu lösen versucht; vgl. besonders: Richard Alewyn, Jugendbriefe von Hofmannsthal, in: *Neue Zürcher Zeitung* vom 15. Dezember 1935, Literarische Beilage; ders., Hofmannsthals erste Komödie, in: *Jahrbuch des Freien Deutschen Hochstifts*, Frankfurt/Main 1936, S. 293-320; sämtliche Aufsätze über Hofmannsthal sind abgedruckt in: Richard Alewyn, *Über Hugo von Hofmannsthal*, Göttingen 1958.

[74] Max Kommerells Antrittsvorlesung fand am 1. November 1930 statt.

[75] Max Kommerell, *Der Dichter als Führer in der deutschen Klassik. Klopstock, Herder, Goethe, Schiller, Jean Paul, Hölderlin*, Berlin 1928 (=Werke aus dem Kreise der Blätter für die Kunst: Geschichtliche Reihe).

[76] Vgl. Kommerell, *Briefe* (Anm. 22); darin besonders das Tagebuch »Ein Wendepunkt in meinen freundschaftlichen Beziehungen« (S. 182-186); hierzu, wie zum ganzen, die ausführlichen Erläuterungen der Herausgeberin.

[77] Vgl. Peter Alquist, Synoptische Bibliographie der veröffentlichten Werke von Max Kommerell auf der Grundlage des Erreichbaren von 1966, in: Kommerell, *Briefe* (Anm. 22), S. 470-491.

[78] Max Kommerell, *Hugo von Hofmannsthal. Öffentliche Antrittsvorlesung, gehalten am 1. November 1930*, Frankfurt/Main 1930 (= Wissenschaft und Gegenwart, Bd. 1), S. 24f.

> Das Gegenteil ist in seiner Gestalt rührend, in seinem Werk dauernd geworden: die Seele, die in die Welt ruft und der keine Antwort wird. Wo der siegende Wille versagt, wird oft der Puls der großen Rätsel hörbarer.[79]

Und: Hofmannsthal gehöre zu den »Untergehenden«; das war, da er ihn als – im weitesten Sinne freilich – politische Gestalt verstand, weise gesprochen.

Als Hermann Broch von der Bollingen-Foundation den Auftrag erhielt, eine Einführung zu Hofmannsthals Werk zu schreiben,[80] waren seit dem Tode Hofmannsthals fast zwanzig Jahre vergangen; eine Zeitspanne, in der die Beschäftigung mit seinem Werk – der Tiefpunkt war 1942 erreicht – immer mehr zurückging. »Beim Tode«, schrieb Robert Musil in diesen Jahren in sein Tagebuch, »tritt üblicherweise ein Gipfel der Überschätzung in Erscheinung. Dann werden noch Versuche mit Gesamtausgaben und Nachlässen gemacht; und dann wächst langsam Gras darüber. Was geschieht da eigentlich? Denke an Hofmannsthal und George«.[81] Abgesehen von der Gesamtausgabe, nicht einmal mehr dieser Versuch war für Hofmannsthal unternommen worden, hatte er – 1938/39 – recht. Musil, der Zeit seines Lebens nicht genau wußte, was er von Hofmannsthal – und Rilke übrigens – zu halten hätte,[82] der seinen Begriff des »sinnlosen Gedichtes« gerade an einem der bekanntesten, der meist zitierten dieses Dichters exemplifiziert sah, am »Lebenslied«,[83] dachte bei solchen Überlegungen an Hofmannsthal:

> Eine Gemeinde verläuft sich; d.h. eine von verschiedenen Interessen in gleicher Richtung zusammengehaltene Interessengemeinschaft. Gemeinsam ist ihr wohl: Sich an diesem Manne »emporranken«, der Dichter als Kletterstange des Kritikers, Historikers, Verlegers usw.[84]

Bei Hofmannsthal, schrieb Musil, könne er sich vorstellen, daß beim Wiederlesen »sein ganzes Bemühen, ein großes Glied der Tradition zu sein, als unzulänglich, ja snobisch wegfällt; aber Stellen des unwillkürlichen Gelingens übrigbleiben«.[85] Damit beschrieb er genau den Charakter einer damals noch ausstehenden, nach dem Zweiten Weltkrieg aber schnell zunehmenden Beschäftigung mit diesem Dichter, die Gottfried Benn 1951 mit Recht eine »Hofmannsthal-Renaissance, die bei uns anheben möchte«, konstatieren ließ.[86] Mit dem Diktum vom »Dichter als Kletterstange« formulierte er den Impetus von Hermann Brochs nur widerwillig übernommener Pflichtübung über »Hofmannsthal und seine Zeit«.

---

79 Kommerell, *Hofmannsthal* (Anm. 78), S. 27.

80 Vgl. die Erläuterungen der Herausgeberin in: Hermann Broch, *Dichten und Erkennen. Essays*, Bd. 1, hrsg. von Hannah Arendt, Zürich 1955, S. 354f.

81 Robert Musil, *Tagebücher, Aphorismen, Essays und Reden*, hrsg. von Adolf Frisé, Hamburg 1955, S. 422.

82 Vgl. Musil, *Tagebücher* (Anm. 81), S. 380.

83 Vgl. Musil, *Tagebücher* (Anm. 81), S. 709.

84 Musil, *Tagebücher* (Anm. 81), S. 422.

85 Musil, *Tagebücher* (Anm. 81), S. 423.

86 Gottfried Benn in einem Brief an Ernst Robert Curtius vom 28. Februar 1951, in: Gottfried Benn, *Ausgewählte Briefe*, hrsg. von Max Rychner, Wiesbaden 1957, S. 208.

Man könnte sagen, Brochs inzwischen berühmt gewordener Essay vermittle dem Leser mehr Aufschlüsse über den Schreiber als über sein Objekt. Das Problem von Ich-Bekenntnis und Ich-Verschweigung, am Beispiel Hofmannsthal so überzeugend als allgemeines dargelegt, war in der Tat in besonderer Weise sein eigenes. »Aufbau und Behauptung einer Persönlichkeit inmitten des Vakuums«,[87] die »fröhliche Apokalypse Wiens um 1880«[88] waren nicht nur eingängige Formulierungen: Sie trafen das Problem; trafen es auch für die fast eine halbe Generation später Geborenen noch. Sätze von der Tragweite wie »Hofmannsthal wußte von allem Anfang, daß er sich letztlich dem Vakuum selber assimilierte«,[89] waren bis dahin über ihn nicht geschrieben worden und seither auch nicht: als habe er die nachfolgende Paraphrasenliteratur über diesen Dichter in einer großen Prolepse mundtot machen wollen. Er begriff ihn aus der Problemkonstellation seiner Zeit, wenn er dem Schreiber des »Chandos«-Briefes bescheinigte – als erster –: »wäre er mit moderner Psychologie vertraut gewesen, so hätte er von Schizophrenie gesprochen, darlegend, daß vermutlich jeder Dichter spaltungsgefährdet sei und sich vor dieser Bedrohung ins Werk rette, in das er all seine Spaltungen projiziert, um vermittels solcher Sublimierung die Schizophrenie-Angst abzureagieren«.[90] Nie wieder und nie vorher ist Hofmannsthal so – von Lippenbekenntnissen redet keiner – in den *orbis pictus* der europäischen Moderne hineingestellt worden: zu Flaubert, Proust, vor allem zu Joyce; nie so aus der Bedingtheit seiner Epoche verstanden worden. Hier liegt seit Borchardts Rede von 1902 zum ersten Mal wieder, und zugleich konsequent weiterentwickelt, vor, was Gundolf polemisch meinte, als er sagte, hier begreife Geist den eigenen Geist; d.h. hier wurde der Autor besser verstanden, als er sich selbst verstanden hatte. Daß es Hofmannsthal – besonders im »Turm« – darum gegangen sei, »die zwischen Bekenntnisdichtung und Ich-Verschweigung klaffende Antinomie zu schließen«,[91] das hat er – Broch – überhaupt erst konstituiert, darin hob er Hofmannsthal (und mit ihm sich selbst) hoch über sich hinaus.

Der Stellenwert, der Brochs Essay in der Rezeptionsgeschichte Hofmannsthals zukommt, ist nicht einmal auszumachen: Er faßt zusammen, was vor ihm geleistet, holt nach, was vor ihm versäumt wurde. Damit schließt er die Bemühungen einer ganzen Epoche ab, die mit Bahrs ersten Anpreisungen des jungen Loris beginnt und die Hofmannsthal, außer Borchardt und auf seine Weise Curtius, nichts zur Seite zu stellen hatte, das ihn sich selbst hätte überleben lassen können. Was danach kam, setzt völlig neu ein. Diesen Neueinsatz gibt – paradoxerweise bereits vor Broch, aber eben in völlig anderer Diktion und Perspektive – Theodor W. Adorno mit seinem nachträglich dem

[87] Broch, *Dichten* (Anm. 80), S. 106ff.
[88] Broch, *Dichten* (Anm. 80), S. 76ff.
[89] Broch, *Dichten* (Anm. 80), S. 148ff.
[90] Broch, *Dichten* (Anm. 80), S. 156.
[91] Broch, *Dichten* (Anm. 80), S. 175.

Gedächtnis Walter Benjamins gewidmeten Aufsatz zum Briefwechsel George/Hofmannsthal.[92] Adorno hat dort das Dialektische an der Beziehung beider – nicht zueinander, sondern: – zu den »Blättern für die Kunst« präzise erhellt und damit zugleich die gesellschaftliche Relevanz, genauer: die politische Konsequenz für eine Zeit formuliert, von der »beide Autoren sich nichts träumen ließen«.[93] In den Fußnoten ist bei Adorno *en passant* mehr zu lesen als in so manchen dickleibigen Abhandlungen zum Thema:

> Aber auch in anderen Sphären, von der Bayreuther Runde bis zu den Psychoanalytikern, haben sich um die gleiche Zeit sektenhafte Gruppen formiert. Bei divergierendem Inhalt zeigen sich auffallende Übereinstimmungen im Bau. Gemeinsam ist ihnen ein mehrdeutiger Begriff von Reinigung und Erneuerung, der die Resistenz gegen das Bestehende vortäuscht und zugleich vereitelt. Politische Solidarität wird vom Glauben an die Panazee ersetzt. Die Realitätsgerechtigkeit solcher Katharsis bewährte sich im Guerillakrieg der Konkurrenz ebenso wie im Einparteiensystem.[94]

Die analytische Distanz, die Adorno von seinem Objekt trennt, ist bis dahin niemandem und seitdem kaum einem gelungen.[95]

2. Intention und Erwartungshorizont: Wirkung als Selbstreflex

Intention und Erwartungshorizont sind für Hofmannsthals Wirkung gegenläufig zu formulieren. Die Rezeptionsbasis der Literatur um 1890 – Jauß nennt dieses Phänomen die »ästhetische Distanz«[96] – kommt dem lyrischen Talent des jungen Loris (*e contrario*) mehr als entgegen. Sie ist breiter als noch eine Generation zuvor; aufbereitet nach den Forderungen des ›Jüngsten

---

[92] Theodor W. Adorno, George und Hofmannsthal. Zum Briefwechsel 1891–1906, in: T.W.A., *Prismen. Kulturkritik und Gesellschaft*, Berlin/Frankfurt/Main 1955, S. 232-282; – dazu folgender Drucknachweis: »geschrieben 1939/40, veröffentlicht in dem mimeographischen Band ›Walter Benjamin zum Gedächtnis‹ von Max Horkheimer und dem Autor, den das Institut für Sozialforschung 1942 in kleiner Auflage herausgab«; vgl. auch Benjamins Brief an Adorno vom 7. Mai 1940, in dem er über das Manuskript schreibt: »Über George dürfte kein Text bestehen, der sich, selbst im Abstand, neben dem Ihren darf sehen lassen« (Walter Benjamin, *Briefe*, hrsg. von Gershom Scholem/Theodor W. Adorno, Bd. 2, Frankfurt/Main 1966, S. 853).

[93] Adorno, George (Anm. 92), S. 264.

[94] Adorno, George (Anm. 92), S. 264.

[95] Mit vielleicht einer – modifizierten – Ausnahme: Walter Jens. Sein Vortrag »Rhetorica contra rhetoricam: Hugo von Hofmannsthal« (in: W.J., *Von deutsche Rede*, München 1969, S. 151-179), der – das ist nicht unwichtig – 1968 auf der Gründungstagung der Hugo von Hofmannsthal-Gesellschaft in Frankfurt gehalten werden sollte, sagt von Hofmannsthal zum ersten Mal rundheraus, was die meisten derer, die diese Rede nicht hätten anhören wollen, denken: »Er ist gescheitert. Er, dem so vieles gelang und dessen Werk den nach uns Kommenden immer neue Aspekte darbieten wird, hat dort versagt, wo er am weitesten ging – aber gerade das macht ihn groß, hebt ihn heraus über die Antwortgeber und Proklamatoren, die ihm ihren Willen aufzwingen wollten, gibt seinen Versuchen Gewicht und Glaubwürdigkeit und läßt ihn heute lebendiger sein als zur Zeit seines Todes« (S. 179).

[96] Jauß, *Literaturgeschichte* (Anm. 6), S. 177.

Deutschland‹, das betriebsam nach allem haschte, was Literatur zu sein auch nur den Anschein haben konnte. Was sich hier mit Hofmannsthals ersten Versen aus dem Halbschatten der zeitgenössischen Literaturkulisse herauslöst, trifft zwar auf ein gänzlich unvorbereitetes, aber auch auf ein nicht eben verwöhntes Publikum. Vor dem öden Hintergrund der von den Naturalisten jahrelang, aber (für die Lesererwartung) ergebnislos gepflügten Äcker deutscher Literatur hebt sich das wie über Nacht erstandene Treibhaus seiner Sprache, diese bizarre Silhouette, fremd und verlockend wie eine neue Erfindung ab. Das »Märchen der 672. Nacht« wirkt denn auch wie sein symbolistischer Code: Hier wie dort irrt der mit der sprichwörtlich gewordenen nachtwandlerischen Sicherheit Begabte durch die blöde Umgebung einer ihn angaffenden Umwelt; evoziert hier wie dort das aus der Rezeption seines Verhaltens etablierte Mißverständnis und damit im Rückkopplungseffekt seine eigenen Intentionen. – Über diese ist hier zu reden.

2.1 Gegenläufigkeit von Intention und Erwartungshorizont: »Poesie und Leben«

Hofmannsthals erste, dem »geschlossenen, nur von den mitgliedern geladenen kreis« der »Blätter für die Kunst« anvertrauten Verse werden – und bleiben – die berühmtesten. Aber zu gleicher Zeit durchstößt er – in »Poesie und Leben« – selbst die Wände dieses freiwillig erlauchten Conclaves und formuliert damit jene Antinomie von Öffentlichkeit und Esoterik, die alle seine weiteren Überlegungen kennzeichnet. Daß Kunst ohne Wirkung nicht plausibel ist, reflektiert er, wie gesagt, mit zweiundzwanzig.[97]

Hofmannsthals Reflexionen über seine eigene Wirkung, die Wirkung der Kunst überhaupt, beginnen im Schnittpunkt eines Chiasmus: Die Öffentlichkeit des Salons, der sie vorgetragen werden, ist quasi esoterisch; aber die Esoterik, die man von seinem Redner erwartet, trägt alle Zeichen intendierter Öffentlichkeit. Der Wiener Salon, in dem dieser esoterisch lediglich verpackte Öffentlichkeitsanspruch verlesen wurde, konnte seine Identität mit dem Dargebotenen allenfalls an der Oberfläche herstellen. Die auf silbernen Fin de siècle-Tabletts dekadenter Rhetorik dargereichten Abrechnungen mit sich selbst waren keine Schonkost; nach Diät sah allenfalls die Entourage aus.

Das Junktim »Poesie und Leben« im Titel hat sein explizierendes Pendant in »Dichter« und »Zeit«, die der erste Satz bereits dieser Verlautbarung beruft und nebeneinanderstellt. Der unverbindliche Ton der Präliminarien, in scheuem Conference-Stil unsicher versucht, sollte nicht über die trockenen Wahrheiten hinwegtäuschen, die er doch nur scheinbar verdeckt. Er schlägt je in das Dekret um, daß »von der Poesie kein direkter Weg ins Leben, aus dem Leben keiner in die Poesie« führe; Wort und Wort seien zweierlei, das »traumhafte Bruderwort« der Dichtung ist in nichts zu vergleichen mit dem

[97] Vgl. Anm. 5.

»Träger eines Lebensinhaltes«.[98] Folgerichtig erscheint der – nur dem Kenner bemerkbare – Hinweis auf eine Wahrheit aus dem Kreise der »Blätter für die Kunst«: Die Form, nicht der Sinn entscheide den Wert einer Dichtung. Das »verzierte Bekenntnis«,[99] zu dem man die Dichtung erniedrige, wenn man ihr Inhalte aufbürde oder auch nur – was dasselbe wäre – von ihr erwarte, wiederholt Georges wenig vorher gedruckte Forderung an junge Dichter:

> ihr tut euch unrecht eure werke zu früh zu veröffentlichen, denn ganz bald werdet ihr bereuen dass ihr eure liebsten gedanken wie ihr sie vielleicht nie grösser fassen werdet in einer ungenügenden form bereits verraten habt.[100]

Der jugendliche Redner bringt den Begriff der Kunst auf das Formale zurück und herrscht seine Zuhörer an, sie sollten es sich »abgewöhnen zu verlangen, daß man mit roter Tinte schreibt, um glauben zu machen, man schreibe mit Blut«. Mit Recht; denn er wollte ihnen »das Leben wiedergeben«,[101] wie er es verstand; was so viel hieß wie: den Schein eliminieren. Das Substitut roter Tinte, das den mangelnden Mut zum blutigen Ernst verdeckt, entspricht der angedeuteten Insuffizienz des sprachlichen Zugriffs im späteren »Chandos«-Brief: der die Umwelt zwar benennt, aber nicht behält; formuliert aber zugleich die Décadence als das Lokalkolorit ihrer Genese. – Kein Satz der Zeitgenossen beschreibt direkter die Perforation dieser Gesellschaft, ihrer Moral und damit – ihrem Selbstverständnis nach – ihrer Ästhetik; sinnfälliger die zum *bon ton* gehörende Frivolität im Umgang mit Gegenständen der Kunst, die den derben Ton naturalistischer Stürmer und Dränger längst naserümpfend abgelöst hat; die selbstbetrügerische Doppelbödigkeit, in der die einst von Nietzsche als Herausforderung gemeinte, aber zur Phantasmagorie stilisierte Chiffre ›Leben‹ durch das Einziehen eines Fallnetzes abgesichert, gestützt, also: risikolos und damit wertlos gemacht wird. Kein Satz beschreibt exakter und – weil im Ton von ihrem Ton – verklausulierter die laxe Großzügigkeit einer ganzen Gesellschaft in Fragen der Kunst, einer Gesellschaft, die Tinte sagt und Blut meint; Blut aber nicht meinen kann, weil sie nur Tinte kennt. Solches Bekenntnis zur Wirkung der Kunst steht quer zur Erwartung seiner Zuhörer, wie auch der vermeintlichen Gesinnungsgenossen um George.

2.2 Verstellter Bezug: Der »Brief« des Lord Chandos

Jenes Diktum von 1896, es führe »von der Poesie kein direkter Weg ins Leben, aus dem Leben keiner in die Poesie«,[102] diese Diagnose totaler Bezugs-

---

98 Hofmannsthal, Poesie (Anm. 5), S. 16.
99 Hofmannsthal, Poesie (Anm. 5), S. 15.
100 Aus: *Merksprüche der Blätter für die Kunst* 3/1896; zit. nach: *Der Georgekreis. Eine Auswahl aus seinen Schriften*, hrsg. von Georg Peter Landmann, Köln/Berlin 1965, S. 26.
101 Hofmannsthal, Poesie (Anm. 5), S. 18.
102 Hofmannsthal, Poesie (Anm. 5), S. 16.

losigkeit also, präludiert aphoristisch das fünf Jahre später im »Chandos«-Brief beschriebene Dilemma der Ineffizienz sprachlichen Zugriffs überhaupt. Was in den Aufzeichnungen »aus einem Vortrage« – mehr als Raisonnement, denn als Gewißheit – prinzipiell formuliert ist, findet hier seine episch variierte und zugleich auf Spezielles zielende Darstellung. Hier wird – die antinomische Struktur übernehmend – beschrieben, was sein muß und doch unmöglich ist: die Relation des dichterischen Individuums zur Hypothek seiner Zeit. Bezeichnend genug geschieht es in der Form des Briefes, der ohne Antwort bleibt und bleiben muß. Die Banalität, daß Bacon dem Adressanten nicht antworten kann, bleibt nicht Symptom des Individuums, sondern wird zum Syndrom des Zeitgenössischen schlechthin und stellt das Dokument, wie die »Briefe des Zurückgekehrten«[103] in den Zirkel eines viel gelesenen Genres: zu den »Briefen, die ihn nicht erreichten«;[104] auch das gehört zum Erwartungshorizont.

Auch der »Chandos«-Brief erhält so, versteht man ihn als Modus einer Reflexion auf Möglichkeit und Unmöglichkeit eigener Wirkung, einen anderen Akzent. Zwar bleibt richtig, daß dieser Brief das Dokument einer Bewußtseins- und Sprachkrise *par excellence* ist: Aber sein Radius, bisher lediglich als Gradmesser bekannter, Defizienz vermittelnder Kausalitäten verstanden, erweitert sich durch die hinzukommende Vorstellung von Wirkung und Wirkungslosigkeit; behauptet sich neu und anders als bisher: weniger ätiologisch als vielmehr final. Grund für diese hundertfach beschriebene Sprachkrise ist jene früh zu konstatierende Bewußtseinslabilität, für deren Rede Ja nicht Ja und Nein nicht Nein ist; ihr Ziel, oder doch Ergebnis ist, – auf diesem Hintergrunde – eine Erklärung für die mit ihr verknüpfte Wirkungslosigkeit der Poesie und damit für das Ende dichterischer Existenz überhaupt zu finden. Zwar führt kein Weg, kein direkter und kein indirekter, aus dem Leben in die Poesie und umgekehrt: aber aus dem Leben in das dichterische Individuum nur allzu sehr: Der junge Lord, den alles seltsam ergreift, der sich gegen den Ansturm jener nichtig-überwältigenden Epiphanien, wie Joyce es später formuliert,[105] nicht zu wehren vermag, ist selbst zum Rezipieren verurteilt, statt – wie es sich gehörte – zum wirkenden Produzenten berufen. Was den Vater seine vierjährige Tochter Katharina Pompilia nicht zurechtweisen läßt, verstellt auch dem Dichter die Wirkung. Das »Gefühl furchtbarer Einsamkeit«,[106] der Garten mit den augenlosen Statuen, die Wirbel der Worte, durch die man »ins Leere kommt«, kurz, was bisher immer im

---

[103] Hugo von Hofmannsthal, Die Briefe eines Zurückgekehrten, in: H.v.H, *Erzählungen* (Anm. 33), S. 544-571; – zum Thema Brief als Kunstform bei Hofmannsthal vgl. auch: Ernst-Otto Gerke, *Der Essay als Kunstform bei Hugo von Hofmannsthal*, Lübeck/Hamburg 1970 (= Germanische Studien, Bd. 236), besonders S. 132ff.

[104] Elisabeth Freifrau von Heykings anonym erschienenes Buch »Briefe, die ihn nicht erreichten« (Berlin 1903) brachte es bereits 1904 auf die 69. Auflage.

[105] Vgl. Theodore Ziolkowski, James Joyces Epiphanie und die Überwindung der empirischen Welt in der modernen deutschen Prosa, in: *DVjs* 35/1961, S. 594-616.

[106] Hugo von Hofmannsthal, Ein Brief, in: H.v.H., *Erzählungen* (Anm. 33), S. 466.

Dilemma der Sprachunfähigkeit begründet worden ist, hat nicht nur außerhalb seiner selbst liegende Ursachen, sondern sozusagen auch exterritoriale Zwecke: Es wird, so gelesen, zum Gesetzeskommentar der Wirkungslosigkeit, in der sich Hofmannsthal seiner Zeit gegenüber empfand – 1902.

Die Wirkung wirkt in die falsche Richtung: Der Dichter ist Rezeptor statt Produzent – womit auch der Anteil an Narzißmus beschrieben ist, der ihn und seinesgleichen immer wieder auf sich selbst zurückverweist. Dieser Dichter muß sich als sein eigener Rezipient verstehen: Er sieht die Natur, wie Oscar Wilde und die anderen Décadents, seine ganze Umwelt als ein Stück Kunst. Aber dieses *thing of beauty* heischt die ihm zukommende Rezeption: kein Wunder, daß der junge Fin de siècle-Lord (wozu ihn gerade die Renaissance-Maske macht) diesem Leben ausgeliefert ist. Das spielerisch zum Kunstwerk erhöhte Leben verstellt dem Dichter, der sich auf diese Weise selbst ausmanövriert hat, eben als *artificium* auch den Zugang. Die Seiten sind vertauscht: Außen ist innen und innen ist außen – eine für Hofmannsthal vertraute Vorstellung. Leben ist Kunst und Kunst ist Leben: Die Egge, der Hund, die Ratten, der Goldrandkäfer in der Gießkanne sind bald dies, bald jenes. Die Wirbel, die nicht wie die der Sprache ins Unendliche und Bodenlose führen, sondern in den »tiefsten Schoß des Friedens«,[107] als den der Verfasser des Briefes sich selbst beschreibt, sind – wie es wörtlich heißt – »Wirbel des Denkens«: das auf sich selbst zurückgebogene Denken: Selbstreflexion und Reflexion der eigenen Wirkung, hier werden sie episch dargestellt. Das Ergebnis ist – im »Brief« –, daß nicht aktiv gesprochene Sprache das Medium späterer Mitteilungen des Lords sein wird, sondern eine »Sprache, in welcher die stummen Dinge zu *mir* sprechen«:[108] d.h. die auf den Autor zurückgefallene Wirkung.

2.3 Rezeption als Programm: »Der Dichter und diese Zeit«

Mit der existentiellen Fixation dieser im »Chandos«-Brief erst noch in Pastell angelegten Skizze der Zeit sind jene Bemerkungen in die Erfahrung prolongiert, die der Autor als junger Romanistikstudent in einem Wiener Salon vorgetragen hatte. Aber von hier aus führt zugleich die Linie zu jener Definition des Dichters in (d.h. gerade: seine Ausgrenzung aus) dieser Zeit, die ihn schon einige Jahre später als »fremd und doch daheim«, als »Phantom im Munde aller«,[109] d.h. als endgültig rezipiert beschreibt, noch bevor er es selbst sein will.

»Der Dichter und diese Zeit«: Die Konzeption des Vortrages ist interessanter als die oft weitschweifige, sich wiederholende Darbietung ihrer Ver-

---

[107] Hofmannsthal, Brief (Anm. 106), S. 471.

[108] Hofmannsthal, Brief (Anm. 106), S. 472 (Hervorhebung nicht im Original).

[109] Hugo von Hofmannsthal, Der Dichter und diese Zeit. Ein Vortrag, in: H.v.H., *Reden I* (Anm. 5), S. 66.

wirklichung.[110] Schon in den ersten Abschnitten geht es um nichts geringeres als die Aufhebung der Differenz zwischen Dichter und Schriftsteller – ein für Hofmannsthal und seinesgleichen im ganzen – sollte man meinen – ungeheuerliches Ansinnen. Hier wird ein Gedanke wieder aufgenommen, den bereits das Tagebuch des gerade erst Siebzehnjährigen belegt:

> Dichter und Nicht-Dichter scheiden ist geradeso unmöglich wie die Regenbogenfarben trennen, oder sagen: Hier hört das Tier auf und fängt die Pflanze an. Was wir »Dichter« nennen, ist etwas willkürlich Abgegrenztes, wie gut und böse, warm und kalt [...]. In der Natur gibt es nichts Festes, Begrenztes, nur Übergänge.[111]

Im Vortrag dann wird die hier vorweggenommene prinzipielle Ununterscheidbarkeit zur leitenden Funktion: Daß der Dichter nicht mehr unterschieden werden kann, weil das Ende des Normativen nicht nur in Sicht, sondern definitiv erreicht ist; daß es ihn nicht mehr geben kann, läßt die Frage, wer er ist, überhaupt erst aufkommen. Wenn Hofmannsthal konstatiert, »wie unhaltbar diese Scheidungen sind, die der Zeitgeschmack oder der persönliche Hochmut der Produzierenden zwischen dem Dichter und dem bloßen Schriftsteller« vornimmt,[112] stellt er sich bewußt gegen George, der sich solche Vermengung gerade energisch verbeten hatte,[113] und dessen Anspruch auf die Dominanz des Dichterischen. Nicht nur habe man den Dichter nicht vom Schriftsteller zu trennen, auch die eigene Zeit unterscheide sich in nichts von der vorangegangenen. Dichter und dichterische Kraft seien in der gegenwärtigen Epoche genauso vorhanden wie eh und je; darin vermöge er keinen Unterschied zu sehen. Im Gegenteil: Die Zeit lasse sich geradezu als eine beschreiben, in der »alles zugleich da ist und nicht da ist«.[114] Was zunächst wie eine phänomenologische Beschreibung aussieht und doch eine dialektische ist, hat Konsequenzen: »Waren sonst Priester, Berechtigte, Auserwählte die Hüter dieser Sitte, jener Kenntnis, so ruht dies alles jetzt potentiell in allen«.[115] Die Formulierung erlaubt Durchblicke. In Hofmannsthals Bild einer allgemeinen Säkularisierung von ehemals priesterlichen Rechten und Pflichten wird ein Vorgang überschaubar, den andere zur gleichen Zeit zwar ebenso bemerkt haben, aber anders genannt hätten: die Delegierung, ja Sozialisierung dichterischer Macht- und Führungsansprüche, d.h. von Zuständigkeiten überhaupt. Der viel zitierte ›Weg zum Sozialen‹, bis dahin eher der schmale Pfad für das Individuum Hofmannsthal, seine persönliche Möglichkeit, ins Leben zu gelangen, wird hier – in umgekehrter Richtung – gleichsam zum Zubringer für die Vielen: Aus einem individuellen Problem wird, kurz

---

110 Zu »Der Dichter und diese Zeit« unter dem Aspekt von Autor und Publikum vgl. Weischedel, Autor (Anm. 6), S. 303ff.

111 Tagebucheintragung vom 9. Februar 1891, in: H.v.H., *Reden und Aufsätze III: 1925-1929, Buch der Freunde, Aufzeichnungen 1889-1929*, Frankfurt/Main 1979 (vgl. Anm. 5), S. 322.

112 Hofmannsthal, Dichter (Anm. 109), S. 56.

113 Vgl. Anm. 4.

114 Hofmannsthal, Dichter (Anm. 109), S. 57.

115 Hofmannsthal, Dichter (Anm. 109), S. 57.

gesagt, eine gesellschaftliche Möglichkeit; denn der Weg zum Sozialen ist auch in umgekehrter Richtung begehbar. Der Vorgang wird reziprok: Man kann plötzlich nicht nur aus der dichterischen Isolierung heraus ins Leben, aus der Präexistenz in die Existenz gelangen; kann es vor allem nicht nur als Individuum. Das Dichterische läßt sich – umgekehrt – auch von außen erfassen, ist zugänglich für mehrere. In dieser Umkehrung wird Hofmannsthals ethisches Partikularproblem auf dem Wege über seine Sozialisierung zum ästhetischen. Denn die »Zeit«, von der er spricht, ist nicht mehr die Zeit des einen Kunstproduzenten, sondern der vielen Leser. Sie charakterisiert sich im Bild des »Menschen mit dem Buch in der Hand, wie der kniende Mensch mit gefalteten Händen die Geste einer anderen Zeit war«.[116] Eine Epoche des Lesers also – man hat sich wohl zu fragen, ob das stimmt. Wäre der solchermaßen fromme Leser tatsächlich das Signum einer Zeit, die soeben die spezielle Relativitätstheorie entwickelt, sich gerade anschickt, die Annehmlichkeiten des Automobils zu genießen; die mit Namen wie Einstein, Daimler, Koch, Röntgen und Freud in die Geschichte eingegangen ist – Namen also, die ihr doch wohl aufregender erschienen sein mögen als eine Buchhandlung, von der Russischen Revolution 1905/06 zu schweigen?

Eher wird solche Charakterisierung als Projektion und Wunschbild im psychologischen Sinne verständlich: Wo die Umwelt zur Rezeptionsanlage großen Stils mutiert hat, kann sich die in der Identitätskrise aufgelöste dichterische Existenz der Wirkung als solcher anheimgeben und – überleben. Das Folgende expliziert denn auch, was damit nur angedeutet ist. Mag das im einzelnen stimmen oder nicht; mag es vor allem eine seit langem existenzbedrohende Not zur bequem scheinenden Ausflucht einer Tugend gemacht haben: So viel ist richtig, daß hier Rezeption als Programm formuliert wird.

Der damit fällige Begriff der »Deszendenz«,[117] eine Art Durchlässigkeit im Vermittlungs- und Zensursystem der Literatur selbst (denn die unteren Schichten stehen zur Debatte), ist letztlich so etwas wie eine geistliche Sukzession nach unten und auf breiterer Basis. Jedenfalls hat sie mit dem *character indelebilis* zu tun: Einmal bedeutsam in Worte Gebrachtes kann nicht verloren gehen. Mit diesem Begriff treten auf seltsame Weise – gleichsam durch die Tapetentür des Salons, aus dem sich der vortragende Dichter nie entfernt zu haben scheint – Elitebewußtsein und sublime Vorzugsstellung des Dichters wieder herein:

> Alles, was in einer Sprache geschrieben wird [...], deszendiert von den Produkten der wenigen, die jemals mit dieser Sprache schöpferisch geschaltet haben. Und alles, was man im breitesten und wahllosesten Sinn Literatur nennt, bis zum Operntextbuch der vierziger Jahre, bis hinunter zum Kolportageroman, alles deszendiert von den wenigen großen Büchern der Weltliteratur. Es ist eine erniedrigte, durch zuchtlose Mischungen bis zum Grotesken entstellte Deszendenz, aber es ist Deszendenz in direkter Linie. So sind es doch

[116] Hofmannsthal, Dichter (Anm. 109), S. 61.
[117] Hofmannsthal, Dichter (Anm. 109), S. 63.

> wirklich die Dichter [...], mit denen es die Phantasie der Hunderttausende zu tun hat, [...] ist es nicht seltsam zu denken, daß sie doch irgendwie in diesen Stunden [...] die Gewalt der Dichter erleiden, der einsamen Seelen, von deren Existenz sie nichts ahnen, von deren wirklichen Produkten ein so tiefer Abgrund sie und ihresgleichen trennt![118]

Mit dem Urborn einmal ponierter Qualität stehen noch die letzten Drainagen des Dreigroschenromans in geheimnisvoller genetischer, nicht immer gewußter Verbindung; das Gute, Schöne und Wahre hält sich eben. Alles hängt mit einer weiter nicht reduzierbaren, dafür aber um so öfter beschworenen »Magie« zusammen,[119] die auf der Seite des Lesers ihr Pendant in jener »versteckten Sehnsucht nach dem Dichter« hat; stets neuer Motor, ja *perpetuum mobile* aller Beschäftigung mit Dichtung überhaupt.[120]

Aber in diesem Amalgam aus hierarchischer Durchlässigkeit nach unten und plebiszitärer Wirkung in die Breite geht die zu Anfang des Vortrages eingenommene Position nur scheinbar verloren. Die »Sehnsucht nach dem Dichter«, der hinter allem letztlich zu suchen sei, führt gerade erst ins Zentrum des Problems: zur Frage nach seiner Identität. Sie »suchen den Dichter und nennen ihn nicht«:[121] weil er nicht zu nennen ist. Zwar gibt es ihn, aber er ist nicht genannt und nicht benennbar; sie, das sind diejenigen, die ihn hinter den Abfallprodukten der Literatur suchen oder in der Wissenschaft, d.h. den Substituten der Dichtung.[122] In dem berühmt gewordenen Vergleich schließlich, der den Dichter als den Alexius der Legende unter der Treppe des eigenen Hauses sehen will, wird die Bezugslosigkeit der dichterischen Existenz zur Umwelt noch einmal radikalisiert: unerkannt, aber erkennend; nicht wahrgenommen, aber selbst alles wahrnehmend. Das formuliert über solche Bezugslosigkeit hinaus, die sich damit als absolute erwiesen hat, die Identitätsdefizienz überhaupt, für die seit Keats – abstrakter, aber nicht weniger eindringlich – ein englischer Satz steht: »He has no identity«. Der Beleg dafür, daß dies und kein anderes Hofmannsthals Problem war, findet sich – ginge es nicht aus dem Kontext selbst zur Genüge hervor – in einem Brief an Stefan Gruß, geschrieben eine knappe Woche, nachdem der Vortrag im Salon Miethke in Wien gehalten wurde.[123]

---

[118] Hofmannsthal, Dichter (Anm. 109), S. 63f.
[119] Hofmannsthal, Dichter (Anm. 109), S. 64.
[120] Hofmannsthal, Dichter (Anm. 109), S. 64.
[121] Hofmannsthal, Dichter (Anm. 109), S. 66.
[122] Vgl. Hofmannsthal, Dichter (Anm. 109), S. 65f.
[123] In Hofmannsthals Brief an Stefan Gruß vom 23. Januar 1907 heißt es: »Der schöne Brief von Keats, der neuerdings vielfach in gelehrten Werken zitiert wird, auch Monsieur Weininger zitiert ihn übrigens, der Brief mit den merkwürdigen Klagen über das Chamäleondasein des Dichters (›he has no identity: he is continually in for, and filling, some other body. – It is a wretched thing to confess, but it is a very fact, that not one word I ever utter can be taken for granted as an opinion growing out of my identical nature. How can it, when I have no nature?‹ usf. usf.). Dieser Brief hat mich sehr entlastet, als er mir vor Jahren das erstemal in die Hand kam« (Hugo von Hofmannsthal, *Briefe 1900-1909*, Wien 1937, S. 253f.). Der Gedankenstrich bei Hofmannsthal steht für eine längere Auslassung im Originaltext des Briefes von Keats an seinen Freund Richard Woodhouse vom 27. Oktober

Die Radikalisierung der Bezugslosigkeit des Dichters zur Umwelt – in »Poesie und Leben« bereits darin angedeutet, daß aus der Poesie kein Weg ins Leben zurückführe,[124] im »Chandos«-Brief für die dichterische Existenz genauer formuliert und zugespitzt – findet hier erst, auf dem Wege über die Nivellierung der Wertunterschiede ihr fundamentales Novum: Aufgrund der Differenzaufhebung zwischen Dichter und Schriftsteller kann der Dichter, da ihm jede Möglichkeit zur Selbstidentifikation abhanden gekommen ist, seine Bestätigung lediglich aus der ihm verbliebenen Differenz mit dem Leser beziehen; d.h. er ist, was er ist, aufgrund von Öffentlichkeit, aufgrund von Wirkung.

Erst an dieser Stelle des Vortrages wird deutlich, warum das Zeitgenössische zu Anfang in der Geste des Lesers, des »Menschen mit dem Buch in der Hand« verstanden werden sollte; erst hier auch hat die nun folgende Schluß-Apotheose des Lesers ihren Sinn, durch dessen »Dasein die Dichter erst ein Leben bekommen«.[125] Dem Leser, dem Rezipienten schlechthin werden sämtliche Insignien dichterischer Würde übertragen; und auch dieser letzte Akt geschieht noch in schöner Feier.[126] In solcher Inauguration des Lesers unter dem Primat der Wirkung vollzieht sich, wenn der »Bezug« zu allem an die Publizität preisgegeben wird, nicht nur eine Normenübertragung. Zugleich begeht die dichterische Existenz hergebrachten Stils gewissermaßen ihre Selbstauflösung. Was bisher nur ersehntes und bei anderen konstatiertes Ziel war, wird zum auszeichnenden Merkmal des Konsumenten: »er ist sich selber gleich«.[127] Was noch der Jüngling mit der Spinne – »die Welt besitzt sich selber, o ich lerne!«[128] – als zwar unmöglich erreichbar, aber doch als ihm eigentlich zukommend bewundern konnte: Hier ist es endgültig aufgegeben und abgetreten an die Öffentlichkeit des Lesers. Mühsam nur und nicht völlig gelingt der Zugriff: Den Dichter als nicht mit sich identisch zu definieren, mag noch angehen; zu vorherrschend war die eigene Erfahrung. Aber die ›Synthese der Zeit‹[129] dem Leser zu überlassen, widerspricht der nach wie vor dominierenden Auffassung vom Primat des Dichters. Der Vorgang bedarf,

---

1818. Otto Weininger zitiert den Brief ausführlich im Kapitel »Ich-Problem und Genialität« seines Buches: *Geschlecht und Charakter. Eine prinzipielle Untersuchung*, Wien/Leipzig 1903.

124 Eigenartigerweise führt auch aus der Wissenschaft – wie »Der Dichter und diese Zeit« belegt – kein Weg zurück ins Leben (vgl. Hofmannsthal, Dichter [Anm. 109], S. 65).

125 Hofmannsthal, Dichter (Anm. 109), S. 79.

126 »Wer zu lesen versteht, liest gläubig [...]. Für einen bezauberten Augenblick ist ihm alles gleich nah, alles gleich fern: denn er fühlt zu allem einen Bezug. Er hat nichts an die Vergangenheit verloren, nichts hat ihm die Zukunft zu bringen. Er ist für einen bezauberten Augenblick der Überwinder der Zeit. Wo er ist, ist alles bei ihm und alles von jedem Zwiespalt erlöst [...]. Er vergißt sich nicht, er hat sich ganz, diesen einzigen Augenblick: *er ist sich selber gleich*« (Hofmannsthal, Dichter [Anm. 109], S. 79f. [Hervorhebung nicht im Original]).

127 Hofmannsthal, Dichter (Anm. 109), S. 80.

128 Hugo von Hofmannsthal, Der Jüngling und die Spinne, in: H.v.H., *Gedichte* (Anm. 45), S. 49.

129 Hofmannsthal, Dichter (Anm. 109), S. 80.

um überhaupt zustande zu kommen, des Umweges über das Ästhetische; auch hier. Wirkung, wird hier vorausgesetzt, ist Wirkung von Gleichem auf Gleiches. Hier trifft nur Homogenes aufeinander; die dialektische Möglichkeit des Heterogenen, des sich zwar noch Bedingenden, aber Ausschließenden, ist nicht reflektiert. Der Leser, der Hörer dieses Vortrages über den Dichter und seine Zeit muß sich angesichts von Sätzen wie den folgenden in ein Wesen der Präexistenz verwandelt sehen:

> [...] indem er an solchem innersten Gebilde der Zeit Beglückung erlebt, sein Ich sich selber gleich zu fühlen und sicher zu schweben im Sturz des Daseins, entschwindet ihm der Begriff der Zeit, und Zukunft geht ihm wie Vergangenheit in einzige Gegenwart herüber.[130]

Das beschreibt jenen später formulierten »glorreichen aber gefährlichen Zustand« der »Präexistenz«[131] als Projektion.

2.4 »Das erreichte Soziale«: Esoterische Öffentlichkeit

Die kleine Betrachtung von 1921 über »Schöne Sprache«[132] nimmt den Ansatz von »Der Dichter und diese Zeit« noch einmal auf. Konsequenterweise macht sie das Gespräch, das zwischen Dichter und Leser, zum Modell der Wirkung. Aber dieses Modell erkauft das auf solche Weise intensivierte Verhältnis beider zueinander mit der Reduzierung des Publikums aufs Individuum, der vielen auf den einen, mit der Reduzierung von Öffentlichkeit auf *privacy*. Hier wird Esoterik auf höherer Ebene wieder hergestellt. Zwar deutet »die Distanz, welche der Autor [...] zu seinem Leser zu nehmen weiß«, wie es heißt, »auf ein zartes geselliges Verhältnis zu zweien hin«, zwar ist »dieser Zuhörer [...] der Vertreter der Menschheit«,[133] aber gerade damit wird er auch zum Teilhaber einer elitären Höhe, die eigentlich nur dem Dichter zukommt, die beide zusammen über diese Welt erhebt. Zwar stehen in dieser Abhandlung Sätze wie: »Vielleicht könnte man eine ganze Rangordnung aller Bücher [...] danach aufrichten, wie zart und wie bedeutend das Verhältnis zu dem Zuhörer in ihnen erfühlt sei«, »aber dieser Kontakt gibt«, daran wird energisch festgehalten und im gleichen Atemzug mit Goethe belegt, »je bedeutender er ist, in je höherer Sphäre er wirksam ist, um so mehr das Übergewicht dem Gebenden, während der Empfangende in diesen höheren Sphären immer leichter und dünner wird«.[134]

Daß die Intentionen, die Hofmannsthal in den Jahren nach dem Ersten Weltkrieg zu verwirklichen suchte, in die falsche Richtung führten und wohl auch führen mußten, obschon sie einem gewandelten Erwartungshorizont gerade zu entsprechen trachteten, seine »latente Unzeitgemäßheit und Publi-

---

[130] Hofmannsthal, Dichter (Anm. 109), S. 81.
[131] Hugo von Hofmannsthal, Ad me ipsum, in: H.v.H., *Reden III* (Anm. 111), S. 599.
[132] Hugo von Hofmannsthal, Schöne Sprache, in: *Reden II* (Anm. 47), S. 146-149.
[133] Hofmannsthal, Schöne Sprache (Anm. 132), S. 147f.
[134] Hofmannsthal, Schöne Sprache (Anm. 132), S. 148.

kumsentfremdung«,[135] haben nicht zuletzt in solchen Konzeptionen ihren Grund. Das allerorts vernehmbare Lamento, von Anfang an in den Literaturgeschichten voll orchestriert: Hofmannsthal sei der Ästhet geblieben, als der er angetreten sei, hatte er – in seinen eigenen Augen – längst Lügen gestraft. Hanna Weischedel hat in ähnlichem Zusammenhang zu Recht die Münchener Rede über »Das Schrifttum als geistiger Raum der Nation« von 1927 mit dem Vortrag »Der Dichter und diese Zeit« verglichen und damit auf einen auch hier symptomatischen Sachverhalt verwiesen:

> Damals war das Korrelat ein zeitlich Begrenztes, »diese Zeit« – jetzt die »Nation« als Inbegriff des durch die Zeiten Fortdauernden. Der funktionale Zusammenhang, ehemals durch das reihende »und« nur angedeutet, wird jetzt ausdrücklich betont: Nation existiert nur, sofern sie im Geistigen zentriert und sich dadurch einen Existenzraum schafft [...]. Er deutet den schwindelerregenden Wirbel als Manifestation von Kraft und amalgamiert das Bleibende als das Auflösende in der Vorstellung von der »konservativen Revolution«.[136]

Hofmannsthals Aktivitäten der 20er Jahre nehmen sich aus wie das Mißverständnis eines Auftrages, der aus einer ersten öffentlichen Stellungnahme zu seinem Werk und seiner Person abzuleiten war: aus Rudolf Borchardts »Rede über Hofmannsthal«[137] von 1902. Sie stellt ihn öffentlich neben George, oder umgekehrt; jedenfalls beide gegen die Zeit. Dieser ›Wirkungsträger‹ antizipiert Hofmannsthals Selbstverständnis in überraschender Weise: Seine zunächst esoterisch formulierte Position wird als diejenige definiert, die allein dem »Modernen«, wie Borchardt es verstand, Paroli zu bieten vermöchte, einem Begriffe demnach, der »aus einer diffusen Literatur durch Literaten künstlich fingiert, nicht durch die Gesellschaft lebendig festgestellt worden« sei.[138] Was für Hofmannsthal erst gut zehn Jahre später evident wird: die Verantwortung für Nation und Bildung, Abendland und Tradition – bei Borchardt ist es antizipiert. Das kann nur deshalb geschehen, weil hier die – esoterisch verstandene und lediglich in solchen Attributen legitimierte – Wirkung Hofmannsthals auf den Anspruch eines sehr spezifischen Erwartungshorizontes trifft.[139]

---

[135] Weischedel, Autor (Anm. 6), S. 316.

[136] Weischedel, Autor (Anm. 6), S. 317f.

[137] Rudolf Borchardt, Rede über Hofmannsthal, in: R.B., *Reden*, hrsg. von Marie Luise Borchardt, Stuttgart 1957 (in Auszügen u.d.T. »Gegen-Moderne« auch in: *Die literarische Moderne* [Anm. 34], S. 227-235). Borchardt hielt diese Rede am 8. September 1902 in Göttingen; sie erschien 1907 (mit dem Drucknachweis Leipzig 1905) im Druck; vgl. auch: *Briefwechsel Hofmannsthal/Borchardt* (Anm. 8), S. 24-42 mit Anm.

[138] Borchardt, Rede (Anm. 137), S. 53f.

[139] Genauer gesagt: auf ein höchst spezifisches »Vorwissen«, wie Jauß es im Anschluß an Günther Buck, *Lernen und Erfahrung. Zum Begriff der didaktischen Induktion*, Stuttgart 1967, formuliert: »Wie bei jeder aktuellen Erfahrung gehört auch zu der literarischen Erfahrung, die ein bisher unbekanntes Werk zum ersten Male zur Kenntnis bringt, ein ›Vorwissen, das ein Moment der Erfahrung selbst ist und aufgrund dessen das Neue, das wir zur Kenntnis nehmen, überhaupt erfahrbar, und das heißt: in einem Erfahrungskontext gleichsam lesbar wird‹« (Jauß, *Literaturgeschichte* [Anm. 6], S. 174). Daß dieser Begriff, so verwendet, sich mit dem theologischen des ›Vorverständnisses‹ aufs engste berührt, ist immerhin aufschlußreich.

Borchardt, der in Hofmannsthal gleichsam den *defensor fidei* gegen die »triumphierende Anarchie«[140] aufruft, gegen die naturalistische »Lüge vom ›Millieu‹«,[141] verschafft dessen dichterischer Existenz damit einen Öffentlichkeitsanspruch ohne Beispiel: den Auftrag der Zeit (dessen, was auch Borchardt schon »Gesellschaft« nannte)[142] gegenüber ihren skrofulösen Formen und Auswüchsen, gegenüber ihrer – Nordaus zum Schlagwort gewordenen Begriff zu verwenden – »Entartung«.[143] Hofmannsthal verdankt Borchardt so die antizipierte Formulierung eines Selbstverständnisses, das er selbst erst viel später (zu spät) verwirklichen sollte. Damit war scheinbar ein Prozeß in Gang gesetzt, der – auch und gerade mit Hilfe der Gundolfschen Polemik und der darauf antwortenden Repliken Borchardts[144] – in der Lage sein mußte, den zunächst evozierten Erwartungshorizont (Ästhet und Décadent, Wort- und Formkünstler) entscheidend zu verändern; oder zu ersetzen. Scheinbar.[145] Denn die Wirkungsgeschichte Hugo von Hofmannsthals kennt neben diesem nur noch einen solcher Horizonte: den Hofmannsthal, der den ›Weg zum Sozialen‹ gegangen ist, die Wendung zum Leben in allen Facetten vollzogen, das Soziale erreicht hat; meint jedoch zugleich – sehr im Geschmack der Zeit – den zu geistiger Führerschaft Gekrönten; den anderen George; den George für die Nicht-Georgianer.

Nahezu alles, was noch folgt – jedenfalls in der Öffentlichkeit – vollzieht sich innerhalb dieses Horizontes, den Hofmannsthal seit dem Ende des Ersten Weltkrieges, spätestens aber seit der Realisierung der »Salzburger Festspiele« und der »Neuen Deutschen Beiträge«[146] als den ihm gemäßen zu akzeptieren entschlossen ist. In einer zweimal als Flugschrift gedruckten Apologie der »Salzburger Festspiele«[147] hat Hofmannsthal seine Wirkung noch einmal – bezogen auf diesen neuen Horizont – selbst reflektiert. Die Antworten auf die ebenso anonym gestellten Fragen waren als Entkräftungen der mannigfach erhobenen Einwände gedacht. Sie gipfeln in der Formulierung eines europäischen Gedankens, der sich an die Zeit zwischen 1750 und 1850 hält, Goethe und die Französische Revolution zwar beruft, Metternich, Adam Müller und die ihren aber verschweigt, d.h. schweigend voraussetzt. Die selbst erdachte, gleichwohl aber berechtigte Frage, ob man für die Gebildeten oder die Massen spielen wolle, wird mit dem verräterisch an Nadler und die Folgen erinnernden Satz repliziert: Wer den Begriff Volk vor der Seele habe, weise solche Trennung zurück. Und weiter: Der einzige Unterschied zu Bayreuth sei, daß man dort nur »einem großen Künstler« habe dienen

[140] Borchardt, Rede (Anm. 137), S. 58.
[141] Borchardt, Rede (Anm. 137), S. 55.
[142] Borchardt, Rede (Anm. 137), S. 51ff.
[143] Vgl. Max Nordau, *Entartung*, 2 Bde., Berlin o.J.
[144] Vgl. Anm. 35.
[145] Bei Jauß ist in anderem, aber vergleichbarem Zusammenhang eben dies als »Prozeß fortgesetzter Horizontstiftung und Horizontveränderung« beschrieben (Jauß, *Literaturgeschichte* [Anm. 6], S. 175).
[146] Die von Hofmannsthal 1922 bis 1927 herausgegebene Zeitschrift.
[147] Hugo von Hofmannsthal, Die Salzburger Festspiele, in: *Reden II* (Anm. 47), S. 258-263.

wollen, hier aber mehreren. Dagegen sollte aber »aus gleichem Geist« verfahren werden wie in Oberammergau, das sei ein »ehrwürdiges Überbleibsel alter Kunstübung«. Überhaupt sollte, wie in einer später verfaßten Verlautbarung über das »Publikum der Salzburger Festspiele«[148] zu lesen war, das »innerlich Gewöhnliche, das völlig Weihelose« lieber ausgeschlossen bleiben. Das war Begründung von Öffentlichkeit mit esoterischen Mitteln, die sich dem Tone nach unmittelbar auf die ›Kleine Betrachtung‹ von 1921 hätte berufen können.[149] George, dem man Weihe, Selbstzelebrierung und dergleichen immer vorgeworfen hat, wäre – muß man gerechterweise sagen – das (wenigstens öffentlich) nicht passiert. Zum Feiern gehöre ein Kult, bestätigte ihm Gundolf, der aber existiere nicht mehr. Folglich seien alle öffentlichen Feierlichkeiten unmotiviert und gegenstandslos.

Hofmannsthals Reaktion auf Borchardts »Eranos«-Brief,[150] schließlich, demonstriert ein letztes Mal die Korrelation beider Horizonte für seine Person, die Entscheidung gegen die Esoterik der frühen Wirkung. Der Brief reißt wie der Schlußakt einer Tragödie alten Stils noch einmal die Abgründe auf zwischen Hofmannsthal und – nicht Borchardt, wie man gemeint hat, sondern – der Öffentlichkeit. Einer Öffentlichkeit, die ihn – in seinen eigenen Augen – jahrzehntelang mißverstanden hatte. In dem Maße, wie er sich selbst zunehmend und zu Recht fragwürdig wurde in der Rolle des Epheben, als den man ihn sich gerne aufbewahrt hätte, hielt er sich an Tradition und Überkommenes, machte er dies zu seiner und anderer Leute Richtschnur. Jedes Wachrufen dessen, was er selbst als »Präexistenz« formuliert hatte,[151] mußte in diesen Problemkonstellationen verhängnisvoll wirken, mußte diesen – kann man es anders nennen: legitimen – Verdrängungsprozeß stören, aufhalten, beendigen. Er antwortete seinem Freunde Borchardt:

> [...] es ist das mot d'ordre der böswilligen und sonst fatalen Literaten geworden, mich auf mein Jugendœuvre festzulegen, und das, was ich seitdem geleistet habe, und was, alles in allem denn doch etwas ist, frech und bewußt zu ignorieren. Du, in himmelweit verschiedener Gesinnung tust hier – bei diesem Anlaß! – im Effect dasselbe – aus himmelweit verschiedenen Gründen. Du feierst mich, oder feierst bewegt durch einen Dich rührenden Gedenktag, eine wichtige Erinnerung Deines Lebens – und wirfst dabei – was die Wertung meiner gesamten Leistung betrifft – das ganze ungeheure Gewicht Deines Urteils und Deiner Diction in die Wagschale meiner Gegner und Detrectatoren.[152]

Borchardts esoterisch intendierter Brief evoziert im Empfänger das Konzept einer Öffentlichkeit, das nicht das seine war; zu dem er zeitlebens ein diametrales Verhältnis gehabt hatte; dessen Alternative ihm aber gleichwohl ebenfalls nicht gelingen wollte. Gegenläufigkeit auch hier.

---

148 Hugo von Hofmannsthal, Das Publikum der Salzburger Festspiele, in: *Reden III* (Anm. 111), S. 183-186; geschrieben 1928.

149 Vgl. Anm. 132.

150 Borchardts Beitrag zur »Eranos«-Festschrift zum 50. Geburtstag Hofmannsthals am 1. Februar 1924 (Druck der Bremer Presse).

151 Vgl. Hofmannsthal, Ad me ipsum (Anm. 131), passim.

152 *Briefwechsel Hofmannsthal/Borchardt* (Anm. 8), S. 185f.

15. »Ohne Rücksicht auf Inhalt – lauter Venerabilia«

Überlegungen zu den Prosagedichten Hugo von Hofmannsthals

Hofmannsthals Prosagedichte[1] stehen in der Tradition derjenigen Gattung, deren Bezeichnung sie führen. Dennoch nehmen sie darin eine besondere Stellung ein. Im übrigen sind sie von der Forschung bisher eher vernachlässigt worden.[2] Das ist nicht sehr verwunderlich; denn Hofmannsthal hat nur ein einziges Prosagedicht selbst veröffentlicht: den wohl Ende Mai, Anfang Juni 1893 entstandenen Text »Das Glück am Weg«.[3] Ellen Ritter allerdings hat auch alle übrigen einschlägigen Texte aus dem Nachlaß in der Kritischen Ausgabe zusammenhängend ediert. Sie nehmen dort alles in allem lediglich fünfzehn Seiten in Anspruch; von ihrer Quantität her also fallen sie nicht ins Gewicht. Interessant ist immerhin, daß Hofmannsthal sich schon durch die Bezeichnung bestimmter Texte als »Prosagedichte«[4] – er benutzt den Terminus auch sonst in seinen Aufzeichnungen häufig[5] – doch in ihre Tradition

---

[1] Im folgenden zit. nach: Hugo von Hofmannsthal, *Sämtliche Werke. Kritische Ausgabe in 38 Bänden*, veranstaltet vom Freien Deutschen Hochstift, hrsg. von Rudolf Hirsch (†)/Clemens Köttelwesch (†)/Christoph Perels/Heinz Rölleke/Ernst Zinn (†); Bd. XXIX: *Erzählungen 2. Aus dem Nachlaß*, hrsg. von Ellen Ritter, Frankfurt/Main 1978; weitere Werke Hofmannsthals zitiert nach: Hugo von Hofmannsthal, Gesammelte Werke in zehn Einzelbänden, hrsg. von Bernd Schoeller/Rudolf Hirsch, Frankfurt/Main 1979f.

[2] Zum Prosagedicht insgesamt vgl. Ulrich Fülleborn, *Das deutsche Prosagedicht. Zu Theorie und Geschichte einer Gattung*, München 1970; – zum Prosagedicht um 1900 besonders: Stefan Nienhaus, *Das Prosagedicht im Wien der Jahrhundertwende. Altenberg – Hofmannsthal – Polgar*, Berlin/New York 1986 (zu Hofmannsthal besonders S. 140ff.); sowie: Roger Bauer, Le Poème en Prose Autrichien: de Baudelaire à Peter Altenberg, in: *Romanica Wratislavensia* 36/1991, S. 239-253.

[3] Hugo von Hofmannsthal, Das Glück am Weg, in: H.v.H., *Erzählungen, Erfundene Gespräche und Briefe, Reisen*, Frankfurt/Main 1979 (vgl. Anm. 1), S. 33-37; zuerst unter dem Pseudonym »Loris« in: *Deutsche Zeitung*, Wien, 30. Juni 1893.

[4] Nach Ellen Ritter verwendet Hofmannsthal den Ausdruck ›Prosagedicht‹ ausschließlich im Jahr 1893 (*Erzählungen 2* [Anm. 1], S. 398). Ritter druckt die »vermutlich 1898 entstandenen« Texte »Gedicht der Muscheln« und »Betrachtung« sowie »die beiden Notizen (30 und 31) vom 19. September 1916« dennoch an dieser Stelle ab (vgl. *Erzählungen 2* [Anm. 1], S. 240f.). – Fülleborn hält die Verwendung des Begriffs in den Aufzeichnungen Hofmannsthals für den ersten deutschsprachigen Beleg des Wortes ›Prosagedicht‹ überhaupt (Fülleborn, *Prosagedicht* [Anm. 2], S. 9). – Ausführlicher diskutiert Nienhaus die Frage von Charakter und Wirkung des Prosagedichts bei Hofmannsthal (Nienhaus, *Prosagedicht* [Anm. 2], S. 140-143). Ob Hofmannsthals Gedichte in Prosa allerdings denen Turgenevs tatsächlich näher stehen als denen Baudelaires oder Rimbauds, scheint mir indes nicht ausgemacht; zu präsent ist die zeitgenössische französische Moderne, als daß sie noch in autobiographischen Notizen erwähnt werden müßte, um als allgegenwärtig gelten zu können.

[5] Vgl. *Erzählungen 2* (Anm. 1), S. 225ff.

einzureihen versucht.[6] Wir werden sehen, in welcher Weise und mit welchem Ergebnis; d.h. warum er damit scheitert.

Betrachtet man den zeitlichen Kontext genauer, in dem Hofmannsthal gegen Ende des Jahrhunderts steht, als er seine Prosagedichte entwirft, so sieht man ihn umgeben von wahrlich unterschiedlicher Qualität. Und wenn man das auf seine eigenen Versuche bezieht, die – bis auf den einen genannten – erst aus dem Nachlaß bekannt geworden sind, dann wird schon aus diesem Kontext deutlich, daß sein Scheitern an der Gattung kaum allein auf persönliche Unfähigkeit zurückzuführen sein kann. Denn unter den zeitgenössischen Autoren von Prosagedichten, die hier zu nennen sind, konnte er sich so oder so durchaus sehen lassen; gehören zu ihnen doch so unterschiedliche Geister wie Rilke (wo man immerhin ein Qualitätsspektrum vom »Cornet« bis zu »Orpheus. Eurydike. Hermes« konstatieren muß) oder Johannes Schlaf (»In Dingsda« oder »Frühling«), wie Stefan George (»Sonntage auf meinem Land«) oder Peter Altenberg mit seinen Prosaskizzen.[7]

Es muß andere Gründe geben. Jedenfalls ist es interessant, daß bei Hofmannsthal im Zusammenhang gerade mit den Bemühungen um die Form des Prosagedichts Überlegungen auftauchen wie die, daß »das Wort als Venerabile gefeiert«[8] werden müsse; und daß das ganze »Leben ein Wunder« sei, »dessen Formen noch ohne Rücksicht auf Inhalt lauter Venerabilia«[9] darstellten. Denn alles das rückt die Prosagedichte Hofmannsthals in die Nähe seiner frühen Essays oder umgekehrt. Auch dort die ständigen Allusionen, das Heraufrufen jener Teile, Fragmente und Bruchstücke aus Bildender Kunst, Literatur und Philosophie zu Zeugen dessen, was der Erzähler selbst noch nicht weiß; vielleicht nie wissen wird oder gar wissen will. Es sind eben jene »Formen noch ohne Rücksicht auf Inhalt«, es sind »lauter Venerabilia«.[10] Es ist

[6] Ulrich Fülleborn will – ausgehend von Baudelaire – die Bezeichnung ›Prosagedicht‹ nur gelten lassen, »sofern es auch bei höchster Steigerung der Stilqualitäten, speziell der rhythmischen, die Schwelle zum Vers nicht überschreitet und auf eine nachprüfbare Weise immer noch Prosa bleibt« (Fülleborn, *Prosagedicht* [Anm. 2], S. 11). Man mag sich in diesem Zusammenhang fragen, ob über Hugo von Hofmannsthal und seinen Nachfolgern in dieser Gattung bis zu Marie Luise Kaschnitz nicht das Diktum Grillparzers steht, daß »Poesie in Prosa [...] Unsinn« sei (zit. nach: Fülleborn, *Prosagedicht* [Anm. 2], S. 51); wenn auch freilich in anderem Sinne, als das Grillparzer noch gemeint hat. Und daß »Poesie und Prosa voneinander unterschieden [seien] wie Essen und Trinken« (Franz Grillparzer, *Sämtliche Werke*, hrsg. von Peter Frank/Paul Pörnbacher, München 1963, Bd. 3, S. 289). – Es ist sicher richtig, wenn Fülleborn konstatiert, daß der Einfluß von Nietzsches dithyrambischem Stil im »Zarathustra« auf das Prosagedicht um und nach 1900 weniger als spezielles Vorbild denn als »allgemeiner Impuls« (Fülleborn, *Prosagedicht* [Anm. 2], S. 54) wichtig gewesen sei. Was Hofmannsthal angeht, so trifft das mit Sicherheit zu; war er es doch, der den Nietzsche-Einfluß der Zeit schon in seinem allerersten Aufsatz (über Paul Bourget) geradezu auf die Formel gebracht hatte, Nietzsche läge »in der Luft« (Hugo von Hofmannsthal, Zur Physiologie der modernen Liebe, in: H.v.H., *Reden und Aufsätze I: 1891-1913*, Frankfurt/Main 1979 [vgl. Anm. 1], S. 96).

[7] Vgl. dazu Nienhaus, *Prosagedicht* (Anm. 2) und die dort aufgeführte Literatur.

[8] *Erzählungen 2* (Anm. 1), im Anhang unter Varianten und Erläuterungen mitgeteilt, S. 398.

[9] Hugo von Hofmannsthal, *Reden und Aufsätze III: 1925-1929, Buch der Freunde, Aufzeichnungen 1889-1929*, Frankfurt/Main 1979 (vgl. Anm. 1), S. 358.

[10] *Reden III* (Anm. 9), S. 358.

ein Sprechen in Bildern im höchsten Maße. Das oder ähnliches ist schon oft beobachtet worden. Aber nicht einfach in Bildern wird gesprochen, figürlich, metonymisch. So weit bringt es das Bild gar nicht, dessen der Autor sich hier bedient. Die Übertragung, auf die es doch traditionellerweise ankommt, gelingt nicht oder wird nicht einmal unternommen. Es bleibt bei der Benennung, beim Hindeuten auf die Bilder. Ihre mögliche Semantik ist nicht realisiert. Es handelt sich um einen deiktischen Vorgang. Und die so lediglich gezeigten, in keinerlei Vergleich gezwungenen Gegenstände zu solchen der ›Verehrung‹ zu erheben, ist das, was einzig übrig bleibt. Darum geht es. ›Bedeuten‹ tun sie nicht; sie wollen nicht signifikant sein. Sie sind, was sie sind. Die Bilder bleiben, was sie sind und stehen nicht für etwas anderes. Sie werden nicht in Sprache und sprachliche Bilder verwandelt vom Stile des Vergleichs eines ›so ... wie‹. Und den Mut, sie so zu verwenden, wie sie sind, nimmt der Autor aus der Verfügbarkeit der Thesauren, in denen neben vielen anderen auch diese antiken oder prätentiösen, schönen oder alten Worte zur Disposition gehalten werden; von einer Zeit, deren Wissenschaften es ihr ermöglichen, über alles und alles zu gebieten. Die Autoren dieser Zeit: Sie schöpfen aus dem, wie es ihnen scheinen will, Unerschöpflichen; aus einer Menge an Fakten, die für sie in den Schatzhäusern der Wissenschaft aufgehäuft sind: den Enzyklopädien und Konversationslexika, den Geschichtsbüchern und Lexika. Ohne daß sie derer freilich bedürften. Nachschlagen müssen sie nicht. Die Auswahl scheint unerschöpflich. Zustande kommt auf diese Weise nichts anderes als, wie man heute sagen würde: Intertextualität.

Prosagedichte hat es zwar nicht immer, aber doch seit langem gegeben. Man würde sich deshalb schwer tun damit, sie als spezifische literarische Form der Moderne zu lancieren. Fülleborn hat das gut skizziert.[11] Vollends für Hugo von Hofmannsthal, der nur ein einziges Prosagedicht selbst veröffentlicht hat, von dem es eigentlich nur Skizzen im Nachlaß gibt, wäre es wenig fruchtbar, sich gerade mit dieser Gattung in seinem Werk besonders zu beschäftigen. Dennoch rechtfertigt sich solche Beschäftigung aus jener Intertextualität, die in diesen Prosagedichten, stellt man sie neben seine anderen frühen Texte, tatsächlich zu Wort kommt: die Nähe eben zu seinen frühen Essays, die unmittelbare Herkunft aus den Aufzeichnungen, die er sich gegen Ende des Jahrhunderts macht, und den Tagebüchern; aus der Zeit also gerade, da er sich mit dieser Gattung beschäftigt, sich in ihr versucht.

Bekanntlich kann dieselbe Gattung – zu verschiedenen Zeiten, unter verschiedenen Bedingungen gesellschaftlicher, politischer, bewußtseinsgeschichtlicher Art und von verschiedenen Autoren genutzt – auch Verschiedenes bedeuten. So auch hier. Wer um 1900 – genauer: im letzten Jahrzehnt des 19. Jahrhunderts – Prosagedichte schreibt, tut es einerseits in der Tradition Baudelaires, der schon seine »Petits Poèmes en Prose« als ein und dasselbe

---

[11] Vgl. Fülleborn, *Prosagedicht* (Anm. 2).

wie seine »Fleurs du Mal« gesehen wissen wollte,[12] andererseits in einer Art modischer Nachfolge Nietzsches, besonders des »Zarathustra«. Für Hofmannsthal kommt nach eigenen Angaben die Lektüre der »Senilia« von Turgenev hinzu,[13] die seit 1883 in deutscher Übersetzung vorlagen. Die Affinität zum übrigen eigenen Werk scheint also gerade so konstitutiv zu sein, wie gleichzeitig die allgemeine Mode der Gattung nicht zu verkennen ist.

Man muß zwar – um korrekt zu sein – unterscheiden zwischen den wenigen vollendeten und den zahlreichen, lediglich bruchstückhaft überlieferten Texten Hofmannsthals, die für diesen Zusammenhang überhaupt in Frage kommen. Insgesamt kann man aber sagen, daß seine als ›Prosagedichte‹ bezeichneten Texte über den Status des Entwurfs in der Regel nicht hinausgelangt sind. Ihr wichtigstes Kennzeichen also ist banal: Sie sind unfertig.

Mit Recht ist die so offensichtliche Nähe Hofmannsthals zu Werken der Bildenden Kunst, namentlich für das Jahr 1895, konstatiert worden.[14] Das ist wichtig. Einzelne Werke der Malerei oder Architektur werden immer wieder genannt (teils nur andeutungsweise, teils explizit): Giorgiones berühmte »Drei Weisen« (Hofmannsthal: »die 3 Geometer«),[15] Böcklins »Römische Schenke« [= ?][16] und »Die Heimkehr«,[17] Franz Stucks »Abendweiher«,[18] »King Cophetua and the beggar Maid« von Edward Burne-Jones,[19] »eine

[12] Vgl. Fülleborn, *Prosagedicht* (Anm. 2), S. 11: »Baudelaire schreibt einmal, seine ›Petits Poèmes en Prose‹ beanspruchten nichts anderes als die Wiederholung der ›Fleurs du Mal‹ zu sein, nur mit viel mehr Freiheit« (19.2.1866 an Jules Troubat; Charles Baudelaire, *Correspondence générale*, hrsg. von M. Jacques Crépet, Bd. 5, Paris 1949, S. 287; zit. nach: Fritz Nies, *Poesie in prosaischer Welt. Untersuchungen zum Prosagedicht bei Aloysius Bertrand und Baudelaire*, Heidelberg 1964, [= Studia Romanica, Bd. 7], S. 155).

[13] Vgl. Ivan S. Turgenev, *Senilia. Dichtungen in Prosa*, übersetzt von W. Henckel, Leipzig 1883; – der sechzehnjährige Hofmannsthal notiert sich unter dem 5. Juli 1890: »Fusch, Samstag 5. [Juli 1890]. – Turgenjew, ›Gedichte in Prosa‹. Die Gedichte in Prosa, reine Lyrik, lose Gedanken, kleine Bilder, Allegorien. Ein Schimmer von Subjektivität über allem« (*Reden III* [Anm. 9], S. 314).

[14] So Ellen Ritter in ihrem Kommentar: *Erzählungen 2* (Anm. 1), S. 398; – vgl. zu Hofmannsthal und der Bildenden Kunst auch: Ursula Renner/Gisela Bärbel Schmid (Hrsg.), *Hugo von Hofmannsthal. Freundschaften und Begegnungen mit deutschen Zeitgenossen*, Würzburg 1991, S. 285-305, wo u.a. auch das ›Prosagedicht‹ »Das Glück am Weg« verhandelt wird.

[15] *Erzählungen 2* (Anm. 1), S. 239 u. 405; – im Kunsthistorischen Museum, Wien.

[16] Vgl. *Erzählungen 2* (Anm. 1), S. 233: »Intimität: zusammen eine tiefe Musik erlebt haben, dabei ahnt man einen sinnlich naiven Zustand (Böcklin röm. Schenke, sieh es lacht die Au, Veilchenwiese in Gosau, Stuck Abendweiher) [...]«.

[17] *Erzählungen 2* (Anm. 1), S. 234: »der heimkehrende Lanz[!]knecht des Böcklin«; wohl Arnold Böcklins Bild »Die Heimkehr«, 1888; – vgl. Heinrich Alfred Schmid, *Arnold Böcklin. 95 Tafeln in Farbbildern*, München 1919, Tafel 82.

[18] Vgl. *Erzählungen 2* (Anm. 1), S. 233: »Stuck Abendweiher«; es handelt sich um Franz Stucks Bild »Abend am Weiher«, abgebildet in: Otto Julius Bierbaum, *Stuck*, Bielefeld/ Leipzig 1899 (= Knackfuß' Künstlermonographien, Bd. 42), S. 48.

[19] Vgl. *Erzählungen 2* (Anm. 1), S. 237 (unter »3. Februar 1895«; vgl. auch S. 404); das Bild – eines der berühmtesten Gemälde von Burne-Jones, 1884 – ist in der Tate Gallery, London, zu sehen.

[Max] Klinger'sche Landschaft«,[20] oder die Nennungen Botticellis,[21] Mantegnas,[22] Dürers,[23] des Trecento,[24] der Wiener Karlskirche.[25]

Alles das entspricht, wie sich noch zeigen wird, dem Ausstattungscharakter dieser Texte, dem ›Möbel‹-Programm. Aber auch das ikonographische Moment, das dadurch hinzukommt, ist von besonderer Bedeutung; denn als sichtbares und sichtbar gemachtes eignet sich das Wort besser zum »Venerabile«. Es ist ein Bruchstück in vieler Hinsicht und wird gewissermaßen zu einem herausgebrochenen Stück Ikonostas. Sätze aus Hofmannsthals Tagebuch über Lili Schalk wie: »sie erinnert an irgendeinen der Engel des Mantegna, der schlanken Pagen Gottes, mit goldblondem Haar und stahlblauem Harnisch«,[26] zum Beispiel, der dann so gut wie wörtlich in das Prosagedicht »Gerechtigkeit« übernommen ist: Das sind Stücke aus Tafel- und Heiligenbildern, denen, noch bevor sie mit Worten beschrieben werden können, die konstatierte ›Verehrungswürdigkeit‹ sozusagen von allein zufällt.

In dem »Gerechtigkeit« betitelten Text wird scheinbar ein Erlebnis beschrieben, eine Erinnerung festgehalten: »Ich saß im Garten. Vor mir lief der Kiesweg zwischen zwei blaßgrünen Wiesen aufwärts [...]«.[27] In Wirklichkeit geht es um kunsthistorische Staffage im besten Sinne. Die Hügel, der Lattenzaun, der Frühlingshimmel, das kleine »Lattenthürchen«, der Hund – das alles gehört noch zur Landschaft, in der das spielt; nichts besonderes sozusagen. Lediglich die schon eher gesucht klingende Apposition, die die Erwähnung des Hundes bei sich führt (»ein großes, hochbeiniges zierliches Windspiel«),[28] deutet auf die unmittelbar danach, im nächsten Satz, einsetzende völlig andere Technik der Beschreibung, die ihre Wörter aus einem fremden Arsenal nimmt, das ihr so fremd nicht ist, der Kunst:

> Hinter dem Hund trat, das Thürchen hinter sich zudrückend ein Engel ein, ein junger blonder schlanker Engel, einer von den *schlanken Pagen Gottes*. Er trug *Schnabelschuhe*, an der Seite hieng ihm ein langer Stoßdegen und im

---

[20] Vgl. *Erzählungen 2* (Anm. 1), S. 231: »*Herakles* u. *Antäos*: phantastische Riesenvögel herum. eine Klinger'sche Landschaft«; vgl. auch: »die Berge weiß mit schwarzen Bäumen, etwas kühnes wie Klinger'sche Radierung, darüber zartblauer Himmel. Am Weg ein Leichenbegängnis« (Aufzeichnung vom 1. Januar 1895 in: *Erzählungen 2* [Anm. 1], S. 404).

[21] *Erzählungen 2* (Anm. 1), S. 231 u. 403.

[22] *Erzählungen 2* (Anm. 1), S. 403.

[23] *Erzählungen 2* (Anm. 1), S. 238 u. 405.

[24] *Erzählungen 2* (Anm. 1), S. 403.

[25] *Erzählungen 2* (Anm. 1), S. 236: »Intermezzo. Karlskirche bei Nacht von der Schwarzenbergbrücke«; – vgl. auch die Ruinenvision in der Tagebucheintragung vom 13. Mai 1894 (*Reden III* [Anm. 9], S. 383).

[26] Tagebucheintragung Hofmannsthals vom November 1892 über Lili Schalk, in: *Erzählungen 2* (Anm. 1), S. 403.

[27] Niederschrift Frühjahr 1893, in: *Erzählungen 2* (Anm. 1), S. 228 u. 403.

[28] *Erzählungen 2* (Anm. 1), S. 228; – zum ganzen vgl. Nienhaus, *Prosagedicht* (Anm. 2), S. 146ff.

> Gürtel ein Dolch. Brust und Schultern deckte ein feiner *stahlblauer Panzer*, auf dem spielte die Sonne [...].[29]

Mag das zunächst noch als Märchen-Ausstattung passieren, so wird spätestens am Schluß offensichtlich, daß in der nahezu wörtlichen Wiederholung jener auffälligen Beschreibung vom Anfang des Textes dieses Auffällige selbst Gegenstand des Textes ist: in den »dunkelgepanzerten Schultern«, von denen die Rede ist, oder wo »das goldene Haar und das smaragdgrüne Barett« erwähnt werden.[30] Denn sehr tiefsinnig und bedeutungsschwer scheint das alles andererseits nicht zu sein. Es ist die Lust an der Besonderheit der Formulierung, deren Inhalt noch offen bleibt; eine leere Form eigentlich; »eine Form ohne Rücksicht auf Inhalt«[31] eben. Nicht anders als in den Tempelbeschreibungen in Richard Beer-Hofmanns »Tod Georgs«,[32] als in Dörmanns »Neurotica« oder Hofmannsthals eigenem kleinen »Prolog« zu Schnitzlers »Anatol«; ja schon in Flauberts »Salammbô« oder Huysmans' »A Rebours«.[33]

In »Die Rose und der Schreibtisch«, dem wohl frühesten Prosagedicht Hofmannsthals (1892),[34] geht es um Nippes. Es sind die »japanische Vase«, die »Porzellanrose des alt-wiener Tintenzeuges«, die aus dem historistischen Arsenal genommen und hier aufgestellt werden. Ganz wie in den folgenden Notizen:

> Rosen und Bibel coquettieren miteinander
>
> wir sprechen zweierlei Sprachen; da erinnert sich die *Sphinx* an ihre Wesenszweiheit und fängt mit einem *broncefaun* zu reden an. Ich verstehe das problematische nicht sagte ein *englischer Hund* [...].[35]

---

[29] *Erzählungen 2* (Anm. 1), S. 228 (Hervorhebungen nicht im Original).

[30] *Erzählungen 2* (Anm. 1), S. 230.

[31] *Reden III* (Anm. 9), S. 358.

[32] Bezeichnenderweise findet sich über den in Hofmannsthals Notizen zu seinen Prosagedichtplänen genannten sagenhaften König Cophetua (*Erzählungen 2* [Anm. 1], S. 237) eine ganze Passage in Richard Beer-Hofmanns Erzählung »Der Tod Georgs« (vgl. die Ausgabe Stuttgart 1980, S. 110); – vgl. auch *Erzählungen 2* (Anm. 1), S. 404f.

[33] Vgl. den Beitrag 5 in diesem Band. Auf das Huysmans-Zitat aus »A Rebours« als Motto von Peter Altenbergs »Wie ich es sehe« (seit der zweiten Auflage) hat nachdrücklich Nienhaus (*Prosagedicht* [Anm. 2], S. 16-22) hingewiesen und ausführlich darüber gehandelt. In Joris-Karl Huysmans' Roman (Paris 1884) wird das Prosagedicht als Gattung im 14. Kapitel eingehend erörtert (vgl. Joris-Karl Huysmans, *Gegen den Strich*, übersetzt und hrsg. von Walter Münz/Myriam Münz, Stuttgart 1992, besonders S. 227f.).

[34] Niederschrift September oder Oktober 1892, in: *Erzählungen 2* (Anm. 1), S. 397; vgl. auch S. 401.

[35] *Erzählungen 2* (Anm. 1), S. 401 (Hervorhebungen nicht im Original); – die Niederschrift dieses Textes fällt übrigens in die unmittelbare zeitliche Nachbarschaft der Beschäftigung Hofmannsthals mit Schnitzlers »Anatol« (vgl. *Erzählungen 2* [Anm. 1], S. 401). Sein »Anatol«-Prolog wäre unter den hier verhandelten Voraussetzungen möglicherweise neu zu lesen. Allerdings scheint die denn doch klarer definierte Gattung ›Prolog‹ den Text zusammenzuhalten, ja ihn überhaupt erst zustande kommen und fertig werden zu lassen. – Aber die letztlich mit nichts zu beantwortende inhaltliche Frage, was der Prolog von Loris mit dem Einakterzyklus von Schnitzler zu tun hat, braucht sich nicht mehr zu stellen.

»Lebendige Geräthe«,[36] also: »Ein Zug des Märchenhaften: *Möbel, Geräthe werden lebendig*«, das erinnert ihn an »Heine Harzreise irgendwo Maupassant wo?«[37]

Die beiden Notate Hofmannsthals von 1893, im Kontext also seiner Bemühungen um das Prosagedicht, fassen explizit zusammen, worum es geht:

> Festtage des Jahres: Feste aller daseinserhöhenden Dämonen; neue Fasten Das Wort als Venerabile gefeiert, der Weise; die Duse; die Möbel Lob der Liebe;[38]

Oder:

> Für mich das Leben ein Wunder: dessen Formen noch ohne Rücksicht auf Inhalt lauter Venerabilia; diesem Zustand entspringen solche Darstellungen des reinen Sinnenlebens, wie meine Prosagedichte.[39]

Auch der Umkreis dieser Prosagedichte ist also deutlich historistisch[40] bestimmt. Die Arbeitsnotizen[41] belegen es genauso wie die synchronen Tagebuchaufzeichnungen[42].

Es kann wohl nicht darum gehen, Texte Hofmannsthals, die er selbst als Prosagedichte bezeichnet, entweder als solche zu erweisen, oder sie aufgrund von Definitionsmerkmalen aus der Gattung auszuschließen,[43] die ihm offensichtlich eher als eine willkommene Möglichkeit zu bestimmten Experimenten gedient zu haben scheint. Die Gattung, wenn es eine ist, ließ dem Autor alle Freiheit und band ihn zugleich an eine Subjektivität, die für die Texte konstitutiv zu sein hatte; wie man das bei Baudelaire sehen konnte. Die hier gebotene Freiheit nutzte der junge Hofmannsthal als historistische Lizenz, um, wie er sagt, das Wort schließlich »als Venerabile« zu feiern.[44] Um das allerdings praktizieren zu können, sind die Lexeme, die dazu dienen, erst überhaupt bereitzustellen. Und eben das geschieht hier.

Die Nähe dieser Kurztexte zur Bildenden Kunst ist so auffallend wie indizierend: Sie verweist auf die dort ebenfalls konstatierbare und z.T. intensi-

---

36 *Erzählungen 2* (Anm. 1), S. 402.

37 *Erzählungen 2* (Anm. 1), S. 402 (Hervorhebungen nicht im Original); Dezember 1982 oder Januar 1893 zu datieren.

38 *Erzählungen 2* (Anm. 1), im Anhang unter Varianten und Erläuterungen mitgeteilt, S. 398.

39 *Reden III* (Anm. 9), S. 358.

40 Zu dem hier verwendeten Historismus-Begriff vgl. die Beiträge 5, 6 und 7 in diesem Band.

41 Vgl. dazu den Anhang von *Erzählungen 2* (Anm. 1), passim.

42 Vgl. die Aufzeichnungen in *Reden III* (Anm. 9), passim.

43 Die Frage, welche Texte Hofmannsthals zu den sogenannten Prosagedichten zu rechnen sind, ist schwer zu entscheiden; nicht zuletzt auch angesichts der Tatsache, daß er selbst nur wenige explizit so genannt hat, andererseits die Bezeichnung aber wiederholt auch für bloße Entwürfe verwendet. Zum Problem insgesamt vgl. Ellen Ritters Einleitung zum Kommentar von *Erzählungen 2* (Anm. 1), S. 251ff., besonders zu den Prosagedichten S. 396ff.; vgl. auch Nienhaus, *Prosagedicht* (Anm. 2), S. 140ff.

44 *Erzählungen 2* (Anm. 1), S. 398; – auch das hängt für ihn offensichtlich mit Baudelaire zusammen, von dem er sich notiert: »Baudelaire sagt [wo?]: ich werde morgen mit Ihnen reden, wenn Sie fanierter [=geweihter] sind«; ein hier in der Handschrift folgender Absatz in Stenographie konnte bisher nicht entziffert werden (vgl. *Erzählungen 2* [Anm. 1], S. 401); vgl. auch Renner/Schmid (Anm. 14), S. 292.

vere historistische Praxis. Es ist also nicht verwunderlich, daß die Literatur sich gerade an sie hält, wenn es darum geht, sich selbst neu zu bestimmen. Man darf nicht vergessen, daß Historismus und alles, was in diesen Umkreis gehört, die Signatur zeitgenössischer Moderne ausmachte. Wie Geschichte und geschichtliche Fakten überhaupt einer säkularisierten Welt ihre säkularen Identifikationsmuster bereitstellen, so verselbständigen sich alsbald diese bereitwillig, ja hastig ergriffenen Surrogate für den Transzendenzverlust und werden in den historischen Einzelfakten und isolierbaren Lexemen abgelegt. In der Literatur geschieht das in der scheinbar willkürlichen Zusammenstellung von Wörtern, Begriffen, Bildern, Figuren: eben Lexemen. Hofmannsthals Feststellung, daß »das Wort als Venerabile gefeiert« werde und daß so heterogene Dinge wie »der Weise; die Duse; die Möbel [oder das] Lob der Liebe« nebeneinanderstehen könnten, bezeichnet genau diesen Bewußtseinszustand und das aus ihm – wenn auch bewußtlos – abgeleitete Verfahren.

Hofmannsthals Versuche zu seinen »Gedichten in Prosa« korrespondieren von Anfang an mit der Absicht, »Erzählungen in Versen schreiben« zu wollen. Und dazu, notiert er 1894, will er sich ein »Metrum suchen«.[45] Es geht also um Versuche im Ungewöhnlichen: Erzählungen in Versen, oder Verse in Prosa. Es handelt sich um den Versuch, das Ungewöhnliche zu tun und sich dennoch in eine Tradition einzuordnen, so schmal sie sein mag.

So viel ist sicher: Das *Wort* gewinnt in diesem Zusammenhang eine andere Qualität. Es sind die Epiphanien, nicht mehr die Bedeutungen, um die es geht.

Diese Prosagedichte Hofmannsthals scheitern, d.h. sie werden nicht fertig, weil ihre Generierung ein anders Telos aufweist als die Gattung, die ihnen – scheinbar – vorgegeben ist; wo man doch sagen muß, daß schon die Gattung ›Prosagedicht‹ selbst unverbindlich genug ist. Umgekehrt ermöglicht ihm die klare Form der Komödie etwa eine nahezu mühelose Fertigstellung. Man könnte die These formulieren, daß Hugo von Hofmannsthal immer dort mit seinen Texten nicht fertig wird, im wahren Wortsinne, wo die vorgegebene Form nicht streng und deutlich genug ist. Unfertig bleibt der »Tod des Tizian«. Unfertig bleibt der große Roman (»Andreas«), diejenige Form also, die unter allen epischen die offenste ist. Der Grund: Wo die Textgenerierung sich selbst überlassen bleibt und nicht einer übergeordneten Gattungsstruktur zu gehorchen braucht, ist die Lizenz zu den »Formen ohne Rücksicht auf Inhalt«[46] (die eine Lizenz der Moderne überhaupt ist) so stark, daß ihr sogleich gefolgt wird. Bezeichnend übrigens: Die frühen Essays (die – unter diesem Aspekt betrachtet – Herbert Steiner nicht zu Unrecht als »Pro-

---

[45] *Reden III* (Anm. 9), S. 377; – »Metrum suchen«, heißt es in diesem Zusammenhang unter dem 15. Januar 1894 im Tagebuch; und daß »die innere Originalität ohne Behauptung der äußeren undenkbar« sei (ebd.).

[46] *Reden III* (Anm. 9), S. 358.

sa« eingeordnet hat)[47] nehmen das gleiche Recht für sich in Anspruch; sie können es, weil die Direktiven der Form unklar sind.

Wahrscheinlich wäre es ganz falsch zu sagen, hier solle gar nicht (oder gar nicht mehr) zusammenhängend erzählt, dargestellt oder wiedergegeben werden. Aber der simplen Feststellung, daß es nicht geschieht, läßt sich doch kaum widersprechen. Diese kleinen, nicht fortgeführten Texte, diese bloßen Ansätze zu Formulierungen, scheinen eher wie Fingerübungen in einer Tonart, die man noch nie erprobt, geschweige denn ausgebildet hat. Vielmehr gibt diese Verselbständigung seiner Bestandteile einem solchen Text seinen unverwechselbaren und zugleich jeder herkömmlichen Lesart völlig unverständlichen Charakter. Genau dies ist gemeint mit dem »Wort als Venerabile«. Es wird isoliert und »ohne Rücksicht auf Inhalt« wahrgenommen; es gehorcht keiner Intention des Erzählens, der Darstellung oder des Berichtens.

Alles, was sich für den jungen Hofmannsthal mit dem Begriff ›Möbel‹ verbindet, gehört hierher: von der »Möbelpoesie«, im »D'Annunzio«-Aufsatz von 1893[48] bis zur wiederholten Erwähnung der Möbel im Zusammenhang mit den Überlegungen zu seinen Prosagedichtversuchen.[49] Vom »tiefen Sinn der Möbel« ist zu dieser Zeit in einer Notiz die Rede.[50] Nicht zu reden von den realen Möbeln und Nippes-Sachen, von denen in den Nachlaßentwürfen genauso wie in den frühen Aufsätzen zu lesen ist. Sogar das Geschriebene selbst, das Buch, wird ihm zum ›Venerabilium‹. Leopold von Andrians »Garten der Erkenntnis«, 1895 erschienen, ist der Anlaß zu folgender Eintragung:

> Poldys Buch. Die Bücher *Altare*, *altae arae*, aufgestellt wie die mit dem *flammenden Herzen* oder der *Pietà* in der Mitte oder einem *Buddha* und *Kerzen*, künstliches Feuerlicht herum. So wie das *Badetuch Alexanders des Großen*. Auf den *Altären* die Gottheit in einer mystischen Gebärde dargestellt; nur die kann die sehnsüchtigen Augen befriedigen. Andere *Altäre* für die jungen Leute: die *Duse*, die *Auslagen*, die *Häuser* wo die Menschen wohnen, der *Ronacher*, die meisten Bücher nicht. Wie die Namen der fremden Städte rufen!

---

[47] Hugo von Hofmannsthal, *Prosa I*, hrsg. von Herbert Steiner, Frankfurt/Main 1950.

[48] Hugo von Hofmannsthal, Gabriele D'Annunzio, in: *Reden I* (Anm. 6), S. 183; – zum Thema ›Möbelpoesie‹ bei Hofmannsthal und im Kontext der europäischen Décadence vgl. auch den Beitrag 5 in diesem Band, besonders S. 65ff.

[49] Vgl. folgende Aufzeichnung: »Naturzustand. // Mythische Lebendigkeit, wo für uns starre Allegorien. Metaphern lebendige Ausgeburten der musikalischen Phantasie: / Frevel, Unnatur, Zerreißen der heiligen Nabelschnur dort empfunden, wo für uns Selbstverständlichkeit, Naivetät. / Flammendiebstahl, Flamme vor Regendämonen schützen // verschiedene Baumindividualitäten: // alles das erzählen in der allegorischen Stundengeschichte die *Möbel* dem Menschen; die bauchige Glasflasche, der hochbeinige Tisch, aus dem Herzen der Esche geschnitten / der tragische Grundmythos: die in Individuen zerstückelte Welt sehnt sich nach Einheit, Dionysos Zagreus will wiedergeboren werden« (*Erzählungen 2* [Anm. 1], S. 234f.); – in den Aufzeichnungen unter dem Jahr 1893 (nicht näher zu datieren) in leichten Varianten abgedruckt in: *Reden III* (Anm. 9), S. 358f.

[50] »Anbetung der Schönheit, tiefer Sinn der Möbel«; 1893-1894, nicht genauer datierbar (*Reden III* [Anm. 9], S. 375).

Teheran! Bagdad! Gebärden die Bücher: so die Gebärden der Menschen von *Giotto*, ihrer *Hunde, Schlangen* –. das Lächeln der *Dionea*[51]

Das sind Notizen; sie stehen im Tagebuch und sind nicht für die Öffentlichkeit gedacht. Weshalb die Lizenz, die der Autor sich nehmen kann, wie gesagt, groß ist. Denn das kommt nicht unter die Leute. Zahllose Passagen gleicher Art wären dem an die Seite zu stellen. Hier wird bedenkenlos in dem Ton geschrieben, den die Zeit vorgibt: Die Generierung des Textes folgt dem Verfahren eines auf Literatur angewandten Historismus. Ansammlung von Fakten, Thesaurierung der Bilder heißt die Devise. Mit Bedeutung hat das nicht mehr viel zu tun. Es geht auf in den »Formen noch ohne Rücksicht auf Inhalt«; so sagt er selbst.

Hier wäre auch die Ursache für Hofmannsthals, wenn man das so nennen will: Scheitern am Prosagedicht zu suchen; für ein Versagen, das keines ist. Der Grund liegt also nicht etwa, wie das für »Die Rose und der Schreibtisch« gesagt worden ist, in einem »binomischen Charakter«[52] dieser Texte, sondern sozusagen in einer vor- und übergeordneten Bedingung, die diese Gedichte gar nicht erst zuläßt. Deshalb finden sie auch nicht zu dem, was herkömmlich von ihnen erwartet wird: zu Konsistenz, ›Vollendung‹ (Fertigstellung) und Publizität.[53]

Aber den öffentlich praktizierten Abusus des bereits modisch werdenden Verfahrens nimmt Hofmannsthal dagegen keineswegs nur so hin. Früh schon (1894 in der »Neuen Revue«) wendet er kritisch, worum es hier geht. Das setzt genauere Vertrautheit mit dem Phänomen, vielleicht gar die (wenn auch erfolglose) Bemühung um seine Realisierung gerade voraus. In seiner Besprechung Franz Stucks, dessen Leistung er auf die Formel einer »Abbreviatur des feuilletonistischen Weltbildes«[54] bringt, verteidigt er das »Leben« (*den* blinden Begriff der Zeit, übrigens) emphatisch gegen seinen ästhetisch betriebenen Mißbrauch:

> Der feuilletonistische Geist arrangiert das Leben mit derselben spöttischen Melancholie, derselben resignierten Halboriginalität, wie man heute *Ateliers* einrichtet: man nimmt *Dolche*, um Zeitungen aufzuschneiden, und *Kruzifixe*, um Photographieen zu halten; *hölzernen Engelsköpfen* steckt man Zigaretten in den naiven Mund und macht aus abgeblaßten *byzantinischen Meßkleidern*

---

[51] *Reden III* (Anm. 9), S. 397 (Hervorhebungen nicht im Original); Aufzeichnung wohl zwischen 16. Februar und 5. Mai 1895.

[52] Nienhaus, *Prosagedicht* (Anm. 2), S. 146.

[53] Was Nienhaus klug und mit textlinguistischen Mitteln darzulegen versucht (vgl. besonders *Prosagedicht* [Anm. 2], S. 5ff.), ist zweifellos interessant; vorausgesetzt allerdings, daß es sich tatsächlich um konsistente Texte handelt; quod non. Die genannten Voraussetzungen lassen es gewissermaßen gar nicht mehr zu, über dergleichen Texte zu reden wie bisher, d.h. ›hermeneutisch‹. In ihnen werden vielmehr längst die Errungenschaften des Historismus reproduziert. Folglich bedürfen sie einer anderen Annäherung und eines neuen Ansatzes.

[54] Hugo von Hofmannsthal, Franz Stuck, in: *Reden I* (Anm. 6), S. 529 (zuerst in: *Neue Revue*, Wien 1893); vgl. auch die Besprechung über die »Ausstellung der Münchener ›Sezession‹ und der ›Freien Vereinigung Düsseldorfer Künstler‹« von 1894 (*Reden I* [Anm. 6], S. 555f.).

> eine Mappe für grelle Chansonetten; von allen diesen *Möbeln*, diesen latenten Kontrasten hebt sich die vage Verstimmung einer leidenden dumpfen und boshaften Lebensphilosophie: »Das ist deine Welt! das heißt eine Welt!«.[55]

Hier, in der Öffentlichkeit des Publizierten also, wird die historistisch gemachte, in den zurückgehaltenen Aufzeichnungen vielfach belegte Erfahrung nach außen hin als »feuilletonistische« abgewehrt. Mit Recht wird sie hier als Arrangement diagnostiziert, das sich eine allgemeine Melancholie zunutze zu machen versteht. Folgerichtig fällt sie in der Schlußvolte öffentlich dem *anathema sit* Fausts, d.h. den Maßstäben der Bildungsgeschichte, zum Opfer.

Aber: In der Klausur seiner Versuche, gerade denen zu den ›Gedichten in Prosa‹, für sich, heimlich, unbeobachtet: Da erprobt Hofmannsthal das Gegenteil. Und findet auf diese Weise den Anschluß an das europäische Problem der Moderne, das in der Lesbarkeit ihrer Aufzeichnungen liegt. Denn in seinem experimentellen Umgang mit dieser Gattung entsteht ein Textverfahren, das sich herkömmlichem, hermeneutischem Verstehen nicht mehr ohne Widerstand erschließt; wenn überhaupt. Über diese Möglichkeit ist längst im Vorhinein negativ entschieden. Den Dichter stellt das in die Reihe derer, die zwar schreiben, aber nicht verstanden werden können. So ist sein Scheitern am Prosagedicht zugleich ein Beleg seiner Zeitgenossenschaft. Dieses Mißlingen dokumentiert also nicht irgendeine Unfähigkeit des Autors Hugo von Hofmannsthal, sondern realisiert – wie die privaten Notizen zur Genüge belegen – gerade eine bestimmte, wenn auch geheim gehaltene Leistung: die nämlich der Einsicht in die Bedingungen der eigenen (literarischen) Epoche.

---

[55] *Reden I* (Anm. 6), S. 529 (Hervorhebungen nicht im Original).

16. Rondell und Poetensteig

Topographie und implizite Poetik in Fontanes »Stechlin«

Fontanes »Stechlin« ist von der Forschung – vom Publikum überhaupt – bekanntlich erst spät entdeckt worden. Aber nach anfänglicher Ablehnung, namentlich durch Conrad Wandrey,[1] dem Thomas Mann mit Vehemenz entgegentrat, hat man diesem Roman dann seit Julius Petersens Analyse im »Euphorion« 1928[2] ein stets wachsendes Interesse entgegengebracht. Man rühmte die »sublime« Gestaltung (Thomas Mann) und hob den Antagonismus von »Alt und Neu« (Heiko Strech) oder den Gesprächscharakter (Ingrid Mittenzwei) hervor. Die Editoren – Walter Keitel für die Hanser-Ausgabe; Gotthard Erler für die Aufbau-Ausgabe –, insbesondere aber auch Hans Heinrich Reuter in seiner großen Biographie[3] und zahllosen kleinen Einzelarbeiten, haben nicht zuletzt auch das historische und geographische Terrain abgesteckt.

Viel ist auch vom symbolischen Charakter gerade dieses Romans gesprochen worden. Zentrales Symbol dabei – vom Erzähler selbst mehr als suggeriert – war stets der Stechlin-See, der bekanntlich immer dann in Wallung gerät, »wenn es weit draußen in der Welt, sei's auf Island, sei's auf Java zu rollen und zu grollen beginnt oder gar der Aschenregen der Hawaiischen Vulkane bis weit auf die Südsee hinausgetrieben wird«.[4]

Die Gräfin Melusine – für Josef Hofmiller gar die Hauptgestalt des Romans – ist dabei die am häufigsten bemühte Figur. – Hier soll von alledem nicht die Rede sein. Es geht um die Topographie und die sich dahinter verbergende Romanpoetik.

Zu beobachten ist ferner, daß die Präzision der Ortsbeschreibung von Haus Stechlin und seiner näheren Umgebung, d.h. auch noch von Kloster Wutz, am größten ist; daß die Berliner Umgebung, gar die englische der Dienstreise Woldemars oder die italienische seiner Hochzeitsreise mit Armgard, dann weit hinter dieser Exaktheit zurückbleiben. Präzision und topographische Exaktheit konzentrieren sich also auf die unmittelbare Umgebung Dubslavs; machen ihn mit ihr auch dadurch zum Zentrum der Aufmerksamkeit.

Man wird zunächst einwenden, daß Ortsbeschreibungen wie von selbst zu einem Roman gehören, daß eben dies kaum spezifisch sei. Das ist, für sich

---

1 Conrad Wandrey, *Theodor Fontane*, München 1919.

2 Julius Petersen, Theodor Fontanes Altersroman, in: *Euphorion* 29/1928, S. 1-74.

3 Hans Heinrich Reuter, *Fontane*, Berlin 1968.

4 Theodor Fontane, Der Stechlin, in: T.F., *Romane und Erzählungen in acht Bänden*, hrsg. von Peter Goldammer u.a., Bd. 8, Berlin/Weimar 1969, S. 7.

genommen, richtig. Trotzdem hat es hier mit der Topographie eine besondere Bewandtnis. Sie weist, wie man zu sagen pflegt, über sich hinaus.

1. Die geographische Exposition des Romans

Die imponierende Exposition des Romans zu Anfang des ersten Kapitels ist geographisch gemacht. Der Roman beginnt, bei aller epischen Behutsamkeit, mit drei deutlich akzentuierenden Markierungen. Die Überschrift, die die ersten sechs Kapitel zusammenfaßt, gibt das Stichwort: »Schloß Stechlin«. Die Beschreibung führt vom Weiten in die Enge, von der Welt ins Haus. Zuerst der See, dann der Wald, schließlich das Herrenhaus, endlich der Herr dieses Hauses selbst – ihnen gemeinsam: der Name Stechlin. Mit dem See verknüpft sich eine merkwürdige Geschichte: die Sage von der geheimnisvollen Verbindung zwischen dem märkischen Flecken und der Welt von Java bis Lissabon; die Beschreibung des Waldes dann – ein Stück näher schon auf dem Wege zum Schloß – gibt dem Erzähler Gelegenheit, im zweiten Schritt seiner Landschaftsvermessung das Kloster Wutz zu erwähnen, von dem eine Kastanienallee in gerader Linie auf das Dorf zuführt. Noch einmal wird (im selben Abschnitt!) diese Allee wörtlich wie kurz zuvor als »die von Kloster Wutz heranführende Kastanienallee«[5] bezeichnet. Ihre Verlängerung – und deshalb wohl ist die topographische Betonung dieser Linie so wichtig – führt unmittelbar auf das Schloß Stechlin zu. Ein kurzer Rekurs auf die Geschichte des Hauses »Stechlin« (Zerstörung im Dreißigjährigen Krieg und Wiederaufbau), dann der Satz, der die Exposition abschließt: »Und wie dann alles hier herum den Namen Stechlin führte, so natürlich auch der Schloßherr selbst. Auch er war ein Stechlin«.[6]

Uns hat eigentlich nicht dieser *Introitus* selbst zu beschäftigen, denn es geht um eine andere Passage. Aber er kann dazu dienen, sich klarzumachen, wie entscheidend für den Roman die Geographie ist. Für Fontane ist das bekanntlich kein Zufall. Fast jeder Schauplatz seiner Romane ist mit den entsprechenden Jahrgängen des »Baedeker« nahezu genau auszumachen: der Matthäi-Kirchhof in den »Poggenpuhls«; das Treibelsche Haus; die Gärtnerei der Familie Dörr und Hankels Ablage in »Irrungen – Wirrungen«; das Tempelhofer Feld und die Hasenheide, wohin Schach seinen Ausflug mit den Damen Crayon macht, oder der Aufenthalt Effis in Bad Ems mit der Geheimrätin Zwicker.

Was einen Zeitroman Fontanes aber von einem »Baedeker« oder dem »Guide bleu« unterscheidet, ist der Verweischarakter, den dergleichen scheinbare Realismen besitzen. Fontane hat immer großen Wert darauf gelegt, historisch und geographisch, wo nicht exakt, so doch wahrscheinlich zu

---

[5] Fontane, Stechlin (Anm. 4), S. 8.
[6] Fontane, Stechlin (Anm. 4), S. 9.

wirken. Das ist das Erbe der »Wanderungen durch die Mark Brandenburg«, zu deren Voraussetzungen der Spaß am Detail gerade gehört. In den Romanen wächst dieser Detailkenntnis dann etwas zu, das die »Wanderungen« zwar hier und da ahnen lassen, was der Autor dort aber unterdrücken muß, will er dem Sujet der Reisebeschreibung treu bleiben: die größere Freiheit der Gestaltung. Im Roman kann er sie praktizieren; hier die Details so arrangieren, daß sie eine Bedeutung bekommen, die ihnen von Haus aus sozusagen zunächst gar nicht zusteht. Das Roman-Arrangement fordert oft nicht einmal eine Veränderung; lediglich eine Verschiebung, eine stärkere oder schwächere Hervorhebung.

Eine solche Hervorhebung nun läßt Fontane dem Rondell und dem Poetensteig angedeihen, die gleich zu Anfang des Romans an entscheidender Stelle beschrieben werden. Dort nämlich, wo der Leser sich in der geographisch-historischen Exposition zurechtgefunden hat; er hat Dubslavs Lebensgeschichte vernommen, seine bescheidenen Anfangsverhältnisse kennengelernt; die Schwester Adelheid, Domina in Kloster Wutz, ist eingeführt; er kennt ein paar Leute aus Dubslavs Umgebung.

2. Beginn der Romanhandlung

Hier erst setzt die eigentliche Handlung des Romans – so sparsam sie sein mag – ein; mit zwei Sätzen: Der eine schneidet die Vergangenheit mit den Worten ab: »Das war im Mai, daß der alte Stechlin diese Worte zu seinem Freunde Kortschädel gesprochen hatte«;[7] der unmittelbar darauf folgende Satz konstatiert geradezu lapidar die Romangegenwart: »Heute aber war dritter Oktober und ein wundervoller Herbsttag dazu«.[8] Die Romanhandlung, die Romangegenwart beginnt erst mit diesem »Heute aber«. Das erste Bild, das dem Leser vor Augen geführt wird, ist höchst besinnlich: Der alte Stechlin sitzt behaglich, pfeiferauchend, auf der Veranda seines Hauses:

> Dubslav, sonst empfindlich gegen Zug, hatte die Türen aufmachen lassen, und von dem großen Portal her zog ein erquicklicher Luftstrom bis auf die mit weiß und schwarzen Fliesen gedeckte Veranda hinaus. Eine große, etwas schadhafte Markise war hier herabgelassen und gab Schutz gegen die Sonne, deren Lichter durch die schadhaften Stellen hindurchschienen und auf den Fliesen ein Schattenspiel aufführten. Gartenstühle standen umher, vor einer Bank aber, die sich an die Hauswand lehnte, waren doppelte Strohmatten gelegt. Auf eben dieser Bank, ein Bild des Behagens, saß der alte Stechlin in Joppe und breitkrempigem Filzhut und sah, während er aus seinem Meerschaum allerlei Ringe blies, auf ein Rundell, in dessen Mitte, von Blumen eingefaßt, eine kleine Fontäne plätscherte. Rechts daneben lief ein sogenannter Poetensteig, an dessen Ausgang ein ziemlich hoher, aus allerlei Gebälk zusammengezimmerter Aussichtsturm aufragte. Ganz oben eine Plattform mit

[7] Fontane, Stechlin (Anm. 4), S. 15.
[8] Fontane, Stechlin (Anm. 4), S. 15.

> Fahnenstange, daran die preußische Flagge wehte, schwarz und weiß, alles schon ziemlich verschlissen.
> Engelke hatte vor kurzem einen roten Streifen annähen wollen, war aber mit seinem Vorschlag nicht durchgedrungen. »Laß. Ich bin nicht dafür. Das alte Schwarz und Weiß hält gerade noch; aber wenn du was Rotes dran nähst, dann reißt es gewiß«.
> Die Pfeife war ausgegangen, und Dubslav wollte sich eben von seinem Platz erheben und nach Engelke rufen, als dieser vom Gartensaal her auf die Veranda heraustrat.[9]

3. Das Rondell: »Effi Briest«

Rondell – Fontane schreibt im »Stechlin« R*u*ndell – und Poetensteig sind zwei topographische Charakteristika, die nicht nur in diesem Roman wiederholt erwähnt werden. Sie kommen auch sonst bei Fontane vor. Für Erzählstruktur und Handlungsverlauf von »Effi Briest« ist das Rondell geradezu konstitutiv: Auch dort beginnt der Erzähler mit der Topographie um das Herrenhaus. Aber sehr viel offensichtlicher als im »Stechlin« wird die geradezu leitmotivische Wichtigkeit dieses runden Gartenbeetes hervorgehoben. Dort wirft der Seitenflügel des Herrenhauses bei heller Mittagssonne »einen breiten Schatten [...] auf ein großes, in seiner Mitte mit einer Sonnenuhr und an seinem Rande mit Canna indica und Rhabarberstauden besetztes Rondell«.[10]

Auf die Symbolik, die den ganzen Roman vorausdeutend bestimmt, will ich hier im einzelnen nicht eingehen. Nur so viel: Das Rondell wird am Ende des Romans Effis Grabstätte sein; sie war nach ihrer Scheidung von Instetten nach Hohen-Cremmen zurückgekehrt; dort begraben zu werden, war ihr letzter Wunsch. An der Stelle, wo sich früher die Sonnenuhr befand, liegt jetzt eine Marmorplatte, die ihren Namen trägt. Keine Sonnenuhr mehr, aber Heliotrop (!) – die Pflanze, die sich zur Sonne wendet – steht jetzt dort. – Die Aussagekraft dieses Rondells, das nicht nur einfach am Ende von Effis Geschichte wiederkehrt, sondern dessen geometrische Form zugleich ihren sich zum Kreise schließenden Lebensweg beschreibt, ist deutlich genug.[11]

Hier, im »Stechlin«, entspricht das Rondell dem See Stechlin. Nach Nennung und Beschreibung des *großen* Sees wird hier der *kleine* eingesetzt: Dubslav hat ihn stets vor Augen. Der »kleine See«, wie man das Rondell nennen könnte, hat seine Fontäne und damit den »Wasserstrahl« des Stechlinsees, von dem es hieß: »Wenn es weit draußen in der Welt, sei's auf Island, sei's auf Java, zu rollen und zu grollen beginnt oder gar der Aschenregen der Hawaiischen Vulkane bis weit auf die Südsee hinausgetrieben wird. Dann regt sich's auch hier, und ein Wasserstrahl springt auf und sinkt wieder in die

---

[9] Fontane, Stechlin (Anm. 4), S. 15.

[10] Fontane, *Romane* (Anm. 4), Bd. 7, S. 7.

[11] Vgl. auch die ausgezeichnete Untersuchung von Peter-Klaus Schuster, *Theodor Fontane: Effi Briest – Ein Leben nach christlichen Bildern*, Tübingen 1978.

Tiefe«.[12] Dieses Rondell steht für den Stechlin-See und meint noch einmal, was jener bedeutet.

4. Der Poetensteig: »Wanderungen durch die Mark Brandenburg«

Hinzu kommt als sehr Entscheidendes: der vom Erzähler als »sogenannter Poetensteig« bezeichnete Weg hinter dem Schloß; Fontane setzt den Zusatz »sogenannter« beide Male zwischen Anführungsstriche. Daß es ein sogenannter und kein richtiger ist, hat seine Bewandtnis: Dubslav erklärt es wenig später seinen Gästen, den Freunden seines Sohnes, Szako und Rex. Da wird der Poetensteig noch einmal erwähnt, und zwar so, als sei von ihm noch gar nicht die Rede gewesen:

> Der Weg dahin [d.h. zum Aussichtsturm], keine hundert Schritte, führte durch einen sogenannten »Poetensteig«. »Ich weiß nicht«, sagte Dubslav, »warum meine Mutter diesen etwas anspruchsvollen Namen hier einführte. Soviel mir bekannt, hat sich hier niemals etwas betreffen lassen, was zu dieser Rangerhöhung einer ehemaligen Taxushecke hätte Veranlassung geben können. Und ist auch recht gut so.«[13]

Fontane hat an anderer Stelle, bezeichnenderweise in den »Wanderungen durch die Mark Brandenburg«, wiederholt solche Poetensteige beschrieben. »Jeder kennt«, heißt es dort unter der Überschrift »In den Spreewald«,

> die langgestreckten Laubgänge, die sich unter dem Namen »Poetensteig« in allen altfranzösischen Parkanlagen vorfinden. Ein solcher Poetensteig ist nun der Kanal, der eben jetzt in seiner ganzen Länge vor uns liegt und ein niedriges und dicht gewölbtes Laubdach über uns, so gleiten wir im Boot die Straße hinauf, die nach Art einer Tüte sich zuspitzend an ihrem äußersten Ausgang ein phantastisch-verkleinertes und nur noch halb erkennbares Pflanzengewirre zeigt. Alles in einem wunderbaren Licht. – Endlich erreichen wir diesen Ausgang und fahren in abermaliger scharfer Biegung in einen breiten, aber überall mit Schlangenkraut überwachsenen Flußarm ein [...].[14]

So heißt es schon 1859 im vierten Teil der »Wanderungen«. Ein andermal, in einem Aufsatz mit dem gleichen Titel aus demselben Jahr, sucht er in diesem »Vergleich«, wie er es nennt, in nahezu wörtlicher Übereinstimmung mit dem vorigen Text einen der für den Spreewald typischen Kanäle zu beschreiben:

> Jeder kennt die gradlinigen, langgestreckten Laubengänge, die sich unter dem Namen der Poeten- und Philosophensteige in allen Le Notreschen Parkanlagen vorfinden. Auch unser Tiergarten hat dergleichen. Ein solcher Poetensteig ist der Kanal, der jetzt in seiner ganzen Länge vor uns liegt. Statt des Fußpfades ein Wasserstreifen, das gewölbte Laubdach über uns, so gleiten wir

[12] Fontane, Stechlin (Anm. 4), S. 7.
[13] Fontane, Stechlin (Anm. 4), S. 59.
[14] Theodor Fontane, *Wanderungen durch die Mark Brandenburg*, hrsg. von Gotthard Erler/Rudolf Mingau, Berlin/Weimar 1991, Bd. 4, S. 15.

die Straße hinauf, die, wie eine Düte sich zuspitzend, an ihrem äußersten Ende ein phantastisch verkleinertes, halb erkennbares, halb verschwommenes Pflanzenleben zeigt, als begänne dort unten das Reich der Feen und Geister. Wir erreichten endlich diese äußerste Spitze, statt aber ins Reich der Geister einzufahren, biegen wir nur in einen breiten, zu beiden Seiten mit Erlenwald umstandenen Spreearm ein [...].[15]

5. Die topographische Figur als implizite Poetik

Fontanes Hinweis auf Le Nôtre, den berühmten Gartenarchitekten Ludwigs XIV., gibt dem märkischen Poetensteig – analog zum Stechlin-See und seinen Beziehungen zum Weltgeschehen – eine fremde, hier: französische Note und erhebt ihn damit zur Würde des Besonderen. Ein Poetensteig ist eigentlich ein Laubengang, meist aus sich dazu besonders eignenden Buchenbäumen, die so geschnitten werden, daß ihre Kronen oben zusammenwachsen. Auf diese Weise entsteht ein hallenartiger Gang, den Le Nôtre besonders in seinen Gartenanlagen von Versailles verwendet hat.

Wichtiger aber ist, daß sowohl der Poetensteig im »Stechlin« wie seine Vorläufer in den »Wanderungen« an ihrem Ende durch einen besonderen Zielpunkt markiert sind; ja auf diesen Perspektivpunkt hin für den Betrachter geradezu angelegt sind. Im »Stechlin« handelt es sich um einen »Poetensteig, an dessen Ausgang ein ziemlich hoher, aus allerlei Gebälk zusammengezimmerter Aussichtsturm aufragte«.[16] Der Turm wird – was seine Wichtigkeit besonders heraushebt – im Verlauf des Romans zweimal bestiegen. Der Zielpunkt, den er darstellt, verdient durch die Bedeutung, die seinen Entsprechungen in Fontanes Spreewald-Beschreibungen beigelegt werden, eine besondere Beachtung. Dort ist beide Male von »phantastisch-verkleinertem [...] Pflanzengewirre«,[17] bzw. von »halb erkennbarem, halb verschwommenem Pflanzenleben«[18] die Rede: »als begänne dort unten das Reich der Feen und Geister«.[19] Geheimnisvoll ist es am Ende dieses als Spreewaldkanal erscheinenden Poetensteiges. Daß es hier in die Unterwelt geht, steht außer Zweifel. Wie später in Thomas Manns »Tod in Venedig« wird diese Welt der Pflanzen und Schlinggewächse zur Metapher der Unterwelt: Vom »Reich der Geister« ist bei Fontane ausdrücklich die Rede. Die Deutung, die er diesen Wasserwegen im August/September 1859 in der Beschreibung seiner Spreewaldwanderung gegeben hatte, scheint für ihn auch jetzt, 1895/96 – 36 Jahre später –, im Hintergrund zu stehen, als er darangeht, den »Stechlin« zu schreiben. Wörtlich ist in den »Wanderungen« vom »bäuerlichen Venedig«[20]

---

[15] Fontane, *Wanderungen* (Anm. 14), Bd. 6, S. 18f.
[16] Fontane, Stechlin (Anm. 4), S. 15.
[17] Fontane, *Wanderungen* (Anm. 14), Bd. 4, S. 15.
[18] Fontane, *Wanderungen* (Anm. 14), Bd. 6, S. 18.
[19] Fontane, *Wanderungen* (Anm. 14), Bd. 6, S. 18.
[20] Fontane, *Wanderungen* (Anm. 14), Bd. 6, S. 17.

die Rede, von einem »Venedig, wie es vor 1500 Jahren gewesen sein mag, als die ersten Fischerfamilien auf seinen Inseln Schutz suchten«; von Gondel und Gondoliere;[21] Requisiten also, die bei Thomas Mann deutlich dem Todesbereich zugeordnet sind.[22]

Diese Hinweise auf »Effi Briest« und die »Wanderungen« vermögen die Todessymbolik von Rondell und Poetensteig getrennt voneinander zu belegen. Daß beide im »Stechlin« zusammentreffen, weist aber nicht nur auf eine Potenzierung dieser Todesdeutung hin; das auch. Im »Stechlin«, dem ich mich jetzt wieder ganz zuwende, führt der Poetensteig am Rondell *vorbei.* Auch er ist durch etwas Herausragendes im wahren Wortsinne gekennzeichnet: den Aussichtsturm an seinem Ende. Wenn der Poetensteig, wie die Beobachtungen an den Spreewaldschilderungen zu suggerieren scheinen, der Weg des Todes ist, dann ist er auch der Todesweg des alten Stechlin, d.h. das Thema des Romans. Und wenn das Rondell für den Stechlin-See steht, dann geht Dubslavs Weg an diesem See und an dem, wofür er steht (nämlich dem Verhältnis von Welt und Provinz), vorbei; aber auf einen Punkt zu, von dem man alles zu überschauen vermag. Und das ist wichtig. Die hier so nachdrücklich, fast aufdringlich in den Vordergrund tretende Symbolik ist aber keineswegs alles. Die Bedeutung liegt auch und gerade in der Struktur, die diese zur Topographie verwendeten Requisiten dem Leser vorgeben.

Sie hat den Charakter einer impliziten Poetik. Der Poetensteig – der noch dazu so heißt, was auch in der Unterhaltung zwischen Vater und Sohn Stechlin eigens und recht abschätzig thematisiert wird – führt am Rondell vorbei wie eine Gerade; führt vorbei an ihm, wie die Tangente am Kreis: Er berührt es nicht; oder doch nur leicht. Wenn dieser Kreis (als Stechlin-See) das eigentliche Thema des Romans ist (wogegen man schwer etwas einwenden kann, weil es *expressis verbis* gesagt wird), dann berührt die Gerade, die doch ein

---

[21] Fontane, *Wanderungen* (Anm. 14), Bd. 6, S. 17.

[22] Nicht nur bei Thomas Mann übrigens. Elisabeth Frenzel hat in ihrer »Stoff- und Motivgeschichte« (Berlin ^{2}1974, S. 131) das Motivproblem folgendermaßen dargestellt: »Besonders fest verbunden hat sich das Verführungs- und Verstrickungsmotiv, das Teufelsreich und das Reich des Untergangs mit der Stadt Venedig. Neben der, zwar auch von Unheimlichem umwitterten, ›literarischen Konstante‹ des elegisch gesehenen ›Sterbenden Venedig‹, die besonders bei Lord Byron wirksam war, machte sich die noch weit stärkere des ›unheimlichen Venedig‹ geltend, die spätestens mit Cazotte, Lewis, in Schillers ›Geisterseher‹, Ann Radcliffes ›The Mysteries of Udolpho‹ und Zwschokkes ›Abällino‹ klar hervortrat. Eines der wichtigsten Werke des französischen Satanismus, Charles Nodiers Roman ›Jean Sbogar‹, spielt in Venedig. Im Zeitalter des Impressionismus entwickelte sich dann aus der unheimlichen Mischung von bestrickender Schönheit, Verfallsgeruch und verbrecherisch-teuflischen Schicksalselementen jenes Gleichnis für die todbringende Verführung durch Schönheit, das Platens unter dem Eindruck Venedigs entstandenes ›Tristan‹-Gedicht vorprägte. In Thomas Manns ›Tod in Venedig‹, in vielen Werken Hofmannsthals, vor allem in dem Romanfragment ›Andreas‹ und der Komödie ›Cristinas Heimreise‹, in Ernest Hemingways Roman ›Across the River and into the Trees‹ und in Werfels ›Verdi‹ ist Venedig zum Trugbild sinnlicher Schönheit geworden, das den Untergang in sich trägt und Zureisende mit Verderben bedroht. Die Situation der nach Venedig Reisenden ist die von Werfels Verdi: ›Ich bin in dies unheimliche Venedig gekommen, um einsam die letzte Versuchung zu bestehen‹.«

Weg für Poeten oder von Poeten ist, dieses Thema gar nicht. Zur poetologischen Maxime gewendet, hieße das: Hier soll das eigentliche Thema nur eben berührt, gestreift, nicht aber dargestellt werden. Das wiederum kennzeichnet die Erzählhaltung des gesamten Romans: die Probleme berühren, sie aber nicht selbst darstellen. Selbst in der erzähltechnischen Handhabung des erwähnten Intermezzos zwischen Vater und Sohn wird so verfahren. Dubslav kann sich nicht erinnern, warum die Taxushecke plötzlich Poetensteig heißt, zu dem doch eine Buchenhecke gehörte und der eigentlich in viel vornehmerer – nämlich französischer – Umgebung seinen Platz hätte. Es habe niemals »Veranlassung« gegeben, die Taxushecken zum Poetensteig zu stilisieren. Trotzdem: »Ist auch recht gut so«,[23] fügt er hinzu. Das Gespräch geht nicht auf die Details ein, und schon gar nicht geht es in die Tiefe. Wozu aber, so fragt sich der Leser, sollte es trotzdem gut sein? Die Figur dieses Poetensteiges verbirgt ein bis dahin noch nicht expliziertes Telos. Der am Ende stehende Turm ist sein Ziel, sein Telos; dorthin führt der Poetensteig, dorthin führt die Gerade der poetologischen Figur. Der Romantext suggeriert es geradezu. Denn »unter diesem Gespräche waren sie bis an den Turm gekommen ...«;[24] also: vorbei am Rondell, vorbei am Thema. Dieser poetologische, dieser erzähltechnische Weg am Problem entlang; vorbei am Thema; dahin; es sehend, aber nicht auf es eingehend – er formuliert eine von Fontanes berühmtesten Formeln: die Redewendung des alten Briest in »Effi Briest«, die den Roman beschließt: »Das ist ein zu weites Feld«.[25] – Wäre es nicht fast zu banal, man könnte das andere, nicht minder berühmte und fast geflügelte Wort Fontanes vom »freien Darüberstehen«[26] mit der Plattform des Aussichtsturmes am Ende unseres Poetensteiges in Verbindung bringen.

Noch eine weitere Beobachtung läßt sich an dieser topographischen Figur machen, die eigentlich eine Stilfigur ist: Wo das Bild vom Poetensteig isoliert verwendet wird, in den Spreewaldpassagen, ist die Rede davon, daß der Berichterstatter auf dem Kanal wie auf einem Poetensteig dahinfährt, kurz vor seinem Ziel aber abbiegt; gerade nicht der »wie eine Düte sich zuspitzenden« Straße folgt,[27] sondern in das Pflanzengewirr einbiegt, das »alles in einem wunderbaren Licht«[28] liegt. In der Vereinigung dieser topographischen Figur mit der anderen von Rundell und Fontäne, die im Kleinen das Große wieder auftauchen läßt, ist dieses Moment gewissermaßen im Moment der Tangente aufgehoben, die am Entscheidenden vorbeiführt. Der Poetensteig selbst kann jetzt bis zu Ende beschritten werden. In Fontanes Spätwerk führt er als topo-

[23] Fontane, Stechlin (Anm. 4), S. 59.
[24] Fontane, Stechlin (Anm. 4), S. 59.
[25] Fontane, *Romane* (Anm. 4), Bd. 7. S. 310.
[26] Katharina Mommsen hat darüber geschrieben und die Stellen aus Fontanes Gesamtwerk aufgeführt, an denen er diese oder eine ähnliche Formel verwendet: Katharina Mommsen, *Gesellschaftskritik bei Fontane und Thomas Mann*, Heidelberg 1973 (= Literatur und Geschichte, Bd. 10), S. 46-56.
[27] Fontane, *Wanderungen* (Anm. 14), Bd. 6, S. 18.
[28] Fontane, *Wanderungen* (Anm. 14), Bd. 4, S. 15.

graphische Figur geraden Weges zum Aussichtsturm, der in die Runde sehen läßt. Aber doch wohl nur, weil er das Rondell am Wege hat liegen lassen.

Für noch etwas anderes steht dieses topographische Bild: für das Verhältnis zu Maximen wie ›handeln‹ und ›sich einmischen‹. Die Wahl von Rheinsberg-Wutz ist das klare Beispiel innerhalb des Romans. Dubslav sieht die Notwendigkeit zu kandidieren; aber als er schließlich unterliegt, feiert er mit seinen Gesinnungsfreunden, dem märkischen Adel, ein Fest, das kaum heiterer hätte ausfallen können, hätte er die Wahl gewonnen. Der Wahlausgang reserviert ihm nach Engagement und realisiertem politischem Verantwortungsgefühl die Position des ›freien Darüberstehens‹: Er hat das Problem passiert, aber nicht selbst handeln müssen. Der Charakter Dubslavs ist exakt nach dieser Figur ›Poetensteig – Rundell‹ angelegt. »Verantwortungsvolle Ungebundenheit: vielleicht hätte er sich das Wort zur Bezeichnung seines politischen Verhältnisses gefallen lassen«, schreibt Thomas Mann 1910.[29]

6. Engelke

Diese topographische Figur ist wirksam bis in die sprachlichen Wendungen hinein. Dem einen angeführten Beispiel aus dem »Stechlin«, wo der alte Dubslav noch gutheißt, was er eigentlich unsinnig findet und unerklärlich, die Umbenennung der Taxushecke in Poetensteig, sei noch ein weiteres Beispiel hinzugefügt, vom Schluß des Romans.

Am Sterbetag des alten Dubslav schickt der Diener Engelke die kleine Agnes hinaus, um für den Alten ein paar erste Blumen zu pflücken: Krokusse, oder was sie finden mag. Als das Kind schließlich zurückkommt und Dubslav scheinbar eingeschlafen in seinem Lehnstuhl sitzt – der Erzähler läßt es eigentlich im Ungewissen, ob Dubslav tatsächlich, wie Engelke auf die bange Frage des Kindes antwortet, nur schläft und sich gesundschläft, oder ob er bereits tot ist – da heißt es: »Engelke, die Hände gefaltet, stand neben seinem Herrn. Das Kind trat heran und legte die Blumen dem Alten auf den Schoß.« Und dann sagt Engelke: »Das sind die ersten und werden wohl auch die besten sein«.[30] Das ist der letzte Satz des Kapitels. Das darauf folgende 43. Kapitel beginnt mit dem Satz: »Es war Mittwoch früh, daß Dubslav, still und schmerzlos, das Zeitliche gesegnet hatte«.[31]

Der Satz Engelkes, so wie er (übrigens in plattdeutscher Mundart) dasteht, gibt keinen Sinn: daß die ersten Blumen des Jahres auch die besten sein werden, ist unsinnig. Was Engelke vielmehr tut, ist dies: Er bricht seine Redewendung in der Mitte ab; die aus dem Neuen Testament stammenden, zur Sentenz verblaßten Worte: »Die Ersten werden die Letzten sein« (Matth. 19,

[29] Thomas Mann, Der alte Fontane, in: T.M., *Schriften und Reden zur Literatur, Kunst und Philosophie*, Frankfurt/Main 1968, S. 52.
[30] Fontane, Stechlin (Anm. 4), S. 398.
[31] Fontane, Stechlin (Anm. 4), S. 398.

30). Sein Satz folgt der topographisch-poetologischen Figur des Poetensteiges und führt am Rondell, an der ursprünglich intendierten Feststellung, daß diese ersten Blumen des Jahres die letzten im Leben des alten Stechlin sein werden, vorbei. Die Schneeglöckchen hat die kleine Agnes nicht irgendwo, sondern gerade auf dem Rondell (!) für den alten Stechlin gepflückt. Engelke müßte eigentlich sagen, daß diese ersten Blumen des Jahres wohl die letzten für seinen Herrn sein werden. Das gebietet gewissermaßen das Rondell, von dem Agnes sie gepflückt hat. Engelke aber umgeht das Rondell, indem er der topographischen Figur des Poetensteiges folgt, der an ihm (als der Realität) vorbeiführt: Auch er folgt der Kunstfigur.

7. Aussichtsturm

Wir haben uns noch einem letzten topographisch wichtigen Punkt dieses Romans zuzuwenden: dem Aussichtsturm am Ende des Poetensteigs, der von Dubslav und seinen Gästen zweimal bestiegen wird. Ist man den Poetensteig bis zu seinem Ende gegangen, hat man das Rondell links liegen gelassen, dann kann man einen Turm besteigen, der, wie gesagt, in die Runde sehen läßt. Was aber ist von dort oben eigentlich zu sehen? Es wird im 5. Kapitel beschrieben:

> Rex und Czako hielten Umschau. Nach Süden hin lag das Land frei, nach den drei andern Seiten hin aber war alles mit Waldmassen besetzt, zwischen denen gelegentlich die sich hier auf weite Meilen hinziehende Seenkette sichtbar wurde. Der nächste See war der Stechlin.[32]

Czako erkundigt sich nach Einzelheiten, nach der »Stelle«, »natürlich die, wo's sprudelt und strudelt«.[33] Den Hahn, der da aufsteigen soll, wenn es »draußen was Großes gibt«,[34] diese »kleine Aufmerksamkeit«[35] kann Dubslav ihm nicht bieten. Aber er kann ihm die Realität zeigen. Und darauf kommt es offensichtlich an: »die roten Ziegeldächer, die sich zwischen dem Waldrand und dem See wie auf einem Bollwerk hinziehen. Das ist Kolonie Globsow. Da wohnen die Glasbläser. Und dahinter liegt die Glashütte. [...] Die ›grüne Glashütte‹«. Und als Czako findet, das klinge »ja beinahe wie aus 'nem Märchen«, entgegnet ihm Dubslav, das sei »aber eher das Gegenteil davon. Sie heißt nämlich so, weil man da grünes Glas macht, allergewöhnlichstes Flaschenglas. An Rubinglas mit Goldrand dürfen Sie hier nicht denken. Das ist nichts für unsre Gegend«.[36]

Der Aussichtsturm läßt also erstens den See erkennen, auch die Stelle, an der er sprudelt und strudelt, wenn es so weit ist; aber noch etwas anderes,

---

[32] Fontane, Stechlin (Anm. 4), S. 59.
[33] Fontane, Stechlin (Anm. 4), S. 59.
[34] Fontane, Stechlin (Anm. 4), S. 7.
[35] Fontane, Stechlin (Anm. 4), S. 60.
[36] Fontane, Stechlin (Anm. 4), S. 60.

hier mindestens ebenso Wichtiges: die ökonomische Realität, die Siedlungen der Arbeiter. Sie zeigt sich erst dem, der hier oben steht. Erst dem, der den Poetensteig, vorbei am Rondell, gegangen ist, erschließt sich ein neuer, der eigentliche Horizont: der Horizont nämlich, der die ihn bedingende Realität umschließt.

Wie real und konkret das alles gemeint ist, geht auch für diese Stelle deutlich aus den »Wanderungen«, hier dem Kapitel »Die Menzer Forst und der Große Stechlin« hervor. Dort ist die Rede von Dagow, Globsow und Stechlin, Orten, in denen um die Mitte des 18.Jahrhunderts Glashütten errichtet wurden, die aber zugleich auch für die Brennstoffversorgung der Hauptstadt von entscheidender Bedeutung waren. Entsprechend heißt es bei Fontane:

> Um die Mitte des vorigen Jahrhunderts ward in der Kriegs- und Domänenkammer die Frage rege: *was machen wir mit diesem Forst?* Hochstämmig ragten die Kiefern auf; aber der Ertrag, den diese herrlichen Holz- und Wildbestände gaben, war so gering, daß er kaum die Kosten der Unterhaltung und Verwaltung deckte. Hirsch und Wildschwein in Fülle; doch auf Meilen in der Runde kein Haus und keine Küche, dem mit dem einen oder andern gedient gewesen wäre. »Was tun mit diesem Forst?« so hieß es wieder. Kohlenmeiler und Teeröfen wurden angelegt, aber Teer und Kohle hatten keinen Preis. Die nächste, nachhaltige Hülfe schien endlich die Herrichtung von *Glashütten* bieten zu sollen, und in der Tat es entstanden ihrer verschiedene zu Dagow, Globsow und Stechlin; ein Feuerschein lag bei Nacht und eine Rauchsäule bei Tag über dem Walde; vergeblich; auch der Glashüttenbetrieb vermochte nichts und der Wald bracht es nur spärlich auf seine Kosten.
> Da zuletzt erging Anfrage von der Kammer her an die Menzer Oberförsterei: wie lange die Forst aushalten werde wenn Berlin aus ihm zu brennen und zu heizen anfange? worauf die Oberförsterei mit Stolz antwortete: *»Die Menzer Forst hält alles aus«*. Das war ein schönes Wort, aber doch schöner, als sich mit der Wirklichkeit vertrug. Und das sollte bald erkannt werden. Die betreffende Forstinspektion wurde beim Wort genommen, und siehe, da, ehe dreißig Jahre um waren, war die ganze Menzer Forst durch die Berliner Schornsteine geflogen. Was Teeröfen und Glashütten in alle Ewigkeit hinein nicht vermocht hätten, das hatte die Konsumationskraft einer großen Stadt in weniger als einem Menschenalter geleistet.[37]

8. Kunstfigur – Denkfigur – Handlungsanweisung

Was, nun, ist gewonnen, wenn diese topographische Figur des Poetensteiges, vorbei am Rondell, mit einem Aussichtsturm am Ende, als implizit poetische Figur verstanden worden ist? Zunächst dies: die Konkretisierung einer Beobachtung, die gerade an diesem Roman Fontanes in den letzten Jahren immer wieder gemacht worden ist. Sie verbindet sich, wie Charlotte Jolles mit Recht festgestellt und mit noch größerem Recht moniert hat, mit dem Begriff – wenn es denn einer ist – »schwebend«. Der Ausdruck sei nämlich seinerseits

[37] Fontane, *Wanderungen* (Anm. 14), Bd. 1, S. 347.

»in sich ein so ›schwebender‹ Begriff, der die ganze Problematik der Stechlin-Interpretation aufzeigt, weil er im Grunde jegliche Interpretation unmöglich macht«.[38] In der Tat: Was daran allzu vage als »schwebend« bezeichnet werden konnte, ist gerade das, was an dem Verhältnis von Poetensteig zu Rondell (der an diesem vorbei und nicht in es hineinführt) konkret gemacht wurde.

Darüber hinaus gewinne ich mit dieser Kunstfigur zugleich eine Denkfigur überhaupt; eine im Kunstwerk sinnlich und ästhetisch wahrnehmbare und so vermittelte Denkfigur. Die topographische, als poetisch erkannte Kunstfigur hat deshalb nicht nur ihre Bedeutung für den Roman; sie ist nicht nur immanente Kunstfigur, also für das Werk selbst, sie ist auch – insofern sie Denkfigur ist – für mich, den Leser, von Bedeutung.

Diese Denkfigur ist aber, insofern sie Figur des Denkens und Nachdenkens ist, auch Figur des Handelns – des Handelns für den Leser. Wie die Romanfiguren sich nach dieser Figur richten, so vermag auch der Leser nach dieser Denkfigur zu handeln. Eine solche Denkfigur ist immer zugleich Handlungsanweisung für den, der sie nachdenkt. Der Leser kann nicht dasselbe tun wie Dubslav oder Lorenzen. Aber er kann nach dieser Kunstfigur, entsprechend dieser Denkfigur handeln. Wer der Figur des Poetensteiges folgt, gewinnt – aber eben erst von der Plattform des Aussichtsturmes an seinem Ende – einen neuen Horizont; den der Realität.

Die aus der Topographie abgeleitete Struktur ist insofern eine implizite Poetik, als sich in ihr die Maxime des poetischen Verfahrens enthüllt. Dies, die Kunstfigur, ist aber zugleich eine Denkfigur, die der Leser mit dem Erzähler zu teilen vermag. Wenn der Leser sie sich zu eigen macht, kann er handeln wie der Erzähler. Hier schlägt das formale Phänomen um ins Substantielle; die Theorie in die Praxis. Und man könnte fragen, ob solche topographische Figur nicht zweierlei ist. Ob sie nicht neben ihrer impliziten Poetik – oder vielmehr gerade *in* dieser und *durch* sie – auch so etwas wie eine implizite Handlungsanweisung besitzt. Freilich: Der »Stechlin« ist keine didaktische Dichtung, ist weder eine Gellertsche Fabel noch ein Brechtsches Lehrstück. Trotzdem wird der Leser, wenn er richtig gelesen hat, solcher Aufforderung kaum entgehen. Er partizipiert an dieser Denkfigur, vermag folglich nach ihrem Muster zu denken. Und das hieße doch wohl: mit ihr eine Kunstfigur gewonnen zu haben, die nicht nur anders denken, die auch anders handeln läßt.

---

[38] Charlotte Jolles, *Theodor Fontane*, Stuttgart 1972 (= Sammlung Metzler, Bd. 114), S. 92: »Vincenz spricht von der Gefahr, daß bei einer solchen Interpretation die Linien zu kräftig gezogen werden, ›eine Gefahr, die bei dem im zitternden Spiel der Möglichkeiten schwebenden Leben, das Fontanes Werke bewahren, immer wieder droht‹ [...]. Auch R. Schäfer spricht von den ›Begriffen der Distanz, der Doppelheit, der Mehrdeutigkeit, der schwebenden Mitte‹ und Müller-Seidel von dem eigentümlich Schwebenden, dem Geistigen und Ungegenständlichen der Welt im ›Stechlin‹.«

17. Joseph Roths Roman »Hotel Savoy« (1924) im Kontext der 20er Jahre

1. Inhalt

Ein Rußlandheimkehrer wohnt vorübergehend im Hotel einer osteuropäischen Stadt.[1] Er möchte Geld verdienen, um nach Hause weiterreisen zu können, und macht die merkwürdigsten Bekanntschaften. Den geheimnisvollen Hotelbesitzer – ständig angekündigt und erwartet – bekommt er niemals zu Gesicht. Im Zusammenhang mit einem Arbeiteraufstand brennt das Hotel ab. Der Heimkehrer reist weiter nach Westen. – Die Geschichte selbst, also, wäre schnell erzählt. Denn geschehen tut eigentlich nicht viel. Eher ist der Roman die Darstellung einer Verhinderung: verhinderter Heimkehr, verhinderten Handelns überhaupt und vergeblichen Wartens. Das aber wird äußerst differenziert dargeboten.

Gabriel Dan, das Ich, der Erzähler des Romans, ist der Sohn russischer Juden,[2] aufgewachsen in der Wiener Leopoldstadt. Er kommt aus dem Krieg, man schreibt das Jahr 1919. Dan hat den Feldzug nach Rußland mitgemacht, ist in Gefangenschaft geraten und jetzt wie viele andere Heimkehrer[3] auf dem Weg nach Hause. Aus der Stadt, in der er Station macht, stammt seine Familie. Der Onkel Phöbus Böhlaug mit seiner Frau Regina, Sohn Alexander, Tochter und Schwiegersohn leben noch hier. Dan kommt ohne Gepäck, nur mit einem Koffer im Hotel Savoy an, wo er im sechsten Stock ein Zimmer mietet. Er sucht Kontakt zu seinem Onkel. Reisegeld möchte er von ihm.[4] Er bekommt aber nur einen ausgedienten Anzug; der immerhin stellt einen Fortschritt gegenüber der russischen Bluse und den kurzen Hosen dar, die er trägt. Er trifft seinen Kriegskameraden Zwonimir Pansin wieder, den kroatischen »Revolutionär von Geburt«.[5] Der ist ein Linker und Anarchist, der für

---

[1] »Roths polnischer Freund Jósef Wittlin weiß zu berichten, daß *Hotel Savoy* in Lodz angesiedelt ist, und daß der Autor dabei an das dortige gleichnamige Hotel gedacht hatte. In einer Reportage über diese Stadt, die Roth ein paar Jahre nach der Veröffentlichung des Buches schrieb, erteilt er Auskunft über den Ort, der ihm im Roman zur Kulisse diente« (David Bronsen, *Joseph Roth. Eine Biographie*, Köln 1974, S. 250); folgt: eine Passage aus Joseph Roth, Briefe aus Polen. Russische Überreste. Die Textilindustrie in Lodz, in: *Frankfurter Zeitung* vom 19.7.1928.

[2] Joseph Roth, Hotel Savoy, in: J.R., *Werke*, hrsg. und eingeleitet von Hermann Kesten, Bd. 1, Köln 1975, S. 131.

[3] Vgl. Roth, Hotel Savoy (Anm. 2), S. 198.

[4] Vgl. Roth, Hotel Savoy (Anm. 2), S. 141.

[5] Roth, Hotel Savoy (Anm. 2), S. 173.

die Sache der Arbeiter eintritt.[6] Zwonimir besorgt ihnen beiden eine Beschäftigung.[7]

Das Hotel, in dem Gabriel Dan wohnt, ist siebenstöckig. Unten wohnen die Leute mit Geld. Je weiter man nach oben kommt, desto ärmlicher die Klientel. Der Liftboy Ignatz mit seinen »gelben Bieraugen«[8] ist ein ältlicher Mann.[9] Er ist überall; Dan fühlt sich von ihm beobachtet und verfolgt.[10] Mannigfache Beziehungen knüpfen sich an in dem Hotel, namentlich zwischen den Bewohnern des sechsten und siebenten Stockwerkes; Liebschaften; sämtlich ohne bleibende Bindungen. Geheimnisvoll, wie gesagt, ist es um den Hotelbesitzer Kaleguropulos bestellt. Von ihm unterschrieben, finden sich zwar immer wieder Zettel an den Hoteltüren oder in den Zimmern: Anweisungen und Mitteilungen; er selbst aber tritt nie in Erscheinung. Trotzdem wird er ständig von allen erwartet. Wenn es heißt, Kaleguropulos kommt, wird geputzt, aufgeräumt; das Personal läuft aufgeregt hin und her.

Unten im Hotel ist eine Bar, Treffpunkt der Wohlhabenden und Etablierten: Neuner, der Fabrikant; der Militärarzt; Dans Vetter Alexander; Frau Jetti Kupfer mit ihren Amüsiermädchen. Im Foyer des Hotels wird gewartet. Nicht auf Kaleguropulos, sondern auf Henry Bloomfield, den in Amerika lebenden erfolgreichen Sohn der Stadt, Heinrich Blumenfeld. Er wird für Arbeit sorgen, der Stadt aus der wirtschaftlichen Misere helfen. Als er plötzlich kommt – »in der Nacht um 2 Uhr«, »in seinem amerikanischen Salonauto«[11] »wie ein Nachtangriff«[12] – ist er nur gekommen, um das Grab seines Vaters zu besuchen. Er stellt Gabriel Dan für die Zeit seines Aufenthaltes als Sekretär an, dem das Gehalt später die Weiterreise ermöglichen wird.[13] Bloomfield verabschiedet sich, wie er gekommen ist: »in aller Stille«,[14] »eines Morgens fehlen Bloomfield, Bondy, der Chauffeur und Christoph Kolumbus«, sein Friseur;[15] in dem Moment, nämlich, als die Revolution ausbricht. Die aber hat sich daran entzündet, daß ein etwas angetrunkener Arbeiter den Friseur Kolumbus nicht bezahlt. Der Aufstand nimmt seinen Lauf, das Hotel steht plötzlich in Flammen. Gabriel Dan verliert seinen Freund Zwonimir aus den Augen. In der Dachluke des brennenden »Savoy« erscheint der Kopf von Ignatz und verschwindet wieder. Der »ältliche Liftknabe« kommt in den Flammen um. Ignatz – stellt sich heraus – war »eigentlich« der Hotelbesitzer Kaleguropulos.[16]

---

[6] Vgl. Roth, Hotel Savoy (Anm. 2), S. 154, 167, 175.
[7] Vgl. Roth, Hotel Savoy (Anm. 2), S. 182.
[8] Roth, Hotel Savoy (Anm. 2), S. 164f.
[9] Vgl. Roth, Hotel Savoy (Anm. 2), S. 161.
[10] Vgl. Roth, Hotel Savoy (Anm. 2), S. 137, 147, 160, 164.
[11] Roth, Hotel Savoy (Anm. 2), S. 191.
[12] Roth, Hotel Savoy (Anm. 2), S. 192.
[13] Vgl. Roth, Hotel Savoy (Anm. 2), S. 200f.
[14] Roth, Hotel Savoy (Anm. 2), S. 220.
[15] Vgl. Roth, Hotel Savoy (Anm. 2), S. 219.
[16] Roth, Hotel Savoy (Anm. 2), S. 224.

2. These

Figuren und Begebenheiten dieses Romans sind gekennzeichnet von Unvollständigkeit, Widersprüchlichkeit, Inkonsistenz. Es bauen sich Bedeutungen auf, die nicht einzulösen sind,[17] Bedeutungen, die sich nicht halten lassen; nicht durchgespielte Allusionen bestimmen die Darstellung. Immer wieder zerreißt das Bedeutungsgeflecht. Figuren wie Verhaltensweisen beginnen etwas zu besagen, gehen aber in der aufkeimenden Bedeutung nicht wirklich auf. Darin – so die *These* – repräsentiert der Roman die Brüche und Inkonsistenzen der realen Nachkriegsgesellschaft, in der er spielt und in die hinein er geschrieben ist. Man greift nach dem Alten, ohne es halten zu können, heißt das; folglich wird Restauration nicht gelingen. Die hier angeschlagenen und nicht durchgeführten Themen, die begonnenen, aber nicht fertigen Bilder verweisen auf das Dilemma der Zeit selbst, der 20er Jahre; und sind dort mannigfaltig belegt.

3. Figuren, Strukturen

3.1 Heimkehrer ohne Heimat: Gabriel Dan

Schon an Gabriel Dan, der Hauptfigur, wird deutlich, daß es sich um einen Heimkehrerroman[18] ohne Heimat handelt. Die Leopoldstadt, der Zweite Wiener Bezirk, aus dem Gabriel stammt, ist weit und nur Gegenstand seiner Sehnsucht; der Erzähler wird nie berichten können, daß er dort angekommen ist. Schon in diesem Sinne ist er eine unvollständige Figur; eine, die ihr prätendiertes Telos nicht erreicht. Dieser Heimkehrer, der ein Wanderer sein müßte, wie er von sich selbst sagt,[19] bewegt sich nicht von der Stelle. Er wartet vielmehr; wie alle anderen, deren »Wille, nach Hause zu gehen«, ebenfalls nicht sehr ausgeprägt ist; sie werden lediglich »nach dem Westen gespült wie Fische zu gewissen Jahreszeiten«.[20] Vollständig wird die Figur Gabriel Dan dennoch – vorübergehend; durch sein *alter ego* Zwonimir Pansin, den Kroaten. Der hat alle Eigenschaften, die Dan abgehen.

---

[17] *Ignatz* ist teils Liftknabe, teils ältlich; einerseits ist er Ignatz, andererseits auch wieder Kaleguropulos. – *Dan*, der Held, will nach Westen, nach Hause; bleibt aber da. Er ist als Ich-Erzähler die Hauptfigur; der heimliche Held aber – von Dan bewundert – ist *Zwonimir*. – *Bloomfield* ist Amerikaner, andererseits aber auch Heinrich Blumenfeld aus dem osteuropäischen Städtchen, in dem er das Grab seines Vaters besucht. – Das *Hotel* bietet Geborgenheit und doch hält der Besitzer Kaleguropulos als Ignatz alle in Abhängigkeit. Das Hotel »ist ein reicher Palast und ein Gefängnis« (Roth, Hotel Savoy [Anm. 2], S. 218) zugleich. – Zum Komplex von Allegorie, Symbolik, Zeichen- und Verweisungscharakter vgl. das Kapitel »Das dichterische Bild« in: Fritz Hackert, *Kulturpessimismus und Erzählform. Studien zu Joseph Roths Leben und Werk*, Bern 1967, S. 63ff.; – überhaupt verdanken die folgenden Überlegungen Hackerts Studie zahlreiche Anregungen und Bestätigungen.

[18] Zum Heimkehrerroman nach dem Ersten Weltkrieg vgl. besonders: William Anders, Heimkehrersituation nach Weltkriegen, in: *German Life and Letters* 7/1953/1954, S. 170-79.

[19] Roth, Hotel Savoy (Anm. 2), S. 132.

[20] Roth, Hotel Savoy (Anm. 2), S. 184.

3.2 Agitation mit Untergang: Zwonimir Pansin

Wer ist Zwonimir, wo kommt er her, und was wird aus ihm? – Zwonimir ist ein Heimkehrer wie Gabriel. Sie waren zusammen im Krieg. Jetzt treffen sie sich wieder. Er ist ein starker und gesunder Mensch: »Zwonimir ist der größte und stärkste Mann im Hotel Savoy, er kann Ignatz bequem unter den Arm nehmen«,[21] er ist »gesund bis zur Gottlosigkeit«.[22] Gabriel befürchtet, daß Zwonimir dem Hotel »verfallen« ist, weil auch er seine Miete nicht zahlen kann und weil Ignatz auch ihm, wie allen anderen, die mit ihrer Miete in Verzug sind, die Koffer pfänden wird. Aber: »Das Hotel Savoy ist mir verfallen, Bruder«, gibt er zur Antwort.[23] Zwonimir ist der einzige, der Kaleguropulos, dem Unbekannten, Widerstand entgegensetzt.[24] Er läßt sich nicht treiben, er nimmt die ungerechten sozialen Zustände nicht hin, er handelt. Er spricht mit den Arbeitern und mit den Frauen der Arbeiter; er verhöhnt öffentlich einen Polizisten, duzt ihn und sagt gewagte Dinge zu ihm, so daß die umherstehenden Heimkehrer lachen.[25] Er kann großartig erzählen. Vom Sterben Santschins, eines Hotelbewohners, erzählt er, »als wäre er dabeigewesen. Er hat eine Kraft zu schildern, der Atem des wahrhaftigen Lebens geht von seinen Reden aus. Die Heimkehrer hören zu«.[26] Gewisse Dinge nimmt Zwonimir nicht wahr, oder sie interessieren ihn nicht. Das geheimnisvolle Hotel benutzt er, wie man normalerweise Hotels benutzt: zum Aufenthalt, nicht wie die anderen Bewohner zum Nachdenken darüber, was es mit einem ältlichen Liftknaben oder einem nie in Erscheinung tretenden Besitzer auf sich hat. Er findet, es ist »ein herrliches Hotel« und »fühlt nicht das Geheimnisvolle dieses Hauses, in dem fremde Menschen, nur durch papierdünne Wände und Decken geschieden, nebeneinander leben, essen, hungern«.[27] Er ist, indem sein Verhalten die Erlebnisweise aller anderen Hotelbewohner auf den Kopf stellt und in ihr Gegenteil verkehrt, der eigentliche Held des Romans. Das Hotel ist ihm verfallen, wie es heißt, nicht umgekehrt.[28]

Zwonimir ist der Gegenentwurf zum Heimkehrer, der nur nach dem Westen will, dorthin »ausgespuckt«[29] ist. Er, Zwonimir, tut etwas, und zwar dort, wo er ist; er ist Agitator;[30] er übernimmt schließlich das Kommando über die Arbeiter.[31] »Zwonimir vergrößerte die Unruhe«[32] und sagt schließ-

[21] Roth, Hotel Savoy (Anm. 2), S. 181.
[22] Roth, Hotel Savoy (Anm. 2), S. 182; – vgl. auch: »Er hat eine gesunde Konstitution, geht spät schlafen und erwacht mit dem Morgenwind. Bauernblut rollt in seinem Körper« (Roth, Hotel Savoy [Anm. 2], S. 176).
[23] Roth, Hotel Savoy (Anm. 2), S. 182.
[24] Vgl. Roth, Hotel Savoy (Anm. 2), S. 180f.
[25] Vgl. Roth, Hotel Savoy (Anm. 2), S. 187.
[26] Roth, Hotel Savoy (Anm. 2), S. 186.
[27] Roth, Hotel Savoy (Anm. 2), S. 181.
[28] Vgl. Roth, Hotel Savoy (Anm. 2), S. 182f.
[29] Roth, Hotel Savoy (Anm. 2), S. 185.
[30] Vgl. Roth, Hotel Savoy (Anm. 2), S. 175.
[31] Vgl. Roth, Hotel Savoy (Anm. 2), S. 182f.
[32] Roth, Hotel Savoy (Anm. 2), S. 188.

lich nur: »Die Revolution ist da«[33] – nur er kann diese Feststellung treffen. Er als einziger durchschaut alles.[34] Aber selbst Zwonimir wird nicht mehr erreichen, als daß ein Hotel brennt, ein Aufstand einen ungewissen Ausgang nimmt und daß er selbst dabei auf der Strecke bleibt.

3.3 Die ungleichen Brüder als Romanheld: Gabriel Dan und Zwonimir Pansin

Zwonimir ist das Gegenstück zu Gabriel: Dan ist ein Egoist,[35] Zwonimir ist für alle da;[36] Dan hat Angst vor Ignatz,[37] Zwonimir »wundert« sich nicht einmal über ihn;[38] Dan will weiter, Zwonimir will dableiben[39] usw.

Ihre Konsistenz, wie gesagt, gewinnt die Figur Gabriel Dans durch den Konterpart, den Zwonimir in dem Roman spielt. Erst durch ihn, der handelt und nicht nachdenkt, der Glück bei Frauen hat und nicht schüchtern ist, der handelt und nicht resigniert, der etwas tut und nicht einfach abwartet: Erst durch diesen ungleichen Bruder wird die Figur Dans vollständig. Der Held des Romans ist, könnte man sagen, nicht Gabriel Dan, der alles erzählt, nicht Zwonimir; der Held: Das sind zwei, die ungleichen Brüder Gabriel Dan und Zwonimir zusammen.

Was sich in dieser Doppelkonstellation gewissermaßen positiv präsentiert, hat sein negatives Pendant in Ignatz und Kaleguropulos. Sie stellen die Hohlform zu Gabriel Dan und Zwonimir Pansin dar. Sie gehören zusammen wie konvex und konkav. Beide Paare sind aufeinander beziehbar und auch wieder nicht. Während Dan nur ganz dort er selbst ist, wo er Zwonimir neben sich hat, sind Ignatz und Kaleguropulos stets strikt voneinander getrennt, haben nach außen nichts miteinander zu tun. Erst in einem der allerletzten Sätze des Romans werden sie zusammengeführt: »Wissen sie, daß Ignatz eigentlich Kaleguropulos war?«[40] Ja, Ignatz darf in der Logik des Romans bis dahin gar nicht der Hotelbesitzer sein; denn wie sollte er sonst der Liftboy sein? Und Kaleguropulos darf nicht Ignatz sein, um die alles

---

[33] Roth, Hotel Savoy (Anm. 2), S. 218.

[34] »›Das Hotel Savoy‹, sagt Zwonimir zu den Heimkehrern, ›ist ein reicher Palast und ein Gefängnis‹. Unten wohnen in schönen, weiten Zimmern die Reichen, die Freunde Neuners, des Fabrikanten, oben die armen Hunde, die ihre Zimmer nicht bezahlen können und Ignatz die Koffer verpfänden. Den Besitzer des Hotels, er ist ein Grieche, kennt niemand, auch wir beide nicht [d.h. er und Gabriel Dan], und wir sind doch gescheite Leute [...]. Diese Stadt ist ein Grab der armen Leute« (Roth, Hotel Savoy [Anm. 2], S. 218).

[35] Vgl. Roth, Hotel Savoy (Anm. 2), S. 175.

[36] Vgl. Roth, Hotel Savoy (Anm. 2), S. 176.

[37] Vgl. Roth, Hotel Savoy (Anm. 2), S. 137, 147, 160, 164.

[38] Vgl. Roth, Hotel Savoy (Anm. 2), S. 177.

[39] »Zwonimir wollte nicht weitergehen. Er wollte hierbleiben; – Ihm gefiel der Streik« (Roth, Hotel Savoy [Anm. 2], S. 175); Zwonimir, sagt der Erzähler, »vergaß diese Dinge leicht, mich aber ließ das Geheimnis des Kaleguropulos nicht ruhen« (Roth, Hotel Savoy [Anm. 2], S. 180); – auch Wolfgang Müller-Funk spricht in seinem Autorenbuch von Zwonimir als dem »ungleichen Bruder« (Wolfgang Müller-Funk, *Joseph Roth*, München 1989, S. 48).

[40] Roth, Hotel Savoy (Anm. 2), S. 224.

bedrohende Anonymität zu behalten, durch die allein er definiert ist. – Die Figur Ignatz weist noch andere Inkonsistenzen auf. So folgt ihre Konstruktion dem Schema des *puer senex* (freilich in ihrer Groteskform), wenn der Liftboy als ältlicher Knabe[41] vorgeführt wird.

3.4 Psychopompos und Hades in einem: Ignatz und Kaleguropulos

Das alles mag noch im klassischen Schema der ›verkehrten Welt‹ vorläufig aufgehen. Ignatz sind aber Qualitäten zugeordnet, die nicht einfach widersprüchlich sind und damit einem literarischen Typus und Topos gehorchen könnten. Vielmehr spielen auch Allusionen eine Rolle, deren Zeichnung nicht durchgezogen ist und die deshalb unvollständig sind. So hat Ignatz, wie es dem Erzähler Gabriel Dan erscheinen will, die Funktion, die Seelen zu begleiten. Für ihn ist er geradezu der Tod: »In diesem Augenblick ist es mir, als hätte der Tod die Gestalt des alten Liftknaben angenommen und stünde nun hier und warte auf eine Seele«,[42] »Tod und Liftknabe« in einem sei er.[43] Tod und Hermes Psychopompos ist nicht gerade dasselbe; aber eben darin präsentiert sich die Inkonsistenz der Figur. Ähnlich, wenn davon die Rede ist, daß Kaleguropulos der Unsichtbare ist, den niemand kennt: Die Anspielung auf Hades (zu deutsch: der Unsichtbare) ist offensichtlich.[44] – Wie gesagt, die Figuren Ignatz und Kaleguropulos gehen in dieser Funktion nicht auf. Aber angedeutet wird, daß sie in dieser Richtung zu verstehen sind. Die Omnipräsenz des Unsichtbaren, des Besitzers, dessen Kommen sich stets ankündigt, aber nie Wirklichkeit wird, nimmt sich aus wie eine Passage aus Kafkas Romanen, aus »Prozeß« und »Schloß«. Vollends dann, wenn der Erzähler sich ständig beobachtet fühlt.[45] Wie die anonyme Allgegenwart des

---

[41] Vgl. Roth, Hotel Savoy (Anm. 2), S. 168.

[42] Roth, Hotel Savoy (Anm. 2), S. 161.

[43] Roth, Hotel Savoy (Anm. 2), S. 164.

[44] »Da war Ignatz, der alte Liftknabe, mit höhnischen, biergelben Augen [...]. Da war Kaleguropulos – gewiß der Übelsten einer – den kannte ich noch nicht, den kannte niemand. – Dieses einzigen Kaleguropulos wegen hätte sich gelohnt, hierzubleiben – Geheimnisse haben mich immer gelockt und es ergab sich bei längerem Aufenthalt gewiß Gelegenheit, Kaleguropulos, dem Unsichtbaren, auf die Spur zu kommen« (Roth, Hotel Savoy [Anm. 2], S. 168); – zu »Hades« als »unsichtbar, unsichtbar machend« vgl. Hertha Sauer, in: *Der Kleine Pauly. Lexikon der Antike*, hrsg. von Konrat Ziegler/Walther Sontheimer, Bd. 2, München 1979, S. 903ff.

[45] »Ich wollte gerade die Stiege hinuntergehen, da hielt knarrend der Fahrstuhl, die Tür ging auf, der Liftmensch warf einen verwunderten Blick auf mich und ließ ein Mädchen aussteigen. [...] Ich grüßte und schritt die Stiege hinunter. Etwas zwang mich, vom letzten Treppenabsatz wieder aufzublicken, da glaubte ich, die biergelben Augen des Liftboys vom Treppengeländer her auf mich gerichtet zu sehen« (Roth, Hotel Savoy [Anm. 2], S. 137). »Ich öffnete die Tür meines Zimmers und glaubte noch einmal, wie gestern, einen huschenden Schatten zu sehen« (S. 147); »wir [Stasia und ich] sprachen kein Wort mehr, bis wir mit Ignatz im Fahrstuhl sitzen. Da schämen wir uns vor seinem Kontrollblick und reden Gleichgültiges« (S. 160); »Ignatz [...] – war er der Tod, oder war er nur ein alter Liftknabe? Was glotzte er mit seinen gelben Bieraugen?« (S. 164). Wolfgang Müller-Funk spricht im Hinblick auf »Hotel Savoy« von »Wahlverwandtschaften mit dem Werk Kafkas« (Müller-Funk, *Roth* [Anm. 39], S. 42f.; vgl. auch S. 45f.).

Unsichtbaren und Unbekannten an Kafka erinnert, so das Sich-Beobachtet-Fühlen an Hofmannsthals »Märchen der 672. Nacht«, wo der Kaufmannssohn Entsprechendes erlebt.

3.5 Eine Art falscher Messias: Bloomfield

Die Unvollständigkeit der Allusionen findet ihre stärkste Ausprägung in der Figur Bloomfields.[46] Alles deutet darauf hin, daß diesem Bloomfield in der Art und Weise, wie er erwartet wird, messianische Qualitäten zukommen, und das in einer merkwürdigen Mischung jüdischer[47] Messiaserwartung und christlicher[48] Eschatologie. Die Plötzlichkeit seines Erscheinens, sein *exaiphnes*-Charakter (»Plötzlich war Bloomfield da«),[49] sein Kommen mitten in der Nacht[50] sind deutliche Hinweise. Bloomfield wird von allen erwartet: »nicht nur im Hotel Savoy. In der ganzen Stadt wartete man auf Bloomfield.«[51] Alle Begleitumstände deuten auf das Besondere und Außergewöhn-

---

[46] »Bloomfield, Henry Bloomfield, kam in der Nacht um 2 Uhr im Hotel Savoy an [...]. Die Normaluhr in der Portierloge zeigt drei Minuten vor zwei. In diesem Augenblick fährt ein Kreischen durch die Luft, es ist, als ob die ganze Stadt auf einmal aufschreien würde. Einmal und noch einmal und zum drittenmal kreischt es. Schon flitzt da und dort ein Fenster auf, zwei Stimmen sprechen. Ein Dröhnen erschüttert das Holzpflaster, auf dem wir stehen. Ein weißer Schein erfüllt die Gasse, es ist, als ob ein Stück des Mondes in die schmale Gasse gefallen wäre. Der weiße Schein kam von einer Laterne, einer Blendlaterne, einem Scheinwerfer: dem Scheinwerfer Bloomfields« (Roth, Hotel Savoy [Anm. 2], S. 191f.).

[47] Vgl. Talmud, Megilla 29a: »*Dann kehrt der Herr wieder mit Deiner Wiederkehr; ›Dann läßt er wiederkehren‹* heißt es nicht, sondern: *Dann kehrt er wieder*. Das lehrt, daß der Heilige, gelobt sei er, mit ihnen aus den Verbannungen wiederkehrt« (zit. nach: *Der Babylonische Talmud*, ausgewählt, übers. und erklärt von Reinhold Mayer, München 1965, S. 553); – vgl. auch für die chassidische Tradition Israel ben Elieser, »Vor dem Kommen des Messias«: »Der Baalschem sprach: ›Vor dem Kommen des Messias wird eine gewaltige Fülle in der Welt sein. Die Juden werden reich werden. Sie werden sich gewöhnen, ihr Haus mit großem Aufwand zu führen, und werden die Genügsamkeit von sich werfen. Dann werden böse Jahre kommen, Mangel und karger Erwerb; es wird die Armut über die Welt kommen. Die Juden werden ihr unmäßig gewachsenes Bedürfen nicht stillen können. So werden die Wehen des Messias beginnen.‹« (Israel ben Elieser, Der Baalschem-tow. Vor dem Kommen des Messias, in: Martin Buber [Hrsg.], *Die Erzählungen der Chassidim*, Zürich 1949, S. 171f.). – Auf den Zusammenhang des Romans »Hotel Savoy« mit dem Chassidismus, der Roth seit seiner Kindheit vertraut war, hat Bronsen (*Roth* [Anm. 1], S. 256f.) hingewiesen.

[48] Vgl. auch 1. Thess. 5, 2: »Denn ihr selbst wisset gewiß, daß der Tag des Herrn kommen wird wie der Dieb in der Nacht«; vgl. auch: Apokalypse 3, 3; 16, 15; Matth. 24, 36 u. 42-44.

[49] Roth, Hotel Savoy (Anm. 2), S. 191.

[50] »So kam also Bloomfield, wie ein Nachtangriff. Der Scheinwerfer erinnerte mich an den Krieg, ich dachte an ›feindliche Flieger‹. Es war ein großes Auto. Der Chauffeur [...] sah aus wie ein Wesen aus einer fremden Welt« (Roth, Hotel Savoy [Anm. 2], S. 191f.).

[51] »Im Judenviertel erwartete man ihn, man hielt mit den Devisen zurück, das Geschäft war flau. Man hoffte auf ihn in den oberen Stockwerken des Hotels, [...] auch in der Armenküche sprach die Welt von Bloomfield. Wenn er kam, bewilligte er alle Forderungen, die Erde bekam ein neues Gesicht [...]. Man erwartet Bloomfield überall: im Waisenhaus ist ein Schornstein eingestürzt, man richtet ihn nicht, weil Bloomfield jedes Jahr etwas für das Waisenhaus gibt. Kranke Juden gehen nicht zum Arzt, weil Bloomfield die Rechnung bezahlen soll. [...] Die ganze Welt wartet auf Bloomfield. Man wartet mit dem Versetzen des Bettzeugs, mit Anleihen auf Häuser, mit Hochzeiten. [...] Es ist eine große Spannung in der Luft« (Roth, Hotel Savoy [Anm. 2], S. 189f.).

liche. Dan scheint das Hotel am nächsten Morgen völlig verändert: »Etwas Feiertägliches liegt in der Luft. Wenn Glocken läuten würden, wäre es selbstverständlich [...]. Wenn plötzlich jemand mich beschenkte – es wäre nichts Ungewöhnliches. An solchen Tagen muß man beschenkt werden«.[52] Auch er hat einen Vorteil von diesem Messias: Er bekommt eine Anstellung als zeitweiliger Sekretär Bloomfields und beschreibt sich und seine Tätigkeit prompt *secundum ordinem*: »Ich saß im Vorhof des lieben Gottes Henry Bloomfield und registrierte Gebete und Wünsche seiner kleinen Menschen«.[53] Zugleich aber hält dieser Messias nicht, was man sich von ihm versprochen hat.[54] Er ist ein falscher Messias. Bloomfield wird wie ein Messias erwartet, und vieles deutet darauf hin, daß er wirklich in diesem Sinne der Messias ist; aber plötzlich ist er bei Nacht genauso schnell und still verschwunden, wie er gekommen ist. Er hat Angst vor den Arbeiterunruhen und reist ab.[55]

Die Beschreibung seiner Abreise versieht die seiner Ankunft einfach mit negativen Vorzeichen: »In aller Stille ist Henry Bloomfield geflüchtet. Mit abgeblendeten Scheinwerfern, auf lautlosen Rädern, ohne Hupenschrei im Dunkel der Nacht floh Bloomfield vor dem Typhus, vor der Revolution«.[56]

Die Zeichnung der Figur Bloomfield, alludierend auf den Messias und wiederkehrenden Christus bezogen, verlischt plötzlich. Übrig bleibt ein Amerikaner gewordener galizischer Jude, der noch einmal das Grab seines Vaters hat besuchen wollen, der gar kein Interesse an den hier zurückgebliebenen ›Juden und Judengenossen‹ hat, dem die Fabriken von Herrn Neuner genauso gleichgültig sind wie die kleinen Devisenhändler. – Die Bildlichkeit – mit viel Raffinement zusammengesetzt – fällt in sich zusammen angesichts der Realitäten, die stärker sind: ein Arbeiteraufstand hier und eine sichere Existenz in Amerika dort. Es ist, als zerbreche der Wille zur Metapher an den Sachen, für die sie zu stehen hätte.

Diese Allusionen, die nicht aufgehen, die nicht durchgehalten werden können und sollen, haben auch eine komische Seite: sind auch Parodie, Persiflage, Travestie. Aber das ist nicht in solcher Explizitheit durchformuliert, daß es dazu wirklich kommt. Auch ist der Tenor, in dem die Leidens- und Erleidensgeschichte des Kriegsheimkehrers Gabriel Dan erzählt wird, zu resignativ, melancholisch und dunkel, um Komik wirklich aufkommen zu lassen; selbst dort, wo ihr durch die Beziehung von Zwonimir Pansin vor-

---

[52] Roth, Hotel Savoy (Anm. 2), S. 194.

[53] Roth, Hotel Savoy (Anm. 2), S. 202.

[54] »Bloomfield hatte viele enttäuscht. Die Leute wurden ihre Devisen nicht los, das Geschäft ging genauso weiter, als wäre Bloomfield aus Amerika gar nicht gekommen. [...] Ich verstand nicht, wozu Henry Bloomfield eigentlich gekommen war« (Roth, Hotel Savoy [Anm. 2], S. 205); – oder: »Bloomfield [...] ist ein Mann des Tages und der Wirklichkeit, und er vergißt sich nur einmal im Jahre« (S. 209) und kommt in seine Heimatstadt.

[55] »Eines Morgens fehlen Bloomfield, Bondy, der Chauffeur und Christoph Kolumbus« (Roth, Hotel Savoy [Anm. 2], S. 219).

[56] Roth, Hotel Savoy (Anm. 2), S. 220.

übergehend Lichter aufgesetzt werden. Und selbst Zwonimir, der Originelle, in Grenzen Lebenslustige und Aktive – oder gerade er – kommt um.

Für manche *andere Figuren* des Romans, die nicht so sehr im Mittelpunkt stehen wie die genannten, gilt ähnliches. Sie haben beispielsweise einen sprechenden Namen, natürlich einen pervertierten. Da ist der junge Böhlaug – »Alexanderl«, ein Geck –, der sich für einen Weiberhelden, in Analogie zu seinem großen Namensgeber für einen ›Eroberer‹ auf seine Weise hält[57] und »spitze Stiefel« trägt.[58] Oder Christoph Kolumbus, Bloomfields mitgebrachter Friseur, ein Amerika-Entdecker *perversitate generis*, der in falscher Richtung reist und noch dazu immer zu spät kommt: »Er gehörte zum Gepäck Bloomfields und kam nur als Nachsendung«.[59]

3.6 Aufenthalt auf der Simultanbühne: Das Hotel

Roths Roman stellt den Versuch dar, die Probleme der Zeit im Bild des Hotels gleichsam auf eine Simultanbühne zu bringen. Das Hotel erscheint im Aufriß. Darin durchaus einigen Versuchen dieser Art im 19. Jahrhundert ähnlich: Nestroys »Zu ebener Erde und erster Stock oder die Launen des Glückes« (Uraufführung 24.11.1835) oder »Das Haus der Temperamente« (Uraufführung 16.5.1837);[60] auch Gutzkows Konzept des »Romans des Nebeneinander« gehört hierher. In seinem Roman »Die Ritter vom Geiste« macht er 1850 den Versuch, das notwendige Nacheinander des traditionellen Romans in einer Technik der Simultandarstellung aufzuheben.[61] Besonders ausgeprägt ist jenes Simultankonzept dann im Drama der 20er Jahre unseres Jahrhunderts: in Ferdinand Bruckners Drama »Die Verbrecher« (1929), wo das Mietshaus ähnlich wie in »Hotel Savoy« in drei Stockwerken sieben Wohnungen zeigt; oder auch in seinem Drama »Elisabeth von England« (1930), wo sich Spanien und England auf verschiedenen Abteilungen einer Bühne gegenüberstehen. Es ist bezeichnend, daß noch Tankred Dorst sich

---

57 Vgl. Roth, Hotel Savoy (Anm. 2), S. 171.

58 Roth, Hotel Savoy (Anm. 2), S. 179.

59 Roth, Hotel Savoy (Anm. 2), S. 198.

60 Franz H. Mautner hat die Abschnitte seiner Interpretationen dieser beiden Possen zutreffend mit »Das paradigmatische Gesellschaftsbild« und »Das anthropologische Schaustück« überschrieben. Beides paßt aufs beste zu Roths Roman (Franz H. Mautner, *Nestroy*, Heidelberg 1974, S. 199ff. u. 212ff.).

61 Der Roman selbst ist so gut wie mißlungen- Interessanter ist für unseren Zusammenhang die Konzeption des »Romans des Nebeneinander«, entworfen in dem zu den verschiedenen Auflagen immer wieder abgedruckten Vorwort. Denn dort wird u.a. im Bild des Aufrisses – am Beispiel von »Durchschnittszeichnungen eines Bergwerkes, eines Kriegsschiffes, einer Fabrik« – Gleichzeitigkeit als Darstellungsprinzip in Intention und Wirkung vorgeführt (Karl Gutzkow, Vom deutschen Parnass II, in: *Unterhaltungen am häuslichen Herd* 2/1854, Nr. 18, S. 288). Nicht von ungefähr findet Gutzkows Konzept seine Nachfolger erst im 20. Jahrhundert – und dort dann allerdings in höchstem Maße gelungen – in den Romanen von Döblin, Dos Passos und Joyce. Für die Bühne war das, wie Nestroy beweist, geeigneter.

1968 einer Simultanbühne bedient, als er seinen »Toller« in der Zeit der Münchner Räterepublik ansiedelt.[62]

Der Aufrißcharakter im Sinne einer architektonischen Zeichnung fällt bei der Lektüre von Roths Roman immer wieder ins Auge: die ständige Verfügbarkeit aller Stockwerke des Hotels, die offenen Zimmertüren, der auf- und abfahrende Fahrstuhl, nicht zuletzt die geradezu durchsichtig und papieren scheinenden Decken und Wände.[63] Die so dargestellte Simultaneität, die vom Leser in direkter Aufsicht einer Querschnittszeichnung wahrgenommen werden kann, täuscht eine Gleichartigkeit und Gleichbehandlung der einzelnen Stockwerke vor, die es gerade nicht gibt: Denn die sozialen Unterschiede zwischen den Bewohnern der oberen und unteren Stockwerke sind offensichtlich. Folgt Nestroys Bühnenaufbau noch dem sozialgeschichtlich vorgegebenen Schema, daß die ›besseren‹ Herrschaften oben, die ›einfachen‹ Leute aber unten wohnen – wie in jedem Wohnhaus der Zeit –, so ermöglicht das Hotel als ›Bühnenanweisung‹ für den Roman gerade den Eindruck scheinhafter Umkehr der Verhältnisse. Das Bild eines umgekehrten Sozialgefälles (hier sind die Armen oben und die Reichen unten) reiht sich mühelos in die übrigen Widersprüchlichkeiten des Romans. Es korrespondiert mit der Tatsache, daß das Hotel eine Bleibe und doch keine Bleibe ist; daß Bloomfield in den Augen derer, die ihn erwarten, etwas Messianisches an sich hat; und daß er zugleich der falsche Messias, oder der Antichrist, ist; daß die Utopie ›Amerika‹ keine ist; daß der Friseur Christoph Kolumbus in die falsche Richtung reist usw.

3.7 Die abstrakte Utopie: Amerika

Amerika, das ferne Ziel, das Land, aus dem Bloomfield als Quasi-Messias zurückkehrt: Zwominir bringt es als erster ins Spiel.[64] Für ihn hat es den Charakter einer völlig abstrakten, aber deshalb auch nicht mißbrauchten und abgenutzten, wenngleich privatisierten Utopie. Bei ihm verkommt es zur Benennung des Besten und Passendsten, was er sich vorstellen kann; zu einer Interjektion des Gefallens: »Er liebte Amerika. Wenn eine Menage gut war, sagte er: Amerika! Wenn eine Stellung schön ausgebaut war, sagte er: Amerika! Von einem ›feinen‹ Oberleutnant sagte er: Amerika. Und weil ich gut schoß, nannte er meine Treffer: Amerika«.[65]

---

[62] »Kein Bühnenbild. Alle Szenen sollen ineinander übergehen; einige müssen simultan gespielt werden können. Das Ganze als Revue. Mehrere Spielflächen: *unten* die Hauptbühne, darüber *oben* eine Art Galerie; *rechts* und *links* erhöht kleinere Seitenbühnen. Licht wie im Zirkus: Spotlights auf den jeweils bespielten Flächen« (Tankred Dorst, *Toller*, Frankfurt/Main 1968, S. 6).

[63] Vgl. Roth, Hotel Savoy (Anm. 2), S. 138, 181.

[64] Roth, Hotel Savoy (Anm. 2), S. 174.

[65] Roth, Hotel Savoy (Anm. 2), S. 174; – vgl. auch: »Eine solche Amerikasache« (S. 177); »die Heimkehrer essen in der Armenküche und Zwonimir auch. Er sagt, das Essen schmecke ihm. [...] ›Amerika!‹ sagt Zwonimir« (S. 186).

Nicht unwichtig, daß das letzte Wort des Romans »Amerika« lautet; und daß es in seinem letzten Satz gleich zweimal vorkommt. Als die Heimkehrer sich schließlich nach dem Brand des Hotels in Richtung Westen in Bewegung setzen, fahren Abel Glanz und der Erzähler »in einem langsamen Zug mit südslawischen Heimkehrern«;[66] nur der Südslawe Zwonimir Pansin, der Kroate, ist nicht dabei. Aber seine abstrakte, nie eingeholte, nie konkret gewordene Utopie, die sich paradox genug deshalb, wie gesagt, auch nicht abnutzen und mißbrauchen ließ, leuchtet im letzten Satz noch einmal auf: Als Abel Glanz von seinem Onkel in New York träumt, sagt sich der Erzähler: »Amerika, denke ich, hätte Zwonimir gesagt, nur: Amerika.«[67]

4. Kontext

Der Roman ließe sich deuten als das Sinnbild mißlingender Heimkehr. Im Bild des Hotels erscheint das Hindernis, das sich der Rückkehr entgegenstellt. Es ist die scheinbare Zuflucht; das Eiland, auf das die Gestrandeten sich nur vorübergehend haben retten können. Die anfänglich geradezu als Idylle,[68] als »wiedergefundene Heimat«[69] erlebte Geborgenheit geht in den Flammen der Revolution auf. Das Hotel versagt als Zufluchtsort angesichts der neuen politischen Entwicklung. Was bleibt, ist die Utopie ›Amerika‹; die aber ist bereits zur bloßen Interjektion verkommen. Der Roman exerziert vielmehr – gegen solche Deutung – das Mißlingen metaphorischen Verfahrens allein so durch, daß er den zerbrechenden und zerbrochenen Metaphern und Allusionen erliegt, die er vorfindet. Das verweist seine Deutung an den Kontext der Zeit, auf den die Stichworte sie wie von selbst bringen.

4.1 »Seelische Müdigkeit« und »innere Kriegsverletzung«

Kurt Pinthus hat 1929, als es darum ging, die Summe aus der Diskussion um die sogenannte ›Neue Sachlichkeit‹ zu ziehen, ein »Nichtmehrwissenwollen vom Krieg« für die literarische Situation der vorangehenden Jahre verantwortlich gemacht[70] und eine »männliche Literatur« gefordert. Dem ist Béla Balázs in der »Weltbühne« u.d.T. »Männlich oder Kriegsblind?« vehement entgegengetreten, hat von der »Literatur einer Resignation« gesprochen und deren Ursprung in jener »seelischen Müdigkeit« gesehen, die geradezu eine »innere Kriegsverletzung« darstelle.[71] Mit dieser Formulierung ist denn auch

---

[66] Roth, Hotel Savoy (Anm. 2), S. 224.
[67] Roth, Hotel Savoy (Anm. 2), S. 224.
[68] Vgl. Roth, Hotel Savoy (Anm. 2), S. 131f.
[69] Roth, Hotel Savoy (Anm. 2), S. 174.
[70] Kurt Pinthus, Männliche Literatur, in: *Das Tagebuch* 10/1929, S. 903-911; zit. nach: *Weimarer Republik. Manifeste und Dokumente zur deutschen Literatur 1918-1933*, hrsg. von Anton Kaes, Stuttgart 1983, S. 330.
[71] Béla Balász, Männlich oder Kriegsblind?, in: *Die Weltbühne* 25/1929, S. 966-971; zit. nach: *Weimarer Republik* (Anm. 70), S. 33ff. Es handle sich um »die Literatur einer seelischen

das Phänomen Resignation für die literarische Diskussion nicht nur der späten 20er Jahre genau beschrieben. Es bezeichnet exakt die Grundstimmung von Roths Roman. – In sein begriffliches Umfeld gehört die Langeweile, die für Yvan Goll bereits Anfang 1922 unausweichlich ist. Am Beispiel des zeitgenössischen Dramas – u.d.T. »Es gibt kein Drama mehr!« – konstatiert er, daß es in der Realität keine Konflikte und folglich in der Literatur kein Drama mehr gebe. Der Tod sei »der letzte Kitzel, der unsere Langeweile noch etwas begeistern« könne.[72] Roths Roman greift also mit seiner resignativen Grundstimmung ein für die Zeit höchst alltägliches Phänomen auf und stellt schon darin die Zeitgenossenschaft her.

4.2 »Gepflegter Prunk der Oberfläche« und »Tiefe des Simultanen«

Literarisch interessanter aber noch ist, was der Roman im Hinblick auf den zeitgenössischen Kontext unter dem Bild von Hotel und Wartesaal präsentiert. »Wie die Welt«[73] sei dieses Savoy, heißt es. Und in der Tat: Seine Beschreibung gerade an dieser Stelle ist im Sinne von Kracauers »gepflegtem *Prunk der Oberfläche*« das Bild einer genauen Bestandsaufnahme der sozialen, besser: psychosozialen Verhältnisse der Zeit; eben die verbergen sich dahinter:

> Wie die Welt war dieses Hotel Savoy, mächtigen Glanz strahlte es nach außen, Pracht sprühte aus sieben Stockwerken, aber Armut wohnte drin in Gottesnähe, was oben stand, lag unten, begraben in luftigen Gräbern, und die Gräber schichteten sich auf den behaglichen Zimmern der Schatten, die unten saßen, in Ruhe und Wohligkeit, unbeschwert von den leichtgezimmerten Särgen. Ich gehöre zu den hoch Begrabenen.[74]

Kracauer spricht von den Berliner Lichtspielhäusern; aber als Vergleich liegt ihm der des Hotels am nächsten: Die Kinos nämlich seien »wie die Hotelhallen Kultstätten des Vergnügens [...]«.[75] Umgekehrt entspricht der Puppenhauscharakter von Roths Hotel (nach vorn offen, seine flächige Simultaneität) genau dem von Kracauer konstatierten Oberflächenphänomen.

Otto Flake hat 1919 im Vorwort zu seinem Roman »Die Stadt des Hirns« geradezu von der »geöffneten Tiefe des Simultanen« gesprochen, aus der die zeitgenössische Lyrik quelle, und Simultaneität auch für den modernen Ro-

---

Müdigkeit. Diese Müdigkeit aber ist die innere Kriegsverletzung einer Generation, die damals mit falschen Jünglingsschwärmereien in den Krieg zog und die dort den Glauben an jeden Glauben verloren hat. Es ist die Literatur einer Generation von seelisch Kriegsbeschädigten, die jetzt zu schreiben beginnen«.

[72] Yvan Goll, Es gibt kein Drama mehr!, in: *Die Neue Schaubühne* 4/1922, S. 18; zit. nach: *Weimarer Republik* (Anm. 70), S. 396.

[73] Roth, Hotel Savoy (Anm. 2), S. 150.

[74] Roth, Hotel Savoy (Anm. 2), S. 150.

[75] Siegfried Kracauer, Kult der Zerstreuung. Über die großen Lichtspielhäuser, in: *Frankfurter Zeitung* vom 4. März 1926; zit. nach: *Weimarer Republik* (Anm. 70), S. 248.

man gefordert. Wörtlich – *ex negatione* – schließt er an Gutzkows Forderung des »Romans des Nebeneinander« an.[76] Roths Roman liest sich wie das zeitgenössische Exempel dazu. Flakes Feststellung, »Sinn« liege für den zeitgenössischen Roman »nicht in den Erscheinungen«, vielmehr im Typus »Wanderer«, liest sich wie die antizipierende Rechtfertigung jenes Typus Heimkehrer, der in Roths Roman beschrieben wird; dessen also, als den der Erzähler Gabriel Dan sich selbst und seine Heimkehrergenossen begreift. – Fast unnötig, noch auf Stefan Zweigs Feststellung einer allgemeinen »Monotonisierung der Welt« als des »entscheidendsten Phänomens unserer Zeit« – 1925 – hinzuweisen.[77] Ihre Symptome sieht er besonders in Tanz, Mode, Kino und Radio ausgeprägt. Simultaneität, für unseren Zusammenhang in der Fassade des Hotel Savoy begriffen, hat sein Pendant in Zweigs Konstatierung der »Gleichzeitigkeit«, die das Charakteristikum aller dieser Erscheinungen sei. Auch bei ihm findet sich das Stichwort Langeweile. Sie entspreche geradezu den geheimsten Wünschen der Zeitgenossen: »Wenn die Menschheit sich jetzt zunehmend verlangweilt und monotonisiert, so geschieht ihr eigentlich nichts anderes als was sie selbst im Innersten will«.[78]

Entscheidend für Roths Roman war die Tatsache, daß seine Figuren sämtlich warten; warten darauf, daß es weitergeht, besser wird, oder Bloomfield kommt, der die Situation mit einem Schlag verändert. Zwei Hinweise auf den literarischen Kontext mögen in diesem Zusammenhang genügen. Lion Feuchtwanger hat seine große, zwischen 1927 und 1939 geschriebene Romantrilogie »Der Wartesaal« genannt und damit noch *ex post* der Epoche zusammenfassend eine Bezeichnung beigelegt, für die sie bei sich selbst die Belege findet.[79] »Warten können, das ist alles«, sagt Ringseis zu Sepp Trautwein;[80] die »Sinfonie ›Der Wartesaal‹, die ihn berühmt machen sollte«,[81] ist aus der »Idee« hervorgegangen, ein Oratorium im Anschluß an Dantes »Inferno« zu schreiben; »denn der Wartesaal war nichts anderes als das Inferno,

[76] »Der neue Roman wird möglich sein«, schreibt er, »durch Vereinigung von Abstraktion, Simultanität, Unbürgerlichkeit. Es fallen fort konkrete Erzählung, Ordnung des Nacheinander, bürgerliche Probleme, erobertes Mädchen, Scheidungsgeschichte, Schilderung des Milieus, Landschaftsbeschreibung, Sentiment« (Otto Flake, Vorwort zum neuen Roman, in: *Die neue Bücherschau* 1/1919, S. 8-9; zit. nach: *Weimarer Republik* [Anm. 70], S. 376).

[77] Stefan Zweig, Die Monotonisierung der Welt, in: *Berliner Börsen-Courier* vom 1. Februar 1925; zit. nach: *Weimarer Republik* (Anm. 70), S. 268-273. Zweigs Auffassung, übrigens, daß jene Monotonisierung, »jene furchtbare Welle der Einförmigkeit« (S. 270) von Amerika ihren Ausgang genommen habe, schlägt auf ihre Weise die Brücke zur Amerika-Thematik des Romans, von der die Rede war. Zweig allerdings bietet noch eine »Rettung« aus der von ihm konstatierten Amerikanisierung an, die der Roman Roths nicht vorsieht; sie bestehe in der »Flucht, Flucht in uns selbst« (S. 272). Bei Roth, bekanntlich, führen die Fluchtbewegungen anderswohin.

[78] *Weimarer Republik* (Anm. 70), S. 269ff.

[79] Lion Feuchtwanger, *Der Wartesaal*, Ein Roman-Zyklus, 3 Bde., Berlin 1956; zuerst als: *Erfolg. Drei Jahre Geschichte einer Provinz. Die Geschwister Oppenheim*, Roman, Amsterdam 1933; *Exil*, Roman, Amsterdam 1940; – das dritte Buch des Romans »Exil« trägt den Titel »Der Wartesaal«, der im 6. Teil dieses Buches als Überschrift noch einmal wiederkehrt.

[80] Lion Feuchtwanger, *Exil*, Frankfurt/Main 1981, S. 586.

[81] Feuchtwanger, *Exil* (Anm. 80), S. 588.

aber viel wirklicher«. Das Motto des dritten Buches ist Lukas 21, 26 entnommen: »Und die Menschen werden verschmachten vor Furcht und vor Warten der Dinge, die da kommen sollen«; und schon damit ist die endzeitliche Parallele zu der in Roths Roman beschriebenen Situation gegeben.[82] – Der Titelheld in Erich Kästners berühmtem Roman »Fabian« beschreibt rückblickend seine Situation vor dem Ersten Weltkrieg mit dem Satz: »Ich saß in einem großen Wartesaal, und der hieß Europa« und wiederholt das für die Welt von 1930, indem er feststellt, daß es noch immer oder schon wieder so sei: »Und jetzt sitzen wir wieder im Wartesaal, und wieder heißt er Europa! Und wieder wissen wir nicht, was geschehen wird.« Sein abschließender Satz ist das Motto jeder Beschäftigung mit dieser Zeit: »Wir leben provisorisch, die Krise nimmt kein Ende!«[83]

4.3 Die Entdeckung Amerikas in Europa

Das Amerika-Motiv ist in Roths Werk unterschiedlich konnotiert.[84] Diese Ambivalenz entspricht gerade für die 20er Jahre durchaus dem allgemeinen Bild. Die Auseinandersetzung um das Problem belegen stellvertretend Stefan Zweigs schon erwähnter Aufsatz »Die Monotonisierung der Welt« von 1925[85] und Max Rychners »Amerikanisierung Europas?« von 1928.[86] Gut beschreibt Friedrich Sieburgs polemischer Aufsatz »Anbetung von Fahrstühlen« von 1926 die Stimmungslage und das Problem, um das es zu gehen schien, wenn es heißt, man sehe es eben »nicht gern, daß das Griechenland Hölderlins durch Amerika abgelöst wird«.[87] – Nicht uninteressant im Zu-

---

[82] Feuchtwanger, *Exil* (Anm. 80), S. 519.

[83] Erich Kästner, *Fabian. Die Geschichte eines Moralisten*, Stuttgart 1931; zit. nach: E.K., *Gesammelte Schriften für Erwachsene*, Bd. 2: *Romane 1*, Zürich 1969, S. 52f. – Ein Hinweis auf die Hotel-Literatur, oder besser gesagt: den Hotelstoff in der Literatur der 20er Jahre mitsamt seinen Vorläufern und Nachfahren, mag sich für unseren Zusammenhang mit einigen Namen begnügen: Peter Altenberg, Hermann Hesse, Erich Kästner, Kurt Kusenberg, Siegfried Lenz, Klaus Mann, Kuno Raeber, Walter Serner, Anton Tschechow, Kurt Tucholsky, Franz Werfel und Stefan Zweig; sowie der Nennung des Bandes: *Hotelgeschichten*, hrsg. von Ronald Glomb/Hans Ulrich Hirschfelder, Frankfurt/Main 1989, dem sie entnommen sind – von den noch immer frei herumlaufenden »Menschen im Hotel« von Vicky Baum nicht zu reden.

[84] Fritz Hackert hat schon vor mehr als 20 Jahren auf die Bedeutung des Amerika-Komplexes für Joseph Roth hingewiesen (Hackert, *Kulturpessimismus* [Anm. 17], besonders der Abschnitt »Das Beispiel ›Amerika‹«, S. 12ff.). Er rückt dieses Motiv, ganz wie es die Absicht des vorliegenden Versuches auch für die übrigen Motivkomplexe ist, in den Kontext zeit- und kutlurgeschichtlicher Zusammenhänge. Hackert nennt für die Literatur die Namen Hermann Broch (»Pasenow oder die Romantik«, den ersten Roman der »Schlafwandler«-Trilogie), Hermann Bahr (das Schlußkapitel von »Die Hexe Drut«, 1929), Arthur Schnitzler (seine kurze Prosaskizze »Amerika«, 1889) und – natürlich – Franz Kafka (»Amerika«/»Der Verschollene«, 1927; vgl. »Der Heizer«, 1917); – vgl. auch: Walter H. Sokel, Zwischen Drohung und Errettung. Zur Funktion Amerikas in Kafkas Roman »Der Verschollene«, in: Sigrid Bauschinger u.a. (Hrsg.), *Amerika in der deutschen Literatur. Neue Welt – Nordamerika – USA*, Stuttgart 1975, S. 246-271.

[85] Vgl. Anm. 77.

[86] Vgl. *Weimarer Republik* (Anm. 70), S. 273; hier auch weitere zeitgenössische Literatur.

[87] Friedrich Sieburg, Anbetung von Fahrstühlen, in: *Die literarische Welt* 2/1926, S. 8; zit. nach: *Weimarer Republik* (Anm. 70), S. 274ff.

sammenhang mit Roths Romanschluß ist, daß noch Alfred Döblin seine Darstellung »November 1918. Eine Deutsche Revolution« im dritten Band »Heimkehr der Fronttruppen« ähnlich mit einem Ausblick auf Amerika und zugleich einer leichten Resignation gegenüber der zu unternehmenden Reise enden läßt.[88] – Schnitzlers frühe »Skizze« von 1889, »Amerika«, übrigens, verdiente für unseren Zusammenhang eine nähere Erörterung: »Das Schiff landet; ich setze meinen Fuß auf den neuen Weltteil ...« – so beginnt sie. Aber der Erzähler muß feststellen, daß er im »falschen Amerika« ist und von seinem »süßen, duftenden Amerika da drüben« träumt, d.h. von der Vorstellung, die er sich zu Hause in Europa von der Neuen Welt gemacht hat; die nämlich ist das für ihn eigentliche und wirkliche Amerika.[89] Sein Amerika hat er in Europa entdeckt. Von Zwonimir Pansin und Abel Glanz mit ihren Phantasien ist das nicht weit entfernt.

4.4 »Die Jetztzeit als Modell der messianischen« und »Gedanken über die Wortgruppe Erlösen«

Auch der verdeckte *Messianismus* des Romans hat seine explizite Entsprechung in der zeitgenössischen intellektuellen Öffentlichkeit; in der philosophischen wie der literarischen. Nicht erst Walter Benjamin war es, der in den späten 30er Jahren in seiner Arbeit »Über den Begriff der Geschichte« von der »Jetztzeit« als dem »Modell der messianischen« gesprochen[90] und der »die messianische Welt [...] die Welt allseitiger und integraler Aktualität« genannt hat.[91] Schon bei Hermann Cohen, in seinem 1919 erschienenen Buch »Religion der Vernunft aus den Quellen des Judentums«, bedeutet der Messias »die Herrschaft des Guten auf Erden. Man begegnet alltäglich der sonderbaren Ansicht, daß der Messias doch erst kommen könne, wenn das Unrecht aufhört. Aber das ist es ja eben, was der Messias bedeutet: daß das Unrecht aufhören werde«.[92]

---

[88] Der Vorspann des entsprechenden Kapitels lautet: »Vorletzter Augenblick in Europa« und fährt dann fort: »Vieles verliert seinen bitteren Charakter, wenn man sich Zeit läßt und sich besser kennenlernt: Das finden mehrere Menschen, die sich nicht ausstehen konnten. Und wie das Schiff nicht gleich nach Amerika fährt und man noch zusammenbleiben muß, ist man darüber nicht traurig. Vielleicht wird man überhaupt nicht reisen?« (Alfred Döblin, *November 1918. Eine Deutsche Revolution*, Erzählwerk, München 1978, S. 432).

[89] Arthur Schnitzler, Amerika, in: A.S., *Die erzählenden Schriften*, Bd. 1, Frankfurt/Main 1961, S. 15ff. (zuerst in: An der schönen blauen Donau 4/1889, S. 197).

[90] Walter Benjamin, Über den Begriff der Geschichte, in: W.B., *Gesammelte Schriften*, hrsg. von Rolf Tiedemann/Hermann Schweppenhäuser, Bd. 1.2, Frankfurt/Main 1974, S. 703.

[91] Benjamin, *Schriften* (Anm. 90), Bd. 1.3, S. 1235.

[92] Hermann Cohen, *Religion der Vernunft aus den Quellen des Judentums*, Leipzig ^{2}1929, S. 24; vgl. auch S. 290 u. 336f.; – zum ganzen vgl. auch: *Die Religion in Geschichte und Gegenwart. Handbuch für Theologie und Religionswissenschaft*, Bd. 4, Tübingen ^{3}1960, Sp. 895-907 (s.v. Messianismus, Messias); sowie besonders: Gershom Scholem, Zum Verständnis der messianischen Idee im Judentum, in: G.S., *Judaica*, Frankfurt/Main 1968, S. 7-74.

In Hermann Brochs »Schlafwandler«-Roman, 1931/32 erschienen, 1928-1931 geschrieben, fällt dem Erlöser – im ganzen weniger jüdisch als christlich verstanden – eine besondere Bedeutung zu, wenn es heißt, »daß Einer komme, der den Opfertod auf sich nimmt und die Welt zum Stande neuer Unschuld erlöst«,[93] oder von der »Herrschaft des Erlösers über alle Menschen« die Rede ist;[94] im dritten Teil des Romans gar ein »Symposion oder Gespräch über die Erlösung« eingeschaltet wird;[95] von der Heimat[96] und immer wieder vom »Reich der Erlösung« die Rede ist.[97]

Die zweifellos bedeutendste und im besten Sinne moderne Ausformung hat der Erlösergedanke in der zeitgenössischen Literatur bei Musil gefunden. Im »Mann ohne Eigenschaften« erreicht er seine differenzierteste, weil noch einmal gewendete und reflektierte Formulierung. Die entscheidende Passage in Musils Roman bringt das Kapitel 108 des ersten Buches: »Die unerlösten Nationen und General Stumms Gedanken über die Wortgruppe Erlösen«.[98] Denn hier taucht der Begriff bereits als Kontrafaktur auf, wenn »das Wort ›Erlösen‹« – um seine sprachliche Handhabung geht es; nicht darum, erlöst zu werden! – zum Gegenstand von Reflexionen darüber gemacht wird, warum es in der Umgangssprache so gut wie nicht vorkomme,[99] wenn Entstehungstheorien zu diesem Wort entwickelt werden, die sämtlich nicht zu Er-

---

[93] Hermann Broch, *Die Schlafwandler*, Eine Romantrilogie, Frankfurt/Main 1978, im zweiten und dritten Teil passim, namentlich S. 303; zum Thema »Führer« vgl. S. 421.

[94] Broch, *Schlafwandler* (Anm. 93), S. 501.

[95] Broch, *Schlafwandler* (Anm. 93), S. 551-559.

[96] Vgl.: »Denn immer versagt die Erfüllung im Realen, aber der Weg der Sehnsucht und der Freiheit ist unendlich und niemals ausschreitbar, ist schmal und abseitig wie der des Schlafwandlers, wenn es auch der Weg ist, der in die geöffneten Arme der Heimat führt und an ihre atmende Brust« (Broch, *Schlafwandler* [Anm. 93], S. 380). – Daß Heimat und Heimkehr für das gesamte politische Spektrum der Literatur der 20er Jahre konstitutiv ist, beweist u.a., daß in Ernst von Salomons Roman »Die Geächteten« von 1931 das Kapitel »Heimkehr« genau die Situation beschreibt, in der der Ich-Erzähler – in politisch entgegengesetzter Richtung wie die Romanfigur Zwonimir Pansin bei Joseph Roth – sich zum politischen Handeln, recte: zum politischen Mord, entschließt; – vgl. Ernst von Salomon, *Die Geächteten*, Reinbek 1962, S. 23ff.: »In der Mitte des Dezember [1918] rückten die Fronttruppen in die Stadt. Es war nur eine Division; sie kam aus der Gegend von Verdun. Auf den Bürgersteigen drängte sich die Menge. Einzelne Häuser zeigten schüchtern die schwarz-weiß-roten Fahnen [...]. Es war, als ob der finstere Druck, der nun schon seit Wochen über der Stadt lag, einen Teil seines Gewichtes verloren hätte [...]. Am Tage nach dem Einmarsch der Truppen in die Stadt ließ ich mich werben. Ich wurde genommen, ich wurde eingekleidet, ich war Soldat.«

[97] Broch, *Schlafwandler* (Anm. 93), S. 359, 374, 376 u.ö.

[98] Robert Musil, *Der Mann ohne Eigenschaften*, hrsg. von Adolf Frisé, Reinbek 1978, S. 517-522; vgl. auch die Kapitel »Ein Brief von Clarisse trifft ein« (S. 711-715) und »Vorwärts zu Moosbrugger« (S. 828-839, besonders S. 834ff.).

[99] »Niemals aber sagt ein lebendiger Mensch zu einem anderen: ›Du kannst mich erlösen!‹ oder ›Sei mein Erlöser!‹ Man kann ihn an einen Baum binden und hungern lassen; man kann ihn nach monatelangem Werben zusammen mit seiner Geliebten auf einer unbewohnten Insel aussetzen; man kann ihn Wechsel fälschen und einen Retter finden lassen: alle Worte der Welt werden sich in seinem Munde überstürzen, aber bestimmt wird er nicht, solange er wahrhaft bewegt ist, erlösen, Erlöser oder Erlösung sagen, obgleich sprachlich gar nichts dagegen einzuwenden wäre« (Musil, *Mann ohne Eigenschaften* [Anm. 98], S. 517f.).

gebnissen führen. Seine Erledigung findet das Problem schließlich in seiner sprachlichen Handhabung, die bei Musil nur eine ironische zu sein vermag: in der Umgangssprache, die das Wort und seine Problematik gerade meidet. Man brauche schließlich, um es aus der Welt zu schaffen, die »Individuen der Wortgruppe Erlösen ja bloß mit einem kleinen, liebenswürdigen Mangel an Ernst auszustatten, so kamen sie augenblicklich spielend über die Zunge. ›Du hast mich wirklich erlöst!‹ oder dergleichen: wer würde das nicht schon gesagt haben«.[100] Bezeichnend dabei ist es besonders, daß der Begriff mit dem für den Roman konstitutiven Komplex »Wahn« verknüpft ist.[101] In diesem Sinne deklariert Meingast den Erlösungsgedanken als »immer anti-intellektuell«: Es sei »nichts der Welt heute mehr zu wünschen als ein guter kräftiger Wahn«.[102] Meingast will die Erlösung der Welt durch Gewalt vorantreiben.[103]

Hier vielleicht wird *ex post* am deutlichsten klar, worum es bei der unvollständigen Handhabung der Metaphern in Roths Roman ging. Die dort versagenden Metaphern- und Allusiv-Techniken finden erst hier, in ihrer negativen Vorführung bei Musil, die Begründung ihrer Redlichkeit. Dort werden sie noch versucht, unternommen, aber nicht zu Ende gebracht: Figuren und Motive bleiben gleichermaßen in den Ansätzen tradierter Bedeutungsverweise stecken, die sie nicht mehr auszufüllen vermögen. Der Autor des »Hotel Savoy« sucht – bewußt oder unbewußt – noch den Anschluß an die Metaphern- und Motivtradition, dessen Zustandekommen aber – bewußt oder unbewußt – nicht mehr vollzogen ist. Ganz anders Musil. Der geht offensiv vor: indem die Probleme – im Wortsinne – beim Namen genannt werden. Das obsolet gewordene Wortfeld »erlösen, Erlöser oder Erlösung« gewinnt seine der Sache nach hochaktuelle Bedeutung gerade dadurch, daß es als obsolet und überholt auch bezeichnet wird. Aber in der Sprache, namentlich in der Umgangssprache, kann es seinen Platz nur dann haben, wenn es ironisch aufgegriffen wird. Das heißt: Nur die Bejahung der Unmöglichkeit seiner traditionellen Verwendung rettet ihm paradoxerweise seine Daseinsberechtigung: seine Handhabung im Schema des Essayismus. – In Roths Roman ist alles das sozusagen noch auf vor-essayistischem Terrain praktiziert. Aber eben weil Reflexion als Mittel zur Bewältigung sprachlicher Verständigungsprobleme nicht oder noch nicht eingesetzt werden kann oder soll, muß der Roman das Scheitern motivischer und metaphorischer Weltaneignung vorführen; nicht sein Gelingen. Er tut es, indem er ein allusives Verfahren zu exekutieren sucht, das aus objektiven Gründen nicht durchzuhalten ist, die außerhalb seiner selbst liegen: in der europäischen Nachkriegsgesellschaft

---

[100] Musil, *Mann ohne Eigenschaften* (Anm. 98), S. 519.

[101] Musil, *Mann ohne Eigenschaften* (Anm. 98), S. 910.

[102] Auch bei Musil übrigens taucht, wie bei Broch, das Stichwort »Führung« auf; so wenn Arnheim »milde« konstatiert, »der Wunsch der heutigen Jugend nach Festigkeit und Führung« sei nicht zu übersehen, es handle sich geradezu um ein »Bedürfnis nach Führung überhaupt« (Musil, *Mann ohne Eigenschaften* [Anm. 98], S. 1035),

[103] Musil, *Mann ohne Eigenschaften* (Anm. 98), S. 834.

und -politik; und die den Roman gerade wegen ihres exterritorialen Charakters ihm gegenüber bedingen. Der Autor, der frühe Joseph Roth, bewegt sich wie der Held seines Romans, von dem hier die Rede war, auf einem Weg mit Hindernissen. Metapher und allusives Verfahren bieten sich – wie das Hotel den Kriegsheimkehrern als Bleibe – nur scheinbar an; beide erweisen sich als zerschlagen und vernichtet. Und was jenseits noch winkt, ist eine eigentlich längst verlorene Heimat und eine sprachliche Integrationskraft, die nicht mehr zustande kommen will, gleichermaßen. Der Roman ist selbst eine Metapher; nämlich diejenige nicht gelingender Metaphorik.

18. »Die Eiche Goethes in Buchenwald«

Zu Joseph Roths letztem Text: Heimat als Nähe und Ferne

Ich erbitte Ihre Aufmerksamkeit für ein Problem, das weitab vom Thema unseres Symposions zu liegen scheint;[1] das aber dennoch, wie ich finde, ins Zentrum seiner Problematik führt. Ich bitte Sie also um die Geduld, mir bis zu dem Punkt folgen zu wollen, wo die Linie meiner Überlegungen sich mit denjenigen unserer Diskussionen (wie ich hoffe) trifft. Zunächst ein paar einleitende Bemerkungen und einige interpretatorische Hinweise zu diesem Text von Roth, dieser »Glosse«; dann der Versuch, die genauere Verbindung zum Thema herzustellen.

Mit unzähligen Fäden ist das Werk Joseph Roths an seine galizische Heimat geknüpft, an Polen überhaupt: Mendel Singer, Nissen Peczenik, jede einzelne Ortschaft Galiziens in seinen Reiseberichten; was immer. Aber das ist mein Thema nicht. Mir geht es um etwas anderes: In nahezu allen seinen Schriften hat Roth seine Heimat rekonstruiert. Die Bewegung, die dieses Verhältnis von Entfernung und Annäherung in ihm hervorgebracht hat, das seinen Texten – nicht mehr nur seiner Biographie – eingeschrieben ist, darum geht es mir. Nicht um das Biographische handelt es sich; das ist – zumal in diesem Kreis – rasch erzählt. Er ist in der Nähe von Brody in Ostgalizien am 2. September 1894 geboren (unvorstellbar, daß er jetzt 90 wäre!),[2] studiert in Lemberg und Wien Philosophie und Deutsche Literatur, nimmt am Ersten Weltkrieg als österreichisch-ungarischer Offizier teil und gerät in russische Kriegsgefangenschaft. Seit 1918 lebt er zunächst als Journalist in Wien, dann seit 1921 in Berlin, ist von 1923 bis 1932 Korrespondent der »Frankfurter Zeitung«, ist viel auf Reisen, emigriert im Januar 1933 zunächst nach Wien, lebt dann bis zu seinem Tode nach Zwischenstationen hauptsächlich in Paris. Dort stirbt er am 27. Mai 1939.

Es geht um das Literarische darin; um das, was seinen Reisebeschreibungen, Reisebriefen, Reiseberichten, Reisebildern zugrundeliegt: was die äußere Bewegung des Reisens bei ihm zu einer inneren, zu einer zwischen Ferne und Nähe werden läßt. Allerdings: Biographisches, unwichtig ist das nicht gerade: Lange bevor der Jude Joseph Roth emigrieren muß, zieht der unstete, in Galizien geborene Österreicher von Ost nach West. Und gerade das ist es, was ihn – von heute her gesehen – in geheimnisvoller Weise einübt: auf An-

[1] Der Beitrag ist die unüberarbeitete Fassung eines Vortrags beim Symposion »Galizien als literarische Heimat«, das 1984 in Posen stattfand. [Anm. d. Hrsg.]

[2] Vgl. Anm. 1. [Anm. d. Hrsg.]

wesenheit und Abwesenheit zugleich. Auch als er im Auftrag der »Frankfurter Zeitung« später über Prag nach Polen reist – Krakau, Lemberg – reist er nicht zurück, nicht nach Hause, wie andere nach Hause fahren. Eine merkwürdige Mischung von Nähe und Ferne kennzeichnet auch hier seine Briefe und Berichte aus Polen, aus Galizien. Nähe, nämlich, wenn er fern, und Ferne, wenn er dort ist, von wo er kommt. *Im äußeren Entzug, den die Fremde erst diktiert, stellt sich innere Nähe ein.*

Die Eiche Goethes in Buchenwald[3]

Der Wahrheit die Ehre! Man verbreitet falsche Nachrichten
über das Konzentrationslager Buchenwald; man möchte
sagen: Greuelmärchen. Es ist, scheint mir, an der Zeit, diese
auf das rechte Maß zu reduzieren ...
5 Erstens hat Buchenwald nicht immer so geheißen,
sondern: *Ettersberg*. Unter diesem Namen war es unter
den Kennern der Literaturgeschichte dereinst berühmt:
Goethe pflegte sich dort oft mit der Frau von Stein zu
treffen; unter einer schönen, alten Eiche. Diese steht
10 unter dem sogenannten »Natur=schutz=Gesetz«.
Als man in Buchenwald, will sagen: in Ettersberg,
den Wald zu roden begann, um dort für die Bewohner
des Konzentrationslagers eine Küche südlich, eine
Wäscherei nördlich einzurichten, ließ man allein
15 die Eiche stehn; die Eiche Goethes; die
Eiche der Frau von Stein.
Die Symbolik ist niemals so billig
gewesen wie heutzutage. Es ist beinahe
ein Kinderspiel, heutzutage sg. »Glossen«

[3] Abschrift nach dem Manuskript aus dem Roth-Nachlaß im Leo Baeck-Institute, New York; Signatur: AR 1837/II 9; nach einer mir freundlicherweise zur Verfügung gestellten Fotokopie. Der Text ist abgedruckt in: Joseph Roth, *Werke*, hrsg. und eingeleitet von Hermann Kesten, Köln 1975, Bd. 3, S. 824f. Dieser, wie auch der von Eleonora Halldén dargebotene Text weist gegenüber dem Original zahlreiche Ungenauigkeiten auf (zu Halldéns Text vgl.: *Joseph Roth* [Sonderband text + kritik], München 1974, S. 5f.). Halldén schreibt: »Das erste dieser Blätter, mit dem Anfang des Artikels, ist mit nahezu unumstößlicher Sicherheit von Roths eigener Hand beschrieben und ist bemerkenswert, weil es von einem so späten Zeitpunkt in seinem Leben stammt (Roth pflegte ja später immer öfter zu diktieren). Die Schriftzüge haben nachweisbar eine frappierende Ähnlichkeit mit zugänglichen früheren Handschriftenproben von Roth aus der Zeit vor 1930; und mit einem undatierten Brief (vermutlich aus 1933/34) an René Schickele stimmt die Schrift, gerade hinsichtlich unverkennbarer individueller Details, sehr genau überein [...]. Die Übereinstimmung ist u.a. feststellbar an einer charakteristischen dreigeteilten Schreibung von *immer* und dem rudimentären typischen *s* in *ist*, sowie an der markanten Schreibung von Worten wie *Geschichte, nicht, sagen* oder einzelnen Buchstaben (besonders *E, G*). Vermutlich aufgrund zunehmender Behinderung durch seine letzte Krankheit hat Roth die letzten beiden Drittel des Artikels diktiert; die folgenden beiden Blätter (Fortsetzung und Schluß) sind von eindeutig fremder Hand sehr schnell niedergeschrieben; zum Schluß hin erscheint das Schriftbild ausgeglichener. Die Überschrift ist flüchtiger geschrieben, sie dürfte von Roth selbst stammen, zumindest gilt das für die Ergänzung *in Buchenwald*, welche eine frühere, unlesbare Variante ersetzt.«

20 zu schreiben. Sie werden Einem von der
Weltgeschichte gratis u. franco ins Haus,
in die Feder, in die Schreibmaschine
geliefert. [durchgestrichen: Ein entschiedener Feind] Es ist
geradezu für einen Schriftsteller eine Ange-
25 legenheit zur Schamhaftigkeit eine Glosse
zu schreiben, die das dritte Reich betrifft. Die deutschen Eichen unter denen
Goethe mit Fr. v. Stein gesessen ist, bleiben
lediglich dank einem Naturschutzgesetz
30 zwischen der Küche des Konz.-Lagers und seiner
Wäscherei bestehen. Zwischen dem »Naturschutzgesetz«, dass längst vor den Jahren
[durchgestrichen: der Schmacht (?)] entstanden war, und dem
»Un-naturgesetz das nach diesen Jahren
35 ausgebrochen ist [durchgestrichen: steht immer noch]
also s.z. sg.: um [?] im neudeutschen Tone zu
reden, zwischen Wäscherei u. Küche steht
die Naturschutzeiche der Fr. v. Stein
u. Goethes.
40 An dieser Eiche umgehen jeden
Tag die Insassen de Kz. tr-Lagers vorbei;
d. heißt: sie werden dort vorbei-
gegangen. Fürwahr! man verbreitet
falsche Nachrichten über das K-Lager
45 Buchenwald; man möchte sagen:
Greuelmärchen. Es ist, scheint mir
an der Zeit diese auf das rechte Maß
zu reduzieren: an der Eiche, unter der
Goethe mit Fr. v. Stein gesessen ist
50 und die dank dem Naturschutzgesetz
noch wächst, ist bisjetzt, meines
Wissens, noch kein einziger der Insassen des K-lagers »angebunden« worden;
vielmehr an den andern Eichen, an de-
55 nen es in diesem Wald nicht mangelt.

Letzter Artikel vor seinem
Tode
Montag 22.V.1939

1. Die »Glosse«

Ein scheinbar leicht hingeschriebener Text. Aber man merkt den Geübten: Er hat einen strengen Aufbau. Das »Erstens« (Z. 5), dem kein ›zweitens‹ mehr folgt, erweist nicht nur die fehlende Schlußredaktion, sondern auch den Willen zu strikter numerischer Gliederung. Aber er ist nicht nur klar gebaut; er reflektiert – wie man sehen kann – zugleich die Genese seiner selbst als »Glosse«. Er ist nicht nur einfach ›kritisch‹, wie Glossen es zu sein pflegen, er verfährt ironisch. Anfang und Ende sind identisch. Der Schluß wiederholt den Anfang; wörtlich: »Der Wahrheit die Ehre! Man verbreitet falsche Nachrichten über das Konzentrationslager Buchenwald; man möchte sagen: Greuelmärchen. Es ist, scheint mir, an der Zeit, diese auf das rechte Maß zu reduzieren ...« (Z. 1ff.). Was zwischen diesen Sätzen am Anfang und ihrer wörtlichen Wiederholung am Schluß steht, ist entbehrlich, wenn es nur um den Skopus des Textes geht. Der zu Beginn angeschlagene ironische Ton: Er reicht bis zum Ende dieser Wiederholung; nicht weiter. Was dann kommt, ist Sarkasmus: »an der Eiche, unter der Goethe mit Frau von Stein gesessen ist und die dank dem Naturschutzgesetz noch wächst, ist bis jetzt, meines Wissens, noch kein einziger der Insassen des Konzentrationslagers ›angebunden‹ worden; vielmehr an den andern Eichen, an denen es in diesem Wald nicht mangelt« (Z. 48f.).

Worum geht es? Die Eiche Goethes, von der hier die Rede ist, gibt es heute noch – allerdings nur in rudimentärer Form: Der Baum, der unter Naturschutz stand, wurde – auch das ist historisch – beim Bau des Lagers zunächst geschont; erst später mußten, wie sich ehemalige Häftlinge erinnern, die Insassen den Baum selbst fällen. Der Baumstumpf der Eiche ist noch zu sehen.

Roth bemüht das Anekdotische. Es handle sich, so schreibt er, um jene Eiche, unter der Goethe sich »oft mit der Frau von Stein zu treffen« pflegte (Z. 8f.). Eine sentimentale Reminiszenz? Kaum! Der Text wiederholt diese Kombination zweimal; der Aspekt muß Roth wichtig gewesen sein. Für unseren Zusammenhang – das sei schon jetzt angemerkt – ist es nicht von Bedeutung, ob das Anekdotische seine historische Wahrheit besitzt, seinen historischen Kern, wenigstens, hat; oder nicht. Es geht um eine andere Dimension der Wahrheit, als die der historischen. Nebenbei bemerkt scheint mir der besagte Baum im ehemaligen Konzentrationslager Buchenwald nicht so sehr durch Goethe und Frau von Stein in der Erinnerung der Nachwelt geblieben zu sein als durch ein anderes Ereignis. Wahrscheinlich handelt es sich eher um diejenige Eiche, an die Goethe Anfang August 1779 ein Exemplar von Jacobis Roman »Woldemar« genagelt hat, um die von den Zeitgenossen zu Recht mit Verwunderung, ja Entsetzen zur Kenntnis genommene, sogenannte »Kreuzerhöhung«. Aber auch das wäre unwichtig. Wichtig allein ist für den Rothschen Text, daß dieser Baum nicht irgendeiner ist, sondern seine Bedeutung erhält durch die Verbindung mit Goethe: demjenigen deutschen Dichter also, den man über mehr als ein Jahrhundert hin als *den* Repräsentanten deutscher Kultur, deutschen Geistes, von Humanität einfach, anzusehen gewohnt war.

Einige Bemerkungen zur Struktur des Textes. Der dreimaligen Erwähnung der Eiche Goethes (Z. 15f., 38f., 48f.) – die Überschrift und die isolierten Erwähnungen des Baumes (ohne daß Goethe und Charlotte von Stein zugleich genannt würden) nicht gerechnet – entspricht eine zweimalige Wiederholung, also ebenfalls dreifache Erwähnung der Standortbestimmung.

»Eine Küche südlich, eine Wäscherei nördlich«, heißt es gleich zu Anfang (Z. 13f.). Diese allgemeine Vermessung des Geländes spezifiziert sich später zu einem »zwischen der Küche des Konzentrationslagers und seiner Wäscherei« (Z. 30f.), um schließlich noch einmal – in umgekehrter Reihenfolge: »zwischen Wäscherei und Küche« – zu erscheinen: Hier nämlich stehe »die Naturschutzeiche der Frau von Stein und Goethes« (Z. 33f.). Nicht nur inhaltlich also ist diese Eiche Goethes, die schon der Titel nennt, der Mittelpunkt des Textes. Auch topographisch wird sie exakt dort loziert, im Mittelpunkt von Nichtigkeiten, die die Himmelsrichtungen gewissermaßen außer Kurs setzen, von Banalitäten (denn das ist gemeint). Und das verhilft dem Text nicht unwesentlich zu seiner klaren Struktur.

Das Naturschutzgesetz, dem diese Eiche im Gegensatz zu den Häftlingen ihre Existenz verdankt: Vielfach wird es genannt. An einer Stelle nur wird gesagt, was damit apostrophiert werden soll: das »Un-naturgesetz« (Z. 34). Wo der Mensch schutzlos ist, pochen eben die, denen er ausgeliefert ist, auf Naturschutz. *Mundus perversus*, nicht ›verkehrte Welt‹ als ästhetische Form, sondern pervertierte Realität wird beschrieben. Zugleich, wie gesagt, reflektiert der Text seine Bedingungen. »Die Symbolik ist niemals so billig gewesen wie heutzutage. Es ist beinahe ein Kinderspiel, heutzutage sg. ›Glossen‹ zu schreiben. Sie werden einem von der Weltgeschichte gratis u. franco ins Haus, in die Feder, in die Schreibmaschine geliefert« (Z. 17ff.). Die Wirklichkeit läßt sich nur noch in Symbolen und als Glossen beschreiben. Die Realität selbst präsentiert sich bereits als symbolische. Die »Weltgeschichte« selbst schreibt die Glosse. Die Weltgeschichte, heißt das, ist ihr eigener Kommentar. Eigentlich bedürfte es nicht mehr schriftlicher Fixierung angesichts einer Realität, die ihre Kommentierung als Evidenz mit sich führt. »Eine Angelegenheit zur Schamhaftigkeit«, heißt es etwas unbeholfen im, wie gesagt, unüberarbeiteten Text, sei es »geradezu für einen Schriftsteller«, »eine Glosse zu schreiben, die das dritte Reich betrifft« (Z. 24ff.): Genieren muß er sich, weil es angesichts einer sich selbst ironisch orientierenden und damit aufhebenden Wirklichkeit des Kommentars im Grunde nicht bedarf.

Was sind Inhalt und Sinn dieses Textes, der sich in seiner Selbstreflexion so selber aufhebt? Es geht um die unvermittelte Nachbarschaft von Humanität und Barbarei, von Kultur und Verbrechen, von Geist und Macht. Die Symbole brauchen nicht erfunden zu werden; sie stehen vor Augen. Es geht nicht nur um dieses Nebeneinander; es geht um das Entsetzen, das uns – noch heute – packt angesichts solcher Nachbarschaft. Der Text wiederholt in mannigfachen Varianten und Strukturen, in ironischen oder ironisch angedeuteten Brechungen diese Unvereinbarkeiten. Neben der Wahrheit stehen die Greuelmärchen. Neben Ettersberg Buchenwald, neben dem Naturschutzgesetz, das Un-naturgesetz. Und selbst die Niederungen des Kalauers, in die den Leser die Formulierung von »den andern Eichen, an denen es in diesem [Buchen-]Wald nicht mangelt« (Z. 54f.), zieht, dokumentieren noch in ihrer plumpen Adäquatheit als Beschreibungsmittel die Verlogenheit, von der die

Rede ist. Was die drei gegen Schluß des Textes wiederholten Sätze von denen am Anfang unterscheidet, ist nur der erste, ein Ausruf jeweils. »Der Wahrheit die Ehre!«, heißt es zu Beginn. Daß bereits dieser erste Satz ein ironischer ist, merkt der Leser nicht erst bei der Lektüre dessen, was folgt. Schon die Überschrift, die Kombination aus Goethe und Buchenwald also, hat ihn darauf hingewiesen. In der Wiederholung wird dieser Satz durch ein »Fürwahr!« ersetzt. Was heißt dieses »Fürwahr«? Es heißt so viel wie ›allerdings‹, es ist Bekräftigung; aber es heißt auch: ›für‹ die Wahrheit, ›anstelle‹ der Wahrheit. Es ist auch Richtigstellung. An die Stelle der Wahrheit nämlich hat ein Sachverhalt zu treten, der nicht die Wahrheit ist, der aber als die Wahrheit ausgegeben wird, und zwar ein Sachverhalt, der der Beanstandung durchaus Genüge tut; der Beanstandung nämlich, daß an einem durch das Andenken an den größten deutschen Dichter ausgezeichneten Baum Menschen »angebunden« werden – was wohl als Euphemismus für ›aufgehängt‹ verstanden werden darf. Diesem Skandalon wird abgeholfen, indem man an die Stelle noch vermeintlicher Wahrheit eine viel schlimmere setzt: Nicht an *diesem* und nicht an *einem* Baum werden die Häftlinge aufgeknüpft; sie werden an alle anderen Eichen gehängt. Zur Beschreibung solchen Tatbestandes reicht die Ironie nicht aus. Auf Zynismus, den Humor der Herrschenden, reagiert die Beschreibung mit Sarkasmus, ihrem stärksten und einzig unwiderruflichen Mittel. Da reichen Wortspiele wie die Rede von der Eiche im Buchenwald, oder vom Un-naturgesetz inmitten so vieler Naturschutzgesetze nicht mehr aus. Da stirbt Ironie. Und was sarkastisch benannt wird, ist die Wahrheit als zynischer Sachverhalt selbst. Und die Wahrheit ist kein Märchen, sie ist kein Greuelmärchen; die Wahrheit: Das sind die Greuel selbst.

2. Hergestellte Verbindung

Das alles mag auf den ersten Blick in der Tat wenig mit unserem Thema zu tun haben. »Galizien als literarische Heimat«: Das kommt hier nicht vor. Galizien nicht; sicher nicht. Aber Heimat? Man wird die Frage auf einem Umweg angehen müssen. Der dies schrieb, war ein Heimatloser und Kosmopolit, was in gewissem Sinne dasselbe sein mag. Aber war er wirklich ein Heimatloser? War nicht – als er dies schrieb – eher die Tatsache, daß er eine Heimat besaß, in die er nicht reisen konnte, sein eigentliches Problem? Allerdings; und keineswegs erst in dieser Zeit der unfreiwilligen, politisch erzwungenen Emigration. Längst vorher schon, in Österreich, in Deutschland, in Frankreich, wo immer er lebte. Sein Problem war, daß Heimat und Aufenthaltsort nicht identisch waren. Schicksal und Problem von Tausenden, dürfte man sagen, würden Ungerechtigkeit und Elend, denen sie ausgesetzt waren, damit nicht heruntergespielt: Heine, Tucholsky, Thomas Mann, Musil – es ist absurd, auch nur den Anfang einer Aufzählung machen zu wollen. Der Autor unseres Textes ist ein deutschschreibender Jude aus Polen mit österreichischem Paß in Frankreich. Heimat: Das ist für ihn nicht mehr oder nicht mehr nur Brody und Galizien, Polen oder Österreich, Deutschland oder Frankreich; das ist in zunehmendem Maße – je älter er wird – Vergangenes überhaupt, das zeitlich Entfernte, und das, was sich darin bewahren läßt: die k.u.k.-Monarchie genauso wie das galizische Shtetl, »Radetzkymarsch« so gut wie »Hiob«; versunkene Geschichte nicht nur, auch versunkene Tradition überhaupt, zu der – nicht zuletzt, sondern gerade auch – das gehört, was man mit einem Kürzel ›Kultur‹ nennen mag, um sich darüber mit einem Stichwort zu verständigen, und was sich in unserem Text mit der Eiche Goethes auf dem Ettersberg verbindet und auf dieses »Symbol« reduziert. Denn Ettersberg, das ist nicht nur – höchst vage und unzuverlässig überliefert – jene »Eiche Goethes und der Frau von Stein«; und nicht der Ort, an dem Goethe seinen makabren Scherz mit seinem Jugendfreund Fritz Jacobi trieb. Das ist vielmehr auch und wohl in erster Linie der Ort, an dem Goethe eines seiner berühmtesten Gedichte schrieb:

Am Hang des Ettersberg
d. 12. Febr. 76:

Der Du von dem Himmel bist,
Alles Leid und Schmerzen stillest,
Den, der doppelt elend ist,
Doppelt mit Erquickung füllest,
Ach, ich bin des Treibens müde,
Was soll all der Schmerz und Lust?
Süßer Friede,
Komm, ach komm in meine Brust![4]

»Wandrers Nachtlied« also; Verse also, in denen es um den Frieden geht. – Es ist der Berg, über den er reitet, als er am 29. November 1777 zu seiner ersten Harzreise aufbricht: »früh gegen sieben ab übern Ettersberg in scharfen Schlossen«.[5] »Harzreise im Winter« heißt das berühmte Gedicht, das davon Zeugnis ablegt.

Für Roths letzten Text sind Nähe und Distanz in ausgezeichneter Weise konstitutiv, wie sie nahezu sein gesamtes dichterisches Werk, sein gesamtes essayistisches kennzeichnen. Seine Helden sind sämtlich auf Wanderschaft, werden vom Reisen, vom Abreisen bestimmt. Claudio Magris hat zutreffend von Roth als dem »ostjüdischen Odysseus« gesprochen.[6] So Morstin in »Die Büste des Kaisers«,[7] Nissen Peczenik im »Leviathan«,[8] der Stationschef Fall-

[4] Zit. nach: *Goethes Werke*, Hamburger Ausgabe, hrsg. von Erich Trunz, München 1981, Bd. 1, S. 142.

[5] Zit. nach: *Goethes Tagebücher. 1. Band: 1775-1778*, Sophienausgabe, Weimar 1887, III. Abteilung, 1. Band, S. 54.

[6] Claudio Magris, Der ostjüdische Odysseus. Joseph Roth zwischen Kaisertum und Golus, in: David Bronsen (Hrsg.), *Joseph Roth und die Tradition*, Darmstadt 1975, S. 181-226.

[7] Roth, *Werke* (Anm. 3), Bd. 3, S. 192.

[8] Roth, *Werke* (Anm. 3), Bd. 3, S. 287.

merayer;[9] Nicolai Brandeis in »Rechts und links«.[10] Die »Rast in Jablonowka« endet mit einem »Abmarsch«.[11] Nicht nur Mendel Singer, der »Hiob«, diese Geschichte einer Auswanderung steht also dafür; noch in der »Kapuzinergruft«, einem seiner letzten, schon in der Emigration erschienenen Romane, heißen die letzten Worte: »Wohin soll ich, ich jetzt, ein Trotta? ...«.[12] – »Flucht ohne Ende« steht über allen und ist über alle verhängt. Namentlich seine Reisebilder – Polen, Deutschland, Rußland, Italien, Ungarn usw. – dokumentieren das. Roths letzter Text ist der Reisebericht eines am Reisen gehinderten. Da er nicht hinreisen kann, muß er die Nähe anders herstellen. Deutschland, das nie seine Heimat war: Da er es verloren hat, kristallisiert es sich ihm im Verlust in Goethes Weimar; wird so das Land, dessen Sprache er vergeblich schreibt, zur Heimat *post festum*. Selbst noch die desavouierte und pervertierte Heimat, die er in einer anekdotischen Partikel wie dieser Eiche zu erkennen vermag, wenigstens zu erkennen glaubt; selbst sie ist ihm noch die Annäherung wert. Selbst die aufs Anekdotische reduzierte Gestalt Goethes oder das, wofür sie steht, ist ihm noch Anlaß genug, die Ferne aufheben zu wollen; selbst das pervertierte Anekdotische noch ist ihm Anlaß, seine Nähe zu suchen. Eine Nähe, die weder auszuhalten noch erstrebenswert, die vielmehr lebensgefährlich und vernichtend wäre, würde man sie wirklich finden. Darin und in seinem ironischen Zugriff ist dieser Text Heines »Wintermärchen« vergleichbar. Unterschieden von ihm ist er nur darin, daß der Ältere tatsächlich reist, der Jüngere aber nicht. Keinem von beiden gelingt es, die gewünschte Nähe auch herzustellen, Heimat so zu erreichen. Heine nicht, weil trotz Hinreisens und vermeintlicher Nähe die tatsächliche nicht hergestellt wird: Er reist zurück ins Exil. Dem anderen deshalb nicht, weil schon die reale Nähe ihm verweigert wird. Was aber beiden gelingt, aus der Entfernung, der überwundenen Ferne, der nicht erreichten Nähe, ist ein Abbild solcher Distanz, das die Nähe dialektisch enthält.

In der Sammlung »Juden auf Wanderschaft«, unter der Überschrift »Berlin«, findet sich – also 1927 – eine Geschichte,[13] die keine Überschrift hat, die man aber – nach Formulierungen, die in ihr vorkommen – die ›Geschichte vom Tempel Salomonis‹, die man auch ›ein Gleichnis der Kunst‹ nennen könnte. Sie lautet folgendermaßen:

> Manchmal kommt nach Berlin der »Tempel Salomonis«. Diesen Tempel hat ein Herr Frohmann aus Drohobycz getreu nach den genauen Angaben der Bibel hergestellt, aus Fichtenholz und Pappmaché und Goldfarbe. Keineswegs aus Zedernholz und echtem Gold wie der große König Salomo.
> Frohmann behauptet, er hätte sieben Jahre an diesem Miniaturtempelchen gebaut. Ich glaube es. Einen Tempel wiederaufzubauen, genau nach den Angaben der Bibel, erfordert ebensoviel Zeit wie Liebe.

[9] Roth, *Werke* (Anm. 3), Bd. 3, S. 145.
[10] Roth, *Werke* (Anm. 3), Bd. 1, S. 690.
[11] Roth, *Werke* (Anm. 3), Bd. 3, S. 228.
[12] Roth, *Werke* (Anm. 3), Bd. 3, S. 982.
[13] Roth, *Werke* (Anm. 3), Bd. 3, S. 334f.

> Man sieht jeden Vorhang, jeden Vorhof, jede kleinste Turmzacke, jedes heilige Gerät. Der Tempel steht auf einem Tisch im Hinterzimmer einer Schenke. Es riecht nach jüdischen zwiebelgefüllten Fischen. Sehr wenige Besucher kommen. Die Alten kennen den Tempel schon, und die Jungen wollen nach Palästina, nicht um Tempel, sondern um Landstraßen zu bauen.
> Und Frohmann fährt von einem Getto zum andern, von Juden zu Juden und zeigt ihnen sein Kunstwerk, Frohmann, der Hüter der Tradition und des einzigen großen architektonischen Werkes, das die Juden jemals geschaffen haben und das sie infolgedessen niemals vergessen werden. Ich glaube, daß Frohmann der Ausdruck dieser Sehnsucht ist, der Sehnsucht eines ganzen Volkes. Ich habe einen alten Juden vor dem Miniaturtempel stehen gesehen. Er glich seinen Brüdern, die an der einzig übriggebliebenen, heiligen Mauer des zerstörten Tempels in Jerusalem stehen, weinen und beten.

Was hat dieser Text mit unserem Problem zu tun? Der Hersteller dieses Tempelmodells »aus Fichtenholz und Pappmaché und Goldfarbe«, Herr Frohmann aus Drohobycz, baut aus der Ferne einen Tempel nach, den er nie gesehen hat. »Keineswegs aus Zedernholz und echtem Gold wie der große König Salomon« selbst, sondern eben: aus »Pappmaché«. Der Tempel Salomonis des Herrn Frohmann ist das Bild für das Kunstwerk als Abbild und aus der Ferne. Auch Goethes Eiche in Buchenwald wird in unserem Text aus der Ferne, gleichsam als »Tempel Salomonis« aufgebaut. Der Versuch wenigstens wird gemacht. Vom Kunstwerk ist in dieser Geschichte wörtlich die Rede und von Frohmann als dem »Hüter der Tradition«. Auch Roth ist ein solcher Hüter der Tradition: Joseph Roth aus Brody, das ist ein anderer Frohmann aus Drohobycz. – Was tun die Bewunderer dieses Kunstwerkes, die den Lesern von Roths letztem Text entsprechen? »Ich habe einen alten Juden vor dem Miniaturtempel stehen gesehen. Er glich seinen Brüdern, die an der einzig übriggebliebenen, heiligen Mauer des zerstörten Tempels in Jerusalem stehen, weinen und beten.« Das Kunstwerk des Herrn Frohmann ist das Modell des Tempels in Jerusalem. Mehr noch: Es ist Rekonstruktion des Zerstörten. In dieser Rekonstruktion, in diesem ›Modell‹, wie wir aufschlußreich genug, nämlich nach vorn weisend, sagen, sehen wir zugleich den Tempel, wie er einmal war, und beweinen doch im Angesicht dieser Rekonstruktion seinen unwiderruflichen Zerfall, seine unwiderrufliche Zerstörung. Die Barbarei, die ihn zerstörte, ist mitgedacht; dort wie hier. Nur darin, daß die faktisch vorhandene Ruine des Tempels in Jerusalem in eins gedacht wird mit dem Tempel Salomonis aus Fichtenholz, Pappmaché und Goldfarbe, der zwar vollständig und erhalten, aber eben nur ein Modell ist, vermag überhaupt eine Beziehung zu bestehen zu diesem Gegenstand der Tradition. Umgekehrt: Dadurch, daß hinter dem scheinbar Vollständigen, der scheinbaren Vollständigkeit des Modells, das man herumreichen, ausstellen und vorzeigen kann, die Ruine seines entfernten Ur- und Vorbildes erscheint und mitgedacht werden muß; dadurch erst ist das Kunstwerk, was es ist: die Vermittlung auch von Nähe und Ferne; die Vermittlung dessen, was nur in der Ferne Realität ist, mit dem, was ich in der Nähe einzig haben kann: seinem

Abbild. Das hat mit Platonismus nichts zu tun und nichts im Sinn. Es geht ganz einfach und simpel um die Überwindung erlittener historischer Distanz; beim Tempel Salomonis so gut wie bei Goethes Eiche in Buchenwald. An beiden ist – vergleichbar – Zerstörung am Werke. Die Schändung der Religion dort ist die Barbarisierung des Geistes hier, die Zerstörung des Heiligen dort, die Desavouierung der Humanität – man wird es nur mit diesem abgenutzten Wort bezeichnen können – hier. Was gleichwohl beide voneinander unterscheidet, liegt begründet in eben diesem Unterschied zwischen Heiligtum und Kunstwerk. Denn natürlich hat das Heiligtum in Jerusalem so wenig den Status eines Kunstwerkes, wie die aufs Anekdotische reduzierte Gestalt Goethes, die Chiffre, die hier für Kunstwerk stehen soll, ein Heiligtum ist. Die Einsicht, daß nur, was in der Ferne Realität ist, auch in der Nähe als Kunstwerk zu haben ist: Das wohl ist der eigentliche Grund dafür, daß der letzte Text Roths das Humanum in sein Rudiment des Anekdotischen versteckt, es in der so hergestellten Ferne beläßt und es nicht selbst zum Gegenstand erhebt und offen ausspricht. (Versteckt: »Wenn Du durch Deutschland kommst, die Wahrheit unter dem Rock«, sagt Brechts Galilei zu Andrea).[14] Dieser letzte Text Roths von »Goethes Eiche in Buchenwald« möchte dieses mißbrauchte und doch so völlig unentbehrliche Humanum vielmehr – und darin analog zur Ruinenwand, der Klagemauer des zerstörten Tempels; noch in dieser ärmlichen Reduktion aufs Anekdotische – als letztes Residuum der Kultur erscheinen lassen. Wie armselig ist dieses letzte Stückchen desavouierter deutscher Kultur, das geradezu im touristisch Verwendbaren aufgeht, damals wie heute, übrigens; besudelt auch von der Schuld derer, die es mit verrieten; nicht nur durch die Verbrechen, die ohne den Widerspruch, der doch in seinem Namen hätte erhoben werden müssen, begangen wurden. Nur in der Ironie, dem Sarkasmus, läßt sich für eine bessere Zukunft aufheben und aufbewahren, was hier mit zerstört ist und doch seine Unzerstörbarkeit erweisen soll. Gerettet werden soll in ironischer Verzerrung das Desavouierte für eine bessere Zukunft, für uns. Rettende Ironie.

Die Frage, die schon oben gestellt, aber nicht beantwortet wurde, heißt nach wie vor: Was hat Roths letzter Text mit dem Thema unseres Kolloquiums zu tun? Die Antwort lautet: daß Roth, eingeübt durch hunderte von Reisebeschreibungen, die eine vorübergehend zur Nähe gemachte Ferne formulieren, eingeübt durch unzählige Romane und Erzählungen, in denen es um Trennung, Abschied, also: Herstellung von Ferne geht, daß Roth nach diesen vorgängigen Übungen und Texten hier noch einmal das alte Thema in seiner totalen Gefährdung (durch bis dahin nicht dagewesene politische Zustände) aufgreift und als das Verhältnis von Nähe und Ferne, von Heimat eben, als dialektisches bewältigt.

Heimat ist immer ein Problem der Nähe für den, der sie hat, und eines der Ferne, für den, der sie nicht hat. Roth hängt nicht nur lebensfaktisch durch

[14] Bertolt Brecht, *Gesammelte Werke*, Bd. 3, Frankfurt/Main 1967, S. 1341.

seine Biographie mit Galizien zusammen, nicht nur sozusagen vom Gegenstand her, weil er derjenige Dichter ist, der sich der galizischen Juden angenommen hat, weil er seine Reisen dorthin gemacht und über seine Heimat berichtet hat. Vielmehr hat Roth in alledem eine Denkfigur entwickelt, für die solche – biographisch erlebte und dichterisch beschriebene – Konfiguration von Nähe und Ferne konstitutiv ist. Sie ließ ihn auch das Problem von Humanität und Verbrechen für die folgenden, für uns eben, formulieren. »Wandrers Nachtlied« jedenfalls, – auf dem Ettersberg geschrieben – können wir künftig nicht mehr lesen, ohne die eben dort begangenen Verbrechen mitzulesen. Wir werden Goethe, heißt das, künftig ganz einfach nicht mehr verstehen, wenn wir sie nicht zugleich mitdenken. »Es gibt eben Fälle«, sagt Roth in den »Briefen aus Polen«, »in denen Kenntnisse nicht mehr wiedergutzumachen sind«.[15]

---

[15] Roth, *Werke* (Anm. 3), Bd. 3, S. 1067.

19. Hermann Bahr – ein Fall für die Kulturwissenschaften?

Man wird ihn nicht aus den Literaturgeschichten streichen wollen, aber man könnte ihn versuchsweise – vorübergehend, methodisch sozusagen – den Kulturwissenschaften zuschlagen. Warum? Er ist ein zu schlechter Autor, als daß es sich lohnen würde, ihn in den Literaturgeschichten aufzuführen, ihn gar literaturwissenschaftlich zu verhandeln. Aber er ist interessant genug, ihn als das zu lesen, was er allein (und das in ausgezeichneter Weise) ist: ein kulturhistorischer Faktor und Multiplikator ersten Ranges. – So oder ähnlich könnte die These, schlichter gesagt: der Vorschlag lauten. Ich will versuchen, das zu begründen und zu differenzieren.

Wenn er doch ein so schlechter Autor ist, warum ihm dann die Ehre antun, ihn zum Gegenstand der Kulturwissenschaften zu machen? Die Antwort heißt: weil er zu wichtig ist, zu wichtig für die zeitgenössischen Diskurse, an denen er partizipiert hat, ja die er z.T. initiiert hat, als daß man ihn außer acht lassen könnte, sollte und dürfte. Eine Ehrenrettung also? Auch nicht. Der Versuch vielmehr, ihm einen adäquaten Platz zu geben, einen, der ihm gebührt, anstelle eines Platzes, den andere ihm dauerhaft und sehr zu recht streitig machen.

Die eher bemühten – den Ausdruck ›krampfhaft‹ zu vermeiden – Versuche der Literaturwissenschaft, Bahr einen würdigen, ihm prätendierter Weise zukommenden Platz in der Literaturgeschichte anzuweisen, haben sich samt und sonders als Fehlschläge erwiesen. Allenfalls hat man immer wieder seit Soergel den Essayisten und Pamphletisten, den Anreger gesehen; in ihm später »den Kunsthandwerker von hohen Graden«[1] gepriesen, seit Harden und Ola Hansson den »Mann von Übermorgen«, den »Proteus der Literatur« halb gelobt und halb verachtet. Mit Recht, weil man da nicht viel falsch machen konnte. Aber seine zahllosen Romane, seine Theaterstücke (»Das Konzert« wird als einziges noch genannt und ganz selten auch noch einmal aufgeführt) sind vergessen; ›zu Recht‹, pflegt man in solchen Fällen zu sagen. Daß Hermann Bahr dagegen in den *Kulturwissenschaften* völlig unbekannt ist, dort nie eine Rolle gespielt hat, ist das ungleich viel größere Desaster. Denn dort, in ihren Fragestellungen hätte er seinen Platz. Seine Vielseitigkeit garantiert, will man ihm gerecht werden, von vornherein seine Eignung für ein wissenschaftliches Vorgehen, das den Kulturwissenschaften spezifisch ist: Transdisziplinarität; sie macht ihn zum überaus geeigneten Objekt kultur-

---

[1] Klaus Günther Just, *Von der Gründerzeit bis zur Gegenwart. Geschichte der deutschen Literatur seit 1871*, Bern/München 1973(= Handbuch der deutschen Literaturgeschichte, 1. Abteilung: Darstellungen, Bd. 4), S. 159.

wissenschaftlicher Forschung, weil er deren Ansatz entgegenkommt; sie führt den Kulturwissenschaften in ihm einen Autor zu, der bisher aus Mißverständnis unter die Schriftsteller geraten war, die guten zumal, ohne es selbst zu sein; er, von dem der spaßige Klabund sehr zutreffend gesagt hat, er habe »vom Naturalismus bis zum Expressionismus und Katholizismus so ziemlich alle Klassen der Literaturgeschichte absolviert und ist überall mit der Note 2-3 versetzt worden.«[2]

Alles das hätte und hat ihm – Bahr – nicht gefallen. Daß ich es dennoch unternehme, in seiner Vaterstadt, auf einem Kongreß, der seinen Namen trägt, dergleichen vorzuschlagen,[3] kann ich nur unter der Überschrift abhandeln, daß allen geholfen wäre: der Literaturgeschichte, den Kulturwissenschaften und – besonders – ihm selbst. Man sollte ihm endlich, zwei Menschenalter nach seinem Tode, dazu verhelfen, sich dort aufhalten zu dürfen, wo er hingehört. Nicht auf den Parnaß gehört er mit allen denen, die er für die deutschsprachige Welt »entdeckt« und »gefördert« hat – da wäre er eine armselige Figur: neben Hofmannsthal, Schnitzler, Rimbaud, Wilde, Barrès und Bourget, neben Maeterlinck und den Expressionisten, unter Kainz, Hauptmann und Gerardi, der Duse, Richard Beer-Hofmann, Klimt, Otto Wagner oder Josef Maria Olbrich usw. Nicht dorthin gehörte er. Dem sollte man ihn deshalb auch nicht aussetzen. Er wäre unter den Essayisten und Kritikern unterzubringen; und selbst dort in einer besonderen Spezies freilich: bei den kulturwissenschaftlich, nicht bei den literarisch relevanten Geistern. Die Frage, über die ich sprechen möchte, lautet also, ob man Hermann Bahr den Kulturwissenschaften überlassen will, ihn künftig der Verhandlung durch die Kulturwissenschaften zuschlagen sollte. Zu seinem eigenen Nutzen, versteht sich; denn es handelt sich nicht um eine *damnatio memoriae*. Das wäre absurd. Was also dann?

Ambivalent ist das Bild, das er uns von sich hinterlassen hat. Man kann sagen, daß er sich zeitlebens selbst überschätzt hat, aber daß er zu bestimmten Zeiten – als er etwa seine 1923 erschienene Autobiographie schrieb – doch ausmachen konnte, wo seine Bedeutung, seine größte und wichtigste Wirkung und somit auch seine Begabung gelegen hatte: in der Entdeckung nämlich und der Begleitung, im Protegieren der zu seiner Zeit neuen und jungen Literatur; in der Früherkennung von literarischen und kulturellen Phänomenen allgemein, insbesondere in den Jahren der Jahrhundertwende, als er mit außergewöhnlichem Instinkt (oder: was war es eigentlich, oder wenigstens: wie soll man das nennen?) immer schon das vorweg an Entwicklungen zu formulieren verstand, was später tatsächlich eintrat; zu einem Zeitpunkt, als die, die es dann zuwege brachten, noch mit ganz anderen Dingen

---

2 *Klabunds Literaturgeschichte. Die deutsche und die fremde Dichtung von den Anfängen bis zur Gegenwart*, neu geordnet und ergänzt von Ludwig Goldscheider, mit einem Nachwort von Rudolf Kayser, Wien 1930, S. 339f.

3 Der Beitrag ist die unüberarbeitete Fassung eines Vortrags beim Symposion über Bahr, das 1998 in Linz stattfand. [Anm. d. Hrsg.]

beschäftigt waren: vom Naturalismus über die Décadence, über Impressionismus und Symbolismus bis zu Neuromantik, Heimatkunst und zum Expressionismus. Diese seine Fähigkeit zur Früherkennung – der Begriff ist uns eher aus der medizinischen Diagnostik geläufig und würde dort, in dieser Intensität geübt, noch heute jedem Internisten zur Ehre gereichen – diese Fähigkeit, sie war beispiellos. Zugleich war sie getragen von einer oft sehr aufgesetzt wirkenden, aber dennoch ernst gemeinten Sorge um das, was sich in Literatur, Bildender Kunst und Kultur entwickelte; ambivalent eben.

Für ihn war es selbstverständlich, daß er alles, was er anregte und in seine Überlegungen einbezog, immer aus europäischen, nicht nur österreichischen oder auch nur deutschsprachigen Quellen schöpfte. Es fing bezeichnenderweise mit Ibsen an, führte über Bourget und Barrès, Flaubert, Zola, Maeterlinck bis zu Oscar Wilde, Morris und D'Annunzio, zu den Spaniern, Polen, Tschechen usw. Und die Fragestellungen kamen samt und sonders aus dem Ausland, waren international bestimmt, ob es sich um die Programme der Naturalisten, der Symbolisten oder der Expressionisten handelte. Ob es um Décadence oder später um Heimatkunst ging; oder um die Moderne schlechthin, deren Bezeichnung sich bis heute mit Recht mit seinem Namen verbindet – unwiderruflich.

Schon die Zeitgenossen (und keineswegs nur die Wiener Intimfeinde wie Karl Kraus) waren eher reserviert, wenn es um ihn als Person und um ihn als Autor ging; was kaum voneinander zu trennen war, für die Zeitgenossen schon gar nicht. Das mag auch daran gelegen haben, daß er sich zu allem und jedem äußerte. Das hatte etwas Impressionistisches, wie Egon Friedell das für eine so ganz andere Figur der Zeit, für Kaiser Wilhelm II., konstatiert hat.[4] Er griff nervös nach allem und jedem. Das war nicht allen recht und nicht jedem.

Er hat sich keineswegs ausschließlich mit Literatur oder Kunst beschäftigt. Im Gegenteil: Fragen der Politik im weitesten Sinne (die »Einsichtslosigkeit des Herrn Schäffle«, der Aufsatz, mit dem Bahr 1886 höchst geistreich auf dessen Artikel über die »Aussichtslosigkeit der Sozialdemokratie« reagierte)[5] – damit fing es geradezu an; mit den großen allgemeinen Themen der Zeit: mit Individualismus, mit Antisemitismus, mit Ibsen, der schon fast ein Politikum war und keineswegs nur ein Literat.

Bahr hat alles registriert. Seine Tagebücher zeigen das. Er hat in einer Art von bewußtlosem Bewußtsein Erscheinungen bemerkt und formuliert (weniger wirklich begriffen, vielleicht, als einfach konstatiert), die noch fast 100 Jahre später als Diagnose einigermaßen erstaunlich anmuten. Das Phänomen, mit dem er, wie gesagt, bis heute am engsten verbunden wird, die Moderne:

---

[4] Egon Friedell, *Kulturgeschichte der Neuzeit. Die Krisis der europäischen Seele. Von der schwarzen Pest bis zum Ersten Weltkrieg*, Bd. 3: *Romantik und Liberalismus, Imperialismus und Impressionismus*, München 1954, S. 428f.

[5] Hermann Bahr, *Die Einsichtslosigkeit des Herrn Schäffle. Drei Briefe an einen Volksmann als Antwort auf »Die Aussichtslosigkeit der Sozialdemokratie«*, Zürich 1886.

Er hat sie modern verstanden. Moderne modern verstehen heißt im Kontext: nicht nur finden, daß es etwas Neues geben muß, daß der Antike die Moderne entgegenzusetzen sei, wie das Eugen Wolff gemacht hatte in seiner berühmten Verlautbarung.[6] Es heißt, sie dynamisch verstehen. *Sein* Begriff von Dynamik hieß »Überwindung«, die sozusagen bürgerliche Variante von Marxens 11. These ad Feuerbach, es komme darauf an, die Welt, die immer nur verschieden interpretiert worden sei, zu verändern.

Und da wird seine Bedeutung auch spezifisch: Es geht um Bahrs *kritische Arbeiten*, wenn es um die europäische Moderne, und um diese europäische Moderne, wenn es um seinen Nachruhm geht. Waren seiner belletristischen Produktion insgesamt eher Achtungserfolge beschieden, so haben seine kritischen Arbeiten ihn berühmt gemacht. Seine literarischen Versuche sind spätestens von heute her unbedeutend, seine kritischen dagegen haben für einen ziemlich klar umgrenzbaren Zeitraum – den zwischen Naturalismus und Expressionismus – die Stichworte der Zeit eigenwillig und penetrant, aber treffsicher und folgenreich formuliert.

Die Zeit seines bleibenden Erfolges also war die von seinen Anfängen bis etwa zur Mitte der 10er Jahre. Zumindest bis zu seinem Expressionismusbuch (1916) folgen – oft dicht gedrängt – seine einflußreichsten kritischen Arbeiten jeweils gesammelt in Buchform.[7]

Es gibt bis heute keine Verlautbarung zur historischen Standortbestimmung der Moderne, die seinen Namen nicht wenigstens nennen würde, seine Verdienste nicht wenigstens als Pflichtübung alludierte. Gemeint sind dann immer die kritischen Schriften, diese zwischen Pamphlet und Feuilleton changierenden Texte, geschrieben in einem Stil, der »zeitlebens sehr bewußt die Mitte zwischen Konversationston und hochgetriebenem Pathos einhält«.[8] Klaus Günther Justs Diktum könnte – konkret literaturwissenschaft-

[6] Eugen Wolff, Thesen der »Freien literarischen Vereinigung *Durch!*«, in: *Das Magazin für die Litteratur des In- und Auslandes* 55/1886, S. 810 (anonym); sowie unter Wolffs Namen in: *Allgemeine Deutsche Universitäts Zeitung* 1/1887, S. 10; vgl. auch: Eugen Wolff, *Die jüngste deutsche Litteraturströmung und das Prinzip der Moderne*, Berlin 1888 (= Literarische Volkshefte, Bd. 5); beide Texte wieder abgedruckt in: Gotthart Wunberg/Stephan Dietrich (Hrsg.), *Die literarische Moderne. Dokumente zum Selbstverständnis der Literatur um die Jahrhundertwende*, 2., verb. und. komm. Auflage, Freiburg i.Br. 1998 (= Reihe Litterae, Bd. 60), S. 23-81.

[7] 1887 schon seine Abhandlung über »Henrik Ibsen«; 1890 »Fin de siècle«; 1891 »Zur Kritik der Moderne«; 1891 »Russische Reise« und »Die Überwindung des Naturalismus«; 1894 die »Studien zur Kritik der Moderne«, »Der Antisemitismus« und »Renaissance«; 1900 »Secession« und »Bildung«; 1904 der »Dialog vom Tragischen«; 1905 der »Dialog vom Marsyas«; 1907 »Wien«; 1908 »Buch der Jugend«; 1909 »Dalmatinische Reise«; 1911 »Austriaca«; 1912 »Inventur«; 1912 »Essays«; 1916 »Expressionismus«; 1917 »Um Goethe«; 1921 »Summula« – so die Titel der wichtigsten (nach: Kurt Thomasberger, Bibliographie der Werke von Hermann Bahr, in: Heinz Kindermann, *Hermann Bahr. Ein Leben für das europäische Theater*, mit einer Hermann-Bahr-Bibliographie von Kurt Thomasberger, Graz/Köln 1954, S. 347-368). Das sind Buchtitel, unter denen er seine Aufsätze zu sammeln pflegte; für die Kenner, die seine Arbeiten in den Tages- und Wochenzeitungen verfolgt hatten, nicht neu, aber neu zusammengestellt. Und der Korpus-Charakter ergab sich zunächst vielleicht von allein, später ist er, scheint mir, deutlich geplant.

[8] Just, *Gründerzeit* (Anm. 1), S. 210.

lich und kulturwissenschaftlich am Beispiel Bahrs vorgeführt – ein intellektuelles Sittenbild der Zeit liefern, das sich sehen lassen kann. Die Zeit zwischen 1890 und 1915, das waren die Jahre, in denen man auf ihn hörte und auf ihn achtete; man muß auch sagen: in denen er etwas zu sagen hatte. Ob es sich um die Literatur handelte, die Malerei oder einfach höchst allgemeine kulturelle, nicht zuletzt kulturpolitische Phänomene. An diesen seinen kritischen Arbeiten, wenn man die so nennen kann und will, sollte man ihn messen, wenn man von ihm reden, wenn man ihm gerecht werden will. Nicht an seiner Belletristik;[9] denn dort ist weder bleibende Resonanz zu verzeichnen noch für heute ein Anlaß zu Neuentdeckungen; es gibt unter seinen zahllosen Theaterstücken und Romanen nichts ins rechte Licht zu rücken und nichts Verschüttetes zu sichten. Wem es schwer fällt, das zu glauben, möge sich der Lektüre seiner unsäglichen Romane unterziehen oder besser noch: sich dabei einfach der anderen erinnern, derjenigen, um die er sich bemüht und denen er nicht selten zu Ansehen und Bekanntheit erst verholfen hat; Namen sich ins Gedächtnis zurückrufen, die den Standard doch wohl bestimmen, wenn es um die Literatur Österreichs dieser Jahre, die Literatur dieser Zeit überhaupt geht; Namen, die europäische Maßstäbe gesetzt haben: Arthur Schnitzler und Hugo von Hofmannsthal, Peter Altenberg und Richard Beer-Hofmann, Karl Kraus und Leopold von Andrian, oder auch nur Jakob Julius David.

Angesichts dieses Tatbestandes fragt man sich (und das ist die zentrale Frage), ob die Literaturwissenschaft sich selbst und vor allem: ob sie ihm, Hermann Bahr, einen Dienst erweist, wenn sie den Versuch macht und wiederholt, ihn unter der Überschrift Literatur abzuhandeln; ob es nicht für sie eine Entlastung und für ihn ein Gewinn wäre, ihn einer kulturwissenschaftlichen Fragestellung zuzuführen. Gute Gründe ließen sich dafür vorbringen. Dafür nämlich, daß die Literaturwissenschaft gar nicht erst versucht, an ihm ihre ausdifferenzierten Methoden von Satzbau und Poetizität, dramatischem Aufbau und Erzählstruktur, von Intertextualität und Erzählzeit, von produktions- und wirkungsästhetischen Ansätzen zu exekutieren. Diese guten Gründe liegen in dem Tatbestand, daß Bahrs Texte das Material nicht herge-

[9] »Die gute Schule« von 1890, 1898 in zweiter Auflage erschienen, hat kürzlich immerhin einen Nachdruck erfahren (hrsg. von Günter Helmes, Berlin 1997); das ist aber auch alles. Und mit alle dem hat er so gut wie nichts oder nur wenig bewirkt. Der Roman »Die gute Schule« führte in seinem Untertitel die »États d'âme« als »Seelenstände« in die deutschsprachige Literatur ein. Das war, wenn auch sprachlich nicht gerade gelungen, für die Folgezeit entscheidend und bedeutsam. Vor allem war es symptomatisch für Bahr und seine Art zu schreiben, zu erfinden; zu wirken. So ungeschickt sich das Wort im Deutschen ausnimmt: Er behielt es bei. Und der Begriff bezeichnete natürlich eine der wichtigsten Angelegenheiten der Zeit, einen der wichtigsten Diskurse. Symptomatisch war, daß die Formulierung, die er da in der Übersetzung gefunden hatte, weder sehr gelungen noch auch nur ganz richtig war; aber daß sie dennoch ins Zentrum der Bedürfnisse traf: eines der Lieblingsworte der Epoche aufgriff. – Das war – »Die gute Schule« also – 1890; genau ein Jahr noch vor der berühmten »Überwindung des Naturalismus« von 1891 (aus Aufsätzen zusammengestellt und im März 1891 seinem Vater gewidmet; »Die Gute Schule« ist März 1890 datiert; vgl. Thomasberger, Bibliographie [Anm. 7], S. 356 u. 354).

ben, aus dem sie gemacht sein müßten; daß sie, kurz gesagt, dafür zu schlecht sind. Aber wie schon Friedrich Schlegel (übrigens gerade im Zusammenhang der Diskussion um das Phänomen der Moderne) das »Schöne« vom »Interessanten« unterschieden hat[10] und der Meinung war, daß ein Objekt durchaus »nicht *schön* sondern nur *intereßant*« sein könne,[11] so kann man sich dennoch für diesen Autor interessieren, auch wenn er ästhetisch nichts hergibt. Gute Gründe, wie gesagt, also ließen sich ins Feld führen, die literaturwissenschaftliche Beschäftigung mit diesem Autor bleiben zu lassen und sich ihm *sub specie* Kulturwissenschaften zuzuwenden; nicht die ›schönen‹ Texte Bahrs zu suchen, sondern die ›interessanten‹. Denn just dafür gibt dieser Autor mehr her als man glaubt, vermag er nachgerade zu einem Paradebeispiel kulturwissenschaftlicher Beschäftigung zu avancieren. Ein so vielseitiger Autor, ein in so verschiedenen Bereichen Versierter, der Kenner der europäischen Literatur und Malerei, der Grundzüge der philosophischen Entwicklungen seiner Zeit, der das Theater des In- und Auslandes aus eigener Anschauung kennt; der die Tendenzen seines Zeitalters versteht und deutet (ob richtig oder nicht, das mag dahingestellt bleiben, und wer will das entscheiden); ein Mann, der seine österreichische Literatur genauso kennt wie die deutsche, der die französische am Schnürchen hat und die Heimatliteratur zur Kenntnis nimmt, wenn es so weit ist.

Und nun erst das riesige Feld seiner Tagebücher, das sich durch die neue, kommentierte Edition von Moritz Csáky, Kurt Ivkovits und Lukas Mayerhofer eben erst zu erschließen beginnt und das auf seinen ungepflügten Ländereien Objekte birgt, die kaum mit herkömmlichen literaturwissenschaftlichen Mitteln zu bewältigen sein werden.

Er ist – nicht zuletzt – eine symptomatische Figur seiner Zeit schlechthin: Seinen Weg vom Sozialismus ins konservative Lager (in seinem Falle bis in die Nähe von Richard von Kralik!) hat er mit manchen anderen Zeitgenossen gemeinsam. Es ist das ungezählte Male durchlebte Literatenparadigma dieser Generation – Samuel Lublinski, Paul Ernst usw. Nietzscheaner sind sie allzumal, Ibsen-Verehrer und Skandinavienfreunde, frankophile Literaturkritiker. Er jedenfalls ist einer von ihnen, so etwas wie ihr Prototyp und dennoch zugleich eine besondere Figur: der hundertfach Verwendbare. Er ist – zur eingangs gestellten Frage zurück – das angesagte Exempel, an dem sich kulturwissenschaftliche Ansätze erproben können. Solche, die auf Interdisziplinarität nicht nur *angewiesen*, sondern auch *angelegt* sind; bei denen die Einzeldisziplin bleibt, was sie ist, und dennoch in transdisziplinärem Vorgehen ihre Möglichkeiten sieht und ausschöpft.

Ein ganzes Zeitalter: An ihm, Bahr, ließe es sich auf diese Weise vorführen, veranstaltete man diese Untersuchung kritisch und nicht einfach akkla-

[10] Friedrich Schlegel, Über das Studium der griechischen Poesie, in: *Kritische Friedrich-Schlegel-Ausgabe*, hrsg. von Ernst Behler, Bd. 1, Paderborn u.a. 1979, S. 252.

[11] Friedrich Schlegel, Von der Schönheit in der Dichtkunst, in: *Kritische Ausgabe* (Anm. 10), Bd. 16 (1981), S. 27.

matorisch. Wien, Österreich vor allem, die deutschsprachige Literatur im ganzen, die zeitgenössische moderne Kunst überhaupt, die europäische Literatur allemal und europäisches Theater sowie deren mannigfachen Verflechtungen, für die neue Architektur und ihre Impulse: Für alles das stünde er. Nur komparatistisch im weitesten Sinne, in sozialhistorischen und distributionsgeschichtlichen Ansätzen, in psychologischen und psychoanalytischen, religions- und wirtschaftsgeschichtlichen gleichermaßen; d.h. eben: kulturwissenschaftlich wäre zu erschließen, was sich in ihm sammelt wie in einer Linse. Die Träume des Fin de siècle: An ihm ließen sie sich buchstabieren; die Verwerfungen der Zeit der Jahrhundertwende, noch immer für uns letztlich unlesbar: An ihm und im Entlangschreiben an dem von ihm entfalteten Spektrum ließen sie sich dechiffrieren. Nicht weil er der entscheidende Exponent der Epoche gewesen wäre, bei weitem nicht; da waren Musil und Freud, Nietzsche oder Einstein. Er war ein mittelguter Schüler, mit Klabund zu reden, in der ›guten Schule‹ der deutschen und der Weltliteratur, aber eben ein typischer. Ein typischer und zugleich herausgehobener Teilnehmer und Teilhaber an den Diskursen der Zeit. Das macht ihn interessant. Fast könnte man sagen, weil er den Durchschnitt repräsentiert, die durchaus durchschnittliche Teilhabe am zeitgenössischen Diskurs, ist er notorisch und unumgänglich. Darin, daß er symptomatisch ist, ist er auch interessant. In dem hektisch sich umblätternden Buch der Zeit transkribierte er, was kaum jemand zu lesen imstande war; immerhin.

Zum Schluß noch eines: Im Grunde läuft alles auf ein einziges Phänomen hinaus, das so interessant und besonders: bedenkenswert wie entlastend und gewissermaßen zukunftsführend ist.

In der Unzulänglichkeit, die dieser Mann verkörpert wie kaum ein anderer, den die Literaturwissenschaft uns zu überliefern für nötig erachtet hat, in seiner Unfähigkeit, die richtig gesteckten Ziele auch zu erreichen, formuliert sich doch letzten Endes die Epoche selbst. Die Scheinhaftigkeit und Unzulänglichkeit eben des ganzen Zeitalters, die bekanntlich die Substanz schon von Nietzsches Diagnose darstellt und die Hermann Broch für Wien wiederholt hat: Hier ist sie in mehr als einer Hinsicht manifest, in dieser Person, in diesem Mann aus Linz, dem seine Stirnlocke so ernst war, wie sie Karl Kraus abstrus vorkam, dem die ›zahlreichen Überwindungen‹ die er ›vornahm‹ (Karl Kraus), so wichtig waren, daß er sich durch keine Satire und keinen Spott davon abbringen ließ.

Was der General Stumm von Bordwehr bei Musil (ironisch gewendet, versteht sich) »das Grundbuchsblatt der modernen Kultur« nennt: Bahr hat es ausgefüllt, rastlos. Bei ihm sind es nicht wie bei Musil »in ärarischer Schönschrift die Namen Jesus Christus; Buddha, Gautama auch Siddharta; Laotse; Luther, Martin; Goethe, Wolfgang; Ganghofer, Ludwig; Chamberlain und viele weitere, die offenbar noch auf einem anderen Blatt ihre Fortsetzung fanden.«[12] Bei Hermann Bahr sind die Namen auch nicht ironisch geknickt und gefalzt; sie waren ernst gemeint und hießen Ibsen und Baudelaire, Verlaine, Wilde, Tolstoi oder Huysmans, D'Annunzio, Bourget, Barrès usw., waren modern wie die Leser, für die er schrieb, Zeitgenossen wie sie.[13]

Nichts entging seiner Aufmerksamkeit, das einmal die Peripherie seines Interesses gestreift, die Ränder seiner Neigungen und Bedürfnisse berührt hatte. Er trug es ein auf den ›Grundbuchsblättern der Kultur‹, auf denen noch heute die Eintragungen dieses ›nervösen Zeitalters‹ zu lesen sind, die er – nicht als einziger, aber als einer der ersten – vorgenommen hat. Die Kulturwissenschaften jedenfalls wären in der Lage, sie (in Kooperation mit Literatur- und Textwissenschaft, versteht sich) zu dechiffrieren.

---

12 Robert Musil, *Der Mann ohne Eigenschaften*, hrsg. von Adolf Frisé, Reinbek 1978, S. 372.

13 Den besten Überblick über die Breite seiner Interessen bietet das Hermann-Bahr-Buch, das der S. Fischer Verlag 1913 zu seinem 50. Geburtstag herausgab.

20. Vorschläge zum weiteren Procedere

Aus Anlaß von Michael Georg Conrads »Erinnerungen zur Geschichte der Moderne« von 1902[1]

Das Thema hat eigentlich nicht viel mit München, dafür aber um so mehr mit der Zeit um 1900, also der Moderne, zu tun. Michael Georg Conrad ist ein gutes Beispiel für eine Facette der Moderne, die zu wenig bedacht worden ist. Denn es geht um das Phänomen der mißglückten Moderne. An Conrad kann man zeigen, daß Moderne – sozusagen beim besten Willen – kein Selbstläufer ist, sondern mißlingen kann.

Ich rekapituliere das Bekannte, bzw. was hier davon wichtig ist. Der 1846 in Gnodstadt in Franken geborene Bauernsohn schreibt nicht nur Romane, die sich bewußt in die Tradition des französischen Naturalismus stellen – wenn es nach ihm gegangen wäre, hätte man ihn (und nicht Max Kretzer) den ›deutschen Zola‹ nennen müssen. Er gibt seit 1885 auch »Die Gesellschaft«, die erste große deutsche Rundschauzeitschrift des Naturalismus heraus; fünf Jahre bevor Otto Brahm in Berlin die »Freie Bühne« gründet. Seine »Gesellschaft« versteht sich – so der Untertitel im ersten Jahrgang – als »Realistische Wochenschrift für Literatur, Kunst und öffentliches Leben«.[2] – Es handelte sich nicht ausschließlich und in jeder Hinsicht um eine Münchner Zeitschrift, wie man schon an den verschiedenen Verlagsorten sehen kann.[3]

Daß es sich um einen eher diffusen Gesellschaftsbegriff handelte, den Conrad mit dem Titel seiner berühmten Zeitschrift meinte, ist schon in dem mit Sicherheit von ihm selbst verfaßten ›Editorial‹ zu lesen. Bramarbasierend ging es da zu, wenn er Literatur, Kritik und Sozialwissenschaft höchst originell mit Backfischen, alten Frauen und kastrierten Männern verglich.[4]

---

[1] Michael Georg Conrad, *Von Emile Zola bis Gerhart Hauptmann. Erinnerungen zur Geschichte der Moderne*, Leipzig 1902.

[2] Die Untertitel – schon vom zweiten Jahrgang an handelt es sich um eine Monatsschrift – wechseln; das zu konstatieren, ist nicht ganz unwichtig; denn es ist indizierend: Seit dem dritten Jahrgang heißt sie »Monatsschrift für Literatur und Kunst«, seit dem siebten Jahrgang wieder »Monatsschrift für Literatur, Kunst und Sozialpolitik«; vom 1. April 1901, vom 17. Jahrgang an, dann schließlich »Münchner Halbmonatsschrift für Kunst und Kultur«.

[3] Die Zeitschrift wechselt bereits mit dem dritten Jahrgang den Verlag; geht von G. Franz in München nach Leipzig zu Wilhelm Friedrich; dann nach Minden und Dresden, bis Conrad sie schließlich im 17. Jahrgang im Selbstverlag herausgibt; – vgl. Fritz Schlawe, *Literarische Zeitschriften. Teil I: 1885-1910*, Stuttgart ^{2}1965 (=Sammlung Metzler, Bd. 6).

[4] »Fort, ruft unsere Gesellschaft, mit der geheiligten Backfisch-Litteratur, mit der angestaunten phrasenseligen Altweiber-Kritik, mit der verehrten kastrierten Sozialwissenschaft« (zit. nach: *Naturalismus. Manifeste und Dokumente zur deutschen Literatur 1880-1900*, hrsg. von Manfred Brauneck/Christine Müller, Stuttgart 1987, S. 33).

Das klang im nachhinein in den Erinnerungen wesentlich moderater; eher (kultur-)politisch:

> Und am Ausgang des Jahres 1884 entrollte ich die Sturmfahne und pflanzte sie in einer eigenen Zeitschrift »Die Gesellschaft« auf. Die Gesellschaft als Organisation aller freien, bislang gebundenen Kräfte!, die Gesellschaft als Antipodin des kulturhemmenden Staates und aller reaktionär verankerten Vergangenheitsgewalten! Die Gesellschaft als Turnierfeld aller verfemten Ideale! Ihr sollte meine neue Zeitschrift dienen. Allen Stummen und Bemaulkorbten sollte sie die Möglichkeit freier Rede erstreiten.[5]

Ich werfe im folgenden einige Fragen auf; genau genommen: fünf. Ich fasse sie in die folgenden Problemformulierungen (der letzten werde ich mich ausführlicher widmen).

1. Erste Problemformulierung

Die Programmatik der frühen Moderne in ihrer Spielart des Frühnaturalismus ist eine Erfindung der Nachwelt.

Zweierlei ist zu konstatieren, woraus drittens eines der Probleme formulierbar wird, das uns beschäftigen soll. *Erstens* war Michael Conrad ohne Zweifel einer der wichtigsten Wortführer des deutschen Naturalismus; also wenigstens einer wichtigen Teilbewegung innerhalb der deutschsprachigen literarischen Moderne.

Zweitens: Was Conrad in seinen »Erinnerungen zur Geschichte der Moderne« zu dieser vorzubringen hat, sind Belanglosigkeiten, inkonsistent formuliert, beliebig zusammengestellt, an privaten Erlebnissen orientiert; es trägt auch im Medium der Memoirenliteratur zu einer Theorie der Moderne, wie sie ihm immer vorschwebte, nichts bei.

Daraus folgt *drittens* die Frage, ob das jedenfalls, was naturalistische Moderne gewesen ist, sich nicht eher einer Reflexion *ex post* denn zeitgenössischer Überlegung verdankt. Mit anderen Worten: ob diese Früh-Moderne in ihrer Durchführung, sozusagen ihrer Abwicklung, eine Erfindung der Nachwelt ist. Zeitgenössisch dagegen war sie eher Behauptung, Forderung, Anspruch, Vision, Projektion, Hoffnung oder was sonst; unter der Devise: Alles andere ist besser als das, was – literarisch gesehen – hinter uns liegt.

Aber darüber wollte ich gar nicht reden. Deshalb noch einmal eine andere Annäherung:

---

[5] Conrad, *Erinnerungen* (Anm. 1), S. 71.

2. Zweite Problemformulierung

Hermeneutik als hier verfehlter Ansatz; statt dessen: ein kulturgeschichtlicher.

Michael Georg Conrads »Erinnerungen zur Geschichte der Moderne« sind (wie übrigens seine sämtlichen anderen Werke) ein ausgezeichnetes Beispiel dafür, daß man nicht jedem Text, so wichtig er sein mag, mit den traditionellen Mitteln der Hermeneutik beizukommen vermag. Nicht weil der Text zu schwierig, zu kompliziert, zu ›gut‹ wäre, sondern weil er zu simpel, zu wenig widerständig, zu ›schlecht‹ ist. Daß es sich bei dem Verfasser nicht um einen x-beliebigen Schreiber handelt, sondern um einen zu seiner Zeit und von seinen Zeitgenossen ungemein geschätzten und hoch angesehenen Wortführer gerade auch der Literaturpolitik, verschafft dem Thema eine gewisse Brisanz.

Für Conrad stellt sich das Problem dieser Inkongruenz von kritischem Anspruch und literarischer Praxis in besonderer Weise. Er ist auf der einen Seite ein außerordentlich erfolgreicher, bekannter und anerkannter Promotor moderner Literatur. Auf der anderen Seite ist er – was schon die Zeitgenossen nahezu übereinstimmend festgestellt haben – ein schlechter Autor.

Darin übrigens sehr ähnlich dem fast 20 Jahre jüngeren Hermann Bahr, dessen theoretische, oder besser: kritische Impulse weit bedeutender und wirkungsvoller waren als seine literarischen.[6] – Mit Bahr verbindet Conrad überhaupt einiges. Nicht biographisch, aber doch vom Typus her Belegbares. Was Bahr 1898 seinem Tagebuch anvertraut, hätte genauso gut von Conrad stammen können:

> […] – ich bin modern. Daher kommt es auch, daß ich ganz anders bin als alle die anderen. Das ist vielleicht ein kleines Verdienst, aber es ist jedenfalls, was den Erfolg betrifft, ein großes Unglück.
> Modern – das heißt, ich hasse alles, was schon dagewesen ist, jedes Vorbild, jede Nachahmung und lasse kein anderes Gesetz gelten in der Kunst als das Gebot meiner augenblickl. künstlerischen Empfindung […].[7]

Diese Mischung aus Selbstüberschätzung und Unklarheit in der Begriffsbildung bei gleichzeitigem Willen zu begrifflicher Schärfe, die aber eben nicht gelingt: Das verbindet sie miteinander.

Conrads ›berühmter Roman‹ »Was die Isar rauscht« – mit Sicherheit mehr zitiert als gelesen – ist der in nahezu jeder Hinsicht mißglückte Versuch, einen (modernen) Roman zu schreiben. Das ließe sich schnell belegen. Die Isar, eine Art lokales Leitmotiv, hat keine rechte Funktion, hält die (kaum noch auch nur heterogen zu nennenden) Elemente nicht zusammen. Die einzelnen Episoden sind wild zusammengeschrieben. Hanstein oder

---

[6] Der Unterschied besteht nur darin, daß Bahr bei aller Problematik, die sich gerade für ihn im Hinblick auch auf die Qualität seiner expositorischen Prosa ergibt, doch der konsistenter und klarer Argumentierende gewesen ist.

[7] Hermann Bahr, *Tagebücher, Skizzenbücher, Notizhefte*, Bd. 1: *1885-1890*, hrsg. von Moritz Csáky, Wien u.a. 1994, S. 89.

Soergel, insbesondere Lublinski, die ersten also, die versuchten, die Literatur der Moderne im Zusammenhang darzustellen, stimmen darin eindeutig überein.[8] Das gilt keineswegs nur für diesen auf zehn Bände geplanten Roman (von dem nur drei Bände erschienen sind); es gilt genauso für alle anderen Erzählungen.[9]

Mir scheint, es würde sich lohnen, an diesem Beispiel statt eines zum Scheitern verurteilten hermeneutischen Ansatzes einen kulturgeschichtlichen auszuprobieren, den man auch einen kultursemiotischen nennen könnte; früher hätte man gesagt: einen literatursoziologischen. Danach wäre zu unterscheiden zwischen Textkultur und Performanzkultur. Speziell für die Zeit, die mit dem literarischen Naturalismus zusammenfällt, also etwa die seit Beginn der 80er Jahre des 19. Jahrhunderts, läßt sich eine zunehmende Performanzkultur beobachten, die die bis dahin dominierende Textkultur immer stärker verdrängt. Unter Performanzkultur wäre demnach, setzt man sie ins Verhältnis zur Textkultur, eine Kultur zu verstehen, die ihre Aktivitäten von der Produktion und der Rezeption von Texten auf sehr viel allgemeinere Aktivitäten verlagert, die aber gleichwohl noch mit Kultur und damit auch Literatur zu tun haben.

Wenn die Performanzkultur die Textkultur ablöst, dann heißt das, daß eine Beschäftigung mit Texten wie denen von Conrad anderen Vorgaben gehorcht: daß sie nämlich als Dokumente der Performanzkultur, nicht der Textkultur zu begreifen seien; daß sie streng genommen gar nicht mehr gelesen, sondern nur verstanden werden müssen, daß sie auch *per definitionem* keinen stringenten – etwa poetologisch zu formulierenden – Vorgaben mehr zu folgen hätten. Sie bedürften so keiner poetologisch begründbaren Fassung mehr, könnten als rein argumentative Texte aufgefaßt werden, da sie eben im Argument aufgehen.

Die Konsequenz daraus wäre, daß diese Variante der literarischen Moderne sich – weil und indem sie sich als Textkultur aufgibt – als Performanzphänomen ins Abseits manövriert. Und genau das ist geschehen: Der Naturalismus dieser Provenienz hat nicht überlebt.

Michael Georg Conrads Erinnerungen zeichnen sich dadurch aus, daß sie beliebige Facetten zusammenzubinden suchen, die lediglich in der *Person* des Verfassers zusammenlaufen; die keinerlei Objektivitäts-Wert im Sinne einer übergreifenden Analyse oder auch nur Beschreibung der Zeit darstellen.

---

[8] Adalbert von Hanstein, *Das jüngste Deutschland. Zwei Jahrzehnte miterlebte Litteraturgeschichte*, Leipzig 1900, pass.; Albert Soergel, *Dichtung und Dichter der Zeit. Eine Schilderung der deutschen Literatur der letzten Jahrzehnte*, Leipzig [15]1921, pass.; Samuel Lublinski, *Die Bilanz der Moderne*, Berlin 1904, S. 58ff. (Nachdruck: hrsg. von Gotthart Wunberg, Tübingen 1974 [= Deutsche Texte, Bd. 29]).

[9] Conrad ist relativ spät zur Literatur im Sinne der Belletristik gelangt. Zunächst hatte er – und das mag symptomatisch sein für die Art und Weise seiner späteren auch literarischen Darstellungen – mit gesellschafts- und kulturkritischen Schriften begonnen, sich um Freimaurerei, Politik, Volksbildungsfragen und dergleichen gekümmert, bevor er sich als Frucht seiner Pariser Zeit zunächst kleineren literarischen Formen (etwa in der »Lutetia«) zuwandte.

Das Phänomen heißt: Ein zu seiner Zeit nicht nur bekannter, sondern auch weithin anerkannter Autor, dessen Verdienste um die zeitgenössische Literaturbewegung unbestritten sind, erweist sich als schlechthin unfähig, dasjenige zusammenzufassen, was ihm gerade als seine Lebensaufgabe, sein Lebensziel und seine Lebensleistung erscheint: die Entwicklung der Moderne. Das als »Widmungs-Brief an Hermann Allmers« überschriebene Vorwort seiner Erinnerungen ist mit seinem antitheoretischen Affekt bereits symptomatisch. Dagegen setzt er einen rüden Heimatkult: im Geheimnis des Blutes und des Bodens ruhe – wörtlich! – das Geheimnis der Kunst, sagt er.[10] Ein einziges *name-dropping* sind diese »Erinnerungen zur Geschichte der Moderne«; angereichert mit Anekdotischem, das dem eigenen Ego (anders läßt sich das kaum formulieren) und seinen Bedürfnissen folgt. Der Befund, der aus der Ergebnislosigkeit der Lektüre abzuleiten ist, lautet, daß die Moderne offensichtlich sich durch *Namen* nicht darstellt und nicht zu fassen ist; nicht durch Anekdoten. Durch Texte allenfalls wäre sie formulierbar. Das hieße, daß die Moderne nur im Vollzug, nicht in der Theoretisierung über sich wird, was sie sein kann. In der Engführung nämlich von Theorie und Praxis, von Wissenschaft und Kunst; nicht in deren separater Behandlung.

Man könnte auch sagen, daß dem Phänomen Conrad allenfalls über einen soziologisch-psychologischen Zugang beizukommen ist. Er stellt ein hervorragendes Beispiel dar für das Ende dessen, was man die *traditionelle* Textkultur nennen kann. Die ist bei ihm, wie gesagt, deutlich abgelöst durch eine Performanzkultur: Es geht ihm um öffentliche Stellungnahmen, um Programme und Verlautbarungen. Damit steht er in seiner Generation allerdings keineswegs allein. Im Gegenteil. Man braucht nur an Namen wie Karl Bleibtreu (»Revolution der Litteratur«, 1886), Wilhelm Bölsche (»Die naturwissenschaftliche Grundlagen der Poesie. Prolegomena einer realistischen Ästhetik«, 1887), Arno Holz (»Die Kunst. Ihr Wesen und ihre Gesetze«, 1891; »Revolution der Lyrik«, 1899), an Conrad Alberti, Leo Berg und schließlich den sie alle stimulierenden Emile Zola zu denken. Wie sich denn überhaupt paradoxerweise gerade die Epoche des Naturalismus, die sich in besonderer Weise der Realität und ihrer Wiedergabe verschrieben hatte, in geradezu redundanter Weise der Realisierung des Gegenteils zuwandte: dem Theoretisieren über das, was man tat; wenn man den Begriff ›Theorie‹ hier überhaupt einführen will. Keine Zeit zuvor und keine danach hat soviel kritisch-theoretische Versuche in gedruckter Form aufzuweisen wie die der Naturalisten. Man wird dem entgegenhalten, daß doch die Romantik ein riesiges Corpus an Theorie hinterlassen habe. Das ist zweifellos richtig, bezieht sich aber so gut wie ausschließlich auf zwei, drei wichtige Köpfe: die Brüder Schlegel, Novalis, allenfalls Wackenroder. Es waren wenige, die das taten. Im Naturalismus haben nahezu alle, die schrieben, auch darüber schriftlich

[10] Zit. nach: Gotthart Wunberg/Stephan Dietrich (Hrsg.), *Die literarische Moderne. Dokumente zum Selbstverständnis der Literatur um die Jahrhundertwende*, 2., verb. u. komm. Auflage, Freiburg i.Br. 1998 (= Reihe Litterae, Bd. 60), S. 222.

nachgedacht, warum und wie man schreiben sollte. Es waren im wesentlichen auch mittelmäßige und unbedeutende Geister, die sich mit der Frage auseinandersetzten, wie Literatur, wie Kunst überhaupt in der Moderne, angesichts der neuen wirtschaftlichen und industriellen Voraussetzungen, auszusehen hätte. Die Themen und Probleme waren groß und betrafen die ganze Gesellschaft, keineswegs nur die Literaten; aber die Lösungen in der Regel klein und unbedeutend.

3. Dritte Problemformulierung

Die Verwechslung von Ethik und Ästhetik.

Den weitaus klügsten Satz über Michael Georg Conrad hat – wie so oft in unzähligen anderen Fällen – Samuel Lublinski geschrieben. Er brachte das Phänomen Conrad im Zusammenhang seiner Naturalistenanalyse auf den Punkt *Moral*:

> Die Ehrlichkeit ersetzte nicht Kunst, auch nicht beim Franken oder Bajuwaren Michael Georg Conrad [...].[11]

Hellsichtig: Gerade im Hinblick auf die Naturlisten zu sagen, Ehrlichkeit ersetze die Kunst nicht. Denn genauso war es. Ehrlichkeit meinte hier Conrads »Wahrhaftigkeit«, seinen »unbeirrten Wahrheitssinn« aus dem Vorwort zum ersten Heft der »Gesellschaft«.[12] Ehrlich währt zwar am längsten, aber eben nicht in der Kunst, jedenfalls nicht in der Moderne. Neben Autoren wie George, Hofmannsthal, Rilke, wie Kafka, Musil, Thomas Mann, war Ehrlichkeit in der Kunst allenfalls ihr Gegenteil: also gut gemeint; im schönsten Sinne inadäquat.

Es ist der durchgehende Tenor nahezu aller Zeitgenossen, die sich über Conrad äußern: daß er imponierend von Gestalt und Wortgewalt, sein schriftstellerisches Niveau und seine dichterische Kraft dagegen eher mäßig zu veranschlagen sei: Es ist – dreißig Jahre vor seinem Tode – deutlich der Ton des ›de mortuis nihil nisi bene‹.[13] In einer Kunst der leisen Töne, einer Literatur der Zurücknahme wirkt der Schreihals störend; vielleicht sogar komisch: Unter solchen, die leise sprechen, wird der Schwadroneur zu einer Filmfigur, der man den Ton abdreht: Er spielt in einem Stummfilm (und zwar ohne Untertitel).

Lublinskis Satz nämlich impliziert eine theoretisch richtige Einsicht in Michael Georg Conrads Naturalismusauffassung, die identisch ist mit seiner Vorstellung von Moderne, ja Literatur überhaupt. Wie »Ehrlichkeit« eine moralische Vokabel ist, so gehört sie eben in den Bereich der Ethik, nicht der

[11] Lublinski, *Bilanz* (Anm. 8), S. 58; – im übrigen findet Lublinski durchaus freundliche Worte über Conrad, speziell über sein Erinnerungsbuch (vgl. S. 119f.).

[12] *Naturalismus* (Anm. 4), S. 33.

[13] Hanstein, später Soergel etc. (vgl. Anm. 8).

Ästhetik. Was Conrad an Zola so sehr rühmte, die Wahrheitskategorie, war das *Ergebnis eines Mißverständnisses.* Nicht um Wahrheit ging es Zola bekanntlich, sondern um (wissenschaftliche) Richtigkeit; das ist etwas anderes. Nicht nach dem ›Warum‹ frage die Wissenschaft, sondern nach dem ›Wie‹, betonte er im Anschluß an Claude Bernard. Keine metaphysischen Fragen stelle die Wissenschaft, sie beobachte und experimentiere. Und deshalb verfehlt Conrads Zuordnung des Ergebnisses aus solcher Fragestellung zum Problemkomplex Moral die Intention des gesamten Unternehmens des wissenschaftlich hergeleiteten »roman expérimental«. Zola hatte seine Vorstellungen, die er seit Jahren publiziert hatte, in der Schrift »Introduction à l'étude de la médicine expérimentale« des Mediziners Claude Bernard bestätigt[14] gefunden und sich in seinem berühmten Buch in ausführlichen Zitaten darauf bezogen. Zola hatte sich bekanntlich gegen den »dummen Vorwurf«[15] (»reproche bête«)[16] zu wehren, die Naturalisten wollten lediglich Photographen sein: »Es hilft uns nichts, wenn wir erklären, daß wir das Temperament, den persönlichen Ausdruck anerkennen«[17] (»que nous acceptons le tempérament, l'expression personelle«).[18]

Es war Zolas Vorstellung, daß der moderne Roman (das hieß in seinem Verständnis: der naturalistische; und daß der moderne Roman der naturalistische zu sein hätte, war selbstverständlich auch Conrads Meinung) sich der Wissenschaft anzunähern habe; ja daß im modernen Roman dieser Provenienz Wissenschaft und Kunst letztlich zusammenzufallen hätten. Die Entwicklung in der Folgezeit hat ihm recht gegeben; wenn auch in andere Weise, als er es sich vorstellte. Der »experimentelle Romanschriftsteller« sei »derjenige, der die bewiesenen Tatsachen akzeptiert.«[19]

Conrad dagegen ging es – darin gut deutsch – um Wahrheit, d.h. Tiefsinn, und nicht um Richtigkeit und Adäquatheit, wie Wissenschaft sie allein vermitteln kann. Damit verstellte er sich und anderen den Weg zu einer modernen Literatur, indem er sie einer moralischen statt einer systematischen Maxime unterwarf; der Forderung nämlich nach (moralischer) Wahrheit, nicht der nach (naturwissenschaftlicher) Richtigkeit und Adäquatheit.

---

[14] Dem waren zahlreiche Studien Zolas vorausgegangen, wie er selbst in seiner berühmtesten schreibt (vgl. *Naturalismus* [Anm. 4], S. 87).

[15] *Naturalismus* (Anm. 4), S. 90

[16] *Pages choisies des Auteurs Contemporains. Emile Zola* ([par] Georges Meunier), Paris 1897, S. 13.

[17] *Naturalismus* (Anm. 4), S. 90.

[18] *Pages* (Anm. 16), S. 13f.

[19] *Naturalismus* (Anm. 4), S. 94. Gleichzeitig war er überzeugt, daß keineswegs nur der Roman, auf den er sich bescheiden beschränkte, in Zukunft nach diesem Muster abgefaßt werde; sondern daß genauso das Theater, ja selbst die Lyrik (»poésie«) genauso verfahren werde. Die (Natur-)Wissenschaftsgläubigkeit Zolas war so unangefochten, daß er auch das prophezeien konnte. Es war für ihn schlechterdings ausgemacht, daß die Naturwissenschaften die Welt sukzessive zu erklären vermochten; und das hieß: sie richtig sehen, sie richtig erklären, richtig interpretieren.

Was dennoch auch an Zola letztlich erfolglos gewesen ist, war nicht sein Programm und er selbst, sondern seine Nachahmer, die ihn nicht verstanden, wie z.B. Michael Georg Conrad; ihn vielmehr vor ihren Karren spannten und mit ihm in eine anderen Richtung zogen.

4. Vierte Problemformulierung

(Natur-)Wissenschaft und Literatur.

Versucht man, Conrads Anliegen zusammenfassend zu formulieren, wird man sagen müssen, daß es ihm um ethische und moralische Qualitäten, nicht um ästhetische ging, wenn er immer wieder Wahrheit und Wahrhaftigkeit fordert. Es hat, wenn das Wort nicht zu hoch gegriffen ist, eine gewisse Tragik, daß er seinen großen Lehrmeister Emile Zola, den er in Paris auch persönlich kennengelernt hatte und dessen erfolgreicher Propagator in Deutschland er geworden ist, in den entscheidenden Punkten seiner literaturkritischen Vorstellungen mißverstanden hat. Denn Zola ging es im Anschluß an Claude Bernard sozusagen um eine Verwissenschaftlichung der Literatur, der literarischen Prosa. Das bedeutet generell und bedeutete auch speziell für Zola, daß der Autor, ähnlich wie der Naturwissenschaftler, beobachtet und weniger nach dem ›Warum‹ als nach dem ›Wie‹ fragt. Das Experiment, das im Mittelpunkt von Bernards Schrift steht, dient der Beobachtung und hat kein anderes Ziel, als das ›Wie‹ des Vorganges beschreibbar zu machen. Entsprechendes sollte nach Zola für den Gegenstand der Literatur gelten (das war für Zola zu allererst der Mensch als ›ens sociale‹), der eben beschrieben, auf sein Funktionieren hin untersucht und befragt, weniger oder gar nicht bewertet werden soll. *Solche Maxime zielt auf Richtigkeit, nicht auf Wahrheit.* In dem Sinne war Conrad ein Metaphysiker und hatte mit dem ›Naturwissenschaftler‹ Zola nicht viel gemein. Dem Wahrheitsfanatiker Conrad ging es zu allen Zeiten um die metaphysische Qualität von Literatur, die er deshalb auch ausschließlich in der metaphysischen Qualität der Wahrheit zu sehen vermochte.[20]

5. Fünfte Problemformulierung

Vergebliche Praxis einer notwendigen Theorie.

Wendet man den Blick von diesen mehr systematisch bestimmten Überlegungen zu dem, was Conrad wichtig war, was die Zeitgenossen von ihm dachten, wie sich sein Ziel zu dem verhielt, was er schließlich realisierte; wen-

[20] Darin war er dem klassischen Schönheitsideal verpflichtet. Auch er wollte »der Dichtung Schleier aus der Hand der Wahrheit« empfangen (wie in Goethes »Zueignungs«-Allegorie; übrigens als Allegorie sehr untypisch für Goethe). Wie gesagt: Darin unterschied er sich in keiner Weise von seinen Zeitgenossen.

det man den Blick auf die Zeitgenossenschaft, also das, was sich ansonsten noch tat, auf die Geschichte im engsten Sinne von Literaturgeschichte, dann ergibt sich ein merkwürdig heterogenes Bild zwischen dem Versuch, diese »Erinnerungen zur Geschichte der Moderne« zu verfassen einerseits und dem, was sich zur gleichen Zeit (zu Beginn des Jahrhunderts also) als die Einlösung einer auch von Michael Georg Conrad erhobenen Forderung zur Realisierung einer ›Moderne‹ andererseits formulierte. Die Zeit, als Conrad diesen Band erscheinen läßt, dessen Zeitraum er zwischen Zola und Gerhart Hauptmann ansetzt, ist die Zeit der »Buddenbrooks« (1900) des »Chandos«-Briefes (1902), des »Buches der Bilder« (1902), des »Törless« (1906) usw. Das ist ein außerordentliches Mißverhältnis.

Es geht dennoch im folgenden keineswegs um die Feststellung, daß Michael Georg Conrad ein mediokrer Schriftsteller gewesen ist. Das weiß man, und jeder, der es nicht glaubt, wird gebeten, in seine Bücher zu sehen; es wäre vertane Zeit, sich mit dem Nachweis darüber zu beschäftigen. Mir geht es vielmehr um ein etwas lapidares Problem, das aber so simpel auch wieder nicht ist, daß man ihm nicht ein paar Überlegungen angedeihen lassen könnte. Es geht mir um den Tatbestand, daß die sogenannte (literarische) Moderne bereits in ihren Repräsentanten (nicht erst in dem, was diese zuwege bringen und stärker übrigens, als das *mutatis mutandis* für andere Epochen zu beobachten ist) einer Aufspaltung unterliegt; einer Aufspaltung in das, was man ihr einerseits substantielles Versagen und ihre andererseits dennoch institutionelle Bedeutung nennen könnte; in das also – und das schließt an das oben Gesagte an – was die Kultursemiotik mit der Unterscheidung Textkultur und Performanzkultur zu fassen sucht.

Das literarische Leben Michael Georg Conrads ist so etwas wie die vergebliche Praxis zu einer notwendigen Theorie. (Ich sage absichtlich nicht: eine falsche Praxis zu einer richtigen Theorie!) Die notwendige Theorie – wenn man das so formulieren darf – lautet: So kann es jetzt (in den Jahren 1880ff.) nicht weitergehen; es muß etwas geschehen. Was geschehen soll, nennen wir Moderne, auch wenn wir davon keine klare Vorstellung und einen klaren Begriff schon gar nicht haben. Wir beteiligen uns an der Realisierung dieser Theorie – so lautet die Maxime ihrer praktischen Anwendung –, indem wir selbst Romane, Erzählungen, Lyrik und Dramen schreiben. – Wie man weiß, sind die Ergebnisse entsprechend vernichtend; denn die Befunde lauten schon für sich genommen: diffus, unklar, von hohem Anspruch, aber ohne Fasson.

Einen Vergleich schließlich mit den – was sich sofort aufdrängt – Bemühungen der Brüder Schlegel halten diese Produkte nicht aus, nicht einmal einen mit Schriften von Arno Holz *ad vocem* ›konsequenter Naturalismus‹. Die Realisierung dieser quasi-theoretischen Forderungen wird so gut wie nicht vollzogen. Das liegt (ist man geneigt, in diesem Falle mit Conrads eigenem Argument zu formulieren) im wesentlichen daran, daß das von ihm immer wieder postulierte ›Genie‹ fehlt.

Faßt man die Beobachtungen zusammen, dann zeigt sich ganz eindeutig: daß, wo die Moderne quasi-theoretisch (oder jedenfalls: programmatisch) ist, sie in der literarischen Praxis nichts leistet; daß sie sich vielmehr dort am substantiellsten und am folgenreichsten realisiert, wo sie auf Programmatik und Theorie verzichtet. Oder anders ausgedrückt: Theorie, Programmatik und Pamphlet sättigen gewissermaßen das Modernebedürfnis so stark ab oder nehmen die produktiven Kräfte so stark in Anspruch, daß für die literarische, also die fiktionale Realisierung der Moderne keine Energien mehr übrig bleiben. Das klingt wie eine Art literarhistorischer Thermo-Dynamik-Satz. Soll es natürlich nicht. Dennoch ist es auffallend, daß nahezu alle auf Dauer bedeutenden Autoren der literarischen Moderne ohne Theorie und Programm begonnen haben (und allenfalls erst im nachhinein sich darüber theoretisch, kritisch und expositorisch Rechenschaft abzulegen versucht haben, was sie zu ihren Werken und, von diesen abgeleitet, zur Literatur überhaupt zu sagen hätten).

Es ließe sich argumentieren, daß diese neue Generation der Moderne (Hofmannsthal, George, Thomas Mann, Rilke, der Musil des »Törless«; Kafka hat bezeichnenderweise überhaupt keine explizit theoretischen Überlegungen hinterlassen), daß diese Generation aus einem verständlichen Generationenantagonismus heraus der Theorie und den theoretischen Bemühungen der Naturalistengeneration[21] gegenüber bewußt a-theoretisch arbeitet. Wie dem auch sei – es wird ein Syndrom von verschiedenen Symptomen sein, das hier als Erklärungsmodell anzusetzen wäre. Wichtig sind die Befunde. Und an denen führt kein Weg vorbei. Eine allzu verkopfte Bemühung der Naturalistengeneration läßt gerade das, was sie – darin sehr traditionell – immer wieder fordert, nämlich Genie und neuen Messias, wie das zeitgenössisch heißt,[22] nicht aufkommen. Sie verschenkt gewissermaßen – und dafür ist Conrad ein ausgezeichnetes Beispiel – die von Zola im Anschluß man Claude Bernard gegebene Chance, Wissenschaft und Literatur einander anzunähern. Eine Devise, deren Bedeutung Zola selbst für das Modell einer neuen Moderne kaum besonders klar gewesen sein mag, die aber etwa bei Flaubert längst – ohne Zolas expliziten Rekurs auf eine naturwissenschaftlich-medizinische Schrift – sehr viel weiter gediehen war. Man braucht nur an die Fruchtbarmachung wissenschaftlicher Psychologie in »Madame Bovary« oder der Geschichtswissenschaften in »Salammbô«, schließlich des gesamten Wissenschaftsspektrums in »Bouvard et Pécuchet« zu denken. Explizit realisiert die Moderne eine solche Engführung von Wissenschaft und Literatur erst sehr viel später: in der deutschsprachigen Literatur insbesondere Musil im »Mann ohne Eigenschaften« (1930-1943), Thomas Mann im »Zauberberg« (1924) und in den »Josephsbrüdern« (1933-1943), Hermann

[21] Die einzige ›naturalistische‹ Ausnahme von Rang übrigens ist Gerhart Hauptmann; auch er äußert sich zunächst gar nicht, später recht spärlich (und wenig luzide, übrigens) zu theoretischen Fragen der Kunst und der Literatur.

[22] Vgl. dazu den Beitrag 8 in diesem Band.

Broch in den »Schlafwandlern« (1931–1932); also in den 20er und 30er Jahren unseres Jahrhunderts.

Wenn das alles aber so ist, wenn die Moderne in einer Art theoretischer Bewußtlosigkeit entsteht, ohne theoretische Maximen zu formulieren oder gar zu befolgen, wenn die Moderne der Hofmannsthal, Schnitzler, George, Thomas Mann, Rilke und Kafka, diese – selbst im europäischen Vergleich – einmaligen Leistungen gegen jede Beherzigung von Theorie hervorbringt, dann spricht das zwar – landläufig geredet – für ihren originären Charakter. Dann spricht das aber vor allem für die Erkenntnis, daß der verlorengegangene Anschluß an die Tradition der Kunst gerade nicht in theoretischer Reflexion und der Besinnung auf das früher Vorhandene wieder hergestellt wird; und genauso wenig in einem Sich-Absetzen gegen das früher Vorhandene; sondern ausschließlich im Wagnis und im Risiko des autonomen Experiments des Subjekts.

Diese Erscheinung hat mindestens eine relevante Parallele: in der Entwicklung der jungen Literatur des späten 18. Jahrhunderts, der ›Stürmer und Dränger‹: Goethe, Schiller, Lenz, Wagner, Leisewitz, Klinger usw. Auch sie reagieren auf eine, wie schon den Zeitgenossen scheinen wollte, übertriebene Theoretisierung der Kunstprobleme, die sich insbesondere mit dem Namen Gottscheds und mit den Franzosen verband, weitgehend durch das ›bewußtlose‹ Schreiben von Literatur. Auch diese Generation entwickelt erst, wenn überhaupt, im nachhinein so etwas wie literaturkritische Ansätze. Selbst ein so theoretischer Kopf wie Friedrich Schiller hat erst die »Räuber« und dann seine Abhandlung »Über naive und sentimentalische Dichtung« geschrieben; von Goethe nicht zu reden, der – so gesehen – in der Geschichte der Literaturtheorie so gut wie keine Rolle spielt.

Das wird erst mit der Romantik anders. Nicht nur, daß auch die Hauptvertreter sozusagen theoretisch beginnen: A.W. Schlegel mit einer »De geographica Homerica commentatio« (1788), sein Bruder Friedrich mit den »Historischen und kritischen Versuchen über das Klassische Alterthum« (1797); schließlich das »Athenäum« (1798-1800).

Aber, und das ist für uns das Interessantere, diese Romantik, die sich einem bei solchen Behauptungen immer gleich als immer schon dagewesen in den Weg stellt, entwirft ein anderes Modell; übrigens eines, nach dem noch 100 Jahre später die Moderne funktioniert: die Annäherung von Wissenschaft und Kunst, von Theorie und Literatur.

Die Romantik freilich ist in der Lage, Theorie und Kunst miteinander in Universalpoesie und unendlicher Reflexion zu versöhnen. Das kann die Moderne nicht. Der Naturalismus wollte sie kombinieren, indem er die Praxis der Theorie einfach folgen lassen wollte. Das konnte nicht gelingen, weil Kunst und Wissenschaft miteinander nicht vereinbar sind – nicht kompatibel, sagen wir heute.

Übrigens scheint das Phänomen ein allgemeines zu sein und keineswegs auf die Literatur beschränkt: Die wichtigste Theorie des späten 19. und des

20. Jahrhunderts, der Marxismus, verstand sich ebenfalls explizit als vorgängige Theorie zu einer ihr bereits systematisch inhärenten Praxis. Im Augenblick sieht es zwar so aus, als sei auch dieser Substantialisierung eines Theorie-Praxis-Konstrukts auf Dauer kein Erfolg beschieden. Aber historisch gesprochen befanden sich die literarischen Zeitgenossen des Naturalismus in keiner schlechten Gesellschaft, scheint mir.

6. Zusammenfasende Überlegung

Das alles heißt letztlich, daß sich die vorhin getroffene Feststellung bestätigt: daß nämlich dem Phänomen Michael Georg Conrad mit ästhetischen Maßstäben kaum beizukommen ist. Wie sich denn auch sein Schreibwille aus Reform- und Revolutionseifer eher speiste denn aus dem Bedürfnis einer verfeinerten oder wie immer verbesserten Behandlung dichterischer Sprache, etwa. Folglich: Michael Georg Conrad, für sich genommen, ist nicht interessant; aber er besagt etwas Interessantes. – Die, vielleicht etwas dürftigen, Ergebnisse dieser Überlegungen lauten:

Erstens: Nicht jeder Autor ist ein guter Autor.
Zweitens: Eine (gute) Literaturtheorie ist noch keine Garantie für gute Literatur.
Drittens: Literatur mit Wissenschaft in der Weise zusammenzuführen, wie das Zola wollte, bezieht sich auf das Verfahren, nicht auf den Inhalt; denn:
Viertens: Die Literatur übernimmt den Experimentcharakter, d.h. eben: den Verfahrenscharakter aus den Naturwissenschaften, nicht den Gegenstand.
Fünftens: Die Verwechslung von Wahrhaftigkeit (Conrad) und Richtigkeit (Zola) führt zu einer von Ethik und Ästhetik.
Sechstens: In der Moderne geht es nicht mehr um Inhalte, sondern Verfahren, nicht um Ethos, sondern Aisthesis.
Siebtens: Die Verfahren der Literatur an die der Wissenschaft zu binden, ist ein Phänomen der Moderne; es läßt sich nur in eben diesen Verfahren realisieren; nicht in den Inhalten (indem man den alten Inhalten neue attachiert).

Drucknachweise

1. Jörg Schönert/Harro Segeberg (Hrsg.), *Polyperspektivik in der literarischen Moderne. Studien zur Theorie, Geschichte und Wirkung der Literatur*, Karl Robert Mandelkow gewidmet, Frankfurt/Main u.a.: Peter Lang, 1988 (= Hamburger Beiträge zur Germanistik, Bd. 1), S. 38-58.
2. Aleida Assmann/Dietrich Harth (Hrsg.), *Mnemosyne. Formen und Funktionen der kulturellen Erinnerung*, Frankfurt/Main: Fischer Taschenbuch, 1991 (= Fischer Wissenschaft, Bd. 10724), S. 83-100. (© Fischer Taschenbuch Verlag GmbH, Frankfurt/Main 1991)
3. Manfred Pfister (Hrsg.), *Die Modernisierung des Ich. Studien zur Subjektkonstitution in der Vor- und Frühmoderne*, Passau: Wissenschaftsverlag Richard Rothe, 1989 (= Passauer Interdisziplinäre Kolloquien, Bd. 1), S. 190-201. (Mit freundlicher Genehmigung des Wissenschaftsverlags Richard Rothe, Passau.)
4. Christoph Brecht/Wolfgang Fink (Hrsg.), *»Unvollständig, krank und halb?« Zur Archäologie moderner Identität*, Bielefeld: Aisthesis, 1996, S. 91-99.
5. *Arcadia. Zeitschrift für Vergleichende Literaturwissenschaft* 30/1995, S. 31-61.
6. Moritz Baßler/Christoph Brecht/Dirk Niefanger/Gotthart Wunberg, *Historismus und literarische Moderne*, mit einem Beitrag von Friedrich Dethlefs, Tübingen: Niemeyer, 1996, S. 105-133.
7. *Hofmannsthal Jahrbuch zur Europäischen Moderne* 1/1993, S. 309-350.
8. *Deutsche Vierteljahrsschrift für Literaturwissenschaft und Geistesgeschichte* 43/1969, S. 685-706.
9. *Literatur und Kritik* Nr. 191/192, Februar/März 1985, S. 30-37.
10. Maurice Godé/Ingrid Haag/Jacques Le Rider (Hrsg.), *Wien – Berlin. Deux sites de la modernité – Zwei Metropolen der Moderne (1900-1930)*, Actes du colloque international de Montpellier (2-4 avril, 1992), *Cahiers d'Études Germaniques. Revue semestrielle* 24/1993, S. 219-229.
11. Jacques Le Rider/Gérard Raulet (Hrsg.), *Verabschiedung der (Post-)Moderne? Eine interdisziplinäre Debatte*, Tübingen: Narr, 1987 (= Deutsche Text Bibliothek, Bd. 7), S. 91-116.
12. Heinz Ludwig Arnold (Hrsg.), *Arthur Schnitzler*, Sonderheft TEXT + KRITIK, Nr. 138/139 (1998), S. 3-23. (Abgedruckt mit freundlicher Genehmigung der Edition text + kritik im Richard Boorberg Verlag. © edition text + kritik, München 1998.)
13. Helmut Scheuer (Hrsg.), *Naturalismus. Bürgerliche Dichtung und soziales Engagement*, Stuttgart: Kohlhammer, 1974, S. 206-234.
14. *Dichter und Leser. Studien zur Literatur*, Groningen: Wolters und Noordhoff, 1972 (= Utrecht Publications of Comparative and General Literature, Bd. 14), S. 47-75.
15. *Austriaca. Cahiers universitaires d'information sur l'Autriche* 37/1993, S. 319-326.
16. *Literaturwissenschaft und Geistesgeschichte*, Festschrift für Richard Brinkmann, Tübingen: Niemeyer, 1981, S. 458-473.
17. Michael Kessler/Fritz Hackert (Hrsg.), *Joseph Roth. Interpretation, Kritik, Rezeption*, Akten des internationalen, interdisziplinären Symposions 1989, Tübingen: Stauffenburg, 1990, S. 449-462.
18. Stefan H. Kaszińsky (Hrsg.), *Galizien – eine literarische Heimat*, Poznan: Adam Mickiewicz University Press, 1987, S. 163-173.
20. *Munich 1900, site de la modernité – München als Ort der Moderne*, Bern u.a.: Peter Lang, 1998 (= Jahrbuch für Internationale Germanistik, Reihe A, Bd. 47), S. 219-231. (© Peter Lang AG, Europäischer Verlag der Wissenschaften, Bern.)

Register